Lutz Röhrich

Lexikon der sprichwörtlichen Redensarten

HERDER / SPEKTRUM

Band 4400

Das Buch

„Wenn man zwei Tage lang in Röhrichs Lexikon herumgeblättert, quer-
beet-gelesen, sich festgebissen...gespannt, verblüfft...lachend gesucht hat,
so möchte man am liebsten sich ein Bündel Redensarten heraussuchen,
die höchstes Gelingen einer Arbeit bezeichnen... und dem Leser...noch
ein vergnügt beschwörendes ‚Nimm und lies!‘ zurufen..." (Süddeutsche
Zeitung). „Es ist unmöglich, vom ‚Röhrich‘ nicht gefesselt zu sein – oder
der Rezensent frißt einen Besen" (Kölner Stadt-Anzeiger).
Lutz Röhrich und seine Mitarbeiter schauten dem Volk aufs Maul und
ging unzähligen Hinweisen und Vorschlägen nach. Das Ergebnis ihrer
Bemühungen: Ca. 15 000 Redensarten aus Vergangenheit und Gegenwart
werden ebenso leichtverständlich wie wissenschaftlich exakt in ihrer
Bedeutung, Herkunft und Anwendung erklärt. Rund 1 000 Abbildungen
aus zeitgenössischen Quellen illustrieren die Herkunft vieler sprichwört-
licher Redensarten und bieten darin ein reiches Anschauungsmaterial
von kulturhistorischer Bedeutung. Ein „Muß" für alle, für die Sprache
mehr ist als ein bloßes Mittel der Kommunikation.

Der Autor

Lutz Röhrich, geb. 1922, em. ordentlicher Professor für Volkskunde und
Germanische Philologie an der Universität Freiburg i. Br., bis 1991
Direktor des Instituts für Volkskunde und des Deutschen Volkslied-
archivs. Mehrere Aufenthalte als Gastprofessor in den USA. Mitglied der
Österr. Akad. d. Wiss. und der Königl. Gustaf-Adolfs-Akad. in Uppsala.
Mehrfacher Preisträger: 1. Chicago Folklore Prize (1974); Oberrheini-
scher Kulturpreis, Univ. Basel (1984); Brüder-Grimm-Preis, Univ. Mar-
burg (1985); Internationaler Preis Pitré (Sigilo d'oro), Palermo (1985);
Europäischer Märchenpreis, Wetzlar (1991).
Zahlreiche Publikationen auf dem Gebiet der Volksprosa (Märchen,
Sage, Witz, Sprichwort) und des Volksliedes sowie weitere wisssenschaft-
liche Publikationen. Herausgeber von: Motive. Freiburger Folkloristische
Forschungen (München 1971 ff.); Artes Populares. Studia Ethnographica
et Folkloristica (Bern 1976 ff.). Mitherausgeber von: Handbuch des
Volksliedes (München 1973 und 1975); Enzyklopädie des Märchens (Ber-
lin/New York 1977 ff.)

Lutz Röhrich

Lexikon der sprichwörtlichen Redensarten

Band 3
Homer – Nutzen

Herder
Freiburg · Basel · Wien

H

Homer. *Ein homerisches Gelächter loslassen:* schallend und lange lachen. In Homers ‚Ilias‘ (I, 599) und in der ‚Odyssee‘ (VIII, 326 u. XX, 346) steht der Ausdr. „Ἄσβεστος γέλως“ = unauslöschliches Gelächter. Daraus wurde „Homerisches Gelächter“, das sich vielleicht als ‚rire homérique‘ zuerst in Frankreich findet. Zum Beispiel heißt es in den achtziger Jahren des 18. Jh. in den ‚Mémoires de la Baronne d'Oberkirch‘ (Paris 1853, chap. 29): „On partit d'un éclat de rire homérique“ = man brach schallend in ein homerisches Gelächter aus.

Vgl. auch ndl. ‚een Homerisch gelach‘ und engl. ‚a Homeric laughter‘ (Büchmann). Von sprw. Bekanntheit ist auch das lit. Zitat: „Und die Sonne Homers, siehe! Sie lächelt auch uns“.

Es stammt aus Schillers Elegie, die später den Titel ‚Der Spaziergang‘ erhielt (zuerst abgedruckt in Schillers Monatsschrift ‚Die Horen‘, Tübingen: Cotta 1795, 4, 10, S. 72).

Darüber hinaus ist auch ein Satz von Horaz beliebt als Entschuldigung für eine nicht ganz gelungene Arbeit: „Indignor, quandoque bonus dormitat Homerus“ (Vers 359). Danach wird abgekürzt zitiert: „Quandoque bonus dormitat Homerus. Dann und wann schläft sogar der gute Homer“, d. h., auch der beste Schriftsteller, Redner, Künstler hat hin und wieder schwache Momente.

Lit.: *H. Bergson:* Le Rire (Das Lachen) (Paris 1900, dt. Übers. Meisenheim 1948); *H. Plessner:* Lachen u. Weinen (Bern ³1961); *M. S. Jensen:* Art. ‚Homer‘, in: EM. VI, Sp. 1205–1218.

Honig. *Einem Honig ums Maul* (oder *um den Bart*) *schmieren:* ihm schmeicheln; schon mhd. ‚honic in den munt strîchen‘. Im ‚Tristan‘ Heinrichs von Freiberg z. B. klagt Curvenal (V. 6626) die Welt an:

> du strîchest in honic in den munt,

den alten und den jungen:
> swan sie dan mit den zungen
> dar nach grîfende sîn,
> so träufest du in galle dar în.

Ähnl. schreibt um 1600 Ritter Hans von Schweinichen in seinen ‚Denkwürdigkeiten‘: „… schmierte ihm derowegen honig ins maul, und gab ihm galle zu trinken“. Und 1639 heißt es bei Chr. Lehmann 775 (‚Vberreden‘ 8): „Mancher streicht einem Honig vmbs Maul, vnnd ein Dreck darein“. Vielleicht beruht die Rda. auf einem chinesischen Brauch, der durch Seefahrer bekanntgeworden ist: Seit ältesten Zeiten wird in China, gewiß in Anlehnung an den noch älteren Feuerdienst, der Herdgeist verehrt, der zum Küchengott geworden ist. Gerade dieser Gott war bis in die neueste Zeit beim Volke eine der populärsten Gottheiten Chinas. Es wurden ihm reichliche Opfer dargebracht. Und diese Opfer nahmen bes. am 25. des letzten Monats ein erhebliches Ausmaß an. An diesem Tage sollte nach dem Volksglauben der Küchengott in den Himmel hinaufsteigen, um dort über die Hausbewohner Bericht abzustatten. Zu diesem Zwecke wurde, um ihn günstig zu stimmen, besonders eifrig geopfert und ihm Honig auf die Lippen gestrichen, damit er freundlich aussage (s. auch *Abb.* bei Federlesen).

Aus Honig eitel Essig machen (z. B. in Luthers ‚Tischreden‘): einem eine Sache vergällen. Schon in Hartmanns von Aue ‚Armem Heinrich‘ (V. 152) heißt es: „sîn honec wart ze gallen“, ↗ Galle.

Dem Honig verkaufen, der Bienen hat, ebenso *Den Honig mit Zucker bestreuen* ↗ Eulen nach Athen tragen. *Honig im Maul und ein Schermesser in der Hand:* freundschaftliche Gesinnungen nur heucheln. Bei Gottfried von Straßburg heißt es im ‚Tristan‘ (V. 15061): „Wan der treit alle stunde daz honec in dem munde“.

Vgl. frz. ‚être tout sucre et tout miel‘ (wörtl.: ganz Zucker und Honig sein): zweifelhafte freundschaftliche Gesinnungen an den Tag legen.

‚Honigschlecker‘

‚Das ist kein Honiglecken‘

Das ist kein (reines) Honiglecken (Honigschlecken), ebenso *Das ist nicht der reine Bienenhonig:* das ist keine reine Freude, kein ungetrübter Genuß, keine bes. angenehme Beschäftigung, mit der man befaßt ist. Auch: eine Angelegenheit bringt Unannehmlichkeiten. Man läßt also besser die Finger davon.

Grinsen (strahlen) wie ein Honigkuchenpferd (mit Korinthen darauf): über das ganze Gesicht strahlen, grinsen. Ein ‚Honigkuchenpferd‘ ist eigentl. ein Backerzeugnis aus Honigkuchen in Pferdeform; auf den Menschen übertragen: ein energieloser, auch: dummer, einfältiger Mensch.

‚Zuviel Honig verdirbt den Magen‘: bekanntes Sprw., das auch im Engl. vorkommt: ‚Too much honey cloys the stomach‘. Es erinnert an die Wndg. ‚des Guten zuviel tun‘, ↗ gut.

Wenn jem. z. B. eine Rede zu sehr mit angenehmen Floskeln versüßt, spricht man auch von ‚honigsüßer Rede‘. Die Wndg. ist entstanden in Anlehnung an Nestor, den ältesten und weisesten Griechen, von dessen Rede es heißt (Ilias, I, 249):

Dem von der Zunge die Rede noch süßer als Honig daherfloß.

Doch was für ihn eine Belobigung darstellte, gilt heute mehr als spöttischer Kommentar.

Lit.: *F. Eckstein:* Art. ‚Honig‘, in: HdA. IV, Sp. 289–310; *Fr. Th. Otto:* Das Honigbuch (Leipzig 1941); *A. A. Mackintosh:* „Note on Proverbs 25: 27 (Too much honey cloys the stomach)“, in: Vetus Testamentum, 20 (1970), S. 112–114; *Cl. Levy-Strauss:* Mythologica II. Vom Honig zur Asche (Paris 1966, dt. Ausg. Frankfurt/M. 1972), S. 13 ff.; *F. Lerner:* „Blüten, Nektar, Bienenfleiß“. Die Geschichte des Honigs (München 1984). Süßhunger. Zur Kulturgeschichte des Süßens (Ausstellungskatalog; Bremen 1990); *J. Rißmann:* Art. ‚Honig‘, in: EM. VI, Sp. 1233–1236.

Hopfen. *An (bei) ihm ist Hopfen und Malz verloren:* er ist unverbesserlich; da ist alle Mühe vergeblich. Hopfen und Malz als Hauptbestandteile des Bieres erscheinen schon im 9. Jh. in fester Verbindung. In einer Urkunde des Abtes Adelhard von Corvey aus dem Jahre 822 und in einem altsächs. Glossar des 10. Jh. werden Hopfen und Malz nebeneinander erwähnt. Dennoch ist die Rda. in der heute üblichen Form erst seit Beginn der Neuzeit belegt. In einem Gesellschaftslied des 16. Jh. lautet ein Vers:

Ist einer ohn sehen ein Bruder
      Lüderlich,
Der in der Schmauserey allein nur
      hält den Stich,
So spricht man: an ihm ist so Hopp
      als Schmaltz verdorben.

Auch Burkart Waldis kleidet die Rda. in Zusammenhang mit anderem unmöglichem Tun in dichterische Worte:

Wer einen Zigel will wäschen,
Das leere Stroh in Tenne dreschen,
Dem Wind das Wehen will verbieten,
Vnd einer vnkeuschen Frawen hüten,
Ein fliessend Wasser wil verstopffen,
Deshalb verleusst beid Maltz vnd
Hopffen.

Von Goethe stammen die Verse:

Denn oft ist Malz und Hopfen,
An so viel armen Tropfen,
So viel verkehrten Toren,
Und alle Müh verloren.

In einer Komödie August Kotzebues heißt es:

Doch Männer sind ganz unverbesserlich geboren,
An ihnen ist der Hopfen wie das Malz
verloren.

Die Zwillingsformel reicht bis in die volkstümliche Gebrauchspoesie der Ggwt. Auf den Maßkrügen in Bayern findet sich z. B. häufig der Spruch: ,Hopfen und Malz, Gott erhalt's!'
Über den ganzen dt. Sprachraum hinweg führt die Rda. auch in den Mdaa. ein reiches Leben, z. B. schles. ,Bei dam is Huppe und Malz verturben'.; ndd. ,Dar is Hoppen und Molt bî verlaren'. Die weite Verbreitung erklärt sich daraus, daß früher die Bierbrauerei kein selbständiges Gewerbe war, sondern jede Hausfrau für den Bedarf ihres Hauses selbst braute. Wenn der Trank trotz aller Mühe nicht gelang, dann war Hopfen und Malz wirklich verloren. In einzelnen kath. Gegenden Dtl.s ist im selben Sinne gebräuchl.: ,Da ist Chrisam (Salböl) und Taufe verloren', was sich schon 1512 in Murners ,Schelmenzunft' (26,17) findet:

Douff vnd Crisam ist verloren,
Sy bleyben in den alten ioren,
Wie sy in iungen sindt erzogen.

Später begegnet die Rda. auch im Märchen der Gebrüder Grimm: ,Von einem der auszog, das Fürchten zu lernen' (KHM. 4). Dort sagt der Vater zu seinem dümmlichen Sohn: „an dir ist Hopfen und Malz verloren". Den rdal. Vergleich *dürr wie eine Hopfenstange* gebraucht man von einem langen hageren Menschen.

Lit.: *F. Huber:* Bier und Bierbereitung (Berlin 1926); *L. Hermann:* Das Bier im Volksmund (Berlin 1930); *Lüers:* Die wissenschaftl. Grundlagen von Mälzerei und Brauerei (Nürnberg 1950); *M. Hoffmann:*

5000 Jahre Bier (Frankfurt a. M. u. Berlin 1956); *W. Danckert:* Symbol, Metapher, Allegorie im Lied der Völker, Bd. 3 (Bonn–Bad Godesberg 1978), S. 922–925.

Hops. *Hops* oder *hopp* ist eine Interjektion, eigentl. die Befehlsform zu ,hopsen' bzw. ,hoppen', was lustiges Springen oder Hüpfen bez. Lit. z. B. in G. A. Bürgers ,Lenore':

Und hurre, hurre, hop, hop, hop!
Gings fort in sausendem Galopp!

Von diesem Ausdr. wurden in jüngerer Zeit zahlreiche Wortbildungen und sprw. Rdaa. abgeleitet: *hops gehen:* verloren-, entzwei gehen; auch: bankrott gehen. ,Das Geld ist hops'. In der Tragikomödie ,Traumulus' von Arno Holz und Oskar Jerschke heißt es: „... daß mein Alter rettungslos hopps geht, wenn das rauskommt". Schon im ,Deutschen Gilblas' wird die Rda. in diesem Sinne gebraucht: „Ich setzte einen Taler: husch war er weg! Noch einen, auch der ging hopps!" In der Soldatensprache ist ,hops gehen' eine Umschreibung für ,sterben', in der Gaunersprache für ,verhaftet werden'; entspr. ,hops nehmen', verhaften. Obd. sagt man von einem Betrunkenen: ,der ist hops!' Dazu gehört auch bair. Hops = Rausch. Wenn jem. beim Kartenspiel unterliegt, ,ist er hops' (bes. els. u. rhein.). Der ganze dt. Sprachgebrauch kennt ferner die Rda. im Sinne von: geistig nicht normal, nicht recht bei Verstand sein. Schwäb. u. bair. bedeutet ,eine Frau hops machen', sie schwängern, ,sie ist hops', sie erwartet ein Kind. Ostpreuß. kennt man dafür die Umschreibung: ,sei hewwt Hoffmannsdröppe gedrunke'. Der Elsässer schließlich kennt ,Jo hops!', ,jo hopsa!', ,jo hopsasneiel!' als rdal. Verneinung.
Mit einem Hops: mit einem kleinen Sprung. Die Wndg. wird meist auf Kinder bezogen, die noch nicht weit springen, sondern allenfalls ein Stückchen hopsen können.
Eng verwandt damit ist die Wndg. ,Das ist gehopst (gehupft) wie gesprungen': es ist einerlei, beides dasselbe, ↗ hüpfen.

hören. *Das läßt sich hören:* das klingt durchaus annehmbar, das ist gut.
Jem. vergeht Hören und Sehen: er weiß nicht mehr, was los ist; er ist äußerst über-

rascht, sehr betroffen, eigentl.: gleichsam betäubt. Oldecop (S. 458): „Do sint de splitteren dem konige to Frankrichen in dat vorhovet gewischert, dat ome beide san und horen vergen was".

Vgl. frz. ‚Cela vous coupe le souffle‘ (wörtl.: Das verschlägt einem den Atem).

Zu einem Schwerhörigen sagt man: ‚Du hörst wohl heute mit dem linken Bein nicht gut‘, von einem Unfolgsamen oder Vergeßlichen: ‚er hört gut, aber behält schlecht‘.

Da muß man ‚Hören Sie‘ sagen: das ist nicht so einfach, bedarf eigentl. einer gefälligen Anrede als Einleitung; bes. obersächs. ‚Große Leite mußmer Heernse heeßen‘, d. h. vorsichtig behandeln. Auch auf Sachen angewendet: ‚Da mußmer Heernse sagen‘, damit muß man behutsam umgehen, das muß man mit ↗Glacéhandschuhen anfassen. Auch ndd. ist die Rda. bezeugt: ‚Dat ös man nich so, dat ös hörn se‘.

Etw. vom Hörensagen wissen (weitergeben): es nicht selbst gesehen oder gehört haben, sondern aus dem, was ein anderer über die Sache gesagt hat. Die Paarformel stammt aus der Rechtsprache und spielt als Prinzip der Wahrheitsfindung eine Rolle. Vom Zeugen wird verlangt, nur das zu behandeln, was er wirklich selbst gesehen u. gehört hat.

In einem Urteil des Ingelheimer Oberhofes von 1450 wird einem Kläger der Beweis mit Zeugen auferlegt, die aussagen müssen, daß „sie dabi und nahe gewest sin und daz sie das gesinne und gehort haben".

Ähnl. heißt es auch im St. Gallener Weisthum (5, 152 von 1466): „item welher och kuntschaft uber den andren sagen will vor recht, der sol sagen … was im von der sach ze wissen si und uf in bezügt sie, och darbi und mit gewesen, das gesehen und gehört hab, dann man sol nieman daz sin abkennen uf hörensagen, sonder sol man es wissen". Wie wenig das Zeugnis vom Hörensagen gilt, ergibt sich aus zahlreichen lit. Belegen und Sprww.: „was man hört, ist nicht so gewisz, als das mann sihet, und wenn einer sagt, er habs von hören sagen, so stelt ers in einen zweifel, und ist nicht für eine ganze warheit nachsagen" (Agricola, ‚Sprichwörter‘, 1570, 87); „vom

hörensagen kommen die lügen ins land, vom hörensagen leugt man viel" (Simrock, Dt. Sprichwörter, 1846, 261); vgl. engl. ‚I speak on hearsay‘.

„Ich hab es nicht von hören sagen" (habe es selbst gesehen) (H. W. Kirchhoff, ‚militaria disciplina‘, 1602, 185).

‚Wer nicht hören will, muß fühlen‘. Das pädagogische Sprw. stammt aus den Zeiten der Prügelstrafe. Wer ungehorsam war, bekam mit dem Stock oder mit der Hand einige fühlbare Hiebe. Aber in erweitertem Sinne versteht sich das Sprw. als schadenfrohe Genugtuung gegenüber jedem wider besseres Wissen selbst verschuldetem Unglück. Heute kennt man diesen Satz eher in parodistischer Umwandlung, z. B. ‚Wer nicht hören will (Hörfunk), muß fernsehen‘.

Lit.: *O. Dilcher:* Paarformeln in der Rechtssprache des frühen MA. (Diss. Frankfurt/M. 1961, Darmstadt 1961); *E. Erler:* Art. ‚Hörensagen‘, in: HRG. II, Sp. 238–241; *M. Schäfer:* Klang u. Krach. Eine Kulturgesch. des Hörens (Frankfurt/M. 1988); *D. Green:* Hören u. Lesen: Zur Geschichte einer mittelalterlichen Formel, in: *W. Raible (Hg.):* Erscheinungsformen kultureller Prozesse (= ScriptOralia 13) (Tübingen 1990), S. 23–44.

Horizont. *Das geht über seinen Horizont:* das übersteigt sein Auffassungsvermögen. Die Rda. ist seit dem 17. Jh. vom räumlichen auf den geistigen Gesichtskreis übertr. worden; vgl. frz. ‚Cela dépasse son horizon‘.

Einen Horizont wie ein Wagenrad haben: ganz geringes Interesse oder gar kein Verständnis besitzen; ähnl.: *einen (eng) begrenzten Horizont besitzen:* wenig Wissen u. Erfahrung erworben haben, keinen Weitblick besitzen; vgl. ‚Tellerrand‘.

Horn. Von einer Frau, die die eheliche Treue bricht, sagt man: *Sie setzt (pflanzt) ihrem Manne Hörner auf;* der betrogene, ‚Hörner tragende‘ Ehemann heißt ↗‚Hahnrei‘. Zur Erklärung dieser Rdaa. sind mancherlei Vermutungen aufgestellt worden, ohne daß eine völlig befriedigende Lösung gefunden worden wäre.

Die Rda. kommt im Dt. in verschiedenen Fassungen vor. Man sagt: *Hörner setzen, aufsetzen, ansetzen, aufpflanzen, geben, machen* oder *mit Hörnern krönen;* auch ein Zeitwort *hornen* oder *hörnen* kommt in

1–5 ,Einem Hörner aufsetzen'

dieser Bdtg. vor. Neben der Mehrzahl begegnet auch die Einzahl: *ein Horn aufsetzen* oder *aufpflanzen;* Abraham a Sancta Clara sagt dafür: „einem Manne ein lateinisches Y aufsetzen". Der hintergangene Gatte ,trägt Hörner', ,kriegt Hörner von seiner Frau', ,wird mit einem Hörnerschmuck beehrt' (Goethe), ,ihm wächst ein Horn auf seinem Haupt'; man nennt ihn ,Hörnerträger, Hornträger, Hornhans, Hornbock'. Entspr. heißt es frz. ‚porter des cornes', ‚avoir des cornes', ‚avoir des bois sur la tête'. Von der treulosen Frau sagt man ‚planter des cornes', ‚mettre des cornes à qu'. Der hintergangene Ehemann heißt cornard, Hörnerträger. Molière nennt ihn im Scherze ‚Seigneur Cornelius' mit Benutzung eines früher häufig angewendeten Wortspieles. Engl. ‚to horn', ‚to hornify', ‚to cornute' heißt: jem. Hörner aufsetzen. Es kommt auch die Rda. vor: ‚to bestow a pair of horns upon one's husband'. Der betrogene Gatte heißt ‚cornuto', Hörnerträger; ‚he wears horns'. Der, der ihn zum Hahnrei macht, heißt ‚cornutor'. Im Ndl. sagt man wie im Dt. ‚Hoornen op zeten' oder ‚horendrager'. Ital. heißt es ‚avere le corna', ‚far le corna', ‚porre le corna'; für Hahnrei: ‚cornaro' und ‚cornuto'; ebenso span. ‚cornudo'; das Hörnersetzen heißt hier ‚cornudar', ‚encornudar', ‚poner cuernos'. Den Hahnrei verspottet man, indem man zwei Finger der Hand, meist wohl den zweiten und fünften, in Form von zwei Hörnern gegen ihn ausstreckt, oder man hält zwei Finger an die Stirn. Die Gebärde heißt ebenso ‚den Esel bohren' oder

‚Gehörnte Hand'

‚den Gecken stechen'. Dieselbe Handgebärde wird bei den Italienern auch zur Abwehr des bösen Blicks und andern Unheils gebraucht. Ein solcher stummer Vorwurf gilt als ausgemachte Ehrenkränkung.

In früherer Zeit dachte man bei der Erklärung dieser Rdaa. an die Erzählung von Aktaion, der von Artemis in einen Hirsch verwandelt wurde, als er die Göttin im Bade überraschte. Daher wird zuweilen von dem Aufsetzen eines Geweihs anstatt der Hörner gesprochen, wie in Kleists ‚Zerbrochenem Krug': „Noch wachsen dir die Hirschgeweihe nicht", oder bei Christ. Günther: „An diesem wächst der Hirsch durch jeden Ritz heraus". Dieser Deutungsversuch ist ganz verfehlt, denn die jungfräuliche Göttin ist nicht die Gemahlin des Aktaion, sie kann ihn also auch nicht hintergehen; sie setzt ihm auch nicht nur Hörner auf, sondern verwandelt ihn völlig in einen Hirsch. Im Grimmschen Wb. hat Moritz Heyne die Rda. vom gehörnten Mann auf eine ma. Legende zurückführen wollen. Doch wissen wir heute, daß Gebärde und sprw. Rda. schon im Altertum existierten, z. B. auf einem Wandbild in Pompeji, das vermutlich eine Komödienszene darstellt; es gibt ebenfalls schon antike Amulette dieser Art. Einen gehörnten Sprachmeister (γραμματικὸν κερασφόρον) verspottet schon der unter Nero lebende griech. Dichter Lukillios in einem Epigramm der ‚Anthologia Palatina' (11,278):

Draußen lehrest des Paris und
      Menelaos Verdruß du,
  Deiner Helena drin dienen der Parise
      viel –.

Um das Jahr 1000 erscheint dafür die Bez. κερατίας; nach der dem Kodinos zugeschriebenen Schilderung der Bauwerke von Konstantinopel stand dort nahe der Werft eine Statue mit vier Hörnern, die sich wunderbarerweise dreimal um sich selbst drehte, wenn ihr ein Hahnrei nahte. Von dem 1185 ermordeten Kaiser Andronikos I. Komnenos erzählt sein Biograph, daß er die Geweihe der von ihm erlegten Hirsche an den Eingängen zum Marktplatz zu Konstantinopel aufhängte, um damit die Ehemänner leichtfertiger Frauen zu verspotten.

Nach Sittl (‚Die Gebärden der Griechen und Römer', Ndr., S. 103) sollen die zwei ausgestreckten Finger auf zwei Männer der einen Frau hinweisen, und erst aus diesem Sinnbilde der Bigamie hätte sich die Vorstellung von Hörnern entwickelt. Glaubhafter ist ein direkter Vergleich des Ehemannes mit einem gehörnten Tier, etw. dem Ochsen oder dem Ziegenbock. Beim Ochsen wäre das tertium comparationis seine Dummheit, die indes im Altertum seltener betont wird als bei uns. Für den Ziegenbock ließe sich die spätere ital. Bez. ‚becco cornuto' (gehörnter Bock) des Hahnreis anführen; obwohl nun die hervorstehende Eigenschaft des Bockes, die Geilheit, vielmehr auf den Ehebrecher zu passen scheint als auf den Ehemann. Eine Bestätigung für diese Ableitung sieht Joh. Bolte in einer Stelle des lat. Sittenromans von Petronius. Bei dem Gastmahl des Trimalchio nämlich hält der Gastgeber einen Vortrag über die Bilder des Tierkreises und ihren Einfluß auf die in jedem Zeichen geborenen Menschen und rechnet den Steinbock unter die unglückbringenden Sternbilder, unter denen geplagte Leute geboren werden, denen vor lauter Kummer Hörner wachsen („In capticorno aerumnosi, quibus prae mala sua cornua nascuntur"). Dazu stimmt die Angabe der Clementinischen Recognitiones, daß auch die unter dem Zeichen des Steinbocks geborenen Frauen von der Liebesgöttin zu Üblem verleitet werden.

Beziehen sich nun die zwei Hörner auf die Zweiheit der Männer, oder liegt ein phallisches Zeichen vor? Bedeuten die Hörner einen Vergleich des betrogenen Ehemanns mit einem gehörnten Tier, also soviel wie: ‚du bist ein Rindvieh!', ‚Hornochse' etc., oder bedeuten sie, daß der Gehörnte unter dem Sternzeichen des Steinbockes geboren und zu ehelichem Unglück bestimmt ist? Es ist auch gesagt worden, die Rda. sei aus einer Volksglaubensvorstellung erwachsen, wonach die Untreue der Frau sich durch ein Horn zeige, das ihrem Mann aus der Stirn wachse. Im ‚Kolmarer Meisterleben' aus dem 14. Jh. (55,14) heißt es:

swelch frouwe ir ê zebrach, als bald
ez was geschehen,
wie schier daz an irs mannes stirne
wart ersehen!
im wuohs ein horn, das wil ich in der
wârheit jehen.

In einer anderen poetischen Bearbeitung der Sage (‚Germania' 4, 237), ebenfalls aus dem 14. Jh., ist es eine Kaiserin, die ihren Mann betrügt:

alsâ zehant man an dem Keiser
wachsen sach,
ûz sînem houbt ein horn, das muot in
sêre (V. 19ff.).

Aber für alle diese Deutungsversuche fehlen wirklich überzeugende hist. Belege. Wichtiger als die fast unlösbar erscheinende Ursprungsfrage der gehörnten Hand erscheint zunächst die Tatsache der Mehrdeutigkeit der Gebärde. Sie kann sowohl eine Ehrenkränkung mit erotischem Sinn meinen wie auch als magisches Abwehrzeichen gegen den bösen Blick gelten. Es erscheint zweifelhaft, ob die Gebärde der gehörnten Hand überhaupt eine Art ‚Entwicklung' von einer zauberischen Abwehrgebärde zur Spottgeste durchgemacht hat, denn 1. hat diese Gebärde z. T. bis heute noch den magischen Abwehrsinn zum Schutz gegen den bösen Blick, 2. scheint die gehörnte Hand andererseits z. B. schon auf etruskischen Grabmalereien des 6. vorchristl. Jh. eine profane, aufs Erotische zielende Bdtg. gehabt zu haben. Abwehr- und Spottgesten schließen sich nicht aus, sondern erweisen immer wieder ihre innere Verwandtschaft. Vielfach haben Spottgebärden noch eine geschlechtliche Nebenbdtg. Die sexuelle Komponente gehört aber keineswegs nur zum spöttischen Teilsinn der Gebärde. Vielleicht beruhte gerade auf ihr urspr. auch ein Teil der magischen Abwehrkraft, und vielleicht wollte man urspr. die magische Abwehrkraft der Gebärde gerade durch ihre geschlechtliche Bdtg. hervorrufen. Von der Abwehr zum Spott ist also nur ein kleiner Schritt, und die Doppelbdtg. wird dann beibehalten. Eine Zeichnung des ndl. Malers Georg Hoefnaghel (1569) zeigt einen Hahnrei, wie er mit einem mächtigen Hirschgeweih mit Glöckchen auf dem Nacken, die Hände gebunden, auf einem Esel sitzt, den seine Frau, bis zum Gürtel entblößt, auf einem zweiten Esel reitend, mit einem Pflanzenstengel zu schnellerem Laufe antreibt; dabei ein Herold mit einer Trompete. Ein solcher Eselritt, und zwar meist ‚verkehrt, statt des Zaumes den Schwanz in der Hand', wie es in Bürgers Ballade heißt, war schon im griech. Altertum und bei den Indern eine Strafe für Ehebrecher und Ehebrecherinnen und ist auch im MA. und später häufig vorgekommen. In Neapel ließ der span. Statthalter Herzog von Ossuna einen vorsätzlichen Hahnrei „auf einen Esel ruckwärts setzen, zwei grosse Hörner auf das Haupt binden und in der Stadt herumb führen und durch den Diener sein Vergehen ausruffen" (Harsdörffer: ‚Schauplatz lustreicher Geschichte', 1660). In die Lit. haben den Hahnrei erst der Braunschweiger Herzog Heinrich Julius und der brandenburgische Pfarrer Ringwald (‚Lautere Wahrheit', 1586) eingeführt. Durch die Schauspiele des Herzogs, der engl. Komödianten und die Hamburger Posse ‚Hanenreyerey' vom Jahre 1618 war der Hahnrei eine wirksame, allgemeines Gelächter erregende Bühnenfigur geworden. Die Etymologie ist umstritten. Ausgangsbdtg. ist ‚verschnittener Hahn', ‚Kapaun', ↗ Hahnrei. Die Volksetymologie freilich verbindet den Hahnrei mit dem Hahnenreiter, wie er in der volkstümlichen Ikonographie häufig vorkommt. (s. *Abb.* bei Hahnrei).

Das Problem, warum betrogene Ehemänner in europ. Gesellschaften spöttisch als ‚Gehörnte' bez. werden, hat A. Blok aufgegriffen. Demnach gehört die Symbolik der Hörner vorzugsweise der Gebärdensprache des Mittelmeerraumes an, und zwar geht es nur um die Hörner des Ziegenbocks. In Italien, Spanien und Portugal wird der betrogene Ehemann mit dem Bock identifiziert (becco, cabrón, cabrão). Der ital. Begriff becco ist synonym mit cornuto, d.h. Gehörnter, womit der Ehemann einer untreuen Frau bez. wird. Auch in Spanien bezeichnen cornudo und cabrón einen Mann, der sich der Untreue seiner Frau fügt. Der portugiesische Begriff cabrão ist ebenfalls gleichbedeutend mit cornudo in der doppelten Bedeutung von Bock und betrogenem Ehemann beziehungsweise Liebhaber. Die symbolische Bedeutung von Böcken und Widdern hat etwas mit den realen Verhaltensweisen dieser Tiere zu tun. Böcke dulden nämlich, ebenso wie betrogene Ehemänner, daß andere männliche Artgenossen über die Weibchen in ihrem Bereich sexuell verfügen. Ziegenhirten bestätigen, daß, wenn zwei Böcke um ein Weibchen kämpfen, der Sieger zuerst das Weibchen deckt und dann dem Verlierer dasselbe zugesteht. Einen Mann einen Bock (cabrón) zu nennen, ist darum die schlimmste Beleidigung, die überhaupt möglich ist, denn

hiermit wird angedeutet, daß er die Untreue seiner Frau hinnimmt.

Anders als der Ziegenbock duldet dagegen der Widder keine Rivalen. Während zwei Ziegenböcke nötig sind, um fünfzig Ziegen zu decken, genügt schon ein Widder für dieselbe Anzahl Schafe. Seit dem klassischen Altertum ist der Widder bekannt für sexuelle Stärke und Ungestüm. In verschiedenen europäischen Sprachen deutet das Verb „rammen" noch immer die auffälligsten Merkmale dieses Tieres an. In der mediterranen Gesellschaft bilden Widder und Böcke eine binäre Opposition. Als Symbol der Ehre und Macht stellt der Widder das Gegenstück zum Ziegenbock dar, der ein Symbol der Scham ist: Dieser Gegensatz ist homolog zu den komplementären Oppositionen zwischen Schafen und Ziegen, rechts und links, gut und schlecht (vgl. Matth. 25; ↗ Schaf).

Der betrogene Ehemann ist ehrlos und zwar in mehr als einer Hinsicht. Die Untreue seiner Frau gibt Anlaß zum Zweifel nicht nur an seinen sexuellen Kapazitäten, sondern auch an seiner Fähigkeit, sie vor den Annäherungsversuchen anderer Männer zu beschützen, das heißt, der Fähigkeit, seine Frau zu kontrollieren und sein Alleinrecht auf sie geltend zu machen, ihre Keuschheit zu gewährleisten und damit auch die Immunität seiner Domäne. Die Ansprüche auf seine Frau erfolgreich zu behaupten bedeutet, andere Männer zu dominieren – dies sowohl aus der Sicht des Ehemannes, der seine Frau eifersüchtig bewacht, als auch aus der des Ehebrechers, der sich dem Ehemann an Macht überlegen zeigt. Daraus folgt die „Domestizierung" von Frauen, die so oft als eines der auffallendsten Merkmale aller mediterranen Gebiete betrachtet worden ist. Da sie sich zu anthropomorphem Symbolismus eignen, wurden die Verhaltensunterschiede zwischen Widdern und Böcken aufgegriffen, um Unterschiede zum Ausdruck zu bringen zwischen starken, potenten, mutigen Männern und Schwächlingen, die den Erfordernissen des Hirtenlebens nicht entsprechen. Es geht also nicht um die Symbolik des Hornes als solche. Diese reicht nicht aus, um auf die Analogie zwischen dem Bock und dem betrogenen Ehemann hinzuweisen, weil die Bedeutung des Symbols nur im Vergleich zum Symbol des Gegenstücks, des Widders, deutlich wird. In diesem Sinne versucht A. Blok darzulegen, daß die symbolische Bedeutung der Hörner des betrogenen Ehemanns oder des Gehörnten als ein integraler Bestandteil eines urspr. von Hirtenvölkern stammenden Ehrencodex, der Männlichkeit und körperliche Stärke betont, verstanden werden muß. Er beruht auf dem Gegensatz von Widdern und Böcken.

Sich die Hörner noch nicht abgelaufen (auch *abgestoßen) haben:* noch im Jugendübermut stecken, noch keine Erfahrungen (bes. in der Liebe) gesammelt haben. Die Rda. stammt aus dem student. Brauch und bezieht sich auf die während des 16. und 17. Jh. auf allen dt. Universitäten an den neu eintretenden Studenten vollzogene, oft recht rohe Aufnahmefeier. Bei dieser ‚Deposition' spielten Hörner eine Rolle: Der Neuling, der Bacchant oder Beanus (Bec jaune), wurde als ein Bock, eine ‚bestia cornuta', mit Hörnern, Zähnen und Bart verkleidet, und dann wurden ihm unter besonderen Zeremonien die Hörner abgesägt, die Zähne ausgezogen und der Bart abgeschnitten. Hier bedeutete also der Hörnerschmuck des angehenden Studenten, den Eselsohren der Narrenkappen vergleichbar, die tierische Vorstufe seines Daseins, der er durch jenen symbolischen Weiheakt entrückt werden sollte. „Wenn sie die Hörner abgeworfen haben, werden sie schon von sich selbsten geschmeidig" (Joh. G. Schoch: ‚Comedia vom Studentenleben', 1657). Christ. Weise schreibt 1673 in dem Roman ‚Drei Erznarren' (Neudruck S. 79): „Es würde sich auch mit diesen jungen Liebhabern schicken, wenn sie die Hörner etw. würden abgelauffen haben". Zum Teil war dieser Brauch der student. ‚Deposition' noch bis spät ins 18. Jh. in Geltung. Das Gesicht der Kandidaten wurde z. T. geschwärzt, auf dem Hut trugen sie Hörner, die Ohren wurden künstlich verlängert. Bei der Initiation mußten sie sich dann die Hörner abstoßen, indem sie mit dem Kopf gegen eine Türe oder Säule rannten. Aus dem Jahre 1713 stammt eine Schilderung des Deponie-

rens eines Studenten mit bildl. Darstellungen. Zu einem Detail daraus gehört folgende Strophe:

Mit dem Bacchantengeist
Solls jetzund seyn schabab,
Deßwegen schläget man
Die stolzen Hörner ab.

In anderen Rdaa. ist das Horn einfach ein Zeichen der (tierischen) Kraft, z. B. *einem die Hörner zeigen:* ihm kräftig entgegentreten (vgl. ‚die Zähne zeigen'), wie Stier oder Hirsch, wenn sie gereizt werden, den Kopf senken, als ob sie dem Gegner zunächst ihre Waffe zeigen wollten. Oft bei Luther. Ebenso lat. ‚cornua obvertere alicui' = einem die Hörner zuwenden (Plautus).

Vgl. frz. ‚montrer les cornes à quelqu'un', nur im S. v. verspotten, wobei man beide Hände in Hörnerform an die Schläfen setzt.

Sich mit Hörnern und Klauen zur Wehr setzen: sich hartnäckig bis zum Äußersten verteidigen.

Einem die Hörner schaben: seine Waffen unbrauchbar machen. So bei Luther (‚Tischreden' 4,277 b): „Aber es sollen ihm die hörner geschabt werden, da er nicht wirt aufhören".

Er steckt die Hörner auf: er fängt an zu drohen.

Die engl. Wndg. ‚to be on the horns of a dilemma' hingegen deutet darauf hin, daß jem. sehr wohl auf die Hörner eines Tieres, z. B. eines wilden, ‚stößigen' Bockes geraten kann.

Den Stier bei den Hörnern fassen (oder *packen):* eine Sache mutig bei ihrer gefährlichsten, schwierigsten Seite anpakken; seit der zweiten H. des 19. Jh. bezeugt. *Etw. auf seine Hörner nehmen:*

,Auf die Hörner nehmen'

743

die Folgen einer Sache auf sich nehmen (heute dafür meist: ‚etw. auf seine ↗Kappe nehmen‘); schon im 17. Jh. in übertr. Sinne belegt; eigentl. vom Zugvieh.

Zu viel auf seine Hörner nehmen: sich mit Arbeit überhäufen.

Horn steht auch als pars pro toto für ‚Rind‘, wie ‚Huf‘ für ‚Pferd‘ steht. So heißt es bei Uhland: „In eure Stadt soll kommen kein Huf und auch kein Horn“. Schwäb. sagt man von einem Vielfraß: ‚er frißt einen Ochsen bis an die Hörner‘, und ‚horndumm‘ ist eine Steigerung von ‚dumm‘.

Das Horn als Blasinstrument ist gemeint in der Rda. *in jemandes Horn blasen:* genau reden wie er, ihm beistimmen; richtiger ist eigentl. die Form *ins gleiche Horn blasen* (in der Frühentwicklung unserer Blasinstrumente hatte jedes Horn nur eine Tonart); gemeint ist also kein ‚Ventilhorn‘, sondern ein Horn wie das des Nachtwächters, das nur einen einzigen Ton von sich gibt. Das zeigt sich bes. gut an der siebenbürg.-sächs. Rda. ‚Se blösen än î Loch‘, sie halten zusammen, haben dieselbe Meinung. Schon Luther gebraucht die Wndg.: „Nicht mit ihnen heulen und in ein Horn blasen“, und 1649 steht in ‚Augenmerk und Rebellionsspiegel‘ (13): „Allen particulir Haß und Nutz sollen die Potentaten itzo billich auff eine Seit setzen, Friede machen, und in ein Horn blasen (wie man zu sagen pflegt) zum Verderb dieser Sectierer und Unchristen“.

Im Ndd. sagt man: ‚Ins gleiche Horn tuten‘. Dies läßt noch eine andere Deutung zu: Schon in der Bronzezeit gab es im Norden Blasinstrumente aus Bronze, die – gut erhalten – wieder aufgefunden wurden (Luren). Die Mehrzahl aller Funde war paarig, und das Paar war jeweils auf den gleichen Grundton gestimmt. So konnten die Bläser ‚ins gleiche Horn tuten‘.

Auf (Treib-)Jagden über größere Reviere werden auch heute noch (Jagd-)Signale weitergegeben, indem die Bläser ‚ins gleiche Horn tuten‘.

Lit.: *H. Dunger:* ‚Hörner aufsetzen‘ und ‚Hahnrei‘, in: Germania, Vierteljahrsschrift für Dt. Altertumskunde 29 (1884), S. 59–70; *Flögel-Bauer:* Gesch. des Grotesk-Komischen, Bd. II, S. 186 ff.; *Joh. Bolte:* Der Hahnrei, Bilderbogen des 16. und 17. Jh., in: Zs. d. Vereins f. Vkde. 19 (1909), S. 63–82; HdA. III, Sp. 332; *L. Röhrich:* Gebärdensprache und Sprachgebärde, S. 129 ff.; *P. Falk:* Le couvre-chef comme symbole du mari trompé, in: Studia Neophilologica, 33, Nr. 1 (1961), S. 39–68; *M. Lurker:* Art. ‚Horn‘, in: ders.: Wb. bibl. Bilder u. Symbole (München 1973), S. 158–160; *A. Blok:* Widder und Böcke – ein Schlüssel zum mediterranen Ehrkodex, in: H. Nixdorff und Th. Hauschild (Hg.): Europäische Ethnologie (Berlin 1982), S. 165–183; *S. de Rachewiltz:* Art. ‚Horn‘, in: EM. VI, Sp. 1249–1256.

Hornberg. *Ausgehen wie’s Hornberger Schießen* sagt man von einer Sache, aus der nach vielem Lärm nichts wird; wenn ein großer Aufwand aufgeboten wurde, ohne eine Wirkung zu erzielen, oder wenn man von einer Sache, die lange in aller Munde war, plötzlich nichts mehr hört. Die Rda. bezieht sich auf eine volkstümliche Schildbürgergeschichte, die sich an das Schwarzwaldstädtchen Hornberg im Gutachtal anschließt. Der Schwank wird auf verschiedene Weise erzählt. Zwei sich widersprechende Aufzeichnungen seien deshalb hier wiedergegeben:

Einstens, als die Hornberger noch gut schwäbisch waren, sagte der Herzog einmal seinen Besuch an. Das gab eine nette Aufregung im Städtchen, und alles bereitete sich vor, den Landesvater würdig zu empfangen. Vor allem aber wurde ein Faß Pulver gekauft und die alten Kanonen aus Vätertagen wurden auf den Schloßberg geschleppt, damit sie mit donnerndem Gruß den Fürsten empfingen. Als der große Tag anbrach, war schon seit dem frühen Morgen alles in Bewegung. In der hellen Morgensonne blinkten die blanken Bronzerohre, und die Schützengilde stand

‚Ausgehen wie’s Hornberger Schießen‘

Die Sage vom Hornberger Schießen.

Nach der Überlieferung haben die Einwohner des Schwarzwaldstädtchens Hornberg, als sie im Jahre 1564 fürstlichen Besuch erwarteten, solange Böllerschüsse erprobt, bis ihnen das Pulver ausging.
Als nun der Fürst eintraf, mußten sie das Böllern durch Brüllen ersetzen. Diese Sage soll der Ursprung der Redensart sein: "Es geht aus wie das Hornberger Schießen!"

Jedwedes Kind auf der weiten Erd v. Hornberger Schiessen schon hat gehört, das Pulver ging aus zur schönsten Stund, so dass man nicht mehr schiessen kunnt! Anno 1564

‚Ausgehen wie's Hornberger Schießen'

dabei und wartete auf den großen Augenblick. Sorgsam hatten die Feuerwerker das Pulver eingefüllt und ordentlich Papier nachgestopft, die glimmende Lunte war auch parat, aber es zeigte und zeigte sich nichts im Tal. Die Sonne stieg höher und höher, zu der brennenden Ungeduld kam der noch brennendere Durst, aber da gab's kein Weichen und Wanken, galt es doch den Herzog würdig zu empfangen, und nachher, ha, da wollte man sich schon gütlich tun in den kühlen Schenken. Endlich war die schwere Arbeit getan, das letzte Pulver verschossen und der Wagenzug drunten ins Städtchen eingerückt. Stolz zogen sie hinab im freudigen Gefühl der erfüllten Pflicht. Doch, o weh, der Herzog hatte nur sein Gefolge vorausgeschickt, er selbst rückte einige Zeit später sang- und klanglos in Hornberg ein. Drum sagt man seit jener Zeit, wenn eine mit viel Lärm angekündigte Unternehmung leer ausgeht: ‚Das geht aus wie's Hornberger Schießen' (Schwarzwald-Sagen, hg. v. Joh. Künzig, Ndr. 1965, S. 290). Eine zweite, mdl. Überlieferung stellt die Geschehnisse anders dar: Das kleine Dorf Hornberg im Schwarzwald wollte einstmals ein großes Schießen halten und machte gewaltige Zurüstungen und lud alle Welt zu diesem Feste ein. Wirklich hatten die Hornberger auch für alles, was bei einem solchen Schießen erforderlich ist, wohl gesorgt; nur eins hatten sie vergessen – das Pulver (Ernst Meier: Dt. Sagen, Sitten und Gebräuche aus Schwaben, Stuttgart 1852, Nr. 406, S. 364).

Nur relativ wenige solcher lokalen Schildbürgerstreiche haben eine allg. Bekanntheit erlangt. Um so auffallender ist die große Resonanz, die die Erzählung vom Hornberger Schießen gefunden hat. Die vom Hornberger Schießen aufgezeichneten Schwanksagen sind rein ätiologischer Art und machen einen relativ jungen Eindruck. Es scheint fast so, als ob die Rda., nachdem sie sich einmal durchgesetzt hat, ihrerseits wieder neue Sproßsagen gezeitigt habe. Denn ein alljährlich vom Historischen Verein Hornberg aufgeführtes Volksschauspiel (Historisches Heimatspiel in 4 Aufzügen von Erwin Leisinger), bei dem das von der Ortsfeuerwehr inszenierte Böller-Schießen das Hauptspektakel bildet, dient nicht nur zur Hebung des Fremdenverkehrs (Sonderzüge kommen

‚Ausgehen wie's Hornberger Schießen'

von Mannheim, Karlsruhe, Freiburg), sondern trägt noch heute ständig zur weiteren Verbreitung von Sage und Rda. bei. Lit. kommt die Rda. z. B. in Schillers ‚Räubern' (I, 2) vor. Dort erzählt nämlich Spiegelberg, wie Karl Moor zur Vergeltung für seinen erschossenen Hund der Stadt ein unfreiwilliges Fasten auferlegt. „Magistrat und Bürgerschaft", heißt es weiter, „düsselten Rache. Wir Bursche frisch heraus zu siebenhundert, und du an der Spitze, und Metzger und Schneider und Krämer hinterher, und Wirt und Barbierer und alle Zünfte, und fluchen, Sturm zu laufen wider die Stadt, wenn man den Burschen ein Haar krümmen wollte. Da ging's aus, wie's Schiessen zu Hornberg, und mußten abziehen mit langer Nase". Ausführlich behandelt Pfarrer Konrad Kaltenbach in den Nummern 3, 4 und 5 der ‚Heimatklänge aus alter und neuer Zeit' (Beilage zur ‚Freiburger Tagespost', 1915) die Rda. Sein Erklärungsversuch verweist auf einen Feldzug von 1000 Bürgern der Stadt Villingen gegen Hornberg im Jahre 1519, der in Heinrich Hugs ‚Villinger Chronik' (1495–1533, Bibliothek des Lit. Ver. Stuttgart, Bd. 164) ausführlich geschildert wird. Die Villinger verhandelten mit den Bürgern und den Besatzungen des vorderen und hinteren Schlosses der Stadt. Die Verteidiger des hinteren Schlosses verweigerten die Übergabe und begannen ein mörderisches Schießen, daß die Äste von den Bäumen spritzten, doch schoß er (der Haufen) nicht über zwei Schüsse gefährlich. Die anderen gingen alle über die Berge hinaus, über die hundert Schüsse. Danach kapitulierte auch die Besatzung des hinte-

ren Schlosses am Montag nach Palmsonntag, und die Villinger besetzten die Stadt und beide Schlösser, weil wohl der vorhandene Schießvorrat verbraucht war. Ob aus diesem hist. Anlaß die Entstehung der Rda. herzuleiten ist, bleibt freilich nach wie vor unsicher.

Lit.: Büchmann; L. Röhrich:Sprw.-Rdaa. aus Volkserzählungen, S. 256; H. Berndt: Unterwegs zu deutschen Sagen. Ein phantastisches Reise- und Lesebuch (Düsseldorf, Wien ²1985).

Hose. *Die Hosen anhaben:* der Herr im Haus sein, das häusliche Regiment führen; gesagt aber meist von einer Frau, die sich das anmaßt, was nach Sitte und Herkommen dem Mann zusteht; sie trägt

1/2 ‚Die Hosen anhaben'

1–5 ‚Der Streit um die Männerhose'

bildl. die Hose, d.h. das vorzugsweise männliche Kleidungsstück. Entspr. engl. ‚she wears the breeches'; frz. ‚porter les chausses (heute nicht mehr gebräuchlich), les culottes', ‚Madame a la culotte'; ital. ‚portare le brache'; ndl. ‚de broek aan hebben'. Das vermutlich älteste Zeugnis für diese Rda. findet sich im ‚Ring' des Heinrich von Wittenwiler (V. 50 77 ff.):

Daz sag ich dir vil recht her aus:
Bis du herr in deinem haus!
Wiss, und trait dein weib die pruoch
(Hose)
Sei wirt dein hagel und dein fluoch
Wider got und sein gepott!

Hier zuo wirst der leuten spott.
Dar umb so sitz ir auf dem nak
Und halt sei sam den fuchs im sak!
Im Volkslied heißt es:
Weiber lieben Kommandieren,
haben an die Hosen gern.

In dem Fastnachtsspiel ‚Der böß Rauch‘ (d. h. das böse Weib im Hause) von Hans Sachs rät der Nachbar dem geplagten Ehemann (V. 50 ff.):

> Beut ein kampff an deinem weyb,
> du wölst dich weidlich mit jr schlagen,
> weliches söll die Bruch (Hosen) tragen.

Grimmelshausens ‚Landstörtzerin Courage‘ (Kap. 7) „schreitet zur dritten Ehe und wird aus einer Hauptmännin eine Leutnantin, triffts aber nicht so wol als vorhero, schlägt sich mit ihrem Leutenant umb die Hosen mit Prügeln, und gewinnet solche durch ihre tapffere Resolution und Courasche; darauf sich ihr Mann unsichtbar macht und sie sitzen lässt“.

In der fläm.-ndl. Tradition der Rdaa.-Darstellung kommt sehr häufig das Thema der Frau vor, die den Hosen anhat, während der Mann in Weiberkleidern daneben steht, als satirische Anspielung auf die Familien, in denen die Frau die Herrin ist: ‚Kwaeye Griet heeft de broek aen, haer man heeft de rock aen‘. In gleicher Weise findet sich in den Rdaa.-Darstellungen die Szene des Kampfes der Frauen, die sich um die Hose eines Mannes streiten: ‚hier vechten seven vrouwen om een mans broeck‘. Der überaus populäre ‚Kampf um die Hose‘ wird in der Graphik und an Miserikordien ma. Chorgestühle dargestellt. Er geht auf ein picardisches Fabliau von Huon Piucele aus der ersten H. des 13. Jh. zurück. Es ist dies ein spaßhafter Schwank eines Ehepaares, das einen Faustkampf um das Regiment und um die Hosen führt, wobei über die widersetzliche Frau der gutmütige Mann siegt, nach dessen Vorbild zu verfahren allen Ehemännern geraten wird. Eine Miserikordie in der Kathedrale von Hoogstraeten (16. Jh.) zeigt diese Szene.

Über einen ‚Pantoffelhelden‘, der ‚pünktlich‘ aus dem Wirtshaus aufbricht, ist zu hören: ‚Der muß nach Haus, er muß seine Hose abgeben!‘

Der Stand der geflickten Hosen: der Ehestand, in dem der Mann nicht mehr mit ungeflickten Hosen zu gehen braucht wie vorher als Junggeselle. So lit. in ‚Schlampampes Tod‘: „Dass wirs versuchen, wie es im Stande der geflickten Hosen zugehet“.

Von einer Frau, die sehr leicht ‚fängt‘ (schwanger wird), sagt man: ‚Die sitzt schon dran, wenn sie bloß eine (Männer-)Hose anguckt!‘

Die Hosen stramm ziehen: Schläge auf das Gesäß geben.

Sich auf die Hosen setzen: fleißig lernen.

Der sollte in meinen Hosen sitzen: der sollte in meiner Lage sein.

Die Hosen liegen ihm hart an: er kann sich nicht rühren; er lebt in sehr beengten Verhältnissen, in bedrückter Lage.

Die Hosen werden ihm zu eng: es wird ihm angst; die Sache wird ernst.

Ein paar Hosen aushängen; von einem Witwer, der sich bemüht, eine Frau zu bekommen. *Er hat seine Hosen lassen müssen:* er hat sein Leben lassen müssen.

Etw. ist in die Hose(n) gegangen: es ist daneben (schief) gegangen.

Die Hosen runterlassen: Farbe bekennen, seine Absichten deutlich zu erkennen geben. Ähnl. auch die norddt. Wndg.; ‚Rünner mit de Büx‘: Aufforderung, zur Sache zu kommen. *Die Hosen (gestrichen) vollhaben:* Angst haben; dazu ‚Hosenscheißer‘ (17. Jh.). Entspr. auch die Mahnung: ‚Mach dir bloß nicht in die Hose‘ (sei nicht so ein Angsthase).

Kurz vorm Lokus in die Hose: kurz vor dem Ziel ging die Sache schief.

Bei ihm ist tote Hose: er ist impotent, bei ihm regt sich nichts mehr (meist auf altersbedingte Ausfälle bezogen). Die Wndg. wird aber auch über ihren eigentl. Sinn hinaus gebraucht in der allg. Bdtg. von Stillstand, Flaute, Leblosigkeit wie z. B. in einer Zeitungsnotiz, in der die Wndg. auf eine Wirtschaftsflaute gemünzt ist u. als Frage in einer Schlagzeile erscheint: ‚Tote Hose in der City?‘

Ihm geht die Hose mit Grundeis: er ist sehr ängstlich, beklommen; gemilderte Parallelbildung zu: ‚ihm geht der ↗ Arsch mit Grundeis‘.

Modern umg. sind: *Ein Benehmen haben wie eine offene Hose:* sich sehr schlecht benehmen; die nicht geschlossene Männerhose gilt als unanständig und sittenwidrig. *Nicht aus der Hose kommen können:* an Verstopfung leiden. *Machen wir die Hose wieder zu!:* Ausdr. der Verzichtleistung nach Abweisung; spielt urspr. wohl auf Abweisung durch den Partner an. *Das kannst du einem erzählen, der die Hose mit der Kneifzange (Beißzange) zumacht (anzieht):* das kannst du einem Dummen erzählen, aber nicht mir.

Das ist wie eine geflickte Hose, d. h., wenig haltbar. Die Rda. wird meist auf notdürftig gekittete Ehe- oder Partnerschaftsverhältnisse bezogen, u. a. aber auch auf den Gesundheitszustand nach einer Krankheit (Operation), d. h., es wird nie wieder so, wie es vorher war.

Das zieht einem die Hosen aus: das haut einen um, ist ein starkes Stück, geht zu weit.

Das Herz fällt einem in die Hosen ↗ Herz.

Das ist Jacke wie Hose ↗ Jacke; vgl. auch ‚Spendierhosen'.

Lit.: *A. Schultz:* Dt. Leben im 14. u. 15. Jh., 2 Bde. (Wien 1892) II, S. 196 f.; *G. Jungbauer:* Art. ‚Hose', in: HdA. IV, Sp. 401–411; Art. ‚Eifersucht', in: Reallexikon der Dt. Kunstgesch. IV, S. 954–963; *G. Wolter:* Die Verpackung des männlichen Geschlechts (Marburg 1988); *D. Friedmann:* Das Jeans-Buch (Berlin 1988).

Hosenträger. *Ihm platzen die Hosenträger:* er braust auf. Grotesk-übertreibendes Bild für den Umfang der Wut, die nach volkstümlicher Auffassung ihren Sitz im Leib hat; rhein. Mitte des 20. Jh.

Von ‚Hosenträgerbreite' ist die Rede, wenn durch ständige Erbteilung die Äkker sehr schmal geworden sind.

Lit.: *G. Jungbauer:* Art. ‚Hosenträger', in: HdA. IV, Sp. 411.

Hosianna. *Heute heißt es Hosianna, morgen kreuzige ihn* sagt man bei einem raschen Meinungswechsel und Stimmungsumschwung (vgl. ndl. ‚vandaag Hosanna, morgen kruist hem').

Die Rda. ist eine scherzh. Abwandlung des hebr. ‚Hosianna' (Vulgata: „Hosanna, Osanna"), das als Willkommensgruß beim Einzug Jesu in Jerusalem gerufen wurde (Mk. 11,9; Matth. 21,9) u. aus dem synagogalen Gottesdienst in den christl. liturg. u. musikal. Gebrauch übernommen wurde. Daher auch die Wndg. *Hosianna rufen:* öffentl. Beifall spenden u. ähnl.: *In Hosiannarufe ausbrechen:* (einem Prominenten) durch laute Zurufe seine Sympathie bekunden.

Hotzenblitz. *Das war der Hotzenblitz:* das ist Brandstiftung. Unter einem ‚Hotzen-

blitz' versteht man einen Blitz, von dem der Hausbesitzer schon vorher weiß, daß er sicher einschlagen werde. Es ist eine euphemist. Umschreibung für Brandstiftung u. Versicherungsbetrug, die in manchen Gegenden als Kavaliersdelikte galten u. sich durch ‚Ansteckung' ausbreiten, ja sogar über ganze Generationen fortschleppen konnten. Als ‚Hotzenblitz' ist dieses Phänomen in die Fachlit. eingegangen. Denn aus dem Hotzenwald, dem südlichsten Teil des Schwarzwaldes, ist ein Spruch überliefert, mit dem der Sohn früher bei aufziehendem Gewitter den Herrn des Hauses auf die gute Gelegenheit aufmerksam gemacht haben soll: „Vater, gang, hol d' Zündhölzli, 's dunneret". Frieda Mayer kommentierte das so (‚Nimm mi mit, wenn d' lache wit', Gedichte, Konstanz 1912):

Drum hörscht zentume au de Witz
vum allbekannte Hotzeblitz.

Die Thematik behandelt auch ein vielgespieltes alem. Mundartstück von K. Wittlinger ‚De Hotzeblitz'. Im Bair. nennt man das analoge Phänomen der selbstinszenierten Brandstiftung einen ‚Floriansblitz', ↗ Florian.

hü. *Etw. ist nicht hü und nicht hott:* es ist unbestimmt, unklar. Die Rda. ist bes. nordd. verbreitet und leitet sich von den alten Fuhrmannsrufen an die Zugpferde her (‚hü' bedeutet links: ‚hott' rechts): „Denn is es auch man immer so so, nich hü un nich hott" (Fontane: ‚Irrungen Wirrungen', 1888, 3. Kap.); schlesw.-holst. ‚dat geit ümmer hü und hott', durcheinan-

Zieht Eines „Wißt", das Andere „Hott",
So bleibt der Wagen stecken im Koth.

‚Hü und Hott'

der; ‚nicht hott und nicht har wissen‘, gar nichts wissen; nicht wissen, was man beginnen soll. In anderer Form („hothin – schwothin“) bildl. schon bei Luther. Auch: ‚er weiß weder Hott noch Hist‘; vgl. ndl. ‚van hot noch haar weten‘; engl. ‚not know chalk from cheese‘ oder ‚a hawk from a handsaw‘ u. frz. ‚tirer à hue et à dia‘ (wörtl.: hü und hott ziehen): an einer Sache hin- und herzerren, um etw. zu erreichen.

Hucke. *Jem. die Hucke vollhauen:* ihn heftig verprügeln. Ähnl. *Die Hucke vollschlagen* (vgl. KHM. 54, Anh. 6, Anh. 23) und: *Die Hucke voll bekommen:* mächtig verprügelt werden. Hucke ist eigentl. die auf dem Rücken getragene Last, der Rückentragkorb, dann auch der Rücken selbst. *Sich die Hucke vollachen:* übermäßig lachen (↗ Buckel). *Jem. die Hucke vollügen:* ihn gründlich belügen; *sich die Hucke vollsaufen:* sich betrinken, eigentl. so viel trinken, wie man eben tragen kann, 19. Jh.

‚Die Hucke voll haben!‘

Huckepack. *Jem. huckepack tragen (nehmen):* ihn auf seinem Rücken tragen, umgekehrt: *huckepack getragen werden:* auf dem Rücken eines anderen getragen werden, sich die Kräfte anderer zunutze machen. Z. B. wurden Kinder, Kranke, Alte auf diese Weise über lange Wegstrecken, die sie allein nicht bewältigen konnten, transportiert. Der ‚Huckepackreiter‘ war urspr. jedoch der Sieger, der Überlegene. Denn schon seit alter Zeit gilt das Huckepacktragen als Spielstrafe, bei der der Unterlegene den Gewinner huckepack nehmen muß. Ein griech. Wörterbuch des Julius Pollox aus dem 2. Jh. n. Chr. enthält im 9. Buch einen zusammenhängenden Katalog von Spielen, in denen das Spielmotiv des Aufhuckens als Ephedrismos (auch Enkotyle) beschrieben wird. Dieser Beschreibung entsprechen auch bildl. Darstellungen auf Vasen, Gemmen usw.. Sie zeigen, wie bekannt das Huckepack-Motiv im Spielgut der Antike vom 5. vorchristl. Jh. bis weit in den Hellenismus hinein war. Es galt als körperl. Schandstrafe, wobei der Träger der Erniedrigte u. Verhöhnte u. der Getragene der Sieger war.

Lit.: *U. Schier-Oberdorffer:* Das Huckepack-Tragen als Spielstrafe, in: Dona Ethnologica Monacensia. Leopold Kretzenbacher zum 70. Geburtstag. (= Münchener Beiträge zur Vkde. 1), München 1983, S. 67–81.

hudle. ‚No net hudle‘: schwäb.-alem. Rda. in der Bdtg.: nur nicht vorschnell handeln oder rasch etwas ‚zusammenhauen‘, nur nicht zu hastig u. unordentlich arbeiten. ‚Hudle‘ ist die mdal. Variation des Verbs ‚hudeln‘, das neben vielen anderen Bdtgn. als Handwerkerausdr. auch den Sinn von schlampiger Arbeit hatte u. schon in frühen lit. Belegen begegnet, so u. a. bei J. L. Frisch, Teutsch-Lat. Wb., 1, 1741, 471, wo es heißt: „die Arbeit geschwind weghudeln“.

Hufeisen. *Schmunzeln wie ein Bauer, wenn er ein altes Hufeisen gefunden hat:* ohne Grund fortwährend lächeln. Hinter der Rda. steht der Volksglaube, daß der Glück – und eben Anlaß zum Schmunzeln – hat, der ein Hufeisen findet. Schles. und siebenb. sagt man von einem Sterbenden, daß ihm ‚die Hufeisen bald abgerissen‘ werden, und im Frankenwald vergleicht man die Beichte des Todkranken mit dem Abreißen der Hufeisen von toten Pferden.

Ein Hufeisen verloren habęn: ein uneheliches Kind haben (von einem Mädchen). Es handelt sich hierbei um eine scherzhafte Übertr. von dem nach Verlust eines Hufeisens lahmenden Pferde auf die ledige Wöchnerin.

Lit.: *J. C. Barnham:* „Ein Mädchen, das ein Hufeisen verloren hat“, in: Notes and Queries, 2nd, 5 (1858), S. 391; *F. Liebrecht:* Das verlorene Hufeisen, in: Zur Volkskunde. Alte u. neue Aufsätze (Heilbronn 1879), S. 490–493; *Lawrence:* The magic of the horseshoe (Boston – New York 1898); *H. Freudenthal:* Art. ‚Huf-

eisen', in: HdA. IV, Sp. 437–446; *G. Carnat:* Das Hufeisen in seiner Bdtg. für Kultur u. Zivilisation (Zürich
1953); *V. v. Geramb:* Zum Sagenmotiv vom Hufbe-
schlag, in: Beiträge zur sprachl. Volksüberlieferung
(Berlin 1953), S. 78 ff., bes. S. 82; *H. Hamkens:* „Ein
Hufeisen verloren", in: Die Heimat, 65 (1958),
S. 314–316.

Hufschlag. ‚Gank em Hoffschlag, dann
begähnt dir nü's Kotts', gehe im Hufschlag, dann begegnet dir nichts Böses.
Diese Jülicher Rda. bezieht sich auf einen
alten Brauch der Hufschmiede. In früheren Zeiten war es üblich, den Pferden und
Ochsen, ebenso den Kühen, soweit sie als
Zugtiere in Frage kamen, vor dem ersten
Beschlag ein Kreuz in den Huf zu brennen; fortan waren die Tiere dem Schutze
Gottes unterstellt. Wo sie nun gingen, da
war der Weg gleichsam gesegnet.
Die Jülicher Rda. stimmt inhaltlich mit
der Warnung überein, die auch von dem
Warner des Wilden Heeres in einer Sage
ausgesprochen wird:

Metzem em Wäg
geht et dir net schläch.
Wo Köh on Päed dir begähnt (begegnen) do ös et gesähnt.

Lit.: *G. Henssen:* Rhein. Volksüberlieferung in Sage,
Märchen und Schwank (= Rhein. Volkstum, Heft 2),
S. 18 f.

Hüfte. *Aus der Hüfte schießen:* blitzartig
reagieren, seinem Feind zuvorkommen,
ohne ihn durch eine Bewegung der Waffe
zu warnen und trotzdem treffsicher sein.
Diese Art zu schießen wird oft von geübten Western-Helden im Film praktiziert,
denen dafür Bewunderung sicher ist.
Die Rda. wird auf unvermutetes, erfolg-
reiches Handeln übertragen.
Verächtlich heißt es manchmal auch: ‚aus
der Hüfte ballern' drauflos feuern, ohne
Ziel, Sinn und Zweck.

Hugo. *Jem. zum Hugo machen,* schwäb.
‚mit jem. Hugoles machen': ihn zum Narren halten, ihn veralbern. ‚Das walte
Hugo (und die sieben Zwerge)': Iron. Be-
kräftigungs- u. Wunschformel in parodist.
Abwandlung von ‚Das walte Gott'.

Huhn, Hühnchen. Huhn ist eine beliebte,
harmlose Schelte, z. B. *ein armes, blindes,
krankes, dummes, verrücktes Huhn,* auch

einfach Bez. für einen Menschen: *ein fide-
les, gemütliches, gelehrtes Huhn.*
Das Huhn rupfen, ohne daß es schreit: mit
Geschicklichkeit erpressen und ohne Klagen zu erregen.

‚Das Huhn, das goldene Eier legt, schlachten'

*Das Huhn, das goldene Eier legt, schlach-
ten:* sich seiner eigenen Lebensgrundlage
begeben; sich selbst den Ast absägen, auf
dem man sitzt; vgl. dazu das Märchen
KHM. 60 sowie die ndl. Rda. ‚de kip met
de gouden eieren slachten'; frz. ‚il en fait
comme de la poule œufs d'or'. Jean de La
Fontaine (1621–95) erzählt dazu folgende
Fabel über ‚Die Henne mit den goldenen
Eiern':

Wer alles haben möcht', muß alles oft
verlieren.
Euch ein Exempel statuieren
Will ich an jenem Mann nun aus
dem Fabelreich.
Dem täglich hat sein Huhn ein
goldenes Ei gelegt.
Er glaubt, daß einen Schatz in sich
die Henne trägt.
Und schlachtet sie, doch sieht, daß
innen sie ganz gleich
Ist jedem Huhn, von dem wertlose Eier
kommen.
So hatte er sich selbst sein schönstes
Gut genommen.

Für Knicker eine gute Lehre!

Wie hat in letzter Zeit man doch so
oft erlebt,
Daß über Nacht verarmt so mancher,
der gestrebt,
Daß sich zu schnell sein Reichtum
mehre.

Grüße die Hühner: scherzhafte Bemerkung bei der Verabschiedung (seit dem 18. Jh. belegt).

Alle Hühner und Gänse von jem. wissen: seine Verhältnisse genau kennen, bes. obersächs., seit dem Anfang des 19. Jh. bezeugt.

Meiner Hühner wegen können meine Gänse barfuß gehen: rdal. Umschreibung von meinetwegen (vgl. ,Gänse beschlagen').

Er sitzt da, als ob ihm die Hühner das Brot gefressen hätten: niedergeschlagen und ratlos.

Mit den Hühnern (Hinkel) zu Bett gehen: sich zeitig, mit Sonnenuntergang, schlafen legen; vgl. frz. ,aller se coucher comme les poules'; dazu das Sprw. ,Wer mit den Hühnern zu Bette geht, kann mit dem Hahn aufstehen'; auch in gereimter Form:

Früh mit den Hühnern zu Bette,
Auf dem Hahn um die Wette.

Da(rüber) lachen ja alle Hühner (oder: *die ältesten Hühner, Suppenhühner*): das ist ja töricht, lächerlich. Die Wndg. ist erst in neuerer Zeit aufgekommen.

,Der muess bald em Mesner sei Hühner hiete' sagt man schwäb. von einem Sterbenden; ähnl. im Kt. Wallis: ,Willst du St. Michaels Hennen hüten?' Die Rda. geht davon aus, daß früher die Hühner des Mesners ihren Auslauf auf dem Friedhof hatten (vgl. das ↗ Zeitliche segnen).

Die Hühner melken wollen: etw. Vergebliches unternehmen wollen. Die Rdaa. von der ,Hühnermilch' (auch: Bocksmilch) sind weit verbreitet und gehen bis auf die Antike zurück (Singer I, 173). Ndl. ,de hennen melken'; sowie das vlämische Sprw.: ,Dat hy dan ook de hanen melken ga'. Luther schreibt „Ein ander von blaw enten, ein ander von hünermilch" im Anschluß an das antike lac gallinarum (Plinius: nat. hist. praef. 24; Petron, cap. 38), entspr. griech. γάλα ὀρνίθων; ,Gänsemilch' schon 1478 bei Hans Folz in dem Spiel von einem griech. Arzt: „Zwen

drünck aus einr leren krawsen Gemischt mit allter gens milch" (,Fastnachtsspiele' S. 1201).

Mit jem. ein Hühnchen zu rupfen (auch *zu pflücken) haben:* noch etw. mit ihm auszutragen haben, ihn noch wegen einer Sache, die nicht so hingehen soll, zur Rede stellen wollen. Die Rda. ist seit den dreißiger Jahren des 19. Jhs. belegt, doch kommen verwandte Wndgn. schon wesentlich früher vor, z. B. bei dem Dichter Christian Weise (1642–1708; ,Böse Catharine'): „Hilf mir Lerchen pflocken. Wer dich nicht zufrieden läßt, dem schmeiß die Federn in die Augen". Gleichbedeutend sind die Rdaa.: ,ich habe mit ihm noch ein Ei zu schälen', ,eine Rübe zu schaben', ,ich habe einen Apfel mit ihm zu schälen'; ähnl. frz. ,nous avons une pomme à peler ensemble' (veraltet), dafür: ,avoir un compte à régler avec quelqu'un' (wörtl.: mit einem abrechnen müssen); engl. ˙ ,to have a crow to pluck with someone', 1460 bei Towneley Myst. XVIII 311: „Na, na abide, we haue a craw to pull"; 1590 bei Shakespeare Com. Err. III. i. 83: „If a crow help us in, sirra, wee'l plucke a crow together"; ,ich habe eine Krähe mit ihm zu pflücken'; rhein. ,ich han mit dem noch e Nößche zu krachen', „Doch nächstens pflücken wir ein Sträußchen" (Hebbel), und, allerdings mit abweichender Bdtg., „wie ... sie sich zu beth fügten und mit einander das genßlein ropfften" (Montanus, ,Schwankbücher', hg. von Bolte, 80). Den Anlaß zum bildl. Gebrauch aller dieser Rdaa. hat die gemeinsam geübte scharfe, verletzende Tätigkeit gegeben (pflücken, schälen, schaben, knacken). Bei der Erklärung der Rda. ist auch davon auszugehen, daß das Wort rupfen in früherer Zeit häufig im Sinne von tadeln, schelten, schmähen (carpere) gebraucht wurde. „Lass mich ungerupft" ruft bei Hans Sachs die Hausmagd der Wochenwärterin zu. Bei solcher Bdtg. des ,rupfen mot worten und wercken" (H. Sachs: ,Heinz Widerborst', 92) mußte der Gedanke an das Huhn naheliegen.

Er sieht aus wie ein krankes Hühnchen: kümmerlich; *er nährt sich wie Müllers Hühnchen:* er lebt auf Kosten anderer (wie die Hühner des Müllers, die angeblich von fremdem Korn leben), ↗ Fuchs.

Herumlaufen wie ein Huhn, das ein Ei legen will und weiß nicht wo, ist vor allem dann gebräuchlich, wenn jem. planlos umherläuft, um etw. zu suchen. Ähnl.: *sie laufen herum wie aufgescheuchte Hühner (Hinkel, Dollhinkel).* Aus dem Hühnerhof stammt auch ein weiterer rdal. Vergleich, der heute noch gerne verwendet wird, wenn man mehrere Personen nebeneinander sieht, die aussehen *wie die Hühner auf der Stange,* z. B. wenn sie auf einem Holzstamm sitzen.

Lit.: *J. Franck:* Die dt. Sprww. und sprw. Rdaa. über das Geflügel seit den ältesten Zeiten, in: Tauben- und Hühner-Zeitung (Berlin 1861); *A. Hausenblas:* Zur Erklärung der Rda. ,Mit jem. ein Hühnchen rupfen', in: Zs. f. d. U. 7 (1893), S. 765–767; *A. Götze:* Alte Rdaa. neu erklärt, in Zs. f. dt. Worf. 4 (1903), S. 331 f.; *H. Willert:* ,Über bildl. Ausdrücke', in: Zs. f. d. U. 18 (1904), S. 506–508; *A. Haas:* Huhn und Hahn im pommerschen Sprw., in: Pommerscher Heimatkalender (Greifswald 1924), S. 59 ff.; *O. K. Hoffmann:* ,Zwei Redewendungen aus dem german. Rechtsleben: Es kräht kein Huhn u. Hahn danach, Er ist auf den Hund gekommen', in: Zs. f. dt. Bildung 12 (1936), S. 192–195; *K. Rodin:* Art. ,Hahn, Huhn', in: EM. VI, Sp. 370–376.

Hühnerauge. *Jem. auf die Hühneraugen treten:* ihm allzu nahe treten, ihn beleidigen. Die Rda. ist eine vergröbernde Parallelbildung zu ,jem. auf den Fuß, auf den dicken Zeh treten' usw. (vgl. frz. ,marcher à quelqu'un sur les pieds'; engl. ,to tread on a person's toes'; ndl. ,op zijn tenen getrapt zijn').

Einem die Hühneraugen operieren: einem herbe Wahrheiten sagen, ihm den Standpunkt klarmachen.

Er hat Hühneraugen am Hintern: er ist überempfindlich.

Hühnerleiter. *Das Leben ist eine Hühnerleiter: kurz und beschissen* (o. ähnl.) *von oben bis unten;* ebenso *das Leben gleicht einer Hühnerleiter: man kann vor lauter Mist nicht weiter; das Leben ist eine Hühnerleiter: man macht viel durch* (wobei ,durchmachen' doppeldeutig zu verstehen ist). Diese Wndgn., mit denen man die Unerquicklichkeiten des Alltags, Mißstände und Schwierigkeiten meint, sind frühestens seit der zweiten H. des 19. Jh. aufgekommen; ↗ Kinderhemd.

Lit.: *A. Dundes:* Life is Like a Chicken Coop Ladder. A Study of German National Character Through Folklore (New York 1981).

Hülle. *Etw. in Hülle und Fülle haben:* etw. im Überfluß haben. Die Zwillingsformel ,Hülle und Fülle', die urspr. ,Kleidung (Obdach) und Nahrung' bedeutete und dem lat. ,victus et amictus' entspricht, wird über die Bdtg. ,notwendiger Lebensunterhalt' zum Inbegriff des Überflusses, wobei sich die gewöhnliche Bdtg. von ,Fülle' durchsetzt und auf Hülle überträgt. Die Wndg. ist (nach Grimms RA. II, S. 242–243) auf eine schon in der Edda erwähnte Praxis der Lösegeldforderung zurückzuführen. Um sie zu erfüllen, wurde der Balg des getöteten Tieres innen mit rotem Gold ausgefüllt, danach zugenäht u. aufgerichtet und außen mit Gold umhüllt. So erklärt sich, warum in den frühen lit. Belegen es zuweilen noch heißt: ,in Fülle u. Hülle'. Später wurde ,Hülle u. Fülle' daraus.

Früher sagte man auch wohl anstelle der reimenden Formel ,Futter und Hülle haben'. Sebastian Franck verbindet z. B. noch: „Gott hat futer und deck, hüll und füll", und bei Luther findet sich: „da er keinen Lohn verdient hatte, denn Hülle und Fülle", d. h. er bekam kein Geld, sondern nur Kleidung (Obdach) und Nahrung. Das kommt auch z. Ausdr. in einem Sinnspruch aus dem 16. Jh. (in: Petri, ,Der Teutschen weiszheit', 1605), in dem es heißt:

> hülle und fülle,
> rock und kropf
> juppe und suppe
> kleider und nahrung
> ist zu diesem leben genug.

Paul Gerhard dichtet:

> Darum so gib mir Füll und Hüll,
> Nicht zu wenig, nicht zu viel.

Bald aber verstand man Hülle nicht mehr, sondern verband mit der Formel lediglich den Begriff des Überflusses. So bucht 1691 Stieler: „Hülle und Fülle haben, victu et amictu abundare", d. h. an Nahrung und Kleidung Überfluß haben. 1779 heißt es bei Bürger in ,Des Pfarrers Tochter von Taubenhain' (Str. 5):

> Da trieb es der Junker von Falkenstein
> In Hüll' und Füll' und in Freude.

Die Bdtg. des Wortes Hülle trat schließlich ganz zurück, so z. B. bei Th. Fontane in ,Mathilde Möhring' (Inselausg. S. 33): „Bücher seien ja da die Hülle und Fülle";

man kann heute sogar die mißverstandene Form hören: ,Er hat Geld in Hülle', im Überfluß.

Die Hülle ehelichen: eine Frau wegen ihres guten Aussehens oder wegen ihrer günstigen Vermögenslage heiraten (etwa seit 1930 üblich).

Die ,sterbliche Hülle' ist ein euphemist. Ausdr. für Leiche.

Hummel. *Eine wilde Hummel* nennt man ein ausgelassen umherschwärmendes Mädchen; lit. schon 1729 in Orestes ,Der Dreßdnische Mägde-Schlendrian': „solche junge wilden wüsten Hummeln". Bei dem schwäb. Dichter Wilhelm Hauff heißt es: „Das Haar, das ... der wilden Hummel in unordentlichen Strähnen und Locken um den Kopf flog" (Werke, hg. v. Mendheim, 1825, Bd. 3, S. 13).

Hummel im Kopf haben: unruhig sein (↗Grille); einen solchen Menschen nennt 1565 Hans Wilhelm Kirchhoff ein „Hummelhirn". Derber sind die Wndgn.: *Hummeln im Gesäß, im Hintern, im Steiß, im Hosenboden haben:* nicht ruhig sitzen bleiben können; schon in Luthers ,Sprichwörtersammlung' ist verzeichnet: „Er hat humel ym arse". Von einem Musikstück von Richard Strauss sagte dessen Vater, es sei ihm beim Anhören, als wenn er die Hosen voll Hummeln hätte.

Hummel, Hummel. Der Hamburger ,Schlachtruf': *Hummel, Hummel! – Mors, Mors!,* mit dem sich gebürtige Hamburger gerne identifizieren und identifizieren lassen, knüpft an eine reale Persönlichkeit der hamburgischen Stadtgeschichte an. Es handelt sich um den Wasserträger (Wasserhändler) Wilhelm Benz, geb. 1786, angeblich als unehelicher Sohn der Anna Maria Toaspern, später verehelichten Benz, gest. am 15. März 1854. Seinen Spottnamen ,Hummel' übernahm er von einem ausgedienten alten Stadtsoldaten namens Daniel Christian Hummel, der nach seiner Verabschiedung im Hofe des Hauses Drehbahn 36 wohnte und der bereits ein stadtbekanntes Original gewesen sein muß. Wilhelm Benz zog später in dessen Wohnung, übernahm die Tätigkeit des Wasserhändlers und ,erbte' somit auch dessen Namen, wenngleich auch nur als Übernamen. Auch Benz war eine auffällige Erscheinung: lang und dürr, schweigsam und leicht reizbar, dazu in enganliegendem Zeug, das allerdings für seinen Beruf zweckmäßig war. Der hohe Hut und die durch die geschulterte Last immer gleichbleibende, gestraffte Haltung trugen wesentlich dazu bei, ihn als eine komische Figur anzusehen. Das galt vor allem für die Straßenjungen, die ihm ihre besondere Aufmerksamkeit widmeten und ihn mit dem Spitznamen „Hummel, Hummel' provozierten. Benz ärgerte sich darüber. Da er den Spöttern nicht nachlaufen konnte, blieb ihm nur sein Mundwerk, und er gebrauchte es, wie jeder Hafenarbeiter, Lastenträger, Kutscher oder Speicherarbeiter. Auch nach dem Tode von Wilhelm Benz lebten doch der Hummelruf und seine Antwort weiter. Sie wurden zum Hamburger Allgemeingut. Wenn Hamburger in die Fremde zogen, nahmen sie ihn mit; er gehörte zum Bild der Heimat wie die Fleete, die Speicher, der Jungfernstieg und der Dom. Zahlreiche Anekdoten legen dafür Zeugnis ab; so z. B. auch die Erzählung von dem Auftreten des Schauspielers Rethwisch in New York. Rethwisch (Thaliatheater) gab drüben ein Gastspiel. Als das Stück zu Ende war und rauschender Beifall einsetzte, mischten sich einige Hummel-Hummel-Rufe in die begeister-

,Hummel'

ten Äußerungen, die alsbald von allen Hamburgern und schließlich, weil so etwas ansteckend wirkt, von allen Anwesenden aufgenommen wurden. Mit jedem Aufgehen des Vorhangs wurde der Ruf stärker, bis der ganze Zuschauerraum von dem tosenden Hummel-Hummel erfüllt war. Damals hing der gebührenden Antwort wohl doch noch der Makel der Unanständigkeit an, und Rethwisch konnte es nicht wagen, die erwarteten Worte in den Saal zu schmettern. Aber er wußte sich glänzend aus der Verlegenheit zu ziehen. Als schon der eiserne Vorhang langsam heruntergleitet, trat er ein letztes Mal an die Rampe, drehte sich um, so daß er dem Publikum den Rücken zukehrte, zog die Rockschöße auseinander und machte eine tiefe Verbeugung. Die kleine Plastik am Memelhaus im ehemaligen Gängeviertel wiederholt, auf einen Straßenjungen übertragen, diese sprechende Geste. In Hamburger Theatern gab es vielgespielte Stücke, die die Gestalt Hummels in den Mittelpunkt stellten. Solche Stücke brachten auch den Hummelruf immer wieder unter die Leute. Er wurde gleichsam zu einem Ausweis jedes Hamburgers. Zu seiner Verbreitung über ganz Deutschland trug auch wesentlich das HH in der Kennnummer der Hamburger Automobile (= Hansestadt Hamburg) bei.
Die Gestalt Hummels wird auch in einem Denkmal der Nachwelt vermittelt. Es wurde am 18. September 1938 an der Ecke Rademacher- und Breitergang mitten im ehemaligen Gängeviertel enthüllt. Das Hummeldenkmal hat den Zweiten Weltkrieg unbeschädigt überstanden.

Lit.: *J. Sass:* Hamburger Originale und originelle Hamburger (Hamburg o. J. [1963]).

Humpenstoß. ‚Einen Humpenstoß geben‘: ein Prosit ausbringen. Die Rda. bezieht sich auf den ‚Humpen‘, ein großes, weites Trinkgefäß. ‚Humpe‘ ist zunächst wohl ein aus den obd. Mdaa. aufgegriffener Studentenausdr., der sich von dort her weiter ausgebreitet hat. Lit. belegt ist das Zutrinken und Anstoßen mit dem Humpen bei Chr. Weise (‚Die drei ärgsten Erznarren‘, 1672, 148): „also dasz Herr Storax dem Florinde eine humpe zutrank".

Hund. Der Hund ist im rdal. Ausdr. ebensosehr das Bild des Elenden, Niederträchtigen und Untermenschlichen wie auch das Symbol der Treue, Wachsamkeit usw. Mit Recht sagt M. Kuusi, daß eine vergleichende Erforschung der überlieferten Rollenverteilung in der Tiersymbolik gerade im Bereich der Sprww. und Rdaa. äußerst interessante Probleme aufweisen würde. Die Rdaa. mit Hund bieten dafür gute Beispiele.
Am häufigsten ist Hund in Schimpfwörtern: *Lumpenhund, Himmelhund, blöder Hund, feiger Hund, frecher Hund, falscher Hund, scharfer Hund* (strenger Vorgesetzter, strenger Richter); *kalter Hund. Alter Hund* bedeutet eine grobe Abfertigung; ferner: alte Sache, alter Prozeß; *einen alten Hund totmachen:* die Sache erledigen (aus der Leipziger Juristensprache bezeugt). ‚Alter Hund‘ ferner in der Bdtg.: alter Wertgegenstand; altbair. ‚in dem Hause steckt noch ein alter Hund‘, es ist noch Geld von den Voreltern da.
Blinder Hund: eine Wassersuppe, aus der kein (Fett-)Auge herausguckt, auch: Kaffee ohne Milch.
Da wird der Hund in der Pfanne verrückt ist ein Ausdr. ratloser Verwunderung. Es handelt sich um eine sog. Nonsens-Äußerung, die meist gebraucht wird i. S. v.: Das ist eine unglaubliche Geschichte. Sie erinnert an einen bekannten Eulenspiegel-Schwank. Darin wird berichtet, wie Eulenspiegel als Brauknecht in Einbeck seine Possen trieb: Eines Tages erhielt Till von seinem Braumeister die Weisung, ‚mit Sorgfalt Hopfen zu sieden‘. Till kam die Idee, seinem Herrn einen tollen Streich zu spielen. Sein Meister hatte nämlich einen Hund, der auf den Namen ‚Hopf‘ hörte. Dieses arme Tier warf Eulenspiegel in die siedende Würze. Als man den Sud abgelassen hatte, fand der erboste Braumeister die Überreste seines Hundes in der Braupfanne.
Das jammert einen (toten) Hund: das findet schärfste Mißbilligung. Ebenso *das ist unter dem (unter allem) Hund:* das ist höchst minderwertig, unter aller Kritik.
Dicker Hund: grober grammatikalischer oder orthographischer Fehler (so in der Schülersprache), sonst allgemeiner: große Frechheit, eindrucksvolle, schwie-

rige Sache, schlimmes Vergehen, starkes Stück, auch: unglaubwürdiger Vorgang. *Einen dicken Hund ausbrüten:* eine völlig verfehlte Maßnahme mit entspr. bösen Folgen treffen; einen schweren Irrtum begehen. *Einen dicken Hund haben:* beim Skat ein gutes Spiel in der Hand haben. *Mach keinen dicken Hund los:* reg dich nicht auf! *Einen ganz dicken Hund am Schwanz packen:* eine sehr heikle Sache erörtern. All diese Rdaa. sind erst in der Umgangssprache des 20. Jh. bezeugt, doch mag dabei daran erinnert werden, daß es im MA. als schwere Beleidigung galt, jmdm. als Gabe einen fetten Hund hinzuwerfen (Grimm, Dt. Wb. III, 1570).

Wie man sagt ‚vom Pferd auf den Esel kommen', so auch *auf den Hund kommen:* herunterkommen, in schlechte Verhältnisse geraten, wobei die Tierrangfolge noch weiter nach unten fortgesetzt – vom Pferde- zum Esel- und schließlich zum Hundefuhrwerk – oder der Hund einfach als etw. Verächtliches im Vergleich zum Menschen gebraucht ist. Im Jahre 1664 riefen die siegreichen dt. Soldaten bei St. Gotthard an der Raab geschlagenen Türken zu: „Komst aufn Hund und nit aufn Gaul!", und in einem neueren Volkslied, 1867 auf den unglücklichen Habsburger Maximilian in Mexiko gedichtet, heißt es:

> Von dem Tag an und der Stunde
> War der Kaiser auf dem Hunde.

Eine Erklärung liefert P. Abl. Er weist darauf hin, daß in früherer Zeit zur Abschreckung von Dieben am Boden größerer Geldkassetten ein bissiger Hund abgebildet war (entspr. Beispiele sind vor allem noch in Österreich anzutreffen). In anderen Berichten ist dagegen die Rede von städt. Geldtruhen, die einen ähnl. Bilderschmuck am Boden aufwiesen u. eher als Mahnung zur Sparsamkeit zu verstehen waren, denn wer zu schnell auf den Hund (den Boden) kam, hatte alles andere als sparsam gewirtschaftet: er hatte kein Geld mehr, war am Ende. E. Zeller berichtet in ihrem Roman ‚Lampenfieber' (1974) von einer Truhe in einem pommerschen Dorf, auf deren Boden ein Hund gemalt war: wenn die Truhe keine Vorräte mehr barg, war man ‚auf den Hund gekommen'.

S. Colditz wiederum führt die Bez. für einen verarmten Menschen auf die Tatsache zurück, daß verarmte Bauern früher anstatt eines Pferdes einen Hund als Zugtier benutzten. In diesem Sinne kann man auch sagen: ‚Vom Pferd auf den Esel, vom Esel auf den Hund, vom Hund auf den Bettelsack kommen', d.h., völlig verarmen, sozial immer weiter absteigen.

Auf die Bdtg. der Verarmung bezieht sich auch eine Erklärung von P. Abl im Zusammenhang mit dem Sprw.: ‚Kommste übern Hund, so kommste übern Schwanz', das meist ermunternd gebraucht wird i. S. v.: wenn du dies bewältigst, schaffst du auch das Ganze. Sie ist vorwiegend im norddt. Raum geläufig, obwohl der Urspr. in einem Würfelspiel zu suchen ist, das im 15. Jh. auch in Wien bekannt war u. bereits von den alten Römern gespielt wurde. Die Spieler benutzten dabei 4 Astralagi (= Knochenstücke aus der Fußwurzel von Schaf oder Ziege). Diese hatten vier Flächen mit je 1, 3, 4, 6 Augen. Als schlechtesten Wurf bezeichnete man den sog. ‚Hundswurf' (canis – benannt nach dem Sternbild des Hundes), d.h., wenn alle vier Astralagi die Einerseite (die Seite mit dem Hund) zeigten. Wer einen ‚canis' geworfen hatte, verlor seinen ganzen Einsatz. Bei manchen Spielen galt auch der Wurf von vier Sechsern als verloren. Zum Trost hatte man ein Sprüchlein: ‚Komme ich über den Hund (= über die Vier), so komme ich auch über den Schwanz' (= über die Siebenzahl des großen Hundes – gemeint sind die drei neben dem eigentlichen Sternbild stehenden Sterne). Der Prediger Johann von Capistran wandte das Wortspiel auf jene an, die zügelloser Spielwut frönten u. dadurch Hab u. Gut verloren.

(Völlig) auf dem Hund sein: gesundheitlich am Ende, sich ausgemergelt u. am Ende der Kräfte fühlen.

Die scherzhafte Frage: ‚Seid ihr auch auf den Hund gekommen?' meint heute mitunter: Habt ihr euch auch einen Hund ‚angeschafft'?

Aus der verächtlichen Bdtg., die an dem Hunde haftet, erklären sich die vielen geringschätzigen Zusammensetzungen wie *hundsgemein, hundeschlecht, Hundeleben* (frz. ‚vie de chien'), *Hundewetter* (frz.

,temps de chien'), *hundemüde, auch das hunzen (aus-, herunter-, verhunzen), das* nach seiner Herkunft eigentl. ,hundsen' geschrieben werden müßte. Auf das ,Hundeleben' spielt auch Goethe im Faust an: „Es möchte kein Hund so länger leben". Desgleichen Günter Grass, der als Titel eines Romans den Begriff ,Hundejahre' wählte.

Ein Mensch muß sehr verachtet sein, wenn man von ihm sagen kann: *Es nimmt kein Hund einen Bissen Brot von ihm.* Schon bei Hans Sachs klagt einer über seine Frau als seinen Fegteufel:

Der rennt mir nach offt ins wirtshaus
vnd hollüpt (lästert) mich mit worten
auß:
Ein hund ein brot kaum von mir nem.

Der große Hund ist ein ähnl. rdal. Bild wie ,das große (hohe) Tier', worunter man einen vornehmen Mann von hohem Rang versteht. Von einem Eingebildeten sagt man obersächs.: ,Er denkt, daß der große Hund sein Pate wäre, derweile ist es Bettelmanns Spitz'; auch: ,wie dem großen Hund sein Bruder auftreten', anmaßend auftreten; ndd. ,ok de gröttste Hund (Rüe) mot sek schämen' u. dgl. – ,De grote Hund' ist für den Seemann eine Verkörperung des Meeres. Mit diesem Bild wird die Raffgier der See gekennzeichnet; wenn der Koch Speisereste über Bord schüttet, spricht er dazu: ,Dat is wat för'n groten Hund'. Aus gleicher Anschauung heraus werden gischtende Brandungsseen ,weiße Hunde' genannt (Stammler, Aufriß Sp. 1876).

,Die Hunde bellen, die Karawane zieht weiter': ist eine neuerlich in der Politik des öfteren zu hörende Wndg., meist i. S. v.: wir lassen uns nicht beirren, wir halten an unserer Linie fest. Sie soll auf ein arab. Sprw. zurückgehen, ↗ Karawane. *Brot im Hundestall suchen oder den Hund nach den Bratwürsten schicken:* einen verkehrten Weg bei einer Handlung einschlagen, etw. Törichtes tun.

Bekannt wie ein bunter (oder *scheckiger*) *Hund* wird von einem gesagt, der allenthalben, aber nicht gerade rühmlich bekannt ist; auch von Frauenzimmern, die sich gemein machen. Der Leipziger Amaranthes (Corvinus) sagt 1711 von einer Frau:

Die es mit keinem redlich meint,
Die man, es weiß es jedes Kind,
Pflegt einen bunten Hund zu nennen,
Den man auf allen Straßen findt.

,Bekannt wie ein bunter Hund'

Die meisten Hunde sind einfarbig; ein Hund in mehreren Farben fällt darum auf. Die Rda. findet sich in der allg. Umgangssprache ebenso wie in den Mdaa., z. B. holst. ,Se is so bekannt as de bunte Hund'; ostfries. freilich heißt es: ,Dar sünt mehr bunte Hunne as een', einzelne Kennzeichen reichen nicht aus, Personen oder Sachen genau zu bestimmen. Vgl. frz. ,connu comme le loup blanc' (wörtl.: bekannt wie der weiße Wolf), ↗ Wolf.

Nach dem auffälligen Zittern neugeborener Hunde heißt es: *frieren wie ein junger (nasser) Hund.*

Junge Hunde und Schoten ist in Sachsen eine der rdal. Antworten auf die Frage neugieriger Kinder, was es zum Mittagessen gebe, wohl mit Anspielung auf das ungeduldige Zappeln der Fragenden; doch in Oberbayern heißt eine Mehlspeise tatsächlich ,nackte Hündlein'.

Damit lockt man keinen Hund vom (unter, hinter, aus dem) Ofen (vor): um Erfolg zu haben, muß man mehr Klugheit, gewichtigere Gründe aufbieten. Die Rda. ist seit

757

‚Den Hund hinter dem Ofen vorlocken'

Luther öfters belegt; in der Ballade ‚Der Kaiser und der Abt' läßt G. A. Bürger den unwissenden, aber schlauen Schäfer Hans Bendix sagen:

Versteh' ich gleich nichts von
        lateinischen Brocken,
So weiß ich den Hund doch vom Ofen
        zu locken.

Urspr. hieß es ‚den Hund aus dem Ofen locken', was seine Erklärung in der alten Bauart der Öfen findet: Der Ofen stand auf Beinen, zwischen denen sich der Hund zu Hause gern lagerte; oder es ist auch das Ofenloch, die ‚Hölle' gemeint, in die der Hund nach dem Ausgehen des Feuers hineinkroch.

Auf das gereimte Sprw. *Zwei Hunde an einem Bein kommen selten überein* beziehen sich sowohl das Detail aus P. Bruegels Rdaa.-Bild wie auch plastische Darstellungen an Kirchengestühlen.

Meist lebt der Hund in Feindschaft mit der Katze, so daß *wie Hund und Katze leben* sprw. für fortwährendes Gezänk

zweier aufeinander Angewiesener ist. So schon mhd. in Freidanks Lehrgedicht ‚Bescheidenheit' (138, 15):

Bî hunden und bî katzen
was bîzen ie und kratzen.

Ähnl. heißt es im Liederbuch der Hätzlerin (S. LXXII, 36):

Sy liebt sich mir zu aller stund,
Als by dem tische katz vnd hund.

Anders 1639 bei Lehmann S. 881 (‚Vneinigkeit' 23): „Vneinige sind in gutem Vernehmen wie der Fuchs vnd Han, Katz vnd Mauß".

Vgl. frz. ‚être comme chien et chat'.

Nach der Meinung von Zoologen und Verhaltensforschern beruht die oft zu beobachtende Unverträglichkeit zwischen Hund u. Katze nicht auf einer ‚Erbfeind-

‚Wie Hund und Katze leben'

‚Hundeflöhen'

‚Zwei Hunde an einem Bein kommen selten überein'

,Mit allen Hunden gehetzt'

schaft', sondern auf dem gegenseitigen Mißverstehen ihrer Gebärdensprache. Was bei dem einen Tier eine Gebärde zur freundschaftlichen Annäherung ist, wird vom anderen als feindselige Haltung gedeutet. (KHM. 222; Bolte-Polívka III, S. 542–555; vgl. Vitus B. Dröscher: ,Mit den Wölfen heulen', 1978, 73–76).

Die unangenehme Eigenschaft eines ungepflegten Hundes sind seine vielen Flöhe; daher der rdal. Vergleich: *Er steckt voller Unarten wie der Hund voll Flöhe. Er ist voller Freude wie der Hund voller Flöhe* ist eine sehr geläufige Rda., der etw. Ironisches anhaftet und die durchaus nicht jung ist, sondern bereits vorgebildet erscheint in den Satiren gegen Murner (,Sendbrief von der Meßkrankheit'): „Ich mein", sagt Frümesser, „ir seyt völler fantasten (wunderlicher, krauser Sinn), denn ein zotteter Hund flöch im Augsten (August)". Daß man auch ebenso voll von freudloser Stimmung sein konnte, beweist Hans Sachs' Fastnachtsspiel vom Pfarrer mit den ehebrecherischen Bauern (2):

Ich steck unmuts und angst so vol
Und ge gleich in den sinnen umb,
Wie der hund in den flöhen krumb.

Eine sehr lästige Beschäftigung vergleicht man mit *Hundeflöhen.*

Von der Jagd stammt: *mit allen Hunden gehetzt sein:* so schlau, so erfahren sein,

,Den Hund bös machen'

daß man sich allen Gefahren zu entziehen weiß.

Den Hund bös (wütend) machen: jem. reizen, aufstacheln; ndl. ,Zij maekt den hond boes'; dazu die Abb. des 18. Jh., die sich satirisch gegen diejenigen Frauen wendet, die ihre sanftmütigeren Männer aufreizen; ähnl. *schlafende Hunde wecken:* die Gefahr selbst herbeiführen; auf sich aufmerksam machen, unvorsichtig sein, ein kontroverses, schwieriges oder tabuiertes Problem aufgreifen, das man besser auf sich beruhen lassen sollte; vgl. frz. ,Il ne faut pas réveiller le chat qui dort' (wörtl.: Man darf die schlafende Katze nicht wecken), ↗ Katze.

Ebenfalls auf die Jagd bezieht sich der rdal. Vergleich, den Carl Zuckmayer

(„Schinderhannes', 4. Akt) bringt: „Die Kerl sinn ihr nachgemacht wie die Hund hinnerm Schweiß".

Wenn der Hund zum Springen und zum Laufen unlustig ist, rutscht er auf dem Hintern; daher *den Hund hinken lassen:* faul, falsch, unzuverlässig sein; die Rda. ist bereits im 16. Jh. ganz geläufig (z. B. ‚Zimmerische Chronik' I, 287 und bei Luther).

Das ist so echt wie Hundehinken: wenn ein Hund einem größeren begegnet und sich von ihm bedroht glaubt, fängt er an zu hinken, um sich seiner Gnade zu versichern, indem er seine eigene Ungefährlichkeit manifestiert.

Vor die Hunde gehen: verkommen, entzweigehen, zuschanden werden; die Rda. ist vielleicht hergeleitet von krankem und schwachem Wild, das leicht den Jagdhunden zum Opfer fällt (seit dem 17. Jh.). Wahrscheinlicher als diese Herleitung aus der Jägersprache ist aber wohl die Geringwertigkeit des Hundes, die für die Wahl der Metapher ausschlaggebend gewesen ist (vgl. ‚das ist für die Katz', ‚in die Wicken gehen', ‚flöten gehen' und verwandte Rdaa.).

Einer breiteren Erklärung bedarf die Rda. *Hunde tragen* (oder *führen*), landschaftlich mit verschiedenen Zusätzen, z. B. in Sachsen: ‚bis Bautzen', im Elsaß: ‚nach Lenkenbach', in Gießen: ‚nach Endebach', in Franken: ‚nach Buschendorf', in Schwaben: ‚bis Ulm', Ortsbez., die heute alle nur noch bedeuten: sehr weit. Der Sinn der Rda. ist: eine unangenehme, beschwerliche, langwierige, nicht einträgliche Arbeit ausführen. Man hat zur Erklärung an verschiedene alte Rechtsbräuche erinnert: ‚Hunde tragen' war eine Strafe, zu der Edelleute, die geraubt oder den Landfrieden gebrochen hatten, verurteilt wurden; damit sollte ausgedrückt werden, daß sie eigentl. verdient hätten, aufgehängt zu werden wie ein Hund. Die Rda. ‚Hunde führen' dagegen wird zurückgehen auf eine alte Untertanenpflicht, dem Herrn, zumal dem Gerichtsherrn, Hunde zu halten: eine sicherlich als beschwerlich empfundene Aufgabe. Möglicherweise haben die genannten Orte dabei eine bestimmte Bdtg. als Grenzangabe; so war Bautzen der Grenzort zwischen Meißen und der Lausitz; auch für Ulm an der Donau gilt eine solche Grenzlage.

In dem Bannteiding von Podersdorf (Neusiedel am See) findet sich aus dem 16. Jh. folgende Bestimmung: Wenn einer nach Podersdorf kommt und niemals früher hier gewesen ist, so soll man den größten alten Hund in dem Gemeindegebiet nehmen, ihn in einen Sack gut einbinden, daß er nicht beißen kann, und soll ihn dann dem Ankömmling auf die Achsel legen. Dieser soll ihn von des Richters Haus bis zu einem Kreuz tragen. Dort kann er rasten. Dann hat er den Hund ungesäumt wieder bis zu des Richters Haus zurückzutragen ... Wer aber den Hund nicht tragen will, kann sich mit einem Eimer Wein freikaufen. Mit der Strafe des Hundetragens hängt möglicherweise die Rda. ‚auf den Hund kommen' zusammen, wenn hier nicht doch an den Hund als Zugtier der Ärmsten oder auch an den Hund als Nahrungsmittel ärmerer Leute zu denken ist (s. o.).

Jem. einen Hund antun: einen bitteren, kränkenden Spott zufügen (vor allem in Niederoesterr.). In dieser Rda. lebt die Erinnerung an alte Rechtsbräuche fort: an das Mithängen eines Hundes am Galgen als bes. schimpfliche Hinrichtungsart oder an die Strafe des Hundetragens. Die Rechtsstrafe lebt als Hänselbrauch weiter und ist verschiedentlich durch Weistümer belegt. Wie sehr die alten Rechtsbräuche fortwirkten, zeigt eine Kabinettsordre Friedrich Wilhelms I. von Preußen vom 5. November 1739, die aus dem Widerwillen gegen die Wiederaufnahme überlebter Sachen entstand: „Von morgen über acht Tage ab, wenn ein Advokat oder Prokurator oder anderer dergleichen Mensch seiner Königlichen Majestät Memorialien in abgetanen und abgedroschenen Prozeß- oder Gnadensachen einreichen zu lassen sich unterstehen wird, als dann seine Königliche Majestät einen solchen ohne Gerede aufhängen lassen wird und neben ihn einen Hund".

Hunde aus- (oder *ein-*)*läuten* nennt man es, wenn unruhige Kinder beim Sitzen den einen oder den anderen Fuß beständig vor- oder rückwärts bewegen, auch: *den Hunden Schiedung (Scheidung) läu-*

POLKA
aus der Parodie:
FAUST UND MARGARETHE

Da liegt der
Hund
begraben.

für PIANO von
J. ROEHL.

‚Da liegt der Hund begraben'

ten; die heilige Glocke darf nur einem Menschen beim Tode ausläuten, nicht aber einem Tier; bei einem Tier wird sozusagen stumm geläutet, wie die Bewegung der Kinderbeine zeichenhaft andeutet. L. Schmidt meint dazu: „Die Beziehung auf den Hund, der offenbar unter dem Tisch liegend gedacht war, hat sich wohl im 16. Jh. eingestellt. Hans Sachs hat sie 1534 verwendet (Zwölf Fastnachtsspiele aus den Jahren 1518–1539, in: Neudrucke dt. Literaturwerke des XVI. u. XVII. Jh., Nr. 26 und 27, Halle 1880)", ↗ Esel. Schmidt erwähnt des weiteren auch das Sprw.: ‚Wenn man einen Hund schlagen will, findet man einen Stecken', das bei Johannes Fischart 1575 in seiner Verdeutschung eines frz. Originals begegnet:

Wann man kurtzum einen tot will haben,
Kan man bald ein ursach von Nägeln schaben,
Und welcher schlagen will ein Hund,
Bald ein Stecken fund.

Die Rda. ist im 19. u. 20. Jh. von Ostpreußen bis nach Österreich gewandert. Dort ist sie auch heute noch anzutreffen.
Hunde hinten haben: einen heimlichen Schatz besitzen. Dazu wohl auch die Rda.

Da liegt der Hund begraben: das ist's, worauf es ankommt; das ist die Ursache der Schwierigkeiten, des Übels; vgl. frz. ‚voilà le chien', heute ungebräuchlich. Dafür: ‚C'est là qu'est le lièvre' (wörtl.: Da liegt der Hase), ↗ Hase; ndl. ‚daar ligt de hond begraven'. Wander (II, Sp. 879f.) bringt gleich mehrere, allerdings ganz verschiedene und sich widersprechende Erzählungen, die die Entstehung dieser Rda. zu erklären versuchen; sie alle sind aber erst sekundäre ätiologische Deutungsversuche, denen keinerlei Wahrscheinlichkeit zukommt. Wieder eine andere, aber vermutlich auch nur ätiologische Erklärung gibt Büchmann. Er erinnert an das Grabmal eines treuen Hundes, das sich in der Nähe der Schloßruine von Winterstein in Thüringen, zwischen Friedrichroda und Eisenach gelegen, befindet. Die beinahe 1 m hohe Steinplatte trägt die Inschrift:

Ano 1630 Jar dr
19 Marci ward
Ein Hund hieher
Begrawen das in nicht fressen die
Rawen war sein Name Stuczel genant
Fürsten üd Hern wol bekät geschah
Ob seiner grosse Treulichkeit die er
Seinē Her üd Frauen beweist.

Die Rda. bezieht sich aber wahrscheinl. auf den in der Erdentiefe verborgenen Schatzhüterhund der Volkssage. Oft ist es der Geizige selbst, der nach seinem Tode als Hund die Schatzgräber abschreckt. Mephistopheles spottet in Goethes ‚Faust' (II, 1, V. 4977 ff.) über die Menge, die an seinem Schatzgräbertum zweifelt:

Da stehen sie umher und staunen,
Vertrauen nicht dem hohen Fund;
Der eine faselt von Alraunen,
Der andre von dem schwarzen Hund.

Hans Sachs läßt einmal einen jungen Menschen, der Geld in der Tasche zu haben glaubt, daran klopfen und sprechen: „Da ligt der hunt". Bei Abraham a Sancta Clara (‚Mercurialis', 82) heißt es: „Vermerkte gar bald, wo der faule Hund vergraben lag".
Christian Weise (1642–1708) sagt in der Komödie ‚Tobias und die Schwalbe' (I, 15): „Es ist ein verständiger Hund, ich halte immer, es ist einmal ein Schatzgräber darein verbannt worden". Offenbar hat man also den schwarzen Hund, der

den verborgenen Schatz urspr. hütete, mit dem Schatz selbst gleichgesetzt. In dem ‚Carmen de Brunsbergo' stehen die Verse:

Horrendus canis est tenebrosum
cinctus ad antrum
Thesauri custos, qui latet imus ibi,
Igneus est visus, color atque
nigerrimus illi
Os patulum et cunctis halitus, usque
gravis.

Der schwarze Hund der Schatzsage steht vielfach anstelle des Teufels als Schatzwächter, wie der Teufel ja auch sonst vielfach in Hundegestalt auftritt. Um den Namen des Teufels zu verhüllen, sind dann wohl auch andere Ausdrücke eingesetzt worden, z. B.: ‚Da liegt ein Musikant begraben' oder, wie in der angeführten Stelle aus dem ‚Faust': „Da liegt der Spielmann, liegt der Schatz". Goethe schreibt auch in einem Brief vom 6.6.1809 an Charlotte von Stein: „Ist doch alles, was mich in Jena umgibt, so trümmerhaft gegen vorige Zeiten, und ehe man sich's versieht, stolpert man über einen Erdhöcker, wo, wie man zu sagen pflegt, der Spielmann oder der Hund begraben liegt (deren Gedudel oder Gebell gleichsam in die darüber schreitenden Füße fährt)"; vgl. ferner das Liedchen ‚Hier liegt ein Spielmann' aus ‚Des Knaben Wunderhorn', wo es in der 9. Str. heißt:

Da laufen die Schwaben
Und fallen in Graben,
Liegt ein Spielmann begraben
Mit der kleinen Killekeia,
Mit der großen Kum, Kum.

E. Hermann deutet die Rda. völlig anders. Für ihn ist sie kein Hinweis auf einen Schatz, sondern vielmehr auf ein Geheimnis bzw. ein verborgenes Übel. Er geht von der entspr. frz. Wndg.: ‚c'est là que gît de lièvre' aus u. folgert, daß es sich um ähnliche Prämissen handelt: so wie der Hase seinen Lagerplatz an einem schwer zu findenden Ort aufschlägt, bleibt auch die Stelle, an der ein Hund begraben wird, für die Allgemeinheit meist unbekannt. Wußte man, wo er begraben lag, war man hinter ein Geheimnis gekommen. Da im Engl. das Aufspüren eines unbekannten Übels wiedergegeben wird mit der Wndg. ‚There is the rub' (die ärgerliche Schleifstelle, die Quelle allen Übels), ist nach Hermann der Weg vom Geheimnis zum Übel auch bei der dt. Rda. nicht weit.

Der Hund hat das Leder gefressen: wenn man jem. etw. anhaben will, findet man leicht einen Grund. Diese Rda. reicht in das Altertum zurück bis auf Theokrit (Id. 10, 11): „χαλεπὸν χορίῳ κύνα γεῦσαι" (es ist schlimm, den Hund vom χόριον kosten zu lassen); χόριον ist die feine Haut um die Eingeweide, die von den Griechen samt den Eingeweiden getrocknet, mit Milch gefüllt ans Feuer gesetzt, geröstet und so gegessen wurde. Χόριον bedeutet aber auch die Hülle, die die Frucht im Mutterleibe umschließt und ihr bei der Geburt als Nachgeburt folgt. Diese Nachgeburt nun wird von Hunden, Schweinen und anderen Tieren gern gefressen. Wenn man Hunde zähmen wollte, hielt man ihnen dieses χόριον vor. Man soll also keinen Hund davon kosten lassen, er kann dann nicht mehr davon lassen. Im weiteren Sinne muß aber χόριον auch Haut bedeutet haben. Da Häute zu Leder verarbeitet werden, ergab sich die Bdtg. Leder von selbst. Sie drang nun auch in die Rda. ein. Hier beginnt das Mißverständnis, das über Lukian z. B. auf Horaz überging (Sat. II, 5, 83): „Ut canis a corio nunquam absterrebitur uncto" (Wie der Hund nie vom gefetteten Leder abzubringen ist). Von Horaz aus hat sich die Rda. weiter verbreitet. Z. B. bei Notker Labeo (952–1022): „Fone démo limble so beginnit tir hunt leder ezzen" (Angefangen mit einem Riemen beginnt der Hund Leder zu fressen): Kleine Übertretungen führen mit der Zeit zu größeren Vergehen. Genauso haben wir den Spruch noch bei Luther: „An den lappen lern der hund ledder fressen". Er versteht es aber in dem Sinn: „Wem das kleine verschmaht, wird das großer nicht". – Dieses Sprw. erfuhr später noch einmal eine Umdeutung: Der Hund darf kein Leder fressen, tut er es doch, wird er gestraft. Hier beginnt nun wieder im Anschluß an Stellen wie Theokrit und Horaz die spätere Fassung ihre Bestätigung zu bekommen: ‚Canis assuetus corio' und ‚σκύτους ἕνεκα δέρεται κύων, ἐκεῖνος δὲ σκυτοτομεῖ' (Wenn man einen Hund prügeln will und will einen Grund haben, so muß er das Leder gefressen haben). Gemeint ist mit dem Leder fressenden Hund das Sichloslosmachen von eingegangenen Verpflichtungen; das Tertium comparationis dürfte der lederne Riemen sein, an den der Hund gebunden war und den er nun zerbeißt. So z. B. in Freidanks ‚Bescheidenheit' (138,17):

Der hunt hat leder gezzen
Dô man dienstes vil vergezzen.

Im ‚Renner' heißt es (V. 18365):

swer triuwen und dienstes wil vergezzen
der spricht sîn hunt hab leder gezzen.

Bei Luther findet sich die Rda. wiederholt: „Aber es geht, wie man sagt, wenn man dem Hund ein Wild, so hat der Leder gefressen". G. T. Pistorius bucht in seinem ‚Thesaurus paroemiarum' von 1715/ 25 „An Riemennagen lernen die Hunde Leder fressen". Und J. H. Voß dichtet: „Hans, der Hund, den hängen man will, hat Leder gefressen". Vgl. frz. ‚Qui veut noyer son chien l'accuse de la rage' (wörtl.: Wer seinen Hund ertränken will, behauptet, er sei tollwütig). Dagegen sagt das Sprw.: ‚Von geschmiertem Leder scheiden Hunde nicht gern', d. h. wer in einer günstigen oder scheinbar günstigen Abhängigkeit ist, wird sich nicht frei machen wollen.

Den Hund vor dem Löwen schlagen: einen Schwächeren in Ggwt. eines Mächtigeren bestrafen, damit dieser sich eine Lehre daraus ziehe; später und sekundär: etw. Unsinniges tun. Varianten: ‚Wenn man dem Löwen eine Lehre geben will, schlägt man den Hund auf die Schnauze' (Wander II, Sp. 883, Nr. 1464 und III, Sp. 242, Nr. 108); frz. ‚battre le chien devant le lion'; ndl. ‚Om den leeuw te bedwingen, slaat men het hondje klein'. Auf die Rda. bezieht sich auch eine Darstellung vom Brunnen auf dem Domplatz zu Perugia, von Niccolò von Pisa und seinem Sohne Giovanni 1277–1280 errichtet. Die Wndg. scheint zuerst bei dem hl. Ambrosius (‚de Cain et Abel' I, 13) vorzukommen: „caeditur canis, ut pavescat leo". Von hier aus hat sich die Rda. in alle Sprachen Europas verbreitet. – Frühe Belege finden sich ferner in der ‚Fecunda ratis' des Egbert von Lüttich (um 1023): „Ceditur, ut feritas paveat, canis ante leonem"; bei Thomasin von Zerclääre (1216) (‚Der wälsche Gast', ed. Rückert 1852, V. 12385):

Der lewe der hât einen site,
daz man im vüert einn hunt mite.
Wan ob er ze deheiner stunt
unreht tuot, man sleht den hunt;
dâmit ist er gezühtigt wol,
daz er tuot, daz er sol.

In Freidanks ‚Bescheidenheit' heißt es: „Vohrhte machet lewen zam, êren beseme daz ist scham"; in Lassbergs ‚Liedersaal' (III, 493, V. 37):

Ir zürnen fircht ich alle tag,
alsam der lew des hundez slag.

Der andere Morolf (v. d. Hagen-Büsching: Dt. Gedichte des MA. 1, 5, 46) schreibt:

Der hunt wirt czu wilen geschlan
umb daz der lebe hat getan.

Suchensinn, ein bair. fahrender Sänger gegen Ende des 14. Jh., schildert den Vorgang:

Ein edler lewe ân missetât
die natûre in hertzen hât,
wan sîn meister vor im stât
und slecht ein hündlîn sêre,
zehant der lewe im vorchten tuot,
dacz im betrüebet wirt sîn muot

(E. Pflug, Suchensinn, Breslau 1908, S. 78, Nr. 6).

Das in einer Karlsruher Hs. des 15. Jh. erhaltene Gedicht ‚Von der Treu und Untreu' faßt die vielen Schädigungen, die ehrenhafte Leute durch die Untreue erleiden, als eine Warnung auf, die Gott der ganzen Welt vorhält:

Man slecht den hund dem lewen vor.
Das geschicht durch dro:
Got slecht also die werlt,
Die mit mangen sachen
Die do ginnent swachen

(A. v. Keller: Erzählungen aus altdt. Hss. 1855, S. 631, 16).

Auch in Luthers ‚Sprichwörtersammlung' ist die Wndg. ‚Hund fur dem lewen schlahen' verzeichnet.

Shakespeare (‚Othello' II, 3) schreibt: „Ihr seid jetzt nur in seiner Heftigkeit kassiert; eine Strafe mehr aus Politik als aus Erbitterung, just als wenn einer seinen harmlosen Hund schlüge, um einen dräuenden Löwen zu schrecken" und Chaucer (‚Canterbury Tales'): „Um durch mein Beispiel andere zu bewahren, so wie den Löwen einst gewarnt der Hund".

Wo die Rda. in der neueren Lit. bezeugt ist

1–3 ‚Den Hund vor dem Löwen schlagen'

(z. B. bei Fischart u. a.), hat sie meist schon den Sinn eines unnützen Tuns angenommen, aber urspr. handelte es sich um einen tatsächlichen Realvorgang. Es gibt eine Abb. des 13. Jh. aus dem Skizzenbuch des frz. Baumeisters Villard (Album de Villard de Honnecourt, architecte du XIIIe siècle, Paris 1906, Blatt 24), die zeigt, wie man damals wilde Tiere domestiziert hat: Der Tierwärter schlägt angesichts des Löwen die beiden Hunde, um den noch wilden Löwen zur Raison zu bringen. Dressuren von wilden Tieren durch Hundege-

heul hat es sogar schon in der röm. Kaiserzeit gegeben; dieser Vorgang ist dann in die christl.-theologische Lit. übergegangen als rdal. Bild zur Warnung der Pflegebefohlenen durch das Beisp. bestrafter Sünder. Diese geistliche Auslegung verschaffte dem urspr. konkreten Vorgang eine bis ins 19. Jh. reichende Popularität in den sprw. Rdaa. verschiedener europ. Völker. Aber zunächst hatte auch diese Rda. deutlich einen realen Vorgang als Ausgangspunkt.

Die Rda. hat möglicherweise Parallelen

im noch lebendigen Jagdgebrauch von Beduinen. Der Beduine nimmt, wenn er auf die Jagd geht, den Jagdleopard vor sich auf sein Kamel u. zusätzlich noch einen in einem Korb sorgfältig verborgenen kleinen Hund. Das hat seinen ganz besonderen Grund. Denn nicht immer läßt sich das Raubtier nach einem Beutezug willig zurück auf das Kamel nehmen, z. B. wenn es noch blutrünstig ist u. wütend um sich schlägt. Dann nimmt der Jäger den Hund aus dem Korb, packt ihn am Fell u. gibt ihm fürchterliche Stockprügel, so daß das Tier vor Schmerzen aufheult. Beim Vernehmen dieser Schmerzensschreie wird das Raubtier ruhig u. schmeichelnd u. läßt sich vom Beduinen gefügig wieder auf das Kamel nehmen. Wenngleich auch kein direkter Zusammenhang mit der Rda. nachgewiesen werden kann, so ist doch anzunehmen, daß der Beduinenbrauch auf die Sitte der Tierbändiger der röm. Kaiserzeit bzw. auf die damit verbundene Kenntnis vom Verhalten bestimmter Raubtiere zurückzuführen ist. Schon bei Plinius ist nachzulesen, daß ein Jagdlöwe gezähmt werden kann, wenn er sieht, wie ein Hund geschlagen wird.

Wenn die Hunde mit dem Schwanze bellen: nie, niemals, ↗ Buxtehude. Eine Fülle speziell schles. Sprww. und Rdaa. hat K. Rother zusammengetragen, die nicht im einzelnen erörtert werden können. Nur eine kleine Auswahl soll hier ihren Platz finden: ‚A bleder Hund werd salda fett‘; ‚a fragt an tuten Hund dernooch‘; ‚a frissts nei wie der Hund ’s Gespeite‘; ‚das kann ihm bekommen wie dem Hund das Grasfressen‘; ‚das mag der Hund nicht, und wenns mit Butter beschmiert ist‘; ‚Dr Hund werd dir was scheissa (niessa)‘; ‚Ich bien doch kee Hund, soo ichs riecha kennde‘; ‚ich bin em gram, wie anem Hund‘; ‚ich kann nicht allen Hunden Schuhe machen‘.

Ferner ↗ Hundshaare, Hundeschnauze.

Daherkommen wie das Hündle von Bretten: erfolglos u. geschlagen, ‚wie ein begossener Pudel‘ oder ‚mit eingeklemmtem Schwanz‘. Wenn einer den kürzeren gezogen hat, wird das häufig kommentiert mit den Worten: ‚Er kommt daher wie’s Hündle von Bretten.‘ Die Rda. bezieht sich auf ein bekanntes Denkmal in Bret-

ten, worauf ein Hund mit abgehacktem Schwanz dargestellt ist. Dazu gibt es eine Vielzahl von Sagen, die als Erklärung des merkwürdigen Wahrzeichens Verbreitung gefunden haben. So heißt es in einer Sagenfassung: Eine Brettener Kaufmannsfamilie habe ihr Hündchen so abgerichtet, daß es ein Körbchen um den Hals gehängt bekam, worin ein Zettel und Geld lag, wenn es beim Metzger u. Bäcker einkaufen ging. Als es an einem Freitag mit einer Wurstbestellung zum Metzger geschickt wurde, hieb ihm dieser aus Ärger darüber, daß das Fastengebot nicht eingehalten wurde (in einer 2. Fassung: aus Wut über nicht beigefügtes Geld) den Schwanz ab u. legte diesen anstelle der Wurst in den Korb. In einer anderen Version wird von einer Belagerung berichtet, bei der von der hungernden Bevölkerung zur Vortäuschung von Wohlhabenheit ein Hündchen dick u. fett gemästet u. dann zum Stadttor zu den Feinden hinausgelassen wurde. Diese hackten ihm enttäuscht den Schwanz ab u. schickten den verstümmelten Hund zurück als Zeichen dafür, wie es ihnen selbst ergehen würde. Doch dann besannen sie sich u. traten den Rückzug an mitsamt dem abgehackten Schwanz. Das Hündchen soll als bleibendes Denkmal für die Errettung der Stadt aus großer Not auf ein Stadttor gesetzt worden sein. Tatsächlich befindet sich das Original des ‚Brettener Hundle‘ in Stein gehauen an der evangelischen Stiftskirche (früher St. Laurentiuskirche) in Bretten, ein späteres Steindenkmal des Hundle dagegen auf dem sogenannten ‚Hundlesbrunnen‘ an der Melanchthonstraße von Bretten (vgl. Grimm: Dt. Sagen Nr. 96; E. Meier: Dt. Sagen, Sitten u. Gebräuche aus Schwaben, Stuttgart 1852, Nr. 395, S. 356f.).

Den Hund zum Jagen tragen müssen: wird auf eine Person bezogen, die überaus bequem u. träge ist u. sich buchstäblich nicht von der Stelle rührt.

Lit.: *R. Röhricht:* ‚Löwe und Hund‘, in: Zs. f. dt. Philologie, 9 (1878), S. 473–474; *F. Brinkmann:* Der Hund in den roman. Sprachen und im Englischen, in: Herrigs Arch. Nr. 46, S. 425–464; *F. A. Stoett:* Het naar van den hond, in: Tijdschrift voor Nederlandse Taalen Letterkunde 12 (1893), S. 251–267; *D. Sanders:* Zu der sprw. Rda.: ‚Hunde nach Bautzen tragen‘, in: Zs. f. dt. Sprache 10 (1896–1897), S. 25–28; *O. Weise:* In die

Wicken gehen, flöten gehen und Verwandtes, in: Zs. f. hd. Mdaa., 3 (1902), S. 211–217; *J. Bolte:* Den Hund vor dem Löwen schlagen, in: Zs. f. Vkde. 16 (1906), S. 77–81; 32 (1922), S. 145; 37/38 (1927/1928), S. 19; *O. Keller:* Die antike Tierwelt, Bd. 1 (Leipzig 1909), S. 91–151, bes. 136–147; *A. Koskenjaakko:* Koira suomalaisissa ynnä virolaisissa sanalaskuissa = Der Hund in den finn. und estnischen Sprww. (Helsinki 1909); *F. Pfaff:* ‚Das Hündchen von Bretten‘, in: Alemannia, Zs. des Vereins f. Vkde., ländl. Wohlfahrtspflege u. Heimatschutz Badische Heimat, III. Folge, Bd. 5 (1913) S. 44–46; *J. S. Tatlock:* ‚To beat the dog before the lion‘, in: Modern Language Notes 38 (1923), S. 506–507; *K. Rother:* Hund, Katze und Maus im schles. Sprw., in: Mitteilungen d. schles. Gesellschaft f. Vkde. 26 (1926), S. 247–251; *A. Pfleger:* Die alte ‚Harneschar‘ oder das Hundetragen, in: Elsaß-Land-Lothringer Heimat, 9. Jahrg., April 1929, 4. Heft, S. 109–112; *Dr. Avabzini:* ‚Der große Hund‘, in: Oberdt. Zs. f. Bildung 12 (1933), S. 155; *O. K. Hoffmann:* ‚Zwei Redewendungen aus dem german. Rechtsleben‘, in: Zs. f. dt. Bildung 12 (1936), S. 192–195; *Singer III,* 21, 99; *W. Dickertmann:* ‚Wieso ist man auf den Hund gekommen?‘, in: Muttersprache 66 (1956), S. 478–481; *ders.:* ‚Auf den Hund gekommen‘, in: Muttersprache 69 (1959), S. 287–288; *M. Kuusi:* Parömiolog. Betrachtungen, FFC 172 (Helsinki 1957), S. 7 ff.; *B. Allen Woods:* The devil in dog form, Folklore Studies 11 (Berkeley – Los Angeles 1959); *M. Leach:* God had a Dog. Folklore of the Dog (New Brunswick/N. J. 1961); *P. Abl:* ‚Nochmals auf den Hund gekommen‘, in: Muttersprache 73 (1963), S. 182; *S. Colditz:* ‚Nochmals auf den Hund gekommen‘, in: Muttersprache 73 (1963), 54–55; *G. Krothoff:* ‚Auf den Hund kommen‘, Etymology and Ideology, in: Modern Language Notes 78 (1963), S. 532–535; *E. Hermann:* ‚Da liegt der Hund begraben. Reflexionen über eine Rda.‘, in: F.A.Z. v. 14. Aug. 1971; *L. Röhrich* u. *G. Meinel:* Rdaa. aus dem Bereich der Jagd u. der Vogelstellerei, S. 315, 317 f.; *R. Thalmann:* Der Hund im Volksleben, in: Schweiz. Arch. f. Vkde. 73 (1977) S. 224–230; *R. Schenda:* Art. ‚Hund‘, in: EM. VI, Sp. 1317–1340; *R. Bergler:* Mensch u. Hund. Psychologie einer Beziehung (Köln 1986); *F. Héran:* Comme chiens et chats. Structures d'un conflit culturel et genèse, in: Ethnologie française 18 (1988) S. 325–337.

hundert. *Vom Hundertsten ins Tausendste kommen* sagt man, wenn jem. bei einer Erzählung von seinem Stoff abspringt und abschweift und auch den neuen Faden wieder fallen läßt, um von etw. Drittem zu reden, was ihm gerade durch den Kopf geht, bis er nicht mehr weiß, wovon er eigentl. hatte sprechen wollen; als ob er nicht nur auf hundert, sondern schließlich gar auf tausend Dinge zu reden gekommen wäre. In Wirklichkeit ist etw. anderes mit den Worten gemeint, nämlich ein Irrtum beim Rechnen mit der vom Ende des 15. bis ins 17. Jh. viel benutzten Rechenbank, auf der waagrechte Linien gezogen waren, die den aufgelegten Marken (Re-

chenpfennigen) einen um je eine Dezimalstelle steigenden Wert gaben (‚Rechnung auf den Linien‘). Die Rda. lautet eigentl.: ‚das Hundert in das Tausend werfen‘. In dieser Form verzeichnet sie 1529 Joh. Agricola (Nr. 429): „Er wirfft das hundert in tausent. Er mengt es in einander, Hundert sind das zehend teyl von tausent, vnd tausent ist ein größere zal denn hundert. Wer nun hundert zu tausent wirfft, vnd rechnet nicht darzwischen die andern hundert, als zwey, drey, vier, funff, sechsß, sieben, acht, neun hundert vnd als denn tausent, der macht es also, daß niemand weyß, was er rechnet oder redet. Darumb wirt diß wort gebrauchet widder die, so vil gewesch machen, vnd sagen vil, sie aber selbs wissen nicht, wo es hat angefangen, oder wo sichs endet, die es hören, auch nicht“. So gebraucht die Rda. auch Luther und bucht sie 1663 Schottel. Erst als man das Bild nicht mehr verstand, kam die heutige Form auf: „Da fieng er wieder an zu wüten und das tausendste ins hundertste zu werffen“ (Grimmelshausen, ‚Simplicissimus‘ I, 336); oder: „weil ich auch sonst in meinem Diskurs das Tausend ins Hundertste warf“ (ebd. II, Kap. 19, S. 154). „Doch lassen sie uns nicht das Hundertste ins Tausendste schwatzen“ (Lessing).

Hundertfältige Frucht tragen beruht auf Matth. 13, 8.

Auf hundert sein: sehr erbost sein; ähnl.

auf hundertzehn sein; hergenommen aus der Kraftfahrt: 100 bzw. 110 km Stundengeschwindigkeit entwickeln.

Ähnl. *Auf hundertachtzig sein:* kurz vor der Explosion; *jem. auf hundertachtzig bringen:* ihn bis zum Äußersten reizen. Es kann damit aber auch ein Blutdruckwert von 180 gemeint sein, der weit über den Normalwert hinausgeht.

Er ist ein Hundertfünfundsiebziger: Homosexueller; bezieht sich auf den § 175 des Strafgesetzbuches.

Lit.: *H. Mané* u. *L. Veit:* Münzen in Brauch u. Aberglauben, hg. v. German. Nat.-Mus. (Nürnberg 1982), S. 234–235.

Hundeschnauze. *Er ist kalt (kühl, gleichgültig) wie eine Hundeschnauze* ist eine erst in neuerer Zeit aufgekommene bildl. Rda.

Eine Schichttorte aus Keks, Palmin und Schokolade heißt ‚kalte Hundeschnauze' oder auch nur ‚kalter Hund'.

Hundshaare. *Hundshaare auflegen:* einen Katzenjammer durch neues Trinken bekämpfen. Die Rda. entspricht urspr. tatsächlicher Volksmedizin: gegen den Biß eines tollwütigen Hundes soll das Auflegen des Hundehaares helfen, und zwar zunächst von demselben Hund, der gebissen hat. Nach dem Sympathieheilverfahren wird Gleiches durch Gleiches geheilt. Schon Plinius erwähnt: ‚Aliqui ... intus ipsius caudae pilos combustos insuere vulneri'. Die Anwendung dieses Heilmittels, das bereits in der Edda empfohlen wird (Hundehaar heilt Hundebiß), ist heute noch allg. verbreitet. Der Unterpfälzer Pfarrer Johannes Rhode aus Bischleben schreibt in seinem ‚Neidhard' (1582), nachdem er ausgeführt hat, wie der Neidhard manchen unschuldigen Menschen mit seinen Hundszähnen beißt: „Etliche, damit sie iren Schaden heilen mögen, zausen sie dem neidischen Hunde den Beltz widerumb redlich, und nemmen seiner Haar, drücken sie in ire Wunden, das sol auch helffen, dass die Wunde desto ehe heile. Ich habe solcher Hundeshaar, die den beissenden Hunden aussgeraufft sind, viel gesehen, aber zu Franckfurt auff der Messen sind ir viel zu verkäuffen". Man hielt also damals Hundshaare feil. So scheint auch Luther den Heilvorgang aufzufassen, der in der Auslegung des 3. Kap. Joh. sagt (WA. XLVII, 67): „Wen man von einem tollen Hunde gebissen wird, so muss man Hundshaar wider aufbinden, so wird der Biss geheilet"; und ebenso steht in Christoph Lehmanns ‚Florilegium Politicum' (430): „Wer von Hunden wird gebissen, der heilts mit Hundsharen". Noch im 19. Jh. schreibt Sachse (‚Der deutsche Gilblas', 1822, S. 163): „Ich fand, daß mich der Hund blutig gebissen hatte. Zum Glück fand sich unter den Gästen ein Balsamhändler, welcher mir seine Hülfe anbot, mir die Wunde auswusch, und, nachdem er Hundshaare mit Balsam darauf gelegt hatte, verband". Die Rda. erhielt ihre heutige Bdtg. durch den Vergleich der Folgen unmäßigen Alkoholgenusses mit dem Biß eines tollen Hundes. Eine nette Schnurre erzählt Melchor de Santa Cruz de Duennas in seiner zum ersten Mal 1574 erschienenen ‚Floresta española': Ein Stadtschreiber von Toledo besuchte einen Kranken, der in dem Rufe stand, viel zu trinken. Er fragte, was zu seiner Heilung geschehe, und ihm wurde geantwortet, man habe ihm ein Pflaster von Weinlaub aufgelegt; da antwortete er: „Recht so; das ist das Haar von dem Hunde, der ihn gebissen hat". Hier haben wir die Verwendung der Rda. in dem übertr. Sinne, den wir ihr auch heute noch geben. Aber schon bei Hans Sachs heißt es in seinem 1554 vollendeten Fastnachtsspiel ‚Sant Peter leczet sich mit sein Freunden ...' (V. 63 ff.):

O wie war ich nechten so vol!
Drumb thut mir hewt der Kopff nit wol.
Kan mich schir weder puckn noch regen.
Wil gleich des Hars heint überlegen
Vom Hund, welcher mich nechten pais.
Kain pessre Erzeney ich wais,
Den ein Füll mit der andern vertreiben.

Auch J. F. Jünger schreibt 1807 (‚Fritz', Bd. 3, S. 23): „Weißt du nicht, daß das dem Hundsbiß kuriert, wenn man von dem Hunde, der einen gebissen hat, Haare auf die Wunde legt? Mit dem Weine muß mans auch so machen".

Die Rda. ist im Dt. bes. stark verbreitet, und eher sonderbar mutet an, daß Clemens Brentano in der ‚Gründung Prags' (1815) erklären zu müssen glaubt: „Von neuem trinken, um den Katzenjammer zu überteufeln, heißt in derselben Sprache (nämlich in der der vollen Brüder) Hundshaare auflegen". Hermann Kurz freilich scheint den Kontrast zwischen Hundshaaren und Katzenjammer zu fühlen, indem er dichtet (‚Genzianen', 1837, 225 ff.):

Ein Haar von der Katze,
Die dich gebissen hat,
Eine Kralle von der Tatze,
Die dich gerissen hat,
Das nimm am frühen Morgen,
Zu stillen deine Sorgen,
Sei es nun Bier, Schnaps oder Wein,
Nimm es zum Morgenessen ein.

Vgl. auch ndl. ‚Het haar van den hond op iets leggen' u. engl. ‚Take a hair of the dog that bit you'.

*Hundshaare einmengen, einem Hunds-
haare unter die Wolle schlagen:* ihn betrügen; eigentl. den Stoff, den man für reine
Wolle verkauft, durch Einmischung von
Hundshaaren schlechter machen. Luther
braucht in seinen ‚Tischreden‘ (479ª) die
Wndg. „Allerley Hundshaare mit hinein-
hacken“ in der Bdtg. etw. verderben, ver-
schlimmern. Die mdal. ndd. Rdaa. ‚Doar
sünd Hunn'nhoar mank hackt‘ und ‚he
hät Hunnehôr tortwisken hackt‘ (Lippe)
meinen: es ist Unfriede gebracht, Streit
und Händel sind verursacht worden. Wie
man am besten auf diese Weise Zwistig-
keiten erregen zu können glaubte, wird in
einer Hs. des Germ. Museums (Nr. 3015ª)
aus der Zeit um 1600 beschrieben, wobei
die Verwendung von Katzen- und Hunde-
haaren empfohlen wird: „Recipe katzen-
haar, die langen, die vmb den mundt sind,
vnd hundshaar desselbigengleichen, vnd
wüerff sie zwyeschen die zwey wan sie essen oder mit eynander trincken vnd sprich
darneben: ich beschwere euch bey alle
den hellischen Geistern, das ihr seit gute
Freunde als katz vnd hundt“.

Lit.: *J. Verdam:* „Het haar van den hond“, in:
Tijdschrift voor Nederlandse Taal- en Letterkunde 12
(1893), S. 140–149; *O. v. Hovorka* u. *A. Kronfeld:* Vergleichende Volksmedizin (Stuttgart 1909), II, S. 425 f.;
A. Englert u. *J. Bolte:* „Hundshaare heilen den Hundebiß“, in: Zs. d. Ver. f. Vkde. 29 (1919), S. 44; *A. Wesselski:* Hundshaare und Katzenjammer, in: Erlesenes
(Prag 1928), S. 13–17; *H. Hepding:* „Hundshaare“, in:
Hess. Bl. f. Vkde. 30–31 (1931–1932), S. 288.

Hundshafer. *Einem den Hundshafer aus-
dreschen:* ihm seine Grobheit durch eine
entspr. derbe Behandlung austreiben.
Urspr. war der ‚Hundshafer‘ die Bez.
einer bes. Getreideabgabe, die zur Unterhaltung der herrschaftlichen Jagdhunde
diente, für die Brot daraus gebacken
wurde (Campe, Wb., II, 804ᵇ). In der Rda.
haben sich verschiedene Vorstellungen
gemischt: das Pferd und den Übermütigen ‚sticht der Hafer‘; bes. Grobheit wird
nun auf den Genuß von Hundshafer zurückgeführt. Das Dreschen des Getreides
erhält die übertr. Bdtg. von derber Züchti-
gung, wie z. B. bei Hans Sachs, der den
Furchtsamen sagen läßt: „Das nicht dein
Man kom in das Hauss vnd dresch mir
den hundshabern auss“ (‚Fabeln und gut
Schwenck‘, IV, XVIII, 1).

Hundsloden. *Hundsloden bekommen
(kriegen):* grobe Vorwürfe, Scheltworte zu
hören kriegen, derb ausgescholten, gedemütigt werden. Die vor allem ostmdt.
Rda. ist seit dem Ausgang des 16. Jh. belegt und zuerst als ‚Loden eintragen‘ bezeugt. Unter Loden sind bereits Grobhei-
ten, böse Worte, die man einem anhängt,
zu verstehen. Die Übertr. erfolgte vom
groben Stoff, der aus Hundshaaren gefertigt ist, auf die Rede. In Konrad Vetters
Übers. von Campianus’ ‚Schräckengast‘
(B. C 3b) kommt schon Loden allein in
verächtlichem Sinne vor: „so bald jhr auß
solcher Gesellen eigner Bekandtnus jhre
Practigen höret rauschen, vnd ver-
mercket, wie sie disen gantzen Loden
vnnd witzlosen gespunst, zu ewerm selbs
eignen Verderben geworcken, wurdet jhr
als hertz- vnd gewissenhafte Männer,
Haspel vnd Streu, Loden vnd Weber, Lehr
vnd Lauren zusammen nemmen, vnnd
jhnen das Ofenloch fürderlich zeigen vnd
weisen lassen“.
Bei Hayneccius erfolgt dann zuerst die
Steigerung zu ‚Hundsloden‘.

Lit.: *A. Götze* in: Mitteilungen des Vereins für sächs.
Vkde. (1898), Nr. 6 (einige Belege); *ders.:* Alte Rdaa.
neu erklärt, in: Zs. f. dt. Wortf. 4 (1903), S. 332.

Hundswut. *Eine Hundswut haben:* einen
Mordszorn haben. Urspr. ist mit ‚Hundswut‘ die Tollwut gemeint.

Lit.: *F. Hartmann:* ‚Hundswut‘, in: Zs. f. vergl. Sprachforschung 54 (1926–1927), S. 287–290.

Hunger, hungrig. Zur Kennzeichnung
eines starken Hungergefühls gibt es in
Umgangssprache und Mdaa. eine Fülle
von rdal. Vergleichen, von denen hier nur
eine Auswahl geboten werden kann:
‚Hunger haben wie ein Löwe‘, ‚Bär‘,
‚Wolf‘ (vgl. frz. ‚avoir une faim de loup‘),
‚Werwolf‘. ‚Hungrig wie ein Oderwolf,
Werwolf, Roggenwolf, Heidewolf, wie
sieben Wölfe, wie zehn wilde Löwen‘, ‚wie
eine Kirchenmaus‘, ‚wie ein Geißhirt‘;
‚Hunger ausstehen, daß einem die
Schwarten krachen‘ (Abraham a Sancta
Clara); ‚er hat Hunger wie ein Offizier
und Tractament wie ein Gemeiner‘, ‚Hun-
ger wie ein Star‘; ‚er könnte sich selber vor
Hunger auffressen‘; ‚das ist ein Hunger,
der einen Panzer (Harnisch) bricht‘; ‚der

Hunger guckt ihm zu den Fenstern (Augen) heraus'; ,der Hunger treibt ihn aus dem Bett'; ,er hat Hunger für zehn'; ,er kann vor Hunger nicht kacken'; ,Hunger bis unter beide Arme'; ,Hunger bis in den dicken Zeh'. Das Sprw. ,Hunger ist der beste Koch' läßt sich schon in Freidanks ,Bescheidenheit' (124,17) nachweisen. Vgl. ndl.: ,Honger maakt rauwe boonen zoet'. ,Der Hunger treibt's rein!' sagt man iron. bei gutem Essen. Eine ndd. Erweiterung lautet: ,,,Hunger drifft derin!" harr de Jung seggt, do harr he Botter up't Spekk smeert'.

Lit.: Z. W.: ,Honger maakt rauwe boonen zoet', in: Volkskunde 17 (1905), S. 74; G. Grober-Glück: Motive und Motivationen in Rdaa. u. Meinungen (Marburg 1974), § 78 f., S. 108–114; H. Büld: Niederdt. Schwanksprüche zwischen Ems u. Issel (Münster 1981), S. 116; R. Schenda: Art. ,Hunger, Hungersnot', in: EM. VI, Sp. 1380–1395.

Hungerpfote. *An den Hungerpfoten saugen:* Hunger leiden; zuerst 1775 von Adelung gebucht (,Versuch eines grammatisch-kritischen Wörterbuches', II, 1329) mit der Erklärung: „eine vermuthlich von dem Bär entlehnte Figur, der im Winter seine Nahrung aus seinen Tatzen sauget". In Seb. Brants ,Narrenschiff (70,21) wird von einem, der den Sommer über faul gewesen ist, gesagt, daß er sich den Winter hindurch schlecht behelfen müsse:

und an dem doppen (,Tappen') sugen hert,
biß er des Hungers sich erwert.

Hans Sachs verwendet das Bild: „die berenklewen saugen" (,sich etw. aus den ↗ Pfoten saugen').

Lit.: H.-J. Paproth: Art. ,Bär', in: EM. I, Sp. 1194–1203.

Hungertuch. *Am Hungertuch nagen:* hungern, darben, ärmlich leben, sich kümmerlich behelfen. Das Wortbild geht auf das ma. Fastenbrauchtum der Altarverhüllung durch ein Fastenvelum zurück, das sich später zum Symbol des Fastens und der Buße wandelte. Wenn am Mittwoch der Karwoche das Wort aus der Passion erklang: ,et velum templi scissum est medium' – und der Vorhang des Tempels riß mitten durch –, wurde das Hungertuch – ein blauer oder schwarzer Vorhang – herabgelassen. In einer alten Beschreibung dieses Brauches aus Augsburg (,Germania' 17, S. 79 f.) heißt es: „Darin (in der Fastenzeit) eszen sie 40 tag kein fleisch, auch nit milch, kesz, ayr, schmalz, dann vom remischen stuel erkaufft. Da verhüllt man die altar und hayligen mit einem tuech und last ein hungertuech herab, daz die syndige leut die götz nit ansehen". In den Predigten Geilers von Kaysersberg über das ,Narrenschiff' heißt es: „Dich

Hungertuch (,Am Hungertuch nagen')

soll leren das Hungertuch, so man uf-
spannt, Abstinenz und Fasten!" Der liturgische Brauch, während der Fastenzeit in
den Pfarr- und Klosterkirchen des Abendlandes große, oft mit Passionsbildern ge-
schmückte Tücher urspr. vor, später über
den Hauptaltar zu hängen, ist bis auf das
Jahr 1000 zurück nachweisbar. Das Volk
nannte diese Velen ‚Hungertücher', ndd.
‚Smachtlappen', weil sie am Aschermittwoch den Beginn der Fastenzeit, die früher tatsächlich eine Hungerszeit war,
anzeigten. 1472 stiftet der Zittauer Ge-
würzkrämer Jakob Gürtler zum Andenken an die jüngst verflossene Hungersnot
der Johanniskirche ein Tuch, das gleichfalls den Namen ‚Hungertuch' erhält.
Im 16. Jh. treten die Wndgn. auf: ‚am
Hungertuch flicken' oder ‚nähen'. In einer
Schrift über die Geldnöte in Dtl. nach
dem Dreißigjährigen Krieg steht: „So hab
ich auch ehrliche Freund, die wol ein
stuck Brod zehren vnd anderen mittheilen
können, wann jhnen anderwerts mit der
Schuldigkeit auch beygehalten wurde, in
deren verbleibung müssen Sie an dem
hungertuch nähen". Auch bei der heutigen Form: ‚am Hungertuch nagen', die
schon Hans Sachs und Fischart brauchen,
ist ‚nagen' wohl aus ‚näjen' = nähen verdreht. Der Gedanke an die urspr. kirchliche Verwendung des Hungertuchs geht
dann verloren: „denen an dem Hunger-
und Kummertuche nagenden creditori-
bus" (Eisenachische wöchentliche Nachrichten, 1753, Stück 25) und in Freilig-
raths Gedicht ‚Aus dem Schlesischen
Gebirge' von 1844:

Dann trät' ich (der Weberssohn) froh
ins kleine Zimmer
Und riefe: Vater, Geld genug!
Dann flucht' er nicht, dann sagt' er
nimmer:
Ich web' euch nur ein Hungertuch.

Während das kirchliche Fastenbrauchtum nach der Reformation in allen dt.
Landschaften allmählich einging, hielt
man in Westfalen zäh an der Überlieferung fest, ja im Münsterland und am be-
nachbarten Niederrhein begann noch
Ende des 16. und Anfang des 17. Jh. eine
neue Blütezeit der Hungertücher. Sie sind
ein charakteristischer Beitrag Westfalens
zur dt. Volkskunst. Das Wort ‚Hunger-
doek' wird in Münster erstmals bereits im
Jahre 1306 erwähnt. Der westf. Volksmund sagt ‚dat Hongerdoek ist fallen', die
Fastenzeit ist beendet.

Bei der Rda. ‚Am Hungertuch nagen' wird
freilich kaum noch an ihre urspr. Herkunft gedacht. Doch ist sie bis in die Neuzeit hinein als sprachl. Wndg. erhalten
geblieben und sowohl im Märchen
(KHM. 85) als auch im Roman (G. Graß:
Der Butt, 1977, 416) lit. belegt.

Lit.: *K. Brunner:* Das Hungertuch in Telgte in Westfa-
len, in: Zs. f. Vkde. 21 (1911), S. 321–332; *O. Urbach:*
‚Am Hungertuch nagen', in: Muttersprache 52 (1937),
S. 329–330; *J. Emminghaus:* Die westf. Hungertücher
aus nachmittelalterlicher Zeit und ihre liturgische
Herkunft (Diss. Münster 1949); *F. Kollreider:* Das
Virgener Fastentuch im Osttiroler Heimatmuseum
Schloß Bruck, in: Tir. Heimatblätter 34 (1959),
S. 98–101; *P. Engelmeier:* Westf. Hungertücher vom
14. bis 19. Jh. (Münster 1961).

‚Gehupft wie gesprungen'

hüpfen. *Das ist gehupft wie gesprungen:* da
ist kein großer Unterschied, das bleibt
sich gleich, eins wie's andere; meist in
mdal. Formen, z. B. ndd. ‚Das ist gehuppt
wie gesprungen', schwäb. ‚des isch ghopft
wie gsprunge'.
Unter ‚springen' versteht man im Ndd.
u. a. das Begatten bei Tieren (Hengst,
Bulle, Bock ...). Im Sächsischen sagt man

‚huppen' dazu. So ist ‚gehuppt wie gesprungen'! – Alles gleich …

Bei dem „Dreimalheilig" im Gebete Keduscha wird nach rabbinischer Vorschrift ein wenig in die Höhe gehüpft. Der Magen Awraham § 125 schreibt im Namen des Tanchuma: „Es heißt (Jesaja 6,2): ‚Mit zweien schwebt er' (der Seraph): Daher haben die Weisen vorgeschrieben, daß man, während man kadōsch (heilig) sagt, auf den Füßen sich schwebend halten soll, aber nicht wie die tun, welche hüpfen und springen". Der Volkswitz benutzte dieses, und um zu sagen, daß es einerlei sei, ob etw. so oder so geschehe: ‚Kodausch gehuppt, kodausch gesprungen!' (hüpfen und springen ist so ziemlich einerlei).

L. Schmidt hält die Rda. für ein reines Sprachspiel, aber *Draufhuppen* gebraucht der Volksmund für das Annehmen eines betrügerischen Vorschlags, wobei urspr. wohl an einen Vogel gedacht ist, der auf die Leimstange hüpft und daran kleben bleibt (↗ Leim).

Auch andere Rdaa. drücken aus, daß zwei Wege zur Erlangung eines Zieles gleich gut oder gleich schlecht sind: ‚Das ist Jacke wie Hose' (↗ Jacke), ‚das ist Wurst wie Schale' (↗ Wurst).

Vgl. frz. ‚C'est blanc bonnet ou bonnet blanc' (wörtl.: Das ist in beiden Fällen ‚weiße Mütze', wobei die Stellung des Adjektivs, ob vor oder nach dem Substant., an der Bdtg. des frz. Ausdr. nichts ändert).

Lit.: *Eiselein:* Die Sprww. und Sinnreden des dt. Volkes (Freiburg 1840); *L. Schmidt:* Sprw. dt. Rdaa., in: Österr. Zs. f. Vkde., NS. Bd. 28, Ges. Serie Bd. 77 (1974), S. 103.

Hürde. *Eine Hürde nehmen:* eine schwierige Angelegenheit bewältigen, einen gewagten Sprung tun, im bildl. wie im übertr. Sinne, ähnl. wie das Pferd, das beim Pferderennen ein Hindernis überspringt. In diesem wörtl. Sinne wird die Wndg. auch beim Hürdenlauf gebraucht. In der Rda. begegnet sie jedoch in erster Linie als sprachliches Bild mit der Bdtg.: eine Schwierigkeit meistern, über ein Hindernis hinwegkommen, z. B. in einer Wahl ‚die Fünf-Prozent-Hürde schaffen'.

husten. *Auf etw. husten:* etw. verachten, mit Gleichgültigkeit behandeln; die Wndg. findet sich schon bei Luther. *Einem etw. husten:* ein Verlangen abweisen; „Hust ihm was; pfeif ihm was, pfui ihm was" (Lenz: ‚Der Hofmeister', 1774, V, 6). *Man darf nicht einmal husten:* man muß sich äußerst vorsichtig, ruhig verhalten.

Eine schweiz. Rda. lautet: ‚do gits nüt z hueschte!' Sie bedeutet soviel wie: Keine Widerrede!

Lit.: *E. Strübin:* Zur dt.-schweizer. Umgangssprache, in: Schweiz. Arch. f. Vkde. 72 (1976), S. 142.

Hut. Kulturgeschichtlich bedeutsam sind die Funktionen der Kopfbedeckung und die Bdtg., die man ihr beimißt, sowie auch die Werte und Glaubensvorstellungen, die sich mit ihr verbinden. Mit der Kopfbedeckung kann vieles ausgedrückt werden: die soziale Stellung, das Amt, das Alter, das Geschlecht, die Religionszugehörigkeit, ja sogar die Gefühle von Freude und Schmerz (Wildhaber).

> Aus diesem unbewiesnen Grunde
> Hat alle Zeit und jedes Land
> Witz, Vorrecht, Herrschaft, Ruhm und Freiheit
> Allein dem Hute zuerkannt.

(Joh. Christian Günther, 1695–1723).

Der Hut vertritt gewissermaßen die ganze Person, wie z.B. in den Sprww. und Rdaa.: ‚Sieh dir den Hut an, den ich trage, ehe du um meinen alten bittest', d. h., was soll ich dir geben, da ich selbst nichts habe. *Einen geborgten Hut tragen:* in Schulden stecken. *Der Hut gehört nicht auf einen solchen Kopf:* was er sich anmaßt, steht ihm nicht zu.

Jem. eins auf den Hut geben, derber *einem auf den Hut spucken:* ihn zurechtweisen; *eins auf den Hut kriegen:* getadelt werden.

‚Eine Hürde nehmen'

Hut steht in diesen Wndgn. bildl. für ‚Kopf', wie auch Lehmann S. 201 anführt: „Man schlägt den Hut und meint den Kopf"; vgl. ‚eins auf den Deckel kriegen'; ‚einem auf den Deckel spucken' usw.

Nicht richtig unterm Hut sein: geistesgestört, verrückt, nicht recht bei Verstand sein; vgl. frz. ‚travailler du chapeau'. Ähnl.: ‚Er hat e Naturfehler unterm Hut'.

Ein alter Hut: eine altbekannte Tatsache, Langgewohntes; Bekanntes, als Neuigkeit vorgebracht; ein veralteter Witz. *Etw. aus dem Hut machen:* etw. improvisieren. ‚Das kannst du einem erzählen, der den Hut mit der Gabel aufsetzt', das erzähle einem Dummen, aber nicht mir.

Im Rechtsbrauchtum hat der Hut eine wichtige Stellung. Er ist ein Wahrzeichen der Herrschaft, ist Feld- und Hoheitszeichen. Daß der Hut schon in früher Zeit das Zeichen und Vorrecht des freien Mannes war, wissen wir. Es trugen ihn die Könige, die Adeligen und die Priester, und so war er zunächst ein Rang- und Standesabzeichen. Für den Hut als Symbol der Herrschaft ist der Geßlerhut das kennzeichnendste Beispiel geworden. In seinem ‚Chronicon Helveticum' berichtet der Schweizer Geschichtsschreiber Aegidius Tschudi (1505–72): Der Landvogt Gessler „ließ umb S. Jacobstag zu Altdorff am

‚Dem Hute Reverenz erweisen' (‚Tellshut')

Platz bi den Linden / da mengklich für gon mußt / ein Stangen uffrichten / und ein Hut oben druff legen / und ließ gebieten mengklichen / im Land wonhafft / bi Verlierung des Guts und einer Lib-Straff / daß jeder so da fürgienge / sölte mit Neigen und Paret abziehen Eer und Reverentz bewisen / als ob der Künig selbs / oder Er an siner statt persönlich da wäre / und hat dabi ein stäten Wächter und Hüter bi Tag Zit sitzende / uffzesechen / und die angezeben / die dem Gebott nit statt tättind".

Das Hutabnehmen gilt nach alter Auffassung als Zeichen der Lehenshuldigung. Der Hutgruß ist also urspr. Demütigung des Untergebenen. Es gilt als besonderes Vorrecht, den Hut in Gegenwart des Herrschers aufbehalten zu dürfen.

Schiller in ‚Piccolomini' (IV, 5):

Des Menschen Zierat ist der Hut,
denn wer
Den Hut nicht sitzen lassen darf vor
Kaiser
Und Königen, der ist kein Mann der
Freiheit.

Schiller denkt hier an das wohlverbriefte Recht ma. Adliger, bedeckten Hauptes vor ihren Fürsten zu erscheinen. Die Sitte des Hutabnehmens beim Gruß blickt auf ein relativ junges Alter zurück. Der älteste Beleg scheint eine Stelle im ‚Wigalois' des Wirnt von Grafenberg aus dem Jahre 1204 zu sein, in der es von der Begegnung zwischen einem Edelknaben und einem Junker heißt (41, 12):

Und als er im sô nâhen quam,
sînen huot er abe nam;
hie mit êret er in alsô
der junkherre gruozt in dô.

R. Hildebrand hat das Aufkommen dieser Grußsitte aus dem höfischen Brauchtum des MA. abgeleitet, wonach der Lehensmann bei seinem Lehensherrn die Rüstung und Wehr, also auch den Helm, abzulegen hatte. In der bürgerlichen Kultur des ausgehenden MA. wurde diese urspr. kriegerische Helmsitte auf den friedlichen Filzhut übertragen. Mit diesem höfisch-ritterlichen Brauchtumselement verband sich aber doch wohl auch eine religiös-kultische Forderung, die bereits bibl. vom Apostel Paulus folgendermaßen formuliert worden war (1. Kor.

11,4): „Ein jeglicher Mann, der da betet oder weissagt und hat etwas auf dem Haupt, der schändet sein Haupt" und (1. Kor. 11,7): „Der Mann aber soll das Haupt beim Beten nicht bedecken, sintemal er ist Gottes Bild und Ehre". Das Ablegen von Hut, Handschuhen u. Mantel wird schon um 1270 von Konrad von Haslau in seinem ‚Jüngling' als Höflichkeit empfohlen; von einem jungen Mann ohne Bildung heißt es dort:

Handschuoh, swert, mantel, huot
treit er bî den gesten und bî kunden ...
ez waer im êrsam unde guot,
züg er abe mantel unde huot.

Das Abnehmen des Hutes schwächte sich im Laufe der Jahrhunderte zu einer reinen Höflichkeitsbezeigung ab. Durch Ziehen des Hutes grüßte man bald nicht nur den Vorgesetzten, sondern auch den Gleichgestellten, und schließlich dankt man auf diese Weise sogar für den Gruß des Untergebenen, ↗ Gruß. Das Sprw. rühmt den stets Grußbereiten: ‚Hut in der Hand, hilft durchs ganze Land'; ‚Mit dem Hut in der Hand kommt man weiter als mit dem Hut auf dem Kopf'. Joh. Balthasar Schuppius faßt die Volksmeinung bereits 1684 in die Worte zusammen: „Gute Worte im Mund und den Hut in der Hand, das kostet kein Geld und bringet einen ehrlichen Kerl oft sehr weit". Wie bereits im 17. Jh., so rät auch heute noch das Sprw. ‚Greif geschwind zum Hut und langsam zum Beutel'. *Er hat Vögel unterm Hut* sagt man spöttisch von einem, der zu faul oder zu tölpelhaft ist, durch Abnehmen des Hutes zu grüßen; öfter noch: *Er hat Spatzen, Sperlinge, Schwalben unterm Hut* (erst aus dem 17. Jh. belegt).

Man muß den Hut vor ihm abnehmen, ebenso *Hut ab!*: man muß Respekt, Achtung vor ihm haben; vgl. frz. ‚On peut lui tirer son chapeau' u. ‚Chapeau bas!' oder umg. ‚Chapeau!'

Vor dem nehm' ich den Hut nicht ab!: ich habe keine Achtung vor ihm. Andererseits warnt die sprw. Rda., *den Hut vor jedem Laternenpfahl abzunehmen*: allzu unterwürfig zu sein.

(Alles) unter einen Hut bringen (wollen): alle Meinungen und verschiedene Ansichten zu vereinigen suchen; *unter einen Hut kommen*: einig werden. Man braucht

‚Unter einem Hut ...'

hier Hut nicht als bildl. Bez. für ‚Herrschaft' aufzufassen (wie es der von Geßler im ‚Tell' aufgesteckte Hut ist und wie dies von hier aus wohl auch in den Sprachgebrauch des 19. Jh. eingegangen ist; z. B. H. v. Treitschke: ‚Dt. Geschichte im 19. Jh.', II, 376: „Die bigotten Kurtrierer kam es hart an, dass sie mit den protestantischen Katzenellenbogern unter einen Hut gerieten"). Hut ist hier ein Bild für die gemeinsame Zusammenfassung vieler Köpfe; ähnl. wie es schon in Wolframs von Eschenbach ‚Willehalm' (29, 10) zur Bez. einer geringen Anzahl von Streitern heißt:

die der marcgräve fuorte,
die möht ein huot verdecken.

Wie im öffentl. Leben, so war der Hut auch in der Ehe ein Wahrzeichen der Herrschaft. Im älteren Hochzeitsbrauchtum bekam die Braut gelegentlich den Hut des Mannes aufgesetzt zum Zeichen, daß sie in seine Gewalt überging, oder die Braut gab dem Bräutigam bei der Hochzeit einen Hut zum Zeichen, daß der Mann in der Ehe den Vorrang haben solle. In Schwaben trug an einigen Orten der Bräutigam am Hochzeitstag einen hohen Hut, den er den ganzen Tag aufbehielt, außer wenn er in die Kirche ging. In den Rdaa. wird dieser Zustand mit der Feststellung umrissen: *Die Frau hat den Hut auf*: sie hat die ↗ Hosen an, d. h., sie verfügt über die Herrschaft in der Ehe. Der Dichter Friedrich Hagedorn (1708–54) berichtet darüber:

Der Mann ward, wie es sich gebühret,
Von seiner lieben Frau regiert,
Trotz seiner stolzen Männlichkeit!
Die Fromme herrschte nur gelinder!
Ihr blieb der Hut und ihm die Kinder.

Jedenfalls gilt der Hut auch im privaten Leben als ein Zeichen sozialen Prestiges und der Männlichkeit. Das Sprw. sagt ‚Ein Hut ist mehr als hundert Hauben‘, oder ebenso: ‚Hut geht vor Haube‘. Eine alte Form der Einsprache gegen die Ehe war das Werfen des Hutes oder der Mütze. Wenn im Hanauischen bei einer Eheverkündigung von der Kanzel eine Frau Einsprache erheben wollte, mußte sie ihre Mütze abnehmen und in die Kirche werfen. Die Rda. ,’s Hüetl eini werfen‘ bedeutet: die Heirat rückgängig machen.
Eines Hütchens (etwa wie man es noch als Würfelbecher benutzt finden kann) bedienten sich einst die Taschenspieler bei der Ausführung ihrer Kunststücke, weshalb sie Johann Fischart „blindmeuß und hütlinspiler“ nennt. Das ‚mit eim huetlin decken‘ von betrügerischen Kunstgriffen der Gaukler und Spielleute findet sich schon bei Walther von der Vogelweide (37, 34):

> genuoge hêrren sint gelîch den
> gouglaeren,
> die behendeclîche kunnen triegen
> unde vaeren,
> der spricht: ‚sich her, waz ist under
> disem huote?‘
> nu zucke in ûf, da stêt ein wilder valke
> in sînem muote.
> Zuck ûf den huot, so stêt ein stolzer
> pfâwe drunder,
> nu zucke in ûf, dâ stêt ein merwunder;
> swie dicke daz geschiht, so ist ez ze
> jungest wan ein krâ.

Das Wort begegnet auch bei Luther und bes. in Murners ‚Narrenbeschwörung‘ (55,3): „Sy kynnent under dem hütlin spielen“; und (55,19):

> Der Herren untrüw ist zu vil,
> Die nennent sy des hütlin spil.
> Ach gott, wer der im pfeffer landt,
> Der das spil zuerst erfand.

Daß diese ‚Spieler‘ die zur Täuschung bestimmten Sachen mit dem Hute, der ja auch bei heutigen ‚Zauberern‘ noch seine Rolle spielt, zudeckten, erhellt aus Murners ‚Narrenbeschwörung‘ (67,17):

> Wie wol sy es alles anders nenten
> Und kynnents mit eim hütlin decken,
> Das nit die wucher zen (Zähne)
> erblecken (sichtbar werden).

Die im 16. Jh. sehr gebräuchl. Rda. *un-*

‚Unterm Hütlein spielen‘

term Hütlein spielen: betrügen, findet sich auch bei Luther. Abraham a Sancta Clara schreibt („Judas‘ I, 45): „Du wirst zu Hof sehen lauter Huter, aber nur solche, die unter dem Hütel wissen meisterlich zu spielen“. Ähnl. altbair.: „ein Richter, der das recht verkürzt und ein hütlein darüber stürzt“; etw. abweichend: „wenn man einen armen das recht verquent und im ein hütlein für die augen went“. Eine andere Deutung versucht G. Jungbauer im HdA.: Danach war der Hut auch ein Sinnbild der Übertragung von Gut und Lehen. Der Übertragende oder an seiner Statt der Richter pflegte den Hut zu halten, der Erwerbende hineinzugreifen oder einen Halm hineinzuwerfen. Das ‚Greifen in den Hut‘ scheint aber noch früher auch den Sinn des Verschwörens gehabt zu haben. Die miteinander ‚in den Hut griffen‘, verschworen sich zusammen. Daher entspricht auch der Rda. ‚unter dem Hütlein spielen‘ dem lat. ‚conspirare inter se‘.
Sich etw. an den Hut stecken können: etw. aufgeben müssen; auf etw. keinen Wert legen.
Das kannst du dir auf den Hut stecken!: das kannst du behalten, Ausdr. einer groben Abweisung. Die erst seit dem letzten Drittel des 19. Jh. aufgekommene Rda. kommt vermutlich von der Sitte der zum Militärdienst ausgemusterten jungen Leute, sich Papierblumen auf den Hut zu stecken.
Andererseits spielt der mit Bändern, Liebeszeichen, Trophäen, Erinnerungsstücken besteckte Hut im älteren Festbrauchtum schon eine weiter zurückreichende Rolle, wofür lit. Zeugnisse sprechen:

Wilhelm Hauff (1802–1827) erzählt:
> Als ich zur Fahne fortgemüßt,
> Hat sie so herzlich mich geküßt,
> Mit Bändern meinen Hut geschmückt.

Ähnl. schon bei Joh. Heinrich Voss (1751–1826):
> Mit Eichenlaub den Hut bekränzt!
> Wohlauf und trinkt den Wein!

Ebenso auch bei Ludwig Uhland:
> Wohl jauchzen die andern und
> schwingen die Hüt',
> Viel Bänder darauf und viel edle Blüt'.

Bezeichnend ist auch, wie einer den Hut aufsitzen hat. Daraus, wie ein Hut getragen wird, kann man auf die Gesinnung des Trägers schließen: „Wie einem der Hut stehet, so stehet ihm auch der Kopff" (Lehmann, 429, 10). Wer ein schlechtes Gewissen hat u. sich nicht sehen lassen will, *zieht den Hut tief ins Gesicht;* vgl. frz. ‚Il rabat son chapeau sur ses yeux'.

Den Hut nach dem Wind rücken: den ↗Mantel nach dem Wind kehren; vgl. frz. ‚retourner sa veste' (wörtl.: seine Jacke umkrempeln): seine Meinung den Verhältnissen anpassen; *den Hut nicht recht aufgesetzt haben:* einen kleinen Formfehler begangen haben. *Den Hut auf elf (halb acht, halb zwölf, halb dreizehn) setzen (aufhaben):* etw. getrunken haben. ‚Dem steit de Haut op halwer achte' sagt man in Westf. von einem Betrunkenen; in gleicher Bdtg. obersächs. ‚Den Hut schief aufhaben, auf dem Ohre, auf der Dammichseite sitzen'.

Da geht einem der Hut hoch ist eine junge Rda. zur Bez. großen Erstaunens (in ähnl. Sinne wie: ‚Da platzt einem der Kragen'). Die Rda. ‚Da geht einem der Hut hoch' mag ihren Urspr. in den Charly-Chaplin-Filmen haben. Dem Hauptdarsteller ging immer der Hut hoch, wenn sich ihm die Haare sträubten, wenn sie ihm zu Berge standen. Sie nährt sich aber auch von dem Doppelsinn (Hut = Kopf) im Erotischen. Beim Erblicken eines hübschen, anziehenden Mädchens: „Da geht einem ja der Hut hoch". Vgl. den bekannten Schlager (Ilse Werner):
> Wir machen Musik,
> Da geht uns der Hut hoch.

In einem Lobgesang auf die Kunst der Leineweber aus dem 17./18. Jh. findet sich die Aufforderung:

,Etw. an den Hut stecken'

> Setzt den Hut frei nach der Seiten!
> Fragt, wo ist das beste Bier?

Ein Böhmerwälder Volkslied bringt diese verschiedenen Möglichkeiten, den Hut aufzusetzen, in anschauliche Verse:
> Und wann i mai Hüaterl grad aufsitzen
> hab,
> Da woas 's schon a jeder ganz gwiß:
> Da bin i net freundli, da bin i net
> grob,
> Grad daß mir halt alles oans is.

> Und wann i mai Hüaterl am Ohr sitzen
> han
> Und juchez hellauf über d'Höh:
> Da wissen's die Deandla weit und
> broat schon,
> Dass i heut no fensterln geh'.

> Aber hab i mai Hüaterl ins Gsicht
> einizogn,
> Gottswilln fangts mit mir nix an!
> I tua's a mit zwoa Dutzat Buama glei
> wagn
> Und hauat in Teufl davon.

> Doch wann i amol stirb, gelts, dös
> oani tuats ma no,
> Dös Hüaterl, dös grabts aa mit ein!

Dann halt i's in Händn und klopf
                    halt drobn an,
Liaba Petrus, mach auf, lass mi ein.
Ferner ↗Haube, ↗Kopf.
Mit jem. etw. am Hut haben: mit ihm pla-
nen, zusammen mit ihm etw. vorhaben.
Dagegen: *Mit jem. nichts am Hut haben:*
ihn nicht mögen, ihm aus dem Wege ge-
hen.
Seinen Hut in den Ring werfen: jem. her-
ausfordern.
Seinen Hut an den Nagel hängen: seinen
Beruf aufgeben.

,Den Hut nehmen'

Den Hut nehmen: von seinem Amt zurücktreten. Auch bei dieser Rda. handelt
es sich um ein altbekanntes Bild: wer den
Hut nimmt, kündigt seinen Abschied an.
,Etw. nicht aus dem Hut hervorzuzaubern
können': es nicht aus dem Nichts herho-
len können. Die Wndg. läßt an die bekannten Kunststückchen der Zauberer
denken, die einen Vogel oder ein Kaninchen aus dem Hut zaubern. ↗Zylinder.

Lit.: *O. Timidior:* Der Hut und seine Gesch. (Wien –
Leipzig o.J.); HdA. IV, Sp. 513–543 Art. ,Hut' von
G. Jungbauer; Ciba–Rundschau Nr. 31 (1938): Der
Hut; *R. Hadwich:* Die rechtssymbolische Bdtg. von

Hut und Krone (Diss. Mainz 1952); *B. Schier:* Der
Hut als Spiegel des sozialen Stellung u. seelischen Hal-
tung seines Trägers, in: Zs. f. Vkde. 50 (1953),
S. 261–270; *M. Harrison:* The history of the hat (Lon-
don 1960); *R. Wildhaber:* Kopfbedeckungen aus Eu-
ropa, Führer durch d. Museum f. Völkerkde. u.
Schweiz. Mus. f. Vkde. (Basel 1964); *W. Danckert:*
Symbol, Metapher, Allegorie im Lied der Völker, Bd. I
(Bonn–Bad Godesberg 1976), S. 795–808; Strafjustiz
in alter Zeit (Rothenburg 1980), S. 315; *G. Schubert:*
Art. ,Hut', in: EM. VI, Sp. 1412–1415.

Hut. *Die* Hut bedeutet u. a. die Soldaten-
wache im Felde außerhalb des Heeres;
↗Vorhut. Dazu eigentl.: *auf der Hut sein,*
und weiter verschoben: *Auf seiner Hut
sein:* vorsichtig handeln; vgl. frz. ,être sur
ses gardes'. *Einem Hut und Weide aufsa-
gen:* einem kündigen.

Hutnummer. *Er (sie) ist nicht meine Hut-
nummer:* Er (sie) paßt nicht zu mir. Ähnl.:
,Er (sie) ist nicht meine Kragenweite',
↗Kragen.

Hutschnur. *Das geht über die Hutschnur:*
das ist zu arg, das geht zu weit, ist zu toll;
das geht über das erträgliche Maß hinaus;
z.B. (thür.) ,bis über die Hutschnur in
Schulden stecken'. Die sinngleiche Wndg.
,bis über die ↗Ohren in Schulden stecken'
weist auf die Vorstellung, daß man in
einem Sumpf versinkt. Frühere Erklärer
faßten dementsprechend auch ,über die
Hutschnur' auf als komische Steigerung
von ,es geht bis an den Hals'. Gemeint sei
wohl eigentl. die unter dem Kinn herum-
laufende, den Hut am Kopf festhaltende
Schnur. Inzwischen ist aber zu dieser Rda.
ein interessanter alter, allerdings bis jetzt
vereinzelter Beleg aufgefunden worden:
Eine Urkunde aus Eger vom Jahre 1356
enthält einen Vertrag über die gemeinsame Benutzung einer Wasserleitung, die
durch mehrere Grundstücke geht. Die ersten Anlieger, so heißt es dort, sollen nicht
mehr Wasser nehmen, als sie zum Trinken
und Kochen nötig haben „vnd des selben
wazzers schol in niht mer noch dicker auz
den roeren gen, danne ein hutsnur". Die
Hutschnur ist hier also ein Dicke-Maß:
Die Stärke einer Hutschnur dient als Maß
für fließendes Wasser, und wenn es ,über
die Hutschnur geht', so handelt der Nutz-
nießer gegen die Vereinbarung, also unrecht. ,Über die Hutschnur' meint schon

in dieser alten Urkunde: über das Rechtmäßige hinaus. Die heutige Auffassung denkt bei der Rda. freilich an eine wirkliche Hutschnur; das beweist die abgeleitete Nebenform ‚das geht über den Hutrand'; vgl. ‚das geht über den ↗ Span'.

Lit.: *K. Gleissner:* Das geht über die Hutschnur, in: PBB. 58 (Halle 1934), S. 296 f.

Hütte. *Hütten bauen:* sich niederlassen; verkürzt aus der längeren Wndg.: *Hier ist gut sein, hier laßt uns Hütten bauen.* Es handelt sich hierbei um ein volkstümlich vereinfachtes, d.h. verballhorntes Zitat nach Matth. 17,4: „Herr, hier ist gut sein; willst du, so wollen wir hier drei Hütten machen; dir eine, Mose eine und Elia eine".

Er hat seine Hütte niedergebrannt, damit ihn die Flöhe nicht beißen: er hat das Kind mit dem Bade ausgeschüttet.

Die ndl. Wndg. ‚he heft alle Hött on Pött voll' bedeutet: er hat Hütte, Haus und alle Räume voll besetzt.

IJ

i. Der i-Laut kann in der Volkssprache verschiedene Stimmungen ausdrücken. In der ndd. Rda. ‚dat is nich i un nich fi‘ (d. h. nichts Entschiedenes) meint i Freude und fi Abscheu.

Die Erweiterung ‚igitt(igitt)‘ ist dagegen eindeutig als Ausdr. des Ekels u. der Ablehnung zu werten (ähnl. wie die zugrunde liegende Wndg. ‚Gottogott‘ Erschrecken u. Bestürzung ausdrückt, vgl. ↗Gott).

Die verkürzte Verbindung ‚i-wo‘ wiederum ist bekannt geworden als Ausdr. des Widerspruchs, dem aber selten ein Kommentar folgt.

Da fehlt auch nicht das Pünktchen auf dem i: es ist alles vollkommen und vollständig. Ebenso bez. das ‚Tüpfelchen auf dem i‘ einen hohen Grad von Genauigkeit; vgl. frz. ‚mettre à quelqu'un les points sur les i‘ (wörtl.: einem das Pünktchen auf das i setzen).: einem alles ausführlich, bis ins kleinste Detail hinein erklären, auch: einem klaren Wein einschenken. *Bis aufs letzte i-Tüpfelchen:* bis auf das letzte, sorgfältig, genau; ähnl.: ‚kein Jota‘ oder: ‚nicht ein Jota‘. Die Wndg. beruht auf Matth. 5, 18: „Denn ich sage euch wahrlich: Bis daß Himmel und Erde zergehe, wird nicht zergehen der kleinste Buchstabe noch ein Tüttel (= Strichlein) vom Gesetz, bis daß es alles geschehe" (griech.: „ιῶτα ἒν ἢμία κεραία"; Vulgata: „iota unum aut unus apex").

In diesen Zusammenhang gehört auch der rhein. Ausdr. ‚I-Dotz‘ oder ‚I-Dötzchen‘ als Bez. für den Schulanfänger, der mit dem sauberen Aufsetzen von I-Pünktchen seine Schullaufbahn beginnt.

Ibo. *Zum Stamm der Ibo gehören,* zu denen, die stets ‚ich und die anderen‘ sagen u. ‚hoppla, jetzt komm ich‘ meinen. Es handelt sich um die scherzhafte Auflösung der englischen Wendung ‚I before others‘; ↗ich.

ich. *Das liebe Ich* wird iron. der Urheber egoistischer Bedürfnisse und Wünsche genannt. Einen engen Freund nennen wir lat. unser ‚Alter ego‘ = *das zweite Ich.* Nach der ‚Vita Pythagorae‘ von Porphyrius ist der antike Philosoph, Mathematiker und Physiker Pythagoras aus Samos (580–500 v. Chr.) der Schöpfer des Wortes (weitere antike Belege bei Büchmann). Davon wieder abgeleitet ist *das bessere Ich* (mein besseres Ich, häufiger: ‚meine bessere Hälfte‘).

Doch sind beide Wndgn. nicht recht volkstümlich geworden; in dem Lied (1725)

> Sind wir geschieden
> Und leb' ich sonder dich,
> Gib dich zufrieden,
> Du bleibst mein ander Ich

ist die letzte Strophe volkstümlich umgesungen worden zu:

> Du bist mein einz'ges Ich.

Im Volksmund bekannter sind freilich die Wndgn., die das Ich als Kennzeichen des Egoismus an die erste Stelle setzen wie z. B. in der Berliner Rda. ‚Ick nich – wer noch?‘ oder in dem Kinderreim: ‚Ich und du, Müllers Kuh, Müllers Esel, das bist du‘. Ähnl. Spott liegt auch in der Rda.: ‚Graf Ego (Ich) hört, sieht u. tut alles am besten‘, ↗Ibo; ‚Ich denke‘ ↗cogito.

Lit.: *J. G. Rosa:* Limites Proverbii: Proximus sum egomet mihi. Vulgo: Ich bin mir selbst der nächste (Jena 1717); *I. Abrahams:* „Ego sum, ergo omnia sunt", in: Notes & Queries, 6. 11 (1885), S. 157; *V. Meyer-Matheis:* Die Vorstellung eines Alter Ego in Volkserzählungen (Diss. Freiburg 1974).

Idee. *Keine Idee!:* durchaus nicht! Starke Ablehnung wie: ‚kein ↗Gedanke!‘, seit der zweiten H. des 19. Jh.; verstärkt: *keine Idee von einer Idee!* ausgeschlossen. *Eine Idee:* eine Kleinigkeit, ein wenig; z. B. ‚eine Idee weiter‘. *Keine Idee von einer Ahnung haben:* nichts wissen. „Diese Menschen haben keine Spur von der Idee eines Gedankens" (D. Kalisch, ‚Die orientalische Frage', 1853, S. 6). Vgl. frz. „Je n'en ai pas la moindre idée': Davon habe ich nicht die geringste Ahnung.

Das frz. Wort ‚idée' wird niemals i. S. v. ‚Kleinigkeit' gebraucht.

Das ist eine Idee von ↗ Schiller: das ist ein guter Einfall. Scherzhaft-burschikose Profanierung des Schillerschen Ideenbegriffs; Erweiterung der Rda.: *das ist eine Idee!*. *Ideen wie ein alter Eimer haben:* wunderliche Einfälle haben; Parallelbildung zu ‚Einfälle wie ein alter ↗ Eimer'.

Igel. *Das paßt wie der Igel zum Taschentuch* (oder *zum Handtuch):* das eignet sich sehr schlecht zu einem bestimmten Zweck; die Rda. ist die höflichere Form für einen weit derberen Vergleich, der schon im 17. Jh. bezeugt ist: *Passen wie der Igel zum Arschwisch:* durchaus nicht passen; ebenso: *passen wie der Igel zur Türklinke* (20. Jh.). Höchstens landschaftlich noch gebräuchl. ist die seit dem 17. Jh. bezeugte Rda. *Was hast du wieder für Igel zu bürsten?:* was hast du für eine Beschäftigung vor?; rhein. ‚Hast du all din Igel gebörstelt?', hast du deine kleinen Obliegenheiten geregelt?

Saufen wie ein Igel, wohl mißverstanden aus: ‚wie ein (Blut-)Egel', doch schon bei Joh. Fischart (1546–90): „Ich hab ein igel im bauch: der muß geschwummen haben" (‚Gargantua' 85a). *Er hat einen Igel im Magen* (der will immer schwimmen und stachelt, wenn es trocken ist): er ist immer durstig; frz. ‚il a un 'hérisson dans le ventre, s'il ne boit, il le pique' (veraltet).

Aus einem Igel ein Stachelschwein machen: eine Kleinigkeit aufbauschen; viel Aufhebens machen.

Lit.: *O. Keller:* Die antike Tierwelt I (Leipzig 1909); S. 17–19; *R. Goerge:* Art. ‚Igel', in: EM. VII (in Vorbereitung).

Imme, mdal. Bez. für ↗ Biene, die in zahlreichen Rdaa. begegnet. *He stickt as'n Imm:* er hat eine böse Zunge. ‚Es alts Imbi' ist für den Baselbieter eine Frau, mit der schwer auszukommen ist. Heißt es von einem Weibe, ‚se hett'n Immenstich kregen': sie ist guter Hoffnung, so muß ihr Mann ‚den Immen hüten': bei seiner hochschwangeren Frau zu Hause bleiben. An die im Märchen gerühmte Entschlos-

senheit und Tapferkeit der Bienen gemahnt die pfälz. Rda. beim Kartenspiel ‚Ich stech hinne wie die Imme'. Aus der Fachsprache des Imkers stammt ‚dat is'n Immenjahr': es gibt viel Honig. Roh und barbarisch klingt ‚Immen afslachten' oder ‚Immen afsmöken': unrentabel gewordene Völker durch Schwefeldämpfe und andere Mittel vernichten. Man spricht von Klugheit, wobei noch im Spott die Achtung hindurchklingt, ‚de is so klook as'n Imm, kann bloots keen Honni schieten (maken)'. Zu einer höchst ehrenvollen, realen Einschätzung des Tieres gehören auch folgende Rdaa.: *He dräht (trägt) we'n Imme:* trägt zusammen, spart. Wer viel und mühevoll arbeitet, der ‚brasselt wie an Imme'. *Se sit dor as de Immen um'n Rump* (Korb): dicht zusammen. *He stellt'n Gesicht op as'n Immenrump:* macht ein grämliches Gesicht.

in flagranti. *Jem. in flagranti ertappen:* jem. auf frischer Tat ertappen; die aus dem Lat. übernommene Rda. (eigentl. in flagranti crimine = in brennendem Verbrechen) bezeichnet die Zeugenschaft bei einem Verstoß gegen Gesetze oder gültige Normen.

‚In flagranti ertappen'

Innung. *Die Innung blamieren:* als einzelner durch schlechte Arbeit oder Verhalten die Kollegen bloßstellen. Die Innung, ei-

gentl. der Zusammenschluß der Angehörigen eines bestimmten Handwerks, meint hier in übertr. Bdtg. auch die kleinere Arbeits- und Berufsgemeinschaft; vgl. frz. ,compromettre la corporation'.
Darüber hinaus wird die Rda. aber auch allg. gebraucht für jem., der sich in einem bestimmten Kreis (Verwandte, Bekannte, Kollegen etc.) auffällig benimmt oder in irgendeiner anderen Weise sich negativ hervortut.

intus. *Etw. intus haben:*etw. im Magen haben; verstanden haben. Dem lat. ,intus' = innen, drinnen entlehnt; meint hier das, was einer im Magen oder Gehirn hat. Die Rda. ist wohl student. Herkunft und durch Berliner Vermittlung seit dem Ende des 19. Jh. (lit. bei Fontane) volkstümlich geworden. *Zuviel intus haben:* zuviel getrunken haben.

Ironie. ,Das ist Ironie des Schicksals' wird vor allem dann gesagt, wenn etw. überraschend anders kommt, als es geplant war, oder wenn genau das Gegenteil von dem eintritt, was man erhofft hatte, oder wenn das Schicksal seine eigenen, von keinem eingeplanten, Pointen ins Spiel bringt.

Irre(r), Irrenhaus. *Herumlaufen wie ein Irrer:* desorientiert sein u. nicht wissen wohin. In dieser Rda. ist eine Verwirrung des Geistes angesprochen, wie sie auch in der Wndg. *das ist ja irre,* d. h. verrückt, völlig konfus z. Ausdr. kommt. Auf geistige Desorientierung weisen ferner die Rdaa. *Er ist reif fürs Irrenhaus:* er redet und macht nur Unsinn, *er ist dem Irrenhaus entsprungen, er ist irrer als eine Eidechse. An jem. irre werden:* an jem. zweifeln, sein widersprüchliches Benehmen nicht verstehen. Hektisches u. unkontrolliertes Verhalten wird mit Vorliebe auch im Irrenwitz parodiert.

Lit.: *U. H. Peters u. J. Peters:* Irre und Psychiater (München 1974); S. 68–69.

Itsch. *Sich freuen wie ein Itsch:* sich übermäßig freuen. Die Rda. ist vor allem in Norddtl. gebräuchlich, wo Itsch als Ausdr. für Kröte bekannt ist. Vgl. ↗ Stint.

Lit.: *G. Schoppe:* ,Sich freuen wie ein Itsch', in: Germ.-Rom. Monatsschrift 22 (1938), S. 73.

Ius primae noctis ↗ Recht.

ja. *Zu allem ja und amen sagen:* mit allem einverstanden sein. Die Rda. ist ein abgewandeltes Bibelzitat aus 2. Kor. 1,20, wo es heißt: „Denn alle Gottesverheißungen sind Ja in ihm und sind Amen in ihm, Gott zu Lobe durch uns"; vgl. auch Matth. 5,37 und Offenb. 22,20; vgl. frz. ,dire Amen à tout'. Menschen, die zu allem ja u. amen sagen, werden im modernen Sprachgebrauch auch kurz nur ,Jasager' genannt. *Ja und Nein an einem Spieße braten:* ständig wechselnden Sinnes sein, was man heute versprich, morgen zurücknehmen. Vgl. frz. ,Il a son dit et son dédit'. Die frz. Rda. geht auf normannisches Rechtsbrauchtum zurück und bezieht sich auf die sprw. gewordene Unentschlossenheit des normannischen Volksstammes.
In jüngster Zeit hat sich für das gleichzeitige ja und nein die Antwort ,j-ein' durchgesetzt. Sie wird freilich eher zur Differenzierung gebraucht u. ist daher nicht als Ausdr. des Wankelmutes zu werten.
Das Wörtchen ,ja' kann fragende, zustimmende oder relativierende Bdtg. haben, je nachdem in welcher Verbindung es auftritt: ,ja, ja', ,ach ja', ,na ja', ,nun ja', ,ei ja' oder ,a ja'; ,(nur) ja nicht' u. a.. Als Satzanfang hat es schon mancher Wndg. zu sprw. Bekanntheit verholfen, wie z.B. dem Liedrefrain ,Ja, so sans, die alten Rittersleut'. Oft dient es nur zur Verstärkung der Aussage, so u. a. in den stereotypen Wndgn.: ,Ja, so ist's'; ,Ja, worauf du dich verlassen kannst' oder ,Ja, ja und nochmals ja'.

Jacke. *Das ist Jacke wie Hose:* eins wie's andre; das macht keinen Unterschied. Die Wndg. ist schon im 17. Jh. belegt: „Erbar und Tugendhofft wird wul Jacke wie Hose seen" (E. Herrmann: ,Goldenes Fließ', 1676, S. 72). Die Mdaa. kennen z.T. abweichende Varianten, z. B. ostpreuß. ,Jack wie Pigg(Wams)'; dort auch: ,een Jack, een Pack', gleiche Brüder, gleiche Kappen; schles. ,'s ist Jacke wie Hose und Strumpf wie Niederschuh', ↗ eins, ↗ Hose.
Einem die Jacke vollhauen (auch *ausklopfen, auswaschen):* ihn verprügeln; ebenso auch *Jackenfett kriegen;* ↗ Wams.

‚Jacke wie Hose'

Sich die Jacke begossen (oder *vollgesoffen*) *haben:* sich betrunken haben. Ebenso: *einen unter das Jackett brausen:* trinken. *Es ist eine alte Jacke:* eine alte, bekannte, veraltete Geschichte, abgedroschene Rede. Gemeint ist wohl, daß eine tagaus, tagein getragene Jacke schließlich eine gewohnte Erscheinung wird; ähnl. sagt man neuerdings ‚das ist Harzer Käse', stinkt von allen Seiten.

Aus der Jacke gehen: sich aufregen; aufbrausen; Parallelbildung zu: ‚aus dem Anzug gehen'.

Jaffa. *In Jaffa liegen:* ohnmächtig, krank oder tot sein. Die Rda. scheint in Dtl. auf Ostfriesland beschränkt zu sein (‚he ligt in Jaffa'; vgl. aber ndl. ‚hij gaat naar Jaffa'; ‚hij is al in Jaffa'). Vermutlich liegt ein Wortspiel vor, wobei einerseits die Hafenstadt dieses Namens gemeint ist, in der viele dt. Orientfahrer früherer Zeiten gestorben sind; andererseits ein Wortanklang an ‚jappen' = nach Luft schnappen.

Lt. Wander stammt die Rda. aus der Zeit der Kreuzzüge, als man in Jaffa landete u. viele dort starben. Wenn man nach dem Schicksal eines Kreuzfahrers fragte, hieß es: „Wo wird er sein? Er liegt in Jaffa". Jaffa (griech. Joppe, hebr. Japho) besaß als Hafen für Jerusalem schon in frühester Zeit eine große Bedeutung.

Lit.: *S. Tolkowsky:* The gateway of Palestine. A history of Jaffa (London 1924).

Jagd. *Auf die Jagd gehen (ziehen):* Rda., die sich auf das Jagen des Wildes bezieht, ebenso wie die Wndg. *Jagd machen auf etw. (jem.),* die freilich auch auf andere begehrte Objekte bzw. Menschen gemünzt sein kann. So kann z. B. die Jagd auf Frauen gemeint sein, wie sie u. a. auch im Volkslied beschrieben wird u. als ‚Liebesjagd' bekannt geworden ist. Die Wndg. ‚Eine Hetz-(Treib-)jagd veranstalten' bezieht sich dagegen eher auf Politiker oder andere Personen des öffentlichen Lebens, die von der Presse in die Enge getrieben werden, wenn sie sich etw. zuschulden kommen ließen u. sich dem Licht der Öffentlichkeit zu entziehen versuchen. Allg. bekannt ist auch ‚Lützows wilde verwegene Jagd' aus dem Gedicht ‚Lützows wilde Jagd' von Theodor Körner (24.4.1813), das durch seine Vertonung weite Verbreitung fand.

Lit.: *Jungwirth:* Art. ‚Jagd, Jäger', in: HdA. IV, Sp. 575–593; *L. Röhrich:* Die Frauenjagdsage (Mot. E 501.5.1 Wild hunter pursues a Woman), in: IV. International Congress for Folk-Narrative Research in Athens, hg. v. G. A. Megas, in: Laographia 22 (Athen 1965), S. 408–423; *ders.,* Die Frauenjagd (Mot. E. 501.5.1), in: Erzählungen des späten Mittelalters, II. (Bern u. München 1967), S. 5–52 u. 393–407; *L. Röhrich u. G. Meinel:* Rdaa. aus dem Bereich der Jagd u. der Vogelstellerei, in: Et multum et multa. Festgabe f. Kurt Lindner (Berlin u. New York 1971), S. 313–323; *W. Danckert:* Symbol, Metapher, Allegorie im Lied der Völker, Bd. III (Bonn – Bad Godesberg 1978), S. 887; *A. Schnapp:* Eros auf der Jagd, in: Cl. Bérard u. a.: Die Bilderwelt der Griechen (Mainz 1984), S. 101–125.

Jagdschein. *Den Jagdschein 51 machen:* umschreibend-verhüllende Rda. für ‚verrückt erklären lassen'. Die Zahl 51 weist dabei auf den Paragraphen 51 hin, in dem die entsprechenden Regelungen enthalten sind. Meist handelt es sich um den Versuch, für unzurechnungsfähig erklärt zu werden, um bei einer Straftat mildernde Umstände zugebilligt zu bekommen.

Jäger. *Das ist ein gewaltiger Jäger vor dem Herrn* heißt es von demjenigen, der für seine Jagdleidenschaft bekannt ist u. ihr auch, sooft er kann, nachgibt. Im übertr. Sinne wird die Wndg. auch gebraucht für den ↗‚Schürzenjäger'; ↗Nimrod.

Lit.: *J. Schmidt:* Ist die Kugel aus dem Lauf, hält kein Teufel sie mehr auf. Spruchweisheiten des Jägers (München 1975); *W. Danckert:* Symbol, Metapher, Allegorie im Lied der Völker, Bd. III (Bonn – Bad Godesberg 1978), S. 887.

Jägerlatein. *Das ist ja (pures, reines) Jägerlatein* heißt es, wenn jem. die unwahrscheinlichsten Dinge von sich gibt. Der Ausdr. ‚Jägerlatein‘ steht allg. für Windbeutelei u. Aufschneiderei, wie sie die Jäger lieben, um das Ungewöhnliche zum Abenteuerlichen zu erheben, und z. B. von einer Büchse erzählen, mit der man um die Ecke schießen kann, ohne zu fehlen, ↗ Latein, ↗ Münchhausen.

Lit.: *O. Keck:* ‚Jägerlatein‘, in: Muttersprache, 1954, S. 414–420; EM., Art. ‚Jägerlatein‘ (in Vorbereitung).

Jägermeister. *Ich trinke Jägermeister, weil…* Die Benutzung von Sprww. und Rdaa. in der Werbung läßt sich bes. gut in der Jägermeister-Reklame verfolgen, mit der die Wolfenbüttler Firma Mast (über 3000 Varianten) für ihren gleichnamigen Kräuterlikör warb.

Z. T. wird dabei parömiologisches Material wörtl. übernommen, z. T. mehr oder weniger leicht verfremdet.

Die Sprww. und Rdaa. erscheinen in einem kausalen Nebensatz; z. B. Ich trinke Jägermeister, weil Übung den Meister macht. Oder weil

ein Gläschen in Ehren niemand verwehren kann;
Durst der schlimmste Feind ist;
ich kein Wässerchen trüben kann;
ich für Schnapsideen immer etwas übrig habe;
ich eine Pechsträhne zu überwinden habe;
er im Augenblick das einzige flüssige Mittel in unserem Unternehmen ist;
ich beim fünften Mal den Nagel noch nicht auf den Kopf getroffen habe;
ich dann zu Hopfen und Malz noch 56 Kräuter habe;
dann vieles nicht so auf den Magen schlägt;
gut gekaut ist halb verdaut, aber eben nur halb;
wenigstens die Frau aufgeräumt sein soll, wenn der Mann nach Hause kommt;
vorbeugen besser ist als Hustensaft;
ich einen irrsinnigen Brand habe;
nicht nur trocken Brot Wangen rot macht;
er der einzige ist, von dem ich mich aufs Kreuz legen lasse.

Der Nebensatz gibt keine logische Begründung für den Likörgenuß, sondern bietet nur ein formales Strukturgerüst.

Die Jägermeister-Reklame bietet ein konstruktives Beispiel dafür, wie leicht und effektiv sich Sprww. u. Rdaa. in Werbetexte einbauen lassen. Immer geht es dabei um sprachliche Déjà-vu-Erlebnisse.

Jahr. *Jahraus, jahrein:* dauernd, immer; eigentl.: vom Ende des einen, des laufenden Jahres und weiter vom Anfang des folgenden Jahres an; vgl. frz. ‚D'année en année‘. Ähnl. *Jahr für Jahr. Nach Jahr und Tag* wird jetzt meist in dem allg. Sinn: nach geraumer Zeit, ziemlich lange danach gebraucht (Knut Hamsun hat einen Romantitel daraus gemacht), ist aber urspr. eine ma. Rechtsformel, die eine Frist von einem Jahr, sechs Wochen und drei Tagen festlegte, die verflossen sein mußte, um in den unangefochtenen Besitz einer durch Erbe oder Kauf erworbenen Sache zu gelangen. Es war eigentl. die Jahresfrist, innerhalb deren ein Recht verjährte, wenn nicht Klage erhoben worden war. Da das ordentliche Landgericht (Echteding) seit der Zeit Karls d. Gr. alle 6 Wochen stattfand und jedesmal drei Tage dauerte, konnte die Klage längstens in einem Jahr, sechs Wochen und drei Tagen nach Entstehung des Anspruchs noch rechtzeitig erhoben werden. Daher auch das alte Rechtssprw.: ‚Jahr und Tag soll ewig gelten‘. ‚Jahr und Tag‘ war auch die Verjährungsfrist für der Herrschaft zu leistende Dienste. Der alte Rechtsspruch lautet: ‚Versäumt die Herrschaft Jahr und Tag, so ist ihre Gerechtigkeit aus‘. Solche Zugabefristen stecken auch in Wndgn. wie ‚über acht Tage‘ = in einer Woche (7 + 1 Tag); frz. ‚quinze jours‘ = zwei Wochen (14 + 1 Tag). Dreißig Jahre und ein Tag überschritten die Dauer der Vollkraft der Mannesjahre, daher in Freidanks ‚Bescheidenheit‘:

nieman ritter wesen mac
drîzec jâr und einen tac,
im gebreste muotes,
lîbes alder guotes.

Erst wer fünfzig Jahre und einen Tag gelebt hat, ohne gefreit zu haben, galt als Hagestolz; ‚hundert Jahre und ein Tag‘ bedeutete soviel wie ewig; auf derselben

Vorsicht, durch eine Zugabe das eigentl. Maß zu gewährleisten, beruht die Ehrensalve von 101 Schüssen, vgl. auch *ewig und drei Tage* (↗ Ewigkeit); ‚Tausend und eine Nacht‘.

Zu (seinen) Jahren kommen: alt werden; die Wndg. ist urspr. ebenfalls eine Rechtsformel, die ‚mündig werden‘ bedeutete; so schon im ‚Sachsenspiegel‘. Die altdt. Rechtssprache, genauer als die der Dichter, unterscheidet zuweilen und nimmt ‚ze sînen jaren komen‘ für das geringere, ‚ze sînen tagen komen‘ für das volle Mündigwerden. ‚Sie kommt in die Jahre‘, d. h. ins Klimakterium (oder auch: in die Pubertät).

Von den ‚sieben fetten Jahren und den sieben mageren Jahren‘ spricht man rdal. im Anschluß an den Traum Pharaos von ‚sieben schönen fetten Kühen‘ und von ‚sieben häßlichen und mageren Kühen‘, der von Joseph im Sinne der Rda. gedeutet wird (1. Mos. 41); vgl. engl. ‚the fat years and the lean years‘; frz. ‚les bonnes et les mauvaises années‘; ndl. ‚vette en magere jaren‘.

Jem. das neue Jahr abgewinnen: ihm mit den Glückwünschen zum Jahreswechsel zuvorkommen. Die im 19. Jh. aufgekommene Rda. fußt auf der Volksglaubensregel, daß man am 1. Januar etwaigen Unheilsanwünschungen zuvorkommen muß, damit man im neuen Jahr Glück hat. Diese Grundvorstellung ist bis zur Unkenntlichkeit überlagert von dem dörflichen Brauch, am Neujahrstag die Glückwünsche so rasch anzubringen, damit man das dem ersten Glückwünscher zustehende kleine Geschenk erhält.

Zwischen den Jahren: Im alten Rom begann das Jahr mit dem 1. März, weil da die höchsten Beamten ihr Amt antraten. Im Jahre 153 v. Chr. geschah das zum erstenmal am 1. Januar, und dieser Tag wurde damit für die ganze Welt zum Jahresbeginn. Später geriet das röm. Amtsjahr in Konflikt mit dem christlichen Kirchenjahr. Seit der Mitte des 4. Jh. feierte das Christentum den 25. Dezember nicht nur als Geburtstag Jesu, sondern zugleich als Jahresanfang. Während der ersten drei nachchristlichen Jahrhunderte kannte die Christenheit allerdings noch kein Geburtsfest Jesu. Man feierte zunächst die Taufe, die man auf den 6. Januar legte, als den Epiphaniastag. Erst im Jahre 354 setzte Papst Liberius den 25. Dezember als Geburtstag Jesu fest. Und im 9. Jh. entschloß sich dann die Kirche, den Jahresanfang auf den 25. Dezember zu verlegen, um dadurch das ganze Festleben auf Weihnachten zu konzentrieren. Im MA. wechselte der Neujahrstermin dann noch mehrmals, bis ihn Papst Innozenz XII. endgültig auf dem 1. Januar beließ. Das geschah aber erst im Jahre 1691. So liegen Neujahrsbräuche zwischen Weihnachten und dem 6. Januar. Im bäuerlichen Kalender gilt noch immer der 6. Januar als eigentl. Neujahrstag. ‚Zwischen den Jahren‘ nennt man die Zeit zwischen Weihnachten und dem Dreikönigsfest, die sog. ‚Zwölften‘, das ‚Dodekahemeron‘ der griech. Kirche. Die Synode von Tours erkannte im Jahre 567 diese Festzeit an, die den alten und den neuen Geburtstag Jesu, das alte und das neue Neujahrsfest miteinander verband.

Lit.: *J. Grimm:* Dt. Rechtsaltertümer I, 306 f.; *Ebel,* S. 7; *G. Jungbauer:* Art. ‚Jahr‘ ‚Jahresanfang‘ u. ‚Jahresfrist‘, in: HdA. IV, Sp. 593–608. *P. Sartori:* Art. ‚Zwölften‘, in: HdA. IX, Sp. 979–992. *H. Maier:* Die christliche Zeitrechnung (1991).

Jahrmarkt. Als ‚Jahrmarkt der Eitelkeiten‘ bez. man eine Veranstaltung, bei der sich viele Leute nur einfinden, um gesehen zu werden oder durch auffallende Kleidung von sich reden zu machen. Die Rda. ist wohl entstanden in Anlehnung an die ältere Wndg. ‚Jahrmarkt des Lebens‘. Diese geht zurück auf Sal. 15, 12: „Sie halten auch das menschliche Leben für einen Scherz und menschlichen Wandel für einen Jahrmarkt“.

Lit.: *G. Jungbauer:* Art. ‚Jahrmarkt‘, in: HdA. IV, Sp. 616–617.

Jakob. *Das ist der wahre Jakob:* das ist der richtige Mann, das einzig Richtige, Gesuchte, das rechte Mittel. Die Rda. geht möglicherweise zurück auf den Apostel Jakobus, den Schutzpatron Spaniens, dessen Grab in Santiago de Compostela verehrt wird, eine der größten Wallfahrten vom MA. bis zur Ggwt. Die Spanienpilger mögen mit Geringschätzung auf diejenigen herabgesehen haben, die zu den Gräbern anderer gleichnamiger Heiligen pilgerten (es gab auch falsche Jakobsgräber), weil sie die beschwerliche Wallfahrt bis nach Spanien scheuten. Straubinger weist darauf hin, daß auch andere Kirchen fälschlich behaupten, sie seien im Besitz der Gebeine des Heiligen (so 1395 die Kirche in Monte Grigiano in Italien). Möglich ist aber auch der Bezug auf den als Esau verkleideten Jakob, der sich nach 1. Mos. 27,6ff. das Erstgeburtsrecht und den Segen seines blinden Vaters erschlichen hat. Iron. prägte man später die Rda. um: *Du bist mir der wahre Jakob!* Belegt ist die Rda. freilich erst seit dem 18. Jh.; Jacob Michael Reinhold Lenz (1751–92) sagt von sich selbst in einem Epigramm:

Ich bin ihr wahrer Jakob nicht
Und auch ihr deutscher Michel nicht,
So rein und hold nicht wie der Zar,
Ich: Jacob Michael Reinhold Lenz,

und Gottfried Keller schreibt in der Novelle ‚Pankraz, der Schmoller‘ 1856: „Man dachte unverweilt, diese (Lydia) wäre der wahre Jakob unter den Weibern und keine bessere gäbe es in der Welt‘. Bekannt geworden ist die Wndg. dann auch dadurch, daß sich Jahrmarktsverkäufer als ‚wahren (oder: billigen) Jakob‘ bezeichneten. Den Redeschwall ihrer Anpreisungen beschreibt anschaulich Georg Queri 1912 in ‚Kraftbayrisch‘ (S. 164ff.). *Den billigen Jakob abgeben:* sich als bequeme, unverdächtige Begründung darbieten.

Bisweilen wird Jakob auch für ‚Kopf‘ gebraucht, so obersächs. ‚eins auf den Jakob kriegen‘. In Hamburg ist eine bekannte Rda.: ‚dat is der nee Jakob mit der nee Mütz‘; auch: ‚dat is de ole Jakob met de nee Mütz‘. Die Rda. hat ihren Urspr. darin, daß die alte Jakobskirche um das Jahr 1820 mit einem neuen Turm versehen wurde. Die Rda. meint Neuerungen oder Änderungen, die doch keine durchgreifende Verbesserung bedeuten. In Sachsen hört man auf die Frage: ‚Jakob, wo bist du?‘ die Antwort: ‚Hinterm Ofen und flick‘ Schuh!‘.

Der ‚wahre Jakob‘ war auch der Titel eines der wenigen prinzipiell systemkritischen satir. Blätter des 19. Jh. Er erschien – oft polizeilich beschlagnahmt – von 1879 bis 1933, in Stuttgart. 1933 wurde die Publikation verboten.

Lit.: *A. Wrede:* Art. ‚Jakobus d.Ä.‘, in: HdA. IV, Sp. 619ff; RGG³ III, Sp. 517ff. Art. ‚Jakob‘ *v. A. Weiser* (mit weiterführender Lit.); *Richter-Weise* Nr. 47, S. 50f.; *O. P. Straubinger:* ‚Der wahre Jakob‘, in: Names, 1 (1953), S. 112–114; *J. Hüffer:* Sant Jago. Entwicklung und Bdtg. des Jacobuskultes in Spanien und dem Röm.-Dt. Reich (München 1957); Sachen zum Lachen. Populärer Humor im 19. Jh. (Tübingen 1973), S. 15; Der wahre Jakob. Ein halbes Jahrhundert in Faksimiles. Hg. H. J. Schütz, o. O. 1977.

Jan. Die ndd. Form für Johann hat sich in der Zusammensetzung Janhagel im 18. Jh. von Hamburg aus über Dtl. verbreitet. ‚Janhagel‘ ist seit dem 17. Jh. in Niederdtl. nachzuweisen, anfangs noch in zwei Wörtern geschrieben, auch der Hans Hagel, unter anderm mit der besonderen Bdtg.: ‚gemein Bootsvolk‘; der zweite Wortteil spielt auf das Fluchen der einfachen Leute an (Hagel!). Schon im 16. Jh. hat sich *dummer Jan* verbreitet, und bis ins 15. Jh. geht ‚Schlendrianus‘ zurück (Seb. Brant: ‚Narrenschiff‘ (110ᵃ, 163), ein humanistischer Wortscherz, zunächst abstrakt gemeint; vgl. ‚einen Schlendrian einreißen lassen‘, bummelnde Gewohnheiten dulden, wobei aber doch auch wohl Jan schon Gevatter gestanden hat und woran sich bald Grobian, Stolprian, Urian, Dummrian usw. anschlossen.

Jedermann. *Jedermannsfreund sein:* ältere, abwertende Wndg. für denjenigen, der es mit allen hält. Jedermann steht für jeden Menschen, für den einzelnen und für die Gesamtheit. Im 14./15. Jh. war die Schreibweise noch getrennt: ‚yeder man‘, ‚jeder mann‘. Jedermann ist eine allg. Bez. für ‚Hinz u. Kunz‘, ‚Du und Ich‘, ‚alle Welt‘, ‚Man-Jack‘ oder ‚Jan Alleman‘. Seine große Bekanntheit verdankt der Ausdr. dem Schauspiel ‚Jedermann‘ (1911) von Hugo von Hofmannsthal, das seit 1920 im Mittelpunkt der Salzburger Festspiele steht.

Lit.: *R. R.:* ‚Every man – Jack of ‘em‘, in: Notes & Queries, 6.2 (1880), S. 245.

jenseits. *Jenseits von Gut und Böse sein:* nicht (mehr) verführbar sein. Die Rda. wird meist nur für ältere Frauen und alte Männer gebraucht, die bereits mit ihrem Leben abgeschlossen haben. Es handelt sich bei dieser Wndg. um eine scherzhafte Abwandlung des Werktitels ‚Jenseits von

Gut und Böse' (1886) von Friedrich Nietzsche.

Noch längst nicht jenseits von Gut und Böse sein: noch jung genug für alle möglichen Abenteuer sein, am Leben (an der Erotik) voll teilnehmen wollen.

Jerusalem. *Die Reise nach Jerusalem* ist ein Kinderspiel, bei dem alle um einen Kreis von Stühlen laufen, der einen Stuhl weniger enthält als die Teilnehmerzahl ausmacht. Auf Kommando bleiben alle stehen u. suchen sich einen Stuhl. Wer keinen Platz bekommen hat, scheidet aus. Rdal. wird der Begriff gerne gebraucht, wenn nicht genug Sitzgelegenheiten vorhanden sind.

Lit.: *F. M. Böhme:* Dt. Kinderlied u. Kinderspiel (Leipzig 1897), S. 675, Nr. 621.

Joch. *Im Joche sein:* seiner gewohnten, festen Tätigkeit nachgehen; im Gegensatz zu freien Tagen und Ferien gesagt. Das Bild ist vom Zugvieh, dem Joch der Ochsen entlehnt. Ebenso auch: *ins Joch der Arbeit eingespannt sein. An demselben Joch ziehen:* dasselbe Schicksal mit jem. teilen; Gegensatz: *das Joch abschütteln;* vgl. frz. ,secouer le joug'. Im selben Sinne spricht man auch vom ,Joch der Minne' und vom ,Ehejoch' (vgl. den lat. Ausdr. für Ehe: ,coniugium', d. h. wörtl.: Zusammenjochung, die Vereinigung zu einem Paare); entspr.: ,sich ins Ehejoch, ins Joch der Ehe spannen lassen'.

Nach Matth. 11,30 „Mein Joch ist sanft und meine Last ist leicht" spricht man rdal. auch von einem ,sanften Joch'; Gegensatz: ,ein schweres Joch'.

Jσͼͼϵͷϵ geϩ bu voran,
Du ϩaʃͼ Sporϵn unb Stiϵfϵͷ an,
Daß bich bϵr Ϩaaʃ nichͼ bϵißϵn ͼann.

,Jockele'

Jockel. *Aus jem. den Jockel machen:* seine Gutmütigkeit u. Einfalt ausnutzen u. sich über ihn lustig machen. *Für jem. den Jokkel machen:* sich ausnutzen lassen. Die schwäb. Aufforderung: ,Jockele, gang du voran' stammt aus dem Schwank von den sieben Schwaben. Diese machen sich damit Mut angesichts eines Hasen, den sie für ein Untier ansehen.

„Jockele sperr!', traditioneller Spottruf der Tübinger Studenten an die Neckarflößer.

Lit.: *M. Radlkofer:* Die sieben Schwaben und ihr hervorragendster Historiograph L. Aurbacher (1895); *A. Keller:* Die Schwaben in der Geschichte des Volkshumors (Freiburg 1907); *Bolte-Polívka* II, S. 555–560 (zu KHM. 119: ,Die sieben Schwaben').

Johannes. *Dastehen wie ein hölzerner Johannes:* steif, plump und unbeholfen dastehen. Die heute nicht mehr geläufige Rda. bezieht sich auf die Holzbilder von Johannes dem Täufer, die in früheren Jhh. am 24. Juni in Stuben und auf Straßen gezeigt wurden und dem Volk bekannte Erscheinungen waren, auch, z. B. in Leipzig, ,Johannismännchen' genannt wurden. Es ist allerdings auch nicht völlig ausgeschlossen, daß die Rda. in Beziehung zu dem weitverbreiteten Schwank vom ,hölzernen Johannes' (AaTh. 1510) zu bringen ist, einer westeurop. Redaktion der ,Ma-

,Sein Joch auf sich nehmen'

trone von Ephesus', worin eine Frau den Körper ihres verstorbenen Mannes in Holz nachschnitzen läßt, um sich daran zu wärmen, wobei in den einzelnen Varianten der Name Johannes überwiegt. In denselben Zusammenhang gehört auch der volkstümliche Spruch: ‚Wie die Nase des Mannes, so ist auch sein Johannes', wobei ‚Johannes' hier das männliche Glied meint.

Der erneut entflammte Geschlechtstrieb alternder Männer wird scherzhaft mit dem erneuten Pflanzenwuchs verglichen und als ‚Johannestrieb' bezeichnet.

Da der Johannistag durch die an ihm veranstalteten umfangreichen Feiern bes. für Kinder ein erlebnisreicher Tag war, kam in Sachsen die Rda. auf: *lang wie ein Johannistag*, zumal die 24. Juni ohnehin zu den Tagen mit der längsten Tageslichtdauer gehört. Diese Rda. wurde dann von der zeitlichen Ausdehnung bildl. auch auf die räumliche übertr.: ‚er machte e Gesichte so lange wie der Johannistag'.

Er ist immer Johannes in eodem ↗ Matthäus.

Hölzerner Johannes ↗ hölzern.

Lit.: *K. Ranke:*Der ‚hölzerne Johannes', in: Rhein. Jb. f. Vkde. 4 (1953), Ndr. in: 90–114.

Jordan. *Über den Jordan gehen* (verhüllend: sterben), sein Leben bei etw. verlieren. In der relig. Lit. bes. des Pietismus wurde der Übergang der Israeliten über den Fluß Jordan oft als Eintritt ins Himmelreich aufgefaßt u. damit zum Symbol des Sterbens. Das den Israeliten versprochene Land wird mit dem Himmelreich verglichen. *Noch nicht über den Jordan gehen wollen:* noch nicht sterben wollen, ↗ zeitlich.

Joseph. *Eine Josephsehe eingehen (führen):* eine Ehe, die auf Keuschheit beruht, d.h. im juristischen und kirchlichen Sinne keine Ehe ist, ↗ Tobias. Die Figur des hl. Joseph, des Nährvaters Jesu, erfuhr in der Zeit der Gegenreformation eine enorme Aufwertung. Er wurde zum Idealbild des Gatten und Vaters erhoben, wie er mit Maria in einer Ehe gelebt haben soll, die durch geschlechtliche Enthaltsamkeit gekennzeichnet war. Diese Enthaltsamkeit fügte sich gut dem christl.

Eheverständnis ein, wonach der Geschlechtsakt Sünde sei und deshalb der eheliche Geschlechtsverkehr auf das für die Fortpflanzung unumgängliche Mindestmaß reduziert bleiben sollte. Wie sehr der hl. Joseph als exemplarische Gestalt gedacht wurde, zeigt der Rat, den die Linzer Jesuiten im Jahre 1672 einem Mann gaben, „der dauernd seinen fleischlichen Begierden erlegen war". „Er wurde auf das Vorbild des hl. Joseph verwiesen und bezähmte dann auch tatsächlich mit dessen Hilfe seine Triebe". Die Vorbildhaftigkeit des hl. Joseph in diesem Bereich wurde auch in zahlreichen Andachts- und Lobliedern vor allem der 2. Hälfte des 18. Jh. besungen.

Der Ausdr. ‚keuscher Joseph' dagegen bezieht sich auf den Joseph des A.T. (1. Mos. 39), der sich den Verlockungen von Potiphars Weib entzog. Der Lieblingssohn Jakobs wird von seinen neidischen Brüdern in die Sklaverei verkauft. Er kommt nach Ägypten in das Haus Potiphars und erregt wegen seiner Schönheit das Wohlgefallen von dessen Frau. Als er ihren Verführungskünsten widersteht, wird er von ihr eines Vergewaltigungsversuchs angeklagt und ins Gefängnis geworfen. Diese Geschichte gehört in den weitverbreiteten Erzählungskreis über vergebliche Verführungen einer zumeist höher gestellten Frau.

Der Stoff ist vom MA. bis in unser Jh. (Thomas Mann) Gegenstand von Dramen und Romanen gewesen und auch vom Volksschauspiel aufgenommen worden.

Lit.: *H. Priebatsch:* Die Josephsgeschichte in der Weltlit. (1937); *M. Nabholz-Oberlin:* Der Josephsroman in der dt. Lit. (Diss. Basel 1950); *L. Kretzenbacher:* Der Ägyptische Joseph, in: Lebendiges Volksschauspiel in Steiermark (Wien 1951), S. 285 – 311; *D.-R. Moser:* Verkündigung durch Volksgesang (Berlin 1981), S. 132 ff.; *Chr. Reents:* Art. ‚Der keusche Joseph', in: EM. VII (in Vorbereitung).

Jott we de ↗ J.w.d.

Jubel. Mit der dreigliedrigen Wortverbindung *Jubel, Trubel, Heiterkeit* wird oft eine ausgelassene Stimmung charakterisiert. Es handelt sich um den Titel einer jährlich wiederkehrenden Fernsehsendung, bei der bestimmte ‚Evergreens' von der Mainzer Fasenacht oder dem Kölner

Karneval erwartet werden. Die Textanfänge der Schlager oder ihrer Kehrreime sind so populär, daß sie in der Umgangssprache wie Sprichwörter oder Redensarten gebraucht werden können, wie z. B. ‚So ein Tag, so wunderschön wie heute‘, ‚Heute blau und morgen blau‘, ‚Wer soll das bezahlen?‘ ‚Humba, humba, täterä‘, ‚Wir kommen alle, alle in den Himmel‘, ‚Du kannst nicht treu sein‘, ‚Nach Hause gehn wir nicht‘, ‚Wir versaufen unsrer Oma ihr klein Häuschen‘, ‚Bier her, Bier her‘, ‚Schnaps, das war sein letztes Wort‘, ‚Wir hab'n den Kanal noch lange nicht voll‘, ‚Mer losse d'r Dom in Kölle‘, ‚O wie bist du schön‘, ‚Heidewitzka, Herr Kapitän‘, ‚O du wunderschöner deutscher Rhein‘, Trink, trink, Brüderlein trink‘, ‚Am Aschermittwoch ist alles vorbei‘. (Vgl. Langspielplatten. Gemeinschaftskatalog. Bundesverband der Phonographischen Wirtschaft, 14. Jahrg. 1985, S. 566).

Jubeljahr. *Alle(r) Jubeljahre einmal:* in großen Zeitabständen; sehr selten. Das Jubeljahr oder ‚Halljahr‘ kehrte bei den Israeliten alle fünfzig Jahre wieder; es wurde durch Posaunenschall (hebr. jôbēl = Widderhorn, dann: Freudenschall) dem ganzen Lande angekündigt (3. Mos. 25, 8 ff.). Es hatte den Zweck, gänzliche Verarmung zu verhüten, denn es stellte durch den Erlaß aller Schulden die annähernde Gleichmäßigkeit des Grundbesitzes sicher. Im Jahre 1300 stiftete Papst Bonifatius VIII. in Anlehnung an den alttestamentlichen Brauch ein Gnaden- oder Jubeljahr (‚jubilaeus annus‘ nach dem hebr. Namen mit Anlehnung an lat. iubilum = Jauchzen, Jodeln, wovon mittellat. jubilare = jubilieren stammt), das einen bes. hohen Ablaß brachte. Urspr. sollte sich dieses alle 100 Jahre wiederholen, doch verkürzte sich dieser Zeitraum bald auf 50, dann auf 33 und schließlich auf 25 Jahre. Später wurde der Ausdr., der auch die Bildung des Wortes ‚Jubiläum‘ mitbestimmte, auf andere Feiern übertr., die in größeren Zeitabständen wiederkehrten, und volkstümlich entstand die Rda. ‚alle(r) Jubeljahre einmal‘: „Ich sitze alle Jubeljahr hier, laßt mich nur sitzen; künftiges Jubeljahr will ich euch nicht mehr hindern" (zum Jubelfest der Leipziger Universität 1609; ‚Taubmanniana‘ 133).

Lit.: *E. Kutsch:* Art. ‚Jobeljahr‘, in: RGG³ III, Sp. 799 f., v. *ders.:* Das Herbstfest in Israel (Diss. Mainz 1955).

Judas. Der bibl. Judas Iskarioth aus der Leidensgeschichte Jesu (Matth. 26, 25; 48 f.) ist mit den Begriffen ‚Judaskuß‘ und ‚Judaslohn‘ sprw. geworden. Einen Judas nennt man danach einen falschen, verräterischen Menschen. Der ‚Judaskuß‘ ist schon früh lit. belegt. In Wolframs ‚Parzival‘ heißt es (321, 10):

ime gruoz er mînen herren sluoc

ein kus den Judas teilte,

im solhen willen veilte

und in der ‚Zimmerischen Chronik‘ (IV, 326): „Sie gab mir zu letst ain Judaskuß, als die frawen sein gewon", d. h. sie verriet ihren Gatten an mich, ihren Liebsten, indem sie mich küßte.

Ein Brauch ist das ‚Judasjagen‘, die lärmende Jagd der Gassenbuben in der Osternacht, eigentl. hinter dem Judas des Passionsspiels herjagen; daher die Rda.: ‚wie's Judasjagen; vgl. ‚wie's Teufelhaschen‘. Ähnl. das ‚Judasverbrennen‘: ‚Der Judas wurde verbrannt‘ sagt man els. beim Verbrennen alter Meßgewänder, Chorröcke und dgl.

Die vor allem im Schrifttum des 16. und 17. Jh. sehr häufige sprw. Rda. *den armen Judas singen* (auch *einem den Judas singen)* bedeutet soviel wie: einen höhnisch schelten, verspotten, jem. die Hölle heiß machen. *Den armen Judas singen müssen:* in Armut, Not, Elend, in einen Zustand geraten, in dem man Klagelieder anstimmt. Zwei Belege enthält allein das Faustbuch von 1587: „Es ist hie zu sehen des Gottlosen Fausti Hertz und Opinion, da der Teufel jhm, wie man sagt, den armen Judas sang, wie er in der Hell seyn muste"; und: „Als nu der Geist Fausto den armen Judas genugsam gesungen, ist er wiederum verschwunden, und den Faustum allein gantz melancholisch und verwirrt gelassen". Die Wndg. ‚den armen Judas singen‘ bezieht sich auf ein einst wirklich gesungenes Lied:

O du armer Judas,

Was hast du getan,

Dass du deinen herren

also verraten hast?
Darumb so mustu leiden
Hellische pein,
Lucifers geselle
Mustu ewig sein. Kyrieeleison.

Es handelt sich um die Übers. der Schlußstr. eines lat. Osterhymnus:

O tu miser Juda, quid fecisti,
quod tu nostrum dominum tradidisti?
ideo in inferno cruciaberis,
Lucifero cum socius sociaberis.

Die dt. Übers. und parodistische Umbildungen des Liedes zu satirischen Zwecken erfreuten sich seit dem Ende des 15. Jh. mehrere Jhh. lang größter Beliebtheit. Der ‚arme Judas‘ (wobei ‚arm‘ ebenso gebraucht wird wie in ‚armer Teufel‘, ‚armer Sünder‘) kommt zwar schon in verschiedenen hochma. Belegen vor, aber noch ohne Bezug zu einem Lied. Den frühesten Beleg für das Lied bietet ein hist. Anlaß: Als Kaiser Maximilian am 26. Mai 1490 zu Schiff auf der Donau an der mit Zuschauern dichtbesetzten Mauer der widerspenstigen Stadt Regensburg vorbeifuhr, verhöhnte er die Regensburger wegen ihres Abfalls vom Kaiser dadurch, daß er seine Musiker das Lied ‚O du armer Judas, was hast du getan‘, ‚carmen illud maledictionis‘, aufspielen ließ. Schon dieser Beleg bezeugt das Judaslied als eine Satire. In der Reformationszeit wurde es dann vorwiegend in parodistisch-satiri-

scher Absicht häufig wiederholt und oft auch auf andere Personen umgedichtet, z. B. ‚Ach du armer MURNarr, Was hastu getan …‘, und zu zahlreichen politischen Liedern bis in die Zeit des Dreißigjährigen Krieges diente diese urspr. geistliche Str., so daß bald ‚einem den Judas singen‘ den Sinn erhielt: ihm seine Treulosigkeit höhnend vorhalten. In einem Spottgedicht auf Friedrich von der Pfalz als (Winter-)König von Böhmen heißt es: „Den armen Judas mußt du singen gar bald, mein lieber Fritz". Das Judaslied hat sich im Kinderbrauch regional noch bis zur Ggwt. erhalten (z. B. als Drohvers im Heischebrauch). Vgl. ‚einem den Görgen singen‘, ‚Placebo singen‘.

Lit.: Creizenach: Judas Iscariot in Sage und Legende des MA., in: PBB. 2 (1876), S. 185 f.; Erk-Böhme III, 670, Nr. 1963 f.; R. Hildebrand: Materialien zur Gesch. des dt. Volksliedes I, in: Zs. f. d. U., Ergänzungsheft 5 zu Bd. 14 (1900), S. 63 ff.; A. Taylor: ‚O du armer Judas‘, in: The Journal of English and Germanic Philology 19 (1920), S. 318–339; A. Wrede: Art. ‚Judas Ischarioth‘, in: HdA. IV, Sp. 800–808; K. Lüthi: Judas Iskarioth in der Gesch. der Auslegung der Reformation bis zur Ggwt. (1955); RGG³ III, Sp. 965 f., Art. ‚Judas‘ v. E. Fascher; G. Grober-Glück: Motive u. Motivationen in Rdaa. u. Meinungen (Marburg 1974), § 73 ff., bes. S. 102; P. Dinzelbacher: Judastraditionen (= Raabser Märchen-Reihe 2) (Wien 1977), bes. S. 12 ff. (Judas in der Sprache); W. Puchner: Feldforschungsnotiz zum Judasbrennen, in: Österr. Zs. f. Vkde. 80 (1977), S. 229–231; E. Harvolk: Judaskuß und Judaslohn, in: Bayer. Jahrb. f. Vkde. (1985), S. 89.

jung. *So jung kommen wir nicht wieder zusammen,* Rda., mit der man zur Verlängerung eines gemütlichen Zusammenseins auffordert. Sie begegnet zuerst in dem Lied ‚Dem Gott der Raben‘ (um 1790) von Chr. A. Vulpius u. wird seither häufig zitiert.

Er ist noch jung, er hat noch den ersten Kopf sagt man scherzweise, wenn alte Leute behaupten, sie seien noch gar nicht sehr alt.

Jungbrunnen. *Etw. ist ein wahrer Jungbrunnen:* ein Bad in ihm schenkt neue Kraft u. macht die Menschen wieder jung. In Lit. u. Kunst ist der Jungbrunnen ein beliebtes Thema gewesen. In der Rda. wird der Begriff freilich mehr scherzhaft u. im übertr. Sinne verwendet.

Lit.: E. Marshall: ‚Fountain of perpetual youth‘, in: Notes & Queries, 8.10 (1896), S. 162–163; I. Taylor: ‚Fountain of perpetual youth‘, ebd. 8.10 (1896), S. 163;

‚Jungbrunnen‘

E. Walford: ,Fountain of perpetual youth', ebd. 8.10 (1896), S. 163; G. F. Hartlaub: Lucas Cranach: Der Jungbrunnen (Stuttgart 1958); A. Rapp: Der Jungbrunnen in Lit. u. bildender Kunst des MA. (Zürich 1977); N. A. Bringéus: Bildlore (Dödertälje 1981), S. 139–160; W. Mezger: Narrenidee und Fastnachtsbrauch. Studien zum Fortleben des Mittelalters in der europ. Festkultur (= Konstanzer Bibliothek, 15) (Konstanz 1991).

Junge. *Aussehen wie der dumme Junge von Meißen:* ein sehr dummes Gesicht machen. Dieser rdal. Vergleich wird zurückgeführt auf eine große Porzellanfigur, die bis gegen 1840 am Eingang des Formhauses der Meißner Porzellanmanufaktur aufgestellt war und mit ihrer lakaienhaften Tracht und ihrem dummen Gesicht den Besuchern sofort in die Augen fiel. Müller-Fraureuth (I, 573) lehnt diese Erklärung freilich ab. Er hält die Wndg. für eine Entstellung aus: ,der dumme Jude von Meißen' und bezieht sie auf den Judenkopf mit dem einer Narrenkappe ähnl. spitzen Hut, der sich im Wappen der Markgrafen von Meißen seit der Erwerbung Thüringens durch Heinrich den Erlauchten als Zeichen der Belehnung mit der Schutzgerechtigkeit über die Juden befindet. Die Rda. begegnet obersächs. auch in den Formen: ,wie der dumme Junge von Dresden, von Mutzschen, vom Neumarchte'.

,Junge, Junge': saloppe Wndg., die Erstaunen oder Bewunderung ausdrückt, aber auch einen Tadel enthalten kann. *Denken wie Goldschmieds Junge* ↗ Goldschmied.

Jungfernkranz ↗ Kranz.

Jungfrau. *Zu etw. kommen wie die Jungfrau zum Kind,* d. h. auf völlig unerklärliche, wunderbare Weise; ironische Anspielung auf die unbefleckte Empfängnis der Jungfrau Maria. *Er ist in die elftausend Jungfrauen verliebt:* er verliebt sich in jedes Mädchen. Die Rda. bezieht sich auf die Legende der heiligen Ursula und ihre elftausend Jungfrauen. Rheinhess. ,Du streckst ja de Nabel vor wie die schwangere Jungfrau von ↗ Buxtehude'; lit. bei Zuckmayer, ,Schinderhannes' (3. Akt).

Lit.: *O. Schade:* Die Sage von der Heiligen Ursula und den Elftausend Jungfrauen (Hannover 1854).

Junggeselle ↗ eingefleischt.

Jürgen ↗ Georg.

Jux. *Aus Jux und Dollerei etw. tun:* aus Übermut u. zum reinen Spaß. Bei dem Wort ,Jux' handelt es sich um ein altes Lehnwort aus dem Lat. (jocus), das wahrsch. aus der Sprache der fahrenden Kleriker übernommen wurde u. von dort in die Dialekte eingegangen ist. Die Wndg. ,Jux und Dollerei' hat als verstärkende Zwillingsformel den Zweck, das Scherzhafte einer Handlung zu verdeutlichen. Ähnl. auch die Rda. *sich einen Jux aus etw. machen:* aus Spaß etw. anstellen, um andere zu foppen u. an der Nase herumzuführen.

J. w. d. ist eine recht junge, aus Berlin stammende Abk. für ,janz (ganz) weit draußen', d. h. weit entfernt, außerhalb der Stadt. Der Ausdr. taucht vornehmlich stud. in Wndgn. auf wie: ,er wohnt j. w. d. im Norden (Süden usw.)', heute z. T. schon unverstanden gebraucht: ,er wohnt j. w. d. da draußen', oft erweitert durch den Zusatz: ,am Ende der Welt', ↗ Ende.

K

Kachel. *Eine Kachel einsetzen:* sich bei einem in Gunst setzen, einschmeicheln; umgekehrt: *einem eine böse Kachel einsetzen:* ihn anschwärzen, verleumden; so lit. bei Franck (‚German. Chronik‘, 1538, 19 b): „Sie (die Höflinge) setzten aus böswilligem Gemüt Seneca dem theuren man bös Kacheln (bei Nero) ein“.
Eine ‚Kachel‘ – auch die Ofenkachel – ist primär eine Hohlform. In den obd. Mdaa. kann man z. B. ‚eine Kachel (i. S. von Tasse) Tee‘ einschenken. Aus demselben Grund steht Kachel in mehreren Rdaa. umschreibend für ‚Frau‘. *Er ist in derselben Kachel gebacken:* er hat die gleiche Herkunft. Bes. *alte Kachel* steht als Schimpfwort für eine alte Frau: ‚Du olle Kachel!‘ und wurde auch lit. verwendet, z. B. „Meine alte Kachel starb in Kindesnöthen“ (Weise, Erzählungen); „Abraham, der Sara, die alte Kachel, zum Weibe gehabt“ (Luther), Fischart (‚Geschichtklitterung‘): „Ein Kachel für ein baslerische köchin ansehen“.

Lit.: *R. Meringer:* Beiträge zur Gesch. der Öfen, in: Wörter und Sachen 3 (1912); *R. Franz:* Der Kachelofen (Graz 1969).

Kachelofen. Der Kachelofen steht in Rdaa., ebenso wie ↗ Ofen und ↗ Herd für die Häuslichkeit, das Hauswesen selbst. *Er ist nicht weit vom Kachelofen weggekommen:* er hat keine Erfahrungen in der Welt gesammelt. Schuppius: „Ich habe nicht allezeit hinter dem Kachelofen gesessen, sondern bin unter Leuten gewesen“. Ndd. ‚achtern Kachelofen liggen‘, faulenzen, oder: Arbeit in der Kälte scheuen. *Einen Kachelofen für ein Bierglas ansehen:* betrunken sein, zu viel getrunken haben.

Lit.: *R. Franz:* Der Kachelofen (Graz 1969).

Kacke. *In die Kacke greifen:* Mißerfolg haben, ein schlechtes Geschäft machen. Kacke ist Kot (zu lat. cacare).

Alles Kacke, Deine Elli: sehr große Unannehmlichkeiten, zur Rda. gewordene Schlußformel eines fiktiven derb-vulgärsprachl. Briefes; ähnl. wie ‚Aus, Dein treuer Vater‘. Ndd. ‚De kacken alle op einen Häup‘, sie stecken miteinander unter einer Decke; vgl. auch ndl. ‚twee schijten door een gat‘ ↗ scheißen.

Kadi. *Zum Kadi rennen (laufen):* vor Gericht gehen, einen Prozeß anstrengen. ‚Wir treffen uns beim Kadi‘. *Jem. vor den Kadi bringen (schleppen):* ihn vor Gericht bringen, ihn anklagen. Kadi ist eine arab. Bez. für den Richter.

Käfer. *Einen Käfer haben:* eine Schrulle, eine fixe Idee haben; ähnl. wie ‚Mücken (↗ Hummeln usw.) im Kopf haben‘, ↗ Grille; auch: einen Schwips haben, betrunken sein; so schon bei Seb. Franck 1528 in seiner Schrift ‚Von dem Laster der Trunkenheit‘ (Cb): „Daher ich vestiklich glaub das der zehent (Säufer) kains rechten tods sterb, wann sie gleich nit all in der fülle voll weins sterben, so haben sie doch die Natur verderbt und die Käfer bei dem wein verschluckt“. Aus dem Trunkenen redet also der Käfer, den er verschluckt hat.
In der Teenagersprache der Ggwt. ist ein Käfer ein Mädchen: ‚flotter, kesser, süßer Käfer‘ usw. Der Ausdr. ist immer anerkennend gemeint und bezieht sich auf Aussehen und Kleidung. Im Elsaß ist ‚Käferle‘ neben ‚Herzkäfer‘ ein allg. beliebtes Kosewort.

Kaffee. *Das ist (ja) (alles) kalter Kaffee:* das ist dummes, abgestandenes, veraltetes Zeug, das interessiert niemanden. *Jem. kommt der (kalte) Kaffee hoch:* ihm wird übel. *Da kommt einem (ja) der (kalte) Kaffee (wieder) hoch!:* das ist widerlich, abscheulich. Alle genannten umg. Rdaa. sind erst im 20. Jh. aufgekommen. Älter

,Kaffeetante'

,Aus dem Kaffeesatz lesen'

sind: *Das geht über schwarzen Kaffee:* das ist die Höhe; lit. bei Jer. Gotthelf (,Bauernspiegel'); ähnl.: *Das ist starker Kaffee (Tobak)!:* das ist des Guten zuviel; frz.: ,c'est un peu fort de café'.

Von einem sehr schwachen, dünnen Kaffee sagt man ndd.: ,Tau den Koffee hett Simson dat Water edragen un Lazarus de Bohnen ebrocht' Im Ndl. ist von ,flauwe Koffie' die Rede, vgl. ↗ Blümchenkaffee. Dagegen heißt es von einer sehr reichen Gegend: ,Wo se den Kaffee möt Läpels éte ...'

Nicht die Kaffeebohne: überhaupt nicht, nicht im geringsten, ↗ Bohne. Um den Kaffee versammelten sich die ,Kaffeeschwestern' zum ,Kaffeekränzchen', auch zum ,Kaffeeklatsch', wo dann alles in einer vergnügten Runde ,durchgehechelt' wurde.

Eine Kaffeetante sein: eine leidenschaftliche Kaffeetrinkerin sein. Die im 20. Jh. auch lit. bezeugte Wndg. ist sogar auf Männer anwendbar; sie hat den seit dem 18. Jh. üblichen Ausdr. ,Kaffeeschwestern', der analog zu ,Betschwester' gebildet worden ist, heute fast verdrängt.

Aus dem Kaffeesatz lesen: die Zukunft erfahren wollen, Hellseherei betreiben. Bereits 1742 erschien in Leipzig ,Die Wahrsagerin aus dem Coffee-Schälgen', 1756 in Raab ,Das oraculum astronomico-geomanticum oder die Kunst und Weisheit im Kaffee und allen anderen Gießungen das Schicksal zu sehen'. In seinem 1744 zuerst erschienenen scherzhaften Heldengedicht ,Der Renomist' singt F. W. Zachariä (III, 47):

In Leipzig war damals die nun verlohrne Kunst,
Aus dickem Caffeesatz, durch schwarzer Geister Gunst,
die Zukunft auszuspähn; und die geheimsten Thaten,
Geschehn, und künftig noch, prophetisch zu errathen.

In Hamburg wandten sich um die Mitte des 18. Jh. bes. werdende Mütter an die ,Kümkenkiekersch', um das Geschlecht des Kindes zu erfahren. Mit der Bez. ,Caffeemantia' hängte man dieser Kunst sogar ein wiss. Mäntelchen um (HdA. IV, Sp. 909 f.).

Lit.: *L. D. V.:* ,Flauwe koffie', in: Biekorf 59 (1958), S. 235; *H. Bächtold-Stäubli:* Art. ,Kaffee', in: HdA. IV, Sp. 909–912; *H. E. Jacob:* Sage und Siegeszug des Kaffees (Hamburg ³1964); *P. Albrecht:* Kaffee. Zur Sozialgeschichte eines Getränks (Braunschweig 1980); *H. J. Teuteberg:* Die Eingliederung des Kaffees in den täglichen Getränkekonsum, in: *H. J. Teuteberg* u. *G. Wiegelmann:* Unsere tägliche Kost (Münster 1986), S. 185–201.

Kahn kann in der Umgangssprache der Ggwt. Schiff, Auto, Flugzeug, Schuhe, Bett, Gefängnis u. a. bedeuten (Küpper), aber auch Kopf oder im weiteren Sinne den menschlichen Körper: *Jem. eine vor den Kahn hauen (knallen):* ihn auf den

Kopf schlagen; ↗ Hals, ↗ Latz. *Einen im Kahn haben:* betrunken sein. Ndd. ‚got im Kahne stan‘, bei Frauen beliebt sein; ähnl.: ‚Der kann im Kahn stehen‘. In diesem Sinne ist Kahn auch in den Sprww. fast immer doppeldeutig: ‚Es hat mancher einen Kahn, aber er weiß ihn nicht zu lenken‘; ‚jeder Kahn will seinen Mann‘; ‚jeder Kahn führt ins Meer, aber nicht jeder wieder her‘; ‚wer in zwei Kähnen zugleich fährt, kann leicht Schiffbruch erleiden‘; ‚zu einem kleinen Kahn braucht man nur kleine Ruder‘ (Wander II, Sp. 1092); ↗ Boot, ↗ Schiff.

Kaib, Chaib, schwäb.-alemannisch verächtliche Schelte für Menschen und Tiere: böser Mensch, elender Kerl, Lump, Frechdachs, Schlingel, auch: ungeschickter Mensch, urspr. Bdtg.: Aas, z. B. ‚Du Chaib, du verreckda‘, auch: Rausch, entspr.: ‚kaibendumm‘, ‚Kaibendurst‘, auch einfach als Steigerungsform: ‚kaibengern‘, (sehr gern), ‚kaibenglatt‘: sehr gelungen, ‚Kaibenkaib‘: Erzspitzbube, ‚kaibenreich‘: sehr reich (Bad. Wb. III, 48 f.).

Kainsmal. *Ein Kainsmal tragen:* als Mörder gekennzeichnet sein. *Jem. ein Kainsmal aufdrücken:* ihn als Mörder stempeln, als Schuldigen kenntlich machen. Die Rda. ist entstanden in Anlehnung an 1. Mos. 4,15: Kain bittet Gott um seinen Schutz, weil er Angst hat, als Brudermörder erschlagen zu werden. Gott erhört seine Bitte und gewährt ihm den erbetenen Schutz: „Wer immer Kain totschlägt, an dem wird es siebenfältig gerächt“. Er drückt Kain ein Wahrzeichen auf, „damit ihn niemand erschlüge, der mit ihm zusammenträfe“.

Lit.: *P. Satori:* Art. ‚Kain‘, in: HdA. IV, Sp. 913–14; *R. Mallinkoff:* Cain and the Jews, in: Journal of Jewish Art 66 (1979), S. 16–38.

Kaiser. *Um des Kaisers Bart streiten:* um Nichtigkeiten streiten, ↗ Bart. *Auf den alten Kaiser dahinleben:* unbesorgt darauf losleben; eine im 17. u. 18. Jh. bezeugte Rda., die wohl aus den Zeiten der Schwäche des Röm. Reiches Deutscher Nation stammt, wo zwischen dem Tode des alten und der Wahl des neuen Kaisers manchmal eine lange Zeit verfloß und vieles zu Unrecht im Namen des alten Kaisers geschehen konnte. Denkbar wäre auch eine Zurückführung der Rda. auf den Volksglauben an die Wiederkehr des schlafenden Kaisers Friedrich, von der man eine neue Ordnung der Dinge erhoffte. Grimmelshausen schreibt im ‚Simplicissimus‘ (I. Buch): „Jetzt glaub‘ ich erst recht, daß er ein kühnes Soldatenherz habe, sein Leben wacker dranzuwagen, weil er gleichsam ohne Religion und Gottesdienst auf den alten Kaiser hinein dahinleben und seine Seligkeit in die Schanz schlagen darf“. Ähnl. auch: ‚Auf den alten Kaiser hinein!‘, ‚auf den alten Kaiser heiraten, stehlen, warten, sündigen, borgen, beten‘ usw. (lit. Belege bei Wander II, Sp. 1093 ff.).
Dem Kaiser geben, was des Kaisers ist: der Obrigkeit gegenüber seine Pflichten erfül-

‚Das Kainsmal aufdrücken‘

‚Dem Kaiser geben, was des Kaisers ist‘

len, nach Matth. 22,21: „So gebet dem Kaiser, was des Kaisers ist, und Gott, was Gottes ist". Engl. ‚render unto Caesar the things which are Caesar's'; frz. ‚il faut rendre à César ce qui est à César'; ndl. ‚geeft de keizer wat des keizers en Gode wat Gods is'. Noch ganz wörtl. genommen, veranschaulicht die Sachsenspiegel-Illustration das Jesuswort. Daraus abgeleitet erscheint die Sprw.: ‚Wo nichts ist, hat der Kaiser sein Recht verloren'; scherzhaft parodiert zu: ‚Wo nichts ist, hat's der Kaiser recht verloren'.

Es handelt sich bei dieser Rda. wohl um eine Anspielung auf die Tatsache, daß im MA. alles weltl. Recht vom Kaiser ausging (so wie das kanon. Recht vom Papst). Die kaiserlichen Rechtsetzungen wurden mit dem Begriff ‚Kaiserrecht' umschrieben. Es fand nicht nur Eingang in die Rechtskodifikationen, sondern auch in die profane Literatur. So heißt es z. B. bei G. A. Bürger:

dennoch hegst du Kaiserrecht
über deinen treuen Knecht,
Kaiserrecht in deinem Herzen,
bald zu Wonne, bald zu Schmerzen.
Tod und Leben, Kaiserrecht,
nimmt von dir der treue Knecht.

Wo selbst der Kaiser zu Fuß hingeht ..., Umschreibung der tabuierten Worte Abort, Toilette, Lokus usw. Entspr. setzt man kleine Kinder ‚aufs Thrönchen', und von einem, der darauf sitzt, heißt es: ‚er regiert gerade'.

Lit.: *H. Eyben:* Dissertatio de origine brocardi: Ein jeder (Fürst, Graff, etc.) ist Kaiser in seinem Lande (1661); *E. E. Stengel:* Den Kaiser macht das Heer (1910); *D. Munzel:* Art. ‚Kaiserrecht', in: HRG. II, Sp. 563–565; *F. Graus:* Barbarossa und der Kyffhäuser, in: Lebendige Vergangenheit. Überlieferung im MA. u. in den Vorstellungen vom MA. (Köln–Wien 1975), S. 338–354.

Kaiserwetter. *Es ist (mal wieder so ein richtiges) Kaiserwetter,* d. h. strahlender Sonnenschein, wie er beim Erscheinen der hohen Majestät den Festlichkeiten erst ihren ‚kaiserlichen Glanz' gab.

Kakao. In mehreren Rdaa. steht das scheinbar kindertümlich-harmlose Wort Kakao verhüllend für das gleichanlautende tabuierte Wort ⁄ Kacke. *In den Kakao fahren:* in den Straßengraben, d. h. in

den Dreck fahren; *Kakao in der Hose haben:* vor Angst die Hosen vollgeschissen haben; *im Kakao sitzen:* in Not, Verlegenheit stecken; vgl. frz. ‚être dans la panade' (wörtl.: in der Brotsuppe sitzen).

Jem. durch den Kakao ziehen: über einen Abwesenden abwertend, kritisierend, spöttisch sprechen, jem. verhöhnen, verbern, über jem. lästern. Das Wort ‚ziehen' ist der älteren Rda. ‚durch die ⁄ Hechel (oder: den Dreck) ziehen' entnommen. Die Rda. ist etwa um die Jahrhundertwende aufgekommen. Um 1930 dichtete Erich Kästner:

Nie dürft ihr so tief sinken,
Von dem Kakao, durch den man euch
Zieht, auch noch zu trinken.

Kaktus wird in einigen Rdaa. verhüllend für ‚Kot' gebraucht, was bei dem Gleichklang von Kaktus und ⁄ Kacke, ⁄ Kakao naheliegt, ⁄ Scheiße.

Einen Kaktus pflanzen (setzen): (im Freien) Kot ausscheiden; die Rda. ist seit Beginn des 20. Jh. bekannt und entstammt dem großstädtischen Wortschatz, wahrscheinl. aus Berlin. Gelegentlich findet sich auch die Version *einen Kaktus drehen,* wobei an die spiralförmige Aufschichtung des Kotstranges gedacht ist. *(Aussehen) wie ein Kaktus* ist ein rdal. Vergleich für den Unrasierten.

Kalb. *Mit fremdem Kalbe pflügen:* andere für sich etw. tun lassen, sich zunutze machen, was ein anderer gefunden hat, sich mit fremden ⁄ Federn schmücken. Die Rda. ist bibl. Urspr. Im Buch der Richter wird in Kap. 14 Simsons Rätsel durch eine List gelöst, worauf Simson in V. 18 sagt: „Wenn ihr nicht hättet mit meinem Kalb gepflügt, ihr hättet mein Rätsel nicht getroffen". Entspr. entl. ‚to plough with another man's heifer'; frz. ‚labourer avec la génisse d'autrui' (veraltet); ndl. ‚met een ander mans kalf ploegen'. Ebenfalls bibl. ist *das goldene Kalb anbeten:* nur auf Reichtum aussein, geldgierig sein; entspr. frz. ‚adorer le veau d'or'; engl. ‚to worship the molten (golden) calf'; ndl. ‚het gouden kalf aanbidden'. *Der Tanz ums goldene Kalb:* alles, was der Mensch um des Reichtums willen tut (oder auch: infolge seines Reichtums). 2. Mos. 32 wird berich-

1/2 ‚Der Tanz um das Goldene Kalb'

tet von dem goldenen Kalb, das die Juden am Fuß des Berges Sinai anbeteten. Die Hauptsache dieses Kultes war nicht das Gold, sondern das Tier. In den sprw. Rdaa. liegt die Hauptbetonung auf ‚golden' mit der Bdtg. der abgöttischen Liebe zu Geld und Gut. Ein ‚goldenes Kalb' kann in der gegenwärtigen Umgangssprache auch die heiratsfähige Tochter aus reichem Hause meinen.

Kalb Moses: ungeschickter, dummer Mensch; wieder unter Bezug auf 2. Mos. 32 ff.; aber auch auf 4. Mos. 12, 3: „Mose war sehr sanftmütig".

Das fette Kalb schlachten: bei einer festlichen Gelegenheit einen besonderen Lekkerbissen bereitstellen. Die Rda. kommt vom bibl. Gleichnis vom verlorenen Sohn, Luk. 15, 23–27; entspr. frz.: ‚tuer le veau gras'; engl. ‚to kill the fatted calf'; ndl. ‚het gemeste kalf slachten'.

Das Kalb ins Auge schlagen: Unwillen, Anstoß erregen. Die Rda. ist schon seit dem 16. Jh. bezeugt, z. B. bei Hans Sachs: „Wer hat das kalb ins aug geschlagen?" 1629 erschien eine Streitschrift unter dem Titel ‚Wer hat das Kalb ins Aug geschlagen d. i. ob die Augsburgischen Convessionsverwandten Prediger oder die Jesuiten den Religionsfrieden umbstürzen'. 1672 bei Grimmelshausen in dem Novellenzyklus ‚Vogelnest' (hg. v. Scholte, S. 33): „Soltest du dich nun auch unterste-

hen, diesen wie die vorige Freier zu verhindern, so wirst du das Kalb ins Aug schlagen". Rudolf Hildebrand meint im Dt. Wb. der Brüder Grimm (Bd. 5, Sp. 52), der Ausdr. stamme „wohl von bes. ungebärdigem Tun des Kalbs in diesem Falle". Vielleicht ist aber auch an den Metzger gedacht, der das Kalb mit einem ungeschickten Schlag ins Auge trifft, statt es gleich zu töten. Die Rda. ist auch in den Mdaa. weit verbreitet, z. B. obersächs. ‚das Kalb ins Auge treffen', einen wunden Punkt treffen; meckl. ‚dat Kalw int Og steken (stechen)'; schlesw.-holst. ‚he sloog dat Kalf dat Oog ut', er verdarb die Sache, die Stimmung; schwäb. ‚s Kälble ins Aug schlage'; els. ‚im Kälwel ins Aug schaun', ohne Absicht etw. sagen, das jem. beleidigen kann.

Augen machen (glotzen, gucken, stieren) wie ein (ab-)gestochenes Kalb: vor Verwunderung große, blöde Augen machen. Schon 1588 bei Joh. Fischart in der Satire ‚Bienenkorb' (174a): „Warumb der Pfaff alsdan (wenn er während der Messe aufs Knie fällt) so jämerlich und barmherzig anfangt auszusehen wie ein gestochen kalb".

Ein Kalb anbinden (abbinden, machen, setzen): sich erbrechen. Die Rda. meint entweder, daß Kälber übermäßig trinken, bis ihnen der Trank aus Maul und Nase läuft, oder sie beruht auf der Schallnachahmung der Würgelaute beim Erbrechen.

Das Kalb beim Schwanze nehmen: eine Sache verkehrt anfangen; ähnl.: ,Den Brunnen zudecken, nachdem das Kalb darin ertrunken ist', eine Rda., die P. Bruegel d.Ä. in seinem Rdaa.-Bild realisiert hat und die auch im Ndl. noch heute lebendig ist: ,as het kalf verdronken is, dempt men de put'; ↗ Brunnen. In anderen Sprachen braucht man hierzu andere Bilder, z.B. lat. ,clipeum post vulnera sumere' (zum Schild greifen, nachdem man bereits verwundet ist); engl. ,when the steed is stolen, the stable door is locked'; frz. ,fermer l'écurie quand les chevaux se sont échappés'.

Das Kalb (Kälbchen) austreiben: ausgelassen sein, sich austoben, wie ein Kalb, das man auf die Weide treibt, wo es seine Sprünge machen kann. Els. ,s Kalb ablosse', lärmen, Zoten reißen. Der Schlesier Wenzel Scherffer schreibt 1640 in seiner Dichtung ,Der Grobianer' (S. 105):

Es sol doch allezeit der Lust
ein Merkmal bleiben
zu sehn, wie gestern aus das Kalb
man konnte treiben.

In neuerer Sprache heißt es dafür auch einfach *(herum-)kälbern, kalbern:* sich albern, mutwillig, kindisch benehmen, wie ein junger, unerfahrener Mensch auch als Kalb bez. wird. Obersächs. ,Er ist noch Kalbfleisch', er ist noch unerfahren, kindisch; ähnl. schon bei Luther: „Ihr habt noch viel Kalbfleisch"; westf. ,et is noch en hopen Kalfflusk darann'. Picander (Christian Friedrich Henrici) sagt 1737 zu einem Freunde:

Du weißt, wo wir beysammen saßen,
Wie wir dasselbe mal gehaust
Da wir noch liebes Kalbfleisch aßen
Und manches Gläschen Wein
geschmaust.

Bei Seb. Brant (,Narrenschiff', Einleitung): „uf kalbsfüß gehen" = Narreteien treiben.

,Dem kälbert der Sägbock auf der Bühne' sagt man schwäb. von einem, der stets unverdientes Glück hat, ohne daß er viel dazu tut, also von einem Glückspilz. Der drastische Vergleich enthält eine mehrfache Hyperbolik: Der Sägbock kann aus mehreren Gründen nicht kälbern, d.h. Junge bekommen: 1. ist er ein Ding aus Holz, und 2. könnte das männliche Tier, der Bock, ohnehin keine Jungen zur Welt bringen, und 3., ein Ziegenbock auch keine Kälber. Dazu steht 4. das Ding noch auf der ,Bühne', d.h. auf dem Dachboden, den man normalerweise gar nicht im Blick hat. Varianten sind bes. im schwäb.-alem. Raum häufig: ,De riche Litt kelbret d'Holzschlegel hinderm Ofe' – ,Wem's Glück will, dem kälwert d'r Holzschläjel (Dreschflegel) uf d'r Biehn' – ,Wer's Glück hat, dem kelbert am End no der Ochs' – ,Bei de Richa kelbret de Misthufe, be de Noatega (Notleidenden) verrecket d' Kelber' – ,Dem kälbert noch der Spaltstock'.

Das Kalb verkaufen, ehe es geboren ist: etw. Voreiliges tun. *Einem ein Kalb aufbinden:* einen ↗ Bären aufbinden.

Das Kalb durchs Wasser ziehen: sein Glück machen, seinen Wohlstand begründen, lit. bei Gottfried Keller im ,Grünen Heinrich' (IV. Teil, 16. Kap.): „Als aber das Kalb durch den Bach gezogen, das Gedeihen begründet ..."

,Unschuldig wie ein neugeborenes Kalb': rdal. Vergleich, der auf die Naivität eines (jungen) Menschen anspielt.

,Wer als Kalb in d'Fremde gaht, kommt als Rind hei'. Mit diesem Sprw. wird verdeutlicht, daß ein junger Mensch trotz einer Reise nichts dazugelernt hat, daß er sich in seinem Wesen nicht verändern konnte, daß er seiner Art treugeblieben ist.

Lit.: *A. Wirth:* Art. ,Kalb', in: HdA. IV, Sp. 914–921; *J. Hahn* Das ,Goldene Kalb'. Die Jahwe-Verehrung bei Stierbildern in der Gesch. Israels (Frankfurt/M./Bern 1981); *H. Ries:* Zwischen Hausse und Baisse. Börse und Geld in der Karikatur, hg. H. Guratzsch (Stuttgart 1987), S. 230, 235.

Kalbfell. *Dem Kalbfell folgen (nachlaufen, nachgehen); zum Kalbfell schwören:* Soldat sein, werden. Kalbfell steht hier pars pro toto für die (Werbe-)Trommel, die mit Kalbfell bespannt ist. Lit. Zeugnisse gehen bis ins 17. Jh. zurück: „Es giengen die Werbungen stark fort. Wer Vater und Mutter nicht hat folgen wollen, der nahm einen Ducaten und folgete einem Kalbsfelle" (Schuppius, ,Lehrreiche Schriften', 1663, S. 335); aber den Belege reichen noch bis in die Ggwt.; z.B. heißt es bei Thomas Mann (,Zauberberg', Kap. 3

‚Frühstück'): „Na, will er denn auch zum Kalbfell schwören?" sagt der Arzt zu Hans Castorp. Entspr. ndl. ‚het kalfsvel folgen'; engl. ‚to have taken the queen's (king's) shilling', ‚to follow the drum'; frz. ‚suivre le tambour'.

Kaldaunen sind eigentl. die Eingeweide der Tiere; vom Menschen nur in derben Rdaa. gebraucht, z.B. bei großem Schmerz: ‚ich denke, 's reißt mr de Kaldaunen raus'; sächs. ‚einen bei den Kaldaunen kriegen', ihn bei der Kehle pakken. Ferner: *da möchte man aus der Kaldaune fahren:* aus der Haut fahren; *die Kaldaunen aus dem Leibe speien:* sich sehr stark erbrechen; *die Kaldaunen ausspülen:* stark trinken; *es ist ihm in die Kaldaunen gefahren, sich die Kaldaunen vollärgern; sich die Kaldaunen voll fressen (schlagen):* sehr viel essen; dementspr. das Schimpfwort *du vollgestopfter Kaldaunensack (Kaldaunenfresser), kaldaunenvoll:* übersatt, schwerbezecht.

Kalendas Graecas. *Ad Kalendas Graecas:* etw. wird bis zum St.-Nimmerleins-Tag verschoben, es geschieht niemals, ↗ Pfingsten; vgl. frz. ‚repousser aux calendes grecques'.

Kalender. *Kalender machen* (auch *kalendern):* grübeln, seinen Gedanken nachhängen, in sich versunken über etw. nachsinnen, Grillen fangen. Die Rda. ist seit dem 17. Jh. belegt. Einst war der Kalender neben der Bibel und dem Gebetbuch das einzig Gedruckte für das einfache Volk. Er gab Auskunft über das Wetter, Ratschläge für Haus, Feld und Wald und war Nachschlagebuch für Festtage, Messen u.a. Der Kalendermacher mußte also viel und tief nachdenken. Die alten Kalender enthielten außer den Tagesangaben noch astrologische Hinweise auf angeblich glückliche und unglückliche Tage, Ratschläge über Aderlassen, Kindbadtage, Haar- und Nagelabschneiden sowie Wetterprophezeiungen für das ganze Jahr. Durch deren Unzuverlässigkeit kam die „Kalenderei", die Goethe im ‚Faust' II, 1 (V. 4974) neben „Chymisterei" nennt, sehr bald in Mißkredit. „Drum haben unsre lieben Alten gesagt:

‚Du leugest wie ein Kalendermacher'", sagt Andreas Gryphius. Und Grimmelshausen im ‚Simplicissimus' (II, Kap. 21): „Daraus urteilte ich ..., daß er Kalender machte, wie er ihm ein Bein vorsetzen und zu Fall bringen möchte". J. G. Schnabel schreibt in dem Roman ‚Insel Felsenburg' (1731 ff., Bd. 5, S. 335): „Was sitzt Ihr so traurig da? Es scheint, Ihr wollet Kalender machen oder auspunktieren, ob wir auch guten Wind und Wetter auf unserer Reise haben werden".
Kalender machen für das abgelaufene Jahr: nachdem eine Sache vorbei ist, wissen, wie man es hätte besser machen können; vgl. engl. ‚to make almanachs for the last year'. *Den Kalender verbessern wollen:* klügere Leute tadeln und zurechtweisen. *Ich will seinen Kalender nicht:* ich will auf seinen Rat nicht achten, mich nicht nach ihm richten. *In seinem Kalender ist immer Quatember:* er hat immer Fasttag, lebt in großer Dürftigkeit; ebenso *in seinem Kalender ist nur ein Fasttag* (mit dem Hintergedanken: aber der dauert das ganze Jahr): sein Tisch ist nur kärglich besetzt. *In seinem Kalender ist nichts als Vollmond:* er lebt herrlich und in Freuden.
Schweiz. ‚s Kalendermache nüd erdenkt ha', das Pulver nicht erfunden haben. *Im Kalender rot anstreichen;* vgl. frz. ‚marquer en rouge au calendrier', ↗ rot.

Lit.: *G. Jungbauer:* Art. ‚Kalender', in: HdA. IV, Sp. 921–934; *F. Bork:* Kalender-, Mythen- und Weltbildstudien, Heft 1 u. 2 (Leipzig 1942); *F. H. Burmester:* Calender erzählen (Bielefeld 1966); *L. Röhrich:* Joh. P. Hebels Kalendergeschichten (Lörrach 1972); *H. Trümpy:* Ein Beitrag zur Erforschung der Kalender, in: Sandoz-Bulletin 17 (Basel 1981), Nr. 59; *K. Eder:* Kalender-Geschichten (Frauenfeld u. Stuttgart 1982); *H. Maier:* Die christliche Zeitrechnung (Freiburg 1991).

Kalmäuser, kalmäusern (klamüsern). Die Feststellung *Er ist ein Kalmäuser* kann mehrere Bdtgn. besitzen. Sie dient zur Charakterisierung eines Vielwissers, eines pedantischen Gelehrten, eines lichtscheuen Grüblers und Grillenfängers, kann aber auch den verschlagenen Schulmeister, einen verkommenen bettelnden Studenten in der Nebenbdtg. oder einen pfiffigen Schlaukopfes, einen Schmarotzer und den Geizhals meinen. Der Ausdr. ist im 16. Jh. aufgekommen und bis heute in verschiedenen Schreibweisen gebräuchl. Neben ‚Kalmauser‘, ‚Kalmeiser‘, ‚Kahlmäuser‘, ‚Calmäuser‘ und ‚Kalmüser‘ steht das ndd. ‚Klamüser‘. Über die Herkunft des Wortes sind die Meinungen geteilt: Nach Adelung und Heyse soll es eine Zusammensetzung aus ‚kalm‘ (= stille, ruhig) und ‚Mäusen‘ sein und einen Menschen bezeichnen, ‚der im stillen mause‘, der in Einsamkeit und im verborgenen fruchtlosen Grübeleien nachhänge. Kluge führt den 2. Wortbestandteil auf mhd. ‚müsen‘ (= in diebischer Absicht schleichen) zurück und vergleicht mit der Wortbildung von ‚Duckmäuser‘. Grimm (Dt. Wb. V, 72) vermutet hinter ‚Kalmäuser‘ den ‚kahlen Duckmäuser‘, im Sinne von armem Schlucker, Schmarotzer u. Stubenhocker. Im ‚Preuß. Hausfreund‘ (Berlin 1810, S. 427) stand sogar folgende Erklärung: „Das Wort Kalmäuser ist aus dem alten Scholmester (Schulmeister) mit Umwandlung des Schol in Kol und Kal, wie des Meister in Mäuser entstanden, ähnl. wie Duckmäuser aus Tücke und Meister".

Da sich die Rda. vor allem auf einen Menschen bezieht, der Schwieriges herauszubringen sucht, der grübelt und über Zusammenhänge nachsinnt, der bes. geistige Fähigkeiten besitzt, ist auch an den Einfluß von lat. calamus (= Schreibrohr) zu denken. Das Schreibgerät wurde dann stellvertretend für den Schreiber genannt und schließlich zu einer Art Spottname für ihn. Joh. Fischart brauchte den Ausdr. in solcher Weise in seinem ‚Gargantua‘ (S. 255), wo es heißt: „solch Ding lehrnet man ohn den einörigen Dorfkalmäuser". Er meinte damit den Dorfschulmeister, der oft der einzige im Dorfe war, der lesen und schreiben konnte. Da die Mißtrauischen glaubten, daß er dieses Wissen zu eigenem Vorteil anwende und manchmal zum Nachteile anderer mißbrauche, erhielt das Wort ‚Kalmäuser‘ bald den Sinn von einem listenreichen, verschlagenen Mann, der immer einen Ausweg finden konnte. Ebenfalls in Fischarts ‚Gargantua‘ (S. 31) ist das Wort in dieser Bdtg. überliefert: „Sind nicht ein gut theil Päpst Kalmäuser?" Fischart bez. aber auch den Schmarotzer damit: „Wappenbrieff usw. müssen Esellerisch jedem Kalmeuser, der das Grass durch den Zaun isst, für eine Löwenhaut dienen" (‚Aller Praktik Großmutter‘, Kloster, VIII, 580).

Daß ein Zusammenhang zw. Kalmäuser und lat. calamus (= Kalmus) bestehen kann, zeigt eine berl. Rda.: ‚An den Kalmus piepen wir nich!‘, darauf fallen wir nicht herein, die das in Dtl. angebaute Schilfrohr Kalmus in übertr. Bdtg. für Schwindel verwendet.

Möglich wäre aber auch die Herkunft des Wortes aus der Gaunersprache, wo es bis heute lebendig ist. Von der jidd. Wurzel ‚komaz‘ = nehmen und ‚kamzon‘ = ein mit voller Hand Nehmender, Einsammler, Bettler, Schmarotzer, Geizhals wurde im Rotw. das Wort ‚Kammesierer‘ = gelehrter Bettler, verkommener und verschlagener Student abgeleitet und wahrscheinl. unter lat. Einfluß von ‚calamus‘ ‚Kalmäuser‘ gebildet. In Berlin und Mitteldtl. ist noch im 20. Jh. ‚calmüsern‘ = umhersuchen und ‚ausklamüsern‘ = ausfindig machen in der Kundensprache üblich und in die Umgangssprache eingedrungen.

Etw. ist eitel Kalmäuserei: es ist Pedanterie, Stubengelehrsamkeit, unbrauchbares Wissen, auch: Knauserei, Geiz.

Er kalmausert: er ist ein einsamer Stubenhocker, ein Stubengelehrter und Federfuchser. Im Mansfeldischen meint die Wndg. *jem. kalmüsert,* daß er eifrig nachforscht. Hier zeigt sich eine deutliche Übereinstimmung mit der Gaunersprache (calmüsern = umhersuchen).

Etw. ausklamüsern (herausklamiesern): etw. schwer zu Entdeckendes durch Pfiffigkeit und Nachdenken herausfinden, etw. Verborgenes nach langen Bemühungen ausfindig machen, vgl. oldenb. ‚ûtkalmüseren‘.

Lit.: Dt. Wb. V, 70 f.; *Wander* II, Sp. 1117; *S. A. Wolf:* Wb. d. Rotwelschen (Mannheim 1956), S. 150, Nr. 2435.

kalt. *Jem. kaltmachen:* verhüllend für: ihn töten, umbringen, ermorden; hergeleitet vom Erkalten der Leiche. Von der Wirkung wird euphemist. auf die Tat geschlossen.

Jem. kaltstellen: ihn um seinen Einfluß bringen, ihm seine Stellung nehmen, ihn in eine Lage bringen, in der er nicht wirken kann; zuerst von Speisen gesagt, die man vom Feuer nimmt und auf Eis setzt, damit sie nicht verderben; seit dem 19. Jh. bildl. mit negativer Bdtg.; z. B. Bismarck in einem Brief an seine Schwester von 1858 über seinen Petersburger Gesandtschaftsposten: „kalt gestellt an der Newa". Und Bismarcks Gemahlin schreibt am 4.2.1862: „Aber wir rühren uns nicht von Petersburg, wo wir so angenehm kalt und weit weg stehen". Vgl. frz. ‚mettre quelqu'un en veilleuse'. Daneben besteht auch ein mdal. ‚kalt stellen' für frisch erhalten, z. B. sagt man els. zu einem ängstlich um seine Gesundheit für den nächsten Tag Besorgten: ‚Stand in dr Keller, daß de frisch blibst bis morn!'

Jem. kaltlassen: nicht erregen, aufregen, interessieren, keinen Eindruck machen; bezieht sich auf das Fehlen der Gemütswärme (‚kaltes Blut', ‚kühler Verstand'); vergleiche französisch ‚laisser quelqu'un froid'.

Halb so kalt!: halb so schlimm! Die Rda. ist abgeleitet von dem Sprw. ‚Es wird nichts so heiß gegessen, wie es gekocht wird'.

Auf kaltem Wege: ohne Umstände, unauffällig; ohne den vorgeschriebenen Weg streng einzuhalten. Die Rda. leitet sich wohl her von chemischen Verfahren, bei denen Extrakte ohne Erhitzung hergestellt werden.

Jem. kalt ablaufen lassen: ihn schroff abweisen.

Kalt und warm aus einem Munde ↗*blasen:* zwiespältig, doppelzüngig sein. Im rdal. Vergleich sagt man: ‚kalt wie Eis', ‚hundekalt', ‚kalt wie ein Schneider' (Fisch, Frosch, in einem Hundestall, Hundeschnauze usw.).

‚Jem. läuft es kalt den Rücken herunter': er bekommt eine Gänsehaut vor Grausen. Ähnl.: ‚er bekommt das kalte Grausen', ↗Gänsehaut. Zu feststehenden Begriffen wurden auch die Wortverbindungen ‚kalter Kaffee' (Nichtssagendes, alter Quark), ‚kalte Ente' (alkohol. Getränkemischung aus Wein u. Sekt), ‚kalte Herberge', ‚kalte Mamsell' (steht für ‚kaltes Buffet'), ‚kalte Platte' (Aufschnittplatte), ‚kalte Pracht' (prachtvolle Architektur oder Innenausstattung, der jede Verbindung zum Menschen fehlt), ‚kalte Dusche' (unangenehmes Schockerlebnis).

Kamel ↗ Nadel.

Kamillen, Kamellen. *Alte Kamillen,* ndd. ‚Dat sünd olle Kamellen' (oft mit dem Zusatz: ‚de rükt nich mehr'): alte, längst bekannte Sachen, abgenützte Phrasen; ein vorwiegend in Norddtl. gebräuchl. Ausdr.; er ist seit der zweiten H. des 18. Jh. in Pommern nachgewiesen. Bei langem Lagern büßen die Kamillen ihren würzigen Geruch und auch ihre Heilkraft ein. Fritz Reuter erläutert seinen Buchtitel ‚Olle Kamellen' 1863 brieflich so: „dat heit so vel ungefihr, as ‚Meidinger' (Anekdoten), de halw vergeten sünd, un stammt sick von de Kamellenbleumen her, dei ock nich recht mihr för bukweihdag (Leibschmerzen) helpen will, wenn sei äwerjährig worden sünd".

Im Liede aus Jütland/Dänemark ‚Gut'n Abend, euch allen hier beisamm' heißt es in der letzten Strophe:

Ei, Steffen, ei Steffen,
die Polka kann ich nicht.
Da sitz ich viel lieber
und tu mir vertellen
mit mein'n lieben Schwestern
'n paar olle Kamellen.

Die ndd. Form ‚Kamellen' hat sich gegenüber der hd. durchgesetzt. Dabei ist interessant zu beobachten, daß den Menschen, die nicht dem ndd. Sprachraum angehören oder ihm entstammen, die Verwandtschaft von Kamellen und Kamillen zum weit überwiegenden Teil unbekannt ist. Diese Tatsache erklärt sich im Rheinl. daher, daß dort das Wort ‚Karamell' = Bonbon in der Mda. ‚Karmelle' heißt, das ‚r' aber nur ganz vereinzelt ausgesprochen wird. Die so entstandene Homonymie hat bewirkt, daß unser Ausdr. sich rhein. an die Karamellbonbons angeschlossen hat: ‚dat es en al Ka(r)mell', bzw. ‚dat sen ale Ka(r)melle'.

Bei der entspr. Rda. *olle Kamellen aufwärmen:* erledigte, abgetane Dinge wieder zur Sprache bringen, wird der alte Sachzusammenhang nicht mehr recht eingesehen; sie ist eher an die Rda. ‚alten Kohl aufwärmen' angelehnt. Schließlich ist in der bedeutungsgleichen Rda. *alte Kamellen ausgraben* das Wort Kamellen bereits Synonym für ‚Sachen', ‚Dinge' oder ‚Geschichten'.

Kamin. *Etw. in den Kamin schreiben:* etw. verlorengeben; mit Rückzahlung einer Geldschuld nicht mehr rechnen; 19. Jh. ↗ Schornstein.

Jem. in den Kamin hängen: ihn loswerden. Es handelt sich um eine neuere Rda., die u. a. als Titel eines zeitkrit. Buches begegnet: ‚Hängt doch die Kinder in den Kamin' von S. Gräfin Schönfeldt.

Kamm. *Alles über einen Kamm scheren:* alle(s) gleichmäßig, nach einem und demselben Schema behandeln; seit dem 16. Jh. bezeugt, so 1579 in Joh. Fischarts Satire ‚Bienenkorb' (S. 248 a): „welchen allen zugleich über einen Kamm geschoren würd". Die Rda., die auch in anderen Sprachen vorkommt (z. B. schwed. ‚skära alla öfver en kam'), geht wohl auf die Praxis der früheren Baderstuben zurück, wo der Bader für alle Kunden denselben Kamm benutzte, und nicht davon aus, daß ein Schafzüchter grobe und feine Wolle über denselben Kamm schert. Obersächs. ‚etw. mit seinem Kamm streichen', es durchnehmen, besprechen, ↗ Hechel.

Bei jem. (dort) liegt der Kamm neben (auf, bei) der Butter: bei jem. (dort) geht es schmutzig, unordentlich zu; dort herrscht ein unsauberes Durcheinander.

Jem. schwillt der Kamm (auch *ihm geht der Kamm hoch*): er gerät in Zorn, er wird wütend; aber auch: er wird eingebildet, übermütig, herausfordernd; vom Hahn hergeleitet, dessen Kamm tatsächlich anschwillt und sich tiefer rot färbt, wenn er in Zorn gerät: „Die Lippe bebt, schon fängt der Kamm sich an zu röten" (Wieland, ‚Pervonte', 3. Teil, V. 435). Vgl. frz. ‚Le rouge lui monte à la tête' (Die Röte steigt ihm in den Kopf). Auch lat. ‚cristae alicui surgunt' wird in übertr. Sinne gebraucht. Ähnl. ndd. ‚he sett en Kamm up', er wird böse.

Den Gegensatz drückt aus: *Einem den Kamm stutzen (beschneiden):* seinen Übermut zügeln, ihn dämpfen; jem. die Geilheit austreiben; beruht auf dem Volksglauben, daß der Haushahn unfruchtbar wird, wenn man ihm den Kamm abschneidet. *Einen auf den Kamm treten* und: *ihn über den Kamm beißen:* ihm gehörig zusetzen, eigentl. wie es der Hahn mit der

Henne tut. *Einen über den Kamm hauen:* ihn hart anfahren, eigentl.: ihm einen Schlag über den Nacken geben. ↗ Kanthaken.

Lit.: *P. Sartori:* Art. ‚Kamm' u. ‚kämmen', in: HdA. IV, Sp. 942–952; *E. Schrock:* ‚Comb's getting red', in: Western Folklore 31 (1972), S. 26; weitere Lit.: ↗ Haar.

‚Alles über einen Kamm scheren'

Kamuffel. *Du bist doch ein Kamuffel* oder *das ist doch ein Kamuffel* wird von einem dummen, tolpatschigen Menschen gesagt, der gerade etwas Törichtes angestellt hat. Der Begriff geht zurück auf spätlatein. ‚camuflare' (betrügen, täuschen), das auch in dem frz. Wort ‚camouflage' enthalten ist. In der heutigen Bdtg. hat das (nur noch in manchen Gegenden erhaltene) leicht spöttische Schimpfwort keine Beziehung mehr zum Urspr.; es ist vielmehr als gutwilliger Tadel für linkisches Verhalten zu werten, ↗ Camouflage.

Kanal. *Den Kanal voll haben:* genug haben, einer Sache überdrüssig, angewidert sein. Kanal bezieht sich dabei auf den Magen-Darm-Trakt; sold. seit dem 1. Weltkrieg. Entspr. *sich den Kanal vollaufen lassen:* sich betrinken.

Kandare. *Einen an (in) die (bei der) Kandare nehmen (kriegen, legen):* ihn streng(er) behandeln, straff halten; eigentl.: ihn schärfer zügeln. Kandare ist die Gebißstange am Zaumzeug des Pferdes, die ein scharfes Zügeln ermöglicht, da sie über der Zunge des Pferdes liegt. Diese Zaumtechnik wurde zuerst von den Ungarn (magyarisch kantár = Zaum) zusätzlich zur einfachen Zäumung, der Trense, benutzt. Im 18. Jh. wurde die Kandare in Dtl. eingeführt; ihr Gebrauch im übertr. Sinne entstammt aber erst dem ausgehenden 19. Jh. In Gerhart Hauptmanns ‚Biberpelz' II heißt es: „Dem (Gastwirt Fiebig) woll'n wir mal bißchen Kandare anlegen“. Zuweilen lautet die Rda. auch im gleichen Sinne, aber deutlicher: *jem. auf Kandare reiten,* d. h. mittels einer Kandare zügeln. *Jem. bei der Kandare halten:* ihm enge Zügel anlegen, ihm keinen Freiraum lassen. Entspr. auch: *einen Ruck an die Kandare kriegen:* zur Ordnung gerufen werden; *sich an die Kandare nehmen:* Selbstbeherrschung üben (sold.); vgl. frz. ‚serrer la bride à quelqu'un'; ndl. ‚iemand op de stang rijden', wobei mit ‚stang' die Gebißstange, d. i. die Kandare, gemeint ist.

‚Wie das Kaninchen auf die Schlange starren'

Kaninchen. *Wie das Kaninchen auf die Schlange starren:* eine Gefahr erkennen und vor Schreck nichts dagegen unternehmen können. Verhaltensforscher haben darauf hingewiesen, daß nicht nur Kaninchen, sondern auch Ratten, Mäuse, Eidechsen u. Vögel beim Anblick einer Schlange zur Bewegungsunfähigkeit erstarren. Dies diene freilich ihrer Rettung. Denn oft sieht die Schlange ihr Opfer nicht mehr, wenn es sich nicht bewegt, und kriecht lustlos davon.
Sich vermehren wie die Kaninchen (Karnickel): zahllose Junge zur Welt bringen. Die Rda. spielt auf die Fruchtbarkeit der Kaninchen an, die sich in großen Würfen fortpflanzen, ↗ Karnickel.
‚Das Kaninchen aus dem Zylinder holen': zaubern, ↗ Zylinder.

Lit.: *R. Riegler:* Art. ‚Kaninchen', in: HdA. IV, Sp. 959–962; *V. B. Dröscher:* Mit den Wölfen heulen (Düsseldorf 1978), S. 13–16, 49–52.

Kanne. *Zu tief in die Kanne gucken (blikken, schauen);* synonym zu: ‚zu tief ins Glas schauen', sich betrinken; schon im 16. Jh. bei Joh. Fischart (‚Geschichtklitterung' S. 212). Entspr. *die Kanne nicht lange leer stehen lassen:* gerne und häufig trinken.
Kannegießer nennt man einen Bierbankpolitiker, Stammtischstrategen, d. h. eine Person, die in Gasthäusern ohne den gehörigen Sachverstand politisiert; dazu das Verb ‚kannegießern'. Kannegießen war einst die wichtigste Arbeit im Handwerk der Zinngießer, die deshalb auch Kannengießer genannt wurden. Zu sprw. Gebrauch kam das Wort durch lit. Einfluß. 1722 wurde in Kopenhagen Ludwig v. Holbergs Lustspiel ‚Der politische Kannegießer' (‚politiske kandestöber') aufgeführt. Das Stück wurde nach der Übers. von Delharding 1742 auch in Dtl. sehr beliebt, und die Verbreitung der Rda. zeigt, welchen Eindruck es damals gemacht hat. Fortan hieß ein Stammtischpolitiker, ein leidenschaftlicher, aber beschränkter Zeitungsleser ein politischer Kannegießer. Man übertrug das Wort später auch auf leeres oder gemütliches Geschwätz in anderen Dingen und sprach von ästhetischen, theologischen u. a. Kannengießern. Seit der 2. H. des 18. Jh. sind diese Begriffe im Dt. geläufig.

Kanone. *Das ist unter aller Kanone:* unter aller Kritik, schlecht, wertlos, unter dem Strich, unter aller Sau, spottet jeder Beschreibung. Während Kanone = Geschütz aus ital. cannone, d. i. die Vergrößerungsform von canna = Rohr, abgeleitet ist, kommt unsere Rda. vom lat. Schulausdr. Kanon = Maßstab, Richtschnur (‚sic satis; male; pessime'). Was unterhalb dieses Kanons (des Maßstabes zur Bewertung von Schülerarbeiten) lag, war sehr schlecht: ‚sub omni canone'. Die erst im 19. Jh. bezeugte Rda. ist wohl eine aus Schülerkreisen stammende scherzhafte Übers. dieser Wndg. Sie wird mdal. noch weiter verdreht zu: ‚unter aller Kanallje' (Gerhart Hauptmann: ‚Rose Bernd').

Der Urspr. dieser Rda. soll nach einer Anekdote in Sachsen zu suchen sein. Dort habe ein Oberlehrer, der mit den Leistungen seiner Schüler nicht zufrieden war, an den Schulrat einst folgende Zeilen geschrieben: „... meine Zensurstaffel ist ein canon zu fünf Zensuren; leider liegen die Arbeiten der meisten Schüler sub omni canone ..." Damit ein jeder es verstand, habe er die Erklärung der Wndg. ‚unter aller Kanone' hinzugefügt.

In neuerer Zeit hat sich ein weiterer Begriff herausgebildet: die ‚Sportskanone'. Damit ist ein Spitzensportler gemeint, der herausragende Leistungen erbringt.

Von der Kanone leitet sich dagegen her: *mit Kanonen auf Spatzen schießen:* großen Aufwand um einer geringfügigen Sache willen treiben; *besoffen wie eine Kanone:* wie ein schwer geladenes Geschütz (dazu: ‚Kanonenrausch'), ↗ Strandkanone. *Die Kanonen sprechen lassen,* verhüllend für: den Krieg beginnen; vgl. frz. ‚donner la parole aux armes' (gehobene Sprache): die Waffen sprechen lassen.

‚food for powder" (Futter für Pulver bzw. Kanonenfutter) gebraucht.

(Ach du) heiliges Kanonenrohr ist ein Ausruf komischer Verzweiflung, der Verwunderung, des Erstaunens und Erschreckens; scherzhafte Umbildung eines Heiligennamens, der nicht mißbräuchlich oder im Fluch verwendet werden soll, ähnl. wie ‚Heiliger Strohsack', ‚Heiliger Bimbam', ‚Heiligs Blechle'.

Lit.: *E. Schwabe,* in: Zs. f. d. U. 19 (1905), S. 528 f.; *H. M. Kaulbach:* Bombe u. Kanone in der Karikatur. Eine kunsthistorische Untersuchung zur Metaphorik der Vernichtungsdrohung (Marburg 1988).

Kante. *Etw. (Geld) auf die hohe Kante legen:* sparen, beiseite legen, zurücklegen. Entspr. *etw. auf der hohen Kante haben:* Ersparnisse zurückgelegt haben. Die Rda. wird meist so erklärt, daß Geld in größeren Mengen in Rollen verpackt wird und die einzelnen Geldstücke dann auf die Kante zu stehen kommen, also ‚hochkant' stehen. Doch könnte mit der ‚hohen Kante' · auch ein Wandbrett, Sims, Schrank usw. gemeint sein, auf die man das Geld zur Aufbewahrung legte. Auch mit einer ätiologischen und vermutlich erst sekundär entstandenen Anekdote wird die Rda. in Zusammenhang gebracht. Von dem Kutscher Pfund Fried-

‚Mit Kanonen auf Spatzen schießen'

Als Kanonenfutter dienen: an die Front geschickt und sinnlos geopfert werden. Diese Rda. entsprang der Ohnmacht des einzelnen Soldaten im Krieg, wenn klar war, daß es keinen Sieg mehr geben konnte. Erstmals begegnet der Ausdr. in Shakespeares Schauspiel ‚König Heinrich IV.' (IV, 2), in dem Falstaff die Worte

‚Etwas auf die hohe Kante legen'

richs des Großen, der auch als ‚Pfunds-kerl' rdal. weiterlebt, wird folgende Gesch. erzählt: Als der König überra-schend Stallrevision hielt, fand er auf der Kante eines Brettes lauter Talerstücke. Das Geld lag, zu silbernen Säulchen ge-häufelt, so arglos da, als wäre dieser Platz der rechte für ein kleines Vermögen in bar. Also rief Friedrich seinen Kutscher mit Namen Pfund und examinierte ihn: „Kerl, was hat Er da?"

„Lauter Talers, Majestät!"

„Sehe ich selber. Aber was tun die hier?"

„Ick hab se uff die hohe Kante jelegt, für wenn ick mal vor die Tür jesetzt werden sollte!"

„Aber Pfund, traut er mir das zu –?"

„Majestät, neulich wäre et bald soweit je-wesen …"

Hier schüttelte Friedrich den Kopf, ritt zum Stall hinaus und dachte daheim über des Mannes Worte ausgiebig nach. Schickte am nächsten Morgen den Leib-diener Fredersdorff mit zehn blanken Ta-lern los, zu des Kutschers Wohnung hin, muß man wissen, und gab dem Gelde noch einen lakonischen Zettel bei: „Lege Er es ebenfalls auf die hohe Kante. Aber mache Er sich keine unnützen Flausen".

Nach allen Kanten (z. B. loben) bedeutet dasselbe wie: nach allen Seiten, in jeder Beziehung. *An allen Ecken und Kanten:* an allen Ecken und Enden, überall.

Ndd. ‚dat stet so up de Kante', es kann leicht herunterfallen; ‚es ist mit ihm up de Kant', es steht kritisch mit ihm, es geht mit ihm zu Ende; ‚gah an de Kante', geh dei-ner Wege; ‚einen an die scharfe Kante kriegen', ihn zur Entscheidung zwingen.

Kanthaken ist der eiserne Haken, mit dem beim Verladen der Schiffe im Hafen die Fässer und Kisten angefaßt, auf die Kante gestellt und gehoben werden. Daher die seit dem Ausgang des 17. Jh. bezeugte Rda. *einen beim Kanthaken packen (neh-men, kriegen):* ihn am Genick, beim Kra-gen, am ↗Schlafittchen nehmen. Viel-leicht ist die Rda. aus der Seemannsspra-che in die Umgangssprache übergegan-gen. Dann müßte es aber eigentl. und logisch heißen: ‚jem. mit dem Kanthaken fassen'. Diese Formulierung ist jedoch nicht gebräuchl. Nun hält bereits Adelung

1775 in seinem ‚Versuch eines gramma-tisch-kritischen Wörterbuches' (Bd. 2, Sp. 1497) das Wort Kanthaken, dessen Bdtg. ja sehr wenig zu ‚Genick' paßt, für eine Entstellung aus ‚Kammhaken', das er in der Bdtg. ‚Genick' anführt. Und in der Tat ist die ältere, seit dem 16. Jh. bezeugte Form der Rda.: ‚einen beim Kamm neh-men', wobei ‚Kamm' urspr. den Teil des Halses von Pferden usw. bez., auf dem die Mähne wächst, dann auch den Nacken, Schopf von Menschen; ↗Kamm.

Lit.: *R. Block:* ‚Einen beim Kanthaken kriegen', in: Zs. f. d. U. 26 (1912), S. 900–902; *O. Hauschild:* ‚Einen beim Kanthaken kriegen', in: Korrespondenzblatt des Vereins für ndd. Sprachforschung 41 (1928), S. 57–59.

Kantonist. *Ein unsicherer (fragwürdiger) Kantonist sein:* ein Mensch sein, auf den man sich nicht verlassen kann, ein Mensch von zweifelhaftem Charakter, demgegenüber Vorsicht geboten ist. Un-ter dem Soldatenkönig Friedrich Wil-helm I. wurde Preußen durch ein Regle-ment vom Jahre 1733 in Aushebungs-bezirke, sog. Kantone, eingeteilt. Nach der bis 1841 geltenden Regelung ist ein Kan-tonist dementsprechend ein Dienstpflich-tiger, Angehöriger eines Kantons. Ein ‚unsicherer Kantonist' ist ein Dienst-pflichtiger, der sich der Aushebung zu entziehen sucht, dann verallgemeinert: ein unzuverlässiger Mensch. Der Ausdr. wurde dann auf andere Berufe und Ver-hältnisse übertr.: „obgleich Doktoren we-gen ihrer Praxis ziemlich unsichere Kan-tonisten sind" (Stinde, ‚Familie Buch-holz', 1885, Bd. 2, S. 72).

Kanzel. *Ein Brautpaar von der Kanzel wer-fen (herunterschmeißen, springen lassen):* es kirchlich aufbieten; eine schon seit dem 17. Jh. bezeugte Rda., die sich davon herleitet, daß die Namen der Verlobten drei Sonntage hintereinander von der Kanzel aus verkündigt wurden. Lit. z. B. in Grimmelshausens ‚Simplicissimus' (II): „Dass sie umb acht Tag ehender als son-sten dorften Hochzeit halten, weiln sie in acht Tagen dreimal nach einander über die Canzel geworfen werden konten". Entspr. *von der Kanzel fallen:* in der Kir-che aufgeboten werden; auch in den Mdaa., z. B. schwäb. ‚von der Kanzel ra schmeisse'; pomm. ,se sind all van de Kanzel fallen'.

Schweiz. ,d Chanzla n'ufstella', bei der Besetzung einer Pfarrstelle die freie Bewerbung eröffnen, so daß der Bewerber eine Probepredigt halten kann.

Einen von der Kanzel auswaschen: z. B. bei Burkard Waldis: „Mit solchen Worten ungelaschen, uns von der Kanzel auszuwaschen"; ↗abkanzeln.

Kapee. *Schwer von Kapee sein:* schlecht begreifen, eine lange Leitung haben; zu ,kapieren' (vgl. lat. capere) = begreifen, verstehen, gebildetes französisierendes Subst., seit etwa 1900, rhein. und sold. Ähnl. frz. comprendre und davon (Participe passé) ,compris'; Rdal.: „Du bist wohl schwer von ,compris'?" Auch hier wäre eine ,Wandlung' zum ,kapiert' denkbar.

Verballhornungen solcher Art sind nicht selten. Dafür ein anekdotisches Beispiel: Als Napoleon in Osnabrück einziehen wollte, da sollte die Bevölkerung ihn ,begrüßen'. Wie aber diesen einfachen Leuten, die nur ihr ,Platt' sprachen, ,Französisch' beibringen, wenigstens ,Vive l'empereur!'? ... Denkt an: ,Aule Wiewer, lange Piepenröhre' (Alte Weiber, langes Pfeifenrohr – die lange Pfeife wurde damals gern geraucht). Und so scholl es dem Kaiser der Franzosen entgegen: ,Aule Wiewer, lange Piepenröhre' – ,Vive l'empereur!'

Kapital. *Aus etw. Kapital schlagen:* aus einer Sache für sich Vorteile, Gewinn herausholen. Die Wndg. ist eine moderne Steigerung von ,Geld (heraus)schlagen', ↗Geld; vgl. engl. ,to make capital out of a thing'; frz. ,battre monnaie avec quelque chose' (heute nur noch in der gehobenen Sprache gebräuchlich); ndl. ,geld (munt) uit iets slaan'.

Er schlägt aus allem Kapital: er ist ein sehr geschäftstüchtiger Mensch, er weiß sich alles nutzbar zu machen.

Lit.: Münzen in Brauch u. Aberglauben (Mainz 1982), S. 220. *K. Horn:* Art. ,Gold, Geld', in: EM. V, Sp. 1357–1372.

Kapitel. *Das ist ein Kapitel für sich:* darüber läßt sich viel (Merkwürdiges, Unerfreuliches, Ungünstiges) sagen. Die Rda.

geht von der Einteilung der bibl. Schriften in Kap. aus. Entspr. *Das ist ein ganz anderes Kapitel:* das steht auf einem anderen Blatt; rhein. ,Dat es en ander Kapitel', eine andere Sache; nun verstehe ich dich; ,loss mer en aner Kapitel ufänken', ,um auf ein anderes Kapitel zu kommen', von etw. anderem reden; ,das ist ein dunkles (trauriges usw.) Kapitel'; vgl. frz. ,C'est une toute autre histoire' (Geschichte);

Einem die Kapitel lesen oder *ihn abkapiteln:* ihm Vorwürfe machen, ihn ↗abkanzeln, die ↗Leviten lesen, ihn ins ↗Gebet nehmen.

kapores. *Kapores gehen (machen):* sterben, entzweigehen, bankrott gehen, vernichtet sein, stud. seit dem Ende des 18. Jh. Das Wort stammt aus hebr. ,kappôreth', das Sühneopfer, Sühnung, Versöhnung, Genugtuung bedeutet. Am Vorabend des Versöhnungsfestes wurden Hühner ,kapores' geschlagen, nämlich als Sühneopfer um den Kopf geschwungen; ↗Sündenbock.

Kappe. *Etw. auf seine (die eigene) Kappe nehmen:* die Verantwortung (auch: die Unkosten, die Folgen) für etw. übernehmen. *Etw. auf eigene Kappe machen:* etw. ohne Auftrag auf eigene Verantwortung machen. *Es kommt auf seine Kappe:* dafür trifft ihn die Verantwortung, es geht auf seine Rechnung. Die Kappe ist an die Stelle des Kopfes getreten, der die Verantwortung übernommen hat; ↗Hut. Diese erst seit Heinrich v. Kleist belegte Rda. geht vielleicht auf die Bdtg. der Kappe als Teil der Amtstracht (z. B. eines Richters, eines Beamten) für etw. übernehmen rhein. ähnl.: ,Se schuwen alles op seng Kapp', sie machen ihn für alles verantwortlich. Entspr. *Das kann ihm die Kappe kosten:* das kann ihn sein Amt, seine Stellung kosten. Doch könnte Kappe auch den Mantel (engl. cape) bedeuten, auf den einer Prügel bekommt, denn *einem etw. auf die Kappe geben* (ähnl.: auf die Mütze) heißt: ihn verprügeln, und mit gleicher Übertr. ist zu ,Wams' das Verb ,verwamsen' = verprügeln gebildet. In älterer Sprache bedeutete ,Kappen' geradezu ,Prügel', so *Kappen geben* bei Grimmelshausen; dann gemildert: ,es wird Kappen setzen', es wird Vorwürfe geben. *Die Kappen aufklauben:* die Vorwürfe ruhig hinnehmen, einstecken. Lit. bei Seb. Franck (,Chronik' 1501, B. 449 b): „Wer ein Christ will sein, muß Verfolgung leiden, herhalten, die Kappen aufklauben". Schon bei Luther ist belegt: *eine Kappe schneiden (kaufen):* ein Unglück bereiten; auch mdal. ndd. ,di is ene Kappe tosneden', dir ist etw. Schlimmes zugedacht. *Einem die Kappe aufsetzen:* ihn zum Mönch machen; entspr. das Sprw. ,Gleiche Brüder, gleiche Kappen' mit der auf die Narrenkappe gemünzten Fortsetzung: ,gleiche Narren, gleiche Lappen'. *Er hat die Kappe an den Zaun gehängt:* er ist aus dem geistlichen in den weltlichen Stand getreten; vgl. frz. ,Il a jeté le (oder: son) froc aux orties' (wörtl.: Er hat die Mönchskutte in die Brennesseln geworfen).

Einem eine Kappe kaufen: ihm hart zusetzen, bezieht sich in der Sprache des 16. Jh. auf die Narrenkappe. Bei Hans Sachs sagt ein zorniger Mann, der seine Frau geschlagen hat:

Dann ist die Gall mir überlauffen,

Das ich ihr thu ein Kappen kauffen.

Dazu: ,Er könnte sich die Kappe sparen', man hält ihn so schon für einen Narren. *Das wäre mit der Kappe geschlagen:* zu grobschlächtig.

,Jem. isch neben der Kapp' (Karlsruhe): er hat seine Gedanken nicht beisammen. ,Jedem Narren (Lappen) gefällt seine Kappe': Jeder so wie er's mag; ↗ Kopf.

Lit.: *W. Mezger:* Narrenidee und Fastnachtsbrauch. Studien zum Fortleben des Mittelalters in der europäischen Festkultur (Konstanz 1991) (s. Register u. ,Kappe' und ,Narrenkappe').

Kapriolen. Ital. ,capriola' = Bocksprung (von lat. caper = Bock) ist in der zweiten H. des 16. Jh. als Name der kunstvollen Sprünge ital. Tänzer ins Dt. gedrungen. Dazu die Rda. *Kapriolen machen:* tolle Stückchen machen, Unsinn, Narreteien treiben, aber auch: Seitensprünge machen. Im 17. Jh. statt dessen auch *Kapriolen schneiden:* Faxen machen. In einem hist. Volkslied auf die Erwerbung der poln. Königskrone durch den sächs. Kurfürsten heißt es:

Nämlich Conti, dieser Franze,

So ganz listig capriolt,

Daß er, gleich als wie zum Danze,

Vor sich eine Krone holt.

Hierher gehört auch der Beleg in Grimmelshausens ,Simplicissimus' (IV, 462): „Ohne was die Lateinischen Handwerks-Gesellen, mit ihrem Vestra Dominatio, recommando me und permaneo für Capern daher schneiden" i. S. v.: Fratzen schneiden. Durch den Schlager der dreißiger Jahre „So was nennt man Kapriolen ..." hat die Rda. in unserem Jh. wieder neues Leben erhalten.

Die ital. Form ,Capriccio' (= launischer Einfall) ist in der musikalischen Terminologie häufig (z. B. Rich. Strauss ,Capriccio').

kaputt, entzwei, erschöpft, tot, bankrott. *Kaputt gehen:* zugrunde gehen, entzweigehen, zerbrechen, sterben, bankrott gehen. Entspr. *kaputt machen (hauen, sein),* aber auch sich *kaputt lachen:* heftig lachen, sich tot lachen, sich vor Lachen ausschütten; sich *kaputt arbeiten:* sich bei der Arbeit überanstrengen: *Was ist kaputt?:* Was ist los? Was ist geschehen? *Bei dir ist wohl etw. kaputt!:* du bist wohl nicht recht bei Verstand. *Rasen wie ein kaputter D-Zug* ist ein anschaulicher, aber hinkender rdal. Vergleich. Kaputt ist urspr. ein frz. Fachausdr. des Pikett(karten)spiels, wo man ,être, faire capot' (von capoter = kentern, zu lat. caput = Vorderteil des Schiffes) sagte, wenn ein Spieler alle Stiche, die übrigen keinen gemacht hatten. Im 17. Jh. drang das Wort ins Dt.; während des Dreißigjährigen Krieges nahm ,kaputt spielen' die übertr. Bdtg. ,einem alles abnehmen' an (Grimmelshausen), in der Soldatensprache wurde ,kaputt machen' sogar ein übersteigernder Ausdr. für ,erschlagen'. Schließlich wurde kaputt ein Allerweltswort der Umgangssprache für ,zerstört', ,entzwei'. ,Mensch, ich bin heute vielleicht kaputt!' (= zerschlagen, ,am Boden zerstört' ...).

Das dt. Wort ,kaputt' wird im Frz. seit der dt. Besatzungszeit im II. Weltkrieg und mit deutlichem Hinweis auf die Unannehmlichkeiten, die die Gegenwart fremder Truppen auf frz. Boden zur Folge hatte, i. S. v. ‚zerstört' und ‚erschlagen' gebraucht.

Nicht verwandt mit kaputt ist das seit dem 18. Jh. in gleicher Bdtg. gebrauchte Wort ↗kapores.

Die Häufung der Explosionslaute in ‚kaputt' führte wohl zu folgendem kindlichen Neck- (und Kitzel-)Spiel: ‚Kaputt, kapitt, ka padde wadde watz' od. auch ‚kapätt, kapott, ka …' (u. ähnl. Var.).

Kapuziner. *Er ist zu keinem Kapuziner zu gebrauchen:* er ist ein gründlicher Taugenichts.

Einen Kapuziner (samt der Kutte) geschluckt haben: heiser sein. Diese bair.-österr. Rda. geht vielleicht auf die rauhhaarige Tracht des Kapuzinerordens zurück, wahrscheinlicher aber auf die derben Bußpredigten, die dessen Angehörige hielten; vgl. die Kapuzinerpredigt in Schillers ‚Wallensteins Lager' (8. Auftr.). Daher rührt die Rda.: ‚Jem. eine Kapuzinerpredigt halten'; ihn eindringlich zur Reue u. Buße ermahnen.

Rhein. ‚sone kleine Kapuziner met na Hus brenge', einen kleinen Rausch mitbringen. Bair. ist ein ‚Kapuzinerrausch' ein tüchtiger Rausch, wobei einen, wie man sagt (vgl. Schmeller-Frommann, I, 1270), ‚zwei an der rechten, zwei an der linken Seite führen und ein fünfter hinten nachschieben muß'. Das Bild ist wohl von den Umzügen der Kapuzinermönche genommen, ↗trinken.

Lit.: *W. Müller-Bergström:* Art. ‚Kapuziner', in: HdA. IV, Sp. 980–983; *Ph. Hofmeister:* Art. ‚Kapuziner und Kapuzinerinnen', in: RGG. III, Sp. 1143–1144.

Karat. ‚Hochkarätig' nennt man hochgestellte Persönlichkeiten, die so wertvoll sind wie ein hochkarätiger Brillant; vgl. V. I. P. (very important personalities).

Karawane. *Die Hunde bellen, die Karawane zieht weiter:* sich nicht um das ‚Gekläff' von Kritikern kümmern und unbeirrt seine Ziele weiterverfolgen. Es handelt sich um ein international verbreitetes Sprw. (span., ind., kurdisch) und wird in den Sammlungen meist engl. zitiert als: ‚The dogs bark, but the caravan passes'. In der polit. Sprache Dtls. wurde es bekannt, weil Bundeskanzler Helmut Kohl es in seinen Reden mehrfach gebraucht hat. Dementsprechend häufig taucht es in polit. Karikaturen auf.

‚Die Karawane zieht weiter'

Karbol. *Du hast wohl lange nicht mehr Karbol gerochen?* ist eine Drohfrage, sold. seit dem 1. Weltkrieg bezeugt. Der Fragende droht dem damit Befragten, ihn krankenhausreif zu schlagen, weil dort Karbol als Desinfektionsmittel benutzt wird; vgl. auch die Ausdrücke *Karbolmäuschen:* Krankenschwester, medizinisch-technische Assistentin; *Karbolkaserne:* Lazarett, *Karbolfähnrich:* Sanitätsoberfeldwebel (Küpper).

Karfreitagsratsche. *Sein (ihr) Mundwerk geht wie eine Karfreitagsratsche* sagt man von einem gern und viel redenden Menschen, insbes. von Frauen. Eine Ratsche ist ein hölzernes Instrument, an dem sich um einen Stiel eine Klapper dreht, die ein

‚Karfreitagsratsche'

‚Karfreitagsratsche‘

starkes Geräusch verursacht. Die Ratsche wird gebraucht als Lärminstrument im Weinberg, um die Vögel zu verjagen, als Kinderspielzeug, aber auch als Brauchgerät in kath. Gegenden, um während der Karwoche, in der die Kirchenglocken schweigen, den Beginn des Gottesdienstes anzuzeigen. Auch in Frankreich wurden die Karfreitagsratschen noch vor dem ‚Zweiten Vatikanum‘ in der Karwoche gebraucht.

Lit.: *R. Andree:* Ratschen, Klappern und das Verstummen der Karfreitagsglocken, in: Zs. f. Vkde. 20 (1910), S. 250–264.

Karfunkel. *Das glänzt (blitzt) wie ein Karfunkel vorm (im) Ofenloch* sagt man obersächs. spöttisch von unechten Schmucksachen u. dgl. Bisweilen, so els., bedeutet die Rda. auch: gar nicht glänzen. Im übrigen spielt bei der seit dem 17. Jh. bezeugten Wndg. wohl auch der Anklang des Edelsteinnamens ‚Karfunkel‘ (von lat. carbunculus = kleine glühende Kohle) an ‚funkeln‘ mit herein. In dem obersächs. Witzwort ‚Er hat einen Karfunkel unter der Zunge, wenn er das Maul auftut, so leucht (lügt) er‘, ist ebenfalls der Edelstein gemeint, wobei der Witz auf der mdal. Aussprache beruht, so daß leuchten und lügen gemeint sein kann.

Im Ndd. ist Karbunkel als Geschwür bekannt, auch als Gruppe von Furunkeln.

Lit.: *K. Olbrich:* Art. ‚Karfunkel‘, in: HdA. IV, Sp. 1004–1006.

Karnickel, der Verantwortliche, eigentl. Urheber, der Schuldige; Reststück der urspr. berl. Rda. *(der) Karnickel hat angefangen.* Mit diesen Worten wird in einer Streitsache der unterliegende Schwächere vom Stärkeren auch noch ins Unrecht gesetzt; vgl. auch *wer ist das Karnickel?:* wer hat die Veranlassung (zu einem Streit) gegeben? Die vor allem berl. noch viel gebrauchte Rda. ist nicht ohne weiteres verständlich, denn die Rolle des Friedensstörers paßt eigentl. schlecht zur Wesensart des Kaninchens. Die iron. gemeinte Wndg. bringt die Pointe einer ziemlich jungen Berliner Lokal-Erzählung, die sich als sprw. Rda. verselbständigt hat. Den frühesten greifbaren Beleg enthält ein Gedicht von Friedrich Förster, dem Freund Theodor Körners, das im Berliner Konversationsblatt für Poesie, Literatur und Kritik 1827 unter der Überschrift ‚Karnikkeltod‘ erschien: Ein junger Maler schlendert mit seinem Windspiel Presto über den Markt. Der Hund bleibt bei einem Gärtner stehen, der unter einem Grünkohl ein ‚Karnickel‘ mitgebracht hat, und fängt an, diesem ‚den Pelz zu befühlen‘.

Karnickel denkt: er will
‚backe Kuchen‘ spielen,
Macht ein Männchen und in allem
                                    Spaß
Tatscht es dem Hund so auf die Nas.
Kaum aber tut Presto so was spüren,
Er gleich darauf los, ohne
                            Parlementieren,
Treibt den(!) Karnickel zwischen die
                                    Körbe zurück
Und bricht ihm erbärmlich das Genick.
Auf das Geschrei des Gärtners kommt die
Polizei und nimmt den Herrn fest.
Ein Refrendarius tritt herfür,
Ruft: ‚quadrupes pauperiem‘ heißt es
                                    hier.
Die Weiber mit Fisch und Gemüse
                                    schrein,
Alle Welt stürmt auf den Maler ein.
Und ein Schusterjunge, schmutzig und
                                    keck,
Steht eben auch mit auf dem Fleck.
Der spricht: hier gilt kein
                            Bangemachen.
Lieber Herr, Sie können dreist lachen,
Nur immer mit auf die Polizei
                            gegangen,

1/2 ‚Karnickel hat angefangen'

Ich hab' es gesehen: Karnickel hat
angefangen.
Guter Ibrahim, so ist es dir ergangen,
Es wird heißen: Karnickel hat
angefangen.

Der Schluß des Gedichtes nimmt Bezug auf die Seeschlacht von Navarino: Als die Engländer unter Codington am 20. Oktober 1827 die türkisch-ägyptische Flotte unter Ibrahim Pascha in den Grund bohrten, gaben sie vor, die Türken hätten den ersten Schuß getan. Es war aber nur ein Salutschuß gewesen. In der Ausg. seiner Gedichte (1838) gab Förster dem Gedicht den Titel ‚Karnikkel hat angefangen', weil die Wndg. inzwischen schon zur sprw. Rda. geworden war, wie überhaupt dieses Gedicht eine große Wirkung gehabt hat; auf ihm beruhen auch einige künstlerische Darstellungen der Erzählung. Es ist allerdings auch möglich, daß die Geschichte schon vorher Volkserzählung war, die sie Förster bearbeitete und sie auf ein damals viel diskutiertes weltgeschichtliches Ereignis bezog. Die Erzählung ist jedenfalls auch Wandergut geworden, und andere mdl. Versionen verlegen den Schauplatz der Geschichte nach Magdeburg oder auch nach Braunschweig. Wenn auch der Franzose sagte ‚Le lapin a commencé' (heute ungebräuchlich), so stammt das aus dem Dt. Die Erzählung von der angeblichen Schuld des schwachen Kaninchens liegt

2

ja im allg. Gedankengut der Fabel und ist im Grunde ein Analogiefall zur Fabel vom Wolf, der das Lamm frißt, und diesem die Schuld an seinem Untergang zuschreibt. Das plattdt. Sprw. sagt: ‚Ick ward keen Narr sin, sä de Wulf, un lat mi vont Schap biten' oder auch: ‚Ick kann'r nich vör, sä de Wulf, da drog he dat Schap weg'.

Sich vermehren wie die Karnickel (Kaninchen): zahlreichen Nachwuchs haben; ↗ Hase, ↗ Kaninchen.

Lit.: O. Pniower: Das Karnickel hat angefangen, in: Mitteilungen des Vereins für die Gesch. Berlins 42

(1925), S. 110–112; *Chr. Rogge:* Karnickel hat angefangen, in: Zs f.d.Ph. 53 (1928), S. 189–191; *H. Krügler:* Zu ‚Karnickel hat angefangen', in: Zs f.d.Ph. 57 (1932), S. 178–180.

Karre(n). *Den Karren (die Karre) aus dem Dreck ziehen:* eine verfahrene Sache wieder in Ordnung bringen; seit dem 17. Jh. bezeugt, doch spricht vom „Karren im Schlamm" als von einer ‚verfahrenen Angelegenheit" schon Luther. Zu Anfang des Dreißigjährigen Krieges ließ protestantische Siegesübermut in einem Spottlied die kath. Geistlichkeit ausrufen:

Thu dich (o Papst) hortig besinnen
Und schick uns Hülf in kurzer Zeit,
Denn der Karn in der Pfütze leit,
Niemand kann ihn herausschleppen.

‚Den Karren aus dem Dreck ziehen'

Die Wndg. ist auch mdal. verbreitet, z.B. heißt es westf. ‚de Kar ut'm Dreck trekken', sich aus widerwärtigen Verhältnissen befreien. Das Bild vom Karren wird oft übertr. gebraucht für eine Sache, die vorangetrieben wird oder werden soll. Geiler von Kaysersberg redet sogar von der ‚Karr Gottes' und sagt sprw.: ‚man kann niemands helfen den Karren ziehen, der nit selbst auch ziehet". Die gegensätzliche Wndg. ist: *Den Karren in den Dreck (Kot) schieben (führen):* eine Sache gründlich verderben. Gleiche Bdtg. hat die Rda. *den Karren verfahren,* meist als Feststellung gebraucht, wenn das Unglück geschehen ist: *die Karre (der Karren) ist (gründlich) verfahren.* Ähnl. *den Karren ins Dickicht gezogen (gefahren) haben:* sich selbst in Verlegenheit gebracht haben. Holtei braucht diese Wndg. im ‚Eselsfresser' (I, 82): „Wird nicht jeder Kritiker ausrufen: Er hat sich verrannt, hat die Karre in das Dickicht gezogen, und nun läßt er sie stehen".

Den Karren stehen lassen (im Kot stecken lassen): sich nicht weiter um eine unerfreuliche Angelegenheit kümmern, eine anstrengende Beschäftigung, ein mühevolles Amt aufgeben, kein Interesse mehr am Fortgang oder Gelingen von etw. haben, das wahrscheinl. doch zu nichts führen wird. Die Wndg. ist mehrfach lit. bezeugt, z.B. sagt in Schillers ‚Kabale und Liebe' (III, 2) der Präsident frostig zum Hofmarschall: „Sie haben vollkommen recht. Ich bin es auch müde. Ich lasse den Karren stehen".

Die Karre einfach laufenlassen: in eine Entwicklung nicht eingreifen, tatenlos zusehen, gleichgültig und leichtsinnig handeln, resignieren.

An einem Karren mit jem. ziehen: gemeinsame Interessen, Ziele haben, das gleiche Schicksal erdulden müssen. Vgl. lat. ‚idem iugum trahere' u. frz. ‚être dans le même bateau' (wörtl.: im selben Boot sitzen), ⬈ Boot, oder ‚être logé à la même enseigne' (wörtl.: in derselben Wirtschaft untergebracht sein), beides i.S.v.: dasselbe Schicksal erleiden. In Leipzig kennt man einen Reim mit der gleichen Bdtg.

Sie ziehen beide an einem Karren,
Der eine tut keuchen, der andere
schnarren.

Alle vor den gleichen Karren spannen: seine Mitarbeiter und Helfer für eine große Aufgabe einsetzen, mit den Kräften anderer ein Ziel zu erreichen suchen.

Jem. vor seinen Karren (Wagen) spannen: ihn für seine eigenen Zwecke ausnutzen.

Den Karren schmieren: eine Sache fördern, wenn nötig durch Bestechung; an seinem eigenen Verderben oder an dem anderer arbeiten. Murner braucht in der ‚Narrenbeschwörung' (42, Kloster, IV, 750) die Rda. in der 2. Bdtg.: „Wo Einer yetz verderben will, so hilft man im fols (vollends) zu dem zil, vnd schmiert am karren jedermann".

Von dem Karren gefallen sein: unehelich geboren sein. Die Wndg. ist bereits bei Sebastian Franck (II, 62ª) bezeugt und bis heute mdal. verbreitet, z.B. sagt man westf. ‚Hei is van de Kâr fallen'. Vgl. auch ndl. ‚hij is achter von de kar gevallen'.

Unter den Karren (Schlitten, unter die Räder) kommen: einen Mißerfolg haben, untergehen, verkommen.

‚Mit dem Kärrlin fahren‘

Aus der Karre in den Wagen gespannt werden: in eine üblere Lage kommen, eine größere Bürde bekommen, eigentl. statt eines leichteren zweirädrigen Karrens einen schwereren vierrädrigen Wagen ziehen müssen. Murner braucht diese Wndg. mehrmals, z. B. im ‚Narrenschiff‘ (47, Kloster I, 482) und im ‚Lutherischen Narren‘ (Kloster, X, 13), wo es heißt: „Ich mag wol erst vom vnfal sagen, daß ich in meinen alten tagen von dem karren kum erst in den wagen“.

Jem. an den Karren fahren (kommen): ihm zu nahe treten, ihn belangen, zurechtweisen; gleichbedeutend in der Gegenwartssprache auch: ‚jem. an die Karre pinkeln‘; ‚er kann mir nicht an den Karren pissen‘ usw.

Unerklärt ist die vom 16. bis 18. Jh. bezeugte Rda. *einen Karren machen* (oder *anlegen*): einen heimlichen Plan schmieden; *ein angelegter Karren:* ein abgekartetes Spiel. *Seinen Karren ins trockene schieben:* sein Schäfchen ins trockene bringen, ↗ Schaf.

Mit dem Kärrlin fahren bedeutet in älterer Sprache: gepfändet werden.

Den Karren vor den Ochsen spannen: etw. verkehrt anfangen. Die Rda. gehört zur Metaphern-Sprache der verkehrten ↗ Welt. Vgl. frz. ‚Mettre la charrue avant les bœufs‘. Ähnl.: ‚Den Karren vor die Pferde anschirren‘.

Lit.: Schweiz: Vkde., Korr.-Bl. 42 (1952), S. 73.

Kartause. *Jem. bei der Kartause kriegen:* ihn an der Gurgel (oder: im Genick) pakken; eine seit dem 16. Jh. belegte, noch heute mdal. verbreitete Rda.: wahrscheinl. nach der herabhängenden Kapuze, wie sie zuerst die Kartäusermönche trugen, gebildet. Wander (II, Sp. 1149) gibt noch eine andere Erklärung für die Entstehung der Rda.: Die Schlacht bei Pavia zwischen Karl V. und Franz I. wütete 1525 bes. in der Nähe einer berühmten Kartause, einem Kartäuserkloster, wo Franz gefangengenommen wurde. Die Rda. bedeutet demnach, daß man einen angreift und überwältigt, wie dies bei der Kartause geschehen ist.

Kartäuser. *Ein Kartäuserleben führen:* ein entbehrungsreiches Leben haben, weltliche Vergnügen meiden. Die Rda. bezieht sich auf die strengen Ordensregeln. Vgl. auch ndl. ‚hij heeft een Carthuizers leven‘. *Nach der Kartäuserregel leben:* kein Wort miteinander reden, da den Kartäusermönchen ständiges Stillschweigen vorgeschrieben war. Die Rda. wird meist auf Eheleute angewendet, die nach einem Streit längere Zeit nicht miteinander sprechen. Hans Sachs verwendete die Rda. auch lit. (I, 476[b]): „Wir halten auch carthauserregl, sie munkt und redt denn nichts mit mir, so meul ich mich und spräch nichts zu ir“.

Lit.: *S. Hilpisch:* Art. ‚Kartäuser‘, in: RGG. III, Sp. 1160.

Karte. Der Urspr. des Kartenspiels liegt im dunkeln. Wahrscheinl. stammt es aus China, denn dort lassen sich um 1200 die ersten Spielkarten überhaupt feststellen. Sie verbreiteten sich von da aus über ganz Asien; im 16. Jh. finden wir sie auch in Indien. Nach Europa müssen die Spielkarten mit den zurückkehrenden Kreuzfahrern gekommen sein. Seit dem Ende des

Die ist des S

Gebete

Die Karte ist des Teufels Ge- betbuch.

14. Jh. finden wir sie überall in Europa und auch bald schon die Zunft der Kartenmacher. 1463 erließ England ein Einfuhrverbot für Spielkarten, um seine Kartenmacher vor der ausländischen Konkurrenz zu schützen. Wenn auch das Kartenspiel vor allem die Lieblingsbeschäftigung der Landsknechte wurde, so scheint es doch auch sonst sich großer Beliebtheit erfreut zu haben. Der Bischof von Würzburg sah sich 1329 genötigt, den Klerikern das Kartenspiel zu untersagen, weil die geistlichen Herren allzu eifrig der Spielleidenschaft gefrönt hatten. Die Stadt Basel erließ 1367 sogar ein generelles Spielverbot. Kein Wunder, daß der bei den Männern so beliebte Zeitvertreib seinen Niederschlag auch bald in Sprww. und sprw. Rdaa. fand. Wir finden sie seit dem 15./16. Jh., und bald wurden sie auch in übertr. Bdtg. gebraucht.

Die Karten mischen (mengen): die Ereignisse im eigenen Sinne beeinflussen, herbeiführen, die Angelegenheit in Gang bringen; vgl. frz. ‚brouiller les cartes'. *Die Karten gut mischen:* ‚mitmischen'; Ereignisse geschickt mitgestalten, ohne selbst in den Vordergrund treten zu müssen. „Ich will die Karten besser mischen", d. h. einen neuen, besseren Plan entwerfen, findet sich bei Ulrich v. Hutten um 1500. Eine heute nicht mehr gebräuchl. Rda. steht bei Grimmelshausen: „Ich warff meine Karten mit unter" (‚Simplicissimus' III, 160), was bedeutet: ich mischte mich in das Gespräch. Vor allzu starkem Mischen warnt eine oldenb. Rda.: ‚Du schürst de Korten ja de Ogen aus'. Im Volkslied heißt es:

Die Karten habt ihr zwar gemischt,
Doch ist das Stichblatt euch entwischt!

Einem die besten (schönsten) Karten geben: einem allen Vorteil zukommen lassen; umgekehrt *eine böse (falsche) Karte geben (auswerfen).* ‚Sie haben die Karten miteinander gemischt', d. h. etw. miteinander verabredet, bzw. in der gereimten Form des Sprw.:

Wie sie die Karten mischen,
Mich soll'n sie nicht erwischen

sind gleichfalls Rdaa., die vom unredlichen Kartenmischen herkommen. „Die Karten sind noch nicht ganz vergeben", es ist noch nicht alles entschieden, findet mit Schiller Eingang in die Lit. (‚Kabale u. Liebe' III, I). Wenn aber ‚die Karten vergeben sind', dann ist nichts mehr zu ändern. *Wilde Karten auswerfen:* wild oder zornig werden, gebraucht schon 1530 Seb. Franck. Joh. Schütz spricht 1580 von „unnützen Karten auswerfen".

Er hat gute Karten, vgl. engl. ‚he has good cards to show', ndl. ‚hij heeft eene schoone kaart', schweiz. ‚er cha de Charte rûeme', frz. ‚avoir beau jeu'. Im übertr. Sinne wollen diese Rdaa. sagen, daß einer in einer günstigen Lage ist und bei seinem Unternehmen Glück hat. Im gleichen Sinne werden auch *es paßt in meine Karte* oder *Karten jeder Farbe haben* gebraucht.

Seine Karten aufdecken: seine Absichten zu erkennen geben. *Die Karten offenlegen:* bisher verheimlichte Gedanken und Absichten äußern; vgl. ndl. ‚met open kaarten spelen', frz. ‚jouer cartes sur tables'. Ferner: *Die Karten auf den Tisch legen* oder *seine Karten über den Tisch halten:* nichts verhehlen.

Mit verdeckten Karten spielen: vorsichtig sein, seine Pläne nicht offenbaren. Bismarck gebraucht dieses rdal. Bild gern, wenn auch teilweise in frz. Form („Reden' X, 190): „Sie können von einem auswärtigen Minister nicht verlangen, daß er über alle schwebenden Verhandlungen mit Ihnen cartes sur table spielt" (d. h. ouvert); ein andermal: „Spielen Sie die deutsche Karte aus, werfen Sie sie auf den Tisch – und jeder weiß, wie er sich danach einzurichten oder sie zu umgehen hat", und schließlich: „Ich kann der göttlichen Vorsehung nicht so in die Karten sehen, daß ich das vorher wüßte".

Wer mit offenen Karten spielt, dem kann man *in die Karten sehen (gucken):* seine Pläne erfahren, seine geheimen Absichten erkennen; vgl. frz. ,voir dans le jeu de quelqu'un'; ndl. ,iemand in de kaart kijken'. Bei Goethe („Wilhelm Meisters Lehrjahre' 4, 15): „Der Schluß der Darstellung läßt uns noch etwas tiefer in die Karten sehen", oder: „ehe wir zugeben, daß sie uns in die Karten sehen".

Sich nicht in die Karten gucken lassen: seine Absichten (seine Lage) geheimhalten; vgl. frz. ,ne pas révèler ...' oder ,ne pas dévoiler son jeu'. Geiler von Kaysersberg 1508: ,sieh in dein eigen Kartenspiel". Ebenso imperativisch ist auch die els. Rda. bebraucht: ,Lug dir in dein Kartenspiel'. Von einem, der alles voraussehen möchte, sagt man rhein.: ,de well osen Herrgott in de Karte kike'.

„Er kendt die Karten" findet sich in der Sprw.-Sammlung von Joh. Agricola aus dem Jahre 1548 im Sinne von: er weiß Bescheid. *Er weiß zu karten,* d. h. so zu spielen, daß alles nach seinem Wunsch läuft; schwäb. ,er weiß seine Karte z'stecke'.

Eine Karte sticht: eine Maßnahme ist erfolgreich, im 19. Jh. allg. in Dtl. belegt. Umgekehrt *diese Karte sticht (diese Karten stechen) heute nicht mehr:* diese Argumente überzeugen nicht mehr. *Die Karte nicht verlieren:* sich nicht irremachen lassen, seinen Vorteil wahrnehmen. *Alle Karten (Trümpfe) in der Hand behalten:* sich den entscheidenden Entschluß bis zuletzt aufsparen, die Macht, Leitung erhalten; vgl. frz. ,garder tous les atouts en main' (wörtl.: alle Trümpfe in der Hand behalten). Beim Kartenspiel endigt möglicherweise das Glück, und *die Karte wechselt sich.* So schreibt G. Rollenhagen 1591 im ,Froschmeuseler': „Wo wir aber in diesen

Sachen noch lange vollen Anstand machen, so wird sich bald wechseln die Karten". Oder ähnl. *die Karte hat sich gewendet* (↗ Blatt). Der Wechsel im Glück ist damit verbunden, *wie die Karten fallen,* eine Rda., die sich auch bei Goethe findet: „Der arme Landmann harrt das ganze Jahr, wie etwa die Karten fallen über den Wolken".

Das Kartenspiel nicht mehr in der Hand haben: in einer Sache keine freie Entscheidung mehr haben, schon bei Luther.

Die letzte Karte ausspielen: zur letzten Möglichkeit greifen; vgl. frz. ,jouer sa dernière carte'.

Auf die falsche Karte setzen: ein Mittel wählen, das sich als nicht erfolgreich herausstellt; vgl. frz. ,miser sur une fausse carte'.

Schon früh müssen allenthalben Betrügereien beim Kartenspiel aufgekommen sein, denn bezeichnenderweise sind die am frühesten bezeugten Rdaa. über das Kartenspiel solche, die von betrügerischem Spiel reden. So bei Geiler von Kaysersberg 1508: „In seinem Kartenspiel sind viel böser Stein", 1566 im ,Theatrum Diabolorum': „Er wirft bös Kart mit unter", 1576: „Bös Karten auswerfen", bös oder übel reden, oder „Da ist die ganze Karte falsch". Noch heute allg. verbreitet ist *jem. die Karte in die Hand spielen:* jem. helfen; vgl. ndl. ,in de Kaart von de Gegenparty spelen', engl. ,to play into a person's hand'; frz. ,donner beau jeu à quelqu'un'. *Es einem karten:* einen anführen. *Es sind viel böse Karten im Spiel:* es sind Leute beteiligt, die es bös meinen. *Es ist eine angelegte Karte:* ein fein gesponnener Plan. Mit der Rda. *ein abgekartetes Spiel treiben* wird der Vorwurf ausgedrückt, jem. habe die Karten zu seinen Gunsten gemischt, d. h. auf betrügerische Weise Tatsachen geschaffen, die dem Mitspieler zum Nachteil gereichen. Im ,Simplicissimus' (IV, 27) schreibt Grimmelshausen: „Möchte das Glück diß Spiel karten, wie es wollte".

Alles auf eine Karte setzen: mit einem kühnen Schlage etw. entscheiden wollen, alles riskieren, um etw. Bestimmtes zu erreichen, das Letzte wagen, einsetzen; auch in den Mdaa., z. B. köl. ,alles op ein Kaat setze'; engl. ,I would cheat my own father at cards', ‚to have all one's eggs in the same basket'; frz. ‚risquer sa dernière carte'; ndl. ‚alles op een kaart zetten'.

Sehr zahlreich sind die rdal. Vergleiche, bes. in den Mdaa.; z. B. schwäb. ‚dünn wie ein Kartenspiel'. ‚Er blättert mehr in den Karten als im Brevier' sagt man von einem pflichtvergessenen Geistlichen.

Die Karten werden sogar als ‚des ↗Teufels Gebetbuch' bezeichnet, weil man das Spiel für sündhaft hielt (s. Abb. S. 810). ‚Hat man keine Karte, so spielt man ein Scheit Holz aus'; entspr. die mdal. Rdaa. ‚ne Kart oder ne Klob Holz', ‚e Kart oder e Stück Holz' (els.), ‚e Kaart oder e Schtig Holz' (pfälz.); ähnl. auch ‚en Kart oder en Beischt Stroh' (Eifel). ↗Spiel, ↗Trumpf.

Sich die Karten nicht aus der Hand nehmen lassen: selber die Entscheidungen treffen; scherzh. auch: *die Karten dicht an die Brust halten; die Karte ist abgebissen:* die Sache ist erledigt.

Mit gezinkten Karten spielen: falsch spielen, auch übertr. verwendet i. S. v. unehrlich u. hinterhältig sein.

Jem. die gelbe Karte zeigen: Rda. aus dem Fußballsport mit der Bdtg.: ihn verwarnen. Ähnl. *jem. die rote Karte zeigen:* der Schiedsrichter weist den Spieler (meist nach einem Foul) vom Spielfeld.

‚Kartenhaus'

Lit.: *Tylor:* History of Playing Cards (London 1865); *Breitkopf:* Versuch über den Ursprung der Spielkarte (Leipzig 1874); *Bierdimpfl:* Die Sammlung der Spielkarten des bayr. Nationalmuseums (München 1884); *M. Lehrs:* Die ältesten dt. Spiele des königlichen Kupferstichkabinetts zu Dresden (1885); *L. Herold:* Art. ‚Kartenspiel', in: HdA. IV, Sp. 1014–1023; *K. Bachmann:* Die Spielkarte (1932); *ders.* in: Forschungen und Fortschritte 26 (1950), S. 63–68 (mit Lit.-Verz.); *ders.* in: Beiträge zur Sprachwissenschaft u. Vkde., Festschrift f. E. Ochs (Lahr 1951), S. 308–373; *F. Rumpf,* in: Jb. f. Hist. Vkde. 3/4 (1934); *O. Reisig:* Dt. Spielkarten (Leipzig 1935); *A. I. Norrer:* Was die Kartenspieler quatschen (Redewendungen), in: Atlantis 1936, S. 543–545; *W. L. Schreiber:* Die ältesten Spielkarten (Leipzig 1935); *K. Wehrhan:* Zum Aberglauben der Kartenspieler. Mitteilungen d. Schles. Gesellschaft f. Vkde. 37 (1938), S. 148–158; *H. Appel:* Die Skatsprache (1950); *L. V. V. Hermansen:* Spillekort 1350–1950 (Kopenhagen 1950); *H. Rosenfeld:* Münchener Spielkarten um 1500 (München 1958); *ders.:* Das Alter der Spielkarten in Europa und im Orient, in: Arch. f. Gesch. d. Buchwesens 2 (1960), S. 778–86; *ders. u. E. Kohlmann:* Die schönsten dt. Spielkarten (Insel-Bücherei Nr. 755); *P. G. Brewster,* in: Southern Folklore Quarterly 23 (1959), S. 196–202; *K. Weigel:* Kartenspielfragmente. Libri 14 (1964), S. 40–43; *D. Hoffmann:* Die Welt der Spielkarte – Eine Kulturgeschichte (Leipzig 1972); *ders.:* Spielkarten des Hist. Museums Frankfurt am Main (Frankfurt/M. 1972).

Kartenhaus. *Wie ein Kartenhaus zusammenfallen (zusammenstürzen):* sich als Phantasie erweisen, zu einem Nichts werden. *Kartenhäuser bauen:* Spielereien treiben, Luftschlösser bauen; entspr. *es ist nichts als ein Kartenhaus;* vgl. frz. ‚c'est un vrai château de cartes'. Der rdal. Ausdr. stammt von der Spielerei, aus Karten Häuser zu bauen, die beim geringsten Luftzug einfallen. Daher wird der Ausdr. Kartenhaus zur bildl. Bez. einer Phantasterei, eines Wahngebildes, ähnl. wie ↗Luftschloß. Lehmann meint (S. 204, ‚Freund' 43): „Ein Hauß von Kartenblättern, vnnd ein Pferd von Krautstiel, und ein Freund mit dem Maul, seynd so viel werth als ein Mückenfraß".

Kartoffel. *Rin in die Kartoffeln, raus aus den (die) Kartoffeln:* mal soll es so gemacht werden, mal anders, ist ein Ausruf der Verärgerung über Unentschlossenheit, bes. wenn eine bisher gültige Arbeitsanweisung durch eine völlig entgegengesetzte abgelöst wird. Die seit 1881 bezeugte Rda. geht auf militärische Kreise zurück: Im Manöver wurde nicht selten angeordnet, daß eine Truppe in einen Kartoffelacker einrücken sollte, während bald darauf der Befehl kam, daß der Kartoffelacker zur Vermeidung von Flurschäden wieder geräumt werden müsse. Lit. bei Friedrich Wülfing 1881 (‚Fliegende Blätter' Nr. 1885), zunächst in der Umgangssprache der Großstädte, berl. u. köl., später allg. umg.

Eine Kartoffel im Strumpf haben: ein Loch im Strumpf haben: auch in der Form einer scherzhaften Frage: ,hast du Kartoffeln gepflanzt?' oder: ,die Kartoffeln sind reif', ,die Kartoffeln blühen', ,die Kartoffel guckt heraus'; vgl. engl. ,potato-hole'. ,Du grote Kartoffel, wan du man nich barstest' sagt man ndd. von Prahlern und Großsprechern.

Es sind kleine Kartoffeln: kleine ↗ Fische.

,Die dümmsten Bauern ernten die dicksten (größten) Kartoffeln' ist ein spöttisches Sprw., das als Feststellung gebraucht wird, in dem aber gleichwohl eine Spur von Verwunderung mitschwingt.

Jem. fallen lassen wie eine heiße Kartoffel: freundschaftliche Beziehungen plötzlich u. ohne Skrupel abbrechen.

Lit.: R. N. Salaman: The History and Social Influence of the Potato (London 1949); H. J. Teuteberg u. G. Wiegelmann: Einführung und Nutzung der Kartoffel in Deutschland, in: Unsere tägliche Kost (Münster 1986), S. 93–134.

Karton. *Wie aus dem Karton:* wie aus dem Schächtelchen, wie aus dem Ei gepellt, d. h. sehr sauber, wie neu gekleidet. Gemeint ist, daß der Betreffende so sauber und tadellos gekleidet aussieht, als käme er mitsamt seiner Kleidung aus der Pappschachtel, in die man neugekaufte Kleidungsstücke verpackt (Küpper).

Karussell. *Mit jem. Karussell fahren:* ihn um den Exerzierplatz jagen, sowie allg.: ihn heftig rügen. Sold. in beiden Weltkriegen, wohl schon seit dem ausgehenden 19. Jh.

Käse. *(Kaum) drei Käse hoch sein:* (noch) ganz klein sein, spöttisch vor allem von einem kleinen Gernegroß gesagt, einem *(Drei-)Käsehoch;* schon 1767 im ,Versuch eines bremisch-niedersächsischen Wörterbuchs' (Bd. 2, S. 762): „Een Junge twe Kese hoog: ein kleiner kurzer Junge"; im ndd. Raum machte man früher auf allen Höfen Käse nach Art der (Holländer) Kugeln oder Wagenräder ... Sie gaben das Maß „drei Käse hoch". Mit Quark kann man nicht messen. Aber auch ,drei Käse hoch' ist noch klein ...; vgl. frz. „a peine

haut comme trois pommes' (wörtl.: kaum drei Äpfel hoch), ↗ Apfel; ähnl. im Pariser Argot: „gros comme deux liards (veraltet) de beurre (et ça pense déja aux femmes)'.

Käse gilt, vor allem auf dem Land, als ein billiges, leicht selbst zuzubereitendes Nahrungsmittel, besonders in Form von ↗ Quark, allg. für Wertlosigkeit, übertr. für Geschwätz, Unsinn, dummes Zeug, Wertloses, Nichtigkeit. *So ein Käse!:* solch ein Unsinn; *das ist alles Käse:* das ist alles unbrauchbar; vgl. engl.: ,That's the Cheese'; *Käse machen:* Unsinniges tun; *mach doch nicht solchen Käse!:* mach keine lange Rederei; *das geht dich einen Käse an:* das geht dich überhaupt nichts an: *erzähle (quatsch) doch keinen solchen Käse:* rede keinen solchen Unsinn; *sich über jeden Käse aufregen:* sich über jede Kleinigkeit aufregen. *Alter Käse:* altbekannte Sache; *großer (harter) Käse:* großer Unsinn; *das ist mir Käse:* das ist mir gleichgültig. *Er hat davon keinen Käse gegessen:* er weiß nichts von der Angelegenheit; vgl. ndl. ,hij heeft er keene Kaas van gegeten'.

Andererseits spielt Käse in verschiedenen Rdaa. als Grundnahrungsmittel und Brotbelag eine Rolle: *Den Käse ohne Brot essen:* sich das Beste nehmen; *sich den Käse (die Butter) nicht vom Brot nehmen lassen:* sich zur Wehr setzen, sich nicht alles gefallen lassen; seinen Standpunkt verteidigen. *Er hat den Käse zu dick geschnitten:* er hat verschwendet, ist mit seinem Vermögen am Ende. *Mit Käs und Brot fürlieb nehmen:* mit einfacher Bewirtung zufrieden sein; vgl. ↗ abspeisen. *Zum Käse (recht) kommen:* zu spät, weil der Käse erst am Schluß der Mahlzeit gereicht wird. ,Käswochen' ist in Kärnten die Bez. für die ,Flitterwochen', in Bayern für die ersten Tage eines neuen Dienstes.

Muß man Käse und Brot auch anbeten? sagte man früher, wenn man sich das Tischgebet ersparen wollte, wo es sich bloß um Butterbrot und Käse handelte.

Krümelkäse machen: Ausreden gebrauchen; sächs. *In die Käse fliegen:* Schlimmes erleben, Unglück haben; obersächs.: ,Da hammern'n Käse!', d. h. die schlimme Bescherung. Rhein. ,sich Kees gewe', sich wichtig machen; ↗ Flötekies.

,Wer hat den Käse zum Bahnhof gerollt?': scherzh. Frage, wenn man einen Schuldi-

‚Für einen anderen die Kastanien aus dem Feuer holen' – ‚sich die Pfoten verbrennen'

gen sucht. Die Wndg. stammt aus einem beliebten Schlager.

Lit.: *A. Gittée:* ‚De kaas in de spreekwoorden', in: Volkskunde 5 (1892), S. 61–64; *F. Eckstein:* Art. ‚Käse', in: HdA. IV, Sp. 1029–1066; *G. Ränk:* Från mjölk till ost (Stockholm 1966); *ders.:* Zur Kulturgesch. des Käses im griech.-röm. Altertum, in: Schweiz. Archiv. f. Vkde 68/69 (1972–73), S. 551–556.

Kassel. *Ab nach Kassel ↗ ab.*

Kastanie. *Die Kastanien (für jem.) aus dem Feuer holen:* einem anderen zuliebe etw. Gefährliches ausführen, sich für einen anderen die Finger verbrennen; vgl. frz. ‚tirer les marrons du feu'; engl. ‚to make a cat's paw of'. Die Rda. stammt aus einer Tierfabel, die bes. durch La Fontaines Gestaltung bekannt geworden ist. Der früheste Beleg der Fabel findet sich in dem zuerst 1584 erschienenen ersten Buche der Serées von Guillaume Bouchet. Der Verfasser läßt einen Teilnehmer der 8. Serée so herzlich lachen, daß er daran zu sterben fürchtet „aussi bien que le Cardinalin, voyant un Singe qui s'aidait de la patte d'un chat pour tirer des chastaignes du feu" (‚Les Serées', éd. C. E. Roybet, Paris, 1873f., II, 108). Woher Bouchet Kenntnis von dieser so kurz ausgezogenen Schnurre gehabt hat, ist nicht festzu-

stellen; vielleicht hat er sie nur erzählen hören. Vier Jahre später aber sind die ‚Dies caniculares' von Simon Majoli erschienen, und darin ist sie ausführlich berichtet (Ausg. Frankfurt 1642, S. 100): Die Kämmerlinge von Papst Julius II. pflegten sich in der Wartezeit, bis ihr Gebieter zu Bette ging, Kastanien zu braten. Als sie nun einmal aus irgendeinen Grunde weggegangen waren, wollte sich ein Affe, der am Hofe gehalten wurde, an den Kastanien gütlich tun. Eingedenk aber, daß die Hofleute die Kastanien mit einem Eisen oder einem Holz aus der Asche nahmen, dachte er bei sich, da ihm kein solches Werkzeug zur Verfügung stand, einen bewundernswerten Rat aus. Mit der einen Hand nahm er eine Katze und preßte sie an seine Brust, mit der andern nahm er ihre rechte Pfote und benützte den Teil vom Ellbogen bis herunter zu den Krallen, um damit anstatt des Holzes die Kastanien herauszuscharren. Auf das Geschrei der Katze eilten die Diener herbei, und jeder gab dem Affen von seinem Anteil. Schon drei Jahre nach dem Erscheinen von Majolis Buch verzeichnet John Florio als sprw. die Wndg. ‚Fare come la nostra cimia, che levava le castagne dal fuoco con la zampa del gatto'. In der dt.

Sprache taucht die Fabel zum erstenmal auf in einem sehr seltenen Buch, dem ‚Theatrum morum‘, das der berühmte Kupferstecher Aegidius Sadeler 1608 in Prag hat erscheinen lassen. Unter der Nr. 218 heißt es unter der Überschrift ‚Vom Affen und der Katz‘:

Ein Weib im Asschen Kesten bradt,
Welche ein Aff geschmecket hadt;
Gedacht: Wie thet ich diesen Dingen
Die Kesten aus dem Fewr zubringen?
Nimpt gleich darauff ein junge Katzen,
Greifft in die Asch mit ihren Tatzen.
Sie schrie, biß er sie springen lies,
Weil die Glüt brennet ihre Füß.
Also schickt manch starker Man
Ein schwachen in Gefahr voran.
Es muß mancher gepeinigt sein,
Nur daß die andern frölich sein.

Als nächste dt. Niederschrift ist Christoph Lehmanns ‚Florilegium‘ zu nennen: „Es tragen sich offt Händel zu, daß mans muß machen wie jener Aff, der gern Kesten auß der Pfann überm fewr hett gessen; der erwischt ein Katz, und mit derselben Pfoten bracht er die Kesten herauß".

Neben dieser Tradition läuft noch eine zweite, jüngere Überlieferung, wo an die Stelle der Gewalt die Klugheit und List tritt. Höhepunkt dieser Überlieferung ist La Fontaines Fabel (IX. 17): ‚Le Singe et le Chat: Durch Überredung gelingt es dem schlauen Bertrand, den fast ebenso schlauen Raton dazu zu bringen, daß er ihm die Kastanien mit vorsichtigen Pfoten aus der Asche spielt, und als die Magd kommt, da ist es Raton, der keinen Grund mehr hat, zufrieden zu sein. Er wird das Opfer des durchtriebenen Gesellen. Diese Auffassung, wo der Affe nicht zwingt, sondern schmeichelt, überlistet, befiehlt, findet sich lange vor La Fontaine aber auch schon in Lehmanns ‚Florilegium‘: ‚Herren stellen offt ein Diener an, wie der Aff die Katz, daß sie mit der Pfoden die gebratene Keste außm Fewer muß scharren; drumb mag der Diener wol auff Vortel gedencken".

In einem Volkslied, wohl noch aus der zweiten H. des 18. Jh. (v. Ditfurth, Hist. Volkslieder, 1877, S. 309) heißt es:

aus dem Feuer, dir aufzuwarten,
die Kastanien gar noch hol.

Lessing, der den Diener seines ‚Jungen

Gelehrten‘ zu Lisette sagen läßt: „Ja, ja mein Äffchen, ich merk‘ es schon; du willst die Kastanien aus der Asche haben, und brauchst Katzenpfoten dazu" (III, 1), hat sowohl Lehmann als auch Molière und La Fontaine gekannt. Goethe, bei dem Faust zu Mephistopheles sagt:

Behandelst mich, daß ich, wie jene
                                              Katze,
Dir die Kastanien aus dem Feuer
                                              kratze,

hat wohl nur von La Fontaine und Molière gewußt, Bismarck sagt einmal: „Wenn aber andere Leute sich dazu hergeben, die Kastanien für Sie aus dem Feuer zu holen, warum soll man ihnen das nicht gern überlassen?"

Daß man in Dtl. schon im hohen MA. Kastanien im Feuer briet, lehrt ein rdal. Vergleich Wolframs von Eschenbach im ‚Parzival‘ (378, 15 ff.):

dâ erhal (erscholl) manc rîchiu tjoste
          guot (kräftiger Zusammenstoß),
als (als ob) der würfe in grôze gluot
          ganze castâne.

Lit.: A. Wesselski: Der Affe, die Katze und die Kastanien, in: Erlesenes (Prag 1928), S. 108–114; L. Röhrich: Sprw. Rdaa. aus Volkserzählungen, S. 269 f.

Kasten. *Etw. auf dem Kasten haben:* gescheit sein, viel können; *nicht alle auf dem Kasten haben:* nicht ganz bei Verstand sein; *wenig auf dem Kasten haben:* wenig können, ein Versager sein; diese Rdaa. spielen auf den Kopf als Verstandeskasten (‚Hirnkasten‘) an; spätestens seit 1900, zunächst in den Großstädten.

Im Kasten hängen (sein): als Heiratswillige öffentl. angekündigt sein; hergenommen vom Aushängekasten, in dem der Standesbeamte das Aufgebot anbringt; 2. H. 19. Jh. (Küpper). ↗ Kanzel.

Im Ndd. meint die Wndg. ‚im Kasten sitzen‘ im Gefängnis sein.

Etw. im Kasten haben: eine gute Fotoserie gemacht haben, ein Bild (eine Bilderserie), auf dem Film im Apparat haben.

Um einen Spruch aus der Zeit der Reformation handelt es sich bei dem bekannten Satz: ‚Sobald das Geld im Kasten klingt, die Seele (aus dem Fegefeuer) in den Himmel springt‘. Er bezieht sich auf den Ablaßhandel der damaligen Zeit u. wurde von Hans Sachs in seinem Sang ‚Die Wittenbergisch Nachtigall, Die man yetzt höret uberall' (1523) erstmals so formuliert:

Legt ein, gebt euwer hilff und stewr
Und lößt die seel aus dem Fegfewr!
Bald der guldin im Kasten klinget,
Die Seel sich auff gen hymel schwinget.

Heute verbindet man mit dem Wort ,Kasten' eher die Vorstellung von klotziger Größe, so z. B. in der Wndg. ,ein alter Kasten' für ein abbruchreifes Haus.

Kasus Knacktus. *Das ist der Kasus Knacktus:* scherzh. Rda. für: das ist der springende Punkt, der Fall, um den es sich handelt.

Kater. *Einen Kater haben:* unter den Nachwirkungen eines Rausches leiden, ,Katzenjammer' haben. Das Wort ,Kater' kommt in mehreren Rdaa. vor. Es stammt aus der Leipziger Studentensprache und war dort bes. beliebt in der Wndg. *seinen Kater spazieren führen; einen Kater ausführen:* an den Folgen eines Rausches leiden. Daher auch der Scherz unter Studenten: ,Immer wieder ein (zoolog.) Wunder, wie sich ein Affe über Nacht in einen Kater verwandelt'.

Wie ,Kneipe' und ,kneipen' hat das Wort Kater, das in Sachsen schon seit der Mitte des 19. Jh. bekannt war, aus der Studentensprache den Weg ins bürgerliche Leben gefunden. Das Wort selbst gilt als die vulgäre sächs. Ausspracheform des Wortes Katarrh, das in der Volkssprache soviel wie Schnupfen, allg. Unwohlsein und Kopfweh bedeutet. Anfänglich sollte also dieser Kater mit der männlichen Katze oder mit *Katzenjammer* in der übertr. Bdtg. nicht den mindesten Zusammenhang haben, sondern dürfte erst später als eine scherzhafte Verwendung des Tiernamens aufgefaßt worden sein, was in den Gegenden bes. nahe lag, wo die erwähnte volkstümliche Aussprache nicht gebräuchl. oder verständlich war. Aber diese Erklärung, die von Friedrich Kluge herrührt, überzeugt nicht vollkommen. Denn schon in Laukhards Lebensbeschreibung, also in den Jahren zwischen 1780 und 1790 kommt der rdal. Vergleich *besoffen wie ein Kater* vor; offenkundig bedeutet Kater in dieser Wndg. das Katzenmännchen. Die Ausdrucksweise selbst

erinnert an die schwed. Rda.: ,full som en kaja', ,full som en alika' = betrunken wie eine Dohle. Nun kann man sich gewiß über den Vergleich wundern: warum gerade wie ein Kater? Aber dieselbe Frage gilt für die erwähnten schwed. Ausdrücke: sie gilt ebenso für die Rda. ,besoffen wie ein Besenstiel' und viele andere dieser Art, z. B. ,saufen wie ein Bürstenbinder'. „Tatsächlich gebrauchen wir in der Rede derartige Vergleiche mit Vorliebe rein mechanisch und in Zusammenhängen, wo sie eigentl. sinnlos sind und wo sie einzig der Verstärkung und Auslösung unseres Gefühls dienen. Die Rda. ,besoffen wie ein Kater' kann daher durch mechanische Nachbildung des Ausdr. ,verliebt' oder ,geil wie ein Kater' zustande gekommen sein. Sobald es einmal die Rda. ,besoffen wie ein Kater' gab, begünstigte das den Gebraucht von Kater = Katarrh in der Bdtg. ,Katzenjammer". Katzenjammer tauchte seinerseits zu Beginn des 19. Jh. in den akademischen Kreisen Heidelbergs mit dieser Bdtg. auf. Zuerst ist es aus der Sprache der baltischen Studenten bekannt. Görres, Brentano, Eichendorff und andere gleichzeitige Romantiker haben den Ausdr. ins Schrifttum eingeführt, ↗ Katze, ↗ trinken.

Katharine. *Die schnelle Kath(e)rin(e) haben:* Durchfall haben; bair. ,...'s laffend Kattel'; lausitzisch ,das hurtige Kätchen'. Die Rda. beruht auf einem alten Schulwitz, der den medizinischen Fachausdr. griech. κάθαρμα = Reinigung. Auswurf verhüllend umgestaltet hat. Schon in Grimmelshausens ,Simplicissimus' (2. Buch, 9. Kap.): „Ist er (ihr Leib) nicht so zart, schmal und anmutig, als wan sie acht gantzer Wochen die schnelle Catharine gehabt hätte!"

katholisch. *Es ist zum Katholisch-Werden:* es ist zum Verzweifeln; Rda. in ev. Landschaften, wie bes. in Sachsen und Thüringen, wo man früher in gleichem Sinne auch sagte: ,Das ist zum Preußischwerden'. Vgl. frz. ,Il y a de quoi devenir chèvre' (wörtl.: Es ist zum Ziegewerden). In protestantischen Kreisen ferner: *katholisch gucken:* hinterhältig, mißtrauisch blicken; *katholisch lachen:* hämisch, voller Heimtücke grinsen; *katholisch sein:* nicht aufs Wort glaubwürdig, unaufrichtig sein; *er wird noch katholisch:* er weiß sich vor Ärger nicht mehr zu helfen. Mit katholisch bez. man in protestantischen Gegenden auch etw. Unverständliches, z. B. *katholisch daherreden,* während umgekehrt in Bayern und Oesterr. *da geht's nicht katholisch zu* bedeutet: da geht es nicht recht geheuer zu; vgl. frz. ‚Ce n'est pas très catholique': Das sieht unzuverlässig aus.

Lit.: *Chr. Köhle-Hezinger:* Evangelisch – Katholisch. Untersuchungen zu konfessionellem Vorurteil und Konflikt im 19. und 20. Jh. (Tübingen 1976) (mit weiterführender Bibliographie).

Kattun. *Kattun kriegen:* Schelte, Prügel beziehen (bes. ostdt.), sold.: Beschuß kriegen. Wie der Name des Baumwollstoffes zu dieser Übertr. gekommen ist, bleibt ungeklärt. Vgl. ndl. ‚em van katoen geven', einem gehörig die Meinung sagen, und ‚(van) katoen geven', etw. in vollem Maße tun, flink bei der Arbeit sein, sich tüchtig anstrengen, sein Bestes geben.
Kattun als wichtiger engl. Handelsartikel stand lange auch für engl. Politik: „Sie (die Engländer) sagen Freiheit (Politik, ‚England') und meinen Kattun". Das Zitat stammt aus der Zeit, da die Briten nahezu das Baumwollmonopol hatten. „Es geht um Kattun" … – „Kattun, Kattun, ick gew di Kattun!"

Katze. Ebenso wie der Hund kommt auch die Katze in zahlreichen bildl. Rdaa. vor, so daß Hans Sachs im Schwank vom Katzenkrämer dichten konnte: „Der hat fünf Katzen feil, eine Schmeichelkatze, eine nasse Katze, eine Haderkatze, eine Naschkatze und eine faule Katze". Wanders ‚Sprichwörterlexikon' zählt sogar über 1000 Sprww. und Rdaa. auf, in denen die Katze vorkommt.
Die Katze im Sack kaufen: unbesehen kaufen (ebenso frz. ‚acheter le chat en poche' und ital. ‚comprare la gatta in sacco'; ndl. ‚een kat in de zak kopen'). In der Umgangssprache der Ggwt. wird die Rda. vielfach in Beziehung auf die sog. ‚Probenächte' und zur Rechtfertigung vorehelichen Geschlechtsverkehrs angewandt (‚Man kauft doch keine Katze im Sack!');

‚Die Katze im Sack kaufen'

so auch in den Mdaa., z. B. els. ‚i will kei Katz im Sack käufe'; ndd. ‚ik köp keen Katt in Sack'.
Das Volksbuch von ‚Till Eulenspiegel' bringt zum ersten Mal den Schwank von der Katze im Sacke, die als Hase verkauft wurde. Hans Sachs hat denselben Eulenspiegelschwank zu einem Standesspott auf die Kürschner umgestaltet (‚Ewlenspiegel mit der kaczen', I. 354f.):
Seit her thuet mon noch faczen
Die kuersner mit der kaczen.
Die frühesten schon im MA. geläufigen Formen der Rda. sprechen nur vom ‚Kaufen in einem Sack', z. B.:
Man koufet daz vil selten
In dem sacke und ungesehen
Des man ze gewinne müge jehen
(Stricker, ‚Kleinere Gedichte');
„Wir koufen in dem sacke niht" (Winsbeke 6,6);
Swer in dem sacke koufet
Und sich mit tôren roufet
Und borget ungewisser diet,
Der singet dicke klageliet
(Freidank, ‚Bescheidenheit' 85,5).
Auch Luther gebraucht noch die ma. Form der Rda. ‚im sacke keuffen'; ‚im sacke verkeuffen'.
Die Katze ‚im' bzw. ‚aus' dem Sack gehört jedoch erst dem Eulenspiegelschwank an, und das Zusammentreffen von Schwank und Rda. ist hier nicht verwunderlich, weil in den Eulenspiegelschwänken

(ebenso wie etwa im Redensartenbild Bruegels) die sprachl. Ausdrücke wörtl. genommen werden. Die urspr. Rda. ist dann erweitert worden zu der Form, die sich bei Fischart findet: „Ir werd mir kei katz im sack verkaufen". Beide Wndgn. kombiniert finden sich noch bei Thomas Mann (‚Die Entwicklung des Dr. Faustus', Frankfurt a. M. 1949, S. 16): „Ist es leichtsinnig, ‚die Katze im Sack zu kaufen', so ist, sie darin zu verkaufen, noch weniger empfehlenswert". Dazu das schwäb. Sprw.: ‚Narren und alte Weiber kauft man in einem Sack'.

‚Die Katze aus dem Sack lassen'

Verwandt ist die Rda. *die Katze aus dem Sack lassen:* die Wahrheit, die bisher verheimlichte wahre Meinung aussprechen. Wer die Katze aus dem Sack läßt, kann niemandem mehr einreden, daß sie ein Hase ist. Die Erklärung der Rda. braucht sich aber nicht unbedingt auf den oben erwähnten Eulenspiegelschwank zu beziehen. Man steckt die Katze in einen Sack, um sie zu ersäufen. Läßt sie der Träger aus Unvorsichtigkeit vorher aus dem Sack, ist damit die Absicht, weshalb er sie eingeschlossen hatte, vereitelt, und er weiß auch nicht, was die losgekommene Katze noch alles anstellen kann. Vgl. frz. ‚laisser passer ...' oder ‚montrer le bout de l'oreille' (wörtl.: die Ohrenspitze zeigen).

Die Anwendung der Rda. reicht noch bis in die politische Karikatur der Ggwt. ‚Raus mit der Katze aus dem Sack' heißt es bair. und schwäb. statt bloßem: ‚Heraus damit!' ‚Heraus mit der Sprache!' Dafür els. ‚Erus mit de wilde Katze!' Holst. ‚Nu kümmt der Kater to'n Sack rut', nun zeigt es sich, wird es offenbar; und ‚Nu mutt de Katt to'n Sack rut!', nun muß die Wahrheit ans Licht kommen; rhein. ‚Loss mol de Katz aus em Sack', zeige, was du verbirgst; schwäb. ‚Der glotzt, wie we ma d' Katz vom Sack 'rausläßt', er macht erstaunte Augen. Daneben: ‚Schwätz mir kei Katz in Sack', versuche nicht, mir etw. einzureden, und ‚die Katz im Sack haben', das Schäfchen im trockenen haben.

Das ist für die Katz(e)!, auch *das ist der Katze:* das ist vergeblich, wertlos, zwecklos. Ndd. ‚dat ös för de Katt to Böxe', rhein. ‚dat war för de Katz jedon', ‚för de Katt sin' (vgl. ndl. ‚voor de poes zijn'; frz. ‚c'est de la bouillie pour chat(s)': es ist wertlos).

Alles für die Katz!: alles vergebens, umsonst. In einem Klagelied, das Burkard Waldis in seinen Streitgedichten gegen Herzog Heinrich von Braunschweig dem Herzog in den Mund legt, jammert dieser, daß er vergebens auf sein Schloß Wolfenbüttel gebaut habe, vergebens auf sein Roß:

> Dahinder ich zu fuß mus gahn,
> Die Schwerter hants zerhauwen,
> Die Katz frist jizt davon.

Derselbe Burkard Waldis verwendet die Rda. 1548 in seiner Fabelsammlung ‚Esopus' (IV, 62) zu der Erzählung ‚Vom Schmied und seiner Katze': Ein Schmied nahm sich vor, von seinen Kunden nichts für seine Arbeit zu verlangen, sondern die Bezahlung ihrem eigenen Willen anheimzustellen; sie begnügten sich aber mit einem bloßen Danke. Nun band der Schmied eine fette Katze in der Werkstatt an, und wenn ihn die Kunden mit bloßen Dankesworten verließen, sagte er: ‚Katz, das geb ich dir!' Die Katze verhungerte, und der Schmied beschloß, es zu machen wie die andern Handwerker, d.h. seine Bezahlung selbst festzusetzen. Die Geschichte ist z. T. auch in die mdl. Volkserzählung übergegangen und findet sich in rdal. Anspielung auch in den Mdaa. z. B.

schlesw.-holst. ‚A Tak, däh döj ä Smej sin Kat a‘ (= Von Dank, davon starb die Katze des Schmiedes). – Ähnliches findet sich u.a. bei dem Prediger Abraham a Sancta Clara (1644–1709): Einer, der vom Fürsten bloße Versprechungen erhält, gibt seiner eingesperrten Katze nichts zu fressen, so daß sie Hungers stirbt; als ihn der Fürst wieder seiner Gnade versichert, sagt er, seine Katze sei daran gestorben. In denselben Zusammenhang gehört ein schlesw.-holst. Sprw.: ‚Was einer spart mit dem Mund, das ist für Katze und Hund‘: gemeint ist eine nur unbedeutende Ersparnis, aus der sich der Begriff ‚vergeblich‘ leicht entwickeln konnte. ‚Für die Katz‘ ist auch der Titel einer Bauernkomödie des Oldenb. Heimatdichters August Hinrichs. Meckl. ‚Da, Katt, hest ok en Fisch!‘; diese Worte begleiten ein Gegengeschenk, aber auch einen Gegenhieb. Wenn etw. verschwunden ist, seien es Lebensmittel oder irgendwelche Gegenstände, so gebraucht man häufig die scherzhafte Entschuldigung: ‚Die Katz hat es gefressen‘; ‚die Katz hat es getan‘. Man bedient sich dieses Satzes aber auch, wenn man keine Auskunft über den Verbleib einer Sache geben will, entweder weil man keine Lust für weitschweifige Erklärungen hat, oder weil sie von jem. verlangt wird, den sie nichts angeht. Meistens dient er aber dazu, Kindern klarzumachen, daß sie etw. nicht haben können. Im Elsaß sagt ein naschhaftes Kind, das wegen des Verschwindens eines Leckerbissens zur Rede gestellt wird: ‚D' Katz hat's gfressn!‘, worauf es zu hören bekommt: ‚Ja, die wu zween Füeß hatt‘. So schon bei dem Volksprediger Geiler von Kaysersberg (15. Jh.) von einer naschhaften Magd und den verschwundenen ‚Gastbißlen‘: „So ist es von der Katzen mit zweyen Beinen gefressen und verschlukket". Die Rda. spielt deutlich an auf den damals sehr bekannten Schwank von der naschhaften Köchin (AaTh. 1741; Mot. 2137; ebenso KHM. 77; vgl. L. Röhrich: Erzählungen des späten MA. I, S. 192ff., 291ff.). ‚Die Katze hat vom Käse genascht!‘; ‚sie hat die Katze über den Käs kommen lassen‘; ‚sie hat die Katze drüber gelassen‘; ‚der is och de Katz an de Käs gewest‘. Mit diesen

Wndgn. deutet man an, daß ein Mädchen sich hat verführen lassen.

Tut jem. so, als wenn er seine Lieblingsspeise nicht mehr möge, sagt man ‚Die Katze mag die Fische nicht‘. Außer Fischen, Mäusen und Vögeln gehören Käse, Speck und Schmer zu den Lieblingsspeisen der Katze; wer ihr etw. davon zum Bewachen gibt, macht den ‚Bock zum Gärtner‘. Diesen Sinn haben auch die folgenden Beisp. der zahlreichen mdal. Belege: ‚Die Katze anstellen, um die Milch zu bewachen‘; ‚die Katze in die Milchkammer treiben‘; ‚die Katze nach dem Speck schikken‘; ‚das heißt der Katze den Hering anvertraut‘; ‚das heißt die Katze zum Speck gesetzt‘ (vgl. ndl. ‚Dat is de Kat bij het spek gezet‘); ‚der Katze die Maus zu hüten geben‘; ‚do hammer de Katz be et Fleesch gesatt‘; ‚das heißt der Katze den Käs anvertraut‘; frz. ‚laisser le chat au fromage‘; (veraltet) schwäb. ‚der setzt die Katze zum Schmer und den Wolf zum Schaf‘; schweiz. ‚d' Chatz über's Schmer setzen‘. ‚Das soll mir keine Katze fressen‘ sagt man, wenn man einen guten Bissen für sich selbst aufhebt. In Norddtl. heißt es von einem, der gut gegessen hat: ‚Dem wird auch die Katze den Magen nicht verschleppen‘ (‚de Katz ward de Mag nich wegtrecken‘; ‚dem geht de Katz m'em Magen net lofen‘). Bair. ‚der woaß, wo d' Katz in Toag langt‘ bez. einen bes. listigen Menschen, der die Schliche der anderen genau kennt.

Auf etw. Unmögliches weist die Wndg. ‚Die Katze im Fischladen bringt auch keine Heringe zur Welt‘, d.h. das ist zuviel verlangt.

Und wenn es Katzen hagelt: beim schlechtesten Wetter (engl.: ‚when it is raining cats and dogs‘.). ‚Aussehen wie's Kätzle am Bauch‘ (schwäb.): schneeweiß, blaß.

Katzen bürsten: etw. heiml. tun. ‚De Katz isch de Baum 'nauf‘ (alem.): es ist schon vorbei, daran läßt sich nichts ändern.

Der Katze den Schmer abkaufen: einen unvorteilhaften Handel abschließen, übervorteilt werden; speziell auch: etw. beim letzten Händler kaufen, also da, wo es am teuersten ist; kaufen oder etw. kaufen wollen, was gar nicht angeboten ist. Der Grundgedanke ist wohl der, daß der Schmer der Katze nicht feil ist. Den

Urspr. dieser schweiz. Rda. hat Gottfried Keller in der Erzählung ‚Spiegel, das Kätzchen‘ auf eine angebliche Seldwylaer Sage zurückgeführt. Goethe reimt unter ‚Sprichwörtlich‘ (um 1810):

> Freigebig ist der mit seinen Schritten,
> Der kommt, von der Katze Speck zu
> erbitten.

Dazu das Sprw.: ‚Der Katze ist nicht gut Schmer abkaufen‘, mit geizigen Leuten ist nicht gut handeln.

‚Wie die Katze um den heißen Brei schleichen‘

Um etw. herumgehen wie die Katze um den heißen Brei: Ausflüchte machen, ein Problem umgehen, das Wesentliche nur mit vielen Umschweifen berichten. Das anschauliche Bild leitet sich von der Vorsicht und dem Mißtrauen her, mit dem die Katzen den dampfenden Freßnapf umkreisen. So auch mdal. holst. ‚he slickt sik ümbi as de Katt üm de Mehlbrie‘; ‚üm de Semp‘; schweiz. ‚tapen (bedächtig vorgehen) wie die Katze um ein frisches Mus‘; frz. heißt es: ‚tourner autour du pot‘. Lat. gilt in gleichem Sinne: ‚Lupus circa puteum saltat‘ = der Wolf tanzt um den Brunnen. Im Dt. findet sich die Rda. bei Luther: „Drumb geht er umbher wie die katz um den heißen brey“.

‚Dat ös Katt un Hund vergäve!‘ Mit diesem Ausruf gibt man seiner Unzufriedenheit über schlechtes Essen Ausdr. Der Sinn ist klar: Dieser Schlangenfraß würde sogar Hund und Katze, die doch das Schlechteste gewohnt sind, vergiften.

Wie Katz(e) und Hund zusammen leben: verfeindet sein, sich nicht vertragen, sich nicht leiden können (vgl. engl. ‚to fight like cats and dogs‘; frz. ‚ils s'accordent comme chiens et chats‘). Nach weitverbreiteter Ansicht können Katze und Hund nicht friedlich zusammenleben.

Die Wirklichkeit widerspricht dieser rdal. Meinung oft, denn früh aneinander gewöhnte Hunde und Katzen kommen meistens sehr gut miteinander aus.

Die Rda. *wie Katz' und Hund miteinander stehen* wird durch zahlreiche und ganz verschiedenartige Erzählungen begründet (AaTh. 200). Darin allerdings gleichen sich fast alle diese ätiologischen Erzählungen, daß sie von einem ehemaligen guten Einvernehmen zwischen Katze und Hund sprechen (Kontrakt, gemeinsame Wirtschaft, gemeinsame Jagd, Verwandtschaftsverhältnis usw.), das durch ein einmaliges Ereignis sich ins Gegenteil verkehrte.

Wie ‚Hund und Katze‘ rdal. Gegensätze sind, so auch ‚Katze und Maus‘. Am häufigsten ist die Rda. *,spielen wie die Katze mit der Maus.* Das Spiel der Katze mit der Maus gründet sich durchaus auf reale Naturbeobachtung: Katzen spielen tatsächlich mit der gefangenen Maus, bevor sie sie fressen. Die bildl. Anwendung der Rda. hat sich vermutlich in Frankr. zuerst ausgebildet; vgl. frz. ‚jouer au chat et à la souris‘: einander nachlaufen. Auf frz. Boden ist die Rda. auch schon früh in lat. Sprache bezeugt: ‚Sic alacer cattus, dum prenso mure iocatur, raptum deponuit repositumque rapit‘. Dt. zuerst: „Als die katze mit der mus spilten die Oselère“ (‚Livländische Reimchronik‘ 1230); „Dy spelen mittenander alzo dy katze mit der mauß“ (Prov. Fridanci 112); „Und mit inen als ein katz mit einer mauß spylen“ (Geiler von Kaysersberg); „Vnd die magd mit den schüsseln spilt als ein katz mit der mauß“ (Seb. Franck, Sprww. 209). Bis zur Ggwt. ist die Rda. *Katz u. Maus mit jem. spielen* in zahlreichen, vorwiegend ndd. Varianten lebendig, z.B. ‚hei springt'r midde umme as de Katt mit'r Mus‘; ‚de spellt grad med dem we de Katz met der Maus‘.

Es geht ihm wie der Katz mit der Maus sagt man von jem., der mit langweiligen Menschen nichts zu tun haben will. Goethe erweiterte die Rda. zu folgendem Zweizeiler:

> Es geht ihm wie der Katz mit der Maus,
> Für einen Leichnam ist er nicht zu
> Haus.

Es ist jedoch zweifelhaft, ob der Zusatz

‚Katz und Maus spielen‘

wirklich den urspr. Zusammenhang zum Ausdr. bringt. Wahrscheinlicher ist, daß sich die Rda. auf die Beobachtung gründet, daß eine unbewegte Maus der Räuberin viel weniger ins Auge springt als eine laufende.

Da greifen zehn Katzen nicht eine Maus; ‚dau findet sieb̄e Katze kä Maus‘; ‚Sieben Katzen können da keine Maus fangen‘ bezieht sich auf ein heilloses Durcheinander, in dem es schwer ist, Ordnung zu schaffen. ‚Neun Katzen können nicht eine Maus drin fangen‘, sagt man von einem gänzlich durchlöcherten Kleidungsstück, wo die Mäuse zu viele Wege zum Herausschlüpfen fänden, wenn die Katze dort Jagd auf sie machen müßte. Die Rda. ist hauptsächlich im Norden verbreitet (vgl. auch Wilh. Buschs ‚Katze und Maus‘).

Setz die Katzen an und jag die Mäus voraus!: mach schnell! Die Rda. geht auf einen Spruch aus dem Beginn der Neuzeit zurück:

Wer mit Katzen ackern will,
Der spann die Mäus voraus,
So geht es alles wie der Wind,
So jagt die Katz die Maus.

Auch das Sprw. ‚Wer mit Katzen ackern will, der eggt mit Mäusen zu‘ hängt damit zusammen.

Er will andern Katzen fangen und kann sich selbst keine Maus fangen heißt es von einem, der anderen in wichtigen Angelegenheiten Ratschläge erteilen will, obwohl er selbst schon bei kleineren Aufgaben versagt.

Mit den Worten ‚Wenn die Katz satt es, schmecke de Müs bitter‘ weist man einen zurecht, der über das Essen nörgelt. Die-

selbe Bdtg. hat auch das Sprw.: ‚Wenn die Maus satt ist, schmeckt das Mehl bitter‘. Aus der Tierfabel (AaTh. 110) stammt die Rda. *der Katze die Schelle nicht umhängen wollen.* Die Mäuse beschließen, der Katze, um von ihr nicht beschlichen zu werden, eine Schelle umzuhängen. Als es aber an die Ausführung des trefflichen Beschlusses geht, findet sich keine Maus, die das heikle Geschäft übernehmen will. Die Fabel kommt im Dt. schon 1350 in Ulrich Boners ‚Edelstein‘ vor. Dort heißt es (V. 19 ff.) von den Mäusen:

si rieten alle ûf einen sin,
wi sie wol möchtin komen hin,
und vor der katzen zorn genesen.
sie muosten alle in sorgen wesen;
grôz was der katzen gewalt.
der miusen rât was manigvalt.
ze jungest kâmens über ein
mit gemeinem râte, daz ir ein
sölt der katzen henken an
ein schallen, die si sölte hân
und tragen, einzeklîch dur daz,
daz si sich möchtin deste baz
gehüeten vor der katzen list.
dô antwurt in der selben vrist
ein altiu mûs, und sprach alsô
„des râtes sîn wir alle vrô!
der rât mag uns wol troestlich wesen;
wil got, wir mugen al genesen.

‚Die Katze läßt das Mausen nicht‘

1–3 ‚Der Katze die Schelle umhängen‘

râtent, und koment über ein,
wel under uns diu sî allein,
diu daz getürre wol bestân,
daz si der katzen henken an
welle die schallen (daz dunkt mich
guot);

sô wirt gevrîget unser muot,
und mugen âne sorge leben“.
enkein mûs wolt sich selber geben
an den tôt, ân ende stât
und âne nutz der miusen rât …

Boners Quelle war Odos 26. Fabel ‚de muribus et cato‘; aus dieser ist vermutl. auch ein lat. Gedicht einer Pariser Hs. des 14. Jh. abgeleitet. Im 16. Jh. kehrt die Fabel bei Arlotto, Joh. Pauli und Hans Sachs wieder und reicht von hier bis in die Volksüberlieferung des 19. und 20. Jh. La Fontaine hat ihr im Frz. die klassische Form gegeben. Entspr. häufig finden sich rdal. und sprw. Anspielungen auf die Fabel. In Hans Rosenplüts ‚Klugem Narren‘ heißt es:

Der der katzen die schellen anpunde
Vnd frohlich die warheit getorst
            gesprechen.

Seb. Franck verzeichnet in seiner Sprww.-Sammlung: „Wer will der katzen die schellen anhencken?“ Anders Lehmann S. 32 (‚Anschläg‘ 13): „Wenn die Katzen mausen, hengen sie keine Schellen an“. Der junge Goethe übernahm die Rda. in die erste Fassung seines ‚Götz‘: „So ist doch jetzt, da es zur Sache kommt, niemand als der getreue Gottfried von Berlichingen, der der Katze die Schelle anhängen mag“. Bismarck sagte in einer Rede (Reden VIII, 387): „Gerade in der Stellung, in der ich bin, halte ich es für meine Pflicht, der Katze die Schellen anzuhängen, die Sache offen zu besprechen“. Vgl. mittellat. ‚feli tintinnabulum annectere‘; engl. ‚who shall hang the bell about the cat's neck?‘, ndl. ‚de kat de bel aanbinden‘; frz. ‚attacher le grelot (au chat)‘; ähnl. ital. und span. Eine weitere dt. Variante ist: *Die Katze hängt sich auch keine Schelle um, wenn sie auf Mäusejagd geht:* ich muß doch nicht alles verkünden, was ich vorhabe. Rda. bzw. Fabel sind – als Sinnbild für den Kampf der Tugend gegen das Laster – oft bildl. dargestellt worden, insbes. in der ndl.-fläm. Tradition. Die Miserikordien-Skulptur von Kempen am Niederrhein zeigt genau die Fabel: vier Mäuse gruppiert um eine Katze; ein Schellenhalsband liegt am Boden, und man ersieht aus dem diffusen Verhalten der Mäuse, daß es offenbar unmöglich ist, der Katze die Schelle umzuhängen. Dem Sinn der Fabel entspricht zunächst auch die Bdtg. der Rda. ‚Der Katze die Schelle nicht umhängen wollen'. Sie meint zunächst eben: ein gefährliches Unterfangen nicht übernehmen wollen, entspr. noch im modernen engl. Sprachgebrauch: ‚it is well said, but who will bell the cat?' In späteren Darstellungen wird der Katze tatsächlich die Schelle umgehängt, aber es ist nicht eine Maus, die dies besorgt, sondern entspr. der bildl. Übertr. ein Mensch. In dieser Weise vermenschlicht findet sich die Rda. ebenso auf P. Bruegels Rdaa.-Bild wie in den späteren ndl. Bilderbogen. Die Übertr. aus der Welt der Tierfabel in die Welt menschlichen Tuns hat notwendigerweise auch eine Sinn- und Funktionsveränderung mit sich gebracht. ‚Der Katze die Schelle umhängen' wird jetzt zu einem rdal. Bild der üblen Nachrede. Positiv gewendet, bedeutet ‚der Katze die Schelle umhängen' nun: ein Gerücht über jem. ausstreuen, böse Nachrede über jem. führen, jem. bemäkeln, eine Heimlichkeit offenbaren. Dadurch, daß diese Rda. nun nicht mehr zwischen Maus und Katze, sondern zwischen Mensch und Katze spielt, hat sie ihre urspr. Realwelt der Fabel verlassen und ist außerdem auch zum Bild unsinnigen Tuns geworden; d. h. es kommt noch eine dritte Bdtg. hinzu. Folgerichtig ist es nur noch der Narr, der so etw. tut, was in Seb. Brants ‚Narrenschiff' auch seine bildl. Demonstration gefunden hat. Der dazu gehörige ‚Narrenschiff'-Text lautet:

Manch narr der richt vß yederman
Vnd henckt der katzen die schellen an
Vnd wil sich doch keyn wort nit han.

So können uns die Bilder helfen, den Bedeutungswandel von Rdaa. zu erläutern; zugleich entwickelt sich die Darstellungsabsicht von der abgebildeten Fabel zur abgebildeten Rda..

Mdt. *(die) Katze (aus-)halten:* stillhalten, auch: sich Übles gefallen lassen müssen; ähnl.: *der muß die Katz halten, die Katze heben; die Katze in die Sonne halten müssen.* Der älteste Beleg für die Rda. stammt aus dem Jahre 1525. Aber noch in Lessings ‚Minna von Barnhelm' (III, 10) sagt Franziska: „Ja, ja; im Wagen muß der Herr Major Katz aushalten; da kann er uns nicht entwischen". ‚Die Katze aushal-

ten' bedeutet auch: er muß zu Hause bleiben, oder: er muß für den anderen die Strafe auf sich nehmen. In der Leipziger Gegend sagt man: ‚Du mußt die Katz' aushalten', du mußt dich in dein Schicksal fügen. Möglicherweise geht die Rda. auf einen älteren Rechtsbrauch zurück (vgl. ‚Hundetragen'). Das gleiche gilt auch für die Rda. *die Katze durch den Bach ziehen;* ‚der muß die Katz durch'n Bach schleiffn'; ‚es geht mit der Katz durch den Bach'; ‚er muß die Katze übers Wasser tragen'. Die Rda. ist schon für die Reformationszeit belegt. In Joh. Fischarts ‚Flöhhatz' heißt es: „... und wer da ist am meisten schwach, der zieh die Katz dann durch den Bach". Aus der gleichen Zeit stammt folgende Stelle: ‚Wenn in Verbundnussen der fürnembsten einer noth leidet, müssen die geringeren hernach, jedermann fallt auff sie und müssen die Katz durch den Bach ziehen'. Die Rda. ist im Südwesten Dtls., bes. längs des Rheins, verbreitet. Sie bedeutet im allg.: für jem. anderen die Suppe auslöffeln, entweder indem man für einen Schaden, den man nicht selbst verursacht hat, bezahlen muß, oder indem man eine gemeinsame Rechnung allein zu begleichen hat. In denselben Zusammenhang gehört auch schwäb. ‚mit der Katz durch de Bach!', mach schnell, sowie ‚d' Katz isch scho de Bach na(b)', die Sache ist schon schief gelaufen. Die seit dem 16. Jh. bezeugte Wndg. *mit einem die Strebekatze* (mdal. auch: *die Strangkatze, die Strabelkatze) ziehen:* in Zank mit ihm leben, hat ihren Urspr. entweder ebenfalls in einer alten Ehrenstrafe, wo zwei sich vor der Menge um eine Katze reißen mußten, oder im Spiel des ‚Katzenstriegels', einem ma. Kraftstück, ähnl. dem Tauziehen: zwei Spieler, um deren Hälse eine Seilschlinge gelegt ist, hocken sich gegenüber und haben die Hände auf dem Boden aufgestützt. Beide versuchen, durch Zurückbiegen des Kopfes, den Gegner zu sich herüberzuziehen. Ähnl. heißt engl. ‚to tear the cat' = wüten, toben, z. B. in Shakespeares ‚Sommernachtstraum' (I, 2). Bei Christian Weise: „Ich habe noch mit niemand gezankt, nur mit meinem Mann ziehe ich manchmal die Strebekatze; aber solch ein Ding gehört zum Haushalten". Auch *miteinander* *im Katzenbalg liegen, sich katzbalgen:*sich streiten, gehört hierher. So steht bereits bei Aventin: „und hat Julianus vier jar an einander sich mit den Teutschen gekatzbalgt".

Von falschen Menschen (,falschen Katzen') sagt man auch, daß sie *wie die Katzen vorn lecken und hinten kratzen * lekken, so auch z.T. in den Mdaa., z. B. schles. ,daar ies wie de Kotza, die vorna lecka un hinda krotza'. Schon Luther kennt das Sprw. „Das sind böse Katzen, die vorne lecken und hinten kratzen". Hans Sachs bringt das Sprw. mit dem Judaskuß zusammen; es gibt dazu eine sehr eindrucksvolle Ill. von Hans Weiditz. Thür. bedeutet ,mir war, als hätt' mich das Kätzchen geleckt', ich war ganz vergnügt, ich wiegte mich in behaglicher Sicherheit; dagegen schlesw.-holst. ,dat lickt di de Katt nich af', das bleibt auf dir sitzen, bes. von Prügeln, die einer bezogen hat. Aus dem Erzgebirge ist bezeugt: ,Do muß mer de Katz Miezel häßen', gute Miene zum bösen Spiel machen.

Die Katze ist im Aberglauben Begleiter von Teufel und Hexe. Sie kann fast lautlos schleichen und sieht auch nachts mit phosphoreszierenden, grünen Augen. Das machte sie den Menschen unheimlich. Da sie mit dem Teufel im Bunde ist, bedeutet ihr Erscheinen etw. Schlechtes; sie ist der Bote drohenden Unheils. Bes. die schwarze Katze war gefürchtet. Will eine Sache gar nicht gedeihen, so sagt man deshalb: *Da ist die schwarze Katze zwischen gekommen.* In allen Mdaa. finden wir entspr. Wndgn. Ndl. heißt es: ,Daar is eene zwarte kat tusschen gekomen'.

Mit der Rda. *sieht doch die Katz den Kaiser an* pflegt sich jem. zu entschuldigen, der wegen seiner Dreistigkeit getadelt wird. 1513 bucht Tunnicius unter Nr. 86 „It süt wol einen katte up einen konnink (Adspicit et felis magna corpora regum)". Zur Entstehung der Rda. wird eine geschichtl. Sage oder Anekdote überliefert. Die Erzählung sucht den Urspr. der Rda. in einem Besuch Kaiser Maximilians in der Werkstatt des Holzschneiders Hieronymus Resch, wo eine sehr zahme, anhängliche Katze fast stets auf dem Arbeitstisch des Meisters zu finden war. Diese Katze soll nun trotz des Kaisers An

wesenheit ihren Platz behauptet und den Kaiser beständig mißtrauisch angesehen haben. Daher, so sagt man, stamme die Rda.. Aus den Kreisen der Hofleute wäre sie dann allmählich in den Volksmund übergegangen. Doch handelt es sich sicher hierbei um eine nachträglich erfundene ätiologische Anekdote. Das Datum des Kaiserbesuches ist für 1517 genau fixierbar; doch spricht gegen die traditionelle Erklärung der Rda. aus dem hist. Anlaß die Tatsache, daß die Rda. schon 1514 in Niederdtl. gedruckt erscheint. Auch in Engl. findet sich schon um die Mitte des 16. Jh. die Wndg. ,A cat may look on a king'. Noch ein anderes Moment spricht gegen die Anekdote als Ursache der Rda.: Neben der ,Kaiser'-Redaktion erscheint in den Belegen schon früh die ,Bischofs'-Version (vgl. auch frz. ,un chien regarde bien un évêque'), z. B. schon in einem Fastnachtspiel von Hans Rufold Manuel von 1548:

Ä, wilt dich dann nit bschowen lan,
Sicht doch ein katz ein Bischoff an!
In der gleichen Form kennt man die sogar durch einen Reim gestützte Rda. noch im heutigen Wien; vor allem auf die Frage: ,Was schaust mi denn an?': ,Schaut die Katz den Bischof an, und dös is a geweichter Mann!'

James Joyce wandelte die Rda. ab u. bezog sie auf das Oberhaupt einer Stadt: „... die Katze schaute hinauf zum Bürgermeister, denn im Städtchen Beaugency war es wohl erlaubt, daß eine Katze einen Bürgermeister ansah" (,Die Katze u. der Teufel').

Die Rda. ist in mancherlei obd. und ndd. Versionen noch heute geläufig, z.B. schwäb. ,Ma wurd de därfe au no angucke, därf jo d'Katz de Kaiser au angucke', oder holst. ,De Katt sätt doch wohl den Kaiser an, un seggt nich erst: ,Gnädiger Herr' '. Die Abwehr des starren Anschauens hängt wohl mit der Furcht vor dem bösen Blick zusammen; zumal die Katze als Hexentier galt. Man nahm sich also auch vor dem Angeschautwerden durch die Katze in acht. Daraus erklärt sich der Grundgedanke der Rda., wenn der Ermahnte meint: Mein Anschauen ist harmlos, sieht doch die hexenartige Katze vermessenerweise sogar so bedeutende Personen wie Kaiser oder Bischof an, und doch schadet es ihnen nichts. Nicht auf einen bestimmten Kaiser oder Bischof bezieht sich also die Rda., wie die geschichtl. Sage glauben lassen möchte, sondern auf den geweihten Herrscher als solchen.

Wenn einer *seine Katze schickt*, so kümmert er sich nicht selbst um eine Angelegenheit, sondern läßt sie von einem unbedeutenden Untergebenen erledigen.

Bevor die Katze Junge wirft, verliert sie Haare; die mdal. reich belegte Rda. *Jetzt geht der Katz das Haar aus* bedeutet: jetzt geht es hart her, jetzt wird es ernst. „Erst da gieng der katzen 's har uss; forcht, schrecken, zittern mängen grus empfiengend wir on underloss", schreibt R. Schmid 1579.

Das kostet der Katze den Schwanz; das kostet der Katze das Fell: nun ist's aber genug!

Die Katze am Schwanz haben: eine Sache fest im Griff haben (↗ Katzenschwanz).

Da beißt sich die Katz in' Schwanz: das ist ein circulus vitiosus, eine sich im Kreis drehende Kausalität.

Er kann die Katze am Arsch lecken: Ausdr. derber Abweisung; gemildert durch die Einfügung der Katze. Vgl. die dazu gehörigen Verse:

Wer nie die Katze am Arsch geleckt,
Weiß nicht, wie Katzenscheiße (auch: Affenscheiße) schmeckt.

Immer noch besser als der Katze am Arsch geleckt: besser als nichts; ↗ Arsch, ↗ lekken.

Bei überraschenden Ereignissen kann man den Ausruf hören: *Da möchte doch die Katze Kaviar scheißen!*

Da ist der Katze gleich gestreut; so auch in den Mdaa., z. B. schwäb. ‚Jetz isch dr Katz gstreut', der Übelstand ist beseitigt, die Sache ist zur Zufriedenheit erledigt. Die Rda. bezieht sich urspr. wohl auf die geschwinde Beseitigung von Katzendreck durch Bestreuen mit Sand.

Nur ein Katzensprung: es ist nicht weit. Um die Geringfügigkeit einer Angelegenheit darzutun, sagt man: *darum bekommt die Katze keinen Klaps.* Dieselbe Bdtg. hat auch die Wndg. *davon wird keine Katze den Schwanz verlieren.*

Das macht der Katze keinen Buckel: das

ändert nichts an der Sache, das tut der Liebe keinen Abbruch. Das macht der Jungfer kein Kind. Mdal. ‚das macht der Chatz kei Buggel': ‚dat micht der Katz kän Bockel, wann se käner hot'.

Kein Katzendreck: keine Kleinigkeit. Wenn man einen Besuch machen will und trifft niemand an, so sagt man wohl *es war keine Katze da* und drückt damit aus, daß nicht einmal das geringste, aber notwendig zum Haus gehörende Lebewesen daheim war.

Um etw. Unwahrscheinliches auszudrükken, sagt man: das geschieht, *wenn die Katze ein Ei legt. Wenn die Katze kräht:* es ist sehr spät. Belegt ist diese Wndg. schon 1650: „Ein solches Schreien und Lüejen (der Zechbrüder) währet oft bis gar spät in die Nacht, bis die Katzen, wie das Sprw. lautet, kräjen!"

Ehe die Katze ein Ei legt: schnell; und *ehe die Katze vom Backofen kommt* (auf dem sie die Nacht über geschlafen hat): sehr früh. *Wo die Katzen Eier legen* ist eine Umschreibung für nirgends.

Das mach einer Katz weis! (ndd. ‚Dat mak der Katte im Drome nit wis!') ruft man aus, wenn einer etw. völlig Unglaubwürdiges erzählt.

Mehrfach kommt Katze vor in scherzhaften Antworten auf die vorlaute Frage: ‚Was?'; z. B. schwäb. ‚Katz' isch dei Bas, Hund isch dei Vetter, morgen wird gut Wetter'; oder ndd. ‚Wat?' ‚Swart Katt, bunt Hund, slap gesund!'

Nur regional notierte Wndgn. sind: schles. ‚das wird keine lahme Katze anlokken'. Rheinhess. sagt man von einem, der Heimweh hat: ‚er will seines Vaters Katz noch einmal sehen'; vor allem in Österr. ist verbreitet: ‚die Katze putzt sich, wir kriegen Gäste'. ‚Merke, wo Chatz im Strau hockt' sagt man schweiz. für: ‚wo der Hase im Pfeffer liegt'. ‚De Katt öss em möt dem End weggerennt' heißt es ndd., wenn ein Redner mitten in seinem Vortrag stekkenbleibt. ‚Dat is de erste Katt, die mi van Dage die Poten gift', sagt man in Norddtl., wenn man von unerwarteter Seite gegrüßt wird, und drückt damit aus, daß man von der freundlichen Gesinnung des Grüßenden etwa so viel hält wie vom Schnurren der falschen Katze.

Gebräuchl. rdal. Vergleiche sind: ‚Er fällt

immer wieder auf die Füße wie eine Katze'. Mdal. finden sich reiche Belege dieser Rda., so schweiz. ,er fallt allwil uf d'Füess wie d'Chatze'; rhein. ,er fällt wie de Katz op de Föss'. Dagegen: ,Wann et Onglöck sin sall, fällt de Katz van Stuhl un brecht de Start'.

Es geht wie das Katzenficken (Katzenmachen): es geht sehr schnell (19. Jh.).

Von einem übertrieben unterwürfigen Menschen sagt man *er krummbuckelt wie eine Katze; er katzbuckelt.* Der gekrümmte Rücken nach Katzenart gilt als Zeichen von Dienstfertigkeit und Schmeichelei. Lessing verwendete das sprachl. Bild vom ,Katzenbuckel' zuerst 1767 lit. in seiner ,Minna von Barnhelm' (3, 1). Rheinhess. ,ein Buckel wie e Katz, wenns dunnert': rheinhess. ,nass wie e Katz'!

,Katzbuckeln'

Rhein. ,de mach en Gesich wie en Katz, wann et donnert', ,wann et bletz', ,wann et wederlöch', ,wann se Donnerwedder sieht', ,die möm Arsch Nöss krach', ,die en hete Wotzel in de Mond hot', ,die Destele kaut', ,die Bretzele friß'; ,en Katz no Fastelovend', ,wie en Katz om Schleifstein', ,wie en Katz, die se op de Sterz getrodde hant', ,wie en Katz em Kellerloch', ,wie en Katz, wo Heu roppt', ,wie en Katz, die en de Brei hät geseck', ,wie en besächt Katz', ,de mach en Gesich, als wenn alle Katze Köh möte werde'.

Schlesw.-Holst. ,en Stemm, as wenn mer de Katz op de Start tritt': ,en Stemm wie en Katz, der de Schwanz geklemp wird'. Holst. ,he geit as de Katt in Dau', ,wie der Storch im Salat'; schles. ,a hood a zäh Laba wie de Kotza'; ,a war verschwunda wie a schwatze Kotz'; ,heimkommen wie eine gebrühte Katze'; ,er schleicht davon wie die Katze vom Taubenschlag'. Schon Joh. Fischart (1546–90) gebraucht die iron.-satirische Wndg.: „Daselben ziehen wir mit Ehren ab wie die Katze aus dem Taubhauß".

Ndd. und rhein. gibt es den rdal. Vergleich: ,er ist so klug as Salomon sin Katt'; ,su klok äs Salomons Katz, de geng drei Dag fürm Regn heim un word doch nat (weil sie in einen Bach fiel)'; ,su klok äs Salomons Katz, de vor Wisegheit de Trapp affel'. Die Zusätze lassen auf eine Herkunft aus einer zusammenhängenden Erzählung schließen. Wir finden sie z. B. in der Sprww.-Sammlung Joh. Agricolas unter der Überschrift ,Art lest von art nicht, die Katze leßt yhres mausens nicht' (Nr. 131): „Man sagt, daß Marcolfus mit dem weisen Salomon disputiert habe, vnd gefragt, ob art vnd eingepflantzte naturliche neygung mehr sey denn gewonheyt, die durch fleiß der menschen vber die natur eingefueret wirt, vnd da Salomon schloß: Wes einer auffs newe gewonet, das hange yhm gleich so hart an, als daß er von natur empfangen hatt. Nun ließ konig Salomon Marcolfus diß nicht gut sein, sonder wolte, wie es auch war ist, art gieng fur gewonheyt. Vnnd dieweil Salomon eyne Katzen hette, die ym nach gewonheyt das liecht hielte bey nacht, brachte Marcolfus etliche meuse zuwegen, vnd kam des abends zu Salomon, vnnd ließ erstlich eyn mauß lauffen, vnnd als bald die katz der mause gewar ward, tapt sie eyn wenig mit der pfoten, vnd ließ doch das liecht nicht fallen. Do aber die ander vnnd dritte maus furüber lieffen, ließ sie das liecht fallen vnd lieff den meusen nach. Darauß hernach Marcolfus beweisete, Art gieng fur alle gewonheyt".

Die sog. ,Klugheit' der Salomonischen Katze ist also nur angelernt, ist nur Dressur.

Jem. als Katzenpfote gebrauchen: jem. ,die ↗ Kastanien aus dem Feuer holen lassen'.

Auf Katzenpfoten daherkommen: d. h. sehr

behutsam, vorsichtig, leise, auch: sanft wie eine Schmeichelkatze. Der Seemann nennt die bei Windstärke 5–6 auftretenden stärkeren Wellen, die weiß schäumend überschwappen: ‚Katzenpfoten‘ ... „Der ‚blanke Hans‘ zeigt ‚Katzenpfoten‘.“ Die Katze gilt von alters her als Symboltier der Frau, wie auch aus den Kosenamen ‚Muschi‘, frz. ‚minette‘, engl. ‚pussy‘ hervorgeht. Als sexuelle Metapher begegnet sie u. a. auch im Volkslied (vgl. Grimm, Volkslieder, S. 543), ferner im Schwank, wie auch im neuzeitl. Fastnachtgedicht – ähnl. wie der Kater für den Mann. Als verhüllende Bez. für die Vulva spielt sie außerdem in der alem. Fasenacht eine Rolle, so u. a. in dem Reim:

Horig, horig, horig ischt die Katz,
und wenn die Katz it horig ischt,
dann fängt sie keine Mäuse nicht,
horig, horig, horig ischt die Katz.

Katzenmusik: mißtönende Musik; wird hergeleitet vom nächtlichen Geheul der verliebten Katzen. Man versteht darunter vor allem Aufzüge von Burschen mit Lärminstrumenten, ↗ Charivari.

‚Katzenmusik‘

Am Katzentisch essen müssen: an einem kleineren Tisch, getrennt von den anderen – meist als Strafe gedacht. Der Katzentisch war ein abseits stehender Tisch für die Kinder oder verspätete Gäste; eigentl. der Fußboden in der Stube; in der heutigen Bdtg. nach 1750. Vom Katzentisch übertr. auf die Schulverhältnisse ist die *Katzenbank:* die Sitzbank für die Klassenschlechtesten; spätestens seit 1900. *Katzenjammer* ↗ Kater, ↗ Klosterkatze.

‚Die Katze hat neun Leben‘: altes Sprw., das auf die Langlebigkeit u. Zähigkeit der Katze anspielt.

Im Ndd. nennt man den ‚Strumpf‘, in dem Geld aufbewahrt wurde, das spätere ‚Portemonnaie‘: ‚Geldkatze‘.

Lit.: A. de Cock: ‚Volksuitdrukkingen betreffende de ketelmuziek‘, in: Volkskunde 12 (1899–1900), S. 1–21; 16 (1904), S. 128–136; *R. Sprenger:* ‚Die Katze im Sack kaufen‘, in: Zs. des allg. dt. Sprachvereins 18 (1903), S. 336–337; *A. Wesselski:* Die Schwänke und Schnurren des Pfarrers Arlotto, Bd. 2 (Berlin 1910), S. 64 f., 226–228; *O. Dähnhardt:* Natursagen IV, 2 (Leipzig – Berlin 1912), S. 145 ff., 299 f.; *Joh. Bolte* in seiner Ausg. von Johannes Pauli: Schimpf und Ernst, 2 Bde. (Berlin 1924), Bd. 2, S. 393 f. (Nachweise für: ‚Der Katze die Schelle umhängen‘); *L. Berthold:* ‚Wenn die Katze kräht‘, in: Nassauische Bl. 5 (1925), S. 132–133, 199–200; *K. Rother:* Hund, Katze und Maus im schles. Sprw., in: Mitteilungen d. Schles. Gesellschaft f. Vkde. 16 (1925), S. 247–251; *A. Wesselski:* Hundshaare u. Katzenjammer, in: A. W.: Erlesenes (Prag 1928), S. 13–17; *A. Perkmann:* Art. ‚Katzenmusik‘, in: HdA, IV, Sp. 1125–1132; *D. Lämke:* Ma. Tierfabeln und ihre Beziehungen zur bildenden Kunst in Dtl. (Diss. Greifswald 1937); *L. Schmidt:* Die Katze und der Bischof, in: Das dt. Volkslied, 42 (1940), S. 73 f.; *L. Röhrich:* Sprw. Rdaa. in bildl. Zeugnissen, S. 269 f.; *ders.:* Sprw. Rdaa. als Volkserzählungen, S. 74 f.; *U. M. Meisser:* Tiersprww. und Verhaltensforschung, in: Studium Generale 22 (1969), S. 861–889; *U. Förster:* Die Strebkatze ziehen, in: Sprachdienst 18 (1974), S. 166; *G. Grober-Glück:* Motive u. Motivationen in Rdaa. u. Meinungen (Marburg 1974), § 117 ff.; *G. Waeger:* Die Katze hat neun Leben. Katzennärrische Ausdrücke, Redewendungen u. Sprichwörter (Bern 1976); *V. B. Dröscher:* Mit den Wölfen heulen (Düsseldorf 1978), S. 25–28; *M. Berghaus:* Von der Tischgemeinschaft zur Konsumgesellschaft, in: Matreier Gespräche. Otto Koenig 70 Jahre (Wien, Heidelberg 1984), S. 243–259; *L. Röhrich:* Zur Deutung u. Be-Deutung von Folklore-Texten, in: Fabula 26 (1985), S. 3–28, hier S. 11; *Chr. Ammer:* It's raining cats and dogs and other beastially expressions; *Chr. Ammer:* Drawings by Cathy Boback (New York 1989); *R. Bergler:* Mensch u. Katze (Köln 1989).

Katzenschwanz. *Den Katzenschwanz streichen:* schmeicheln. Das Sprw. ‚Wenn man den Kater streichelt, so reckt er den Schwanz aus‘ (ndd. ‚je mer man de Katte striket, je höcher hilt se den Swans‘) ist in der ‚Zimmerischen Chronik‘ (III, 66 f.) als obszöner Schwank eingeflochten.

Das trägt die Katze auf dem Schwanz weg

(fort): das ist nur eine Kleinigkeit. Auf dem Katzenschwanz ist kein Platz für große Mengen.

Oberösterr. ,streiten um da Katz san Schwaf', sich um eine Kleinigkeit streiten. „He hyndert my nicht eynen kattensterd" (,Reinke de Vos', Lübecker Ausgabe v. 1498, Str. 2978). Goethe (,Reineke Fuchs', 6, 267 f.): „… das kann mich keinen Katzenschwanz hindern!"

Hau der Katz den Schwanz ab!: mach's kurz. Ndd. ,hei fot de katt bei den Stärt', er weiß eine Sache recht anzufangen.

Es geht der Katze um den Schweif (,jetzt gehen dem Katzenschwanz d' Haar'; ,jez got der Chatz de Stil us'): es steht auf Spitz und Knopf.

Schlesw.-holst. ,he löppt as'n Katt, de keen Stert hett', so schnell wie möglich (die schwanzlose Katze schämt sich ihrer Häßlichkeit); schlesw. ,hinkommen, wo de Katt den Stert opstickt', Hans Dampf in allen Gassen sein. Rdal. hört man als Antwort auf die Frage: ,Wo wohnst du?' schles.-holst. ,Wo de Katt mit'n Stert Kantüffeln schellt' (,mit 'm Stert slappt').

An einen Halbwüchsigen, der gerne rauchen möchte, richtet sich der Rat: ,Rauch der Katz ihrn Schwanz!'

Lit.: *G. Lauffs-Ruf:*'s Kätzle hat e Schwänzle, in: Zs. f. Vkde. N. F. 7 (1935/37), S. 230–268; *E. Eyck:* Kattestaart (Spreekworden en gezegden met Kat), in: Tijdschrift van de Touring Club van Belgie 63 (1957), S. 97; *G. P.:* ,Konings katte', in: Biekorf 60 (1959), S. 41.

,Katzenwäsche machen'

Katzenwäsche. *Du machst wohl Katzenwäsche?* fragt man, wenn sich jem. zu wenig oder gar nicht gewaschen hat. Katzen scheuen das Wasser und können nicht wie Hunde gebadet werden; sie lecken sich nur das Fell ab; vgl. frz. ,Tu fais la toilette du chat'.

Lit.: *V. B. Dröscher:* Mich laust der Affe (1981), S. 57 ff.

Kauderwelsch. *Kauderwelsch reden:* Unverständliches von sich geben, bez. sowohl eine durch schlechte Aussprache, verkehrte und falsche Formen, Vermengung mit fremden Ausdrücken unverständlich gewordene Sprache als auch verworrene, unlogische Sätze. Bislang ist der Ausdr. zuerst bei Hieronymus Emser (1521, ,Quadruplica' Cb.) nachgewiesen, dann bei Mathesius (1566, ,Historien, Von des Ehrwirdigen … Manns Gottes, Doctoris Martini Luthers anfang, lehr, leben und sterben', 177 b): „Gott behüt unsere nachkommen vor der kauderwelschen, oder Churwallen kalen glosen vnd Theologey". Mathesius will das Wort aus Luthers eigenem Munde gehört haben. Hiernach bedeutet dass Kauderwelsch urspr. churwelsch; Fischart (1572 ,Aller Practick Großmutter' 11) versteht unter den „kuderwelschen" einen Handelsmann, er nennt sie im Zusammenhang mit Taglöhnern „hundsentwenern, landzetlern, kettlern, melkäuflern, kornscheuflern". Das Wort kann entstellt sein aus churwelsch entweder mit Anklang an kaudern = undeutlich reden, plappern, ein Wort, das auch Schiller einmal verwendet:

albern wie ein Stutzer plaudern,

wie ein Waschweib wirst du kaudern, oder aber es wird in Verbindung gebracht sein mit kaudern = Zwischenhandel treiben. Kauderwelsch ist dann also die Sprache der fremdländischen Hausierer und Händler. Denn im MA. zogen die Churwelschen, d.h. die Italiener, vielfach als Hausierer durch das Reich; ihre Sprache war den Deutschen oft unverständlich. Eine andere Erklärung deutet Kauderwelsch als die unverständliche Sprache, den fremden Dialekt oder auch die Geheimsprache der Kauderer, der Wanderhechler. Kauder (Kuder) ist der Abfall (das Abwerg) vom Hanf (vgl. tschech. koudel).

Kauf, kaufen. *Etw. (mit) in (den) Kauf nehmen:* Unangenehmes (wegen Vorteils oder aus Rücksicht) hinnehmen (oder ertragen), als ob das Schicksal ein Händler wäre, der beides nur zusammen abgeben will. Seltener ist die umgekehrte Wndg. *etw. mit in (den) Kauf* (oder: ,in Tausch') *geben*, abgekürzt: *dreingeben*. Der Ausdr. bez. eine Zugabe des Verkäufers über das Gekaufte hinaus; zu vergleichen ist frz. ,donner pardessus le marché' und engl. ,to give into the bargain'. Der übertr. Gebrauch beider Wndgn. ist im Dt. seit dem 18. Jh. belegt. *Leichten Kaufs davonkommen:* mit geringem Schaden, ohne hohe Strafe davonkommen.

Heute kaum mehr üblich ist die Wndg. *nicht jedermanns Kauf sein:* nicht jedermanns Sache; so schon bei dem bayr. Geschichtsschreiber Aventinus (Turmair, 16. Jh.): „Die wahrheit ist nicht jedermanns kauf".

Jem. kaufen: ihn durch Bestechung für sich gewinnen; seit dem 17. Jh. *sich jem. kaufen:* ihn ernstlich vornehmen, um ihm den Standpunkt klarzumachen; urspr.: ihn durch Bezahlung, Bestechung für die eigene Meinung gewinnen; so 1561 bei Maaler (241 b): „einen mit gaben an sich kaufen". Heute meist in der Formulierung *Den werd ich mir mal* (oder *schon noch*) *kaufen:* ich werde ihn zur Rechenschaft ziehen, ich werde ihm gehörig die Meinung sagen.

Jünger ist die Wndg. *sich einen (Affen, Spitz) kaufen:* sich betrinken, ↗trinken.

Dafür kann ich mir nichts kaufen: davon habe ich keinen Nutzen, das bringt mich nicht weiter; auch: *Was ich mir dafür kaufe!;* berl. ,Wat ick mir dafor koofe!', Was ich mir daraus mache! Erstmals genannt wurde diese Rda. in der Posse ,Berlin, wie es weint u. lacht' (1858) von David Kalisch.

Das kauft dir niemand ab (schweiz.: ,das chauft dr niemer ab'): die Behauptungen geben Anlaß zu Zweifeln, sie sind nicht haltbar, das glaubt kein Mensch.

Auf unvernünftiges Kaufen bezieht sich der ndd. Spruch: ,De kööft, wat nich nötig is, de verköfft bald, wat nödig is', d.h. er verliert durch sinnloses Kaufen seine ganze Habe. Ähnl.: ,Köpen ahn Not, nimmt de Botter vun't Brot!'

Kaufen, wenn niemand im Laden ist, euphemist. für: Ladendiebstahl begehen;

Hehlerausdr.; Berl. um 1890; bes. in der Form: ,Das hast du wohl gekauft, als keiner im Laden war', das hast du wohl gestohlen. Ähnl. die ältere Wndg.: ,das ist nicht auf der Leipziger Messe gekauft', es ist gestohlen.

Von unverhältnismäßig teurem oder unvorteilhaftem Einkauf handeln die folgenden Rdaa.: ,bei reichen Jungfern Seide kaufen', ,das Brot im Laden kaufen' (d.h. dort, wo es am teuersten ist), ,eine Krähe für eine Nachtigall kaufen', ,in der Apotheke kaufen'.

Lit.: *G. Steinhausen:* Der Kaufmann in der dt. Vergangenheit (Leipzig 1899); *W. Müller-Bergström:* Art. ,Kauf, Verkauf (Handel)', in: HdA. IV, Sp. 1134–1187; *W. Hansmann:* Kontor und Kaufmann in alter Zeit (1962); *E. Strübin:* Zur dt.-schweizer. Umgangssprache, in: Schweiz. Arch. f. Vkde. 72 (1976), S. 118; *K. O. Scherner:* Art. ,Kauf', in: HRG. II, Sp. 675–686.

Kauz. *Ein komischer Kauz sein:* als merkwürdiger Außenseiter, als harmloser Sonderling gelten, der mitleidig belächelt und geduldet wird. Erst seit dem 15. Jh. wurde in Dtl. die Bez. (stein) *kauz* für eine bestimmte Eulenart gebräuchl., die sich von mhd. *kûze* = Schreihals herleitet. Dieser Nachtvogel, der gern gegen das Licht der Krankenstuben fliegt, wurde im Volksglauben zum Unglücks- und Totenvogel, den man ängstlich meidet. Im 16. Jh. entwickelte sich der Name dieses lichtscheuen und bei Tage unsicheren Vogels zur Schelte für den menschenscheuen Sonderling und diente gleichzeitig zur treffenden Kennzeichnung seines ungewöhnlichen Verhaltens, seiner andersgearteten Beschäftigungen und Liebhabereien. Die Verbindung der Rda. mit dem Adj. ,komisch' ist heute wohl am gebräuchlichsten, es kann dafür aber auch drollig, kurios, merkwürdig, närrisch, schnurrig, sonderbar, wunderlich u. a. eintreten (vgl. KHM 81).

Die Wndg. *ein philosophischer (gelehrter) Kauz sein* dient der bes. Charakterisierung des nachdenklichen Grüblers und weltabgewandten Stubengelehrten.

Grandville hat in seiner Ill. dabei den Ausdr. ,Kauz' ganz wörtl. genommen, und bereits Fischart braucht in seiner ,Geschichtklitterung' die Wndg. lit.: „Es wird ein gelehrter Kautz werden, wenn er unter die Stossvögel kompt". Goethe läßt

‚Ein philosophischer Kauz‘

Faust (Szene in Frau Marthens Garten) feststellen: „Es muß auch solche Käuze geben“. *Den Kauzen streichen,* auch: *ein Kauzenstreicher sein:* jem. schmeicheln, bes. im 15. bis 17. Jh. beliebte Rdaa., die bei Sebastian Brant und Geiler von Kaysersberg bezeugt sind und die wahrscheinl. auf das Verhalten des Voglers zu seinen Jagdvögeln zurückzuführen sind, die er beruhigend streichelt. Der Ruf des Kauzes wird gewöhnlich als ‚Komm mit‘, ‚Kiwit‘ (zieh mit), ‚Gu gu, komm mit zur Ruh!‘, ‚Huhuhu, mi grugt‘ (graut), ‚Wit, wit, wit, morche kümst aufs Totebritt‘ usw. verstanden. ↗ Eule, ↗ Uhu.

Lit.: *O. Keller:* Die antike Tierwelt 2 (1913), S. 39–44; *W.-E. Peuckert:* Art. ‚Kauz‘, in: HdA. IV, Sp. 1188–1197.

Kaviar. *Kaviar sein für jem.:* ein nicht zu erreichendes Gut, ein zu teurer Genuß für jem. sein, zu hoch für ihn sein, über seinen Horizont gehen, so daß er es nicht zu würdigen weiß. Kaviar ist bekanntlich eine teure Delikatesse. *Das ist Kaviar fürs Volk* ist ein Zitat aus Shakespeares ‚Hamlet‘ (II. 2): „'t was caviare to the general“; auch in anderen Sprachen sprw. geworden, z. B. ndl. ‚Kaviar voor het volk‘.

Kegel ↗ Kind.

Kehle. Die Kehle spielt eine Rolle in mehreren Rdaa., die sich auf trinken und sich betrinken beziehen, z. B. *sich die Kehle anfeuchten:* trinken, zechen; vgl. frz. ‚se rincer (spülen) la gorge‘; *eine trockene Kehle haben:* viel Durst haben; *(alles) durch die Kehle jagen:* sein Gut vertrinken (↗ Gurgel); *die Kehle schmieren:* zechen; *die Kehle waschen (ausspülen):* viel trinken, ↗ trinken.
Einem das Messer an die Kehle setzen: einen zu etw. zwingen, indem man ihm droht; vgl. frz. ‚mettre à quelqu'un le couteau sous la gorge‘.

Kehraus. *Den Kehraus machen:* gründlich ausfegen, in rdal. Übertragung: Schluß machen, bei den letzten sein, die gehen. Der Kehraus (auch ‚Kehrab‘) ist urspr. der Schlußtanz bei einem Fest; eigentl. handelt es sich um eine imperativische Bildung: ‚Kehr, d.h. feg, den Tanzsaal aus!‘ Sächs. auch ‚wir haben ausgekehrt‘, d. h. den letzten Tanz gemacht.
J. H. Voss (Idyllen 1,99): „Bald wird der Hochzeitreigen getanzt und der lustige Kehraus unter Geschrei und Jauchzen der lang hinschwärmenden Jugend …“
Eine ähnl. Bildung ist ↗ Garaus (ähnl. Hupfauf, Reißaus, Saufaus). Als letzter Tanz ist der Kehraus freilich erst 1734 von dem Schlesier Steinbach verzeichnet: „den Kehraus machen, finem choreis facere“. Häufig findet sich die Wndg. bei Abraham a Sancta Clara: „Wenn bereits all sein Glück den Kehraus tanzen will“ (‚Reim dich‘, 257) – „Biß der tobende Wind den Köhraus pfeiffe“ (‚Gemisch-Gemasch‘, 11) – „Laß sie nur zum Tantz gehen, du wirst einen seltzamen Köhraus erleben“ (ebd. 31) und an vielen anderen Stellen. Im 16. Jh. bez. Kehraus auch den letzten kräftigen Trunk, der dem Zecher ‚den Rest gibt‘. In übertr. Anwendung begegnet die Rda. seit der 2. H. des 18. Jh.; so heißt es in einem Volkslied von 1792 (F. W. Ditfurth, Hist. Volkslieder, 1877, S. 87):

Wir woll'n dir's zeigen,
Dir einen Kehraus geigen.

In der Bauernkriegsszene in Goethes ‚Götz von Berlichingen‘ (V, 1) antwortet Link auf Metzlers Frage: „Wie geht's Euch, Link?“ mit den Worten: „Drunter und drüber, siehst du, du kommst zum Kehraus", d. h. eigentl. zum Schluß des Festes, denn als solches betrachtet Link den Kampf der Bauern gegen den Adel. An das urspr. Auskehren aber hat Arndt gedacht in seinem Lied auf den Feldmarschall Blücher:

Da ist er's gewesen, der Kehraus
gemacht,
mit eisernem Besen das Land rein
gemacht.

Den allerletzten Kehraus macht der Tod; er wird in den Totentänzen des ausgehenden MA. dargestellt als Tänzer, der den Menschen aus dem Tanzsaal des Lebens hinaustanzt. Deshalb *den Kehraus tanzen* auch euphemist., z. B. schwäb., für sterben. Auf den Totentanz spielt Platen an: „Fiedler Tod, o spiel uns doch den Kehraus".

Kehricht. *Das geht dich einen (feuchten) Kehricht an:* das geht dich nichts an. Feuchter Kehricht ist eine beschönigende Umschreibung für ↗ Dreck. Ähnl. *das interessiert mich einen feuchten Kehricht:* das interessiert mich überhaupt nicht.

Keller. *Sich das Kellerrecht ausbehalten:* das Recht, in einem Keller den eigenen Wein zu lagern; dazu das Sprw.: ‚Dreifach Trunk ist Kellerrecht'. Kellerrecht ist das (frühere) Recht der Küfer, bei einem Weinkauf vom Weinhändler eine bestimmte Menge Wein zu verlangen.
‚De Kellertür is Bürg' sagt man an der Mosel, d. h. der Wein geht nur gegen Barzahlung aus dem Keller. Die Rda. schließt eine Reihe von Bedingungen ein, die den Winzer beim Weinverkauf schützen.
Die Preise (Zinsen) sind im Keller, d. h. tief unten, niedriger geht's kaum noch.

Lit.: *F. v. Bassermann-Jordan:* Geschichte des Weinbaus, 3 Bde. (Frankfurt a. M. 1923, Reprint 1975); *H. Honold:* Arbeit und Leben der Winzer an der Mosel (1941), S. 86.

Kellertreppe. *Eingemachte Kellertreppen (eingelegte Kellerstufen), alte Neugierde mit Butter gebraten* usw. gehört zu den häufigsten scherzhaft rdal. Antworten auf die neugierige Frage von Kindern: ‚Was gibt's heute zu essen?' Im Obersächs. sagt man dafür auch: ‚einen Topf im anderen

und Topflappen dazwischen, damit nichts anbrennt'.

Kerbe. *In dieselbe* (oder *gleiche*) *Kerbe hauen (schlagen) wie jem.:* dieselbe Ansicht vertreten wie jem., dasselbe Ziel erreichen wollen, ihn bei seiner Arbeit oder in seinen Anschauungen kräftig unterstützen, auf dasselbe Ziel hinarbeiten. Die Rda. ist vom Baumfällen übertr., wobei die Holzfäller am schnellsten zum Ziel kommen, wenn sie immer in dieselbe Kerbe hauen. Eine Variante bringt Bismarck in seinen Reden (XI. 38): „Ich würde an Herrn Rikers Stelle den Reichskanzler erst in die Lage gesetzt haben, noch einmal in dieselbe Kerbe die Axt einzusetzen".
Ich will dir eine Kerbe ins Ohr machen; rhein. ‚mach der en Kerb en't Ohr!': das Merkzeichen, das sonst ins ↗ Kerbholz geschnitten wird, soll dem Vergeßlichen ins Fleisch geschnitten werden. Auch an das Kennzeichen der Rinder oder Schafe durch Einschnitte am Ohr hat man zur Erklärung erinnert.
Jem. auf die Kerbe einladen: ihn einladen, ihn am ↗ Arsch zu lecken. Die Rda. spielt mit dem Gleichklang von Kerbe, Kirbe = Kirchweih und der Gesäßkerbe. Im 17. Jahrhundert scheute selbst eine hochgeborene Gräfin von Leiningen sich nicht, „auf die schmutzige Kirwe" einzuladen; ↗ Kirchweih, ↗ Kirmes.

Kerbelsuppe. Rhein. ‚He het Kerbelsuppe gegessen', er sieht nicht richtig. ‚Kerbelsuppe gegessen haben' ist ein Wortspiel und meint im rhein. einen schwachsichtigen, dummen Menschen. Die Rda. spielt mit dem Wort ‚Kerbel' = schwacher, untauglicher Mensch, während Kerbelsuppe sonst eine mit Körbelkraut (Anthriscus cerefolium) angemachte Suppe ist, nach deren Genuß man alles doppelt sehen soll.

Kerbholz. Das Kerbholz oder der ‚Kerbstock' war vor der Einführung schriftlicher Rechnungslegung das wichtigste Gerät zur Aufzeichnung von Lieferungen und Arbeitsleistungen. Aus dem modernen Wirtschaftsleben ist der Gebrauch von Kerbhölzern freilich verschwunden.

‚Kerbhölzer‘ (Walliser Tesseln)

Wenn auch das Wort ‚kerb‘ für Kerbholz oder Kerbstock und ‚kerben‘ erst im Mhd. nachweisbar ist, so kann doch an dem hohen Alter des Kerbholzgebrauchs nicht gezweifelt werden. Das Kerben aufs Kerbholz ist ein Rest ältester Buchführung. Es ist seit vorgeschichtl. Zeit in Europa bezeugt und noch heute bei vielen Naturvölkern verbreitet. Ein Kerbholz bestand in der Regel aus zwei Teilen, die man durch Längsspalten eines Holzstabes gewann. Der größere Teil mit dem Griff hieß im Dt. ‚Stock‘ und der kürzere abgespaltene Teil ‚Einsatz‘. In die beiden genau aneinandergehaltenen Teile wurden Kerben, die je nach ihrer Form bestimmte Mengen oder Leistungen ausdrückten, eingeschnitten. Den einen Teil des Kerbholzes erhielt der Gläubiger, den anderen der Schuldner (bzw. der Tagelöhner und der Arbeitgeber). Bei jeder Abrechnung wurden die beiden Teile schließend aneinandergelegt, wobei sich die Kerbschnitte genau entsprechen mußten. Die Kerben wurden eingeritzt, eingeschnitten, eingefeilt, eingesägt oder auch eingebrannt, sooft der Gebrauchsfall eintrat, und von Zeit zu Zeit durch gemeinsame Abrechnung und Bezahlung erledigt. Alsdann wurde das Holz ‚abgekerbt‘, d.h. mit Messer, Hobel oder Feile wurden die Striche beseitigt. Justus Möser spendet 1778 in seinen ‚Patriotischen Phantasien‘ (Bd. 2, S. 144) dieser einfachen, aber altbewährten Einrichtung hohes Lob. Im Geschäftsverkehr zwischen Bauern und Handwerkern, z. B. dem Schmied, war sie auf dem Lande bis ins 19. Jh. hinein noch vielfach im Gebrauch. Zur Berechnung von Leistungen und Verpflichtungen im Sennereiwesen, etwa über den Milchertrag, ist sie z. T. noch bis ins 20. Jh. in Be-

nützung gewesen. – Neben dem doppelten Kerbholz gab es auch das einfache Kerbholz, einfach ein Stab, in den jedesmal eine Kerbe gemacht wird, wenn eine Leistung usw. vollzogen ist.

An die Verwendung des Kerbholzes zur Abrechnung von Schulden erinnern Wndgn. wie: *einem etw. an ein Kerbholz schneiden;* es ihm zur Schuld anrechnen; *es ihm ankerben:* einem etw. ankreiden (↗ Kreide); *sein Kerbholz ist voll:* sein Sündenregister, das Maß seiner Schuld(en) ist voll; *bei jem. auf dem Kerbholz stehen:* ihm etw. schuldig sein. Bei Hans Sachs heißt es: „Borgen und schneiden und kerben, des möcht ein reicher Wirt verderben“. Die weitaus am häufigsten bezeugte Rda. ist *etw. (viel, allerhand usw.) auf dem Kerbholz haben:* große Schulden haben, übertr.: ein Vergehen begangen, etw. ausgefressen haben, nicht schuldlos sein. Ähnl. in den Mdaa., z. B. rhein. ‚he hät noch jet bei mir om Kerwholz (stohn)‘; schlesw.-holst. ‚he steit bi em op'n Karfstock‘, wobei der Ausgangspunkt wohl der Gebrauch des Kerbholzes durch den Kredit gewährenden Gastwirt gewesen ist, was durch Wndgn. wie *an ein Kerbholz*

trinken: auf Rechnung trinken, bestätigt wird. Vgl. alem. ,uf de Bengel sufe', im Wirtshaus auf Kredit trinken.

Jem. auf dem Kerbholz haben: jem. auf dem Gewissen haben, aber auch im Sinne von: jem. auf dem ↗ Kieker haben. Nicht mehr üblich ist die aus dem 16. Jh. bezeugte Rda. *aufs Kerbholz reden:* etw. versprechen, ohne ernstlich an die Erfüllung zu denken; auch: blind darauf losreden. In Th. Murners ,Schelmenzunft' von 1512 handelt das 7. Kap. von solchen ,Kerbrednern', die namentlich beim Adel, bei Kaufleuten und Kriegsknechten häufig seien, und bringt eine Abbildung dazu. Auch Wndgn. wie *aufs Kerbholz losleben, aufs Kerbholz lossündigen* sind aus früherer Zeit bezeugt, d. h. die Wndgn. sind von einer urspr. Vielheit erst allmählich zur heutigen Form der Rda. erstarrt.

Lit.: *K. Brunner:* Kerbhölzer und Kaveln, in: Zs. f. Vkde. 22 (1912), S. 337–352; *R. Weiss:* Das Alpwesen Graubündens (Erlenbach-Zürich 1941), S. 230 ff.; *K. Weule:* Vom Kerbholz zum Alphabet (20. Aufl. 1920); *E. v. Künssberg;* Rechtliche Volkskunde (Halle 1936); *W. Gaerte:* ,Etw. auf dem Kerbholz haben', in: Alt-Preußen 2 (1936), S. 38–39; *K. Beitl:* Das Klausenholz. Untersuchung der Gebetszählhölzer im vorweihnachtl. Kinderbrauch, in: Rhein. Jb. f. Vkde. 20 (1969), S 7–92; *R. Schmidt-Wiegand:* Art. ,Kerbholz', in: HRG. II, Sp. 701–703; *H. Schempf:* Holzurkunden. Von der Verwendung von Kerbhölzern, Rowischen u. Spänen, in: Volkskunst 12 (1989), H. 3, S. 19–22.

Kerl. *Das ist ein Kerl:* das ist ein tüchtiger Mann, ein ganzer Mann. Kerl wird gern in volkstümlichen Verbindungen gebraucht: ,ein ganzer Kerl', ,ein guter Kerl', ,ein fixer Kerl', ,ein patenter Kerl'.
Im Studentenlied ,Ein Heller und ein Batzen' heißt es am Schluß:

> War das 'ne große Freude,
> als ihn der Herrgott schuf –
> ein Kerl wie Sammt und Seide,
> nur schade, daß er suff!

Die bewundernde Feststellung an der Ostseeküste: ,ein Kerl auf Deck' ist urspr. ein Ausdr. der Schiffersprache, doch heißt es auch geringschätzig, z. B. obersächs. ,e Kerl wie e Quärl', ,ein Kerl wie gar keiner'; ,ein Kerl wie durch ein Wursthörnchen gedrückt' sowie ,ein Kerl wie ein Pfund Wurst'; schwäb. ,ein Kerl wie e Häslaus', d. h. man wird ihn nicht mehr los, ,ein Kerl wie der Antichrist', d. h. ein

arger Wildfang; ,du bischt e Kerl wie David, nu kannscht net Harpfa schla', d. h. im Grunde zu nichts nutz; ,einen solchen Kerl freß ich im Sauerkraut', d. h. ich kann ihn nicht leiden ,Das ist ein Pfundskerl': ein bewundernswerter, patenter Mensch (zahlreiche weitere rdal. Vergleiche s. Wander II. Sp. 1245 ff.).

,Bei brennender Kerze'

Kerze. *Die Kerze an beiden Enden anzünden:* seine Lebenskraft zu sehr einsetzen, Raubbau treiben.
,Bei brennender Kerze': ma. Rechtsbegriff. Im fränk. Rechtskreis wurde die Kerze als Zeituhr verwendet, insbes. bei Wahlen, Testamentsbestellungen u. Versteigerungen. So bedeutet das Erlöschen der Kerze z. B. das Ende einer Versteigerung, ↗ Licht.
Es ist eine Kerze, die einen bösen Gestank zurückläßt: es ist eine Angelegenheit, die unangenehme Folgen haben wird.
Wie eine Kerze (im Wind) erlöschen: keine Lebenskraft mehr besitzen, sterben, ↗ zeitlich.
,Kerzen tunken' nennt man in Oberösterr. das Einnicken eines Schläfrigen, dessen Kopf von Zeit zu Zeit herabsinkt.
Kerzen am Mittag brennen: Vergeudung betreiben, Unnützes tun.
,Er ist ein Kerzenbrenner' heißt es in Oberösterr. von einem Priester, der zur Messe mehr Zeit benötigt als andere, so daß er mehr Kerzen verbraucht.

Lit.: *H. Freudenthal:* Art. ,Kerze', in: HdA. IV, Sp. 1243–1255; *R. Schmidt-Weigand:* Art. ,Kerze', in: HRG. II, Sp. 703–707.

Kesselflicker. *Sich hauen (zanken) wie die Kesselflicker:* sehr grob miteinander verfahren, sich über Gebühr erregen, wegen einer Kleinigkeit schon in Streit geraten; vgl. frz. ‚se battre comme des chiffonniers‘ (wörtl.: sich zanken wie Lumpensammler), ↗ wie.

Kette. *Über die Kette springen:* sich verheiraten. Die Metapher wird u. a. im Schweizer Kanton Waadt gebraucht, wo der Bräutigam z. B. in Leysin über die vor der Kirchentüre ausgespannte Kette springen mußte. Er überreichte danach den Burschen Geld oder auch Wein, damit sie die Kette in die Höhe hoben und die Braut passieren ließen.
Der Sprung über die Kette ist als symbolische Handlung Zeichen des Übergangs vom Stand der Ledigen in den Stand der Verheirateten u. hat auch in der Sprache seinen Niederschlag gefunden.
An die Kette gelegt werden: in der Ehe von der Frau unter Kontrolle gehalten werden, in seiner Bewegungsfreiheit äußerst eingeschränkt sein, sich unterordnen müssen.

Lit.: *D. Dünninger:* Wegsperre und Lösung. Formen und Motive eines dörflichen Hochzeitsbrauches. Ein Beitrag zur rechtlich-volkskundlichen Brauchtumsforschung (Berlin 1967), S. 294.

keusch, Keuschheit. *Sie ist keusch wie eine Braut:* sie ist rein, noch unberührt. Das heute unzeitgemäße u. altertümlich klingende Wort ‚keusch‘ geht auf ahd. ‚kūski‘ u. mhd. ‚kiusche‘ zurück in den Bdtgn.: sittlich, züchtig, schamhaft, enthaltsam, maßvoll in sinnlicher Beziehung u. in allgemeinerem Sinne: sanftmütig, tugendhaft, vernünftig handelnd, seine Triebe zähmend, der sittlichen Normen u. der christl. Lehre bewußt. Durch die Auslegung „Was ist das?“ zum 6. Gebot in Luthers ‚Kathechismus‘ (1529), die noch immer den Konfirmanden vermittelt wird, nach der wir „keusch und züchtig leben“ sollen, tradiert sich der Ausdr. weiterhin. Er wird jedoch gern in Frage gestellt, denn es heißt auch spottend u. verächtlich: *Sie ist sehr keusch, denn es begehrt sie keiner,* vgl. schon lat. ‚Casta quam nemo rogavit‘.
Die rdal. Vergleiche: *So keusch wie* ↗ *Joseph* u. *eine keusche* ↗ *Susanna sein* sind bibl. Herkunft. Keuschheit i. S. v. Rein-

heit, Unberührtheit, Sittsamkeit u. sexueller Enthaltsamkeit galt in vergangenen Jhh. als höchste Tugend eines Mädchens u. einer Frau. Vgl. die Sprww.: ‚Keuschheit ist die schönste Tugend‘, ‚... ist des Weibes Kron‘, „... geht über Schönheit‘. Häufig trifft die Feststellung zu: ‚Keuschheit und Schönheit wohnen selten beieinander. Trotzdem hieß es sprw.:

Keuschheit zu aller Frist
Die beste Morgengabe ist.

Angelus Silesius preist die Keuschheit sogar mehrfach in seiner Dichtung u. findet folgenden Vergleich:

Die Keuschheit ist bei Gott
so kräftig, wert und rein,
als tausend Lilien
für eine Tulpe sein

(‚Cherubinischer Wandermann‘, II: Gott liebt die Keuschheit sehr).
Von einer Frau mit lockerem Lebenswandel sagt man: *Sie hat die Keuschheit an den Nagel gehängt;* vgl. frz. ‚C’est une Vestale de marais‘ oder: *Sie will Keuschheit von den Huren lernen.*
Einen Keuschheitsgürtel tragen (müssen): gewaltsam am Geschlechtsverkehr gehindert werden. Ein von den Frauen um den Unterleib getragener Metallgürtel, auch ‚Florentiner-Gürtel‘ oder ‚Venus-Gürtel‘

‚Keuschheitsgürtel‘

genannt, der ein Schloß besaß, sollte während der Abwesenheit des Ehemannes, der den Schlüssel mitnahm, einen Ehebruch unmöglich werden lassen. Solche Gürtel sollen angeblich seit den Kreuzzügen in Gebrauch gewesen sein, vor allem bei den Florentinerinnen. Sie wurden seit dem 15. Jh. beschrieben u. in Holzschnitten u. Kupferstichen später auch dargestellt. Originale befinden sich in Privatsammlungen u. Museen, z. B. im German. Nationalmuseum in Nürnberg u. im Bayer. Nationalmuseum in München.

Lit.: *G. Jungbauer:* Art. ‚Gürtel‘, in: HdA. III, Sp. 1217; *E. J. Dingwall:* The girdle of chastity: a medico-historical study (London 1931); RGG. III, Sp. 1257–1261; *A. Rousselle:* Der Ursprung der Keuschheit (Stuttgart 1989).

Kieker. *Jem. auf dem Kieker haben:* sein Augenmerk auf jem. richten, jem. beobachten, überwachen, ihn verdächtigen u. alles tun, um ihm etw. Negatives nachweisen zu können. In der Schülersprache üblich, um jem. zu bez., den der Lehrer nicht leiden kann u. daher Schikanen aussetzt. Kieker gehört zu ndd. ‚kieken‘ = sehen und bez. ein Fernrohr, Fernglas oder auch eine Lupe. Die Rda. ist also eine Parallelbildung zu ‚jem. auf dem Korn haben‘ (↗ Korn) und ‚jem. unter die Lupe nehmen‘, ‚unter der Lupe haben‘ (↗ Lupe); sie ist seit dem 18. Jh. vor allem im ndd. Sprachbereich zu Hause.

Kielwasser. *In jem. Kielwasser fahren* (oder *laufen*): jem. nachfolgen, jem. nachahmen, von jem. abhängig sein. Der Ausdr. entstammt der Seemannssprache und bezieht sich auf den Vorgang, daß ein Schiff der Spur aufgewirbelten Wassers folgt, die die Schraubendrehungen eines vorausfahrenden Schiffes verursacht haben. Das größere, stärkere Schiff bahnt (bes. im vereisten Wasser) dem kleineren den Weg und schützt es dadurch vor möglicher Gefahr (vgl. ndl. ‚in iemands kielzog varen‘). Die Rda. ist etwa seit Beginn des 17. Jh. bekannt. Vgl. frz. ‚être dans le sillage de quelqu'un‘.
Auch die kleinen Entlein folgen Mutter (oder Vater) auf dem See ‚im Kielwasser‘, in Kiellinie, ‚im Gänsemarsch‘! – *Die hat aber ein Kielwasser!* sagt man von einer Frau, die starken Parfümduft verströmt.

Lit.: *O. G. Sverrisdottir:* Land in Sicht (Frankfurt/M. etc. 1987), S. 172–173.

Kien. *Auf dem Kien sein, höllisch auf den Kien passen:* scharf aufpassen, sehr vorsichtig sein; berl. vielleicht zu ‚Kien‘, ‚Kienholz‘ gehörig, das als Feuerholz verkauft wurde. Möglich ist auch die Herkunft aus jidd. ‚kiwen‘ = aufmerksam, beflissen, geschäftig, oder aus engl. ‚keen‘ = scharf von Blick, Verstand, oder auch frz. ‚quine‘ (heute ungebräuchlich) = unverhofftes Glück, Treffer. Obersächs. ‚Rede doch nicht solchen Kien!‘, d. h. solchen Unsinn.

Lit.: *A. S. Wolff:* ‚Auf dem Kien sein‘, in: Muttersprache 65 (1955), S. 385–386.

Kies. *Kies haben:* reich sein (hebr. Kis = der Beutel) bedeutet dasselbe wie Geld haben, reich sein. Ähnl. Kröten, Moneten, Moos (hebr. Maos = Kleingeld), Pinke, Pinkepinke (hebr. Wurzel Pinka = Geldbeutel), Penunzen, das der poln. Sprache entlehnt wurde, oder Zaster, das aus der Zigeunersprache stammt.
Über ‚Geld‘ spricht man nicht; daher die zahllosen umschreibenden Begriffe.

Lit.: ↗ Geld.

Kind. *Das Kind beim (rechten) Namen nennen:* eine Sache unverblümt bezeichnen, seine Meinung unbeschönigt äußern; ähnl. die frz. Rda. ‚appeler un chat un chat‘ (Boileau, Satiren I, 52); ebenso ital. ‚chiamare la gatta gatta‘ (= die Katze eine Katze nennen). Im Dt. taucht die Rda. erst im 17. Jh. auf, so 1643 bei Moscherosch in den ‚Gesichten Philanders von Sittewald‘ (1. Teil, 8. Gesicht): „Nimmermehr aber kann etwas Redliches sein, wo man sogar hinder dem Berge haldet, wann man Brei im Mund hat und dem Kind nicht will den rechten Namen geben“. Recht geläufig wurde die Rda. erst durch Goethes ‚Faust‘ (I, V. 589): „Wer darf das Kind beim rechten Namen nennen?“ Eine genaue Erklärung des Urspr. dieser Rda. fehlt noch.
Lieb Kind bei jem. sein: in großer Gunst bei ihm stehen; schon in mhd. Zeit und bei Luther geläufig; früher auch: *gut Kind sein* und, von einem allg. Beliebten: *jedermanns Kind sein.* Dazu ferner: *sich bei jem. lieb Kind machen:* sich bei ihm ein-

schmeicheln; eigentl.: es erreichen, daß man mit ‚liebes Kind‘ angeredet wird.

Ein Kind des Todes sein: dem Tod verfallen sein. Die Rda. ist bibl. Urspr.; 1. Sam. 26,16 heißt es: „So wahr der Herr lebt, ihr seid Kinder des Todes, daß ihr euren Herrn, den Gesalbten des Herrn, nicht behütet habt" (vgl. 2. Sam. 12,5).

Nach Luk. 9,55 „Welches Geistes Kinder ihr seid?" sagt man *wes Geistes Kind.*

Kind Gottes ist eine freundliche Anrede, die gern auch auf die Einfältigkeit des Angeredeten gemünzt wird; sie betrifft eigentl. die Vaterschaft Gottes und die Gotteskindschaft aller Christen. Die Wndg. wird seit dem 19. Jh. in verweltlichter Bdtg. gebraucht; modern oft erweitert zu ‚Kind Gottes in der Hutschachtel‘.

Mit Kind und Kegel: mit der ganzen Familie; vgl. frz. ‚avec enfants et bagages‘ (mit Waffen und Gepäck). Eigentl. meint die stabreimende Formel: mit ehelichen und unehelichen Kindern, denn ‚Kegel‘ wird in einem Vokabular von 1482 als ‚uneheliches Kind‘ erklärt. Die Formel ‚kint und kekel‘ ist am frühesten in Breslau 1422 bezeugt, dagegen kommt ‚kindes kegel‘ schon im 13. Jh. vor:

> irdenke, wie ich bî kome,
> dîns kindes kekel sal iz vrome

(‚nutzen‘).

Noch nicht sicher erklärt ist aber die Bdtg. ‚uneheliches Kind‘ für ‚Kegel‘, das zunächst ‚Pfahl‘, ‚Pflock‘, dann den Kegel im Spiel bedeutet; denn um das gleiche Wort Kegel handelt es sich in der Rda. wohl sicher. Rudolf Much hat darauf hingewiesen, daß Kegel auch ‚Knüppel‘, ‚Stock‘ bedeute (els. wird ein Taugenichts ein ‚grober, fauler Kegel‘ genannt, und einen ähnl. Bedeutungswandel erlebten ‚Bengel‘ und ‚Stift‘). Kegel sei also zunächst eine verächtliche Bez. für ‚Kind‘, woraus eine für ‚uneheliches Kind‘ hervorgegangen sei. Alfred Götze knüpft an die mhd. Bdtg. ‚Eiszapfen‘ für Kegel an; in dem altschwäb. Schwank ‚Modus Liebinc‘ erzählt die untreue Frau, sie habe, während ihr Mann verreist war, Schnee gegessen und davon sei ihr das Kind gewachsen; so sei aus ‚Eiszapfen‘ die Bdtg. ‚Bastard‘ entstanden. Diese zweite Erklärung hat aber weniger Wahrscheinlichkeit für sich, vgl. ndl. ‚kind noch kraai heb-

ben‘, keine Blutsverwandten haben, für niemand zu sorgen haben; frz. ‚n'avoir ni enfants ni suivants‘ (veraltet); engl. ‚to have nor chick nor child‘.

Von Berlin ist die umg. Rda. ausgegangen: *Wir werden das Kind schon (richtig) schaukeln:* wir werden die Sache schon fertigbringen. Die Rda. ist urspr. wohl all ermunternde Redewendung an eine Mutter gerichtet, die mit dem Hinweis auf ihr Wiegenkind das Haus nicht verlassen mag (20. Jh.). Gleichbedeutend sind die Rdaa. ‚wir werden den Zaun schon pinseln‘, ‚wir werden das Schwein schon töten‘, wiewohl es im bildl. Gebrauch weder um Zaun noch um Kind, noch um Schwein geht.

Das Kind im Manne sagt man, wenn ein Mann zu spielen anfängt. Die Rda. beruht auf einem Zitat aus Friedrich Nietzsches ‚Also sprach Zarathustra‘ (Leipzig 1883):

> Im ächten Manne ist ein Kind versteckt: das will spielen,
> Auf, ihr Frauen, so entdeckt mir doch das Kind im Manne!

Unter Berufung auf das Nietzsche-Wort widmete auch Christian Morgenstern (1871–1914) seine ‚Galgenlieder‘ „dem Kinde im Manne" (Büchmann).

Ein gebranntes Kind sein: schon einmal schlechte Erfahrungen gemacht haben; vgl. das Sprw. ‚Gebranntes Kind scheut das Feuer‘: aus Schaden wird man klug.

Das Kind muß einen Namen haben: die Sache muß irgendeine Bez., ein Firmenschild, Etikett usw. haben, wenn auch nur in verhüllender oder entstellter Absicht; die Rda. bezieht sich auf die Notwendigkeit der Namengebung, weil ohne einen Namen das Kind bürgerlich-rechtlich undenkbar ist.

Du bist verrückt, mein Kind stammt aus der Operette ‚Fatinitza‘ von Franz von Suppé (1820–95), wo es heißt:

> Du bist verrückt, mein Kind,
> Du mußt nach Berlin.

Wie sag' ich's meinem Kinde?: wie sage ich es am geschicktesten, insbes. bei peinlichen Nachrichten. Die Rda. bezieht sich urspr. auf die geschlechtliche Aufklärung, dann übertr. auf jede Mitteilung einer heiklen oder unangenehmen Sache (20. Jh.), ↗ Klapperstorch.

‚Was is mich das mit dich ‚mein Kind?‘

(Stettin); sehr häufig und vielseitig angewandte Rda. ganz oder halb scherzhafter Verwunderung, Warnung, Besorgnis.

Wie das ndd. ,mi', ,di' Akkusativ und Dativ ist, so hat die Mda. der pomm. Städte, bes. Stettins, für beide Fälle nur mich und dich. Die Rda. ist eigentl. nur der Anfang eines Neckspruchs, mit dem z. B. ein Betrübter gehänselt wird: „Was is mich das mit dich, mein Kind? Du ißt mich nich, du trinkst mich nich, du stippst mich in den Kaffee nich; du bist mich doch nicht krank?"

Das Kind an die Brust nehmen: aus der Flasche trinken; sold. seit dem 1. Weltkrieg. *Ein Kind von Lumpen* (Puppenlappen) *kriegen:* sich sehr wundern; sich sehr ärgern. Mit der Rda. war urspr. wohl eine aus Lumpen hergestellte Schandpuppe gemeint, die vor das Haus oder Fenster einer liederlichen weibl. Person gestellt wurde.

Dasitzen wie das Kind vorm (beim) Dreck: hilflos sein. Gemeint ist der Gesichtsausdruck eines Kindes, dem bei der Verrichtung der Notdurft ein Mißgeschick unterlaufen ist (um 1900). Ähnl.: *Drankommen wie's Kind an den Dreck:* im Handumdrehen, ohne zu wissen, wie.

Das Kind mit dem Bade ausschütten↗ Bad. Die Rda. wurde bereits im I. Band dieses Lexikons (S. 132 f.) abgehandelt. Doch liegt mittlerweile eine Monographie von W. Mieder vor, deren hauptsächliche Ergebnisse referiert werden sollen. Mieder weist zahlreiche weitere Belege nach, außer Murner und Luther noch Seb. Franck, Ehr. Egenolf, Jörg Wickram, Joh. Nas. Sowohl durch das polemische Schrifttum der Reformation und Gegenreformation wie durch die Aufnahme in die Sprichwörterlexikographie des 16. Jh. kam die Rda. in aller Munde. Im 17. Jh. wird die Reihe der Belege durch Eucharius Eyering, Friedr. Petri, Georg Henisch, Christoph Lehmann, Justus Georg Schottelius, Joh. Gg. Seybold fortgesetzt.

Mieder beweist anhand dieser gehäuften Belege, daß die Rda. und nicht davon abgeleitete Sprww. (,Man soll das Kind nicht mit dem Bade ausschütten') die ausschlaggebende Grundform darstellt. Er zeigt, daß neben dem Verb ,ausgießen' auch ,ausschütten' sehr gebräuchlich war.

Gottfr. Aug. Bürger liefert mit seinem Gedicht ,An Gökingk' (1778) die erste Variante mit dem Verb ,verschütten':

Nun, nun! Verschütt' Er nur nicht gar
Das Kindlein sammt dem Bade!
Das arme Kindlein das! Fürwahr!
Es wär' ja jammerschade.

An weiteren Belegautoren seien genannt: Goethe, Schiller, Lessing, Lenz, Gotthelf, Bismarck, Fontane, Thomas Mann.

Günter Grass in der ,Blechtrommel': „Mama konnte sehr lustig sein. Mama konnte sehr ängstlich sein. Mama konnte schnell vergessen. Mama hatte dennoch ein gutes Gedächtnis. Mama schüttete mich aus und saß dennoch mit mir in einem Bade. Mama ging mir manchmal verloren, aber ihr Finder ging mit ihr …"

Weiter weist W. Mieder den mehr oder weniger abgewandelten oder erweiterten Gebrauch der Rda. in deutschen Sprichwortgedichten der Gegenwart nach sowie auch in Aphorismen und Sponti-Sprüchen: „Moral ist die Tendenz, das Bad mit dem Kinde auszuschütten" Karl Kraus, 1912). „Die mit dem Bade ausgeschütteten Kinder haben die Erde bevölkert" (Erwin Chargaff, 1952). „Man soll die Kastanien nicht mit dem Feuer im Bade ausgießen', sagte Tante Klärchen, als sie meiner Mutter mein Zeugnis zeigte" (Curt Goetz 1964). „Ich habe das Kind mit dem Bade ausgeschüttet – da war der Ausguß verstopft, und ich mußte wieder mal auf die Handwerker warten" (Henning Venske 1972). „Man soll auch das Kind im Manne nicht mit dem Bade ausschütten" (Gerh. Uhlenbruck 1977). „Es ist nicht zu glauben, wieviel Kinder mit einer einzigen Badewanne ausgeschüttet werden" (Rob. Lembke, 1978). „Bevor du das Kind mit dem Bade ausschüttest, sieh nach, ob überhaupt eins drin ist" (anonym). Diese satirischen Texte lassen alle sprachspielerische Tendenzen erkennen. Die Rda. wird variiert, verdreht, entstellt, ironisiert, parodiert oder einfach in Frage gestellt. So wird sich das Sprachbild ,das Kind mit dem Bade ausschütten' zu immer neuen Funktionen im modernen Sprachgebrauch verwenden lassen.

Das macht der Liebe noch kein Kind: so weit ist es (sind wir) noch lange nicht; schwäb. ,Des macht dr Liab no lang koi

Kind', ↗ Liebe. ,Kinder und Narren sagen die Wahrheit' ↗ Narr.

Lit.: *O. v. Reinsberg-Düringsfeld:* Das Kind im Sprw. (Leipzig 1864); *F. Holthausen:* ,Kegel u. Verwandtes', in: Archiv f.d. Studium d. neueren Sprachen u. Lit. 105 (1900), S. 365–366; *A. de Cock:* ,Spreekwoorden en Zegswijzen, afkomstig van oude gebruiken en volkszeden: Vrijen en Trouwen, Kinderen en begraven', in: Vkde., 13 (1900–1901), S. 151–160, 183–186, 231–237; *R. Much:* Holz und Mensch, Wörter und Sachen Bd. 1 (1909), S. 39ff.; *H. Ploß:* Das Kind in Brauch und Sitte der Völker, 2 Bde. (Leipzig ³1911, 1912); *H. Boesch:* Kinderleben in der dt. Vergangenheit, in: Die dt. Stände in Einzeldarstellungen, Bd. 5 (Jena ²1924); *N. Dane:* ,The childhood shows the man', in: Classical Journal 42 (1946–1947), S. 281; *H. Kügler:* Berliner Kind – Spandauer Wind u. die ,gute alte Zeit', in: Märk. Wandergruß, Beiträge zur Landesgesch. zum 60. Geb. von Martin Henning (Berlin 1951), S. 2–5; *L. Röhrich:* Erzählungen des späten MA., 1 (1962), S. 204–221, 294–299; *L. Schmidt:* Sprw. dt. Rdaa., in: Österr. Zs. f. Vkde. N.S. (1974), S. 103–104; *W. Mieder:* ,Das Kind mit dem Bade ausschütten'. Ursprung, Überlieferung u. Verwendung einer dt. Redensart (Ms. 1991); *ders.:* Das Kind mit dem Bade ausschütten, in: Muttersprache 102 (1992); *ders.:* To throw the Baby out with the Bathwater, in: Western Folklore 51 (1992).

Kinderschuhe. *Noch in den Kinderschuhen stecken:* sich noch recht kindlich verhalten, im Kleinkindalter sein, noch wenig Erfahrung besitzen und daher auch keine Verantwortung übernehmen können, unreif sein, aber auch auf Dinge u. Entwicklungen übertr.; noch ganz in den Anfängen stecken.

Die Kinderschuhe ausgezogen haben: alle kindlichen und kindischen Gewohnheiten abgelegt haben, herangewachsen sein. Die Rda. ist schon im 16. Jh. bezeugt. 1639 führt Lehmann S. 10 („Alt' 91) an: „Mancher ist alt von Jahren vnd steckt doch in der Buben-Haut, vnd gehet sein Lebtag in Kinderschuhen"; S. 64 („Begierd' 20) ist die Rede von alten Leuten, die „ob sie

,Keine (gute) Kinderstube gehabt haben'

schon die Kinderschuhe und -Röck abgelegt, doch ihr Lebtag in der Kinderhaut stecken bleiben". Die Rda. steht sicher in Zusammenhang mit altem Brauchtum. Bes. bei rom. Völkern werden z. T. noch heute vor der Trauung die alten Schuhe ausgezogen, was der Bräutigam in der Regel selbst tut. Im lothringischen Berry z. B. versuchen es alle Eingeladenen, jedoch nur dem Bräutigam gelingt es.

Kinderspiel. *Das ist kein Kinderspiel:* das ist nichts Leichtes, sondern schwere Männerarbeit. Auch oft herabsetzend: *Das war ja Kinderspiel:* das war ja gar nichts! So schon in Wolframs von Eschenbach ,Parzival' (557, 12 f.):

> swaz ie gestreit iwer hant,
> daz was noch gar ein kindes spil.

Und ganz ähnl. ruft der alte Kämpe Ludwig in der ,Kudrun' (Str. 858, V. 2):

> ez was gar ein kintspil swes ich ir
> begán:
> nu muoz ich aller êrste mit guoten
> helden strîten.

Noch drastischer drückt sich Michel Behaim im ,Buch von den Wienern' (S. 301, V. 5ff.) aus:

> Mit schüssen, schlegen, stichen groß
> was gar ain überlauter toß (Lärm),
> si spilten mit der tocken (Puppe):
> ain zager wär erschrocken.

Nach der Schlacht bei Lützen 1632 sangen die Soldaten Gustav Adolfs:

> Keine solche Schlacht ist in hundert
> Jahren geschehn,
> Die vorm Jahr (bei Breitenfeld) ist
> Kinderspiel gewesen.

Joh. Agricola erweitert die Rda.: „Es ist keyn kynderspill, wenn eyn alts weib tanzet … das ist wol zweyerley torheyt, das die alten thun, was den jungen gebueret, das ist, es ist nichts denn torheyt, vnd spot, vnd luegen". Auch holst. ist die Rda. in erweiterter Form bezeugt: ,Dat is keen Kinnerspel, wenn Vadder op'n Stock ritt (oder: wenn ole Wiewer danst)'.

Lit.: *F. M. Böhme:* Deutsches Kinderlied und Kinderspiel (Leipzig 1897).

Kinderstube. *Eine gute Kinderstube haben* eine gute Erziehung genossen haben. Die Wndg. stammt aus dem 19. Jh., als es noch fest umrissene Bürgertugenden gab u. mit der Rda. vor allem die Vorstellungen von artig, folgsam, gehorsam, höflich u. schweigsam verbunden wurden. Da diese Tugenden nach heutiger Anschauung nicht mehr zeitgemäß sind, hat auch die Rda. entsprechend an Bdtg. verloren. Weithin noch geläufig ist dagegen die verneinende Form: *Er hat keine gute Kinderstube* d. h. er benimmt sich ausgesprochen schlecht.

Lit.: *P. Sartori:* Art. ,Kind', in: HdA. IV, Sp.1310–1342; *Ph. Ariès:* Geschichte der Kindheit (München–Wien 1975); *I. Weber-Kellermann:* Die Kindheit (Frankfurt/Main 1979); *K. Köstlin (Hg.):* Kinderkultur (Bremen 1987); weitere Lit. ↗Kind.

Kinken. *Aus dem Kinken treten:* sich aus der Gefahrenzone begeben; Kinken ist eine Schlaufe in der Schiffsstrosse, die sich bei einer Bewegung des Schiffes zusammenziehen kann, wobei derjenige, der darin steht, schwer verletzt wird.

Kinkerlitzchen. *Kinkerlitzchen machen:* dummes Zeug machen; meist in imperativischer Form: ,Mach doch keine Kinkerlitzchen', ziere dich nicht, weigere dich nicht, z. B. schlesw.-holst. ,Maak mi man keen Kinkerlitzchen vör!'. Kinkerlitzchen sind nicht ernst zu nehmende Nichtigkeiten, unnötige Dinge, Verkehrtheiten. Das Wort begegnet in der Form ,Ginkerlitzgen' zuerst 1775 im Dt.; es ist aus frz. ,quincaille' = Kurzwaren unter Anhängung der beiden Verkleinerungssilben -litz und -chen gebildet (sog. doppelte Verkleinerungssilbe wie bei ,Sächelchen', ,Frettchen'). Auch ein Einfluß von ,kunkeln' = blenden, täuschen ist denkbar.

Lit.: *W. Seibicke:* ,,,Kinkerlitzchen' und ,verkraften'. Zwei Beiträge zur Wortgeschichte", in: Muttersprache 85 (1975), S. 213–233.

Kippe. *Auf der Kippe stehen:* in der Schwebe sein, schwankend, unsicher, unentschieden sein, gefährdet sein, kurz vor der Entlassung stehen, sich in einer Krise befinden, nahe vor dem ↗Bankrott stehen, gefährlich erkrankt sein, im Sterben liegen. Die Rda. ist seit der 1. H. d. 18. Jh. bezeugt und geht auf ,Kippe' (zu ,kippen' = das Übergewicht bekommen) in der Bdtg. Spitze, Kante, Ausschlagspunkt der Waage zurück, d. h. auf den Punkt, an dem etw. aus dem Gleichgewicht kommt.

Ndd. heißt Kippe die Wippe. In wörtl. Sinne begegnet mdal., z. B. erzgeb. ,dos liegt of der Kepp', es kann jeden Augenblick herunterfallen; vgl. frz. ,balancé' (schwankend); dieses Verb ist mit dem Substantiv ,balance' (Waage) verwandt.

Kippe machen: (bei Handel oder Spiel) gemeinsame Sache machen; bes. in den Mdaa. des Südwestens verbreitet, auch in die Umgangssprache eingedrungen, stammt dagegen über das Rotw. aus dem neuhebr. ,kib' oh' = Bestimmtes.
In schweiz. Mda. heißt es auch: ,er hat d Kippi gemacht' für jem., der verstorben ist, ↗zeitlich.

Kippe, frühnhd. ,Kipfe', ist auch das Endstück der Zigarette; vor allem sold. seit dem 1. Weltkrieg. Entspr. ,Kippen quälen', Zigaretten so weit zu Ende rauchen, daß nicht einmal ein kurzes Stück übrigbleibt.

Lit.: *E. Strübin:* Zur dt.-schweiz. Umgangssprache, in: Schweiz. Arch. f. Vkde. 72 (1976), S. 124.

Kipper. Von Kippe in der Bdtg. ↗Goldwaage stammt der 1619–1622 (,,Kipperjahre') vielgebrauchte Ausdr. *Kipper und Wipper:* Münzverschlechterer, Münzbetrüger. Gustav Freytag hat dies in seinen ,Bildern aus der deutschen Vergangenheit' (II, 134) ausführlich dargestellt. ,Wipper' bezieht sich auch auf die bei der Aussonderung und Umschmelzung der Münzen benutzte Goldwaage, die ,Wippe'. Die betrügerischen Münzherren ,kippten' die Münzen, d. h. sie schnitten sie ab und ,wippten' sie, d. h. sie warfen sie mit Schwung auf die Waagschale, damit diese rascher sank und man nicht merkte, daß noch etw. am Gewicht fehlte. Dieses Münzunwesen herrschte bes. im Dreißigjährigen Krieg und zur Zeit der Kriege gegen Frankreich und die Türken zwischen 1676 und 1690. Die geringhaltigen, zu leichten Münzen nannte man ,Kippergeld'.
In der Flugschrift ,Jedermannes jammerklage über der falschen wippr wage' von 1621 heißt es in einem Gedicht:

fraget jemand wer dieser ist …

sein name heiszet münzenwippr,

sein diener wird genandt ein kippr …

Demnach wurden die Kipper u. Wipper zu Anfang noch unterschieden: der Wip-

Der hochschädlichen Wipperer vnd Kipperer/als Gelt/Land
vnd Leuts verderber Lehrmaister.

,Kipper und Wipper'

per war die Hauptperson, der Münzmeister, der Kipper dagegen nur ein Gehilfe. Später verschmolzen die beiden Begriffe jedoch zu einer Einheit u. dienten als Zwillingsformel für alle Münzbeschneider schlechthin.

Lit.: *O. Lauffer:* Zwei Lieder des 17. Jh. gegen die Kipper und Wipper zu Hamburg, in: Mitteilungen des Vereins f. Hamburg. Gesch. Bd. 11 (1914), S. 82–92; *L. Veit:* Das liebe Geld – zwei Jahrtausende Geld- und Münzgesch. (München 1969), S. 137 ff.; *H. Ertel:* Die Münzen der dt. Kipperzeit (1924); *E. Rahnenführer:* Die kursächs. Kippermünzen (1963); *B. Bauer:* Luther. Obrigkeitskritik in der Publizistik der Kipper- und Wipperzeit (1620–1623), in: Literatur und Volk, hg. v. W. Brückner, P. Blickle u. D. Breuer, Tl. II (Wiesbaden 1985), S. 649–677; *W. Leiser:* Art. ,Kipper u. Wipper', in: HRG. II, Sp. 743–744; *G. Hooffacker:* Avaritia radix omnium malorum. Barocke Bildlichkeit um Geld u. Eigennutz in Flugschriften, Flugblättern u. benachbarter Lit. der Kipper- u. Wipperzeit (1620–1625) (= Mikrokosmos 29) (Frankfurt a. M. – Bern 1988).

Kirche. *Die Kirche im Dorf lassen:* sich an das Gegebene halten, an Gebräuchen nichts ändern, nichts übertreiben. Wie die Kirche ihren rechten Platz mitten im Dorf hat, so soll man auch mit seinen Ansichten (Preisen u. Forderungen) im Rahmen blei-

ben. Welch große Ordnungsfunktion die Kirche besaß, spiegeln vor allem die zahlreichen mdal. Wndgn., z.B. luxemb. ,maach, daß d'Kürche am Duerf blift'; westf. ,mâken, dat de kerk im dorpe blitt'; meckl. ,blif man mit de Kirch int Dörp'; schweiz. ,luegen, daß d'Chilche (z'mitzt) im Dorf blibt'. Obersächs. oft: ,Ich wer'sch schon machen, daß de Kärche in Durfe bleibt', ich werde dafür sorgen, daß alles zur Zufriedenheit geregelt, daß niemand übervorteilt wird. Vgl. ndl. ,de kerk in't midden (van het dorp) laten'.

Auch lit. ist die Rda. bezeugt, u.a. bei H. Böll im Titel seiner Erzählung: ,Die Kirche im Dorf' (1965). Darüber hinaus hat sie aber auch in der Parodie ihren Platz gefunden. So heißt es z.B. in einer neuzeitl. Erweiterung: ,Man muß die Kirche im Dorf lassen. Nur die Steuern gehen nach Rom'.

Im Volksmund heißt es auch scherzhaft:
Die Kirche hat einen guten Magen,
kann ungerechtes Gut vertragen.

Mephisto erklärt dies ausführlicher in den Worten des Pfaffen (,Faust' I, Spaziergang):
Die Kirche hat einen guten Magen,
Hat ganze Länder aufgefressen,
Und doch nie sich übergessen;
Die Kirch allein, meine lieben Frauen,
Kann ungerechtes Gut verdauen.

Mit der Kirche ums Dorf gehen: verkehrt, umständlich handeln. Nach Wander (II, Sp. 1345) ist hierbei unter Kirche die Kirchengemeinde zu verstehen, die bei ihren Prozessionen einen langen Weg um das Dorf wählt. Daraus habe sich dann die Bdtg., einen Zweck auf dem umständlichsten Weg erreichen, entwickelt. Die Rda.

,Die Kirche im Dorf lassen'

ist mdal. im Vorarlbergischen, im Schwäb. und in der Schweiz verbreitet, wo es heißt: ‚Mit der Chilche um's Dorf umme^n ga^n'. *Die Kirche ums Dorf tragen:* unnötige Umwege und Umstände machen; els. sprw. ‚De Kirch is ka Frosch, die huppt net wack'; rhein. ‚Wann de den Weg gehscht, drägscht die Kirch um's Dorf erum'.

Seltener ist die gleichbedeutende Wndg. *ums Dorf in die Kirche gehen.*

Die Formeln *Kirche und Straße* und *Kirche und Markt* umfassen den ganzen Bereich der Öffentlichkeit und gründen sich auf alte Rechtsbräuche. Wenn sich Mann und Frau zusammen sehen lassen, erweisen sie sich damit als rechtlich zusammengehörig, als Eheleute. Neuvermählte machten nach der Trauuung einen feierlichen Gang durchs Dorf. An diesen Brauch war im 14. Jh. im Stadtrecht von Orlamünde sogar das Erbrecht gebunden. Die ndd. Rda. ‚eine Frau to Kark un Markt führen' bedeutet heiraten. Schlesw.-Holst. ‚he geit nich to Kark no to Mark', er lebt völlig zurückgezogen.

Die Wndg. *zu Kirchen gehn* meint auch die Einsegnung der Wöchnerin. Schweiz. sagt man dazu: ‚z'Chinds z'Chirchen ga^n', wenn die Wöchnerinnen 6 Wochen nach der Niederkunft den ersten Kirchgang tun. Dieser Brauch geht auf die in 3. Mos. 12 beschriebene jüd. Reinigungsvorschrift zurück, die in der röm. Kirche in ähnl. Form als löbliche Sitte zur bes. Segnung beibehalten wurde, teilweise sogar in den reformierten Kirchen. In der Lüneburger Heide sagt man dazu: ‚se hult Karkgang' und in Schlesien ‚ter Kerchen goehn'.

‚Solang mr sengt, ist de Kerch net aus': Auch länger Verheiratete können noch einen Nachkömmling bekommen.

In die Kirche läuten und dann schlafen gehen: andere zur Frömmigkeit auffordern, selbst aber zu bequem sein. Daß der sonntägliche Kirchgang vielfach nur als Pflichtübung betrachtet wurde, erweist die Feststellung: *Der kann die Kirche auch zu Gevatter nehmen,* wobei der seltene Kirchenbesuch mit einem pflichtgemäßen Verwandtenbesuch verglichen wird.

In die Kirche gehen, wo mit Gläsern zusammengeläutet wird: euphemist. für: ins Wirtshaus gehen, ↗ Magen.

Lit.: *Fuß:* ‚Machen daß die Kirch mitten im Dorf bleibt', in: Monatsschrift für die Gesch. Westdeutschlands 5 (1880), S. 650; *J. Künzig:* Art. ‚Kirche', in: HdA. IV, Sp. 1396–1410; RGG³ III, Sp. 1296–1327, Art. ‚Kirche'; Lexikon f. Theologie u. Kirche V, Sp. 968 ff., Art. ‚Kirche'.

Kirchenlicht ↗ Licht.

Kirchenmaus. *Arm wie eine Kirchenmaus:* sehr arm; in der Kirche gibt es keine Vorräte, deshalb ist die Kirchenmaus die allerärmste; ↗ arm, ↗ wie. Die Wndg. ist seit dem 18. Jh. bezeugt. Vgl. frz. ‚gueux comme un rat d'église'.

Im Märchen (KHM. 85) ist die Rda. erweitert zu: ‚arm u. kahl wie eine Kirchenmaus'.

Lit.: *V. B. Dröscher:* Mich laust der Affe (1981), S. 133–136. Weitere Lit. ↗ Maus.

‚Kirchenmaus'

Kirchweih. *Jem. auf die Kirchweih laden:* jem. seine Mißachtung dadurch bezeugen, daß man ihn mit ‚leck mich am Arsch' oder ähnl. Ausdrücken bedenkt; der Sinn der Rda. besteht also in einer groben Ablehnung. Die verhüllende Metapher dürfte mindestens bis ins 17. Jh. zurückgehen. In Ludwig Aurbachers ‚Volksbüchlein' (1827) lädt eine Bauerntochter in den ‚Abenteuern der sieben Schwaben' den aufdringlichen Blitzschwaben ‚auf die Kirbe'. Die Rda. ist vornehmlich im süd- und südostdt. Sprachbereich zu Hause, in Bayern und der Oberpfalz, in Franken und Schwaben, aber auch im Egerland und in Sachsen; so etw. bair. ‚Du kimm fei in Kirta!'. Im Bad. lautet die iron. Aufforderung ‚Kanscht mr uf d'Kirbe kumme!'. Anstelle einer Beleidigung setzt der Spötter euphemist. eine Ehrung. Mancherorts ist es dem so Angeredeten erlaubt, die Einladung – bes. wenn sie eindeutig spaßhaft und nicht im Zorn vorgebracht wurde – ernst zu nehmen und sich als Gast auf dem kommenden Kirchweihfest zu betrachten. Jedoch dürfte dieser (z. B. aus Schwaben bekannte) Brauch erst neueren Datums sein, denn er ist offensichtlich eine Schutzmaßnahme gegen das unbedachte ‚Kirchweihladen', ↗ Kirmes, ↗ Kerbe, ↗ Arsch.

Er tanzt auf jeder Kirchweih: er ist überall zu finden, ↗ Hochzeit.

Lit.: *A. Birlinger:* Zum alem. und schwäb. Wortschatz, in: Alemannia 10 (1882), S. 168–216; *R. Kubitschek:* ‚Auf die Kirchweih laden', in: Suddt. Zs. f. Vkde. 3 (1930), S. 113–114; *Anonym:* ‚De laatste kermis van Vlaanderen', in: Volkskunde 39 (1934–1935), S. 133.

Kirmes. Eine große Zahl von sprw. Rdaa. bez. den Sonnenregen. Man sagt, wenn es regnet und die Sonne scheint: ‚Dann ist in der Hölle ein Festtag' (Oldenb.), ‚Hochtid' (Friesl.), ‚Kirmes' (Westf., Rheinl.). Diese Version bestätigt auch der älteste seither bekannte hist. Beleg: „Wenn die Sonn scheinet vnnd zugleich regnet, so ist in der Hölle Kirchweih' (Christ. Lehmann: ‚Florilegium Politicum', 1630, 334: 32; J. M. Sailer; ‚Die Weisheit auf der Gasse', 1810, 179). Andere Versionen sind: ‚Man backt in der Hölle', ‚De Düwel backt Pannkok' (Oldenb.), ‚Der Düwel hält Schottelplakken feil' (Rheinl.), ‚Frau Holle hat Kirmes' (Niederrhein), ‚Die Heiden haben Hochzeit' (Schweiz), ‚De Düwel danzt mit sin Grotmudder' (Kreis Winsen), ‚De Düwel hat Hochtied' (Der Teufel hat Hochzeit; Schlesw.-Holst.), ‚Der Teufel stattet seine Töchter aus' (Mecklenb.). Den Sonnenregen hat man vielfach als ein Ringen zwischen Regen und Sonnenschein gedeutet, und in verschiedenen Gegenden sind verschiedene Bilder zur Illustrierung dieses Kampfes entstanden; in Dtl.: ‚Der Teufel prügelt sein Weib, seine Großmutter, Schwiegermutter' (Bayern, Österr.). ‚... s kröigt d'Teufelin Schläg' (Die Teufelin kriegt

Schläge; Egerland). ‚Der Düwel stickt sin Wif mit'n Dägen' (Der Teufel sticht sein Weib mit einem Degen; Celle), ‚Der Teufel hat seine Mutter erhenkt' (Mosel), ‚De Düwel kloppt sin Grossmudder' (Lüneburg). Das geschlagene Objekt war urspr. die Frau des Teufels (nicht die Großmutter; ↗ Teufel). Sie erscheint in dieser Stellung in der Überlieferung von 26 Völkern, wobei es für die Tradition aufschlußreich ist, daß es sich gerade um einen Ehestreit handelt. Schon Joh. Praetorius kennt die Wndg. „Donnerts und die Sonne scheint dazu: der Teufel schlägt seine Mutter, daß sie öl (= Bier) gibt" (J. Praetorius: ‚Blokkes Berges Verrichtung', Leipzig 1668, 2, 113). Die Redaktion ‚Der Teufel schlägt seine Frau', schon im 17. Jh. sowohl in Frankr. (‚le diable bat sa femme'), Holland (‚de duivel slaat zijn wijf') als auch in Dtl. feststellbar, dominiert heute in der ganzen engl.-sprechenden Welt (‚the devil is beating his wife'), ebenso im Gebiet des alten Österr.-Ungarn; dennoch ist es nur eine späte, allerdings außergewöhnlich expansive Redaktion der Teufelshochzeits-Tradition.

In Schlesw.-Holst. und in Oldenb. hat sich (ebenso wie in Dänemark) anscheinend auf der Grundlage der scherzhaften Rda. ‚He is dem Düvel üt der Bleke lopen', die eine braune Gesichtsfarbe meint, die örtliche Redaktion ‚Der Teufel bleicht seine Großmutter' herausgebildet. (‚De Düvel bleket sin Möm', ‚De Düwel hett sin Grôtmüder up de Blêk'). Zum Bleichen von Wäsche gehört wiederholtes Anfeuchten im Sonnenschein, so daß dieses Bild gut zu der Naturerscheinung paßt.

Andere Rdaa. bringen den Sonnenregen in Beziehung zu einer Hexe; ‚Die Hexen tanzen', ‚De ool Hex backt Pannkoken' (Die alte Hexe backt Pfannkuchen; Schlesw.-Holst.), ‚Die Hexen buttern' (Schlesien), ‚Die Hexen werden am Ende der Welt begraben' (Nordfriesl.). Man könnte glauben, daß die Wndgn. von Teufelshochzeit und Hexentanz mit den Vorstellungen vom drastischen Hochzeitsritual des Teufels und der Hexen, d. h. mit dem sog. Hexensabbat, verflochten seien. Aber es ist bemerkenswert, daß, obwohl Hexe wie Teufel äußerst häufige Subjekte in der Sonnenregentradition des europ.

Festlandes sind, keine einzige Variante auf eine Buhlschaft zwischen ihnen hindeutet. Vielleicht darf man daraus folgern, daß die Dämonenredaktionen der Sonnenregentradition bereits entstanden und in der Hauptsache herausgebildet waren, bevor die Vorstellung von der Teufelsbuhlschaft eine zentrale Stellung in der christl. und volkstüml. Dämonologie erlangt hatte.

In Mecklenb. sagt man ‚Nu ward ’n Hurkind makt oder süss ward en döfft‘ (Nun wurde ein Hurenkind gemacht oder getauft). In Westfinnl. heißt es, daß eine Hure Hochzeit feiert. Die Hurenhochzeit- oder Hurenkindredaktionen beschränken sich auf den Ostseeraum. Humoristisch ist die rhein. Version: ‚Ene Leutenant bezahlt seng Scholde‘ (Ein Leutnant bezahlt seine Schulden); ähnl. in Lüneburg: ‚s kummt ’n Edelmann in ’n Himmel‘ (Ein Reicher kommt nach der Bibel bekanntlich schwerer in den Himmel); ‚Nu kümmt ’n Snider in ’n Himmel‘ (Es kommt ein Schneider in den Himmel; Schlesw.-Holst., Sachsen); ‚De Düwel kriggt ’n Advokatenseel‘ (Oldenb.).

In völlig andere Anschauungen verweist: ‚Der Wolf hat das Fieber‘, ‚Nu deiht den Wulf de Buk weih‘ (Nun tut dem Wolf der Bauch weh), ‚Nu pissen de Wülw‘ (Mecklenb.).

Ähnliche an die Situation des Sonnenregens gebundene Paraphrasen gibt es in den verschiedenen Erdteilen in erstaunlicher Gleichheit des Strukturschemas und doch mit großer Variabilität innerhalb eines und desselben Landes: In Japan, Brasilien und Finnland heißt es, daß bei Sonnenregen der Fuchs Hochzeit feiert. In der Türkei sowie in Mexiko und Estland spricht man vom Gebären der Wölfin. Auf den Philippinen sowie in Chile und Rumänien sagt man, daß der Teufel schlägt oder sich prügelt. In Polen, Irland und Schweden buttern die Hexen. In der Türkei spricht man vom Schakalregen, in Finnland vom Fuchsregen, in der Ukraine und in Oesterr. vom Sauregen, in Dtl. vom Hasenregen, in Japan vom Hochzeitszug der Füchse. Die Spanier nennen den Sonnenregen ‚Zigeunersonne‘, die Weißrussen und die Finnlandschweden ‚Zigeunerregen‘. Kulturhist. bes. interessant

sind die rdal. Paraphrasen bei den skandinavischen Völkern; man sagt: ‚Die im Wasser Ertrunkenen trocknen ihre Kleider‘ (Dänemark, Norwegen, ebenso Polen), ‚Im Totenreich trinkt man bei der Hochzeit‘ (Finnland), ‚Die Mäuse feiern Hochzeit‘ (Südfinnland). Auch in Nordeuropa findet sich vielfach eine Dämonisierung der Tradition: ‚Die Trolle tanzen, waschen, baden, buttern usw.‘ (Schweden), ‚Der Fuchs badet‘ (Finnland), ‚Die alten Jungfern werden geheiratet‘ (werden begraben, schlagen sich, werden gebadet, verjüngt, baden auf dem Blocksberg, südl. Finnland). Diese Redaktionen darf man wohl mit dem Brauch der ‚Totenhochzeit‘, d.h. den Bräuchen bei der Bestattung von Ledigen, in Verbindung bringen.

Der finn. Forscher M. Kuusi hat etwa dreitausend Varianten von Rdaa. gesammelt, die alle die seltsame scheinbare Naturwidrigkeit illustrieren, in einer weltweit verbreiteten Widerspruchssymbolik. Es ist die Frage: Was ist in diesem reichen Material primär, was sekundär? Woher kommt diese merkwürdige Einheitlichkeit und zugleich Unterschiedlichkeit? Handelt es sich um eine genetisch zusammengehörige Tradition, oder ist Polygenese zu vermuten, d.h. daß die gleiche Menschennatur überall gleiche Vorstellungen schafft? Die Chronologie der hist. Belege ergibt keine Verbreitungshinweise, da die Streuung der Sonnenregentradition schon zu Beginn der Neuzeit fast ebensoweit entwickelt war wie im 20. Jh., und daß somit hinter den ältesten europ. Aufzeichnungen höchstwahrscheinl. ein tausendjähriger, vielleicht vieltausendjähriger Weg der Ausbreitung und Wandlung der Überlieferung steht. Kuusi hat erstmals die „Weltgeschichte einer Redensart" versucht, da offensichtlich die große Mehrzahl der Varianten einen gemeinsamen Stammbaum hat. Außergewöhnliche Naturerscheinungen (so auch Wirbelwind, Hagel, Regenbogen, Nordlicht, Sternschnuppen) werden rdal. mit seltsamen Situationen zusammengebracht. Neben bloßen Scherzfiktionen, wie dem Schuldenbezahlen eines Leutnants und anderen neckenden Kommentaren zu unglaublichen Ereignissen, gruppieren sich bestimmte Motive, die die Idee einer paradoxen Verbindung illustrieren, wie sie dem Sonnenregen als einer Kombination entgegengesetzter Naturelemente eigen ist: Streit und Kampf, gleichzeitiges Verheiraten der Tochter und Schlagen der Frau, Hungersnot eines Königs, gemeinsames Bad von Teufeln und Engeln, Heirat ungleicher Partner, wie zwischen Fuchs und Nachtigall, Lächeln durch Tränen mit verschiedenen Anpassungen an regionalen Volksglauben (Frau Holle, Trolle, Hexen usw.). Die theriomorphen Redaktionen dominieren in Asien und Afrika, außerdem aber im Mittelmeerraum und nordwestl. der Ostsee. Und zwar dominieren die Tierhochzeitsredaktionen zahlenmäßig und verbreitungsmäßig: Fuchs- und Schakalhochzeit, Bären- und Wolfshochzeit. Zu den altertümlichsten Versionen gehören die Fuchshochzeit- und Totenhochzeitredaktionen. M. Kuusi versucht den Nachweis der urspr. Zusammengehörigkeit aller Sonnenregen-Paraphrasen, von denen sich eine aus der anderen entwickelt hat, wobei die Vorstellung von der Fuchshochzeit zum ursprünglichsten Bestand gehört. Kuusi vermutet, daß Indien das erste Gebiet war, wo der Sonnenregen als Fuchshochzeit gedeutet worden ist.

Daß der Ausdr. *Kirmes in der Hölle* in Dtl. noch im anderen Sinnzusammenhang gebräuchl. gewesen sein muß, beweist seine Verwendung in einem Brief Martin Luthers (Dr. M. Luthers Briefe, hrsg. v. De Welte u. Seidemann, Bd. IV, S. 618): „Oder wird etwa Kirmes in der Hölle sein, daß der Teufel so lüstern ist mit larven?"

Lit.: *J. Grimm:* Dt. Mythologie, Nachdruck der 4. Ausg. (Tübingen 1953), Bd. II, 842f., III. 297; *M. Kuusi:* Regen bei Sonnenschein. Zur Weltgesch. einer Rda., FFC. 171 (Helsinki 1957).

Kirsche. *Mit ihm ist nicht gut Kirschen essen:* mit ihm ist nicht gut auszukommen; er ist ein unbequemer, unverträglicher, wohl auch: hochmütiger Mensch. Das der Rda. zugrunde liegende Bild ist z. T. so abgeblaßt und unverständlich geworden, daß es auch auf Dinge übertr. werden kann (z. B. ‚mit dem kranken Knie ist nicht gut Kirschen essen'). Die vollständige Form der warnenden Rda., die heute aber weitgehend abhanden gekommen ist und

die man nur selten noch hört, wäre: ‚Mit großen (hohen) Herren ist nicht gut Kirschen essen: sie schmeißen (spucken) einem die Kerne (Steine) ins Gesicht'. Im Volksmund ist im allg. nur die Kurzform der Warnung geläufig. Der Urspr. der Rda. fällt in eine Zeit, wo der Anbau der Kirsche noch auf die Klostergärten und die Baumgärten der vornehmen Herren beschränkt war; und so warnt die Rda. vor dem vertraulichen Verkehr mit den übermütigen, launenhaften Herren.

In Steinbachs Wb. von 1734 lautet die Wndg.: „Es ist nicht gut mit großen Herren Kirschen essen, sie werfen einem die Kerne ins Gesichte".

In den älteren Belegen überwiegt jedoch das Werfen der Stiele (vielleicht weil man einst die Steine auch ohne weiteres mitgeschluckt hat). So heißt es schon in Ulrich Boners ‚Edelstein' (um 1350):

> und ist nicht gůt
> Mit herren kriesin essen,
> Sie hant sich des vermessen:
> Der sich da nicht hüten wil,
> Sie werfen im der kriesin stil
> In diu ougen.

Der gleiche Reim wil: stil findet sich auch noch in einem Fastnachtsspiel des 15. und in einem Volkslied des 16. Jh.; die Belege sind sämtlich obd. Herkunft. Wo aber der Reim aufgegeben wurde, konnte ein Mißverständnis aufkommen; wie bei Eucharius Eyering in seiner großen Sprww.-Sammlung ‚Copia proverbiorum' von 1604 (III, S. 552), der, indem er ‚die stil' als ‚diestil' verlas, nun druckte:

> Grosser Herrn ist gut müssig gehen
> (d. i. aus dem Wege gehn),
> Dann sie werffen eim Distel unter
> Augen.

Der Beleg beweist zugleich, daß dem koburgischen Verfasser die Wndg. offenbar noch nicht in mdl. Überlieferung geläufig war, die sich vom Obd. offenbar erst langsam ausgebreitet hat. Bei G. A. Bürger heißt es:

> Mit Urian und grossen Herrn
> Ess' ich wohl keine Kirschen gern;
> Sie werfen einem, wie man spricht,
> Die Stiel' und Stein' ins Angesicht.

„Wie man spricht" bedeutet, daß Bürger noch die Vollform des Sprw. gekannt hat.

1/2 ‚Mit großen Herren ist nicht gut Kirschen essen‘

W. Spangenbergs Versen ist zu entnehmen, daß es sich wohl in erster Linie um Geiz gehandelt hat:

mit herren ist bös kirschen essen
wann sie die besten hand gefressen
so werfen sie mit stielen dich.
viel lieber will sie kaufen ich.

(Mylii lustgarten, Straßburg 1621, 412). Ähnliches ist auch einer weiteren Belegstelle zu entnehmen:

„Er wusste nicht, dass auch hier das Sprichwort gilt, es sei bös mit grossen Herren Kirschen essen, weil sie den Mitessern gerne Steine und Stiele ins Gesicht würfen, das Fleisch aber behielten" (J. Gotthelf, ‚Uli der Knecht‘, (1850), c. 6, 2, 51). Auf einen (zwangsläufigen) Verzicht deutet dagegen eine andere Rda., die im Märchen ihren Niederschlag gefunden hat: *Die Kirschen hängen mir zu hoch* (KHM. 107), ↗Trauben. Am verlockendsten waren und sind aber wohl immer die *Kirschen in Nachbars Garten,* wie sie auch in der Operette besungen werden. Dabei ist in erster Linie die Symbolbdtg. der Kirsche innerhalb der Sexualmetapher angesprochen. Früher war das Kirschenpflücken ein beliebtes Gesellschaftsspiel, bei dem ein Hölzchen (Gras- od. Strohhalm) mit den Lippen weitergegeben und bei jeder nächsten Runde etwas verkürzt erschien. War der Geschmack ‚sauer‘, ging’s weiter – ‚süß‘ konnte den Nächsten „erlösen".

Lit.: *W. Sieben:* Die Kirsche im Volksmund, in: Zs. f. rhein. u. westf. Vkde 9 (1912), S. 230–231; *E. Schröder:* Aus der Gesch. einer sprw. Rda., in: Hess. Bl. f. Vkde. 32 (1933), S. 94–97; *W. Danckert:* Symbol, Metapher, Allegorie im Lied der Völker, Bd III (Bonn-Bad Godesberg 1978), S. 1049–1053; *B. Toelken:* Zum Begriff d. Performanz im dynam. Kontext d. Volksüberlieferung, in: Zs f. Vkde. 77 (1981), S. 45–47.

Kissen. *Den Teufel aufs Kissen binden,* ↗Teufel.

Kiste. *Fertig ist die Kiste:* die Sache ist erledigt, durchgeführt; ähnl. wie ‚fertig ist die ↗Laube‘. Eine *faule Kiste* ist eine unsaubere, unredliche Unternehmung.

Eine Kiste bauen: eine Amüsierreise unternehmen, in gegenwärtiger Umgangssprache auch: mit dem Fahrrad stürzen; Kiste kann ein (älteres) Modell jeglichen Fahrzeugs meinen (Fahrrad, Auto, Flugzeug) und wird auch sonst vielfach, bes. berl., in übertr. Sinne gebraucht, so für Bett (‚Flohkiste‘), Gefängnis (wie ‚Kasten‘), Fußballtor (‚den Ball in die Kiste kriegen‘). Obersächs. nennt man ein starkes, kräftiges Mädchen ‚eine stramme Kiste‘.

Den Sprung in die Kiste tun: sterben, ↗zeitlich. ‚Eine Beziehungskiste haben‘: saloppe, neuzeitl. Wndg. für ein Liebesverhältnis. Abgewandelt wird dafür auch der Begriff ‚Psychokiste‘ verwendet, wenn eine solche Beziehung zum Problem wird u. deshalb die Hilfe eines Psychotherapeuten notwendig wird.

Viel von *Kisten (und Kasten)* ist die Rede auch in den Märchen der Brüder Grimm, die viele zu ihrer Zeit bekannten Rdaa. in ihre Märchentexte eingefügt haben (vgl. KHM. 31, KHM. 92, KHM. 181).

Kitt. *Der ganze Kitt:* die ganze Menge, alles; z. B. ‚den ganzen Kitt bezahlen‘, die gesamten Kosten, die ganze Zeche bezahlen. Die Wndg. ist erst in neuerer Zeit bezeugt; vielleicht als eine Weiterentwicklung aus: ‚alles, was da zusammenklebt‘. Doch hat man auch einen Nachklang von mhd. kötte, kitte = Haufen, Schar vermutet; zugehörig ist: eine ‚Kette' Rebhühner.

Klammerbeutel. *Dich hat man wohl mit dem Klammerbeutel gepudert:* du bist wohl nicht ganz bei Verstand; die Rda. ist erst zu Beginn dieses Jh. aufgekommen. Ihr liegt die Vorstellung zugrunde, daß jem., der statt mit der Puderquaste mit einem Beutel für Wäscheklammern gepudert ist, durch die Schläge auf den Kopf einen geistigen Defekt davongetragen haben muß.

klammheimlich. *Etw. klammheimlich tun:* unter größter Verschwiegenheit, meist auch ‚aus dem Hinterhalt', d. h. versteckt etw. vorbereiten. Es handelt sich um eine tautologische Bildung aus dem lat. ‚clam' = heimlich in Verbindg. mit dem dt. Ausdr. ‚heimlich'. Eine Überbetonung des Heimlichen liegt auch in der Wndg.: mit ‚klammheimlicher Freude', d. h. mit diebischer, versteckter Freude.

Klappe, klappen. Klappe wird in mdt. und nordd. Mdaa. vielfach für ‚Mund' gebraucht. Daher Wndgn. wie *Halt die Klappe!:* sei still; vgl. engl.: ‚keep your trap closed', vulgärsprachl. frz. ‚Ferme ta gueule!' (Halt's Maul!); *die große Klappe haben* (auch *schwingen, riskieren*): das große Wort führen; vgl. frz. ‚Il a une grande gueule'; *die Klappe einrasten lassen:* den Mund schließen; *die Klappe aufmachen:* sich äußern; vgl. frz. ‚ouvrir sa gueule'; *die Klappe aufreißen:* anmaßend, prahlerisch reden. Ähnl.: ‚Große Klappe, nichts dahinter'.

Klappe kann aber auch das Bett meinen. Dann bezieht sich der Ausdr. wohl auf das in Haftanstalten übliche Bett, das tagsüber an die Wand geklappt wird. *In die Klappe kriechen, sich in die Klappe hauen:* zu Bett gehen; *die Klappe bauen:* das Bett richten, machen. An der Ausbreitung dieser Rdaa. ist bes. das Berl. beteiligt gewesen.

Zum Klappen kommen: zu gutem Abschluß, zur Entscheidung kommen; *eine Sache zum Klappen bringen:* zum Erfolg führen. Diese Wndgn. gehen von dem ndd. Verb ‚klappen' aus, das lautmalend das Geräusch beim Schließen eines Deckels u. dgl. wiedergibt.

Etw. klappt (nicht): das geht (nicht) gut; scherzhaft erweitert: ‚Hier klappt nichts, nur die Tür'.

Klapper. Hat jem. ein unheilbares Leiden, so sagt man z. B. im Taunus *Er hat die Klapper.* Die Rda. hängt vermutl. nicht mit ‚klapprig' (= hinfällig) und ‚zusammenklappen' (= zusammenbrechen), sondern mit der Klapper des Aussätzigen zusammen. Die Aussätzigen durften die Stadt, wenn überhaupt, nur betreten, wenn sie sich durch ein Zeichen ankündigten, damit die Gesunden ihnen aus dem Wege gehen konnten. In den ‚Sieben weisen Meistern' macht sich der Aussätzige heimlich auf „mit synem stabe vnd klepperlyn" (1471). Geiler von Kaysersberg läßt die zehn Aussätzigen, die sich Christus nahen, nach dem Bericht zwar rufen, bemerkt aber, daß sie „villichter ire kleppern zuo hilff genummen, ... die ein maltz (Aussätziger) kan nit vast schryen". Die Klapper wurde zum Attribut der Aussätzigen. ‚Mit Klappern gehen' hieß: als Aussätziger wandern. Die Rda. für einen unheilbar Kranken ‚Er hat die Klapper' meinte also urspr.: er ist aussätzig, und im weiteren Sinne: er hat ein schweres Leiden.

‚Mit der Klapper gehen'

„Klappern gehört zum Handwerk" = Reklame muß sein, früher auf Märkten (marktschreierisch) ausgerufen, heute in der Werbung.

Lit.: *A. Martin:* Die Aussätzigenklapper im heutigen Volksmund, in: Zs. f. Vkde. 37/38 (1927/28), S. 117.

Klapperstorch. ‚Die kleinen Kinder bringt der Klapperstorch', ‚der Storch holt die

Babies aus dem Teich' etc. Von den zahlreichen Kinderbringern, die elterliche
Phantasie zur Befriedigung kindlicher
Fragelust erfand, ist der Klapperstorch
am weitesten bekannt. Am häufigsten
trifft man ihn in der Kinder-Folklore
selbst, bes. in zahlreichen Kinderreimen,
wie z. B.:

Storch, Storch, guter,
bring mir einen Bruder!
Storch, Storch, bester,
bring mir eine Schwester!

Dem norddt. Schwerpunkt des Klapperstorchs entspricht die Häufigkeit ndd.
Verse wie

Adebar to Neste,
bring mi ne lütje Swester.
Adebar, oder
bring mi n lütjen Broder!

Oder

Stork, Stork, Steene,
mit de lange Beene,
Hest 'n rotes Röcksken an,
de mi und die en Brörken bringen sall.

Wünscht man keine Kinder mehr, dann
ruft man:

Heilebart, du Langbein,
lat dik nu nich weder sein.

Aber auch im oberdt. Sprachgebiet findet
man gelegentlich solche Storchenlied-
chen, wie z. B. schweiz.:

Storch, Storch, heini,
bring mer au e Chleini!

Wie der Klapperstorch die Kinder bringen soll, dafür gibt es mancherlei Variationen: Häufig reagiert er auf ein Zucker-
stückchen, das die Kinder vor's Fenster
legen, um ihm den Wunsch nach weiteren Geschwistern kundzutun. Meist erzählt man den Kindern, daß der Storch
die Kinder aus dem Brunnen oder einem
nahen Gewässer fische und die Mutter
ins Bein beiße. Auch unter einem großen
Felsen holt er die Kinder hervor. Die arti-
gen Knaben bringt er auf dem Rücken,
die bösen im Schnabel.

In der Welt der Erwachsenen wird das
Storchenmärchen nur als reine Scherzfik-
tion oder als anzügliche Anspielung verstanden, spielt als solche aber schon in
volkstümlichen Hochzeitsbräuchen des
ausgehenden 19. Jh. und ebenso noch in
der Gegenwart eine Rolle. Im Erzgebirge
schnitzte und bemalte man den 'Braut-

1/2 'Der Klapperstorch hat dich gebracht'

storch' als Hochzeitsgeschenk. Wie bei
der Hochzeit die Braut 'unter die Haube'
kam, so setzte man auch dem jungen Ehemann zuweilen scherzhaft eine Bräuti-
gamsmütze mit dem Motiv vom kinder-
bringenden Storch auf. In den zwanziger
Jahren unternahm der 'Atlas der deutschen Volkskunde' (Fragebogen Nr. 16
und 17) eine Umfrage: 'Was erzählt man
den Kindern über die Herkunft der kleinen Kinder? Wer holt oder bringt die
Kinder von dort?' Dabei ergaben sich interessante regionale Verschiedenheiten:
Der Storch beherrscht etwa östlich des
Weserlaufs ganz Nord- und Mittel-
deutschland. Die geographische Verbreitung hängt natürlich auch mit den bevorzugten Nistgebieten des Vogels zusammen, doch wird er selbst in solchen
Gegenden als Kinderbringer genannt,
wo er gar nicht nistet.

Nächst dem Klapperstorch wird am häufigsten die Hebamme als Kinderbringe-
rin genannt. Seltener gelten Säugetiere,
wie der Fuchs (im Erzgebirge) und der
(geschenkebringende) Osterhase als Kinderbringer. Häufiger sind schon Wasser-
vögel. Auf der Insel Rügen und in
Pommern bringt der Schwan die kleinen
Kinder. Oft ist es so, daß der Schwan nur
im Winter die Rolle des Storches übernimmt, wenn die Störche weggezogen
sind. In Ostpreußen waren Rabe und

847

Krähe die bevorzugten Kinderbringer. Von den Vögeln, unter denen ganz vereinzelt auch Kuckuck, Kranich und Geier genannt werden, hat das geschlossenste Gebiet die Eule.

Über die Ablösung des Klapperstorchs durch andere Tiere gibt es auch Schwänke. Ein ndd. Gewährsmann berichtete: „Von't Kinnerbringen is de Klapperstorch jetzt afsett, de Kinner bringt de Uhu. As mien groot Swester hüüt Nacht en Kind krigen dee, heff ik achter de Kamerdöör staan un heff höört, wie se ümmer bölken dee: Uhu, uhuuu! Also nehm ich an, dat jetzt de Uhu de Kinner bring'n deit".

Als Kinderbringer gelten weiter religiöschristliche Figuren: Gott und Engel oder die Gestalten des Christkinds, des Nikolaus oder Ruprechts, des Weihnachtsmannes usw. In den meisten Walliser Ortschaften wird der ‚ermite' oder ‚Waldbruder' als Kinderbringer genannt, was auf den Ermite de Longeborgne bezogen wird. Diesen bekannten Wallfahrtsort pflegen Frauen aufzusuchen, um Kindersegen zu erflehen. In Tirol, Salzburg, Kärnten und Steiermark werden Pate oder Patin als Kinderbringer genannt. Wieder ganz ins Sagenhafte gehen die Berichte aus Schlesien und Sachsen (südlich bis zur Oberpfalz): dort bringt die Kinder vielfach der Wassermann, von dem in diesen Landschaften zahllose Sagen umlaufen. In Oberösterreich, Bayern, im Böhmerwald und Sudetenland, praktisch im ganzen altbayerischen Raum, erzählt man den Kindern von einem ‚Weib' oder ‚wilden Weib'.

Die Frage nach dem Kinderbringer ist nicht zu trennen von der nach dem Aufenthaltsort der Ungeborenen. Besonders in West- und Süddeutschland findet sich die Vorstellung eines Kinderbaumes. Dazu gehört der schwäb. Kinderreim:
Jetzt steig ich auf den Feigenbaum
und schüttel Buben runter.
Es fallen etlich tausend rab;
es ist kein schöner drunter.
In Böhmen läßt man die Knaben von Birn-, die Mädchen von Pflaumenbäumen abstammen. In anderen Ländern wird erzählt, daß die Kinder in Kohlköpfen wachsen (so in England, Belgien und Frankreich). Auch Steine und Höhlen bergen Kinder. In der Schweiz und in Tirol wachsen die Kinder an Felsen, im Steingeröll oder in einem Felsenloch.

Ganz überwiegend wird aber die Kinderherkunft aus dem Wasser bezeugt: aus Flüssen, Teichen, Quellen, Brunnen, Sümpfen, oder aus dem Meer. Im Schwäbischen heißen solche Orte ‚Kindlesbrunnen'. In vielen Orten Süddeutschlands, aber auch in Oberhessen, im Vogtland und in Niedersachsen sind die Geschlechter auf Buben- und Maidlebrunnen verteilt. Dorfweiher, Mühlen- und Schloßteiche werden anderswo genannt. In den Vierlanden ist die Elbe der Versammlungsort der Ungeborenen. An der Ostseeküste heißt es: ‚Du bist ut de Ostsee fischt'. Z. T. heißt es auch, daß Kinder von Bächen angeschwemmt werden. Oft sind Hebamme und Storch nur die Botengänger vom Kinderteich zur Menschenwohnung. In Tirol holt die Hebamme die Kinder wie Fische mit der Angel; in Hessen holt man sie aus dem Hollenteich. Die Vorstellung vom urspr. Wasseraufenthalt der präexistenten Kinder ist eine weltweit verbreitete Idee.

Sind die meisten Vorstellungen vom Aufenthaltsort der noch ungeborenen Kinder sehr altertümlich, so gilt dies offenbar nicht für den Klapperstorch als Kinderbringer. Diese Phantasiegestalt ist vielmehr ganz jung. Der Antike und dem Mittelalter war sie unbekannt, und es fehlen sogar über das 19. Jh. zurückgehende Literatur- oder Bildbelege. Lit. Zeugnisse reichen nicht über die Spätromantik zurück. So hat wohl A. v. Chamisso als erster ein ‚Klapperstorch'-Gedicht verfaßt:
Was klappert im Hause so laut?
                    horch, horch!
Ich glaub', ich glaube, das ist
                    der Storch.
Das war der Storch. Seid, Kinder,
                    nur still,
Und hört, was gern ich erzählen
                    euch will.
Er hat auch gebracht ein Brüderlein
Und hat gebissen Mutter ins Bein.
Sie liegt nun krank, doch freudig dabei,
Sie meint, der Schmerz zu ertragen sei.
Bes. durch Hugo Wolfs Vertonung be-

rühmt geworden ist Eduard Mörikes humorvolle ‚Storchenbotschaft‘, wonach dem erstaunten Schäfer gleich zwei Störche begegnen:

Doch halt! warum stellt ihr
        zu Zweien euch ein?
Es werden doch, hoff ich, nicht
        Zwillinge sein?
Da klappern die Störche im
        lustigsten Ton,
Sie nicken und knixen und fliegen
        davon.

Für den Volksglauben setzen die Nachrichten dann erst sehr allmählich ein. Noch vor 50 Jahren war der Storch als Kinderbringer in Süddtl. nahezu unbekannt. Im bayer. Schwaben galt es als ‚herrische Mode‘, von ihm zu sprechen. Eine vkdl. Erhebung Ende des 19. Jh. in Württemberg stellt fest: „Der Glaube, daß der Storch die kleinen Kinder bringe, dringt auch in Württemberg durch die gebildeten Kreise mehr und mehr ins niedere Volk ein".

Auch der Atlas der Schweiz. Vkde. führte zwischen 1937 und 1942 eine Umfrage bezüglich Kinderbringer und Kinderherkunft durch. In der Schweiz hat der Storch erst in der jüngsten Vergangenheit die Rolle des Kinderbringers übernommen. Die zeitlichen Angaben fallen überwiegend erst auf die Jahrhundertwende oder in das erste Viertel des 20. Jh.; und zwar wanderte er von Dtl. aus ein. Kommen lit. Belege erst vereinzelt im 19. Jh. auf, so gibt es genug zeitgenössische Belege im Gebrauchslieder- und Schlagergut. Nach der Melodie von ‚Santa Lucia‘ wird gesungen:

Kaum hat's Dich angebracht
heißt's auf der Erde:
Dich hätt' der Storch gebracht,
glaub nicht die Märe:
kämst aus dem tiefen Teich,
glaub nicht das närr'sche Zeug!

Neuer und bekannter ist der Schlager:

Auf dem Dach der Welt,
da steht ein Storchennest,
da sitzen hunderttausend kleine
        Babies drin.
Wenn Dir ein's gefällt
und Du mich heiratest,
dann bringt auch Dir der Storch
        ein kleines Babykind.

In moderner Sprichwörterprägung wird ein Zitat aus Schillers ‚Wilhelm Tell‘ parodistisch abgewandelt: ‚Der Mann im Haus erspart den Zucker auf der Fensterbank‘. Solche Zeugnisse ließen sich beliebig vermehren, und so läßt sich also nachweisen, daß der Klapperstorch erst in den letzten Jahrzehnten durch den Einfluß von Operettenschlagern, Redensarten und Witzzeichnungen, insbesondere aber durch Zeitung und Reklame (‚Storch-Moden‘), durch den Einfluß von Schulfibel, Kinderbüchern und Geburtsanzeigen, die einen Storch zeigen, der ein Wickelkind im Schnabel trägt, verbreitet worden ist. So merkwürdig es klingt: in einer Zeit fortschreitender Aufklärung und Rationalisierung dringt das Unwirkliche, Niebeobachtete gegen das dem Realen Nähere vor.

Wie haben sich nun aber älteste Glaubensschichten vom Aufenthalt der Ungeborenen mit dem jungen Storch als Kinderbringer verbinden können? Wahrscheinlich hängt es mit dem alten Glauben an den Wasseraufenthalt der ungeborenen Kinder zusammen, daß ein Sumpfvogel wie der Storch dazu ausersehen wurde, die kleinen Kinder ins Haus zu schaffen. Bereits in der Antike galt Adebar als Symbol der Fruchtbarkeit. Die zärtliche Liebe des Storches zu seinen Jungen wurde schon im Altertum gerühmt, ebenso im Mittelalter. Nach Konrad von Megenbergs ‚Buch der Natur‘ reißen sich die Störche die eigenen Federn aus und legen sie beim Brüten in das Nest, damit die Jungen nur weich sitzen können.

Vor allem aber spielte der Storch schon immer eine wichtige Rolle in der Mantik. Seine allgemeine Glücksbedeutung ist im Volksglauben vermutlich viel älter als wir sie belegen könnten. Schon in der ‚Rokkenphilosophie‘ von 1718/1722 steht der Satz: „Wer das Glück hat, daß Störche ihr Nest auf sein Haus oder Schornstein bauen, der wird lange leben und reich werden".

Immer wieder haben sich die Menschen darüber verwundert, daß der Storch Blitz und Donner nicht scheut. Das verdichtete sich in dem Volksglauben, ein nistender Storch schütze vor Blitz und Feuer.

Es werden ferner Analogien und Parallelen gezogen zu dem Storch auf dem Dach des Hauses. Ein Storch bringt eben einfach Glück. Umgekehrt verläßt der Storch das Haus, in dem Unfrieden herrscht.

Ohne daß Adebar unmittelbar als Kinderbringer fungierte, war er doch auch im älteren Volksglauben mit dem Kindersegen verknüpft: Wenn er keine Eier legte, so wurden in dem Hause auch keine Kinder geboren, und wenn seine Jungen starben, so starben auch die Kinder. Wer den Storch verstümmelte, bekam Kinder mit analogen Gebrechen. Nistete der Storch auf dem Haus eines jüngst getrauten Ehepaares, so bekam dieses so viele Kinder, als er Junge hatte. In der Altmark kündete ein fliegender Storch einem Mädchen, daß sie auf den Brautwagen kommen sollte, ein stehender aber, daß sie zur Patin gebeten würde.

In die Nähe der Klapperstorchvorstellungen gehören auch die Volkserzählungen vom sogenannten Storchenland. Besonders in Norddeutschland war im Volksglauben die Meinung verbreitet, daß die Störche verwandelte Menschen seien. Mehrere deutsche und griechische Volksmärchen berichten, daß die Störche im Herbst in ein fernes Land ziehen, wo sie den Winter über als Menschen leben. Im Mittelalter erzählte Gervasius von Tilbury (,Otia imperialia' III, 73) von einem pferdeköpfigen, im Nilland wohnenden Volk: „hi homines certis temporibus in ciconias transformantur et apud nos quotannis foetum faciunt".

Über das Mittelalter zurück führt eine bemerkenswerte Angabe des Rhetors Aelian in seiner Tiergeschichte (II, 23): „Alexander aus Myndos sagt, daß die Störche, die ein Leben voll Kindesliebe hinter sich haben, in ihrem Alter zu den Inseln der Seligen ziehen. Hier vertauschen sie die Vogelgestalt mit der menschlichen, zum Lohn für ihre Liebe zu den Eltern".

Zusammenfassend läßt sich sagen: die natürliche Herkunft der Kinder von der Mutter kann niemals zweifelhaft gewesen sein. Selbst die primitive Unklarheit über die Erzeugerfunktion des Vaters spielt in Mythologie und Volksglauben

keine Rolle. Hier stand also nur die schamhafte oder bequeme Verhüllung oder Umschreibung des Natürlichen vor dem fragenden Kind zur Debatte.

Wenn solche Erzählungen auch keine Rolle im Erwachsenenglauben spielen, so sind sie doch mehr als leere Fabulate vor Kinderohren. Hinter den Antworten, die man auch heute noch dem Kind gelegentlich auf die wißbegierige Frage gibt, woher es gekommen sei, wer es gemacht habe, stecken z. T. Vorstellungen eines alten Weltbildes. Was früher wirklicher Volksglaube war, das hat die Phantasie späterer Geschlechter ausgestaltet und benutzt, um den Wissensdurst der Kinder zu befriedigen.

Auch wenn der Storch als Kinderbringer selbst nicht allzu weit zurückreicht, so ist doch das Bild des Wassers als Inbegriff der Fruchtbarkeit und als Aufenthaltsort der noch ungeborenen Kinder alt. Der Storch seinerseits brachte viel Volksglauben mit, in den auch in seine neue Funktion mühelos hineinwachsen ließ. Offenbar mischen sich tatsächlich im Klapperstorchmärchen älteste und jüngste Vorstellungen in einer kaum noch zu trennenden Weise.

Während in früheren Forschungen die entspr. Rdaa. lediglich als ‚Schwundstufen' älterer Mythologien verstanden wurden, ist heute der Aspekt der Sozialpädagogik und Kinderpsychologie in den Vordergrund getreten. Der gesamte Komplex der sexuellen Aufklärung und Erziehung der Kinder ist an gesellschaftliche Bedingungen gebunden. Man weiß seit Sigmund Freud, daß die von Kindern gestellten Fragen nach ihrer Herkunft zugleich die ersten Fragen ihrer eigenen Sexualität sind mit dem Anspruch auf Sexualaufklärung. Die Redensarten hören sich zwar kindgemäß an, und die Kinder mögen sich in einem bestimmten Alter für eine Weile damit zufriedengeben, bis sie merken, daß man ihnen damit in der Beantwortung ausgewichen ist und eine ehrliche Erklärung schuldig blieb. S. Freud hat die These vertreten, daß die Verweigerung der kindlichen Frühaufklärung im Wunsch der Erwachsenen bestehe, die Fähigkeit der Kinder zum selbständigen Denken möglichst früh zugunsten der so hoch geschätzten ‚Bravheit' zu ersticken, und zwar eben durch Irreführung auf sexuellem und durch Einschüchterung auf religiösem Gebiet. Er sieht als Hintergrund der Prüderie das eigene schlechte Gewissen der Erwachsenen in Sachen Sexualität. Wenn Eltern umschreibende Antworten geben, sei anzunehmen, daß sie eigenen Projektionen erliegen. Dies muß kein bewußter Vorgang sein. Die Erwachsenen übernehmen die Rdaa. unkritisch aus dem tradierten Gedankengut. Die Antwort verhüllt die biol. Tatbestände und gibt keine sexuelle Aufklärung. Rdal. Ausflüchte über die Kinderherkunft können sogar eine negative Auswirkung auf die Entwicklung des Kindes haben: die Verhüllung der Antworten verletzt den Erkenntnisweg des Kindes und erschüttert oft auch zum ersten Mal dessen Vertrauen zu seinen Eltern, ↗ Storch.

Lit.: S. Freud: Zur sexuellen Aufklärung der Kinder (Frankfurt a. M. 1907); H. Ploss: Das Kind in Brauch und Sitte der Völker, 2 Bde. (Leipzig ³1911/1912); H. Schauerte: Die Herkunft der Kinder im Volksglauben des kurkölnischen Sauerlandes, in: Zs. für rhein. u. westf. Vkde. 27 (1930), S. 41–45; B. Kummer: Art. ‚Kinderherkunft', in: HdA. IV, Sp. 1342–1360; O. Lauffer: Kinderherkunft aus Bäumen, in: Zs. f. Vkde. 6 (1934), S. 93–106; E. Schneeweis: Art. ‚Storch', in: HdA, VIII, Sp. 498–507; O. Filitz: Warum bringt der Storch die Kinder? (Diss. Erlangen 1940); R. Beitl: Der Kinderbaum. Brauchtum und Glauben um Mutter und Kind (Berlin 1942); A. Walzer: Liebeskutsche, Reitersmann, Nikolaus und Kinderbringer (Stuttgart 1963); W. Gubalke: Die Hebamme im Wandel der Zeiten (Hannover 1964); L. Röhrich: Der Klapperstorch als Kinderbringer, in: Selecta 7 (1965), H. 8, S. 302–308; I. Weber-Kellermann: Die deutsche Familie. Versuch einer Sozialgeschichte (Frankfurt/M. 1974); I. V. G. Findeisen: Meinungen und Redensarten der Kinder über die Herkunft der Neugeborenen (Mag.-Arb. Bonn 1976); E. u. L. Gattiker: Die Vögel im Volksglauben (Wiesbaden 1989), S. 523–548; J. Gélis: Die Geburt. Volksglaube, Rituale und Praktiken von 1500–1900 (München 1989); M. Simon: Der Storch als Kinderbringer, in: Rhein.-westf. Zs. f. Vkde. 34/35 (1989/90), S. 25–39.

Klaps. *Einen Klaps haben:* nicht recht bei Verstand sein; Klaps bez. einen leichten Schlag, hier also einen Schlag an den Kopf, wodurch das Gehirn zu Schaden gekommen ist. Die Rda. ist seit dem 19. Jh. geläufig. Das Irrenhaus nennt man *Klapsmühle*, wobei ‚Mühle' auf die intensive Behandlung des Geisteskranken und auf Ausdrücke wie ‚durchgedreht' usw. anspielt.

Lit.: R. Carstensen: ‚Er hat einen Klaps', in: Sprachdienst 7 (1963), S. 54–55.

klar. *Klar wie Kloßbrühe:* ganz klar, offensichtlich, unleugbar, deutlich, ist ein rdal. Vergleich, bei welchem klar einmal das Durchsichtige, zum anderen das Einleuchtende meint. Die Rda. ist eigentl. scherzhaft-iron., denn Kloßbrühe ist stets trübe. Ähnl. Vergleiche sind: ‚klar wie dicke Tinte', ‚klar wie Klunkertunke' (schles.), ‚klar wie Sirup', ‚klar wie Zwetschgenbrüh', ‚wie Schuhwichs' (unterfränk.), ‚wie Mehlsuppe' (els.), ‚wie dicker Kaffee' (schlesw.-holst.) usw., oder auch nur wortspielerisch: ‚klar wie Klärchen'. Abzulehnen ist P. Forchheimers Versuch (‚Modern Language Notes', Nov. 1949), Kloßbrühe als Verdrehung von ‚Klosterbrühe' = dünne Klostersuppe zu deuten; ↗ klipp und klar.

Die Sache geht klar: die Sache nimmt den gewünschten Verlauf; entspr. *eine Sache (schon) klarkriegen:* eine Sache meistern, ein Problem bewältigen; klar steht hier in der Bedeutung ‚problemlos', ‚in Ordnung'.

Wie diese, so gehört auch die folgende Rda. dem 20. Jh. an: *Nun rede mal im Klartext:* drücke dich deutlich aus, sprich offen; ein Klartext ist ein dechiffrierter Text, der also jedermann verständlich ist und keine Geheimnisse mehr birgt.

Lit.: P. Forchheimer: ‚Klar wie Klössbrüh', in: Modern Language Notes 64 (1949), S. 493.

Klavier. Im Els. sagt man zu jem., der sich eigentl. etw. selbst am besten ausrechnen, die Folgen vorstellen kann: ‚Dis kanns dr vorstelle ohne Klavier', ohne künstlichen Nachweis im einzelnen. Allg. verbreitet ist die sinngleiche Wndg. *sich (etw.) abklavieren:* an den Fingern abzählen. ‚Das kannst du dir an den Fingern abklavieren' (auch: abklafünern, abklafünfen). Die Übertr. erfolgte von der technischen Bewältigung der Klaviatur, wie bei der Rda. *die Klaviatur beherrschen:* sich die äußere Technik, die notwendigen Fertigkeiten zu einem Amt erworben haben, so daß man sie spielend ausüben kann. *Sich aufklavieren.* Die Studentensprache sagt von einem Mädchen, das sich übermächtig putzt: ‚Es klaviert sich auf'.

kleben. *Jem. eine kleben:* ihm eine Ohrfeige versetzen; in der seit dem vorigen Jahrhundert geläufigen Rda. meint kleben = anheften, so wie man eine Briefmarke aufklebt.

Jem. bleibt kleben, wenn er in der Schule nicht versetzt wird; der schülersprachl. Ausdr. hängt mit der Vorstellung zusammen, daß ein solcher Schüler an seinem Sitzplatz haften bleibt, statt in eine andere Klasse überzuwechseln. Kleben oder ‚kleben bleiben' meint auch: den schicklichen Zeitpunkt zum Weggehen nicht finden, länger als beabsichtigt verweilen.

Klee. *Jem. (etw.) über den grünen Klee loben:* ihn (eine Sache) über Gebühr loben, ihn in übertriebener Weise rühmen und seine guten Eigenschaften bes. herausstellen, eigentl. jem. oder etw. noch höher schätzen als den grünen Klee, der bereits in mhd. Zeit zum Inbegriff des Frischen und Lebensvollen und des kräftig Gedeihenden geworden war. Die mhd. Dichter verwandten den Klee in zahlreichen Vergleichen, z. B. ‚grün wie Klee' und ‚grüner als Klee'. Schon früh wurde der mit Kleeblumen gezierte Rasen im Volksmunde und von den Dichtern kurz als ‚Klee' bez. und gewann in der Liebeslyrik – ebenso wie im Märchen (KHM. 129) – die bes. Bdtg. von Frühlingshaftem, erster Liebe und Schauplatz der Begegnung und des Abschiedes. Unsere Rda. bezieht sich wahrscheinl. auf diesen dichterischen Lobpreis des Klees im MA., der späteren Zeiten bereits als zu übertrieben erschien, so daß etw., was noch darüber hinausging, als groteske Steigerung aufgefaßt werden mußte. Als Walther von der Vogelweide (28,9) um ein Lehen bittet und sein Wandertum ohne eigenen Besitz beklagt, meint er im Gegensatz dazu von einem, der ein eigenes Haus und ein blühendes Anwesen dabei hat: „Sô mac der wirt wol singen von dem grüenen klê".

Die kräftige grüne Farbe des Klees wurde im Vergleich bes. hervorgehoben, z. B. rühmt Neidhart (36,7) an einer Frauentracht aus Barchent deren Farbe:

Diu ist von barkâne
grüene also der klê.

Bes. im Volkslied wurde der Klee seit dem 16. Jh. sehr beliebt und erhielt verschie-

dene symbolische Bdtg. Die Geliebte selbst konnte als „des Herzens Klee" bez. werden, der ‚grüne Klee' wurde wie der Garten oder der Rosengarten zum Ort der Liebesbegegnung, z. B. heißt es in einem Lied aus dem Odenwald (E. B. II, Nr. 530[b], Str. 2):

Komm zu mir in Garten,
Komm zu mir in Klee,

und in einem Abschiedslied aus Westfalen (E. B. II, Nr. 766[a], 3. u. 4) folgt der Wechselgesang:

Von der Lieb zu scheiden,
            das thut sehr weh;
Im Rosengarten
Will ich dein warten
Im grünen Klee.

Brauchst meiner nicht zu warten
           im grünen Klee;
Frei dir eine Reiche,
Die deines Gleichen,
Laß mich Arme stehn.

Häufiger ist die formelhafte Verbindung mit bestimmten Blumen. Zum Beispiel sind ‚Batenke (Schlüsselblumen) und Klee' im Strauß ein Zeichen verschmähter Liebe. So klagt das verlassene Mädchen im Schwarzwald (E. B. II, Nr. 703, 1):

Batenka muß i breche,
Schön Sträußele d'rauß mache
Aus lauter Batenka und Klee:
I han jo koi Schätzele meh.

Die Wndg. ‚in Veiel und grünen Klee' begegnet bereits 1535 in den ‚Graßliedlein' (15), wo es heißt:

Ich hab mir ein Bulen erworben
In Veiel und grünem Klee.

           (E. B. II, Nr. 678[a])

Kränze von Veiel und grünem Klee symbolisieren auch den Abschied (vgl. E. B. II, Nr. 752,4).

Vielleicht wegen des glücklichen Reimes ‚Schnee-Klee und weh' wurden Schnee und Klee zu einem wirksamen Gegensatzpaar verwendet. Der Schnee bedeutet Winter und Leid, der Klee dagegen Sommer, Liebe und Freude. In dem allgemein verbreiteten Lied ‚Ade zur guten Nacht' (E. B. II, Nr. 768,1) heißt es im Kehrreim:

Im Sommer wächst der Klee,
Im Winter schneits den Schnee,
Ich muß dich meiden.

Oft wird ein ähnl. Reimpaar auch verwendet, um den recht ungewissen Zeitpunkt der Rückkehr anzudeuten.

In älteren Liebesliedern und Balladen ist die Formel ‚unter Rosen und Klee‘ sehr beliebt, z. B. will das Mädchen im ‚Nachtjäger‘ unter ‚Rosen und Klee‘ begraben werden, um nicht zu vergehen. Auch bei dem Lied ‚Schöns Meidelein, wie bin ich dir hold‘ (E. B. II, Nr. 500) wünscht sich das sterbende Mädchen ein Grab unter Rosen und Klee. Möglicherweise liegt auch hierin ein Anlaß zur Entstehung unserer Rda. War der Klee früher eine beliebte Grabespflanze wegen seines frischen Grüns, wie heute z. B. Immergrün und Efeu, so liegt es nahe, daß auch Klee und Grab im Sprachgebrauch gleichgesetzt wurden. Lobt man jem. über den grünen Klee, so hieße das auch: man lobt ihn wie einen Verstorbenen. Da die Grabreden fast immer den Toten bes. rühmten und man sich hütete, etw. Nachteiliges von ihm zu sagen, erhielten sie leicht etw. Übertriebenes und Unwahres. Von hier aus könnte die Rda. auch so erklärt werden, daß jem. so gelobt wird, als sei er bereits gestorben.

Lit.: H. Schrader: ‚Etw. über den grünen Klee loben‘, in: Zs. f. dt. Sprache (Hamb.) 8 (1894–1895), S. 263–264; H. Marzell: Art. ‚Klee‘, in: HdA. IV, Sp. 1447–1458; B. v. Wulffen: Der Natureingang in Minnesang u. frühem Volkslied (München 1963); L. Röhrich: Liebesmetaphorik im Volkslied, in: Folklore international … in honoring of W. D. Hand (Hatboro/Pa. 1967), S. 187–200; L. Schmidt: Sprw. dt. Rdaa., in: Österr. Zs. f., Vkde., N.S. 28 (1974), S. 106; W. Danckert: Symbol, Metapher, Allegorie im Lied der Völker, III (Bonn-Bad Godesberg 1978), S. 881–890; G. Meinel: Planzenmetaphorik im Volkslied, in: Jahrb. f. Volksliedf. 27/28 (1982/83), S. 162–174 (Festschrift für L. Röhrich).

Kleid. *Etw. aufs Kleid gekriegt haben:* einen Tadel, auch Prügel bekommen haben. *Das ist ihm nicht in den Kleidern (hängen, stecken) geblieben:* das hat ihn innerlich stark mitgenommen, tief getroffen; man vergleiche dazu die sinnverwandte Rda. ‚Das geht unter die ↗ Haut‘. Ndd. sagt man ‚Dat is 'm net in de Kleer besitten bleven‘, außerdem: ‚Dat kumt mi nich an min kollen (= kalten) Kleer‘, das berührt mich nicht, geht mir nicht nahe, geht mich nichts an. Die Rda. ist seit dem 18. Jh. mdal. bezeugt.

Aus den Kleidern fallen: abgemagert, her-
untergekommen sein, ist eine groteske Vorstellung, daß nämlich dem Abgemagerten die Kleider so weit geworden sind, daß sie ihm keinen Halt mehr geben. Entspr. *sich tüchtig in die Kleider tun müssen:* reichlich essen müssen. Der Abgemagerte soll so viel essen, bis ihm die Kleider wieder passen.

Sein Kleid ist mit Hasenfell gefüttert: er ist sehr ängstlich und vorsichtig, furchtsam oder gar feige, ↗ Hase.

Seine Kleider lernen Hebräisch: sie sind in der Leihanstalt, urspr. sie sind beim Juden verpfändet worden. Die Wndg. brauchte man auch lit., z. B. ist sie im ‚Theatrum Diabolorum‘ (404[a]) bezeugt.

‚Kleider machen Leute‘. Scherzhafte Variante: ‚Kleider machen Leute und Lumpen machen Läus‘.

Das Sprw. begegnet auch in lit. Texten, z. B.: bei Gottfried Keller u. Robert Walser, die es als Titel verwendeten. Aber auch im volkstüml. Erzählgut hat es seinen Niederschlag gefunden, so auch in der Erzählung von einem Gelehrten (AaTh. 1558), der in seinem Alltagsgewand über den Markt geht u. feststellt, daß ihn keiner grüßt. Erst als er im Festornat erscheint, zieht jeder den Hut. Wütend geht er heim, zieht sich aus, tritt auf die Kleider u. fragt: „Bistu dann der Doctor, oder bin ich er?“

Lit.: G. Jungbauer: Art. ‚Kleid‘, in: HdA. IV, Sp. 1458–1512; A. Fink: Art. ‚Kleid, Kleidung‘, in: HRG. II. Sp. 860–864; H. Gerndt: Kleidung als Indikator kultureller Prozesse, in: Schweiz. Arch. f. Vkde. 70 (1974), S. 81–92; G. Böth: Kleidungsforschung, in: R. W. Brednich (Hg.): Grundriß der Volkskunde (Berlin 1988), S. 153–169; P. Reinacher: Die Sprache der Kleider im literarischen Text (Bern u. a. 1988); H.-J. Uther: Art. ‚Kleid‘, in EM. VII (in Vorbereitung).

klein. *Klein beigeben:* nachgeben, sich fügen. Die Rda. ist vom Kartenspiel hergenommen und beschreibt urspr. die Situation, in der ein Spieler den hohen Karten seines Gegners, da er sie nicht zu übertrumpfen vermag, nur kleine, d. h. geringwertige beigeben kann.

Etw. (nicht) klein kriegen: es (nicht) verstehen, es (nicht) begründen oder begreifen können; gemeint ist, daß man einen geistigen Sachverhalt (nicht) in seine Bestandteile zu zerlegen versteht. Urspr. ist die Rda. vom Holzhacken entlehnt (vgl. ‚etw.

kurz und klein schlagen', ↗kurz). Dagegen ist die Wndg. *jem. kleinkriegen:* ihn gefügig machen, kaum von dort herzuleiten; eher ist hier schon an einen in einer Auseinandersetzung unterlegenen Kämpfer zu denken, dessen Hochmut durch die Niederlage gedämpft, der also gedemütigt, ‚kleingemacht‘ worden ist (vgl. ndl. ‚iemand klein krijgen‘ oder ‚iemand klein maken‘); entspr. die Wndg. *Er ist nicht klein zu kriegen.* Eine Rda. des 20. Jh. ist *klein und häßlich werden:* gefügig, unterwürfig werden, zurückstecken. ‚Häßlich‘ bezieht sich hier wohl auf den kläglichen Gesichtsausdr., vielleicht auch auf die ‚geknickte‘ Haltung eines Menschen, der eine energische Vorhaltung über sich ergehen lassen muß.

Klein, aber oho: von kleiner Gestalt, aber sehr leistungsfähig; ‚oho‘ als Ausdr. der Verwunderung ist hier als lobende Äußerung zu werten.

Die Rda. *klein, aber fleißig* beruht auf der Beobachtung, daß, wer klein von Wuchs ist, mit seinen kürzeren Beinen mehr Schritte machen muß, um eine ‚gleiche‘ Strecke hinter sich zu bringen. Es liegt in der Rda. also die gleiche Anerkennung wie in ‚oho‘! Ähnl. ‚Klein, aber fein‘.

Klein haben bzw. *nicht klein haben* sind Verkürzungen aus ‚Kleingeld haben‘ bzw. ‚kein Kleingeld haben‘.

Klein müssen: harnen müssen, ist ebenfalls eine Verkürzung, und zwar steht es statt ‚kleine Notdurft‘ bzw. ‚kleiner Wunsch‘, ‚kleines Geschäft‘ oder ähnl. verhüllender Redewendungen.

Kleinholz. *Kleinholz aus etw. machen:* etw. zertrümmern, zerstören. Der Ausdr. ist vom Holzhacken hergenommen, am geläufigsten ist er in der Form einer Drohung: ‚Ich mache Kleinholz aus dir!‘ oder ‚Aus dem mache ich Kleinholz‘. Vgl. frz. ‚faire de quelqu'un du petit bois‘: einen verprügeln.

Von *Kleinholz machen* spricht man auch bei der Fliegerei und meint damit, daß jem. beim Landen das Flugzeug zu hart aufsetzt, so daß es zu Bruch geht. Hier ist zunächst an die Segelflugzeuge zu denken, die früher aus Holz (jetzt meist aus Kunststoff) gefertigt sind; später allg. zur Umschreibung von Bruchlandungen.

Auch beim Ski-(Schi-)Laufen kann man ‚Kleinholz‘ machen, ‚Ski-Salat‘ oder ‚Spitzensalat‘.

Klemme. *In der Klemme sitzen (sein):* sich in einer schwierigen Lage befinden, in Not und (Geld-)Verlegenheit sein; ndd. ‚in'e Kniep sitten‘. Die Rda. stammt wohl ebenso wie mdt. ‚in die Kloppe (d. i. ‚Kluppe‘ = gespaltenes Stück Holz) kriegen‘ vom Vogelfang, bei dem neben Leimruten auch gespaltene Holzstäbchen benutzt wurden; vgl. Wilhelm Busch 1872 in der ‚Frommen Helene‘:

Schlupp sitzt er (der Frosch) in der
           Butterbemme
Ein kleines Weilchen in der Klemme.

STAUBER

‚In die Klemme geraten‘

Vgl. ‚auf den Leim gehen‘, ↗Leim. Während für ‚Kluppe‘, ‚Kloppe‘ diese Herleitung gesichert erscheint („Sie worden dutzendweise gehenckt, wie man die Vogel in Kloppen henkt an die Bäume", Wintzenberger, ‚Wahrhaft Geschicht‘, 1583, S. 22), ließe sich bei Klemme auch an eine Übertr. der Bdtg. ‚geklemmter Zustand‘ denken, vgl. erzgeb. ‚Ich stak in der Klemm wie a Schrutsag‘ (Schrotsäge). Vgl. frz. ‚être dans de beaux draps‘ (euphemist.: in schönen Bettlaken liegen) oder ‚être dans de mauvais ...‘ oder ‚... vilains draps‘ (wörtl.: in schlechten Bettlaken liegen) oder auch ‚être dans le pétrin‘ (wörtl.: im Teig sitzen). Andere Abwandlungen der Rda. sind: *in die* (oder *eine*) *Klemme* geraten und *jem. aus der Klemme ziehen;* vgl. ‚jem. aus der ↗ Patsche ziehen'. Vgl. frz. ‚sortir quelqu'un du pétrin' (aus dem Teig ziehen).

Lit.: *L. Röhrich* u. *G. Meinel:* Rdaa. aus dem Bereich der Jagd und der Vogelstellerei, S. 321.

Klette. *Jem. wie eine Klette anhängen, sich wie eine Klette an jem. hängen* sind rdal. Vergleiche, die man auf eine Person anwendet, die durch ihre große Anhänglichkeit belästigend wirkt (vgl. ndl. ‚iemand aanhangen als een klis'; engl. ‚to stick to a person like a bur', ‚to hang on a person like a bur'; frz. ‚être collant comme une teigne'). Die Schwierigkeit, eine Klette abzustreifen, die sich mit ihren hakenförmigen Stachelspitzen in einem Kleidungsstück verfangen hat, ist hier auf einen Menschen bezogen. Ebenso: *aneinanderhängen (zusammenkleben) wie die Kletten:* fest zueinander stehen, unverbrüchlich befreundet sein, zusammenhalten. Vgl. ndl. ‚Zij hongen als klissen aan malkander (elkander)'. Lit. bereits bei Fr. v. Logau: „einer war des andern Klette" (Salomons von Golaw deutscher Sinngetichte drei tausend (Breslau 1654), 3, 6, 10, S. 100). Wenig bekannt ist die Rda. *jem. eine Klette anhängen:* ihm etw. Übles nachsagen, ähnl. *einem eine Klette in den Bart werfen,* lit. bereits bei den Minnesängern:

bezzert er mir niht, ich wirfe im
einen stein in sine garten und
eine klette in den bart

(MSG 3, 104ᵇ). Ähnl. heißt es im Fastnachtsspiel: „beschreit mich, wirft mir kletten an" (Fastnachtsspiele d. 15. Jh., ges. u. hg. v. A. Keller [Stuttgart 1853], 269, 13), oder: „dann wo ich wirf mein kletten an, die hangen fast, das macht mein gelt" (ebd. 262, 19).

Klinge. *Eine gute Klinge schlagen:* gewandt, wendig sein, auch: seinen Mann stehen beim Reden, beim Essen usw.: *eine scharfe Klinge führen* (oder *schlagen*): in Wort und Schrift scharf auftreten; *mit jem. die Klinge kreuzen:* eine Auseinandersetzung mit jem. haben; vgl. frz. ‚croiser le fer avec quelqu'un'.
Bei der Klinge bleiben: bei der Sache bleiben; alle diese Rdaa. entstammen der Fechtersprache. Der Bezug kommt noch deutlich zum Ausdr. in Lessings ‚Nötiger Antwort' (Schriften, hg. v. Lachmann, Bd. 10, S. 239): „Endlich scheinet der Herr Hauptpastor ... nach so langem ärgerlichen Aufheben, welches nur bei der schlechtesten Art von Klopffechtern im Gebrauch ist, zur Klinge kommen und bey der Klinge bleiben zu wollen".
Jem. über die Klinge springen lassen: ihn töten: diese grausam-humorige Umschreibung verwendet das Bild der Hinrichtung durch das Schwert. Strenggenommen ist es nur der Kopf, der über die Klinge springen muß, während der übrige Körper darunter bleibt. Luther trifft den Vorgang des Köpfens noch genauer, wenn er schreibt: „... die ihm den Kopf über eine kalte Klinge hatten hüpfen lassen". Der urspr. Sinn der Rda. wurde offenbar schon zu Beginn des 18. Jh. gelegentlich mißverstanden, denn in einem fröhlichen ‚Feld- und Bauernliedlein' aus dem Span. Erbfolgekrieg heißt es:

Mit der Klingen
Mach ich oft springen
Franzosen gar vil ...
Sie stehen nit still.

Vgl. ndl. ‚iemand over de kling jagen'; frz. ‚faire passer quelqu'un au fil de l'épée'; engl. ‚to put a person to the edge of the sword'. Die Rda. ist in gleicher Form und mit gleicher Bdtg. auch für Dänemark und Schweden bezeugt.

klingeln. *Es hat geklingelt:* es hat sich etw. Wichtiges ereignet, man ist gewarnt; auch i. S. v. ‚Bei ihm ist der ↗ Groschen gefallen'. Ähnl. ‚Jetzt hat's geklingelt', jetzt ist die Geduld zu Ende. *Bei ihr hat es geklingelt:* die Frau ist schwanger geworden. Die erst im 20. Jh. aufgekommene Rda. ist eine Variante zu ‚Der Storch hat angerufen'.

Klinke. *Klinken putzen:* betteln (hausieren) gehen. Die Rda. entstammt dem Rotw. des ausgehenden 19. Jh. Die scherzhafte Wndg. besagt, daß durch das häufige Erscheinen der Bettler die Türklinken blankgewetzt werden. Eine Herleitung von urspr. ‚Klingen putzen' im Zusammenhang mit dem ‚Fechten' oder ‚Fechtengehen' der wandernden Handwerksburschen wirkt dagegen zu umständlich. Die schles. Wndg. ‚Klinken schlagen gehen' bedeutet: Geld borgen, aber auch: beschäftigungslos umhergehen, müßig gehen. Damit in Zusammenhang stehen auch die Rdaa. *ein Klinkenputzer, ein Klinkenschlager sein.* Mathesy (357ᵇ) verurteilt solche Bettler und schreibt: „Klingschlaher, Müssigganger, die nichts studieret, noch sonst etwas redliches gelernt haben".

klipp. Die stabreimende Zwillingsformel *klipp und klar* ist eine Verstärkung des Wortes ↗klar und bedeutet: ganz klar, sehr deutlich, unmißverständlich. Die Formel ist in der Schriftsprache so jung, daß sie Rud. Hildebrand 1873 im Dt. Wb. der Brüder Grimm noch nicht anführt. Doch ist sie um die gleiche Zeit bei Paul Heyse bezeugt: „Die (Erbfolge) ist doch klipp und klar" (Ges. W., 1873 ff., Bd. 10, S. 298). Schon im Ausgang des 18. Jh. ist sie dagegen in ndd. Mdaa. nachweisbar: 1781 ‚klipp un klaor'. Im Schlesw.-Holst. begegnet neben ‚klipp und klaar' häufiger ‚klapp un klaar', völlig fertig, in Ordnung, das wohl auf den Zuschlag beim Viehhandel zurückgeht, wobei in die Hände geschlagen wird. Die ältere Verbindung von ‚klipp' und ‚klapp', die schon Luther geläufig war, ist heute u.a. noch im Köl. bekannt. Klipp gehört zu ‚klippen', das wiederum eine Ablautform zu ‚klappen' ist; so auch in der Wndg. *Es will nicht klippen und nicht klappen:* es will ganz und gar nicht gelingen; ↗klappen.

Kloß. *Einen Kloß im Hals (stecken) haben:* eine gutturale Singstimme haben, gepreßt singen, schlecht singen, undeutlich sprechen: die Rda. ist seit dem Ende des 19. Jh. theatersprachl. bezeugt. Statt der Rda. gebraucht man jedoch meist das sinngleiche Verb ‚knödeln'; einen Tenor mit gutturalem Akzent nennt man entspr. ‚Knödeltenor'.
Vgl. frz. ‚avoir des chats dans la gorge' (wörtl.: Katzen in der Kehle haben): heiser sein, ↗Frosch. Jem., der ein durch die Erregung verursachtes würgendes Gefühl in der Kehle spürte, kann aber auch sagen: Mir war zumute, als hätte ich *einen Kloß in der Kehle.*

Kloßbrühe ↗klar.

Klosterkatze. Sprww. und Rdaa. von der Klosterkatze sind im 16. Jh. sehr geläufig gewesen, z.B. ‚Die Klosterkatz hat's von den Herren gelernt, sie frißt mit beiden Backen'; ‚Klosterkatzen haben besser zu leben als viele Kinder'; ‚Klosterkatzen sind geil und lassen nicht lange bus, bus rufen'. Schon Seb. Brant hatte in seinem ‚Narrenschiff' von 1494 beißende Kritik am Kirchenwesen seiner Zeit geübt; Kap. 73 heißt es dort ‚vom geystlich werden':

Solch Klosterkatzen sind gar geil,
das schafft, man bindt sie nicht an Seil.
Auch Hans Weiditz hat eine Klosterkatze gezeichnet. Mit riesigem Rosenkranz zwischen den Pfoten schnurrt sie ihre Gebete ab, bewundert vom Mönchlein und von gutgläubigen Frauen. Niemand schenkt der Schlüsselübergabe an Petrus Beachtung, von der doch Papst und Priesterschaft ihren Machtanspruch ableiten.

‚Klosterkatze'

Bei dem Ausdr. ‚Klosterkatze' handelt es sich um eine verhüllende, satir. Bez. für den Mönch, der im Kloster nur das Wohlleben sucht. Im urspr. Sinne ist er u.a. auch belegt in einer Erzählung eines ehemaligen Mönches, der aus seinem Leben im Augustinerkloster in Colmar erzählt (um 1701) u. später zum Protestantismus übertrat: „ich muste bei der nachtmahlzeit statt an der tafel auf der erden im convent sitzend vor allen andern mit weniger suppe und wasser vorlieb nehmen. als (ich) nun selbige in gröster continence asze, kam eine der klosterkatzen ins convent, machte sich bei mir (neben mich), hekelte mit einer lächerlichen art die suppenschnitten aus dem schüsselein, welches ich vor mir hatte, heraus, dorfte ihr aber nicht wehren (darum heiszet es an dem katzenisch speisen)" (Joh. Balthasar Schäfer, ‚Der unter der Mönchskappe ehemals versteckt gewesene Tanzmeister‘, S. 18), ↗ Katze.

Klotz. *Einen Klotz am Bein haben:* stark behindert sein, in der Bewegungsfreiheit gestört sein, auch: verheiratet sein (von einem Mann gesagt), ein uneheliches Kind haben (von einer Frau gesagt); der Klotz oder ‚Block‘ ist ein unförmiges Stück Holz, manchmal sogar eine schwere Eisenkugel, die einem Strafgefangenen an das Bein gekettet wurde, um ihm eine Flucht unmöglich zu machen; vgl. frz., ‚avoir un boulet (Kanonenkugel) au pied‘. Ein Klotz wurde auch unruhigen Tieren ans Bein gebunden, um sie am Ausbrechen zu hindern u. damit sie sich nicht vom Weideplatz entfernen konnten (vgl. ndl. ‚een blok aan het been hebben‘). Dieses Bild wurde dann auf den Menschen übertragen, ↗ Knüppel.

Kluft. *Sich in Kluft werfen (schmeißen):* sich gut kleiden, sich herausputzen; das Wort Kluft leitet sich aus dem Jidd. ‚Keliphas‘ (= Schale) her und bedeutet rotw. auch ‚Kleidung‘ (vgl. ‚Gala‘ und ‚Schale‘).

Klump. *Etw. (in) zu Klump(en) hauen* (oder *schlagen, schießen* usw.): etw. zerstören, vernichten, völlig unbrauchbar machen; Klump ist ein ndd. Wort und bedeutet ‚Klotz‘ oder ‚Kloß‘. Die Rda. meint also eigentl.: etw. völlig zusammenschlagen, ↗ ‚Kleinholz aus etw. machen‘, ‚etw. kurz und klein schlagen‘; sie ist seit dem 19. Jh. bekannt.
Lautmalerisch davon abgeleitet ist das Wort ‚Klumpatsch‘ (wieder der tsch-Laut wie Matsch, Klatsch): ‚Bau doch nicht alles auf einen Klumpatsch, laß doch ein bißchen Luft dazwischen!‘ Negativ: „… er hat alles in'n Klumpatsch gehauen‘.

Knall. Der Ausdr. *Knall und Fall:* augenblicklich, äußerst schnell, plötzlich, uner-

wartet, entstammt der Jägersprache; gemeint ist: so schnell, wie das vom Jäger getroffene Wild nach dem Knall der Büchse niederfällt. „Es machen wie die Wildschützen, da Knall und Fall ein Ding ist" (Joh. Balth. Schuppius, Schriften, 1663, S. 21). Im urspr. Zusammenhang finden wir die Rda. noch in Grimmelshausens ‚Simplicissimus‘ (Kap. 9): „Aber ehe er sich's versahe, hatte ich die Pfanne offen und wieder angeschlagen, hieß ihn auch dergestalt willkommen sein, daß Knall und Fall eins war". Und an anderer Stelle (Kap. 18): „… da prasselten die Kerl haufenweis herunter, Knall und Fall war eins". Lessing muß der Realursprung der Rda. noch geläufig gewesen sein, wenn er in der ‚Emilia Galotti‘ (IV, 1) schreibt: „Er schoß Knall und Fall den einen nieder". Allerdings finden wir die Rda. in Lessings ‚Nathan‘ (III, 10) bereits in übertr. Bdtg.:

> Was hieß denn das, daß Ihr so Knall
> und Fall
> Euch aus dem Staube machtet?

Der Urspr. der Rda. ist heute allg. in Vergessenheit geraten. Das beweisen Wndgn. wie ‚jem. Knall und Fall entlassen‘ und ‚es kam alles Knall und Fall‘ oder gar ‚Knall auf Fall‘ in Anlehnung an den Ausdr. ‚Schlag auf ↗ Schlag‘.
Dabei handelt es sich um eine gedankenlose Weiterbildung, da der Fall dem Knall vorausgeht u. nicht nachfolgt, wie die Rda. anzudeuten scheint.
Einen Knall haben: verrückt sein. Diese Rda. ist bes. in Mittel-, Nord- und Westdtl. gebräuchlich. Berl. ist die Rda. ‚Hast wol 'n Knall?‘, du bist wohl verrückt. Knall als kurzer, lauter Schall meint hier wohl einen kräftigen Schlag gegen den Kopf und den dadurch bewirkten Gehirnschaden; davon abgeleitet ist das Schimpfwort *Knallkopf* für einen dummen, verrückten Menschen.

Lit.: *E. Wülfing:* ‚Knall auf Fall?‘, in: Zs. f. d. U. 18 (1904), S. 68–69; *L. Röhrich* u. *G. Meinel:* Redensarten aus dem Bereich der Jagd und der Vogelstellerei, S. 313–323.

Knalleffekt. *Das ist der Knalleffekt bei der Sache:* das ist das Überraschende, die verblüffende Wirkung, die unerwartete Wndg., der Höhepunkt, das Entscheidende bei der Sache; der Ausdr. ist seit dem frühen 19. Jh. lit. bezeugt, er ist von Feuerwerksvorführungen hergeleitet.

Lit.: *H. Bächtold-Stäubli:* Art. ‚Knie‘, in: HdA. IV, Sp. 1570–1572; *H. Hepding:* Art. ‚Knien‘, in: HdA. IV, Sp. 1572–1584.

Knie. *Etw. übers Knie brechen:* etw. schnell, gewaltsam erledigen, etw. rasch abtun. Die Rda. beschreibt den Vorgang, daß man dünnes Holz oder Reisig, wenn man es rasch zerkleinern will, über dem gebogenen Knie zerbricht, statt erst nach einer Axt oder Säge zu greifen. Die übertr. Bdtg. der Rda. leuchtet sogleich ein, wenn man bedenkt, daß bei einem solchen Verfahren eine genaue Teilung des Holzes nicht möglich ist. Es entsteht dadurch der Nebensinn: etw. flüchtig bearbeiten. Bei Abraham a Sancta Clara lautet die Rda. noch „alles über die Knye abbrechen" (‚Reim dich‘ 247), sie ist jedoch wahrscheinl. noch erheblich älter. In einer ‚Clavis germanico-latina‘ (173 b) erklärt J. Dentzler 1697 „über ein Knie abbrechen / abrupte facere, praecipitanter agere"; mit ‚abbrechen‘ führt auch 1796 Adelung die Rda. an, und in bair. Mda. ist sie so noch in neuerer Zeit bezeugt. Dagegen meint die Feststellung *Das läßt sich nicht übers Knie brechen:* es ist nicht so leicht und rasch zu erledigen, Vorbereitungen und Anstrengungen sind nötig.

In die Knie gehen (brechen): schwach werden und zusammensacken, aufgeben, auch: in Ehrfurcht niederknien; in Zuckmayers ‚Schinderhannes‘ (2. Akt) heißt es rheinhess. „Hebst aus der falsche Schulter, un mußt in die Knie breche".

Vgl. frz. ‚avoir les jambes de laine‘ (wörtl.: wollene Beine haben): schwach werden. Einem Menschen, der in einer bestimmten Situation einen dummen Vorschlag macht, was zu tun sei, antwortet man: *Du kannst dir auch ein Loch ins Knie bohren und mit Blei zugießen.* Bei dieser Redewndg. an urspr. Foltermethoden zu denken, ist sicher verfehlt; vielmehr soll die phantastische Aufforderung die Unsinnigkeit des gemachten Vorschlags charakterisieren.

Im Obersächs. umschreibt man mit der Wendung ‚jem. ein Loch ins Knie bohren‘ die bes. Hartnäckigkeit, die man aufwenden muß, um einen anderen zu überzeugen, um ihn zum Kauf, zu einem Vertragsabschluß zu überreden.

Kniphausen. In Ostfriesland dient der Name eines Schlosses bei Wilhelmshaven zur Charakterisierung eines Geizigen in dem Scherzausdr. ‚He is von Kniphausen und Holtfast‘. ‚Kniphausen‘ wird mit dem Adj. ‚kniepig‘ = geizig, sparsam, um den Preis feilschen in Zusammenhang gebracht. ‚Holtfast‘ = Haltefest enthält ein Wortspiel mit den vielen ndd. Ortsnamen, die mit ‚Holt‘ = Holz beginnen.

knistern. *Es knistert im Gebälk:* ein Krach oder der Ausbruch einer Krise steht unmittelbar bevor, eine peinliche Affäre steht kurz vor ihrer Aufdeckung. Bei dieser Rda. wird an das Knistern und Knakken gedacht, das dem Einsturz eines Holzgebäudes unmittelbar vorausgeht. Die Wndg. mutet altertümlich an, da sie sich offensichtlich auf Holzbauten bezieht. Ungeklärt ist jedoch noch, ob sie nicht vielleicht der Sprache der Bergleute entlehnt ist, denn das Knistern der Holzausbauten in der Grube bedeutet heftigen Gesteinsdruck und signalisiert äußerste Gefahr.

Es beginnt (bereits) zu knistern: ein Liebesverhältnis bahnt sich an; wie Beobachter bemerken, nimmt die Anziehungskraft zwischen zwei Menschen so zu, daß sie sich bald wie eine Hochspannung funkensprühend entladen wird.

Knochen. Mit Knochen bez. man die menschlichen Beine, die Hände und auch allg. das Innerste, den Sitz der Kraft des Menschen. *Bis auf die Knochen:* völlig, durch und durch, so z. B. in der Wndg. ‚bis auf die Knochen naß werden‘; vgl. frz. ‚jusqu’aux os‘.

Die Knochen zusammenreißen: strammstehen, militärische Haltung annehmen, ist ein sold. Ausdr. ähnl. der Rda. ‚die ↗ Hacken zusammenschlagen‘. Eine wüste Drohung ist *jem. die Knochen zusammenschlagen* (oder *entzweischlagen*) *wollen;* vgl. frz. ‚briser les os de quelqu’un‘; ebenso jem. verhauen, *daß er die Knochen im Sack nach Hause tragen kann;* ähnl. die Mahnung vor Beginn einer Schlägerei: ‚Laß deine Knochen numerieren!‘ *Das ging mir in die Knochen, das ist mir in die Knochen gefahren:* das hat mich tief, im Innersten getroffen, tief beeindruckt; hier liegt eine Parallelbildung zu ‚in die ↗ Glieder fahren‘ vor. *Das liegt mir schon lange in den Knochen* sagt man von einer körperlichen Krankheit oder Beschwerde, bei Rheumabeschwerden heißt es sogar: ‚Das Wetter (oder der Wetterumschwung) lag mir schon lange in den Knochen‘. Die Rda. *Die alten Knochen wollen nicht mehr* will deutlich machen, daß man nicht mehr auf der Höhe seiner Kraft ist. Hier werden die Knochen gewissermaßen als innerster Sitz der Kraft verstanden, ebenso in der Wndg. *Knochen ansetzen:* Kraft anwenden müssen; vgl. ndd. ‚de Knaken angripen‘, angestrengt arbeiten. Im gleichen Sinne nennt man schwere Arbeit ‚Knochenarbeit‘, sie ist ‚knochenfressend‘. Daher sagt man im Ndd., wenn eine schwere Arbeit nicht recht ‚laufen‘ (gelingen) will: ‚Do man biärten Knoakenfett dobie!‘ Im Rheinischen. heißt es von einer Schwangeren scherzhaft: ‚Sie hat Knochen im Leib‘; von einem seit langem Verstorbenen heißt es dort: ‚Mit seinen Knochen kann man (schon) die Äpfel (von den Bäumen) abwerfen‘. Eine ähnl. Wndg. gilt als Drohung: *Mit deinen Knochen schmeiße ich noch Birnen vom Baume:* ich werde dich überleben.

Nichts als Haut und Knochen sein ↗ Haut.
Die Knochen nicht mehr spüren: übermüdet, erschöpft u. gerädert sein.
Sich bis auf die Knochen blamieren: umg. Rda. für ein unangenehmes Mißgeschick. ↗ Blamage, blamieren.

Lit.: *Pohl:* ‚Mit eines Knochen die Nüsse abwerfen‘, in: Monatsschrift für die Gesch. Westdeutschlands 5 (1881), S. 648; *H. Bächtold-Stäubli:* Art. ‚Knochen‘, in: HdA. V, Sp. 6–14.

knödeln ↗ Kloß.

Knopf. *Knöpfe auf (vor) den Augen (statt der Augen) haben:* nicht genau hinsehen, nicht gut beobachten, so als ob die Augen zugeknöpft wären, womit sich auch die Aufforderung ‚Knöpf deine Augen auf!‘, paß besser auf, erklärt. Vielleicht ist auch an die Knopfaugen der Stofftiere für Kinder zu denken, die nicht funktionsfähig sind. Die Rda. ist auch mdal. verbreitet,

z. B. heißt es rhein. ‚De hätt Knöpp op de Oge‘. Ähnl. *Knöpfe in den Ohren haben:* etw. nicht hören (wollen); vgl. frz. ‚avoir les portugaises ensablées‘ (umg.). (Wörtl.: Ihm sind die portugiesischen Austern [= Ohren] voll Sand.)
Knöpfe im Kopf haben: durchtrieben sein, ↗ Grütze.
Sich (einem) einen Knopf in (an) die Nase machen: ein Erinnerungszeichen machen, damit man etw. Wichtiges nicht vergißt. Vgl. die Wndg. ‚sich einen ↗ Knoten ins Taschentuch machen‘.
Knöpfe haben: viel Geld besitzen, vermögend sein. Die Knöpfe sind ihrer ähnl. Form wegen zur umg. Bez. für Münzen geworden. Vielleicht stammt der Vergleich aber auch von den Silbermünzen, die früher von Wohlhabenden als Knöpfe an der Kleidung (Tracht) getragen wurden.
Etw. für einen Knopf und einen Klicker abgeben: etw. für einen geringen Gegenwert, für nichts abgeben, ist mdal. in Rheinhess. bezeugt (vgl. ‚für einen ↗ Apfel und ein Ei‘). *Den letzten Knopf springen lassen:* den letzten Pfennig ausgeben. Der Knopf steht oft auch für das Nichtige, Wertlose, daher: *keinen (Hosen-)knopf wert sein:* gar nichts wert sein, bedeutungslos sein.
Ähnl. auch: *Keinen Knopf (nicht einmal einen Knopf) erhalten haben:* nichts, rein gar nichts, keinen Pfennig. Die Wndg. bezieht sich auf die früheren Opfergänge bei Kommunionen u. Totenmessen, bei denen Geld gespendet wurde u. nicht selten auch Hosen- oder Wamsknöpfe in den Opferstock gelangten. Wenn gar nichts drin war, hieß es dann: ‚nicht einmal ein Knopf‘. Später wurde die Rda. auf andere Dinge übertragen und stellvertretend für nichts u. gar nichts gebraucht – ähnlich wie die Wendung ‚keinen roten ↗ Heller‘.
‚Jemandem Geld abknöpfen‘: ihm Geld abnehmen. *Er läßt sich die Knöpfe vom Rocke herunter stehlen:* er ist ein gutmütiger Kerl, der alles mit sich machen läßt. *Er vertut den letzten Knopf:* er macht sich arm. *Er hat Knöpfe ohne Ösen gemacht:* er hat Falschmünzerei getrieben.
Den Knopf auf dem Beutel haben: die eigene oder auch die fremde Kasse beherrschen, die Mittel besitzen, um sich zu sichern. Ähnl. *einem den Knopf auf den*

Beutel halten: ihn am leichtsinnigen Geldausgeben hindern.

Eins hinter die Knöppe gießen: einen hinter die ⁊ Binde gießen, trinken.

Sich etw. an den Knöpfen abzählen: eine Entscheidung, die Bestätigung durch ein Orakel gewinnen. Dieser Brauch hat auch im modernen Schlager seinen Niederschlag gefunden:

Ich zähl' mir's an den Knöpfen ab.

Ja – nein, ja – nein, ja.

Ob ich bei dir Chancen hab' ...

Umg. steht Knopf oft für ‚Mensch‘, ‚Kerl‘, z.B. ‚ein ulkiger (gediegener etc.) Knopp‘. Die obersächs. Beteuerungs- und Verwunderungsformel ‚Weeß Kneppchen‘ ist aber wohl eine Entstellung aus ‚(Das) weiß Göttchen!‘ Unter Knopf versteht man meistens den kleinen, dicken Kerl, den heranwachsenden Buben. So bedeutet die schwäb. Rda. ‚Der Knopf geht auf‘, der Kleine wächst, wobei Knopf auch anstelle von Knospe stehen kann. Dies ist der Fall bei der schweiz. Wndg. ‚Er hat den Chnopf uf tho‘, er fängt plötzlich an zu wachsen, eigentl. die Knospe entfaltet sich.

So heißt es auch von einem jungen Mädchen, das sich gut entwickelt hat, *der Knopf ist ihm gesprungen* (Bad. Wb. III, 190) oder wenn es noch unreif ist: *Noch nicht alle Knöpfe dran haben.* Die oberösterr. Rda. ‚Der Knopf is iem afgange‘ bedeutet dagegen: es ist ihm klargeworden, er beginnt zu begreifen.

‚Es gibt Knöpfle‘ bedeutet dagegen im Schwäb.: es gibt handgemachte Spätzle zu essen.

‚Jem. einen Knopf an den Backen nähen wollen‘ (Köln. mdl.) (meist gebraucht in der abwehrenden Form ‚du willst mir wohl einen Knopf ...?‘): jem. anlügen, für dumm verkaufen wollen.

‚De söcht en Knoop un findt en Daler‘ heißt es ndd. von einem Glückspilz.

Lit.: *P. Beck:* Zu der Entstehung der Rda.: ‚Keinen Knopf‘, in: Euphorion 7 (1900), S. 585–586; *E. Brabandere:* ‚Koben knopt zijn knopen‘, in: Biekorf 21 (1910), S. 95; *G. Jungbauer:* Art. ‚Knopf‘, in: HdA. V, Sp. 14–16; Münzen in Brauch u. Aberglauben, hg. v. German. Nat.mus. Nürnberg (Mainz 1982), S. 222.

Knopfloch. *Aus allen Knopflöchern schießen* ist eine scherzhafte Redewndg. aus der Soldatensprache und bedeutet dasselbe wie ‚aus allen Rohren schießen‘: sie ist spätestens seit dem 1. Weltkrieg geläufig. Später wurde *aus allen Knopflöchern* auch in anderem Zusammenhang allg. gebräuchl., z.B. ‚vor Faulheit aus allen Knopflöchern stinken‘, ‚aus allen Knopflöchern grinsen‘, ‚aus allen Knopflöchern schwitzen‘ usw. (⁊ weinen). ‚Bei ihm blinzelt der Zaster aus allen Knopflöchern‘, er ist sehr wohlhabend; ‚ihm guckt die Dummheit aus allen Knopflöchern‘, er ist sehr dumm; ‚ihm guckt der Kohldampf aus allen Kopflöchern‘, er ist sehr hungrig.

Knoten. *Die Sache hat einen Knoten:* ist schwer zu lösen, hat eine Schwierigkeit. Der Ausdr. ist sinnverwandt mit der Rda. ‚Die Sache hat einen ⁊ Haken‘; vgl. frz. ‚L'affaire a un os‘ (umg., wörtl.: Die Sache hat einen Knochen). Die Wndg. ‚Da liegt der Knoten‘, d.h. die Hauptschwierigkeit, erscheint bereits in der Erlanger Ausg. (25,66) von Luthers Schriften.

Den (gordischen) Knoten durchhauen (oder *lösen*): eine Schwierigkeit, ein Hindernis durch eine energische Handlung beseitigen, ein Problem ‚mit einem Schlag‘, auf gewaltsame Weise lösen; die Rda. geht auf einen Bericht von den Taten Alexanders des Großen zurück. Ein bes. kunstvoll verschlungener und für unentwirrbar gehaltener Knoten lag im Jupitertempel der Stadt Gordium in Phrygien. Einem Orakel zufolge würde derjenige, der den Knoten zu lösen verstünde, die Herrschaft über Asien erlangen. Diesen Knoten soll Alexander 333 v.Chr. mit dem Schwert zerhauen haben (Curtius, Hist. Alexandri Magni III, 1, 15 ff.; vgl. Justin IX, 7, 13 ff.). Vgl. engl. ‚to cut the

‚Den gordischen Knoten durchhauen‘

Gordian knot'; frz. ,trancher le nœud gordien'; ndl. ,de knoop doorhakken'.

Der Knoten reißt (ist gerissen): die Schwierigkeit löst sich, der Verstand bricht durch, die Hemmung im Wachstum, in der geistigen Entwicklung ist überwunden; das Gegenteil meint die Wndg. *Der Knoten ist noch nicht gerissen.*

Sich einen Knoten ins Taschentuch machen (Schnupftuch binden): sich ein Erinnerungszeichen machen, indem man eine Ecke des Tuches verknotet, um beim Gebrauch sofort an etw. erinnert zu werden, was man nicht vergessen darf. Die Rda. kann heute isoliert von dieser Handlung gebraucht werden und meint dann, daß man sich bestimmt erinnert, daß man etwas Wichtiges auf keinen Fall vergessen wird (soll). Die Wndg. begegnet deshalb zumeist in der imperativischen Form: ,Mach dir einen Knoten ins Taschentuch!' oder als Beruhigung: ,Ich werde mir einen Knoten ins Taschentuch machen'. Vgl. frz. ,faire un nœud à son mouchoir'. Knoten heißt ndd. ,Knüpp'. ,Mach dir'n Knüpp (Knoten) ins Taschentuch'; und daraus wurde: ,Mach dir'n Knüpp ins Ohr!', auch wohl: ,Schreib dir's hinter die Ohren!' Dabei legte man das Ohrläppchen in den Gehörgang ... (Wenn's zurücksprang, war auch das Nachgefühl eine Mahnung).

Sich einen Knoten in die Beine machen: die Beine einziehen, oft als scherzhafte Bemerkung von einem gebraucht, dessen lange Beine andere stören, und dann meist in der Negation und in gespielter Verzweiflung: ,Ich kann mir doch keinen Knoten in die Beine machen!'

Lit.: *Aly:* Art. ,Knoten', in: HdA. V, Sp. 16 ff.; *L. Schmidt:* Der gordische Knoten und seine Lösung, in: Antaios Bd. I, 4, S. 305–318. *W. Burkert:* Art. ,Gordischer Knoten', in: EM. V, Sp. 1402–1404.

Knüppel. *Jem. einen Knüppel zwischen die Beine (in den Weg) werfen:* jem. hemmen, ihm Schwierigkeiten machen, jem. (im übertr. Sinne) am Fortkommen hindern. Das Bild dieser Rda. ist deutlich und bedarf keiner weiteren Erklärung. vgl. frz. ,mettre à quelqu'un des bâtons dans les roues' (wörtl.: jem. Knüppel in die Räder werfen).

Der Knüppel (Knüttel) ist an den Hund ge- bunden: eine Sache geht schlecht voran, ist gehemmt, ,hat einen ↗ Haken'; ähnl. wie dem Vieh auf der Weide, so band man auch dem Hofhund ein grobes Stück Holz mit einer Leine an den Hals, das ihm beim Laufen fortwährend an die Beine schlug und verhinderte, daß er etwa den Hühnern oder der Katze nachstellte, er war ,gebengelt'. Ähnl. zu verstehen ist die Rda. *Der Knüppel liegt beim Hund:* es gibt ein Hindernis, denn eine Sache hat eine notwendige Folge, so wie der Knüppel, der neben ihm liegt, für den Hund eine drohende Strafe darstellt. Luther kennt die Wndg. „Es wird der Knüttel bei den Hund gelegt". Burkard Waldis (gest. 1556) schreibt in einem Streitgedicht gegen Herzog Heinrich den Jüngeren von Braunschweig:

> Sein bestes Haus des griff wir an
> Vnd des do heißet Wolffenbüttel;
> Beim Hund do lag schon der Knüttel;

und in seiner Fabel vom Wolf und dem Lamm (,Esopus' 2,35 f.) heißt es sprw.:

> Wenn man gern schlagen wolt den Hundt,
> Findt sich der Knüppel selb zur Stundt.

Vgl. ,den ↗ Hund vor dem Löwen schlagen'.

Einen Knüppel am Bein haben ist eine Parallelbildung zu ,einen ↗ Klotz am Bein haben', oft scherzhaft für: eine Ehefrau haben und deswegen etw. nicht dürfen.

Den Knüppel aus dem Sack lassen: seine wahren Absichten erkennen lassen, in Anlehnung an KHM. 36: ,Tischchen deck dich, Goldesel und Knüppel aus dem Sack'.

Einen flotten (oder *unerhörten*) *Knüppel schlagen:* das Schlagzeug hervorragend spielen; diese Rda. ist in den fünfziger Jahren dieses Jh. in Teenager-Kreisen bes. beliebt gewesen, ist aber vermutl. älter, denn die Musik der ,Spielmannszüge' (nur aus Trommeln und Pfeifen) nannte man bereits vorher ,Knüppelmusik'. Knüppel dient als modische Verstärkung in manchen modernen Ausdrücken, wie in ,knüppeldick', knüppelhart', ,knüppelsatt' usw.

Kober. *Zu tief in den Kober greifen:* anmaßend sein, sich zuviel herausnehmen, aufschneiden. Kober ist (nach Umstellung

des r) ein altes Wort für Korb, insbes. der Rückentragkorb (↗Hucke), der bildl. auch für den Rücken selbst steht. Mit seiner Ersetzung durch neue Ausdrücke schwand auch die Rda., die heute fast unbekannt ist. In einer Zwickauer Chronik von 1633 steht: „Dieser unverschembte Mönch greift auch alhier zu sehr im Kober, wie man sagt, daß er an der küpfern Tafel sagt, welche doch bleiern gewesen".
Einen Kober auf dem Rücken haben: euphemist. Umschreibung für bucklig sein.
Einem ein Koberlied singen: ihn tüchtig verprügeln.
Verallgemeinernd steht Kober auch für Leib. In übertr. Sinne *etw. in den Kober tun:* schwängern. So bei Picander (2, 314):
> Der Großknecht führt die Magd ins Heu
>
> und legt sich an den Schober.
>
> Schatz, bist du mir nicht stets getreu,
>
> tu ich dir was in Kober.

Kobold. *Einen Kobold haben:* einen heimlichen Helfer besitzen, der alle Arbeit rasch und gut vollenden hilft, der für Gedeihen, Wohlstand und Glück im Hause sorgt. Nach dem Volksglauben ist der Kobold ein Hausgeist, der gern einen Schabernack spielt, lärmt und poltert, der aber auch das Haus bewacht, Diebe und Unheil ankündigt, gute Ratschläge erteilt, das Vieh versorgt und gedeihen läßt. Er verrichtet bestimmte Arbeiten im Haus und im Stall und muß für diese Dienste belohnt werden. Von einer Magd, der die Arbeit bes. rasch von der Hand geht, sagt man deshalb noch heute scherzhaft, daß sie einen Kobold haben müsse, ebenso von einem, dessen Wohlstand sichtlich zunimmt.
Aus der volkstüml. Hausgeistüberlieferung sind vor allem die Wesenszüge der Lustigkeit und Neckfreude, beflissenen Hilfe und Wohlstandsmehrung sowie Kleinwüchsigkeit und Kretinhaftigkeit sprw. geworden.
Seit dem 17. Jh. verbreitet ist der rdal. Vergleich *,lachen wie ein Kobold'.* Er verweist auf das Gelächter, das die Hausgeister nach gelungenen Streichen und üblen Scherzen an Menschen lauthals ausstoßen sollen.
‚He lacht as 'n Kobbold' war in Mecklen-

burg eine gebräuchliche Charakterisierung.
Ebenfalls auf die Neckfreude der Hausgeister gehen die beiden regionalen Rdaa. ‚jem. 'nen Puuks maken' (= jem. einen Streich spielen; Meckl.) und ‚ein Kerl sein wie der Poppele' zur Umschreibung eines neckischen Menschen (der ,Poppele' ist ein schwäbischer Hausgeist) zurück.
‚Du Kobold' war in Pommern ein gegen Schalkhafte gerichtetes Schimpf- oder Scheltwort.
Wenn man in seinem Haus etw. verlegt hatte oder etw. nicht wiederfand, so erklärte man das scherzhaft: ‚Dat hett de Puuks haalt' (das hat der Hausgeist geholt; cf. Wossidlo, Mecklenburgische Sagen, 2. 1939, Nr. 819).
Mit ‚Du hest woll 'nen Puuks in 'n Liw' (den Kobold im Leib haben) oder ‚Du hast woll 'ne Brummfleeg in dinen Stäl' (den Kobold im Harkenstiel haben) kommentierten mecklenburgische Tagelöhner ungewöhnliche Arbeitsleistungen oder übereifriges Arbeiten ihrer Kollegen (cf. Wossidlo, Mecklenburgische Sagen, 2. 1939, Nr. 819 u. Nr. 837). *Den Kobold im Leib haben* bedeutet auch: immens viel essen können.
Pejorativ akzentuiert ist die Redensweise ‚Den'n bringt de Puuks watt – dee hett 'n Puuks' (cf. Wossidlo, Mecklenburgische Sagen, 2. 1939, Nr. 819); unredlich erworbener Reichtum wird hier unterstellt. Die Vorstellung vom Güter zutragenden, diebischen Kobold ist dem slawischen Hausdrachenglauben entlehnt und diabolisiert worden; verbreitet war sie vor allem im protestantischen Nord- und Ostdeutschland.
Auffallend kleine Menschen wurden früher als Kobolde paraphrasiert: ‚Dat is so n lütten Puuks' oder ‚Dat is so 'n lütten Kobold' (cf. Wossidlo, Mecklenburgische Sagen, 2. 1939, Nr. 819).
Wenn ein Kind auffallend kleine Fußtapfen hinterließ, so kommentierte man dies im Vogtland sprichwörtlich mit ‚Du bist ja ein Heugütel' (‚Heugütel' war dort der Gattungsname für Hausgeister).
„Hi glüüret üs en Puk" (er schaut wie ein Puk/Kobold; cf. Müllenhoff, Schleswig-Holstein, N. 1921, Anm. 499) war auf Sylt eine anspielend-verhüllende Rda. gegen-

über neugierigen Menschen. Nach Auffassung der Sylter habe der Hausgeist (Niß Puk) sehr große Augen, die sinnbildlich für dessen beobachtende Omnipräsenz stehen.

Mit dem Ausklingen der Hausgeisttradition verschwanden auch die Verwendungsmöglichkeiten der o. a. sprw. Rdaa. und Redewendungen. Die fehlenden Referenzbedingungen lassen diese mehr und mehr unverständlich werden und verhindern so eine lebendige Tradition und Kontinuierung dieser sprw. Redeformeln. So kann die Aussage des bei Wander verzeichneten Sprw. ‚Einer ist des andern Kobold und Katermann' nur vermutet werden.

Im heutigen Sprachgebrauch werden mit ‚Hausgeist' Hausangestellte und mit ‚Heinzelmännchen' (oder variiert: ‚Heinzelmädchen') Privatsekretärinnen paraphrasiert.

Lit.: *L. Weiser-Aall:* Art. ‚Kobold', in: HdA. V, Sp. 29–47; *R. Knopf:* Der feurige Hausdrache (Diss. Berlin 1936); *A. Johansons:* Der Schirmherr des Hofes (Stockholm 1964); *E. Lindig:* Hausgeister. Die Vorstellungen übernatürlicher Schützer und Helfer in der dt. Sagenüberlieferung (Artes Populares 14) (Frankfurt/Bern/Las Vegas 1987).

Kobolz. *Kobolz schießen:* einen Purzelbaum schlagen; Kobolz leitet sich von frz. ‚(se) culbuter' = (sich) stürzen, (sich) herabstürzen her. Nachdem die Herkunft des Wortes in Vergessenheit geraten war, wurde in Anlehnung an ‚Bolzen' das Wort ‚schießen' hinzugefügt, ähnl. wie man im Rheinl. einen Fußball ziellos in die Gegend ‚bolzt', d. h. schießt. Mit dem Wort Kobold hat unsere Rda. nichts zu tun. Im Ndd. gibt es die verwandte Wndg. ‚Koppheister gehen': ‚All sein Geld wird schnell Koppheister gehen!' = verschwinden durch dumme Großzügigkeit.

Koch, kochen. *Nicht wissen, wer Koch oder (und) Kellner ist:* nicht wissen, wer die Ordnung im Hause aufrechterhält, urspr.: nicht wissen, wer für die leiblichen Bedürfnisse zu sorgen hat. Die stabende Wndg. ist lit. bezeugt im ‚Eislebischen Ritter' (2138):

... Daß man wisse zu aller frist,
Wer hinfort Koch oder Kelner ist.

Sie ist nicht allg. verbreitet.

Die Rda. *vor Wut kochen,* häufiger *kochen vor Wut:* sehr wütend sein, veranschaulicht treffend die starken Gefühlswallungen eines im Zorn Erregten; vgl. frz. ‚bouillir' (kochen).

Eine grobe Drohung ist *jem. zu Kochstükken zerhacken* (oder *zerhauen*) wollen.

Eher als Spargel kochen: sehr leicht in Zorn geraten, da Spargel eine sehr kurze Kochzeit benötigt.

Für sich kochen: zurückgezogen und einfach leben; *in einem Topf (Hafen) kochen:* gemeinsame Ziele verfolgen, zusammenhalten.

Kohl. *Den (alten) Kohl wieder aufwärmen:* eine schon erledigte Angelegenheit erneut auftischen; entspr. ‚aufgewärmter Kohl', ‚alter Kappes', alte Geschichte, abgedroschenes Zeug; dt. seit etwa 1700 geläufig, aber schon im Altertum sprw. Dies geht aus einem Vers des röm. Satirikers Juvenal (7. Satire, V. 154) hervor, in dem er schreibt: „Occidit miseros crambe repetita magistros", was etwa bedeutet: ‚Immer wieder Kohl (bei den Mahlzeiten zu) wiederholen, das ist euer Tod, ihr armen Lehrer'; vgl. hierzu etwa das Kinderlied, das sinngemäß ähnl. meint:

Die Rüben, die Rüben,
Die haben mich vertrieben,
Hätt' meine Mutter Fleisch gekocht,
So wär ich noch geblieben.

Ital. heißt es: ‚Cavolo riscaldo non fui mai buono'; aus dem Engl. wird eine ähnl. Rda. in Lilys ‚Euphues' (1580) zitiert: „I set before you colewortes twise sodden"; vgl. frz. ‚C'est du réchauffé' (Das ist Aufgewärmtes): Das ist eine alte Geschichte.

Jem. verkohlen: ihm im Scherz eine Unwahrheit erzählen (vgl. ‚einen ↗ Bären aufbinden'; rhein. ‚Kappes reden'). Von einem, der dies tut, sagt man auch einfach: er ‚kohlt'. Dieses ‚kohlen' geht möglicherweise auf jidd. ‚kolen' = reden, erzählen zurück (von hebr. quōl = Stimme). Im Rotw. wird unterschieden zwischen: ‚kolen' = Wahres und ‚bekolen' = Falsches erzählen.

Im Nordd. ist gebräuchl. zu sagen: *Das macht den Kohl (auch) nicht fett:* das nützt nichts, schafft die Sache auch nicht; die Rda. ist schon Luther bekannt, er gebraucht sie mehrfach.

Im Alem. heißt es dagegen: ‚Das macht die ⁊ Geiß nicht fett'; vgl. frz. ‚Cela beurre les épinards' (wörtl.: Das macht den Spinat fett).

Wenn man nicht weiß, ob jem. seine Rede ernsthaft oder scherzhaft meint, heißt es ndd.: ‚Me weet nich recht, of me met em in'n Käule of in'n Röwen is'; westf. ‚Wenn wi innen Käule sind, dann is hei in de Strünken'; ⁊ Kraut, ⁊ Senf.

Lit.: *H. Marzell:* Art. ‚Kohl', in: HdA. V, Sp. 62–74; *M. Höfler:* Der Kohl, in: Hess. Bl. f. Vkde. 9, S. 161–190.

Kohldampf. *Kohldampf schieben:* Hunger haben. Kohldampf ist eine Tautologie, es ist zusammengesetzt aus zwei gleichbedeutenden Wörtern: ‚Kohl' aus rotw. ‚Koll' und rotw. ‚Dampf', die beide Hunger meinen. ‚Schieben' ist eingedeutscht aus rotw. ‚scheffen' = sich befinden, sein, sitzen und fußt auf hebr. ‚jaschab' = sitzen bleiben; seit dem 19. Jh. bei Gaunern, Handwerksburschen und Soldaten verbreitet.

Lit.: *S. A. Wolf:* Rotwelsche Rdaa., ‚Kohldampf schieben' und Verwandtes, in: Muttersprache 64 (1954), S. 363–364.

Kohle. *Feurige (glühende) Kohlen auf jem. Haupt sammeln:* in jem. durch Verzeihen oder Großmut Scham erwecken, ihn beschämen; vgl. engl. ‚to heap coals of fire on a person's head'; ndl. ‚vurige kolen op iemands hoofd hopen (stapelen)' u. frz. ‚accumuler des charbons ardents sur la tête de quelqu'un' (nur gehobene Sprache).

Die Rda. ist bibl. Urspr. In den ‚Sprüchen Salomonis' (25,21 f.) heißt es: „Hungert deinen Feind, so speise ihn mit Brot, dürstet ihn, so tränke ihn mit Wasser. Denn du wirst feurige Kohlen auf sein Haupt häufen, und der Herr wird dir's vergelten". Indem der Apostel Paulus im Röm. (12,20) das Wort von den feurigen Kohlen, die der wohltätige Mensch auf das Haupt seines Feindes häufe, aus dem Dunkel eines bloß lit. Daseins im Spruchbuch (25,22) an das Licht der christl. Lebensöffentlichkeit rückte, hat er dem Bewußtsein des modernen Bibellesers eine antike Merkwürdigkeit einverleibt. Die Kommentatoren des Spruchbuches wie des Röm. heben im allg. nur das Sinn-

bildliche dieser Stelle hervor, daß sie eben Beschämung, Bedauern oder Reue des Betroffenen zum Ausdr. bringe. Es liegt aber urspr. ein kulturgeschichtl. Faktum zugrunde: ‚Feurige Kohlen' sind urspr. nicht bildl., sondern wirklich aufs Haupt gehäuft worden, und wer sie trug, befand sich in einem Ritus der Sinnesänderung, der Reue, Buße oder Beschämung. Ein Hinweis auf den Lebenszusammenhang der Wndg. findet sich z. B. in der demotischen Erzählung vom Seton Chaemwese: Chaemwese ist in das Grab des Noferkaptah eingedrungen und entwendet dem Grabinhaber dessen wirkungskräftiges Zauberbuch, auf dessen Besitz er kein Recht hat. Der Bestohlene unternimmt trotz Betreibens seiner Frau nichts gegen den Dieb. Er sagt, er werde Chaemwese zwingen, das Buch, das ihm nur schaden wird, wiederzubringen, „indem" – so heißt es wörtl. (IV, 35, 6) – „ein gegabelter Stab in seiner Hand und ein Kohlenbecken von Feuer auf seinem Haupte ist". Kaum hat Chaemwese mit dem Buche Oberwelt und Residenz erreicht, als ihn der Pharao, sein Vater, zur schleunigen Rückgabe auffordert, andernfalls ihn der Zauberer zwingen werde, es zurückzubringen. Nach schwerem Unglück begibt sich Chaemwese ritusgemäß mit gegabeltem Stab in der Hand und Kohlenbecken von Feuer auf dem Haupt zu Noferkaptah. Er bringt so das widerrechtlich Angeeignete dem bestohlenen Eigentümer zurück, der ihn lachend empfängt, zugleich der tatsächliche und der moralische Sieger.

Was im Spruchbuch sentenzenhaft und dementspr. abstrakt gesagt ist, geschieht hier wirklich. Ein tatsächlicher brauchtümlich-ritueller Gestus und Ritus der Sinnesänderung hat sich dann erst zur Bildrede und Metapher verflüchtigt.

(Wie) auf (heißen, glühenden) Kohlen sitzen (oder *stehen*): etw. vor Ungeduld kaum erwarten können, sich in einer unangenehmen Lage befinden; diese Rda. geht vermutlich entweder auf ein Gottesurteil oder eine Folterung dieser Art zurück; man denke nur an Wndgn. wie ‚der ⁊ Boden brennt ihm unter den Füßen' oder ‚ein heißes ⁊ Eisen anfassen' oder ‚wie auf ⁊ Nadeln sitzen' usw. Luther weiß

‚Auf glühenden Kohlen sitzen'

den Trost: „Wenn ihr auch auf feurigen Kohlen ginget, so soll's euch dünken, als ginget ihr auf Rosen". Im 17. Jh. ist unsere Rda. lit. bezeugt, so mehrfach sprw. bei Lehmann: „Auff heißen Kohlen ist böß still sitzen" (837, ‚Unglück' 11) und „Wer auff heißen Kohlen sitzt, kan nicht ruhig seyn" (82, ‚Beschwerden' 48). Auch Pieter Bruegel d. Ä. hat sie in seinem berühmten Rdaa.-Bild dargestellt. Vgl. ndl. ‚op hete (oder gloeiende) kolen zitten (oder staan)' u. frz. ‚être assis sur des charbons ardents'.

Wie der Hahn über die Kohlen laufen: sehr flüchtig, eilig, schon seit dem 12. Jh. bezeugt.

Die Kohlen unter der Asche anblasen: alte Leidenschaften neu entfachen, eine vergessen geglaubte Sache wieder ‚aufwärmen'; erst im 19. Jh. dürfte diese Rda. aufgekommen sein, Bismarck bediente sich ihrer (‚Reden' 1,247): „Ich möchte Sie also bitten, alles zu tun, was in Ihrer Macht steht, damit dieser Blasebalg der Demokratie nicht in den Händen verbleibe, um die Kohlen unter der Asche anzublasen". Vgl. frz. ‚ranimer les charbons sous la cendre'.

Luther kennt noch eine Redewendung (Weimarer Ausg. IV, 673), die uns heute nicht mehr geläufig ist: „Es ist ausz, dasz man speck auf kolen brate". Die Rda. be-

deutet: Es ist kein Geheimnis mehr, man braucht diese Sache nicht mehr zu verheimlichen, denn daß man Speck auf Kohlen brät, ist allg. bekannt.

Die Kohlen stimmen: das Geld reicht.

Keine Kohle(n) haben: kein Geld haben.

Für jem. die Kohlen aus dem Feuer holen ↗ Kastanie.

Lit.: *P. Wüst:* Zu der Rda. ‚feurige Kohlen auf jemandes Haupt häufen' oder ‚sammeln' in: Germ.-Roman. Monatsschrift 2 (1910), S. 679–681; *O. Jiriczek:* Nochmals zu der Rda. ‚feurige Kohlen auf jemandes Haupt häufen', in: Germ.-Roman. Monatsschrift 3 (1911), S. 246–247; *S. Bartstra:* Kolen vuurs hoopen op iemands hoofd, in: Nieuw Theologisch Tijdschrift 23 (1934), S. 61–68; *S. Morenz:* feurige Kohlen auf dem Haupt, in: Theolog. Lit.-Zeitung 78 (1953), S. 187–192.

Köhlerglaube. Der Köhlerglaube ist in den Rdaa. und Sprww. der blinde Glaube, der der eigenen Überzeugung entbehrt, d. h. die Leichtgläubigkeit. Wo der Ausdr. noch gebräuchl. ist, wird er mehr oder weniger abschätzig und verächtlich für einen unterentwickelten, primitiven Menschen gebraucht. Joh. Fischart (‚Geschichtklitterung' S. 251) sagt von einem solchen: „Er zeigt des koelers glauben". Die Rda. ist heute wohl kaum mehr gebräuchl., weshalb die letzte Aufl. des Borchardt-Wustmann sie fallengelassen hat. In älteren Aufl. dagegen wird an dieser Stelle eine

Teufelserzählung zur Erklärung wiedergegeben: Der Teufel habe in Bischofstracht einen sterbenden Köhler gefragt, was er glaube. Der Köhler soll geantwortet haben: „Was die Kirche glaubt". Um ihn zu prüfen, habe der Teufel weitergefragt, was denn die christliche Kirche glaube? Die Antwort des Köhlers soll gewesen sein: „Das, was ich glaube". Durch diesen einfältigen Glauben sei der böse Feind überwunden worden. Auch eine Variante dieser Erzählung, mit der Joh. Agricola die Rda. kommentiert, hat noch keinen abschätzigen Sinn. Unter der Überschrift ‚Ich will glauben wie der koler glaubt' schreibt Agricola (Nr. 234): „Diß ist ein gemeyn sprichwort in Deutschen landen: Des kolers glaub ist der beste glaub. Man sagt daß eyn mechtiger Bischoff eynen koler, der im walde weyt von leutten, nicht vil predigen gehöret, hab gefraget, was er doch glawbe? Hatt yhm der koler geantwortet: Er glaube was die Christliche Kirche glaubt. Der Bischoff fragte, was denn die Christliche Kirche glaube? Der koler antwortet: Daß uns Christus Jesus durch sein blut vom tode

erloset hat. Dises kolers glaub ist ja der beste glaub … Diser koler hatt freylich disen Bischoff nit fur eyn stuck der Christlichen kirchen, die inn aller welt ist gehalten, sonst hett er gesagt: Ich glaub wie yhr vnd der Bapst, vnnd wie vns die pfaffen weisen vnd leeren …"

Für Agricola bedeutet der Ausdr. ‚Köhlerglaube' also nur die einfache kindliche Frömmigkeit, namentlich im Gegensatz zu papistischer und geistlicher Überheblichkeit, wie er in einem langen Passus anschließend noch ausführt. Nach neuerer Erklärung (Göhring S. 115) ist Köhlerglaube eine Leichtgläubigkeit, die sich ‚ankohlen' oder ‚verkohlen' läßt; wahrscheinl. in Anlehnung an jidd. ‚kolen' = reden, erzählen, schwätzen. Vgl. auch ndl. ‚Het is een kolenbranders geloof' und frz. ‚Il a la foi du charbonnier'.

Nach Heinr. Heine ist der Köhlerglaube geschwunden.

In seinem Gedicht, Karl I. (Str. 4) heißt es:

> Der alte Köhlerglaube entschwand,
> Es glauben die Köhlerkinder
> Eiapopeia – nicht mehr an Gott,
> Und an den König noch minder.

‚Kokolores machen'

Kokolores. *Kokolores machen:* Unsinn machen, ein unnötiges Getue veranstalten, sinnlose Spielereien treiben. Um sich den Anschein von Gelehrsamkeit zu geben, wurden früher gern pseudo-lat. Wörter gebraucht, so auch im engl. Kontext ‚cockalorum' für den Hahn, dann für das Feuer. Vermutl. ist ein solches Wort in späterer Umgestaltung zur Bdtg. des eitlen Prahlens gelangt u. verallgemeinert worden.

Es ist aber auch die Herkunft von einem in Österr. bekannten Spiel denkbar, das den Namen ‚Kakelorum' trägt. Es handelt sich dabei um ein Glücksspiel, das offenbar für wenig gewinnbringend u. bedenklich gehalten wird. Dies wäre eine Erklärung dafür, daß die Wndg. meist in Form einer Mahnung gebraucht wird: *Mach doch nicht (immer) solchen Kokolores!*

Kolbe. *Einem eine Kolbe schneiden:* sein Haar in eine rund gestutzte Form bringen. *Jem. die Kolbe (den Kolben) lausen:* ihn derb zurechtweisen, ihn tüchtig verprügeln; Kolbe hieß früher eine Haartracht, bei der man das Haar über der Stirn hochkämmte und nach hinten legte. Das Wort erfuhr dann eine Bedeutungserweiterung zu ,Kopf'; so gebraucht es Wieland (,Abderiten' 3. Buch, 9. Kap.): „Er gab ihm ein- oder zweimal tüchtig auf die Kolbe". In diesem Sinne ist auch unsere Rda. zu verstehen.

Einem die (eine) Kolbe scheren: ihn als närrisch oder unfrei kennzeichnen. Seit dem 13. Jh. wurde den Narren, Leibeigenen und Sträflingen das lange Haar, das Zeichen der Freien, geschoren. Auch die Tonsur der Mönche wurde bisweilen Kolbe genannt. Martin Luther gebrauchte die Wendungen in gesteigerter Form (Briefe V, 540): „Es ist ihm aus dieser Schule Verdienst genug geschehen und die Kolbe mit einer schartigen Sichel geschoren".

Köln. Entsprechend seiner Bdtg. für die gesamten Rheinlande ist Köln mit zahlreichen Rdaa. verbunden: ,Kölle es net en enem Dag gebaut': gut Ding will Weile haben. ,Et es Kölle, sät der Bur, du stond he för Nüss (Neuss)'.

,On we Kölle barscht!': unter allen Umständen, selbst wenn es danebengeht.

,Einem Kind Kölle wise' (weisen, zeigen, es Kölle kicke losse) = es am Kopf in die Höhe heben. ,Ech hauen dech, dat de Kölle sis (siehst)'.

,Do moachen se en Kölle ken Finster för op': die Sache ist zu unwichtig.

Steht man auf einem Hügel, so ,kann me sehn, wat en Kölle de Botter kos (kostet)'; ,So kromm wie der Weg nach Kölle'; ,dat geht we ze Kölle': leicht vonstatten.

,Da 's usgerechnet we de 11000 Jumpfer ze Kölle'.

,Ech hauen dech, dat de ze Kölle lügge (läuten) hürs' (Rhein. Wb. IV, Sp. 1137–1143).

Am bekanntesten ist der Ausruf ,Kölle alaaf!' Alaaf (aus All ab): vor allen anderen, vorweg, im Gegensatz zu andern, von denen Schlechtes behauptet wird, hebt man den einen vor diesen hervor, indem man die Lobrede mit alaaf und sofortiger Nennung des zu Lobenden beginnt: ,Alaaf Jüpp, alaaf Köbes', etc. Aber auch zu Sachen: ,Alaaf Mostert': Es geht nichts

über Senf. ,Alaaf ene goue Noeper': ich lobe mir einen guten Nachbarn. Aus diesem Gebrauch entwickelte sich der Toastspruch auf Köln (zuerst 1733 bezeugt): ,Alaaf Kölle!' Analog: ,Alaaf Oche, en wenn et versönk' (mit der scherzhaften Fortsetzung: ,Alaaf de Worem, en wenn se stönk').

Neben dem Toastspruch auf Städte ist es Sitte geworden, Personen und Vereine mit Alaaf hoch leben zu lassen. Mehrfach sind scherzhafte Weiterbildungen bezeugt, z.B.: ,Alaaf, wat jongk es on wann et en Hongk es' (Rhein. Wb. I, Sp. 105 f.).

Kompliment ↗ Gruß.

König. Das Kartenspiel nennt man zuweilen auch *das Buch der Könige,* wobei man iron. auf die gleichnamigen Bücher der Bibel anspielt. In Joh. Fischarts ,Gargantua' (S. 258) begegnen wir dem Ausdr. in dem Satz: „... wan es ihm mit eim buch der König nicht wolt glücken", und in ,Aller Praktik Großmutter' heißt es: „... und lesen im buch der Könige vom schellenkönig".

Nicht königlicher als der König sein, nicht allzu paragraphentreu sein. Der Spruch soll während der Regierungszeit von König Ludwig XVI. (1774–1793) geprägt worden sein, ↗ Papst.

,Der König rief, und alle, alle kamen' sagt man, wenn ein großes Fest auf Einladung einer prominenten Persönlichkeit gefeiert wird, dem sich niemand, der ,dazu' gehören will, entziehen zu können glaubt. Es handelt sich um die erste Zeile eines populär gewordenen Liedes von Heinrich Clauren (Carl Heun, 1771–1845), das 1813/14 entstand und dessen erste Strophe so lautet:

> Der König rief, und alle, alle kamen
> Mit Waffen mutig in der Hand.
> Und jeder Preuß, der stritt in Gottes Namen
> Für das geliebte Vaterland.
> Ein jeder gab, ein jeder tat gern geben
> Kind, Hab und Gut, Gesundheit, Blut und Leben
> Mit Gott für König und für Vaterland.

Zu einem weitverbreiteten Volkslied wurde dieser Text im Krieg 1870/71, wobei Claurens Text abgewandelt wurde:

Der König rief, und alle, alle kamen,
Es blieb auch nicht ein einziger zu
Haus.
Nun denn, wohlan, ziehn wir in Gottes
Namen
Zum Kriege gegen Frankreich jetzt hin-
aus.
So sprach der Landwehrmann beim
Scheidegruß,
Gab Frau und Kindern noch den Ab-
schiedskuß.
(E. B. 357c und 1379; vgl. J. Meier:
Kunstlieder im Volksmund, Halle 1906,
Nr. 47).

Königreich. *Ein Königreich für ein Pferd!*
ist ein Zitat aus Shakespeares ‚Richard III.‘ (V, 4). Jedoch wird in seiner
rdal. Anwendung das Wort ‚Pferd‘ durch
den jeweils gewünschten Gegenstand ersetzt, z. B. ‚ein Königreich für ein Bier‘.
Die Sonderform ‚ein Königreich für einen
Mann‘ kam nach dem 2. Weltkrieg auf, als
es einen erheblichen Frauenüberschuß
gab.

Königsweg. *Den Königsweg gehen:* den
einzig richtigen Weg zum Erfolg, zum
Ziel. Die Wndg. wird seit 1990 häufig gebraucht, vor allem in der Sprache der Politik und der Medien, z. B. „Der Königsweg
zur dt. Einheit führt über den Paragraphen 23 des Grundgesetzes“.

können. *Können vor Lachen* oder *ja, aber
erst können vor Lachen:* das ist unmöglich.
Dies sagt man, wenn man gutgemeinte
Ratschläge wohlwollend entgegennimmt,
an ihrer Verwirklichung aber durch ba-
nale Umstände gehindert wird. Auf diese
Weise wird die bittere Ironie der Situation
zum Ausdr. gebracht.
Können muß man (halt) ist eine verächtliche Bemerkung einem Menschen gegenüber, der sich vergeblich mit einer Sache
abmüht. Hier nimmt eine Rda. schon fast
die Form eines Sprw. an.
Du kannst mich (mal) beinhaltet eine
derbe Ablehnung. Die Rda. ist verkürzt
aus ‚Du kannst mich (mal) am ↗ Arsch lekken‘; 1846 bei Moritz von Schwind lit. belegt, aber sicher älter.
Uns (oder *mir*) *kann keiner:* wir (ich) sind
(bin) unübertrefflich. Die Rda. stammt

aus Berlin, sie wird auch außerhalb Berlins häufig im berl. Dialekt gebraucht:
‚Uns kann keener‘. Es handelt sich wohl
um eine Verkürzung aus ‚Uns kann keiner
übertreffen‘ oder ‚uns kann keiner etw.
vormachen‘ (etw. anhaben); der Hamburger kontert: ‚Mie küant se aal!‘
Ich kann Ihnen sagen ... (berl. ‚Ick kann
Ihnen sagen‘, auch: ‚Männeken, det kann-
ste mir jloben!‘) wird als Einleitung einer
vermeintlichen Neuigkeit gebraucht und
bedeutet: das Folgende steht zweifelsfrei
fest, Sie können mir glauben.
‚Ich kann nicht anders‘, ein Ausdr., der auf
Luther zurückgeht. Dieser soll nach der
Überlieferung am 18. April 1521 vor dem
Reichstag zu Worms seine Antwort auf
die Frage, ob er widerrufen wolle, mit den
Worten geschlossen haben: „Hier stehe
ich! Ich kann nicht anders. Gott helfe mir!
Amen“.

Kontenance ↗ Contenance.

Konto. *Jem. etw. aufs Konto schreiben:*
ihm etw. anlasten, jem. etw. als Schuld anrechnen; ist eine der Kaufmannssprache
entlehnte Rda., die sich seit dem 18. Jh. lit.
nachweisen läßt. J. Chr. Edelmann
schreibt 1740 in seinem ‚Moses‘ (I, 79):
„Ich werde ihm fort mehr nicht viel auf
sein Conto glauben“. Bismarck (‚Reden‘
14, 148) verwahrt sich gegen Angriffe mit
folgenden Worten: „So komme ich nach-
gerade darauf hinaus, daß man im In-
lande und Auslande alles, was den Leuten
unangenehm ist, mir aufs Konto
schreibt“. Entspr. bedeutet *etw. (viel) auf
dem Konto haben:* etw. schuldig sein, etw.
Schlimmes begangen haben, Schuld tragen, schuld sein (vgl. ‚etw. auf dem
↗ Kerbholz haben‘); häufiger ist die
Wndg. *Das geht auf dein Konto!* Diese
Rda. ist auch in Mdaa. geläufig: köl. ‚Dat
könnt (kommt) op di Konto‘ oder ‚dat jeht
op di Konto‘, auch ‚de (der) hätt völl (viel)
op ‘t Konto‘; obersächs. ‚viel of’m Konto
ha’m‘, ein großes Sündenregister haben.
Neueren Datums ist der im übertr. Sinne
gebrauchte Ausdr. aus dem Bankwesen:
sein Konto überzogen haben: die eigenen
Fähigkeiten überschätzt haben.

Kontor ↗ Schlag.

Konzept. *Aus dem Konzept kommen (geraten):* bezieht sich auf jem., der seine Rede schriftlich aufgesetzt (konzipiert) hat, um sich beim Vortrag darauf zu stützen; die Rda., die seit dem 17. Jh. gebräuchl. ist, bedeutet also zunächst ganz konkret: das schriftliche Redekonzept verlieren und deswegen in der Rede steckenbleiben, später dann allg.: ,den ↗ Faden verlieren', verwirrt werden. Wenn dies durch das Verschulden eines anderen Menschen geschieht, dann gebraucht man die Rda. in transitiver Form: *jem. aus dem Konzept bringen* (vgl. ,jem. aus der Fassung bringen') oder *jem. das Konzept verderben (vermasseln)* und auch *jem. ins Konzept pfuschen.* In Schillers ,Räubern' (II, 3) heißt es: „Du verdirbst ihm ja das Konzept – er hat seine Predigt so brav auswendig gelernt".

Ähnl. *sich nicht aus dem Konzept bringen lassen:* standfest u. selbstsicher sein; *nicht ins Konzept passen:* untauglich sein – meist gebraucht in der Form ,das paßt mir (ihm, ihr) nicht ins Konzept': das kommt ungelegen, paßt nicht zu den Überlegungen, Planungen, Vorhaben.

Kopf. *Jem. den Kopf waschen:* ihm die Meinung sagen, jem. tadeln, wird meist in übertr. Bdtg. gebraucht (ebenso wie ,auf einen grindigen Kopf gehört scharfe ↗ Lauge'). Die Rda. taucht in der zuerst angeführten Form verschiedentlich bei Abraham a Sancta Clara auf (,Judas' IV, 127, 192); auch in der Form „mit einer scharfen Laugen den Kopff waschen" (,Judas' IV, 363) und „auff solche Köpff gehört kein andere Laugen" (,Judas' IV, 231; ,Kramer-Laden' I, 414). In dem Fastnachtsspiel von Hans Sachs ,Der böß Rauch' heißt es (V. 175):

Droll dich! Wilt du das Fewer leschen;
so will ich umb den Kopff dich weschen.

In diesem Zusammenhang kann die Rda. sowohl in ihrem eigentl. als auch im übertr. Sinne verstanden werden.

Vgl. frz. ,laver la tête à quelqu'un'.

Aus dem 11. Jh. stammt das Sprw. ,Wer für die Seife seinen Kopf hergibt, macht ein schlechtes Geschäft' (,Pro sapone dato capite haec carissima merx est'; Singer 135). Das Sprw. soll aus der Zeit der

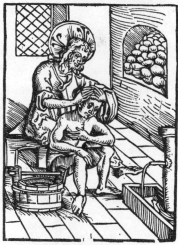

Das baubt waſchen

Wenn der leib gebadet iſt
Wir kratzen ſchœpffen wa im bilſt
Vaſihe darnach das hopt beßend
Da ſelbſt leit gantz das fundamendt

,Jemanden den Kopf waschen'

Kreuzzüge stammen, als die heimkehrenden Kreuzfahrer jerusalemische Seife mitbrachten. Da aber nur wenige zurückkehrten, wurde das Hingehen bald mit Sterben gleichgesetzt und im Volksmund zu der Rda. verkürzt: ,Er geht nach Seife' (Wander IV, Sp. 516, 9), ↗ zeitlich.

Sich etw. in den Kopf setzen: sich etw. vornehmen, was in seiner Ausführung auf große Schwierigkeiten stoßen muß, in der Absicht, es doch durchzusetzen; vgl. frz. ,se mettre quelque chose dans la tête'.

Jem. den Kopf zurechtrücken: ihn zu einer anderen, richtigen Meinung bekehren, manchmal auch i. S. v. ,den Kopf waschen' gebraucht.

Mit dem Kopf durch die Wand wollen: trotz unüberwindlicher Schwierigkeiten seine Absicht durchsetzen wollen. Die übertr. Bdtg. kleidet Bismarck in ein falsches Bild: „Ich werde mit meiner Meinung nicht durch die Wand gehen" (,Reden' VII, 185). Zu den welfischen Adligen sagt er: „Sie werden sich den Kopf an der Mauer einrennen", sie werden ihre

1/2 ‚Mit dem Kopf durch die Wand‘

‚Sich auf den Kopf stellen‘

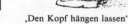

‚Den Kopf hängen lassen‘

Pläne und Absichten nicht verwirklichen können.

Vgl. frz. ‚se taper la tête contre les murs‘: weder aus noch ein wissen.

Wenn man jem. etw. verweigern will, bekräftigt man die Ablehnung oft noch mit der Rda. *und wenn du dich auf den Kopf stellst (du bekommst es trotzdem nicht, was du haben willst)*. Vgl. KHM. 168. Luther gebraucht in gleichem Sinne die Rda. *den Kopf aufsetzen*. Jem. *auf den Kopf spukken:* ihn grob anfassen, anrempeln. Wenn man jem. beleidigt oder brüskiert, hat man ihn *vor den Kopf gestoßen*. Wer in Verlegenheit ist oder Sorgen hat, *sitzt mit einem dicken Kopf da* oder *läßt den Kopf*

hängen. Wer sich in Schwierigkeiten besonnen verhält und die Hoffnung nicht aufgibt, *behält den Kopf oben,* er wird *den Kopf nicht verlieren*. vgl. frz. ‚ne pas perdre la tête‘.

Ein schmollendes Kind, das nicht auf gutes Zureden reagiert, *macht einen Dickkopf*, vgl. ndl. ‚koppig zijn‘; frz. ‚faire la tête‘: sich mürrisch verhalten. Wer seinen Vorteil zu wahren oder schlagfertig zu antworten weiß, *ist nicht auf den Kopf gefallen* (vgl. KHM. 104 u. 125); vgl. frz. ‚Il n'est pas tombé sur la tête‘.

Nicht wissen, wo einem der Kopf steht sagt man, wenn die Arbeit oder die Sorgen überhandnehmen; vgl. frz. ‚ne pas savoir où l'on a la tête' oder ,... où donner de la tête'; ähnl. heißt es *den Kopf von etw. voll haben. Es geht nicht nach seinem Kopf:* eine Sache entwickelt sich nicht nach seinen Plänen. *Der Kopf steht mir nicht danach:* ich bin dazu nicht aufgelegt. Eine unglaubliche Begebenheit *will jem. nicht in den Kopf,* und ein schwieriges Problem macht ,Kopfzerbrechen'.

Jem. über den Kopf wachsen bedeutet allg.: ihn übertreffen. Wenn jem. die Arbeit *über den Kopf wächst,* fehlen ihm die Kräfte, sie zu bewältigen. Jem. wird ,kopfscheu', d. h. unsicher; ist von scheuenden Pferden übertr., denen man mit der ↗Scheuklappe die Sicht nach den Seiten verwehrt. Ebenso kann man jem. ,kopfscheu machen', indem man ihn mit einem Problem konfrontiert, so daß er unsicher wird. Will man jem. einer Schuld überführen, so muß man es ihm *auf den Kopf zusagen;* vgl. frz. ,lancer ...' oder ,jeter quelque chose à la tête de quelqu'un'; es bleibt ihm aber die Möglichkeit, *den Kopf aus der Schlinge zu ziehen,* indem er sich auf geschickte Weise herausredet. Das Bild stammt aus der Jägersprache. Auch: *Mit dem Kopf in der Schlinge daherkommen:* total erledigt sein.

Die meisten dieser Rdaa. beziehen sich auf den Kopf als Sitz des Verstandes. *Ein kluger (heller) Kopf* wird als pars pro toto für einen klugen Menschen gebraucht, als Werbeslogan für eine Tageszeitung abgewandelt heißt es: ,Dahinter steckt immer ein kluger Kopf'. *Jem. den Kopf verdrehen:* jem. verliebt machen; vgl. frz. ,tourner la tête à quelqu'un'.

Jem., der leichtsinnig handelt, *riskiert seinen Kopf;* vgl. frz. ,risquer sa tête'; oder bringt sich *um Kopf und Kragen.* Die Rda. stammt aus der Rechtssprache bzw. der Praxis der Hinrichtung mit dem Schwert, ebenso wie die Rdaa. *jem. einen Kopf kürzer machen, einem den Kopf vor die Füße legen* und *den Kopf unter dem Arm tragen.* Die Wndg. beruht auf dem Volksglauben, daß Märtyrer ihren abgeschlagenen Kopf auffangen und noch ein Stück vor sich hertragen konnten, um ein sichtbares Zeichen ihrer Unschuld und Heiligkeit zu geben, was z. B. auch bildl. in einer Plastik des hl. Dionysius dargestellt worden ist. Klaus Störtebeckers letzter Wunsch vor

,Den Kopf unterm Arm tragen'

der Enthauptung: Offiziere antreten lassen in Reihe und so weit er ohne Kopf daran vorbeikomme, sollten sie begnadigt werden. – Beim 13. fiel er um. Ein beziehungsreiches Bild in der Rda.: ,kopflos' umherirren.

Scherzhafte Vergleiche u. Umschreibungen für den Kopf sind zahlreich und in einzelnen Landschaften verschieden: ,Birne', ,Kürbis', ,Wirsing' usw. stammen aus dem Bereich der Botanik; an der Küste sagt man: ,Er hat einen Kopf wie eine Boje', in Rheinhessen wird er mit einem Hohlmaß verglichen: ,Er hat einen Kopf wie ein Viernsel'. In Anlehnung an Terenz' „Quot homines, tot sententiae" (,Phormio' II, 4, 14) wurde gebildet: ,Soviel Köpfe, soviel Sinne'. Dieses Sprw.

,Viele Köpfe, viele Sinne'

871

wurde auch schwankhaft zu einem Wellerismus umgebildet: ‚Viel Köpfe, viel Sinne, sagte der Bauer, da rollten ihm die Rüben vom Wagen herab'. Eine scherzhafte Umschreibung für eine beginnende Glatze ist die Rda. *einem wächst der Kopf durch die Haare.*

Die Köpfe zusammenstecken: sich heimlich unterhalten, miteinander tuscheln.

Köpfchen haben ist eine jüngere, wohl vom Berl. ausgegangene Wndg. für Verstand haben. Ähnl. sagt man als Aufforderung: ‚Immer Köpfchen!' nur gut nachgedacht, und derjenige, der sich über einen guten Einfall, eine glückliche Lösung eines Problems freut, sagt selbstgefällig: ‚Köpfchen, Köpfchen!'.

Etw. auf den Kopf stellen: ins Gegenteil verkehren, durcheinander bringen. *Alles auf den Kopf stellen:* alles peinlich genau durchsuchen, aber auch im übertr. Sinne: alles umdrehen u. verkehren. *Da kannst du dich auf den Kopf stellen* heißt es, wenn Gegenargumente nicht ziehen u. jem. unter keinen Umständen tut, was der andere will. *Den Kopf in den Sand stecken:* eine Vogel-Strauß-Politik betreiben. ‚Geld auf den Kopf hauen': es durchbringen bzw. leichtfertig ausgeben.

Aber auch sonst muß der Kopf für die unterschiedlichsten Aussagen herhalten. ‚Jedenfalls ist der Kopf dicker als der Hals' als Entgegnung an einen, der alles zu wissen meint, auch wenn es nicht stimmt. ‚Ich werd' mir doch nicht deinen Kopf zerbrechen!' (damit mußt du schon selber fertigwerden). ‚Die Frau wackelt mit dem Kopf': sie ist alt, leidend (vielleicht ‚Schüttellähmung') – aber: ‚Nach dem Umsturz wackeln die Köpfe': sind gefährdet …

‚Kopf hoch!' als joviale Ermunterungsformel, zynisch erweitert zu: ‚Kopf hoch! – sagte der Henker – sonst hau i daneben' oder ‚Immer den Kopp hoch, wenn der Hals ooch dreckig is' (berl.). Von einem ‚Kopf-an-Kopf-Rennen' spricht man im Pferde-Rennsport u. ‚von Kopf bis Fuß' immer dann, wenn der ganze Körper gemeint ist, wie z. B. in einem bekannten Schlager des 2. Weltkrieges: ‚Ich bin von Kopf bis Fuß auf Liebe eingestellt', der durch Marlene Dietrich weiteste Bekanntheit erlangte.

Eins auf den Kopf bekommen: eine Abfuhr erhalten. Siehe auch ↗Birne, ↗Dach, ↗Haupt.

‚Kopf oder Wappen': Kurzformel beim Auslosen durch Werfen einer Münze, wobei Kopf für die Oberseite u. Wappen für die Unterseite steht (engl. ‚heads or tails').

Lit.: *J. E. Hodgkin:* ‚Heads or tails', in: Notes & Queries 2.11 (1861), S. 425; *J. Rüger:* ‚Vom Kopf bis zum Fuß'. Der menschl. Körper in volkstüml. Rdaa., in: Sprachpflege 12 (1963), S. 244–245; *Ch. M.:* ‚Kopf und ‚Haupt' in Rdaa., in; Sprachpflege 15 (1966), S. 212–213); *G. Augst:*‚Haupt' und ‚Kopf' – Eine Wortgesch. bis 1550, Diss. Mainz (Gießen 1970); *A. Bargheer:* Art. ‚Kopf', in: HdA. V, Sp. 201–214; *U. Jeggle:* Der Kopf des Körpers. Eine volkskundliche Anatomie (Weinheim u. Berlin 1986).

Korb. *Einen Korb bekommen,* auch *sich einen Korb holen:* bei einem Liebes- oder Heiratsantrag abgewiesen werden. Lit. bei C. F. Meyer (‚Der Schuß von der Kanzel', 1877): „Das Mädchen also gab Euch einen Korb". Älter ist die Wndg. ‚durch den Korb fallen'. In der Bdtg. ‚mit einem Liebesantrag abgewiesen werden' erklärt sie sich aus der ma. Sitte, daß ein Mädchen einem ihr nicht genehmen Freier einen Korb, dessen Boden gelockert war, von ihrem Fenster an einem Seil hinunterließ. Wurde er nun in diesem Korb hinaufgezogen, so mußte er zwangsläufig ‚durchfallen'; ‚durch den Korb fallen' kennt auch Martin Luther (Erlanger Ausg. 47, 225). Vgl. hierzu den bekannten ma. Schwank von Virgil (GSA. II, 518), den die Tochter des Kaisers dem öffentl. Spott preisgibt, indem sie ihn unter Vorspiegelung eines Liebesabenteuers in einem Korb sitzend zu sich heraufziehen will, ihn jedoch auf halber Höhe bis zum

‚Im Korb hängenlassen'

1 ‚Durch den Korb fallen‘   2/3 ‚Im Korb hängenlassen‘

Morgen hängen läßt. Auch Thomas Murner erzählt dieses Abenteuer Virgils in der Satire ‚Geuchmatt‘ (V. 4641):

> Virgilius bůlt eine schöne magt,
> Die hat jn vff ein nacht vertagt
> Und jm ein solchen bescheid gesagt:
> Er solt zů einem fenster gon,
> Da wolt sy ein korb aber lon,
> Daryn solt er sich setzen schon.
> Er thet das selb on allen argwon.

Als sy in halber vff hyn zoh,
Das lüstig wyb von dannen floh
Vnd ließ ihn hangen an der wend,
Das er offlich da wardt geschendt
Vnd yederman das selber seyt,
Das er do hing, vmb wybs bescheid.

Von Studenten auf das Examen übertr., findet sich in den ‚Facetiae facetiarum‘ (1657, 334) vulgärlat. ‚corbissare‘ = durchs Examen fallen (lat. corbis = der Korb). Im Schles. gebrauchte man statt der Rda. ‚einen Korb bekommen‘ das Zeitwort ‚korbisiren‘ (Wencel Scherffer, ‚Gedichte‘ 568, 609). Im 17. und 18. Jh. findet sich die Sitte nur noch mit der Abschwächung, daß das Mädchen dem unbequemen Werber als abweisende Antwort einen bodenlosen Korb ins Haus schickte, was dieser als ‚bodenlose‘ Gemeinheit (Frechheit) auffassen konnte. Es gab auch den Korb-Pranger, den Schandkorb, z. B. bei Bäckern, die zu kleine Brötchen gebacken hatten: sie wurden in einem Korb ins Wasser getunkt. In abgeschwächter Form sagt man auch ‚ein Körbchen flechten‘, wenn man jem. etw. auf zarte Weise abschlagen will (vgl. auch Abraham a Sancta Clara, ‚Reim dich‘ 20, wo es heißt: „Einem ein Körbel geben“).

‚Jemandem einen Korb geben‘

Auch mit einem Tanzbrauch können diese Rdaa. in Verbindung stehen. So gibt es im Ndd. noch zahlreiche Volkstänze, die auf Festlichkeiten gepflegt werden, z. B. Spiegeltanz, Besentanz und Korbtanz. Sie erfreuen sich großer Beliebtheit. Beim ‚Korbtanz‘ hält ein Mädchen, das auf einem Stuhl sitzt – vor allen sichtbar – einen Korb auf dem Schoß. Zwei junge ‚Werber‘ erbitten von ihr den nächsten

Tanz. Einem wird Erfüllung, dem anderen reicht sie den Korb und bietet ihm ihren Platz an. Das Spiel geht nun mit vertauschten Rollen weiter. Körbe dienten u. a. zum Einsammeln der Hochzeitsgeschenke; ‚corbeille de marriage‘ bedeutet im Frz. die Gesamtheit der Geschenke. In der Oberpfalz wird dem Zurückgewiesenen ‚ein Korb gesteckt‘, d. h. aufgesteckt, mit einer Strohfigur darin; in der Eifel muß einer, der ein Mädchen sitzenläßt, durch einen alten Korb kriechen, und in verschiedenen Gegenden Dtls. kann man noch heute auf den Bericht: ‚Ich habe einen Korb gekriegt‘, die Replik hören: ‚Einen Korb kann man schon kriegen, aber einen Boden muß er haben‘. In der Komödie ‚Amantes amentes‘ (I, 5) von 1609 bei Rollenhagen heißt es ähnl.: „dor den korff stiegen“, d. i. durch den Korb (ohne Boden) steigen und durchfallen, einen Korb bekommen. Ebd. I, 5: „Heffe gy de kype (d. i. Korb) gekregen“, habt ihr einen Korb bekommen, und III, 4: „de kype geben“. Hier findet auch der Ausdr. ‚durchfallen‘ seine Erklärung, von einem Prüfling gesagt: wen der prüfende Teil nicht für gut befindet, den läßt er durchfallen wie das Mädchen den unwillkommenen Werber. Schon bei Joh. Pauli: „Also fiel der gut Herr (der Prüfling im Examen) durch den Korb“. In der ‚Historie vom reichen Mann und armen Lazarus‘ (1555) erzählt der Verfasser von seinem Studium:

Da ich nun meint zu promovirn,
Setzt mich in Korb, ließ mir hoffieren,
Platsch, fiel ich durch den Korb hinweg
Und lag hienieden in dem Dreck.

Das Wasser geht über die Körbe ist eine volksetymol. Umdeutung von ‚Korven‘. In den ‚Proverbia communia‘ heißt es: Wenn das Wasser über die Korven geht, soll man das Schiff osen (ausschöpfen). ‚Korven‘ ist ein Lehnwort aus lat. curvus und bezieht sich auf die gekrümmten Spanten im Schiffsboden. Die Rda. stammt aus dem Seewesen und bedeutet, daß man in der Gefahr mit Rettungsmaßnahmen nicht zögern soll. Die übertr. Verwendung der Rda. findet sich bereits bei Geiler von Kaysersberg: „wann ein rad über ein bein gat oder das Wasser über die Körb, so wird man witzig“ (= klug). Auch

Luther kennt sie: „die weil das Wasser will über die Körbe gehen und untugend mit untüchtigen untergehen". Eine andere Erklärung ließe sich aus dem Flechtwerk zum Schutze der Dämme herleiten, das auch als ‚Körbe' bez. wird. Für die Bdtg. der Rda. ergibt sich hieraus jedoch keine Änderung, denn die Gefahr ist ebensogroß, wenn das Wasser die Schutzwehr überflutet.

Zu tief in den Korb greifen: sich zuviel herausnehmen, anmaßend sein, aufschneiden; ist heute kaum mehr gebräuchl.; früher hieß es ↗,Kober' statt ‚Korb'.

Ins Körbchen gehen (Husch, husch ins Körbchen!): Zu Bett gehen; die Rda. bezieht sich urspr. wohl auf den Hund, dessen Schlafstelle ein Körbchen ist, oder auf die Hühner, deren ↗ Nest wie ein Korb geflochten war, vgl. ↗,Hahn im Korbe'.

Lit.: *R. Hildebrand:* Wie die Sprache altes Leben fortführt, in: Zs. f. d. U. 5 (1891), S. 122–123; *Haberlandt:* Art. ‚Korb', in: HdA. V, Sp. 241–246; *Röhrich-Brednich:* Dt. Volkslieder I, S. 272 ff.; *W. Danckert:* Symbol, Metapher, Allegorie im Lied der Völker, II (Bonn-Bad Godesberg 1977), S. 550–574, bes. 564 ff.; *Chr. Will:* Die Korbflechterei (München 1978).

Korn. *Etw. aufs Korn nehmen, etw. auf dem Korn haben:* seine Aufmerksamkeit auf etw. richten, etw. scharf beobachten. Die Rdaa. entstammen der Sprache der Jäger oder Schützen, die mit Hilfe von Kimme (Visier) und Korn, die auf dem Gewehrlauf befestigt sind, ihre Waffe genau auf das gewünschte Ziel ausrichten können. Wenn man mit einem Blick über die Kimme hinweg feststellt, daß sich das Ziel mit dem Korn exakt deckt, das Ziel ‚aufs Korn genommen ist', dann kann man annehmen, daß der Schuß trifft. Ähnl. Rdaa. sind ndd. und mdt. ‚etw. auf dem Kieker (= im Visier) haben', obd. ‚etw. auf die Muck (= Mücke, Visier) nehmen', z. B. bei Hermann Kurz in seinem Roman ‚Der Sonnenwirt' (1854, S. 18): „Habt ihr mich auf der Muck? Wollt ihr mich ins Gerede bringen?" Alle diese Rdaa. können erst in einer Zeit entstanden sein, in der Schußwaffen schon in Gebrauch waren, sie gehen also höchstens bis ins 15. Jh. zurück. Später wurden sie dann auch auf Menschen bezogen und in ihrer Bdtg. erweitert: *jem. auf dem Korn*

haben, jem. aufs Korn nehmen: sich seine Vergeltung gegen einen mißliebigen Menschen vorbehalten, jem. nicht leiden können, einen Angriff planen.

Von altem Schrot und Korn ↗ Schrot.

Korn i. S. v. Getreide begegnet in zahlreichen Rdaa., die sich meist von selbst erklären, wie z. B. *Das ist so gut wie Korn auf dem Boden:* das ist wie bares Geld; *das Korn essen, ehe es gesät ist:* den Lohn verzehren, bevor die Arbeit gemacht ist, auf zukünftigen Gewinn hin Schulden machen; *das ist Korn auf seine Mühle* (↗ Wasser); *er mißt alles Korn mit seinem Scheffel:* er beurteilt andere Leute nur nach sich: *sein Korn grün essen:* ein schlechter Hauswirt sein, keine Vorräte mehr besitzen; *sein Korn ist reif:* sein Verdienst ist gewiß, sein Einkommen ist gesichert, seine Unternehmung steht vor dem günstigen Abschluß. Die im Volkslied häufige metaphorische Umschreibung der sexuellen Beziehung als ‚Korn schneiden' wird rdal. auch noch zum ‚Korn dreschen' abgewandelt. Die Wndg. *Er drischt Korn in fremder Scheune* meint daher: er verletzt die eheliche Treue, er begeht Ehebruch ‚er geht fremd'. Vgl. ndl. ‚Hij dorscht koren in eens anders schuur'. „Warum hast du das nicht gleich gesagt, ‚dat is 'n anner Köarn' (und der Spaßvogel ergänzt: ‚sä de Müller, un do beet he in'n Museköarn'): das ist was anderes …

Lit.: *H. Rausch:* ‚Aufs Korn nehmen', in: Sprachfreund 4, No. 3 (1955), S. 4; *L. Röhrich:* Gebärde – Metapher – Parodie (Düsseldorf 1967), S. 65; *L. Röhrich* u. *G. Meinel:* Rdaa. aus dem Bereich der Jagd u. der Vogelstellerei, S. 320; *W. Danckert:* Symbol, Metapher, Allegorie im Lied der Völker, III (Bonn-Bad Godesberg 1978), S. 890 ff.

Korsett. *Sich nicht in ein Korsett zwängen lassen:* sich in seiner Handlungsfreiheit nicht einengen lassen; die Rda. bezieht sich auf die Gepflogenheit korpulenter Damen, ihrer Figur durch Anlegen eines Korsetts eine ansprechendere Form zu verleihen, wodurch jedoch ihre Bewegungsfreiheit gemindert wird; berl. ‚Nu tu dir man keen moralisches Korsett an', sei nicht prüde. Da das Kleidungsstück – bei zu großer Körperfülle oder bei Wirbelsäulenanomalien (‚Stützkorsett') – aber auch bei den Herren bekannt war, findet die Rda. auch auf diese Anwendung, i. S. v.:

sich nicht einzwängen lassen, sich in seiner Freiheit nicht beeinträchtigen lassen.

Lit.: *E. Leoty:* Le Corset à travers les ages (Paris 1893); *F. Libron* u. *H. Clouzot:* Le Corset dans l'art et les mœurs du XIIIe au XXe siècles (Paris 1933); *A. Junker* u. *Eva Stille:* Die zweite Haut. Zur Geschichte der Unterwäsche (Frankfurt a. M. 1988).

koscher. *Nicht (ganz) koscher sein:* nicht einwandfrei, nicht unbedenklich, nicht recht geheuer, eigentl. nicht rein, ungenießbar gemäß der Mosaischen Speisegesetze (3. Mose 11, 1–47). Das jidd. Adj. ‚koscher' i. S. v. ohne religiöse Bedenken als Speise geeignet, beruht auf hebr. ‚kāšēr' = rein u. ist seit der 1. Hälfte d. 18. Jh. auch in dt. Texten bezeugt, zunächst in bezug auf Fleisch. Mit der in der Studentensprache übertr. u. erweiterten Bdtg. von sauber, ehrlich, in Ordnung, mit rechten Dingen zugehend erlangte das Wort allg. Bekanntheit.

Kostnitz. *Hier ist nicht Kostnitz (Kostnix):* hier erhält man nichts unentgeltlich. Das Wortspiel deutet scherzhaft an, daß man nicht so ohne weiteres davonkommt, daß man zu bezahlen hat. In Holst. sagt man dagegen von Sachen, die nichts kosten, die man geschenkt erhält: ‚se sünt vun Kostnitz'.

Kotzebue. *Kotzebues Werke studieren:* sich erbrechen; der lautliche Gleichklang des Wortes ‚kotzen' mit dem Namen des Dichters (1761–1819) hat zu dieser scherzhaften Verhüllung geführt. Die Rda. ist noch zu Kotzebues Lebzeiten aufgekommen; sie wird um 1800 für Berlin bezeugt. Gleiche Bdtg. hat die Wndg. *an Kotzebue schreiben.*

Krach, krachen. *Krach machen (schlagen):* laut, energisch protestieren, sich beschweren, sich erregt äußern, lärmend streiten, schimpfen; *Krach mit einem haben (kriegen):* Zank mit ihm haben (bekommen). Diese Rdaa. dürften neueren Datums sein; der Verweis auf ein älteres ‚Rumor machen' (1. Sam. 5, 11; vgl. Büchmann) überzeugt nicht.

Bei jem. ist Krach im Hinterhaus sagt man, wenn man auf einen Familienstreit in der Nachbarschaft verweist. Der Ausdr. geht auf den Titel eines Bühnenstücks von Ma-

ximilian Böttcher ‚Krach im Hinterhaus' zurück, das 1934 in Berlin uraufgeführt wurde und wenig später auch als Roman erschien.

Von Krach spricht man auch bei einer Krise, so vom ‚Börsenkrach' (frz. ‚le krach de la bourse') oder vom ‚Großen Krach' 1873 in Wien; vgl. engl. ‚crash' = Autozusammenstoß, aber auch finanzieller Zusammenbruch; dazu ‚verkracht', z. B. ‚eine verkrachte Bank', ‚ein verkrachter Student'; *sich mit jem. verkrachen:* sich mit ihm entzweien, Streit mit ihm bekommen. *Jem. kann schon einen Krach aushalten:* einen derben Stoß vertragen. Von ‚krachen' in der Bdtg. ‚gebrechlich sein', ‚kränkeln' leitet sich das rotw. ‚krachen gehen' sterben, her.

Mit Ach und Krach ↗ *Ach.*

Kragen, Kragenweite. Kragen bedeutet urspr. ‚Hals', ‚Kehle', ‚Nacken'; die meisten Rdaa. mit diesem Wort sind nur von dieser Bdtg. her zu verstehen. Im Ndl. ist der alte Sinn noch ganz offenkundig: ‚een stuk in zijn kraag hebben', betrunken sein. Ähnl. *alles durch den Kragen (die Gurgel) gejagt haben:* sein Vermögen vertrunken haben. *Es geht ihm an den Kragen* meint: er geht seiner Bestrafung entgegen, er befindet sich in großer Gefahr. Gleichbedeutend damit ist *Es kostet seinen Kragen;* lit. schon 1577 in Joh. Fischarts ‚Flöhhatz'. Beide Rdaa. beziehen sich wahrscheinl. auf das Erhängen als Hinrichtungsart; sinnverwandt ist auch die stabreimende Formel *Es geht um Kopf und Kragen* oder *Kopf und Kragen daransetzen. Jem. den Kragen herumdrehen:* ihn töten, wie man einem Vogel den Hals umdreht; vgl. frz. ‚tordre le cou à quelqu'un'; ähnl. *jem. den Kragen strecken. Jem. beim Kragen nehmen (packen):* ihn zur Rede stellen, angreifen; vgl. frz. ‚prendre quelqu'un au collet': einen festnehmen (umg.); *jem. beim Kragen haben:* in der Gewalt haben, in Goethes ‚Faust' (Auerbachs Keller) sagt Mephisto:

Den Teufel spürt das Völkchen nie,
 Und wenn er sie beim Kragen hätte.
Wir denken heute dabei an den Rockkragen, obwohl urspr. der Hals gemeint war. *Geizkragen* zur Bez. eines habgierigen Menschen steht als Synonym für ‚Geiz-

‚Jemanden beim Kragen nehmen‘

hals‘, den schon Luther als pars pro toto verwendet; ↗ Hals, ↗ Kopf.

Ihm platzt der Kragen: er ist sehr erregt, wütend, außer sich vor Zorn; hier ist Kragen schon eher in der heute gültigen Bdtg. zu verstehen, dazu ist an die schwellenden Zornesadern am Hals zu denken, die das Gefühl erzeugen, daß einem der Kragen zu eng wird.

Einen Kragenknopf verschluckt haben: einen starken Adamsapfel haben.

Das ist (nicht) meine Kragenweite: das sagt mir (nicht) zu, ist (nicht) mein Geschmack, paßt mir (nicht); der zu enge oder zu weite Kragen gibt das Bild für die Rda. ab. *In der üblichen Kragenweite:* in der gewohnten Weise; *bei der alten Kragenweite bleiben:* den Partner (Freund, Freundin) nicht wechseln; *bei der Kragenweite* ist ein rdal. Ausdr. der Ablehnung.

Krähe. *Die Krähe soll kein Vogel sein* (wenn das geschieht); diese Rda. bez. einen absurden Zweifel an einem unbezweifelbaren Tatbestand. Oft wird sie verwendet als Beteuerungsformel, als Bekräftigung des Gesagten, wie es auch im Sprw. heißt: ‚Die Krähe ist auch ein Vogel‘. Finn. sagt man: ‚Auch die Krähe ist da, wo andere Vögel sind‘. Die Rda. ist zuerst bei Joh. Fischart (‚Bienenkorb‘,

1588, 117[a]) bezeugt: „Eigen ist der Zweifel ob die Krähe auch ein Vogel sei: und es musz darbei bleiben und solt’ auch die Krähe kein Vogel sein“. Vgl. ndl. ‚al soude craey gheen voghel zijn‘.

Das ist eine weiße Krähe. Man will damit die Seltenheit einer Sache zum Ausdr. bringen. Möglicherweise ist die Rda. aus einem Sprw. verkürzt, das mdal. lautet: ‚Ke Tag i minem Lebe ha ni nüt e so gseh: e schneewysse Kräie und schwarze Schnee‘. Vgl. ndl. ‚Dat is eene witte kraai‘; engl. ‚a white crow‘. Vgl. Weißer Rabe ↗ Rabe.

Eine Krähe waschen ist Ausdr. für den Widersinn einer Sache, eines Unternehmens, das schon von vornherein zum Scheitern verurteilt ist. Wahrscheinl. kam die Rda. zustande durch Verkürzung des Sprw. ‚Die Krähe wird nicht weiß, wenn sie sich auch noch so oft wäscht‘. Vgl. engl. ‚He is washing the crow‘, bezeugt bei Bohn (London 1857).

Es wird’s keine Krähe auskratzen. Hier ist eine aussichtslose Situation gemeint oder eine abgeschlossene Sache, an der nichts mehr zu ändern ist, die sich auch nicht bereinigen läßt; lit. belegt bei Sutor in ‚Der Hundertaugige blinde argos und zwey gsichtige Janus …‘ (Augsburg und München 1740): „es ist dahin geschrieben (d. h. in den Kamin), daß es kein kuh ableckt und kein kro auskratzt“. In Agricolas Sprww.-Sammlung: „Kein kro wirds auskratzen“ (Nr. 339) 1582 für Wittenberg bezeugt.

Das ist keine Krähe von gestern, gebraucht i. S. v.: das ist ein alter Fuchs, ein Schlaukopf, geht von der Schlauheit der Krähe aus. Dieselbe Bdtg. hat auch die Rda. ‚Diese Krähe ist gestern nicht mit dem Finger gezäumt und mit Brei gefüttert‘, er ist ein durchtriebener, gewandter Bursche.

Davon soll die Krähe fett werden. Die Krähe als Aasvogel frißt alles. In diesem Fall ist gemeint, daß man etw. dem Aasvogel überläßt, das nicht viel wert ist. Mit der Rda. ‚Davon wird die Krähe auch nicht fett werden‘ wird eine Situation charakterisiert, in der selbst ein Aasvogel keinen Bissen findet, der fett macht. Schles. heißt es ‚die Kroe wat fet wan‘, die Krähe wird fett werden, hier also im positiven Sinne gebraucht, nämlich: es wird besser werden, es geht bergauf. Die Rda. ist in Drechslers ,Schlesiens Vogelwelt in der Sprache und im Glauben der Heimat' (Mitt. 10,87, 1908) bezeugt.

Einer Krähe die Augen aushacken, lat. ,cornicum oculos configere' (Cicero). Die Rda. kommt wahrscheinl. von dem älteren Sprw. ,Eine Krähe hackt der anderen kein Auge aus'. Mit den Worten: ,Ich wolt, daß dir die kraen die Augen auspflucken' wünscht man jem. den Tod, wobei wieder an die Krähe als Aasfresser gedacht ist; so schon bei Hans Sachs. Nach V. B. Dröscher ist es eine Tatsache, daß die Krähen ihre Feinde u. ihre Beute durch Aushacken der Augen bekämpfen, diesen Trieb aber so ausgezeichnet beherrschen, daß bei Streitigkeiten untereinander niemals eine Krähe der anderen ein Auge aushackt.

Die Krähe will mit dem Adler streiten; damit bringt man ein ungleiches Kräfteverhältnis zum Ausdr., die Aussichtslosigkeit eines Kampfes, den ein Schwächerer mit einem Starken führen will (vgl. lat. ,Aquilam cornix provocat'). Den frühesten Nachweis finden wir bei Seybold (,Lustgarten von auserlesenen Sprww.', Nürnberg 1677). Die entspr. Sprww. lauten: ,Die Krähe darf den Adler nicht herausfordern' und ,Wenn die Krähe mit dem Adler streitet, so verliert sie den Kopf'.

Die Rdaa. *eine Krähe für eine Nachtigall kaufen* oder *Krähen für Tauben halten* bezeichnen ein krasses Fehlurteil, falsche Einschätzung eines Gegenstandes. Die Krähe als freches Tier wird den sanften Tauben, ihr mißtönendes Geschrei dem wohlklingenden Gesang der Nachtigall gegenübergestellt. Sachlich gemeint ist dabei Tausch oder Kauf einer negativen, minderwertigen Sache für eine positive, wertvolle. Bei A. W. Schlegel (,Sommernachtstraum' 2,2, Gedichte, Tübingen 1800) in eine rhet. Frage gefaßt: „Wer will die Krähe nicht für die Taube geben?" Engl. bei Shakespeare: „change a raven for a dove".

Die Wndg. *eine Krähe mit Pfauenfedern,* beruht auf einer Fabel, vgl. ,sich mit fremden ⁊ Federn schmücken'; in lat. Form (,calvus comatus') belegt in den ,Desid. Erasmi Roterdami Adagiorum Epi-

tome …' (Leipzig 1678); ndl. ,Het is eene kraai in paauwen-vederen' u. frz. ,le geai paré des plumes du paon' (wörtl.: der Häher, der sich mit Pfauenfedern geschmückt hat).

Mit den Rdaa. *Das sind zwei Krähen auf einen Schuß* und *Er hat zwei Krähen auf einmal geschossen* wird, ähnl. wie durch die Redewndg. ,zwei Fliegen mit einer Klappe schlagen', der glückliche Fall umschrieben, daß mit einer Aktion zwei Ziele gleichzeitig erreicht werden (vgl. ndl. ,twee kraeyen met een schoot schieten'). *Eule unter den Krähen* ⁊ Eule.

Lit.: *V. B. Dröscher:* Mit den Wölfen heulen (Düsseldorf 1978), S. 65–68; *W. E. Peuckert:* Art. ,Krähe', in: HdA. V, Sp. 352–370; *E. u. L. Gattiker:* Die Vögel im Volksglauben (Wiesbaden 1989).

krähen ⁊ Hahn.

Krähwinkelei. *Das sind Krähwinkeleien:* engstirnige, beschränkte Ansichten; der Ortsname ,Krähwinkel' wird zuerst von Jean Paul in seiner Satire ,Das heimliche Klagelied der jetzigen Männer' (1801) gebraucht, wenig später (1803) wird er dann in Kotzebues Lustspiel ,Die deutschen Kleinstädter' zur allg. Bez. für räumlich

Wie die Krähwinkler die Brunnen klystieren.

1/2 ,Krähwinkelei'

beschränkte Ortsverhältnisse, für klein-
städtische Gesinnung; danach ist jede
daraus hervorgehende kleinliche und törichte Streiterei eine Krähwinkelei. Der
Ortsname und seine Abarten sind in Bayern, Baden, Württemberg, im Rheinl. und
in Thür. häufig anzutreffen, sie beruhen
auf dem ahd. ‚chräwinchil‘ = abgelegene
Einzelsiedlung, wo Krähen nisten. *Es ist
wie in Krähwinkel:* hier herrschen ähnl.
verkehrte Ansichten, Engherzigkeit und
kleinliches Verhalten wie in einem kleinen Ort aus der Provinz. Die Bewohner
von Krähwinkel heißen entspr. ‚Krähwinkler‘ u. gelten allg. als beschränkte,
kleinkarierte Kleinstädter. Auf einen
Kanton in der Schweiz bezogen findet
sich der Ausdr. auch bei G. Keller (‚Der
grüne Heinrich‘, 3,79): „unsere Regierung nannte er einen Trupp ungeschickter
Krähwinkler“.
In den Befreiungskriegen gegen Napoleon (1813–15) entstand ein Spottlied, das
den ‚Geist‘ eines Landsturmmannes aus
Krähwinkel, der vom Krieg nichts wissen
will, spiegelt:

> Immer langsam voran,
> immer langsam voran,
> daß der Krähwinkler Landsturm
> mitkommen kann …

Das Lied enthält z. T. oppositionelle Stro-
phen, die sich besonders gegen feige und
unfähige Offiziere richten, oder es verspottet generell die Kriegführung, aber in
gutmütig-gemütlichem Ton.

Lit.: *Erk-Böhme*, Nr. 1432; *W. Steinitz:* Dt. Volkslie-
der demokratischen Charakters, I (Berlin 1964),
S. 446ff., Nr. 167; *L. Röhrich* u. *R. W. Brednich:* Dt.
Volkslieder, Bd. 2, Nr. 32k, S. 327–329.

Kram bez. schon mhd. die Ware eines
Händlers, die in einer Bude (ahd. cram =
Marktbude) verkauft wird, später dann
mit Blick auf die mindere Güte solcher
Ware alles Minderwertige schlechthin; so
kann Kram in verächtlichem Sinne sogar
anstelle des unspezifizierten Wortes ‚Sache‘ gebraucht werden: *der ganze Kram:*
das alles; vgl. frz. ‚tout le saint-frusquin‘,
hauptsächlich i. S. v. Klamotten. Von
einer Sache oder Tat, die weder gut noch
schlecht zu nennen ist, spricht man als von
halbem Kram. Alter Kram sind veraltete
Gegenstände. *Das paßt mir (nicht) in den
Kram:* das kommt mir (un-)gelegen, ist
also eigentl. aus der Sicht des Kaufmanns
gesagt, der dazu Stellung nimmt, ob eine
Ware in sein Sortiment aufgenommen
werden kann oder nicht (vgl. ndl. ‚in iemands kraam te pas komen‘). Ein Lied des
Jahres 1688 verspottet Ludwig XIV. als
einen frz. Kaufmann, der spricht:

> Das reiche schöne Amsterdam
> Sammt ihren Port und Landen
> Taugt mir gar wohl in meinen Kram.

Lit. weiterhin belegt bei Lessing
(VIII,337): „Die gemeine Meinung hier-
über taugte in ihren Kram ganz und gar
nicht“. Goethe gebraucht die Wndg. in
‚Hans Sachsens poetischer Sendung‘
(V. 100ff.):

> Unser Meister dies all ersicht
> Und freut sich dessen wundersam
> Denn es dient wohl in seinen Kram.

Jünger sind die Rdaa. *Da wird nicht viel
Kram gemacht:* nicht viele Umstände, eigentl. wohl: darum wird nicht lange ge-
feilscht; *den (ganzen) Kram hinschmeißen;
jem. den Kram vor die Füße schmeißen:*
von einer Verpflichtung zurücktreten;
jem. in den Kram reden: ihm in seine Geschäfte dreinreden; oberoesterr. warnt
man mdal. ‚Dapp ma nöd ön Kram‘, eigentl.: tritt mir nicht auf meine ausgelegte
Ware; in übertr. Bdtg.: verwirre meine
Angelegenheiten, meine Pläne nicht,
mische dich nicht ein. Vgl. auch ndl. ‚kom
niet in mijne kraam, voor dat ick uitgepakt
ben‘.

Kranich. *Beim Kranich zu Gast sein:* sehr
wenig oder nichts zu essen bekommen,
schlecht bewirtet werden; die Rda. knüpft
an die Äsopsche Fabel von Fuchs und

‚Beim Kranich zu Gast sein‘

Kranich an. Der Fuchs lädt den Kranich zum Essen ein und setzt ihm auf einem flachen Teller das Essen vor, so daß er wegen seines spitzen Schnabels kaum etw. zu sich nehmen kann. Daraufhin revanchiert sich der Kranich, indem er, als der Fuchs bei ihm zu Gast weilt, diesem das Essen in einem Krug mit engem Hals serviert, aus dem nur er, der Kranich, zu essen vermag. Diese Szene ist häufig dargestellt worden, z. B. auch auf einem Fresko des 16. Jh. im Innenhof der Churburg/Vintschgau (Südtirol) und in der frühen Holzschnittkunst.

Den Kranich machen (spielen): lange auf einem Fleck stehen und warten müssen.

Lit.: *O. Keller:* Die antike Tierwelt, 2 (Leipzig 1913), S. 184–192; *W. Maaz:* Art. ‚Fuchs u. Kranich‘ (AaTh. 60), in: EM. V, Sp. 503–511; *E. u. L. Gattiker:* Die Vögel im Volksglauben (Wiesbaden 1989), S. 397–400.

krank, Krankheit. *Das macht mich ganz krank:* das bedrückt mich, beunruhigt mich sehr; dagegen *sich krank lachen:* heftig lachen, ebenso *Das ist zum Kranklachen! Der muß krank sein, der davon stirbt* sagt man scherzhaft von gutem Essen. *Du bist wohl krank:* du bist nicht ganz richtig im Kopf. *Die Krankheit soll ihn (dich) holen!* ist eine ärgerliche Verwünschung, wobei zum Zwecke der Verhüllung statt des genauen Namens der Krankheit nur das anonyme Wort Krankheit selbst benutzt wird (auch mdal. bezeugt), ⇗Kränke.

Krank am Brotschrank sein wird von solchen Menschen gesagt, die sich für krank erklären, dabei aber sehr guten Appetit haben; doch verwendet man es auch in der Bdtg. von: nichts zu essen haben. Als Sentenzverdrehung ist aus Goethes ‚Schatzgräber‘ „Arm am Beutel, krank am Herzen" geläufig: ‚Krank am Beutel ...‘ u. meint die ‚Schwindsucht‘ des Geldes.

Lit.: *E. Grabner (Hg.):* Volksmedizin (Darmstadt 1967); *G. Barthel (Hg.):* Heilen und Pflegen (Marburg 1986).

Kränke. *Da soll man (nicht) die Kränke kriegen* und *Es ist, um die Kränke zu kriegen:* es ist zum Verzweifeln, zum Verrücktwerden; eigentl.: es ist so arg, daß man vor Ungeduld oder Ärger krank und schwach werden könnte. Die Wndgn. sind auch mdal. verbreitet, z. B. hess. ‚Ich krieg die Kränk‘ und meckl. ‚sich gegenseitig die Kränk an den Hals ärgern‘. Mit Kränke bez. man bereits im 16. Jh. Schwäche und Krankheit. Luther gebrauchte das Wort (Werke 1, 493[b]), und Melanchthon (‚Luthers Leben‘, übers. von Ritter, S. 81) schrieb 1561 über Luther: „am mitwoch den 17 tag des hornungs hat d. Martinus sein gewöhnlich kränk bekommen, nemlich ein flusz im herzgrüblin". Im 17. Jh. dichtete Friedrich v. Spee im Sinne der mystischen Versenkung in die Leiden des Herrn (‚Trutznachtigall‘ 300):

ich nun denke seiner kränke,

weil ich dich verwundet seh.

Auch mdal. z. B. fränk., schwäb., els., vorarlbergisch und kärntnerisch, aber auch meckl., ist ‚Kränke‘ noch heute die allg. Bez. für Krankheit, speziell meint man damit aber vor allem Epilepsie, Fallsucht und Krämpfe. Früher galt Kränke auch als verhüllender Ausdr. für Pest und andere schwere Seuchen, was sich in den Verwünschungen und Flüchen bis heute bewahrt hat, die bes. im 18. Jh. häufig waren, z. B. *Daß du die Kränke kriegst!* und *Daß dich die Kränke!* In diesen beiden Formen sind die Verwünschungen noch mdal. verbreitet, z. B. meckl. ‚Dat du die Kränk kriggst!‘ oder els.: ‚Daß du die Kränk kriegsch!‘ und allg. im Ndd. ‚Dat du de Krenke!‘

Lit. sind ähnl. Wndgn. aus dem 18. und 19. Jh. belegt. Nicolai gebrauchte die Verwünschung in einem Gedicht: „ei, kriegtest du die Kränke!" (Verm. Ged. 1792, 1, 159), und Immermann schrieb 1839 in seinem Roman ‚Münchhausen‘ (4, 35 [60]): „ich wills euch allen zuvor thun, daß ihr Seelenverkäufer die Kränke vor Ärger kriegt". Noch 1870 reimte W. Kreusler (‚Lieder zu Schutz und Trutz‘):

Haut ihn, daß die Lappen fliegen!

Daß sie All‘ die Kränke kriegen

In das klappernde Gebein.

Einige mdal. Wndgn. haben übertr. Bdtg. angenommen, z. B. schles. ‚Die Kränkt haben‘, krank spielen und schwäb. ‚Der hat die Kränke‘, er steckt voller Bosheit, was durch den Ausdr. ‚Höllenkränke‘ noch gesteigert werden kann.

Lit.: *O. v. Hovorka* u. *A. Kronfeld:* Vergleichende Volksmedizin, 2 Bde. (Stuttgart 1908/09).

krankfeiern. *Gern einmal (manchmal) krankfeiern:* eine leichte Unpäßlichkeit zum Vorwand nehmen, um dem Dienst (der Arbeit) fernbleiben zu können, eigentl. um sich zu Hause auszuruhen; auf Kosten anderer ‚blau machen'. ‚Feiern' bedeutet in diesem speziellen Fall: nicht arbeiten; vgl. ‚eine Feierschicht fahren'.

Kranz. *Den Kranz erhalten (gewinnen):* siegen, Ruhm erwerben, für seine Mühe und Leistung belohnt, auserwählt werden, eigentl. als Sieger im sportlichen Wettkampf, bei Turnieren oder auch beim Kranzsingen geehrt werden; vgl. frz. ‚remporter la palme'.
Jem. den Kranz reichen: ihm den Sieg zusprechen, ihn belohnen, eine Liebeszusage geben, aber auch: sich selbst geschlagen erklären. Diese Mehrdeutigkeit der Rda. beruht auf verschiedenen Bräuchen, die sich z. T. bis zur Antike und ins MA. zurückverfolgen lassen. So war es bei Wettläufen üblich, daß der Unterlegene dem Sieger einen Kranz reichen mußte, womit er dessen Leistung anerkannte, sich selbst aber als Verlierer kundtat. Bei den ma. Turnieren wurde dem Sieger von einer vornehmen Dame des Hofes, von seiner Herrin, der er durch seinen Mut, seine Kraft und Tapferkeit gedient hatte, oder durch eine Jungfrau der grüne Kranz gereicht. Der Lorbeerkranz galt bereits in der Antike dem Dichter und Sänger als erstrebenswertes höchstes Ziel. Goethe schildert im ‚Torquato Tasso' (I, 3) die Bekränzung des Dichters, der soeben seinem Gönner ein gelungenes Werk überreicht hat. Als er bescheiden die ihm zu groß erscheinende Ehrung zurückweisen will, sagt ihm die Prinzessin:

So lern' auch diese Zweige tragen, die
Das Schönste sind, was wir dir geben
können.
Wem einmal würdig sie das Haupt
berührt,
Dem schweben sie auf ewig um die
Stirne.

Sprw. geworden ist das Schillerzitat aus dem Prolog zu ‚Wallensteins Lager', wo festgestellt und bedauert wird: „Dem Mimen flicht die Nachwelt keine Kränze". Seit dem MA. ist der Kranz aber auch als Symbol der Gunst einer hochgestellten

‚Jemand den Kranz reichen'

Dame und als Liebeszeichen bezeugt, vor allem durch zahlreiche Bildbelege. Das Volkslied bewahrt Erinnerungen an das Kranzsingen, das bereits zur Zeit Nithards zu Anfang des 13. Jh. beliebt war. Es steht in Zusammenhang mit den Rätselwettkämpfen. In einem Rätsellied (E. B. Nr. 1062), das im 16. und 17. Jh. bes. beliebt war, singen beim Reigen Gesellen verschiedener Handwerke um den Kranz der Jungfrauen, indem sie Rätselfragen lösen oder stellen. In Str. 16 und 17 wird geschildert, wie ein Bursche den Kranz gewinnt:

Jungfrau, sagt mir zu dieser Frist,
Welches die mittelst Blum im Kränz-
lein ist?
Der Blumen aber gar viel seind,
Die umher in dem Kränzlein stehnd.

Da diese Frage nicht zu beantworten ist, weil der Kranz geschlossen ist und nicht Anfang und Ende und deshalb auch keine Mitte besitzt, gibt der Bursche seine überraschende Lösung:

Ich hör ein großes Schweigen,
Das Kränzlein will mir bleiben.
So merkt mich, liebe Jungfrau mein:
Ihr mögt wol die mittelst Blum im
Kränzlein sein!

Er versteht hier unter dem Kranz den Kreis der Tanzenden. Auch in vielen Mailiedern erscheint der Brauch, daß der auserwählte Bursche von seinem Mädchen den Kranz, der sie beim Tanz geschmückt hat, als Zeichen ihrer Zuneigung erhält. So heißt es z. B. in einem schweiz. Lied (E. B. Nr. 967):

Der Tanz, der Abedtanz!
Mi Mitli treit e Chranz. (Str. 3)
Den Chranz, den mueß i ha,
Sus blib i en arme Ma. (Str. 4)

Als ihm das Mädchen den Kranz überreicht hat, jubelt der Bursche in Str. 6:

Juhê! nun e Chranz und
's Meitle derzue:
Juhê! was bin i e glückliche Bueb!

Die Rda. *einem ein Kränzlein auflegen (aufsetzen):* gehört deshalb in diesen Brauchzusammenhang. Sie bedeutet die allg. Ehrung eines Mannes, vor allem aber das Einverständnis der Geliebten, die Liebeszusage oder sogar das Eheversprechen des Mädchens. Daß das Kranzaufsetzen tatsächlich einen rechtskräftigen Charakter hatte, ist durch den Brauch des Losbittens eines Verurteilten bezeugt. Der zum Tode Verurteilte oder auch ein Verbrecher, dem die Hand abgeschlagen werden sollte, konnte begnadigt und als straffrei entlassen werden, wenn ihn eine ehrbare Jungfrau vom Henker losbat und ihn zu ihrem Ehemann begehrte. Im Dt. Wb. der Brüder Grimm wird ein solcher Fall geschildert: Im 16. Jh. sollte einem Manne in Stralsund die rechte Hand abgeschlagen werden. Da trat ein Mädchen aus der Menge der Zuschauer und „settete em einen kranz up und dede ein erdfall vor den heren und wollt em losbidden". Das Kranzaufsetzen ist hierbei als Zeichen des öffentl. und rechtmäßigen Verlöbnisses zu verstehen.

Die Rdaa. *den Kranz verlieren* und *ums Kränzlein kommen* sind metaphorische Umschreibungen für den Verlust der jungfräulichen Unschuld und Ehre. Bereits in Wittenweilers ‚Ring' heißt es in übertr. Bdtg.:

Minner werch schol sei nicht kiesen,
Wil sei daz krentzel nicht verliesen.

Die Wndgn. beziehen sich auf das Hochzeitsbrauchtum. Nur die jungfräuliche Braut durfte den grünen Jungfernkranz aus Rosmarin, Myrten oder Rauten tragen. Er galt als Zeichen ihrer Ehre und Würde und war gewissermaßen der allen sichtbare äußere Nachweis ihrer Unschuld, ihrer Standhaftigkeit und ihres Sieges und Triumphes über die Versuchungen zur vorehelichen Geschlechtsverbindung. Das unrechtmäßige Tragen des grünen Kranzes bei der Trauung wurde von der Kirche als frevelhaft verfolgt. In der Ballade von der ‚Rabenmutter' (E. B. Nr. 212[b]), einer Variante aus Schlesien, führt der Teufel selbst die Bestrafung durch. Auf den Vorwurf des geretteten ausgesetzten Kindes fragt die Braut:

Wie kann ich deine Mutter sein?
Ich trag ja von Raut ein Kränzelein. (Str. 9)

Das Kind antwortet:

Trägst du von Raut ein Kränzelein,
Du kannst gar wohl meine Mutter sein:
Du hast geboren drei Kindelein. (Str. 10)

Als die Mutter sich verschwört, wird sie vom Teufel geholt:

Ja wenn das wirklich Wahrheit wär,
So wollt ich, daß der Teufel käm
Und mir das grüne Kränzlein nähm! (Str. 13)
Das Wort war kaum aus ihrem Mund,
Der Teufel in der Thüre stund. (Str. 14)

Der Kranz als Symbol der Reinheit diente auch zur Grabbeigabe jungfräulich Verstorbener, vgl. die poln. Wndg. ‚mit dem Kranz sterben', als Junggeselle begraben werden.

Der Verlust des Kranzes wird von dem Mädchen im Volkslied häufig reuevoll beklagt, während der Bursch nur leichtfertig die verschlafene Ehre bezahlen will. In einem Lied aus dem Kuhländchen (E. B. Nr. 436[b]) erhält das Mädchen sogar den spöttischen Rat:

Und ist dir hin dein Rautenkranz,
Und den du thatst verlieren:
Am Dienstag ziehn die Krämer ins
Land,
Schöns Lieb, kauf dir ein neuen! (Str. 4)

Sie weiß jedoch, daß dies nutzlos wäre:

Was hilft mir denn der neue Kranz,
Wenn ich ihn nicht darf tragen?

Eine völlig andere Bdtg. ist mit dem ‚grünen Kranz' verbunden, der als Symbol des Wirtshauses bekannt wurde. Er ist – ähnl. wie der ↗ Besen – ein Zeichen für das Schankrecht u. wird dementspr. auch als Aufforderung zur Einkehr betrachtet, wie u. a. auch aus dem Trinklied ‚Bruderschaft' (1821) von Wilh. Müller hervorgeht:

Im Krug zum grünen Kranze,
da kehrt ich durstig ein.

Lit.: *R. Andree:* ‚Der grüne Wirtshauskranz', in: Zs. des Vereins f. Vkde. 17 (1907), S. 195–200; *K. Meschke:* Art. ‚Kranz', in: HdA. V, Sp. 381–428; *A. Walzer:* Liebeskutsche, Reitersmann, Nikolaus und Kinderbringer (Stuttgart 1963), S. 11–16; *Röhrich-Brednich:* Dt. Volkslieder, Bd. I (Düsseldorf 1965), S. 55 ff.; Bd. II (Düsseldorf 1967), S. 140 f.; Dt. Volkslieder mit ihren Melodien, hg. v. Dt. Volksliedarchiv (Freiburg 1967), V, 2, S. 263 f.; *A. Erler:* Art. ‚Kranzgeld', in: HRG. II, Sp. 1177; *W. Dankert:* Symbol, Metapher, Allegorie im Lied der Völker, II (Bonn–Bad Godesberg 1977), S. 815; *M. Widmann:* ‚De coronis (Frankfurt a. M. 1987).

kratzen, Kratzfuß. *Das kratzt mich nicht:* es berührt, betrifft, stört mich nicht; ähnl. ‚das juckt mich nicht', ‚das kann mich nicht kratzen'.

Sich gekratzt fühlen: sich geschmeichelt fühlen (vgl. ‚sich gebauchpinselt fühlen'). Die Rdaa. sind in ganz Dtl. bekannt, reichen aber wohl kaum weiter als ins 19. Jh. zurück.

Kratzen gehen: sich eilig davonmachen; gleichbedeutend *die Kurve kratzen;* i. S. v. ‚sich davonmachen', ‚sterben' gebraucht man *abkratzen.* Vielleicht ist hier zunächst an das Pferd zu denken, das, wenn es sich schnell in Bewegung setzt, den Sand aufwirft, dann an das Auto, das beim raschen Anfahren Staub aufwirbelt und in der Kurve beim Schleudern Bäume oder Häuser zu streifen (kratzen) scheint. Eine heute nicht mehr geläufige Rda. verwendet Thomas Murner (‚Narrenbeschwörung' 1, 10; 58, 11 u. ö.): „Vnd kratzen do mich niendert beisz" i. S. v. durchprügeln.

Kratzfuß(-füße) machen: eine übertriebene Verbeugung machen, sich unterwürfig gegen jem. verhalten; der übertr. Sinn dieser Rda. beruht auf dem realen Vorgang einer früheren Höflichkeitsbezeigung, bei der ein Fuß nach hinten genommen wird und dabei den Boden streift. Vgl. engl. ‚to make a leg'.

kraus. *Ein Krauskopf sein, krause Reden führen:* verworren und eigensinnig reden und denken, es geht kraus, wunderlich zu. Vgl. das Sprw. ‚Krauses Haar, krauser Sinn!' Schon in der Mitte des 14. Jh. lesen wir von ‚krusen Worten' der Rabulisten, im Gegensatz zu ‚schlecht und recht'. Die Rda. *Warte, Krause!* meint wohl eigentl.: nimm dich in acht, du Krauskopf, dich will ich zur Vernunft bringen!

Lit.: *G. Grober-Glück:* Motive u. Motivationen in Rdaa. u. Meinungen (Marburg 1974), § 58 ff., S. 83–87.

Kraut. *Ins Kraut schießen:* rasch zunehmen; bes. von Schlechtem, Gefährlichem gesagt. Eine Pflanze, die ins Kraut schießt, vergeudet ihre ganze Kraft in den Blättern, verspricht keine gute Blüte, geschweige denn eine reiche Frucht.

Durcheinander wie Kraut und Rüben sagt man zur Bez. einer argen Verwirrung. Es liegt nahe, dabei an ein gemischtes Gemüsegericht (‚Mischmasch') zu denken, wie in ähnl. Sinne auch der Pole sagt: ‚groch z kapusta' (‚Erbsen und Kohl'). Kraut und Rüben werden aber kaum wirklich zusammen gegessen. Auch der alte Auszählreim (E. B. III, S. 598)

Eins, zwei, drei, vier, fünf, sechs, sieben,
Sauerkraut und Rüben,
die haben mich vertrieben.
Hätt' meine Mutter Fleisch gekocht,
wär' ich bei ihr geblieben

meint zwei verschiedene Speisen, die freilich immer wiederkehren (vgl. ‚Kohl und Rüben'). Man kann freilich auch an ein Durcheinanderwachsen von Kraut und Rüben auf dem Felde denken. Man hält sie ja auf dem Feld ebenso getrennt wie in der Küche. Dementspr. heißt es auch oft: ‚es steht wie Kraut und Rüben'; vgl. schwäb. ‚Der ist so wenig wert wie die Rübe im Kraut'.

Ins Kraut hinein!: tapfer drauflos (so z. B. in Fischarts ‚Gargantua' 43 b). *Raus aus dem Kraut!:* Hinaus damit! Fort damit! Eigentl. Zuruf der Bauern an die unbefugten Eindringlinge im Kraut, dann verallgemeinert. Schwäb. ‚Kräutle zähle', das Wachstum in Feld und Garten besichtigen (vgl. frz. ‚regarder l'herbe'). Nieder-

883

deutsch ‚Dat ess e Krock, dat wiss net in jidden gaden‘, das ist etw. Besonderes, etw. Seltenes.

Das macht das Kraut (nordd. den ↗ Kohl) *nicht fett:* das hilft nicht viel; schon im 17. Jh. gebräuchl. Zu einem Krautgemüse gehört ein fettes Stück Fleisch. Deshalb sagt in der mhd. Dichtung ‚Seifried Helbling‘ (Ende des 13. Jh.) die Frau von einem schönen Stück Fleisch:

Ez ist sô smalzhaft,

vier krûten gibt ez kraft.

Schwäb. ‚Dem ist auch wieder eine Griebe ins Kraut gefallen‘, er ist sehr sparsam; ‚der muß's Kraut schmälze‘, er hat nicht genug; ‚zu mager für das Kraut‘, zu arm für diese Heirat. Die Rda. findet sich gelegentl. auch in posit. Wndg.: ‚Das Kraut fett machen‘, Wesentliches leisten, einer Sache die Krone aufsetzen, aber auch in iron. Bdtg.: das hat gerade noch gefehlt.

Ums Kraut reden: das Essen tadeln; dann allgemeiner: Kritik an etw. üben, unzufrieden sein, z. B. bei Ringwald (‚Lautere Wahrheit‘ 108):

und redt umbs Kraut, wenn man nicht gibt,

was ihm an Trank und Speis gebricht.

Zu der ausgestorbenen Rda. ‚Iß auch Kraut mitunter‘ (‚wider die, so das Fleisch verschlingen, aber das Kraut verschmähen‘) erzählt Heinrich Bebel einen ätiologischen, allerdings sehr obszönen Schwank, der den angeblichen Urspr. dieser Rda. beschreibt (Heinrich Bebels Schwänke, hg. von Albert Wesselski, Bd. II, München u. Leipzig 1907, Nr. 135, S. 61 u. 143).

Das Kraut fertig machen: das Maß voll, den Becher überfließen machen. Daß z. B. ein Schuldenmacher noch Wechsel fälscht, ‚macht das Kraut vollends fertig‘. Bair. ‚'s beste Kraut derzue tue‘, nach Kräften alles dazu beitragen. *Das Kraut verschütten:* ‚ins Fettnäpfchen treten‘, d. h. durch eine Unvorsichtigkeit, eine unbedachte Äußerung es bei jem. verdorben haben. *Das Kraut versalzen:* etw. verderben; oft auch als Drohung: ‚Ich will dir das Kraut schon versalzen!‘ (z. B. bei Hans Sachs). *Das Kraut ist angebrannt:* die Sache ist verdorben, es hat einen Haken. Schwäb. ‚Mach mir keine Würmer ins Kraut!‘, reiz mich nicht; schweiz.

‚einem ins Kraut scheißen‘, seine Pläne stören, Verdruß bereiten.

Das Kraut einschneiden: die nötigen Vorbereitungen treffen. *Zu Kraut hacken:* einen verächtlich machen, übel von jem. reden (vgl. , einen in die ↗ Pfanne hauen‘); dazu die schweiz. Beteuerungsformel: ‚Ich will mi lo z'Chrut un z'Fetze verschlo, wenn …‘; ‚ich selber Chrut ins Füdli hacke‘, Übles, das man andern zugedacht hat, an sich selbst erfahren. ‚Das Kraut aus'm Arsche lesen‘, ein Schmeichler und Kriecher sein; ebenso ‚einem Kraut um den Bart schmieren‘, schmeicheln (vgl. .jem. ↗ Honig um den Bart schmieren‘); hier bedeutet Kraut soviel wie Mus.

Einige Wndgn. mit Kraut beziehen sich eigentl. auf das ‚Unkraut‘, z. B. *ein rechtes Kraut sein:* ein Taugenichts, lästiger, übermütiger Mensch sein; so auch in den Mdaa:, z. B. schwäb. ‚ein frühes (sauberes, schönes) Kräutle‘; ‚die zieht sich auch ein schöns Kräutle an dem Bube!‘; obersächs. ‚e schens (e lästig) Kraut‘; ‚dat ös e Kröckche!‘, ein Mädchen, das durch sein vorlautes Wesen auffällt; schweiz. ‚a schlechts (liederliches, böses, süber) Chrütli‘; ‚so einer muß still si, wo's Füdle no so noh bi de Chrütere hed‘, Abfertigung eines kleinen, naseweisen Menschen. ‚Dich kann man ins Kraut setzen‘, als Vogelscheuche, so häßlich bist du. ‚Herumkrautern‘ (bes. rhein.), langsam und mühsam arbeiten wie beim Ausreißen des Unkrauts. Wer mit der Arbeit nicht recht vorwärts kommt, ist ‚ein (alter) Krauterer‘. In der Operette ‚Der Vogelhändler‘ heißt es in einem Lied:

Als mei Ahnerl siebzig Jahr

Und a alter Krautrer war.

‚Krauter‘ ist auch ein kleiner Unternehmer, ein unbedeutender Handwerksmeister. ‚Krauter‘ nannten die Gesellen früher mitunter ihren Meister, weil er ihnen ‚Kraut‘, d. h. Kost, gab. Kraut bedeutet darum vielfach auch etw. Geringes, Wertloses, Unbedeutendes (↗ Bohne); verstärkt: ‚kaltes Kraut‘ (vgl. ‚kalter ↗ Kaffee‘). Schweiz. (zur Verstärkung der Verneinung) ‚Wir gend um niemand nit ein Kraut‘; ‚es schint wie Chrut und Bölle‘ (Zwiebeln), es ist eitle Pracht und Hoffart; ‚einem verleidet sein wie chalts Chrut‘, wenn man etw. bis zum Ekel satt hat; ‚sich

kei chalts Chrut inbilde', sich nicht wenig einbilden; schwäb. ,Kei hundert Kraut is net hi', wenn etw. nicht sehr Wertvolles verlorenging, oder wenn ein Mensch sich in Gefahr begibt, um den es nicht schade ist: ,Für den ist kei hundert Kraut schad!'
Auf Kraut im Sinne von ,Heilkraut' beziehen sich folgende Rdaa.: *Dagegen* (oft: *gegen den Tod) ist kein Kraut gewachsen:* da ist nichts zu machen; da ist nicht mehr zu helfen; das ist ein hoffnungsloser Fall (schon bei Hans Sachs belegt); lux. ,It ös kä Krockt für e gewuess', er wird sterben; ebenso ndl. ,Daar is geen kruid voor gewassen'. Die Wndg. ist offenbar eine Übers. entsprechender mlat. sprw. Rdaa., wie ,Contra vim mortis non est medicamen in hortis'; vgl. aber auch schon Ovid (,Metamorphosen' I, 523): „nullis amor est sanabilis herbis" (Liebe ist durch kein Kraut zu heilen); vgl. engl. ,No herb will cure love'. Nur im Märchen gibt es ein ,Kraut des ewigen Lebens' (vgl. KHM. 44).
Das müßte doch mit Kräutern zugehen: auf sonderbare Weise, nicht mit rechten Dingen; eigentl. mit Zauberkräutern; so 1555 in Jörg Wickrams Schwanksammlung ,Rollwagenbüchlein': „Bei dem die Frau abnahm, daß es mit Kräutern zugangen war, wie man spricht"; heute noch mdal., z. B. obersächs. ,Do müßt's doch mit Kreitern zugieh'. *Er hat schon alle Kräuter als Tee getrunken:* er hat alle Mittel angewandt, um seine Ziele zu erreichen (vgl. frz. ,employer toutes les herbes de la Saint-Jean'). *Über böse Kräuter gehen:* Unglück haben; vgl. frz. ,Il a marché sur une mauvaise herbe' und ,Sur quelle herbe avez-vous marché?', was ist Ihnen über die Leber gelaufen? (beides heute veraltet). Ein ,Kräutchen' ist ein empfindsamer, empfindlicher, leicht verletzlicher Mensch, meist gesteigert als ,Kräutchen Rührmichnichtan', was eigentl. der volkstüml. Name der Mimose ist, deren Blätter und Fiederbällchen sich bei geringster Berührung schließen.
In einer letzten Gruppe bedeutet Kraut Schießpulver, vor allem in der Zwillingsformel ,Kraut und Lot' = Pulver und Blei: ,Man hat es ihm mit Kraut und Lot gesegnet', er ist getroffen worden. Lit. bei Grimmelshausen (,Simplicissimus'

I, 414): „daß er ihm mit Kraut und Loth zubringe"; P. Heyse (5, 332): „Du verpuffst bloß das Kraut". Kraut in dieser Bdtg. ist abgeleitet von dem veralteten Verb ,kruten' (grusen) = zermalmen, Kraut ist dann ein gepulverter Körper.
Zu erwähnen sind ferner noch die folgenden Ausdrücke aus dem Rotw.: ,Kraut', Flucht; ,Krautsuppe', Fluchthilfsmittel; ,Krautsuppe essen', flüchten; ,Kraut bakken (essen etc.)', fliehen; ,krauten' und ,mitkrauten', fliehen.

Lit.: *W. Danckert:* Symbol, Metapher, Allegorie im Lied der Völker, III (Bonn – Bad Godesberg 1978), S. 1275–1279.

Krawatte. *Einen hinter die Krawatte gießen:* ein Glas Alkohol trinken; die Rda. ist eine Analogiebildung zu ,einen hinter die ⤤ Binde gießen'; vgl. frz. ,s'en envoyer un derrière la cravatte' (umg.).
Im Rotw. heißt ein Wucherer *Krawattenmacher*, in gleicher Weise wird der Henker bez.; Krawatte steht hier euphemist. für ,Strick'. Entspr. *jem. an der Krawatte (beim Krawattl) nehmen (packen):* ihn würgen.
Ein Krawattenmuffel sein: nicht gern in seiner Kleidung modische Akzente setzen, Abwechslung vermeiden. Die Wndg. ist durch die Werbung bekannt geworden, die unterstellt, daß keiner ,ein Krawattenmuffel' sein möchte.

Lit.: *E. Angstmann:* Der Henker in der Volksmeinung (Bonn 1928), S. 33.

Krebs. *Die Krebse füttern:* seekrank sein; vgl. frz. ,donner à manger aux poissons' (wörtl.: sich erbrechen und damit die Fische füttern).
Krebse sieden: vor Scham feuerrot werden. *Den Krebsgang gehen* (oder *nehmen*): rückwärts gehen, einen Rückschritt machen, sich verschlechtern, herunterkommen. Schon die Römer sagten: ,Transversus non proversus cedit, quasi cancer solet' = er geht schräg, nicht geradeaus, wie es der Krebs (vermeintlich) tut. Die Rda. ist schon dem späten MA. bekannt. Bei Abraham a Sancta Clara, Seb. Brant, bei Luther, Grimmelshausen usw. ist sie vielfach belegt, z. B. Luther: „Das gehet denn sehr fein für sich, wie der Krebsgang". 1639 auch bei Lehmann (S. 858,

‚Den Krebsgang gehen'

‚Vortgang' 1): „Er gehet für sich, als wenn Krebs am Schlitten ziehen, wie die Hühner scharren, wie die Krebse kriechen, wie Bech von Händen, wenn man mit Katzen wolt Hasen fangen, es geht als hätt es das Podagram, es geht als den Kindern, wenn sie aus Kartenblättern steinern Häuser bawen". Auch im Volkslied wird dieses Bild verwendet: „Und wenn du auch den Krebsgang gehst …" (E. B. II, Nr. 521,3). Scherzhaft auf das Sternbild des Krebses bezogen ist die Rda. in einem Soldatenlied von 1683, wo der besiegte Türke mit Blick auf den Mond als Sinnbild auf der Fahne klagt:

Mein Mond, sonst toll,
Wird nimmer voll,
Im letzten Viertel stehet;
Verkehrt sein Lauf,
Nimmt ab, nit auf,
Zurück im Krebsen gehet.

Immer liegt hier die Vorstellung zugrunde, daß der Krebs sich nicht vorwärts, sondern rückwärts fortbewegt. Vgl. frz. ‚marcher à l'écrevisse'.

Das Sprw. ‚Den Krebs straft man nicht mit Ersäufen' bezieht sich auf den Inhalt der bekannten Schildbürgergeschichte.

Jem. hat schwer zu krebsen: er hat Mühe, etw. Bestimmtes zustande zu bringen, um seinen Lebensunterhalt zu kämpfen; es ist nicht leicht zu entscheiden, ob dabei an den mühselig anmutenden Gang des Krebses gedacht wird oder an das beschwerliche Werk des Krebsefangens, wahrscheinl. ist letzteres das Ursprünglichere.

Mit etw. krebsen gehen: durch Berufung auf eine Sache einen Vorteil für sich herauszuschlagen suchen, was ähnl. schwierig wie ‚krebsen' (= Krebse fangen) ist.

Lit.: *M. Hoferer:* ‚Das ist eine andere Art von Krebsen', in: Zs. f.d.U. 8 (1894), S. 850; *O. Keller:* Die antike Tierwelt, 2 (Leipzig 1913), S. 485–487; *P. Groth:* Art. ‚Krebs', in: HdA. V, Sp. 446–455.

Kredit. *Kredit bei jem. haben:* gut angeschrieben sein, Vertrauen genießen; entspr. das Gegenteil: *den Kredit verlieren;* vgl. frz. ‚perdre son crédit'. In Dtl. (im Gegensatz zu Frankr.) nicht mehr so bekannt ist die Rda. *Kredit ist tot:* es wird kein Kredit mehr eingeräumt. Wirtshausschilder und -sprüche bringen noch heute gelegentlich die Anzeige vom Tod des Kredits, zuweilen sogar in der Form einer Todesanzeige. Verschiedene Bildfassun-

1/2 ‚Kredit ist tot'

gen stellen das Leichenbegängnis des Kredits dar. Diese scherzhaft-satirischen Darstellungen sind jedoch verhältnismäßig jungen Datums, weil sie den allg. Gebrauch ernsthafter Todesanzeigen voraussetzen. Rdaa. wie ,Der Herr Pump (Borg, Schenker) ist gestorben', ,der Onkel Schenker ist tot' und dgl. haben das Wort Kredit und die mit diesem Fremdwort gebildte Rda. zurückgedrängt, und auch das Sagwort ,Kredit ist mausetot, sagte der Fuchs, da wollte ihm der Bauer kein Huhn borgen' dürfte nur noch vereinzelt anzutreffen sein.

Die Formel ,Kredit ist tot' tritt uns in Dtl. erstmals bei Abraham a Sancta Clara entgegen, dagegen ist das Wort ,Credito' obd. schon 1547 bezeugt und wird 1597 durch das aus dem Französischen entlehnte ,crédit' abgelöst. Die Scherzbilder vom Tod des Kredits in unseren heutigen Wirtschaften werden aber wahrscheinl. auf dt. Bildgedichte aus der ersten Hälfte des 17. Jahrhunderts zurückgehen. Zuvor war dieses Motiv in Frankreich verbreitet, von wo uns mit dem neuzeitlichen Geldwesen sowohl das Wort Kredit (von credere) als auch das Bildgut überkommen ist.

Bereits im 16. Jh. finden sich ital. Flugblätter, die neben bildl. Darstellungen auch Verse vom Tod des Kredits bieten; solche Bilderbogen dienten sicherlich als Wandschmuck in Geschäften. Auf der Abb. tritt Credenza (Kredit) als Persönlichkeit dramatisch auf. Schauplatz der Handlung ist der Laden eines wohlhabenden Stoffhändlers, auf dessen Ware Schubladen mit Knöpfen, Spitzen, Atlas, Brokat, Seiden- und Taffetstoffen, mit Leinwand, Netzen und Garn verweisen. Hinter dem mit Stoffstücken und Stoffrollen belegten Verkaufstisch stehen die Kaufherren, vermutl. Vater und Sohn, denen sich von rechts entblößten Hauptes der Kauflustige naht und Kredit haben will. Zwei weithin sichtbare Inschriften über den Schubladen und an dem Verkaufstisch geben diesem Ansinnen die grundsätzliche Antwort:

Chi da in credenza spaza
robba assai
Perde gli amici e denar non
ha mai.

Das ist der gleiche Spruch, der auch heute noch, gedruckt und handschriftlich, in vielen dt. Geschäften, bes. in Fleischerläden, in mannigfachen Abweichungen der Textgestaltung hängt:

Das Borgen ist ein schlecht Geschäft,
Das hab ich oft empfunden.
Zuerst wirst du die Ware los
Und hinterher die Kunden.

Links von der Hauptszene spielt sich das traurige Schicksal der Credenza ab, das eine kurze Inschrift in einer Kartusche umschreibt:

Credenza e morta
il mal pagare l'ucise.

Darunter sieht man im Bild die auf dem Boden liegende Credenza, die der schlechte Zahler an den Haaren festhält, um ihr mit einem Schwert den Kopf abzuschlagen. Dieses Blatt gehört zu den Klagegedichten (lamenti), die von Italien aus in Flugblattform über ganz Westeuropa wanderten und sich bis heute in zahllosen Abwandlungen größter Beliebtheit erfreuen.

,Kredit ist tot'

Im 17. Jh. wird auch in Dtl. und Frankr. das Motiv vom Tod des Kredits allg. Die Stelle der ital. Credenza vertritt jetzt der männliche Kredit (le crédit). Die erweiterte Fassung ,Crédit est mort, les mauvais payeurs l'ont tué' dürfte erst durch die Bilderbogendarstellungen zur geflügelten Redewendung geworden sein. Die Blütezeit des Schlagwortes vom Tod des Kredits war wohl das 17. und 18. Jh., wo sich dieses Motiv bis zu Theaterstücken auswuchs.

Bes. interessant ist das wechselnde Zeitgewand des Motivs und sein Wandern

durch die verschiedenen Gesellschafts-
schichten.

Lit.: *A. Spamer:* Kredit ist tot. Zur Gesch. eines volks-
tümlichen Scherzbildes, in: Volkskundl. Gaben, John
Meier zum 70. Geburtstag dargebracht (Berlin u.
Leipzig 1934), S. 223 ff.; *W. Tobler:* Hier wird nicht ge-
pumpt, in: Schweiz. Vkde. 46 (1956), S. 43–48;
M. Pitsch: Crédit est mort, in: Arts et trad. pop. 6
(1958; parr 1959), S. 264–268; *K. Laukkanen:* ,Giving
is dead', in: Proverbium, 1 (1965), S. 16; *W. Mieder:*
,Kredit ist tot', in: Proverbium, N.F. 1 (1984),
S. 187–189.

Kreide. Mit Kreidestrichen auf einer
schwarzen Tafel werden z. T. noch heute
im Wirtshaus die Schulden der Zecher no-
tiert, daher *in der Kreide stehen:* Schulden
haben, *in die Kreide kommen (geraten):*
zum Schuldner werden; davon abgeleitet
in übertr. Sinne: *jem. etw. ankreiden:* jem.
etw. nachtragen, d. h. wie eine Zechschuld
aufschreiben, damit sie nicht vergessen
wird. Schon in einem Lied aus dem 15. Jh.
heißt es: „Er (der Wirt) nem die kreiden in
die hand und schreib die Orten (Zeche)
an". Zu Beginn des 16. Jh. schreibt Ludwig Hätzer:

… Der dennoch niemand zalen wil,
Der richts als auß mit Kreiden.

Auf Kreide leben: von Kredit leben;
Kreide haben: Kredit haben. Scherzhaft
verwendet die Rda. Viktor v. Scheffel
1854 in seinem Gaudeamuslied ,Der Ich-
thyosaurus' vom Übergang aus der Lias-
in die Kreideformation:

Die (die Saurier) kamen zu tief in die
Kreide,
da war es natürlich vorbei (d. h. sie starben aus).

Mit doppelter Kreide schreiben: Zechschulden doppelt buchen, unlautere
Preise verlangen, betrügen; zunächst vom
Wirt gesagt, der einem Gast eine zu hohe
Rechnung ausstellte, indem er dem Krei-
destück zwei Spitzen gab und statt eines
Striches zwei machte; leicht konnte er
auch, solange man röm. Zahlen schrieb,
eine II in eine III abändern oder aus einer
V (5) eine X (10) machen (vgl. ,ein ↗X für
ein U vormachen'). Bei Hans Sachs heißt
es (,Der gute und der böse Wirt' 26):

Nichts ist da wolfeil, dan ir kreiden:
Darmit sinds gar fertiger hand.
Schreyben für zwe drey an die Wand.

In der Minne-Allegorie ,Meister Altswert'
(um 1380) finden sich die Worte (248, 4):

Nit schrîb mit zwîfalt krîden,
Sag mir die wahrheit ganz!

Vgl. ndl. ,met dubbel krijt schrijven', ,bij
iemand in het krijt staan'.

Kreide (fressen) gefressen haben: sich den
Anschein der Unschuld oder Harmlosig-
keit geben wie der Wolf im Märchen von
den ,sieben jungen Geißlein' (KHM. 5),
↗Kredit.

Kreis. *Ein Ereignis zieht (immer weitere)
Kreise:* es erlangt über den Ort des Ge-
schehens hinaus Bdtg. Das der Rda. zugrunde liegende Bild ist dies, daß ein ins
Wasser geworfener Stein Wellen erzeugt,
die sich konzentrisch ausbreiten. In dem
Werk ,Idea de un principe politico chri-
stiano' (1659) von Diego de Saavedra Fa-
jardo findet sich eine Abb., die dieses
Sinnbild verdeutlicht.

,Immer weitere Kreise ziehen'

Vgl. frz. ,Un événement fait du remou'
(wörtl.: Ein Ereignis ruft Wirbel hervor).
Von gesellschaftlichen Gruppen spricht
man als von ,Kreisen' (z. B. von feinen, in-
tellektuellen, politischen usw., aber auch
von armen, niedrig gestellten Kreisen,
meist jedoch in Wortverknüpfungen wie
z. B. in Wirtschafts-, Fach-, Finanzkreisen

usw.). In der Regel sind es sozial gehobene Schichten, die so bez. werden; so bezieht sich etwa die wien. Rda. „z' Kroas (Kreis) renna', den Hof machen, eben auf höfische Kreise (Hofkreise).

Die Worte „Störe meine Kreise nicht" (Noli turbare circulos meos) schreibt man Archimedes zu, der sie einem röm. Soldaten zugerufen haben soll, welcher im Jahre 212 v.Chr. bei der Eroberung von Syrakus in seinen Garten eindrang, wo der Mathematiker gerade damit beschäftigt war, Figuren in den Sand zu zeichnen.

Lit.: *Straberger-Schusser:* Art. ‚Kreis', in: HdA. V, Sp. 462–478; *D. Arendt:* Das Karussell in der Kunst u. Literatur, in: Studi Germanici 24/26 (1986–1988), S. 347–379.

Kren (Meerrettich) ist eine bes. in Oesterr. beliebte Speisezutat. *Seinen Kren zu etw. (zu allem) geben:* sich in etw. ungebeten einmischen, zu etw. überflüssigerweise seine Meinung äußern; ähnl. in *alles seinen Kren reiben.* Diese regional begrenzten Rdaa. entsprechen dem sonst geläufigeren ‚seinen ↗Senf zu etw. (zu allem) geben'. Mdal. Wndgn. sind ‚en Kren machen', Umstände machen und die in Wien häufig zu hörende Feststellung ‚Der gibt sich an Kren', der macht sich (aber) wichtig.

Krethi und Plethi. *Es ist Krethi und Plethi beisammen (geladen):* eine bunt zusammengewürfelte Volksmenge, Leute verschiedenen Standes, heute meist in sozial abwertendem, verächtlichem Sinne: allerlei Gesindel, Pöbel. Noch ohne abschätzigen Sinn begegnet die Wndg. zuerst im A.T. (2. Sam. 8,18) und ist durch Luthers Bibelübers. bekannt geworden. Es handelt sich urspr. sogar um die Elitetruppe des Königs David, die in den Berichten von seiner Thronnachfolge mehrfach genannt wird (2. Sam. 15,18; 20,7; 1. Kön. 1,38; 1,44). Da der Führer der Krether und Plether, Benaja (2. Sam. 8,18; 20,23; 1. Chron. 18,17), auch als Anführer der Leibwache Davids genannt wird (2. Sam. 23,23), kann man die Krether und Plether mit dieser Leibwache gleichsetzen. Man hielt bisher die beiden Wörter für Namen verschiedener Volksstämme und glaubte, daß ‚Krethi' die Bez. der Südphilister und

‚Plethi' die der Nordphilister gewesen sei. Aus dieser allg. Anschauung erklärt sich die heutige Bdtg. der Rda., die ein Völkergemisch, eine Volksmenge niederer Schichten oder aus mehreren Ländern Zusammengewürfelte meint, denen man alles mögliche zutraut. Diese bisherige Erklärung der fremd anmutenden Wörter als Stammesnamen ist jedoch unhaltbar. Vermutl. deuten die Wörter auf die Funktionen der Männer in der Umgebung König Davids, der sich seine Leibwache kaum aus Fremdlingen zusammengestellt haben wird. Im Hebr. bedeutet ‚krethi' nämlich ausrotten, töten und ‚plethi' entfliehen, forteilen. Die Krethi und Plethi waren demnach urspr. die Scharfrichter und Eilboten des Königs, die Todesurteile zu vollstrecken (1. Kön. 2,34) und königliche Befehle und Briefe an entfernte Orte zu bringen hatten (vgl. 2. Chron. 30,6). Als solche Helfer des Königs, die seine Macht festigten, wurden sie gefürchtet und gemieden und wohl als Boten auch als Fremdlinge verachtet, so daß eine Bedeutungsverschlechterung der Bez. für sie eintrat. Seit wann die Wndg. im heutigen Sinne rdal. gebraucht wird, ist jedoch nicht mit Sicherheit festzustellen.

Lit.: *Büchmann; R. Bach,* in: RGG³ IV (1960), Sp. 43.

Kreuz. Das Wort Kreuz wird in vielen Rdaa. und in den verschiedensten Bedeutungssprachen gebraucht.

Sein Kreuz tragen, sein Kreuz auf sich nehmen: seine Last, sein Leiden geduldig tragen; vgl. frz. ‚porter sa croix'. Der rdal. Gebrauch dieser Wndgn. geht auf Matth. 10,38, Luk. 14,27 und andere Stellen zurück: „Und wer nicht sein Kreuz trägt und mir nachfolgt, der kann nicht mein Jünger sein". An der allg. Verbreitung des Wortes war Joh. Schefflers (1624–77) Kirchenlied „Mir nach, spricht Christus, unser Held" weitgehend mitbeteiligt. Aber schon mhd. seit dem 13. Jh. erlangt Kreuz die übertr. Bdtg. Leid, Trübsal, z.B. bei Rud. von Ems (‚Barlaam und Josaphat' 96,27): „du solt din kriuze han enbor als es dir treit dein schepher vor". Die Rda. verliert jedoch immer mehr ihre urspr. Bdtg. des von Gott geschickten Leidens. Kreuz wird allg. zum Ausdr. für Ärger, Sorgen, Plagen; z.B. bei Geiler von Kaysersberg (‚Ir rig Schaf 4,65 a): „solliche gedenk bringent inen keinen lust, sondern sind inen ein kreuz". Luther setzt deutlich wörtl. und übertr. Bdtg. voneinander ab: „darumb thun uns geringer Kreutze mehr wehe denn Christus Kreutze". Sehr verbreitet (auch in allen Mdaa.) ist die Rda. *sein Kreuz haben:* seine Not, seine Sorgen haben. *Jeder hat sein Kreuz;* mit diesen Worten tröstet man einen in Not Geratenen, d. h. jeder hat seine Sorgen, nicht nur du (vgl. engl. ‚each cross has its inscription'; frz. ‚chacun porte sa croix'; ndl. ‚elk draagt zijn kruis op de wereld'; ital. ‚ognun porta la sua croce'). Schon bei den Römern bedeutete ‚crux' = Plage, Unglück. So auch heute oft noch umg. gebräuchl.: ‚Es ist eine crux mit ihm', ‚es ist ein Kreuz mit ihm', jem. bereitet einem Schwierigkeiten, es ist eine dauernde Not mit ihm, man hat mit ihm ständig eine Last.

Sich ein Kreuz auf den Hals laden: sich selbst Unannehmlichkeiten verschaffen. vgl. frz. ‚se charger d'une croix'.

Dementspr. nennt man in der Volkssprache die Ehe häufig auch ‚ein Kreuz' bzw. ‚das Ehekreuz'; dies findet sich auch in Rdaa., z. B. bair. ‚er ist Kreuzträger geworden', er hat geheiratet. Grimmelshausen (‚Simplicissimus' II,395): „nachdem ich und mein weib ihnen nun mit dieser feinen manier ins creutz geholfen". Daher wohl auch der scherzh. Ausspruch beim Skatspiel, wenn Kreuz u. Trumpf angesagt wird: ‚Ein Kreuz, ein Leid, ein bitterböses Weib'.

Zu erwähnen ist auch die häufig verstärkende Verwendung des Wortes Kreuz in Ausrufen und Flüchen, z. B. ‚Kreuz Bomben-Element nochmal!', ‚Kreuzhimmelbombendonnerwetter!', ‚Kreuzhimmelherrgott!', ‚Kreuzmillionendonnerwetter!', ‚kreuzsakra!', ‚Kreuzschwerenot!'; obersächs. ‚Ei Kreiz!'; ferner Kreuz als Verstärkung in Ausdrücken wie: ‚kreuzbrav', ‚kreuzehrlich', ‚kreuzunglücklich', ‚kreuzfidel', ‚kreuzelend'.

Zu Kreuze kriechen: nachgeben, sich demütigen. Die Kirche des MA. richtete es als eine Form strenger Buße ein, am Gründonnerstag oder Karfreitag kniend an das Kruzifix hinzukriechen. Der Brauch ist in England seit 1200 nachweisbar (engl.

‚creep to cross on Good Friday'); vgl. Zs. f. dt. Wortf. XII, 210 ff. 1588 schreibt Joh. Fischart im ‚Bienenkorb' (195 b): „(Maria hat) befohlen, daß man auff den Karfreytag ... das Creutz stattlich und andächtig, auff der Erden, auff bloßen Knien herzu kriechend, solle anbeten". Bereits in übertr. Sinne z. B. bei Luther: „Zu Augsburg mußte ich mich demütigen, da meinte der Cardinal, ich kröche zu Creutze (mit Widerrufen), und rief schon io Triumph". Auch bei Oldecop (S. 252): „to dem Crutze krupen". In Schillers ‚Räubern' (II,3) kündigt der Pater dem Räuber Moor an: „Höre dann, wie gütig, wie langmütig das Gericht mit dir Bösewicht verfährt: wirst du itzt gleich zum Kreuz kriechen und um Gnade und Schonung flehen, siehe, so wird dir die Strenge selbst Erbarmen, die Gerechtigkeit eine liebende Mutter sein". Im Falle dieser Rda. ging die urspr. Bdtg. der Bußvorschrift völlig verloren und nur die erstarrte übertr. Wndg. blieb.

Das Kreuz über etw. schlagen, eigentl.: sich mit dem Zeichen des Kreuzes segnen, daß man vor Schlimmem bewahrt geblieben oder es losgeworden ist; vgl. frz. ‚faire une croix sur quelque chose': eine Sache für verloren halten; auch *drei Kreuze hinter jem. machen:* froh sein, daß er weggegangen ist. Schon im großen ‚Wolfdietrich', 15. Jh. (1167,3): „da sprang sie von dem Bette ... eines Zaubers sie begann wie balde Wolfdietrich das Kriuz dagegen schreib". Abweichend z. B. in den Mdaa.: rhein. ‚schlag mer es Kreuz drüever', die unangenehme Sache ist erledigt, aber auch: gib die Hoffnung auf; schlesw.-holst. ‚e kruz vor em make', er wird bald sterben; ‚ik heft mich krüzt und segent', ich bin in großer Verwunderung; obersächs. ‚sich kreuzigen', sich verwundern; els. ‚es Krutz vor einem machen', ihn verabscheuen. In vielen mdal. Wndgn. beliebt ist der Vergleich mit Christus am Kreuz, wenn man die Armseligkeit oder das schlechte Aussehen einer Person zum Ausdr. bringen will, z. B. rhein. ‚He suht ut wie uesen Herrgott aje Kreiz', er sieht armselig, bedürftig aus; ebenso schwäb. ‚aussehen wie der Heiland am Kreuz'.

Kreuz i. S. v. Rückenkreuz ist gemeint in den Redewndgn. *aufs Kreuz fallen:* auf den Rücken fallen; Chr. Weise („Isaaks Opferung' 3,11): „wie bin ich auf mein Kreuze gefallen"; Goethe: „oh weh, oh weh, nun ists vorbei, die Last bricht mir das Kreuz entzwei".

Es hat ihm das Kreuz gebrochen heißt es immer dann, wenn jem. durch ein Unglück oder einen Schicksalsschlag so getroffen wurde, daß er fortan daran krankt.

Es im Kreuz haben: Rückenschmerzen haben, Ischias haben etc.; *einen Stecken im Kreuz haben:* sich übertrieben gerade halten.

Jem. aufs Kreuz legen: ihn zu Boden werfen, bezwingen. Die Wndg. leitet sich vom Ringkampf her, wo der Ringer seinen Gegner so zu Boden zu werfen sucht, daß beide Schulterblätter gleichzeitig den Boden berühren; rhein. jem. das Kreuz aushenken, brechen', ihm eine tüchtige Tracht Prügel verpassen; ,er hat enen am Kreuz', er ist betrunken; schwäb. ,ebes aus em Kreuz habe', etw. los sein, von einer unangenehmen Sache befreit sein; fränk. sagt man von einer Sache, für die man sich nicht anzustrengen gewillt ist: ,Dafür beiße ich mir kein Kreuz in den Arsch'.

Jem. etw. aus dem Kreuz leiern: ihm etw. abschwatzen.

Mit jem. übers Kreuz sein: mit ihm verfeindet sein.

Lit.: *A. Jacoby:* Art. ,Kreuz' – ,Kreuzzeichen', in: HdA. V, Sp. 478–562; *G. Grober-Glück:* Motive u. Motivationen in Rdaa. u. Meinungen (Marburg 1974), §§ 25–27, S. 31–37; Strafjustiz in alter Zeit (Rothenburg 1980), S. 315.

kriegen. *Das werden wir schon (hin-)kriegen:* das werden wir geschickt bewerkstelligen, diese Sache werden wir erledigen. *Zuviel kriegen:* sich sehr aufregen, die Beherrschung verlieren; einer Sache überdrüssig werden. *Es mit jem. zu tun kriegen:* mit jem. Schwierigkeiten bekommen, zusammenstoßen. *Ein paar kriegen:* Schläge, Prügel beziehen; *sich kriegen:* ein Paar werden. *Kriegen Sie das öfter?:* Haben Sie solche Anfälle von Dummheit öfter? Alle genannten Rdaa. sind ziemlich jung (Küpper). Desgl. auch die Wndgn.: ,Ich krieg die ⟋ Kränk', ,ich krieg ein Kind von Puppenlappen', ,ich krieg mich nicht mehr ein (vor Lachen)', ,ich krieg kein Bein auf die Erde', ,du kriegst einen Or-

den dafür', ,ich hab's nicht mitgekriegt', ,den Hals nicht voll kriegen', ,du kriegst die Tür nicht zu' (Ausdr. d. Überraschung), ,die Kiemen nicht auseinander kriegen' (sprachlos, wortkarg sein), ,sein Fett wegkriegen', ,jem. unterkriegen', ,'nen Deckel auf die Nase kriegen' (sterben).

Kriegsbeil. *Das Kriegsbeil* (seltener: ,die Streitaxt') *begraben (vergraben):* Frieden schließen, Streitigkeiten beenden. Das Kriegsbeil war unter der Bez. ,Tomahawk' eine Nahkampf- und auch Wurfwaffe der nordamer. Indianer (engl. ,to bury the tomahawk'), bekannt geworden durch die Lederstrumpferzählung von J. F. Cooper. Zum Zeichen dafür, daß ein Krieg beendet war, begrub man das Kriegsbeil. Die übertr. Bdtg. schließt sich also an einen realen Vorgang an. Die Rda. ist schon bei dem Grafen Friedrich Leopold v. Stolberg (1750–1819) bezeugt, ebenso wie die umgekehrte Rda. *das Kriegsbeil ausgraben:* einen Krieg oder einen Streit erneut beginnen, ⟋ Friedenspfeife.

Lit.: *H. W. R.:* ,Slinging the hatchet!', in: Notes & Queries, 4.4 (1969), S. 254.

Kriegsbemalung. *In voller Kriegsbemalung:* mit allen Orden angetan, geschminkt. Die Rda. beruht auf der Sitte der Eingeborenen und Indianer, sich vor Beginn des Kampfes Gesicht und Brust zu bemalen; vgl. engl. ,war-paint'. Die iron. Verwendung für eine übermäßig geschminkte Frau entstammt wohl erst dem 20. Jh.

Kriegskasse. *Der trägt die Kriegskasse auf dem Rücken weg:* der hat einen Buckel. Die Rda. ist wohl von Berlin ausgegangen; danach bedeutet obersächs. ,Kriegskasse' Buckel.

,Kriegskasse' steht manchmal auch für die Gemeinschaftskasse einer ganzen Gruppe, Familie etc.

Scherzhaft fragt man z. B.: *Hast du die Kriegskasse mitgenommen?,* wenn man sich bei einer Wanderung erkundigen möchte, ob genügend Bargeld für eine Einkehr zur Verfügung steht.

Kringel. *Sich einen Kringel lachen:* laut lachen, herzlich lachen. Kringel ist ein ringförmiges Gebäck; der Lachende biegt sich wie ein Kringel; vgl. ,sich einen ↗ Ast lachen'. *Den letzten Kringel scheißen:* sterben, ↗ zeitlich.

Krippe. *An der Krippe stehen (sitzen):* gut zu leben haben, bes. von Beamten gesagt, denen das Gehalt wichtiger ist als die zu leistende Arbeit; daher auch ,Futterkrippe' für eine einträgliche und gesicherte Stellung. *Einem die Krippe ausstreichen:* (bes. erzgeb.) ihn um seinen Vorteil bringen; wie man es bei einem Pferd zu tun pflegt, wenn es nicht weiterfressen soll. *Ein Krippenreiter sein:* ein umherschmarotzender Adliger (Junker) sein, der von Hof zu Hof, von Krippe zu Krippe reitet und sich überall als Gast gut versorgen läßt, der aber selbst keinen Besitz hat und die erwiesene Gastfreundschaft nicht erwidern kann. Der Ausdr. hat sich seit dem Dreißigjährigen Kriege verbreitet und ist bes. in Ostdtl. häufig. Bei Schickfuß heißt es 1625 in der ,Schles. Chronica' (4, 39): „Krippenreiter. Stänker und Knoblauchsgäste". Schiller verwendet den Ausdr. in seiner ,Turandot' (2, 1):

Und mancher jüngre Sohn und
               Krippenreiter,
Der alle seine Staaten mit sich führt
Im Mantelsack, lebt bloß vom
               Körbeholen.

Vgl. frz. ,Il mange à tous les rateliers' (wörtl.: Bei jeder Krippe hat er etw. zu essen).

Krips. *Jem. beim Krips holen (kriegen, nehmen, packen):* ihn am Hals greifen, ergreifen, dingfest machen. Hergenommen von ,Grieps' = Kerngehäuse; auf den Kehlkopf übertr., weil nach volkstümlicher Deutung Adam das Kerngehäuse (,Adamsapfel') des ihm von Eva gereichten Apfels im Kehlkopf steckenblieb.

Lit.: *L. Röhrich:* Adam und Eva (Stuttgart 1968), S. 59.

Krokodilstränen. *Krokodilstränen weinen (vergießen):* Rührung vortäuschen, erheuchelte Tränen vergießen. Die Rda. beruht auf der seit dem MA. weitverbreiteten und in Sagen geäußerten Meinung, wonach das Krokodil wie ein Kind weint und damit Menschen anlockt, um sie zu ver-

1/2 ,Krokodilstränen weinen'

schlingen. Die Sage ist von den Harpyien, räuberischen Wesen aus der griech. Mythologie, auf das Krokodil übertr. und wohl in den Zeiten der Kreuzzüge, wo derartige Wundererzählungen vielfach verbreitet wurden, in weitere Kreise getragen worden. Konrad v. Megenberg schreibt in seinem ,Buch der Natur': „ain crocodill hât kain zungen…, … wenn ez aines menschen ertoett, sô waint ez in".

Der Bestiarius des Cod. Hamilton (77 fol. 16ᵇ) berichtet als erster von dieser letzten Anschauung: Hic dum invenit hominem si poterit eum vincere, comedit. Post et semper plorat eum. Die übertragene Verwendung der Redensart von den K.stränen als falsche, geheuchelte Beileidsbezeugung ist wohl zunächst im Humanistenlatein des 15. Jh. aufgekommen. Erasmus scheint für die Verbreitung der Redensart entscheidende Bedeutung gehabt zu haben; er erklärt in den Adagia (1500) h 3ᵇ: Crocodili lachrimae: Crocodilus eminus conspecto homine lachrymare dicitur atque eundum mox devorat. Inde proverbii Crocodili lachrymae: in eosque se graviter feru simulant incommodum eorum, quibus ipsi incommodum attulerunt". Dieselbe Bdtg. haben die Megarertränen, von denen Herodot (VI, 58)

spricht. Das Sinnbild vom tränenvergie-
ßenden Krokodil erscheint schon in dem
um 1210 verfaßen ‚Bestiaire Divin de
Guillaume' und ist später immer wieder
lit. bezeugt, so in Rollenhagens ‚Frosch-
meuseler' (159):

Wie der Krokodil weinet,

Wenn er einen zu fressen meint.
Aus der listigen Träne ist schon bei Luther
die heuchlerische geworden, ebenso bei
Leonh. Thurneysser 1583 (‚Onomasticon
polyglosson', S. 106): „... wann der Cro-
codil einen Menschen fressen will, weint
er vorhin: also begint man auch von etli-
chen Leuten Crocodillen Threnen oder
Zehren zu spüren, die einem gute wort geben, als ob sie mitleiden mit jhm haben,
aber darnach (wann sie jhm die Zung aus
dem Hals mit jhren gleißnerischen worten
gezogen) einen verrahten und verkauffen". Gehäuft in einem alten volkstümlichen Zwiegespräch zwischen Tilly, dem
Feldherrn der Kath. Liga im Dreißigjährigen Krieg, und der 1631 von ihm erstürm-
ten Stadt Magdeburg:

Juw (‚Eure') Crocodillen Thränen,

Juw söte Sinons Wort,

Juw Judaskuß und Stehnen

Wird b'kannt werden hier und dort.
Auch die Emblematiker haben sich des
Bildes vom weinenden Krokodil angenommen; so hat es Joachim Camarius
1604 in seinem Buch ‚Symbolorum et em-
blematum ex aquatilibus et reptilibus de-
sumptorum centuria quarta' (Nr. 67) als
Sinnbild heuchlerischer Freundschaft
dargestellt. Im ‚Mariamne'-Trauerspiel
des Barockdramatikers Johann Christian
Hallmann tritt zu dem verzweifelten König Herodes, der seine Verbrechen unter
Tränen beklagt und bereut, der Geist der
Mariamne, die er enthaupten ließ, und
spricht:

Verbluehme wie du wilt das Mord-Beil
                    unsrer Glieder;
Bau Thuerm auff unser Grab; stimm'
                    an die Todten Lieder;
Doch hilft/du Crocodil/dich nichts
                    diss falsche Leid.
Dir wird Gewissens-Angst und
                    Schimpff und Spott bereit!
Der Ausdr. Krokodilstränen ist auch in
außerdt. Sprachen bekannt (ndl. ‚Kroko-
dilletranen'; engl. ‚crocodile tears'; frz.

‚verser des larmes de crocodile'). Das Krokodil weint weder aus echter, noch aus er-
heuchelter Rührung. Verhaltensforscher
haben jedoch festgestellt: Es sind vielmehr die jungen Krokodile, die kurz vor
dem Ausschlüpfen aus dem Ei eine Art
von Geschrei erheben. Die Krokodilsmut-
ter wird dann sehr aggressiv gegenüber jedem Wesen, das sich ihnen nähert.

Lit.: Le Bestiaire. Das Thierbuch des normann. Dichters Guillaume le Clerc, hg. v. R. Reinsch (Leipzig
1892), Altfrz. Bibl. 14, S. 294f., V. 1651–1670; A. de
Cock: ‚To shed crocodile tears (Krokodillentranen)',
in: Volkskunde 8 (1895–1896), S. 9–13; 22 (1911),
S. 233–234; O. Keller: Die antike Tierwelt 2 (Leipzig
1913), S. 260–270; H. Bächtold-Stäubli: Art. ‚Kroko-
dil', in: HdA. V, Sp. 598–599; Schmidt-Nielsen u.
R. Fange: Salt Glands in Marine Reptiles, in: Nature.
A Weekly Journal of Science, Vol. 182, S. 783–785,
Sept., 20 (1958); A. Schoene: Emblematik und Drama
im Zeitalter des Barock (München 1964), S. 69 ff; V. B.
Dröscher: Mit den Wölfen heulen (Düsseldorf 1978),
S. 13–16.

Krone. *Das setzt der Sache die Krone auf:*
das ist die Höhe, der Gipfel einer Sache
(Frechheit, Gemeinheit), das ist das letzte,
was geschehen konnte, was geduldet werden darf. Die Wndg. begegnet im ähnl.
Sinne bereits im Griech. ‚κορώνην ἐπι-
τιϑέναι' = den Schluß machen, ist aber
im Dt. als Rda. erst seit dem 18. Jh. bezeugt. Vgl. frz. ‚pour couronner le tout ...'
(um der Sache die Krone aufzusetzen ...).
Die dt. Rda. könnte auch aus der Sprache
der Bauleute und Zimmerer stammen, die
eine Krone als ‚Richtkrone' und höchsten
Schmuck auf den Dachfirst des Hauses
setzen, wenn der Rohbau beendet worden
ist und dies gefeiert werden soll. Die
Wndg. erscheint auch häufig parodiert
durch die Verknüpfung mit den Rdaa.
‚Das schlägt dem ↗ Faß den Boden aus'
und ‚Das ist ein ↗ Schlag (mitten) ins Gesicht', woraus sich die Rda.-Mischung
*Das schlägt dem Faß die Krone (mitten) ins
Gesicht* gebildet hat, die häufig als Ausruf
der Überraschung und Empörung zu hören ist. Die berl. Rda. ‚Das ist die Krone
von's Janze', das ist der Höhepunkt, kann
auch im positiven Sinne gebraucht werden.

Die Rda. *jem. die Krone abnehmen (rau-
ben)* geht vielleicht auf die Bibelstelle bei
Hiob (19,9) zurück, wo es heißt: „Er
(Gott) hat meine Ehre mir ausgezogen

und die Krone von meinem Haupt genommen". Die Wndg. hat also den Sinn: jem. seines Ansehens, seiner Stellung berauben, ihn demütigen.

Das bricht dir keine(n) Zacke(n) aus der Krone: damit vergibst du dir nichts, das ist nicht unter deiner Würde; auch in imperativischer Form: *Brich dir nur keinen Zakken aus der Krone!* Daraus entstanden die Verkürzungen: ‚Brich dir nur ja keinen Zacken ab' und ‚Brich dir keinen (nichts) ab!' Diese Rda. mutet alt an, ist es aber ebensowenig wie die Wndg. *Da fällt dir keine Perle (kein Stein) aus der Krone.* Die Herleitung von der mit Perlen geschmückten Brautkrone, bei der das Herausfallen einer Perle ein böses Vorzeichen gewesen wäre, erscheint zweifelhaft; sie kann zumindest nicht lit. gestützt werden.

Er ist wie die Perle in der Krone; er hat eine bevorzugte Stellung. In manchen Wndgn. steht Krone auch für ‚Kopf': *Es ist ihm etw. in die Krone gefahren:* das ärgert ihn, das hat er übelgenommen, aber auch: er ist von Sinnen, das hat ihn verwirrt. *Jem. ist etw. in die Krone gestiegen:* er bildet sich etw. darauf ein; *er hat etw. zuviel* (auch: *einen) in der Krone:* er ist betrunken, oft heißt es dafür auch einfach: *Er hat eine Krone.*

Sich in die Krone legen: sich lebhaft verteidigen.

Lit.: *L. Röhrich:* Gebärde – Metapher – Parodie (Düsseldorf 1967), S. 198; *M. Widmann:* ‚De coronis' (Frankfurt/M. u. a. 1987).

‚Die Kröte schlucken müssen'

Kropf. *Sich den Kropf leeren:* deutlich seine Meinung sagen, seinen Ärger herauslassen, alles auspacken, was man Schimpfliches über den anderen weiß. Als Kropf bez. man einen Auswuchs am Hals des Menschen, eine krankhafte Vergrößerung der Schilddrüse. In früherer Zeit herrschte noch weithin Unklarheit über die Entstehung des Kropfes. Man glaubte, er könne durch Anstrengung oder durch Ärger u. damit verbundenem Anhalten des Atems wachsen, wie noch heute aus einigen Rdaa. ersichtlich ist. So heißt es z. B. ‚Sag's raus, sonst gibt's en Kropf', ‚das gibt kei Kropf' (der Ärger wird nicht geschluckt), oder ‚sag's halt, bevor dir e Chropf wachst'. Es war also stets auch die Vorstellung von etw. Hinderlichem damit verbunden, wie es auch aus dem rdal. Vergleich *unnötig (überflüssig) wie ein Kropf* hervorgeht. Vielfach galt er auch als Strafe Gottes. Seb. Brant erzählt, wie der hl. Remigius, dessen prophetische Vorhersage einer Hungersnot u. sein vorsorgliches Speichern von Korn von den (betrunkenen) Bauern verlacht u. mit dem Anzünden des Vorrats beantwortet wurde, diese verflucht u. ihren Töchtern Kröpfe angewünscht habe mit den Worten: „das Feuer ist allewege gut zu wermen, aber die es entzündet haben, dieselben u. ire Kinder söllend um die Sünd Strafe leiden und ire Töchter gewinnen all Kröff an den Helsen …".

Im Schwäb. ist Kropf auch eine Bez. für Hals. Das zeigt sich u. a. auch in der Rda. ‚Den Kropf nicht voll genug bekommen können'.

Lit.: *H. Bächtold-Stäubli:* Art. ‚Kropf', in: HdA. V, Sp. 603–607; *L. Kretzenbacher:* Frühe Wort- u. Bildzeugnisse zum Kropf in den Alpenländern, in: Bayer. Jahrb. f. Vkde. (1983/84), S. 63–83.

Kröte. *Die Kröte schlucken müssen:* Unangenehmes hinnehmen müssen. Die Rda. ist in der Ggwt. ungemein häufig in der polit. Sprache gebraucht u. ill. worden.

Krug. *Zu tief in den Krug gesehen haben:* betrunken sein; *den Krug immer am Munde haben:* immer durstig sein, ↗ trinken. *Einem auf den Krug klopfen:* ihn prüfen, vgl. ‚einem auf den ↗ Zahn fühlen'. *Krüge und Hafen brechen:* sich unbeherrscht zeigen, ‚einander mit gleicher ↗ Münze heimzahlen'. Seb. Brant schreibt über das schlechte Beispiel der Eltern (‚Narrenschiff', 49):

So werdent kynd den eltern glich
Wo man vor jnn nit schamet sich
Und krueg vor jnn/vnd haefen bricht.

1–3 ‚Der Krug geht so lange zum Brunnen, bis er bricht‘

In einem ma. Fastnachtsspiel (Zingerle, 85) heißt es: „Dann ikliches hab am andern genüg, wenn prech ich hafen, so prechst du krüg".

Ohne Krug zum Brunnen gehen: ohne die nötige Ausrüstung sein, einen erfolglosen Gang unternehmen.

Das Sprw. ‚Der Krug geht so lange zum Brunnen (Bach, Wasser), bis er bricht‘, alles geht einmal zu Ende, jedes Unrecht wird schließlich doch einmal bestraft, ist in vielen Sprachen bekannt (vgl. frz. ‚Tant va la cruche à l'eau qu'à la fin elle se casse‘) und bereits bei Seb. Franck in seinen ‚Sprichwörtern‘ (I, 76ᵇ) verzeichnet. Je nach Anwendung bedeutet es eine direkte Warnung, sich nicht zu sicher zu fühlen, oder es drückt die beruhigende Gewißheit Unbeteiligter aus, daß etw. nicht auf die Dauer gutgehen kann, daß ein plötzlicher Wandel eintreten muß, wenn der rechte Zeitpunkt gekommen ist. ‚Krug‘ steht vielfach für Frau, der ‚zerbrochene Krug‘ – so auch in H. v. Kleists Lustspiel ‚Der zerbrochene Krug‘ – für die fragliche oder verlorene Unbescholtenheit und Jungfräulichkeit eines Mädchens. Analog hierzu frz. ‚un pot filé dure plus qu'un neuf‘

Lit.: *P. J. Vinken:* Some observations on the Symbolism of the broken pot in art and literature, in: American Imago 15 (1958), S. 149–174; *G. Zick:* Der zerbrochene Krug als Bildmotiv des 18. Jh.s, in: Wallraf-Richartz-Jahrbuch 31 (1969), S. 149–204; *W. Mieder:* ‚Der Krieg um den Krug: Ein Sprw.-gefecht. Zum 200. Geb. von Heinrich von Kleist, in: Muttersprache 87 (1977), S. 178–192; *H. E. Körner:* ‚Das Mädchen mit dem zerbrochenen Krug‘ u. sein Betrachter, in: Empfindung u. Reflexion. Ein Problem des 18. Jahrhunderts (= Münchner Beiträge zur Gesch. u. Theorie der Künste I, hg. v. H. Körner, C. Peres u.a.) (Hildesheim 1986).

krumm. *Etw. krumm nehmen:* etw. übelnehmen; krumm steht hier in den Bdtgn. böse, schlimm, ungünstig, verdreht, verkehrt. So schon bei Luther: „Wer weiß, warumb unser Sachen so krumb gehen", d. h. so schiefgehen. Noch ganz im wörtl. Sinn 1785 in Ifflands ‚Jägern‘ (I, 1), wo Rudolf zu dem abgehenden Matthes sagt: „Hör er – das muß ich ihm noch sagen –

nehm er's krumm oder gerade". Vgl. frz. ‚prendre quelque chose de travers' (wörtl.: etw. von der schiefen Seite nehmen). Man spricht auch von einer *krummen Sache:* einer bedenklichen, unredlichen Angelegenheit, von einer *krummen Tour:* von unredlicher Art und Weise, die Schleichwege oder sittlich bedenkliche Umwege verfolgt. *Sich krumm und bucklig lachen:* heftig lachen, denn bei heftigem Lachen krümmt man sich; vgl. frz. ‚se tordre de rire' (sich vor Lachen krümmen); ↗ Ast, ↗ Buckel, ↗ Kringel. *Sich krummlegen (müssen):* sich einschränken, auch: schwer arbeiten müssen, ist eine umg. Parallelbildung zu der Rda. ‚sich nach der ↗ Decke strecken'; *sich krummachen:* sich demütigen.

Krummliegen ist stud. seit 1745 in der Bdtg. ohne Geld sein bezeugt. Die Wndg. könnte auf den in Schuldhaft ‚krumm geschlossenen' Häftling zurückgehen. Sie ist heute auch mdal. in der Bdtg. ‚in Schulden stecken', ‚Not leiden' bezeugt, z. B. obersächs.

Das Sprw. ‚Je krümmer, je schlimmer' zielt vor allem gegen ältere Frauen und will besagen: Je älter, desto bösartiger (Bd. Wb. III, 301). Ein derber schwäb. Vergl. lautet: ‚So krumm, wie e Sau brunzt'. Auch er bezieht sich auf Böswilligkeit u. Falschheit. ‚Der krumme Mittwoch' ist dagegen der Unglücksmittwoch, d. h. der Mittwoch in der Karwoche, an dem Judas einst Jesus verraten hat, weswegen nach dem Volksglauben alles mißrät.

krümmen. *Sich krümmen (müssen):* starke Schmerzen haben, heftig lachen müssen, aber auch: sich sehr anstrengen, hart arbeiten, sich unterwürfig und diensteifrig zeigen müssen. Die Rda. ist vielleicht als Verkürzung aus dem Sprw. ‚Man muß sich krümmen, wenn man durch die Welt kommen will' hervorgegangen, das auch mehrmals bildl. dargestellt worden ist. Es erscheint z. B. auch auf Pieter Bruegels Rdaa.-Bild und auf Miserikordiendarstellungen des 16. Jh. Vgl. auch die ndl. Sprw.-Fassung: ‚Ick moet krommen, sou ick door de werelt commen'.

Sich vor jem. krümmen: ein Speichellecker sein, sich demütigen. Verschiedene rdal.

Vergleiche charakterisieren dieses verächtliche kriecherische Verhalten eines Menschen, der als Bittsteller, Lakai, Untertan auftritt, noch treffender: *Er krümmt sich wie eine Bratwurst auf dem Rost, wie ein Ohrwurm, wie ein Sackpfeifer.*

Krummstab. Bei dem Satz ‚Unter dem Krummstab läßt sich gut leben' handelt es sich um ein altes Rechtssprw. mit der Bdtg.: unter Klosteroberhoheit geht es den Dörfern u. Städten wirtschaftlich gut, ↗ Stab.

Küche. Die Küche steht pars pro toto für das Haus und seine Bewohner. *In seiner Küche raucht es immer* sagt man von jem., dem es materiell gut geht. In Grimmelshausens ‚Simplicissimus' heißt es sprw.: „Einen Haufen Freunde hat man, solange die Küche raucht". Dagegen meint die Wndg. *Es raucht in der Küche:* im Hause herrscht Streit; vgl. frz. ‚Le torchon brûle entre eux' (wörtl.: Das Küchentuch brennt zwischen beiden); bezieht sich auf einen Ehezwist, aber auch jeden anderen Streit; ähnl. *Der hat Qualm in der Küche:* er hat Streit mit seiner Ehefrau. *Das bringt was in die Küche:* das ist ein einträgliches Geschäft; *das paßt in seine Küche:* das ist ihm recht, das kommt ihm gelegen. Neben Murner (‚Narrenbeschwörung' 45, 64) kennt auch Fischart (III, 196) diese Rda., die er ins Negative gewendet gebraucht: „die dir nicht dienen in dein Kuchen". *Die Küche gehört ihm zwar, aber ein anderer kocht darin* ist eine euphemist. Umschreibung für den Ehebruch der Frau. Sehr verbreitet ist die Rda. *in des Teufels*

‚Man muß sich krümmen, wenn man durch die Welt kommen will'

(auch *in Henkers) Küche kommen:* in mißliche Lage geraten. Dieser Ausdr. beruht auf der Vorstellung, „dasz … die teufel … ausz höll und fegfeuer ein küchin gebauet haben, darinn sie ir seelen nach irem willen sieden, backen und braten" (Fischart, 1588). Burkard Waldis benutzt die Rda. in der Fabelsammlung ,Esopus' 1548 (4, 12):

Begab sich, das derselbig gsell
gschlagen ward und kam in die hell,
ins teufels kuchen.

Vgl. auch das Schimpfwort *Teufelsbraten* für einen bösen Menschen, ↗ Teufel. *Küchendragoner* ↗ Dragoner.

,Küchendragoner'

Einen *Küchenfreund* nannte man urspr. einen Topfgucker, später bezeichnete man damit einen Schmarotzer.
Ein Küchenleben führen: in Gefahr sein. Den Begriff ,Küchenleben', der schwäb. noch heute gebräuchl. ist, finden wir schon bei Hans Sachs belegt: „Er sicht sam sei er unbesinnt, hangflüglet, einem karpfen eben (gleich), der nun hab ein küchenleben" (1612). Der Karpfen, der ein Küchenleben führt, soll bald geschlachtet werden, er führt also ein recht unangenehmes, gefährdetes Leben.
,Küchenfee' und ,Küchendragoner' sind scherzhafte Bez. für die Köchin oder die Hausfrau in der Küche.

In Zusammensetzungen wie *Küchenprosa* oder *Küchenlatein* (frz. ,Latin de cuisine') wird Küche zum Ausdr. des Ungebildetseins, der Minderwertigkeit und Fehlerhaftigkeit. Der erste lit. Beleg findet sich in münsterländ. Glossen um 1500: „loqui illatine … coquinario more vel culinario/ quat latijn oft koken latijn spreken" (Weißbrot in: Zs. f. dt. Wortf., 15 [1914] 290). Seit 1523 erhält das Wort durch Luther allg. Verbreitung.
,Mr muss wisse, wo's Chuchi-Chästli isch' (schweiz.): man muß die guten Sachen kennen.
In Zusammenstellungen wie ,warme Küche', ,französische, bürgerliche Küche' wird ,Küche' zum Synonym für ,Essen'.
Ein Küchenhund sein: ein Mensch sein, der Beleidigungen und Demütigungen einsteckt, um Vorteile zu erlangen. Die Wndg. bezieht sich urspr. auf den Hund, der sich alles gefallen läßt, um in der warmen Küche bleiben zu dürfen.
Dort ist Schmalhans Küchenmeister ↗ Schmalhans.

Lit.: *R. Pfeifer:* ,Küchenlatein', in: Philologus, 86 (1931), S. 455–459; *H. Wiswe:* Kulturgeschichte der Kochkunst (München 1970), S. 29–30; *G. Benker:* In alten Küchen. Einrichtung, Gerät, Kochkunst (München 1987).

Kuchen. *Sich den Kuchen teilen:* seine Interessen geltend machen, sich seinen Anteil sichern, den Gewinn restlos aufteilen. Die Wndg. wird gern auf die Politik bezogen; vgl. frz. ,se partager le gateau'.

,Den Kuchen teilen'

Das ist e i n Kuchen, auch: *Das ist Kuchen von demselben Teig:* es ist eins wie das andere, es gehört zusammen, es gibt keinen Unterschied. Vgl. frz. ,C'est du gateau':

Das ist bes. gewinnbringend. Von Menschen gesagt, heißt es: *Sie sind ein Kuchen:* sie bilden eine unauflösliche Gemeinschaft, sie verfolgen gleiche Ziele. Schon Luther kennt die Rda. „Das ist ein Kuchen" (Werke VII, 211) und braucht daneben die ähnl. Wndg. „Das ist alles in einen Kuchen geschlagen" (Werke VII, 68).

Einem Küchlein backen gilt seit dem 16. Jh. für: jem. schöntun, ihm Angenehmes erweisen. Die Rda. findet sich auch lit., z. B. bei Thomas Murner. Abraham a Sancta Clara verwendet dafür in seinen Schriften mehrfach den Ausdr. ‚es jem. kücheln', jem. etw. Besonderes bereiten, es ihm schmackhaft darbieten, so im „Judas der Erzschelm' (I, 150): „Er will es gekiechlet haben" und „Man thut ihms nicht kiechlen" (II, 434), in ‚Sterben und Erben' (4) stellt er fest: „Keinem thut man Küchlein backen". Noch heute sagt man iron. im Schwäb.: ‚Mer wurd diars küachla'.

Ja, Kuchen! Das könnte dir so passen! Die höhnische Ablehnung oder energische Verneinung erfolgt hierbei in der Form iron. Zustimmung. Wander (II, Sp. 1659) vermutet, daß in dieser Wndg. ‚Kuchen' im Gegensatz zum unentbehrlichen Brot steht und daher das Überflüssige bez. Diese Deutung stützen ähnl. Ausrufe enttäuschter Erwartung oder Feststellungen eines Irrtums wie: *Pustekuchen, Pfeffer-, Kirschkuchen!* Sie sind seit Anfang des 19. Jh. für Berlin bezeugt und wahrscheinl. aus der Wndg. ‚Ja, wenn's Kuchen wäre!' gekürzt worden (vgl. A. Lasch, Berlinisch, S. 189). Eine andere Erklärung beruft sich auf Marie Antoinette. Als sie hörte, daß die Armen kein Brot zu essen hätten, soll sie gerufen haben: „Sie sollen Kuchen essen". Diese Wndg. wird heute in Amerika gerne gebraucht zur Kennzeichnung einer arrogant-dummen u. ignoranten Haltung.

Auf dem Volksglauben beruht die Rda. *den Kuchen anschneiden,* die sich im eigentl. Sinne auf die Person bezieht, die den Kuchen anschneidet u. sieben Jahre auf Heirat warten muß oder Ähnliches zu erwarten hat.

Im Obersächs. werden im gleichen Sinne wie Kuchen die Gebäcknamen: ‚Schnek-ken', ‚Quarkspitzen' oder ‚Appelkuchen' angewendet. Auch der Ausruf ‚(du) flan!' der frz. Umgangssprache, mit dem man eine Weigerung ausdrückt oder einen lästigen Menschen abweist, bedeutet wörtl. ‚Kuchen' oder ‚Torte' (‚flan' ist aus germ. ‚flado' = Fladen abgeleitet worden).

Wolf (Wb. des Rotw.) stellt dagegen überzeugend dar, daß die Wndg. ‚Ja, Kuchen!' als eine sinnlos gewordene Verkürzung auf das Jidd. zurückzuführen ist. 1818 ist nämlich bei J. v. Voss berl. ‚Ja Kuchen, nich London' bezeugt. Diese Rda. enthält unverstandene jidd. Worte, die nur dem Klang nach aufgefaßt und daher volksetymol. umgedeutet wurden. Die entsprechende jidd. Wndg. lautet: ‚Ja chochom, aber nicht lamdon!', d.h.: ja, schlau und gerissen, aber (doch) nicht klug, weise (genug). Dieser urspr. Sinn ist tatsächlich noch in der heutigen Rda. vorhanden, denn man will dem Partner, den man abblitzen läßt, damit andeuten, daß er sich etw. zwar sehr gerissen ausgedacht hat, sich dabei aber doch in seiner Überschlauheit verrechnen mußte.

Lit.: *S. A. Wolf:* ‚Ja Kuchen!' und Ähnliches, in: Muttersprache 64 (1954), S. 468–469; *ders.,* Wb. des Rotw. (Mannheim 1956), S. 187; *A. Taylor:* „And Marie Antoinette said ...", in: Revista de Etnografia 11 (1968), S. 245–260; *G. Grober-Glück:* Motive u. Motivationen in Rdaa. u. Meinungen (Marburg 1974), §§ 157–160, S. 273–277.

Kuckuck. Der Kuckuck (mdal. auch ‚Gauch') gilt im Volksglauben als Glücksvogel; auch werden ihm prophetische Kräfte zugeschrieben, vor allem die Fähigkeit, die Dauer des Menschenlebens durch die Zahl seiner Rufe vorherzusagen. Schon um 1300 berichtet Hugo von Trimberg in seinem Lehrgedicht ‚Der Renner' (V. 11339 ff.):

> Swie lange aber wer sîn frôuden spil,
> daz weiz der gouch (‚Kuckuck'), der im
> vür wâr
> hat gegutzet hundert jâr.

Hierher gehört die Rda. *Der hört den Kuckuck nicht mehr rufen:* er wird das nächste Frühjahr nicht mehr erleben; ndl. ‚Hij zal den koekoek niet horen zingen'. Goethe nennt in seinem Gedicht ‚Frühlingsorakel' den Kuckuck den „prophet'schen Vogel". Noch heute richten ledige Mädchen an den Kuckuck die erwartungsvolle

Frage, wie lange sie noch ledig sein werden, und im Volkslied lautet die metaphorische Umschreibung für das Ledigbleiben einer alten Jungfer, daß sich der Kuckuck zu Tode geschrien habe. Die Zahl seiner Rufe soll ja entweder die Zahl der noch folgenden Lebensjahre oder die Zahl der Jahre bedeuten, die ein Mädchen noch bis zur Hochzeit warten muß, wie aus folgenden Versen hervorgeht:

Kuckuck über den Stock!
Wann krieg ich meinen Brautrock?
Kuckuck über dem Hügel!
Wann krieg ich meinen Sterbekittel?

Ebenso heißt es in dem Lied ,Ein Schäfermädchen weidete …':

Sie setzte sich ins grüne Gras
Und sprach gedankenvoll:
Ich will doch einmal seh'n zum Spaß,
Wie lang' ich leben soll.
Wohl bis zu hundert zählte sie,
Indes der Kuckuck immer schrie:
Kuckuck, Kuckuck, Kuckuck,
Kuckuck.

In Schweden durfte man sich etw. wünschen, wenn der Kuckuck rief. Antwortete er, ging's in Erfüllung. Diese ,Saga' hat Julius Sturm in seinem Gedicht ,Ein kleines Versehen' lustig nachgezeichnet: Die Maid Lisa wünschte sich einen Jungen und im Stall statt ihrer einen zwölf Kühe. Als sie dem Kuckuck begegnete: „Ich wünsch mir zum Mann meinen Schatz und dazu / Zwölf Knäblein und eine kleine Kuh …" – So geschah's.

Dagegen lehrt ein ndd. Sprw. ,Wer den Kuckuck taum ersten Mal raupen hürt und hat Geld in de Tasch, denn hat hei't das ganze Johr'.

Da das Kuckucksweibchen seine Eier in die Nester anderer Vögel legt, besagt die Rda. *Da hat er mir ein Kuckucksei ins Nest gelegt* soviel wie: er hat mir ein zweifelhaftes Geschenk gemacht, er hat mir unnütze Scherereien verursacht. Der Kuckuck zieht also seine Jungen nicht selbst auf. Die Rda. *wie der Kuckuck seine Eier in fremde Nester legen* bedeutet daher: sich vor etw. Unangenehmem drücken.

Ein *Kuckucksei* nennt man auch das Kind eines anderen Vaters, das mit großgezogen werden muß.

Das Kuckucksjunge schlüpft früher als

2

1

3

1–3 ,Ein Kuckucksei ausbrüten'

seine ‚Geschwister'. Der junge Kuckuck ist beinahe unersättlich und wächst schneller als die Jungen der Grasmücke, in deren Nest er herangezogen wird. Er wirft die jungen Grasmücken aus dem Nest, er greift manchmal sogar das Grasmückenweibchen an. *Du undankbarer Kuckuck!* sagt man daher zu den Kindern, die ihren Eltern und Erziehern gegenüber undankbar sind. Man spricht von *Kukkucks Dank,* wenn man ‚Undank' meint, so wie schon das lat. Sprw. sagt: ‚Eandem mihi gratiam refers ut cuculus currucae'.

Bei einer Pfändung klebt der Gerichtsvollzieher auf die gepfändeten Gegenstände eine Marke, auf der früher der Reichsadler abgebildet war. Das Wappentier nannte man spöttisch Kuckuck, und daher stammt die Rda. *den Kuckuck aufkleben:* pfänden. Die Rda. *Das weiß der Kuckuck* ließe sich leicht an den Volksglauben von der wahrsagerischen Fähigkeit des Vogels anknüpfen. Wahrscheinlicher ist jedoch, daß in dieser und einer großen Anzahl anderer Rdaa. mit dem Namen des scheuen, mehr gehörten als gesehenen Vogels der Teufel gemeint ist. Seit dem 16. Jh. schreibt der Volksglaube dem Kuckuck ein Verhältnis zum Teufel zu, vielerorts sieht man in ihm auch den Teufel selbst.

Kuckuck gehört heute zu den häufigsten Wörtern wie ‚Donner', ‚Geier', ‚Himmel', die als Euphemismen in Flüchen und Verwünschungen für den ↗ Teufel gebraucht werden, z.B.: *Der Kuckuck soll dich holen; zum Kuckuck; alles ist zum Kuckuck; der Kuckuck ist los; in des Kuckucks Namen; scher dich zum Kuckuck, geh zum Kuckuck!* Matthias Claudius singt 1775 im ‚Rheinweinlied' vom Blocksberg:

> Drum tanzen auch der Kuckuck und
> sein Küster
> auf ihm die Kreuz und Quer.

Auch im Märchen begegnet der Kuckuck gelegentlich, z.B. in den Wndgn. ‚des Guckgucks sein' (KHM. 61) u. ‚Lohns euch der Guckuck' (KHM. 161).

Der eintönige Ruf des Kuckucks führte zu zahlreichen Rdaa., z.B. *Das ist der alte Kuckucksgesang:* immer wieder dasselbe, immer das alte Lied; ndl. ‚,t is altijd koekoek een zang'.

Den Kuckuck singen lehren, „den Gouch

‚Den Kuckuck singen lehren'

lernen singen" (Murner): zu außerehelichem Verkehr verführen.

Kuckuck unter Nachtigallen nennt man einen Laien unter Fachleuten, wohl nach der Gellertschen Fabel, in der der Kuckuck einen Sängerwettstreit mit der Nachtigall wagt; ↗ Eule.

Sich den Kuckuck um etw. scheren, betont ablehnende Rda., ↗ Deut.

Mit seinem satirischen Werk ‚Die Geuchmatt' (1519) wollte Thomas Murner das unmännliche Wesen seiner Zeitgenossen bekämpfen. Er konnte sich bei der Wahl des Buchtitels auf eine schon in mhd. Zeit gebräuchl. Nebenbdtg. des Wortes ‚gouch' berufen; ‚gouch' meint schon früh soviel wie ‚Tor', ‚Narr', ‚Buhler' und wird als Schimpfwort bereits bei Walther von der Vogelweide verwendet. Zweifellos ist die Bez. ‚Gouchmatt' für einen Ort, an dem sich Verliebte treffen, schon vor Murners Satire volkstümlich gewesen.

Ich will nicht der Kuckuck sein, der immer seinen Namen ruft: ich will mich nicht selbst loben.

Lit.: *O. Keller:* Die antike Tierwelt 2 (Leipzig 1913), S. 63–67; *E. Seemann:* Art. ‚Kuckuck', in: HdA. V, Sp. 689–751; *K. Löber:* ‚Den Kuckuck holen', in: Hess. Blätter f. Vkde. 42 (1951), S. 71–76; *W. Danckert:* Symbol, Metapher, Allegorie im Lied der Völker, IV (Bonn-Bad Godesberg 1978), S. 1361–1379; *E. u. L. Gattiker:* Die Vögel im Volksglauben (Wiesbaden 1989), S. 277–320.

Kugel, kugeln. *Eine ruhige Kugel schieben:* sich nicht sonderlich anstrengen müssen, leichte Arbeit zu verrichten haben, sorglos leben; die Rda. ist jung und wohl vom Kegelspiel hergenommen, wobei man an die Leichtigkeit zu denken hat, mit der die Kugel auf der glatten Bahn ins Rollen gebracht werden kann. Sie war im 2. Weltkrieg in der Soldatensprache sehr beliebt, vor allem in Verbindung mit den Kameraden hinter der Front, ↗ Etappenhengst. Daher wohl auch die Bdtg.: sich drücken. Vgl. frz. ,aller son petit bonhomme de chemin' (wörtl.: wie ein genügsamer, sorgloser Mensch seinen Weg gehen).

Mit silbernen (goldenen) Kugeln schießen: durch Geld Einfluß zu nehmen suchen, jem. bestechen; junge polit. Rda., die auf eine Rede Lloyd Georges vom 8. Sept. 1914 zurückgeht. Verwandt ist das Sprw. ,Eine silberne Kugel nützt mehr als tausend eiserne' u.a.; die ältere Form der Rda. ist: *mit dem goldenen* (oder *silbernen*) *Spieß stechen* (↗ Spieß).

Sich kugeln vor Lachen: heftig lachen; entspr. *Das ist zum Kugeln;* dies sind Parallelbildungen zu ,sich krummlachen' (↗ krumm).

Die schwarze Kugel gezogen haben: von einer unglücklichen Entscheidung betroffen worden sein; die Rda. stammt von dem schon im 17. Jh. bezeugten Verfahren der Abstimmung und Wahl durch Kugelung (Ballotage), während sich die Wndg. *die Kugel kommt ins Rollen:* die Entscheidung naht, auf die Kugel im Glücksspiel (Roulette) bezieht.

Die Kugel in ihrem Lauf aufhalten wollen: etw. Unmögliches versuchen.

Kugelfuhr. Die Ausrufe *So eine Kugelfuhr! Was für eine Kugelfuhr!* und die Feststellung *Das war eine schreckliche Kugelfuhr* sind vor allem im Obd. gebräuchl. und mdal. schwäb., bair. und schweiz. bezeugt. In heutiger Anwendung und Bdtg. bezeichnen die Wndgen. einen umständlichen, mühevollen Weg, Verzögerungen, Hindernisse und Umstände, also alles, was nicht reibungslos abläuft, was nicht ,glattgeht'. Volksetymol. wurde der Ausdr. an ,Kugel' angelehnt, obwohl er auf ,Gugel' zurückgeht; ein Transport von

schweren Kanonenkugeln z.B. war ja früher tatsächlich mühevoll und gefährlich und darum der sprachl. Vergleich naheliegend. Auch eine Poststrecke in Baden-Württemberg, auf der man nicht recht vorankam und Hindernisse bei der Reise zu erwarten hatte, soll diese Bez. getragen haben, ↗ Schneckenpost.

Der Ausdr. ist bereits in mhd. Zeit als ,gogelvuore' i.S.v. mutwilligem Treiben, lärmender Lustbarkeit, Narrenpossen bezeugt, wobei bereits die Bdtgn. von ,gogel' = Scherz, Posse und ,gugel' = Narrenkappe, eigentl. Obergewand mit Kapuze, das auf lat. ,cucculla' zurückgeht, vermischt worden sind. Parallele Ausdrücke dazu wie ,Gugelfahrt' und ,Gugelfeuer' wurden später gebildet. Johannes Fischart läßt im ,Bienenkorb' (237ª) die häufige Rda. *Gugelfuhr treiben* noch ganz deutlich in dem alten Wortzusammenhang mit Gugel und Kapuze. Es ist gleichsam ein Beweis für die Herleitung der Wndgn., wenn er schreibt: „Und man kan sie darbei underscheiden, dasz sie ein käpplin oder gugelchen auf dem häubtlein haben und daher seltzam gugelfur treiben".

Der Ausdr. begegnet lit. häufig bes. im 16. Jh., z.B. bei Hans Sachs (5,60, Lit. Ver.): „Was habt ir für ein gugelfur?", und gleich mehrmals in der ,Zimmerischen Chronik' (1, 455, Barack): „Die herzogin wust nit, wer dise gugelfuer anfieng" und (4, 89, Barack): „Wiewol er (der geist) nit gesehen worden, hat er den mägten die schlüsel ab der gürtel hinweg gerissen und dergleichen gugelfuren getriben". Auch Paracelsus gebraucht ,Gugelfuhr' als Lieblingswort mehrmals in seinen gelehrten Schriften, jedoch in der wechselnden Bdtg. von Absonderlichkeit, Narrheit und moralisch Verwerflichem. Die Wndgn. *eine Gugelfuhr haben* und *Gugelfuhr anfangen (verführen)* dienen auch zur Kennzeichnung eines derben Liebesabenteuers. In diesem Sinne heißt es auch in der ,Zimmerischen Chronik' (2, 555, Barack): „Ich waisz aber nit, was der maister mit der magt ... für ain schimpf und gugelfur anfieng. Sie wardt schwanger". Ähnl. *mit einem die Gugelfuhr treiben:* ihn zum Narren haben, durch derbe Späße necken, aber auch: geschlechtlich verkehren. Das

Wort ist auch im Rotw. meist als ‚Kugelfuhr' reich bezeugt und bez. auch dort geräuschvolle Späße, provozierte Streitigkeiten und lärmendes Durcheinander bei Zänkereien und Aufläufen, die man geschickt zu seinem Vorteil nutzen konnte. Die heutige abgewandelte Bdtg. der Rda. ist wohl von daher zu verstehen, denn herausfordernde Zänkereien und Narrenpossen verursachen eben für den Betroffenen Umstände, Schwierigkeiten und Verzögerungen.

Kuh. Die Kuh hat zu einer fast unübersehbaren Zahl von Rdaa. Anlaß gegeben; sie ist ebenso sprw. als wertvoller Besitz wie wegen ihrer angeblichen Dummheit.
Die Kuh wird nicht draufgehen; das wird die Kuh nicht kosten: das wird das letzte Vermögen nicht in Anspruch nehmen. Obersächs. *saufen wie eine Häuslerskuh:* unmäßig trinken, wie die Kuh des armen Häuslers, die durch reichliches Wasser für das knappe Futter schadlos gehalten wird. Einen übermäßig großen Schluck nennt man zunächst stud. einen *Kuhschluck.*
In Seb. Brants ‚Narrenschiff' (110ᵃ, 110) heißt es von solchen, die sich zutrinken:

Vnd bringet eym eynn früntlich drunck,
Do mit der becher macht glunck glunck,
Vnd meynen do mit andere ern,
Das sie den becher vor vmb keren,
Ich darff der selben hoffzucht nit,
Das man mir vor das glaß vmb schüt
Oder man mich zů drincken bitt.
Ich drinck mir selbs, keym andern zů,
Wer sich gern fült, der ist eyn ků.

Bei Hans Sachs: „Ist das dein große frewd das du dich füllest wie ein Treberkuh, Den Wein vnmessig in dich schüttest". In Fischarts ‚Gargantua': „Aber als Strosagurgel den kusuf that".
Das ist eine milchende Kuh für ihn: das bringt ihm auf bequeme Weise viel ein; ebenso schwäb. ‚Des isch e neumelkede Kuh'. In Schillers Xenien des Musenalmanachs für das Jahr 1797 heißt es unter dem Stichwort ‚Wissenschaft':

Einem ist sie die hohe, die himmlische
      Göttin, dem andern
Eine tüchtige Kuh, die ihn mit Butter
      versorgt.

Vgl. frz. ‚C'est une vache à lait'.

Etw. ansehen wie die Kuh das neue Tor: es verdutzt betrachten, wie die Kuh, die abends von der Weide ins Dorf zurückkehrt, über das Tor staunt, das der Bauer inzwischen am Hofe aufgerichtet hat, so daß sie nun nicht weiß, ob sie da hineingehört oder nicht. Luther schreibt im ‚Sendbrief vom Dolmetschen': „Welche Buchstaben die Eselsköpfe ansehen wie die Kühe ein neu Tor"; einfacher in den ‚Tischreden': „So steht das arme Volk gleich wie eine Kuh". Bei Abraham a Sancta Clara heißt es (‚Todten-Capelle' 23): „Wann der Ungelehrte eine ungemeine Sache wie eine Kuh ein neues Thor anglotzet"; und im ‚Judas' (IV, 296): „Laß schauen; schaut doch ein Kuh auch ein neues Stadel-Thor an". Anders dagegen in Grimmelshausens ‚Simplicissimus' (I, 5): „Ich sah sie an, wie eine Katze ein neu Scheunthor".
Vgl. frz. ‚regarder quelque chose comme une vache regarde passer un train' (wörtl.: etw. ansehen wie die Kuh den vorbeifahrenden Zug).
Soviel davon verstehen wie die Kuh vom Sonntag: gar nichts.
Einen Geschmack wie eine Kuh haben: schlechten Geschmack haben.
Das glaubt keine Kuh: das glaubt niemand, bezieht sich ebenfalls auf die Dummheit der Kuh; gemeint ist: das glaubt nicht einmal eine Kuh, obwohl sie doch dumm genug ist (vgl. ‚kein Schwein', ‚kein Hund', ‚keine Sau', ‚kein Schwanz' u. ä.).
Was nützt der Kuh Muskate?: das ist zu hoch für einen beschränkten Kopf; ähnl. schon bei Burkard Waldis in seiner Fabelsammlung ‚Esopus' (I, 1, 37):

Das Heiltumb ist nicht für die Hundt,
Perlen seind Schweinen ungesund;
Der Muscat wird die Kuh nicht fro,
Ir schmeckt viel baß grob Haberstro.

1649 bei Gerlingius (Nr. 47): „Was sol der kuhe Muscaten? in einen Bawren gehöret Haberstro"; (Nr. 157): „Was sol einer saw muschaten?" Die Muskatnuß war früher als Würze noch beliebter als heute; man rieb sie sogar ins Bier. Die Deckelknöpfe an alten Bierkrügen sind bisweilen wie kleine Büchsen zum Auf- und Zuschrauben eingerichtet; darin bewahrte man den wertvollen Muskat auf.

1/2 ‚Die schwarze Kuh hat ihn getreten'

Da begreift man die Lächerlichkeit des Gedankens, der Kuh in ihren Sauftrog Muskatnuß zu reiben.

Da müßte ja eine Kuh lachen bedeutet dasselbe wie die Rda. ‚Da lachen ja die Hühner' (↗ Huhn).

Eine Kuh für eine Kanne ansehen: betrunken sein.

Von einer aufgedonnerten Frau sagt man, sie stolziere einher wie eine *bunte Kuh* (vgl. ‚Pfingstochse').

Rheinhess. *Dazu habe ich Lust wie die Kuh zum Messer:* gar keine Lust.

Blinde Kuh mit jem. spielen: ihn irreführen; nach dem beliebten Kinderspiel, ↗ Blindekuh.

Das kann nicht jede Kuh: das kann nicht jede(r).

Der Kuh die Hörner abschneiden: die Hindernisse überwinden.

Die Kuh beim Schwanz fassen: eine Sache verkehrt anfangen.

Eine Kuh schlachten, um zu wissen, wie Kalbfleisch schmeckt: etw. Unsinniges tun.

Er sieht's der Kuh am Arsche an, was die Butter in Mainz gilt: er ist ein Neunmalkluger.

Die Kuh jodelt: es wird ein Heimatfilm vorgeführt (Mitte 20. Jh.).

Die Plumpheit der Kuh verspottet die Rda. *das Maul spitzen wie die Kuh auf Erdbeeren.* Von ähnl. Bdtg. ist *die Kuh geht auf Stelzen.* Man sagt dies, wenn jem. Dinge treibt, für die er sich nicht eignet. Belegt ist die Rda. zum erstenmal 1539 (Seb. Franck: „die Kuh geht uff Stelzen"). Lat. bei Erasmus: „camelus saltat".

Von der Kuh gebissen (gekratzt) sein: nicht ganz bei Verstand sein.

Die schwarze Kuh hat ihn getreten sagt man schles. von einem Sterbenden; auch sonst gelegentlich: *die schwarze Kuh hat ihn gedrückt:* er hat viel Ungemach zu erdulden und daher den Mut sinken lassen, bzw. in der Umkehrung: *die schwarze Kuh hat ihn noch nicht getreten:* er hat noch keine schlechten Erfahrungen gemacht. Die Rda. ist sonst fast ausgestorben und heute unverständlich geworden. Sie läßt sich aber in älteren lit. Belegen

Der Tod auf der schwarzen Kuh

über ganz Europa verfolgen. In Nikolaus Hermans Dichtung vom ‚Verlorenen Sohn' (1562) finden sich die Verse:

Do jn so tratt die schwartze Kuh,
Kam der alt Reul vnd bisz mit zu

(Wackernagel, Das dt. Kirchenlied, Leipzig 1870, III, 1210, Nr. 1413). Reuel ist der in der Dichtung des 16. Jh. wiederholt auftretende ‚Hund Reue', der die Gewissensbisse verkörpert. Eine andere Variante des Verses

In des so trat jn auch die schwartze
Kuh,
Kann der alte keil auch darzu

kann infolgedessen als verderbt betrachtet werden. In dem Werk von G. Bartisch: ‚Ophthalmodouleia, Das ist Augendienst' (Dresden 1583) heißt es: „Wissens auch nicht, weil ihre augen gut und gesund sein, und keine augenbrechen gehabt noch versucht haben, oder wie man zu sagen pfleget, welche die schwarze kue noch nicht getreten hat". In Christian Weises ‚Die drei ergsten Erznarren' (Kap. 6) steht: „… auf die letzt trat mich zwar die schwartze kuh, aber zu spät". Die engl. Varianten sind von Archer Taylor ausführlich zusammengestellt und ebenfalls bis ins 16. und 17. Jh. zurückverfolgt worden. Dabei ist meistens statt von einer Kuh von einem Ochsen die Rede (‚the black ox has not trod on his foot'), wobei z. T. auch wieder andere Sinn-Bdtgn. vorkommen. ‚Der schwarze Ochse ist ihm noch nicht auf den Fuß getreten' bedeutet: er hat noch nicht die Bedrängnis der

Ehe erlebt, er ist noch unerfahren, er hat noch nicht Not gelitten u. ä. Die Beziehung der schwarzen Kuh bzw. des schwarzen Ochsen zum Tod, die die schles. Bdtg. der Rda. noch bis zur Ggwt. festgehalten hat, scheint aber die primäre zu sein. Das beweist vor allem die ikonographische Überlieferung, die den Tod in Verbindung mit schwarzen Ochsen oder einer schwarzen Kuh darstellt. Ältere Belege finden wir vor allem in Petrarcas berühmtem ‚Trionfo della morte' und in den verwandten Darstellungen der ital. Kunst. Der Tod hält hier einen Triumphzug (pompa triumphalis) ab, wobei der Wagen des Todes von Ochsen gezogen wird. Wer von diesen Ochsen des Todeswagens getreten wird, muß sterben. Konrad Burdach und Helmut Rosenfeld haben im Zusammenhang mit den Todesvorstellungen im ‚Ackermann von Böhmen' darüber gehandelt. Aber auch nördlich der Alpen gibt es Todesdarstellungen, die hierhergehören. Der berittene Tod hat seine ikonographische Wurzel in den Apokalyptischen Reitern; nicht aber der Tod, der gerade auf einer Kuh reitet, wie er z. B. in einem Missale des 14. Jh. vorkommt, das in der königlichen Bibliothek in Den Haag aufbewahrt wird. Solche Darstellungen des Todes, dem eine Kuh als Reittier dient, scheinen auf einer heimischen Tradition zu beruhen. Wir sind damit unserer schles. Rda. ‚Die schwarze Kuh hat ihn getreten' schon sehr nahe, aber man hat noch nicht gefragt, warum gerade die Kuh oder der Ochse das Zugtier des Todeswagens oder – vermutlich noch ursprünglicher – das Reittier des Todes ist. Dabei ist die Frage, ob die Rda., die ja nicht vom Tode spricht, sondern von der ‚schwarzen Kuh', nicht noch eine ältere Glaubensstufe festgehalten hat, in der ein rindergestaltiges dämonisches Wesen als Todbringer gegolten hat. Zu denken wäre in diesem Zusammenhang an eine Reihe von Volksglaubensberichten und Sagen, in denen der Tod in Kuhgestalt erscheint (z. B. K. Müllenhoff, Sagen, Märchen u. Lieder der Herzogtümer Schlesw.-Holst. u. Lauenburg, Kiel 1845, S. 239 f., Nr. 328). In Pestsagen kommt dies mehrfach vor: der schwarze Tod, der in Ge-

stalt einer Kuh aus dem Wasser steigt und das Unheil über eine ganze Gemeinde bringt. Unsere Rda. hat jedenfalls einen tieferen religionsgeschichtl. Hintergrund, und die ältere Todesikonographie kann uns hier den Weg weisen.
Was anders ist des Schulzen Kuh ↗ anders.
Heute ausgestorben ist die ältere Rda.
den Kuhfuß tragen: Soldat sein. Selten in Sachsen, dafür Kuhbein. In Holst. heißt auch eine dem Kuhbein ähnl. Brechstange ,Kofot'. Die spöttische Bez. ,Kuhfuß' für Gewehr erklärt Scheube (,Aus den Tagen unserer Großväter') in dem Kapitel ,Unter der Fahne' (S. 254). ,Da soll ein alter Kuhschwanz Feuer schlagen!' ist sächs. Ausruf des Staunens, Schreckens.
Rheinhess. ,wackeln wie ein Kuhschwanz'.
Die Kuh vom Eis bringen: die Lage entschärfen, Schwierigkeiten überwinden.
Heilige Kühe schlachten: alte Gewohnheiten über Bord werfen, mit Tabus brechen. Ähnl.: ,Jem. heilige Kuh schlachten': seine liebgewordene Gewohnheit, seine Privilegien oder tiefsten Überzeugungen antasten.
Eine Kuh kaufen: verhüllende Rda. für eine Brautwerbung, die einem Handel gleicht. Im Volksmund wird das sprachl. Bild der Kuh für vielerlei Vergleiche u. Aussagen verwendet. So gilt sie u. a. auch als Wertmaßstab, wie aus den folgenden Sprww., Rdaa. u. Scherzversen hervorgeht: ,E Kuh deckt alli Armut zu' (bad.); ,Die Kuh mitsamt dem Kalb kriegen': ein schwangeres Mädchen heiraten. ,Was versteht e Kuh von e-re Muskatnuß, wenn sie no nie in e Apotheke 'neikomme isch'. ,Was weiß e Kuh, wenn's Sonntag isch – ma geit'r ja koi frisches Hemed a'; ,Bei de Kühe ka ma dreimal 's Nest ausnehme' (sie liefern Milch, Kälber u. Dung).
Vor allem ist die Kuh natürlich ein Sprachbild für die Frau: ,Bei Nacht send älle Küah schwarz', meint – männlich chauvinistisch – alle Frauen sind gleich. Eine Frau ohne Kind wird mit einer Kuh ohne Schelle verglichen: ,E Frau ohni Chind ist wi-n-e Chue ohne Schelle'.
Die alte Frau: ,A alta Kuah schleckt au no gern Salz'.

Von einer ungeschickten Frau heißt es: ,Was hilft's, wenn d' Chueh vil Milch git, wenn sie de Chübel wider umstoßt?' ,Was hed mer vonere guete Chue, wenn sie d Milch sälber suuft', sagt man von reichen Frauen, die ihre Mitgift für sich selbst aufbrauchen.
Die Entwicklung vom Mädchen zur Frau wird auf dem Bild von Kuh und Kalb gesehen: ,Wenn a Kalb en d Fremde goht, kommt a Kuah hoim'. ,E 20jährigs Chalb git kei gschidi Chue me'. ,Es Chalb git non-e Chue, aber en Esel blibt en Esel'.
Ebenso natürlich das Mutter-Tochterverhältnis: ,E gueti Chue chann au e schlechts Chalb ha'.
Oder Spekulationen über Erbanlagen: ,Narrete Küeh hend spinnete Kälble'.
Doch muß die Tochter nicht unbedingt

1/2 ,Die Kuh vom Eis bringen'

,Die heilige Kuh schlachten müssen'

nach der Mutter schlagen: ‚Blinde Küh kälbere au'. ‚Schwarze Küah gebet au weiße Milch'.

Hat jem. ‚keine Ahnung' oder ‚keinen blassen Schimmer', dann heißt es oft: ‚Er versteht soviel davon wie die Kuh vom Zähneputzen', und für ‚niemals' hört man nicht selten auch: ‚wenn die Kuh kann Seide spinnen'. Selbst aus dem Kinderspiel ist die Kuh nicht mehr wegzudenken. Das zeigt u. a. der Kindervers:

Wunderbar, wunderbar,
ist 'ne Kuh mit Pferdehaar.
Hätt' die Kuh kein Pferdehaar,
wär sie auch nicht wunderbar.

zwie der tufel bynder der mesz

1/2 ‚Das geht auf keine Kuhhaut'

Lit.: *A. Bernt* u. *K. Burdach* (Hg.): Der Ackermann aus Böhmen (= Vom MA. zur Reformation III, 1) (Berlin 1917), S. 237 ff.; *K. Wagenfeld:* Die Kuh im plattdt. Sprw., in: Heimatbl. der roten Erde, 1 (1920), S. 250–252; *A. de Laborde:* La Mort chevauchant un bœuf. Comptes rendus des séances de l'Académie des inscriptions et belles-lettres (Paris 1923), S. 100–113; *R. Riegler:* ‚Zur Redensart: Die schwarze Kuh hat ihn gedrückt (getreten)', in: Die neueren Sprachen 33 (1925), S. 368–370; *A. Wirth:* Art. ‚Kuh', in: HdA. V, Sp. 768–790; *H. Rosenfeld:* Das Röm. Bild des Todes im ‚Ackermann', in: Zs. f. d. A. 72 (1935), S. 241 ff.; *A. Taylor:* The Proverb ‚the black ox has not trod on his foot' in Renaissance Literature, in: Philological Quarterly, XX (1941), S. 266 ff.; *M. Kuusi:* Parömiologische Betrachtungen (Helsinki 1957), FFC. 172, S. 21 ff.; *L. Röhrich:* Sprw. Rdaa. in bildl. Zeugnissen, in: Bayer. Jb. f. Vkde. (1959), S. 67–79; *L. L. Hammerich:* Das Röm. Bild des Todes im ‚Ackermann aus Böhmen', in: Humaniora … Honoring Archer Taylor, Locust Valley (New York 1960), S. 17 ff.; *R. Ramseyer:* Das altbernische Küherwesen, in: Sprache u. Dichtung, N.F. Bd. 8 (Bern 1961), S. 17–18; *P. Wiepert:* Volkserzählungen von der Insel Fehmarn (Neumünster 1964), S. 21–22; *E. Meier* (Hg.): Dt. Kinderreime u. Kinderspiele aus Schwaben. (Nachdr. d. Ausgabe Tübingen 1851). Mit einem Nachwort von L. Röhrich (Kirchheim/Teck 1981), S. 163; *P. Portmann* (Hg.): Di letschti Chue tuet's Törli zue (Frauenfeld 1983); *Th. Schwarz:* Canzona della morte. Der Todestriumphzug Piero di Cosimos und seine Parallelen im ital. Karneval des 16. Jahrhunderts, in: Freiburger Univ.-Blätter, Heft 90 (1985); *A. B. Rooth:* Döden och den svarta oxen (Uppsala 1985); *B. Hülsewiede:* Indiens heilige Kühe, Bd. 1 (1986); *L. Röhrich:* Die Welt der alemannischen Sprichwörter, in: ‚Einheit in der Vielfalt'. Festschrift für Peter Lang (Bern u. a. 1988), S. 434–457.

Kuhhaut. *Das geht auf keine Kuhhaut:* es läßt sich gar nicht alles sagen; es ist nicht zu beschreiben; eigentl.: es läßt sich auf kein noch so großes Pergament schreiben, denn gemeint ist hier die Kuhhaut als große Schreibfläche. Die Wndg. ist in den dt. Mdaa. weit verbreitet, vor allem im Südwesten: ‚Der schwätzt e ganze Kühhaut voll' (schwäb.); ‚Dat giht nöt op en Kuhhaut' (rhein.); ‚s gieht uf keene alte Kihhaut' (obersächs.); ‚Dat geht nich upna Bullahut tä schriwen' (Pommern). Andere Formulierungen sind: ‚Das hat auf keiner Kuhhaut Platz'; ‚Er schreibt es auf die große Kuhhaut' (merkt es für spätere Abrechnung).

Mit dem Streifen aus Kuhleder, mit dem in der Äneassage die Königin Dido die Landfläche der zu gründenden Stadt Karthago umspannt, hat die Rda. nichts zu tun. Vielmehr stammt sie aus einem ma. Predigtmärlein, dessen Verbreitung zunächst über lat. Exempelsammlungen vor sich ging. Der älteste Beleg für diese Erzählung ist ein Exempel des Jacques de Vitry (vor 1240 gest.); er erzählt in den ‚Sermones vulgares' von einem Priester, der während des Gottesdienstes einen Teufel mit den Zähnen an einem Pergament zerren sieht. Auf Befragen gibt der Böse den Bescheid, er habe das unnütze

Kirchenschwatzen aufzuschreiben, und ‹dafür reiche sein Pergament nicht. Der Priester verkündet das der Gemeinde und erweckt Reue, so daß der Teufel seine Aufzeichnungen wieder streichen muß. Die zugrunde liegende Anschauung ist die, daß die Sünden der Menschen von Teufeln auf ein Pergament aufgeschrieben werden, um später, beim Jüngsten Gericht, als Belastungsmaterial zu dienen (vgl. Offenb. 20, 12). Normalerweise wurden im Mittelalter ja nicht Kuhhäute zum Schreiben verwendet, sondern Schafs- oder Kalbshäute, aber die Pointe der Erzählungen beruht darauf, daß der Sünden eben so viele sind, daß selbst die Haut des größeren Tieres, die Kuhhaut, nicht ausreicht, um alles notieren zu können. Diese Erzählung ist noch in neuzeitlichen Sagen weit verbreitet (AaTh. *826); sie findet sich auch häufig in bildl. Darstellungen der Kirchenkunst des späten Mittelalters und auch nach 1500. Aus dem 14. Jh. zeigt ein Wandfresko in St. Georg auf der Reichenau (Oberzell) ein großes Tierfell, das von vier Teufeln ausgebreitet gehalten wird; der eine packt es außer mit den Klauen auch mit den Zähnen. Über dem Fell werden die Köpfe zweier Frauen sichtbar, die eifrig miteinander schwatzen. Über ihnen deutet eine Art Hängelampe, von der an Kettchen drei Kreuze herabhängen, an, daß das Gespräch in einer Kirche geführt wird. Auf dem Fell stehen in gotischer Majuskel drei Verspaare, die sich auf das Bla-bla-Gerede

1/2 ‚Das geht auf keine Kuhhaut'

klatschsüchtiger Frauen beziehen, ↗ Blabla.

Ein Schrotblatt vom Ende des 15. Jh. zeigt einen Priester, der die Messe zelebriert, andächtige, aber daneben unruhige, schwatzende oder auch schlafende Kirchenbesucher sowie Teufel mit einem Buch und einem aufgespannten großen Fell.

Die Rda. ist erst verhältnismäßig spät bezeugt, im Unterschied zu den Belegen der Legende. Mehrmals nimmt Joh. Fischart darauf Bezug: in der ‚Flöhhatz' von 1573, wo zwei Weiber während der Messe beim Schwatz vom Hundertsten ins Tausendste kommen und sich von Kleidern, Geld und Essen vorreden:

Darzu ich ja nicht der Teufel haiß,
Der hinder der Meß ohn gegaiß
Ain Kühhaut voll schrib solcher Reden,
Die zwei frumb Weiblin zsammen
hetten.

907

Ich wolt er het ghabt treck in Zänen,
Da er die Kühhaut mußt außdänen.

Hier ist deutlich noch der Zusammenhang mit der Legende vorhanden. Auch in Fischarts ‚Geschichtklitterung‘ wirkt das Predigtexempel noch nach: „Der Teuffel hinder S. Martins Mesz mit weissen Rubenzänen das Pergamen, darauff der alten Welschparlirenden Weiber geschnader zu copieren, musz wie der Schuster das Leder ... erstrecken". Dann aber verliert die Rda. schnell die Beziehung zur Teufelsgeschichte und verselbständigt sich. Sie ist bes. in den kath. Landschaften beheimatet und hat sich offenbar erst nach der Reformation von der Erzählung abgelöst, nachdem die Legende kein Eigenleben mehr führte. Herzog Ulrich schreibt 1543: „Ob man gleich einen Brief einer ganzen Kuhhaut gross vol schrieb ..." In Wolfhart Spangenbergs Drama ‚Mammons Sold‘ von 1614 sagt ein betrügerischer Bauer:

Summa, ich habe so viel getrieben,
Wann es alles solt seyn beschrieben,
Es ging auff keine Kuhhaut nicht.

In weiterer Entfernung von der alten Legende sind an die Stelle der Kuhhaut noch andere Häute getreten: Stier-, Pferde-, Ziegen-, Eselshäute usw., wie in einem Bildergedicht von 1610:

Wenn ich dies Geschlecht beschreiben
solt,
Ein Ochsenhaut ich brauchen wollt.

Hans Jakob Behaim aus Nürnberg schreibt 1644 an seinen Vater: „Mich wundert, daß meine Schwester Susanna, welcher alles, was bey uns verlaufet, bekannt, ihrem Bruder die Mucken aus dem Kopf zu treiben, nicht eine Kuhhaut voll neuer Zeitungen berichtet". Die Schwester antwortet darauf: „Daß ich dir nit eine Flöhhaut voll wüßt". Auch Christian Reuter in Leipzig verwendet 1696/97 zweimal die Rda.: „Wi vielmahl ich mich auch hernach des Jungens halber mit meiner Frau Mutter gezancket und gekiffen, das wäre der Tebel hohl mer auff keine Esels-Haut zu bringen" (‚Schelmuffsky‘). J. G. Schnabel steigert in dem Roman ‚Insel Felsenburg‘ (1731–43) die Wndg. noch: „Er hielt mir die Kuhhaut oder vielmehr Elephantenhaut vor, worauf alle meine Sünden verzeichnet waren".

Manchmal wird die Kuhhaut auch zahlenmäßig noch gesteigert. Ein geistlicher Text aus Nürnberg sagt schon 1568:

Das ist unmöglich auszusagen.
Zwölf ganzer Kuhheut müsten
haben ...

Wir sind uns bei der heutigen Anwendung der Rda. jedenfalls kaum mehr bewußt, daß ihr eine ma. Teufelserzählung zugrunde liegt, d. h. die Rda. hat sich von ihrem Urspr. völlig emanzipiert und läßt sich seither auch in ganz anderer, d. h. in profaner Weise verwenden. Auf ein Mißverständnis oder einen sprachl. Scherz ist die Wndg. zurückzuführen: ‚Das geht auf keinen Kuhhaufen‘, ↗ Teufel.

Lit.: *J. Bolte:* Der Teufel in der Kirche, in: Zs. f. vgl. Lit.-Gesch., N.F. 11 (1897), S. 249–266; *R. Köhler:* Kleine Schriften, Bd. II (1900), S. 319 ff.; *F. Harder:* Sündenregister, in: Zs. d. Ver. f. Vkde. 37/38 (1927/28), S. 111–117; *A. Wirth:* Art. ‚Kuh‘, in: HdA. V, Sp. 768–790, hier insbes. 786 f.; *A. Spanner:* Die dt. Volkskunde, Bd. I (1934), S. 195; *A. Götze:* Das geht auf keine Kuhhaut, in: Zs. f. Mdaforsch., 11 (1935), S. 162–168; *Richter-Weise,* Nr. 118; *R. Wildhaber:* Das Sündenregister auf der Kuhhaut (Helsinki 1955), FFC. 163 (mit weiteren Lit.-Angaben); *L. Röhrich:* Sprw. Rdaa. in bildl. Zeugnissen, in: Bayer. Jb. f. Vkde. (1959), S. 67–79; *E. Murbach:* Zwei gotische Wandbildfragmente und ihre ikonographische Deutung, in: Unsere Kunstdenkmäler, Mitteilungsblatt f. die Mitglieder der Ges. f. Schweiz. Kunstgesch., XVI (1965), H. 1, S. 23 ff.; *L. Röhrich:* Erzählungen des späten Mittelalters, Bd. I, S. 113–123; 267–274; *H. Rasmussen:* ‚Der schreibende Teufel in Nordeuropa‘, in: Festschrift M. Zender, Bd. I (Bonn 1972), S. 455–464; *E. Land:* Der Teufel mit dem Sündenregister in Schöngräbern. Ein Beispiel zum Problemkreis ma. Realitätsauffassung, in: Österr. Zs. f. Kunst u. Denkmalpflege 31 (1977), S. 126–137; *O. Moser:* Der Teufel mit dem Sündenregister am Kircheneingang, in: Carinthia I, 168 (1978), S. 147–167.

Kuhle. *In die Kuhle treten:* hinken, Rda. ndd. Herkunft, wie auch das Wort Kuhle selbst; der Hinkende neigt seinen Körper beim Gehen nach einer Seite mehr als nach der anderen, so als ob er jedesmal in eine Vertiefung träte.

Kuhscheiße. *Wie kommt Kuhscheiße aufs Dach?* sagt man oft rdal., wenn einer etw. Dummes fragt, worauf man keine Antwort geben kann oder will. Zu dieser Frage gibt es eine witzige Antwort:

Hat sich Kuh auf Schwanz geschissen
und mit Schwung hinaufgeschmissen
(oder: aufs Dach geschmissen).

Die witzige Antwort klingt nach Wasserpolakisch, der Sprache, die um 1900 im Kohlenpott und in Oberschlesien häufig anzutreffen war unter den aus Polen zugezogenen Bergarbeitern. Es gibt aber auch eine derbe ndd. Antwort: ,... wenn im Himmel Viehmarkt ist...' – typisch für die Landschaft, wo es allenthalben die Vieh- und Jahrmärkte gab.

Die modern anmutende Wndg. scheint auf eine alte Tradition zurückzugehen. Ein Fastnachtsgedicht von Georg Hager aus dem Jahre 1625 erzählt von einem Bauernsohn, der als Student in sein Elternhaus zurückkehrt und darüber nachsinnt, wie Kuhmist an die Stubendecke kommen kann. Nun behält ihn der Vater wieder auf dem Hof, da er das Studium des Sohnes für erfolglos hält:

Der vatter sprach mit spott:
,Was hast du mich kost mit deinem
                               studieren
Vnd thust so vnnicz deine zeit
                            verlieren!
Du hast ein blödes hiren,
Das du nit das aus rechnen kanst
                            gewiss.
Das bret lag auf der erden da,
Ehe die kuh dar auf schiss.
Dar nach ist das bret hin nauf kumen
Durch den zimerman ze dach ...'

Dieser heute bei uns ausgestorbene Schwank, der noch in der Eifel als Ortsneckerei erzählt wird, scheint sich sonst nur noch in der rdal. Frage erhalten zu haben. Die Erzählung muß jedoch früher eine weite Verbreitung gehabt haben. Ebenso wundert sich der türkische Narr Nasreddin Hodja, als er an der Spitze einer Stange Kuhmist statt des von ihm dort aufgehängten Geldbeutels findet, darüber, wie die Kuh habe auf die Stange klettern können.

Lit.: J. H. Schmitz: Sitten und Bräuche, Lieder, Sprww. und Rätsel des Eifler Volkes, Bd. I (Trier 1856), S. 104, Nr. 3; J. Bolte: Märchen- und Schwankstoffe im dt. Meisterliede, in: Zs. f. vgl. Lit.-Gesch., 7 (1894), S. 465 f.

Kulissen. *Hinter die Kulissen sehen:* unerwartete, enttäuschende Entdeckungen machen, etw. durchschauen; diese Redewndg. ist von der Bühne hergenommen, deren rückwärtiger Teil im Vergleich zur schönen Vorderseite oft einen ernüch-

ternden Anblick bietet; vgl. frz. ,regarder derrière les coulisses'.

Etw. spielt sich hinter den Kulissen ab: es geschieht nicht vor der Öffentlichkeit.

Der schiebt die Kulissen oder *er ist ein Kulissenschieber* sagt man von einem Politiker oder Funktionär, dessen Einfluß größer ist, als es nach außen hin den Anschein hat, oder der es versteht, eine ihm genehme Persönlichkeit durch geschickte Manipulationen in den Augen der Öffentlichkeit als Vorbild hinzustellen. Alle diese Rdaa. sind jung, sie reichen nicht weiter als bis ins 19. Jh. zurück.

Kümmel. *Einem den Kümmel reiben:* einem gehörig die Meinung sagen, ,die Leviten lesen'. Kümmel ist ein kleinkörniges Gewürz; *Kümmel spalten* bedeutet dementspr. von pedantischer Kleinlichkeit sein, ,Haare spalten'; einen kleinlichen Kaufmann, einen geizige Person nennt man ,Kümmelspalter': Schon Platon redet im ,Symposion' von einem Menschen, der ein Kümmelkorn spaltet, um die Hälfte sparen zu können, und Aristophanes gebraucht in den ,Wespen' das Wort ,kümmelkressespaltend'. Das schweiz. ,Chümichknüpfer' meint dagegen jem., der eine unnütze, unsinnige Arbeit verrichtet. Ein Schimpfwort ist auch ,Kümmeltürke'; es bezeichnete um 1790 den Studenten im Bereich der Stadt Halle, denn bei Halle wurde Kümmel angebaut, weswegen man die dortige Gegend auch ,Kümmeltürkei' nannte. Nachdem die Grundvorstellung in Vergessenheit geriet, wurde das Wort ein allg. Schelt- und Schimpfwort.

Lit.: H. Marzell: Art. ,Kümmel', in: HdA. V, Sp. 805–807.

Kummer. *Ich bin Kummer gewöhnt* sagt man resignierend, wenn einem etw. Unangenehmes widerfährt, wobei die Einsicht zugrunde liegt, daß man eben mit gelegentlichen Rückschlägen im Leben zu rechnen hat. Ob diese Rda. auf ein Sprw. ,Wer Kummer gewöhnt ist, trägt ihn leichter' zurückgeht, wie S. Singer (Sprww. des MA. II, 25) vermutet, muß dahingestellt bleiben.

Kummerspeck ansetzen: aus Verzweiflung mehr, bes. viel Süßes, essen, um seinem

Frust, seinem Alleinsein zu begegnen, um sich eine ‚Ersatzbefriedigung‘ zu verschaffen, und dabei ungewollt zunehmen. Die Wndg. wird auch scherzhaft gebraucht, um eine plötzliche Gewichtszunahme zu erklären.

Mehrere gereimte Sprüche behandeln die Thematik ‚Alkohol gegen Kummer‘:

Hast du Kummer mit die Deinen,
trink dich einen,
ist der Kummer dann vorbei,
trink dich zwei!

Von Wilh. Busch stammt:

Es ist ein Spruch von alters her:
Wer Sorgen hat, hat auch Likör.

Kümmernis. *Er ist wie die hl. Kümmernis:* er kümmert sich um alles, er versucht, überall einzugreifen, macht fremde Sorgen zu seinen eigenen. Die im wesentlichen auf das südostdt. Sprachgebiet beschränkte Rda. spielt scherzhaft auf die nicht kanonisierte Volksheilige an, deren volksetymol. gedeuteter Name auf ihre spezielle Hilfe bei Kummer und Not hinzuweisen scheint. Ebenso wortspielerisch ist der rdal. Vergleich *aussehen wie die hl. Kümmernis:* betrübt, bekümmert blicken. Die Wndg. bezieht sich auf ihr qualvolles, mehrere Tage dauerndes Martyrium. Die älteste Legende von dieser hl. Jungfrau, die verschiedene Namen besitzt (Wilgefortis, Liberata, Ontkommer, Hülpe usw.), stammt aus den Niederlanden, wo aus Steenbergen seit dem 15. Jh. Wunder von ihrer Hilfe bei Krankheit und Tod berichtet wurden. Sie gilt als portugiesische Königstochter, die einen Heidenkönig heiraten sollte. Da sie ihrem christl. Glauben treu bleiben wollte, bat sie Christus um einen Bart, der sie völlig entstellte. Ihr wütender Vater ließ sie daraufhin selbst kreuzigen. Im Dt. verbindet sich damit die Sage vom armen Spielmann, dem sie ihren goldenen Schuh zuwarf, als er vor ihrem Bild spielte. Der Urspr. der Legende ist ein mißverstandenes, bekleidetes Kruzifix, der Volto Santo, im Dom zu Lucca. Christus ist noch nicht als der Leidende, sondern als der Triumphierende am Kreuz dargestellt, mit der Krone und einem Faltengewand. Dieses nördlich der Alpen ungewöhnliche Kruzifix regte die Phantasie an und führte zur Erzählung von der gekreuzigten Jungfrau. Bild und Sage von der Kümmernis sind heute noch in Schlesien, Bayern und Österr. verbreitet.

Lit.: HdA. V. Sp. 807 ff., Art. ‚Kümmernis‘ v. *Wrede; G. Schnürer* u. *J. Ritz:* St. Kümmernis und Volto Santo (Düsseldorf 1934); *J. Gessler:* De Vlaamsche Baardheilige Wilgefortis of Ontcommer. Kantteekeningen bij een Standaardwerk (Antwerpen 1937); *O. A. Erich* u. *R. Beitl:* Wb. der dt. Vkde. (Stuttgart 1955), S. 452 f.; *L. Kretzenbacher:* Heimat im Volksbarock. Kulturhistorische Wanderungen in den Südostalpenländern (Klagenfurt 1961).

‚Aussehen wie die hl. Kümmernis‘

Kunst. *Die Kunst durch den Trichter saufen:* prahlen, daß man etw. vermöchte, was man in Wirklichkeit nicht kann; die Rda. war schon Geiler von Kaysersberg bekannt, ist aber heute nahezu ausgestorben. Kunst ist von Gunst abhängig, wo sie nichts auszurichten vermag und also eigentl. auch nichts verdient, sagt man: *Hier geht meine Kunst betteln.* Lessing schreibt im ‚Jungen Gelehrten‘ (I, 6): „Bei dem geht meine Kunst, meine sonst so wohl versuchte Kunst, betteln", in ‚Emilia Galotti‘ (I, 2) sagt Conti: „Die Kunst geht nach Brot". Diese Rda., die bereits in Luthers Sprww.-Sammlung erscheint, reicht wahrscheinl. ins MA. zurück.

Das ist keine Kunst: das ist leicht, das kann jeder; urspr. wohl auf Akrobatenkunststücke und ähnl. Darbietungen zu beziehen, die für Kunst ausgegeben wurden; vgl. frz. ‚C'est tout un art': das will gelernt sein; in iron. Abk.: *Kunststück! Was macht die Kunst?:* Wie geht es beruflich? Zunächst dachte man bei dieser Frage wohl tatsächlich an eine künstlerische Betätigung, heute meint die Rda. das allg. Können und überhaupt die allg. Lebensumstände im Sinne von ‚Wie geht's?' *Nach allen Regeln der Kunst* ↗ Regel; vgl. frz. ‚Selon toutes les règles de l'art'.

Mit seiner Kunst am Ende sein: nicht mehr zur Lösung eines Problems beitragen können. Es kann sich dabei sowohl um ein handwerkliches als auch um ein geistiges Problem handeln.

Lit.: *A. Jacoby:* Art. ‚Kunst', in: HdA. V, Sp. 817–836.

Kupferstecher. *Mein lieber* (oder *alter*) *Freund und Kupferstecher!:* eine im mittleren und nördl. Dtl., bes. in Berlin und Sachsen, gebräuchl., halb iron., halb vertrauliche Anrede an jem., mit dem man sich irgendwie auseinandersetzt. Lit. z. B. 1892 bei Th. Fontane in ‚Frau Jenny Treibel' (8. Kap.): „Das hat so sein sollen, Freund und Kupferstecher; mitunter fällt Ostern und Pfingsten auf einen Tag". Es ist noch nicht geklärt, warum sich gerade der Beruf des Kupferstechers in dieser Formel erhalten hat. Zweifellos ist in dieser Rda. der Beruf des Kupferstechers gemeint, denn aus dem Obersächs. sind zwei sehr verwandte Ausdrücke bezeugt, die genaue Parallelen zu unserer Wndg. darstellen: ‚Alter Freund und Bildermann!', schon 1803 bei L. Lorenz in ‚Ein Denkmal aus dem Erzgebirge' belegt: „do biste freilich of'n Holzwag, alter Freund und Bildermann". Der Bildermann war ein auf den Jahrmärkten anzutreffender Schausteller, der die Erzeugnisse der Kupferstecherei verkaufte. Eine weitere obersächs. Rda. lautet: ‚Alter Freund und Petschaftsstecher!' An ein Gedicht Rückerts ‚An den Gevatter Kupferstecher Barth' (Ges. poet. Werke, Bd. 7, S. 66) anzuknüpfen, geht deshalb kaum an; dazu ist das unbedeutende Gedicht zu wenig bekanntgeworden.

Lit.: *H. Walther:* ‚Alter Freund u. Kupferstecher', in: Sprachdienst 18 (1974), S. 197–198; *H. Küchler:* ‚Alter Freund u. Kupferstecher', in: Sprachdienst 19 (1975), S. 112; *R. Dietrich:* ‚Alter Freund u. Kupferstecher', in: Sprachdienst 19 (1975), S. 201–205.

Kuppelpelz. *Sich einen Kuppelpelz verdienen:* eine Heirat vermitteln. Rud. Hildebrand bringt im Dt. Wb. eine Reihe von Beisp. für den Ausdr. mit der Bemerkung: „Der Pelz ist längst zur bloßen Redensart geworden, während er einst ein wirklicher gewesen: dieser Pelz war der übliche Kaufpreis für die Überlassung der Mundschaft über die Frau an den Gatten". Bei Abraham a Sancta Clara heißt es (‚Judas der Erzschelm' III, 54): „Es ist schon einen Kuppelpeltz werth".

Ein verwandter Ausdr. ist ‚Kappengeld'; so kennt Geiler von Kaysersberg im ‚Brösamlein' (I, 33 a): „mit einem ums cappengeld reden", ihn zu verführen suchen; ebenso in der ‚Zimmerischen Chronik' (III, 66): „Er fing an mit der frawen zu sprechen und mit ir umbs cappengeld zu reden".

Kurbaum. *Auf den Kurbaum gehn* (oder *reiten*): unschlüssig sein, wie man wählen (küren) soll. Das Wort wird gern in Gegensatz zu dem ebenfalls bildl. gebrauchten Faulbaum gestellt. Sprw. schon bei Seb. Franck (2, 110ᵇ): „wer kurbäumen wil, der faulbäumet gern", in Oldenb.: ‚De Körbom söcht, de Fulbom findt', wer lange wählt, trifft wohl immer das Schlechteste; in Meckl.: ‚Se is von'n Körbom upn Fulbom komen', ist alte Jungfer geworden. Der Kurbaum ist eigentl. der beste Stamm, den man aus dem Gemeindewalde behutsam auswählt zum Bau oder zur Ausbesserung des Hauses. Wer aber zu lange wählt, trifft nicht immer den besten.

Kurpfuscher. *Ein Kurpfuscher (Kurschmied) sein,* auch: *Kurpfuschereien betreiben:* kein ausgebildeter Arzt sein und unsachgemäße Heilbehandlungen durchführen, die die Hoffnungen der Patienten auf wirksame Hilfe enttäuschen. Die Rdaa. beziehen sich vor allem auf Personen, die sich umstrittener (volks)medizinischer Methoden bedienen und auch die Berufsbez. Heilpraktiker nicht führen dürfen.

↗ Eisenbarth, ↗ Pfuscher, ↗ Quacksalber.

Kurschatten. *Einen Kurschatten haben,* auch: *sich einen Kurschatten zulegen:*

einen neuen Partner gewinnen, der einem während der kurzen Zeit eines Kuraufenthaltes als ständiger Begleiter ‚wie ein Schatten folgt‘, ein außereheliches Verhältnis während einer Badekur haben, das bei der Heimreise eines Partners meist unproblematisch endet. Eine solche Partnerin auf Zeit wird scherzhaft-iron. auch als ‚Sternschnuppe‘ bez., denn sie ist während des Urlaubs ein ‚Stern‘, danach aber ihrem Liebhaber ‚schnuppe‘.

kurz. *Kurz angebunden sein:* zurückhaltend, wortkarg, abweisend sein; die Rda. kennt schon Luther: „... wäre der Bauer ungeduldig und kurz angebunden"; Goethe verwendet sie im ‚Faust‘ (I, Straße):

Wie sie kurz angebunden war,

Das ist nun zum Entzücken gar!

Urspr. ist dabei wohl an ein Pferd oder ein anderes Tier zu denken, das an einer kurzen Leine gehalten wird und deshalb reizbar ist; jedenfalls hat die Rda. zunächst diesen Sinn (↗ anbinden). Auf dem gleichen realen Hintergrund ruht auch die Rda. *jem. kurzhalten:* jem. in seiner Freiheit beschränken, jem. finanziell einschränken (vgl. ndl. ‚iemand kort houden‘).

Die Zwillingsformel *kurz und gut,* die keiner Erklärung bedarf, ist ebenfalls schon bei Luther bezeugt, z. B.: „Kurz und gut gefällt Jedermann" (Weimarer Ausg. II, 17); überdies verwendet er die Formeln ‚kurz und ganz‘ sowie ‚kurz und schlecht‘. Auch Abraham a Sancta Clara gebraucht den Ausdr. ‚kurz und gut‘ mehrfach (z. B. ‚Judas‘ II, 387). Und im Märchen (KHM. 52) begegnet die erweiterte sprw. Version: ‚Kurz u. dick hat kein Geschick‘.

Als erotische Anspielung auf die körperliche Beschaffenheit eines Mannes: ‚Kurz und dick – der Frauen Glück‘.

In der Redewndg. *kurz und bündig* hat ‚bündig‘ noch die alte Bdtg. festgebunden, verbündet, auch: rechtlich verpflichtend (so vor allem ndl. ‚bondig‘), jedoch ist im heutigen Sprachgebrauch diese Bdtg. zumeist gar nicht mehr bewußt, ‚kurz und bündig‘ hat heute den Sinn ‚auf eine kurze Formel gebracht‘ oder ‚kurz und knapp‘ (vgl. ndl. ‚kort en bondig‘; engl. ‚short and pithy‘).

Kurz und schmerzlos etw. erledigen: sehr rasch, ohne lange Vorbereitungen, ohne viel Aufhebens.

Etw. kurz und klein schlagen (oder *hauen*): etw. entzweischlagen, ist vom Holzhakken hergenommen.

Kurz angerannt: da ist zuwenig Bedenkzeit gelassen, da ist ‚die Pistole auf die Brust gesetzt‘; als ob der Betreffende eigentl. einen langen Anlauf hätte voraussehen und sich darnach hätte einrichten, rüsten können. In dem alten Budenspiel ‚Harlekins Hochzeit‘ (1693) sagt der Richter, als der Harlekin mit seiner Liebsten vor ihn tritt und stracks zur Hochzeit „eingeschrieben" zu werden begehrt: „Es ist kurz angerannt. Warumb denn eilt ihr so?"

Die Rda. *kurztreten:* langsam arbeiten, sich zurückhalten, sich mäßigen, entstammt der Soldatensprache; beim Einschlagen einer anderen Richtung müssen die auf der Innenseite einer Kolonne Marschierenden kleinere Schritte machen, damit der Gleichschritt beibehalten wird.

Über kurz oder lang: früher oder später, ist eine Zusammenziehung der längeren Wndg. ‚über einen kürzeren oder längeren Zeitraum‘.

Zu kurz kommen: benachteiligt werden, übervorteilt werden; bezieht sich zunächst wohl auf das Nichterreichen eines räumlichen Ziels. Die Rda. ist lit. seit dem 17. Jh. bezeugt (1650 bei Moscherosch). „... und bist von jeher zu kurz gekommen", sagt Sickingen zu Götz von Berlichingen (vgl. ndl. ‚te kort komen‘; engl. ‚to come short of something‘).

Die gleiche Bdtg. hat die Rda. *den kürzeren ziehen;* sie leitet sich her vom Losen mit Halmen, Stäbchen oder Streifen im Unterschied zum Loswerfen (mit Steinchen, Würfeln usw.). Vgl. frz. ‚tirer à la courte paille‘ (mit Halmen losen) als Bez.

‚Den kürzeren ziehen‘

für diese in Frankreich noch übliche Art des Losens. Das Losen hat seit alters her den Rang eines Gottesurteils; wer den kürzeren Halm zieht, ist im Unrecht, ihm fällt der geringere Anteil zu. Ein altdt. Vers lautet in Josef v. Laßbergs ‚Liedersaal‘ (Bd. I, 1820–25, S. 145):

Ziehen wir zwei gräselin
Ane allen falschen wank,
Das eine kurz, das ander lang;
Weders ouch immer mag ziehen an,
Das länger soll gewunnen han.

Abraham a Sancta Clara verwendet die Rda. mehrfach (z. B. ‚Judas‘ I, 122; II, 280 u. ö.) in der Form „das Kürtzere ziehen“, gelegentlich auch in umgekehrtem Sinn, jedoch mit dem gleichen Bild: „das Längere ziehen“ (‚Reim dich‘ 77). Der aus dem Rechtsleben stammende Ausdr. konnte im übertr. Sinne in den verschiedensten Zusammenhängen Verwendung finden; so wird er etwa von Julius Wilhelm Zincgref 1626 in seinen ‚Teutscher Nation Apophthegmata‘ (II, 17) auf den Kampf bezogen: „Als er (Albrecht von Brandenburg) mit Kurfürst Moritz von Sachsen den Kürtzern gezogen, floh er nach Hannover“.

Daß gerade der Strohhalm beim Losorakel früh eine Rolle spielte, bezeugt auch eine Stelle bei Walther von der Vogelweide (66, 5), die sich jedoch auf das ‚Halmmessen‘ bezieht; dabei zählte man die Knoten des Halms (wie man heute noch die Blütenblätter einer Blume zählt), um daraus die Zukunft zu erfragen:

Mich hât ein halm gemachet frô,
er giht, ich sül genâde vinden,
ich maz daz selbe kleine strô,
als ich hie vor gesach von kinden.

Kurze Fünfzehn machen ↗ fünfzehn.

Jem. einen Kopf kürzer machen ↗ Kopf.

Einen Kurzen machen (haben): ein Kurzschluß in der Leitung. Mdal.: ‚Der hot ’n Kurze‘: er ist nicht bei Verstand.

Kuß, küssen. *Und wer küßt mich (mir)?* Redewndg. dessen, der sich bei einer Verabredung oder Verteilung übergangen fühlt. Die Rda. stammt aus einem von Hand zu Hand weitergereichten Gedicht mit den Schlußzeilen:

Die Hasen rammeln im Revier,
Kurzum es liebelt jedes Tier,
Und wer küßt mir?

Seit etwa 1850 (Küpper).

Die derbe Aufforderung ‚Leck mich im ↗ Arsch‘ wird in vielen Wndgn. mit Kuß umschrieben: ‚Küß mich, wo der Buckel ein End hat‘; ‚küß mir den Buckel, aber von unten‘; Hans Sachs: „Küß mich, da ich sitz“; ‚köß mi, wo ek gen Ogen heb‘; ‚er kann mich küssen, wo ich keine Nase habe‘; ‚küß mir den Buckel, wo die Haut ein Loch hat‘.

Mit Kußhand: sehr gern (↗ Hand).

Man bekommt einen Kuß sagt man, wenn sich Bläschen auf dem Kaffee bilden. Ndd. wird weiter ‚orakelt‘: … die Bläschen schwimmen auf dem Tassenrand, wo sie zerplatzen. Die Richtung ihres Abgangs ist die, aus der der Kuß zu erwarten ist. Dies ist ein Gesellschaftsspiel, auch mit ‚corriger la fortune‘ (durch in eine bestimmte Richtung Pusten …) Die anderen bei dieser Gelegenheit üblichen Rdaa. wurden durch den Atlas der dt. Vkde. (ADV-Frage 234a) erfaßt, sie lauten: ‚Man bekommt einen Brief‘; ‚man hat Geld zu erwarten‘; ‚das Wetter ändert sich‘. Hat jem. an der Lippe einen Ausschlag, wird er herausfordernd oder scherzhaft gefragt: *Du hast wohl (falsch geküßt) einen falschen Kuß bekommen?* oder: *Hast du einen Pferdekuß gekriegt?* Weithin bekannt sind auch solche formelhaften Floskeln wie ‚Gruß u. Kuß Dein

Die Bedeutung der Bläschen auf dem Kaffee
Überblick über die häufigsten Motive

nach ADV-Frage 234 a

Hauptverbreitungsgebiet von „KUSS“

Entwurf: O. Gröber   Zeichnung: J. Zischen

‚Man bekommt einen Kuß …‘

Julius' oder ,ein Kuß ohne Bart ist wie eine Suppe ohne Salz', ↗Bart, ↗Gruß.

Etw. für einen Kuß u. ein Fünferle tun: aus Gefälligkeit u. Freundschaft sich mit einem symbol. Lohn zufriedengeben.

Scherzh.: ,Er (sie) ist so dürr, daß er (sie) den ↗Bock zwischen den Hörnern küssen kann'.

Das Sprw. ,Ein Küßchen (rhein. ,ein Bützchen', alem. ,e Schmützli') in Ehren, kann niemand verwehren' legitimiert einen Kuß zwischen Personen, die sich sonst nicht küssen.

Lit.: *B. Karle:* Art. ,Kuß, küssen', in: HdA. V, Sp. 841–863; *G. Grober-Glück:* Motive u. Motivationen in Rdaa. u. Meinungen (Marburg 1974), S. 307–308; *D.-R. Moser:* Art. ,Kuß', in: HRG. II, Sp. 1320–1322; Münzen in Brauch u. Aberglauben (Mainz 1982), S. 231.

Kutscher. *Das kann mein Kutscher auch:* dazu gehört nicht viel, das kann jeder, auch in der Form: *Das kann Lehmanns Kutscher auch.* Der Ausdr. ist wohl von Berlin aus durch die Wilkensche Posse ,Kläffer' volkstümlich geworden. Anderwärts sagt man auch: ,Das kann meine Tante auch'. Das Wort Kutscher steht hier in geringschätzigem Sinne, wie man beim Skatspiel eine ganze Handvoll guter Karten, die sich von selbst spielen, als den ,reinen Kutscher' und einen minderwertigen Wein, der vom Faß geschenkt wird, als ,Kutscherwein' bez., weil er nur für einen Kutscher gut genug ist.

Sich wie ein Kutscher benehmen: schlechte Manieren haben.

Kuvert. *Offenes Kuvert bei jem. haben:* von jem. jede gewünschte (finanzielle) Unterstützung erhalten; der Ausdr. ist lit. bei Immermann (,Münchhausen' 6. Buch, Kap. 3) belegt: „... und wurden in ihrer Meinung von einigen Schauspielern, Doktoren der Philosophie und von einem dimittierten Legationssekretär unterstützt, welche Personen bei ihrem Vater offenes Kuvert hatten". Es handelt sich hier wohl um eine lit. Einzelschöpfung, die sich offensichtlich als Rda. in der Volkssprache nicht niedergeschlagen hat.

K-v-Maschine. *Jem. durch die K-v-Maschine drehen:* ihn für kriegsverwendungsfähig erklären. ,K.v.' ist die militärärztliche Abk. für ,kriegsverwendungsfähig', d.i. fronttaugl. Als K-v-Maschine wird der Militärarzt bez., der alle ihm vorgestellten Männer rücksichtslos für k.v. erklärt. Von der Soldatensprache ausgegangen, hat sich der Ausdr. auch noch fortgesetzt: eine *K-v-Maschine in Zivil* ist ein Vertrauensarzt der Krankenkasse oder ein Amtsarzt (Küpper).

L

L. Der bloße Buchstabe L kommt in einer Reihe von rdal. Abkürzungen vor, die ausnahmslos erst der gegenwärtigen Umgangssprache angehören, wie *l hoch drei:* schwer von Begriff (↗ Leitung); *l. L.:* lange Leitung; *l. l. L.:* lausig lange Leitung; In der Schülersprache wurde früher die Formel 1³ weiterentwickelt zu: 1³ mK 1² = (1.1.1.m.K.l.l) *l*ausig *l*ange *L*eitung, *m*it *K*noten, *l*eider *l*ädiert. Da der Inhalt von Formeln ja bekannt ist, genügt das Herunterschnurren: ,1³ mK 1²'.
L wie Lynchjustiz.

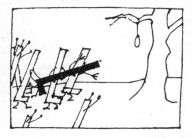

l. m. A.: leck mich im ↗ Arsch; *l. b.:* leicht bekloppt oder leicht bestußt, d. h. etw. dumm.

Laban. *Langer Laban* ist bes. im Rheinl. eine verbreitete Bez. für einen langen, meist schlaffen Kerl; abfällig, aber auch humorig-freundlich gemeint. Die Herkunft des Wortes ist zeitlich und bedeutungsmäßig unklar, denn der bibl. Laban (1. Mos. 29), Sohn Nahors, Schwiegervater Jakobs, wird im A. T. nicht als lang bez. Allerdings mußte Jakob bei ihm sehr lange dienen, nämlich zweimal sieben Jahre, um Labans Tochter Rahel zur Frau zu bekommen. Es entspräche durchaus der oft alogischen Struktur volkstümlicher Redeweise, wenn Labans lange Hinhaltetaktik gegenüber Jakob ihm nun einfach adjektivisch als Eigenschaft beigelegt worden wäre. Zudem entspricht die

Bez. eines bestimmten Typus durch einen bibl. Namen dem Bedürfnis volkstümlicher Ausdrucksweise – zumindest bis in die Neuzeit. Daß das Wort bis ins 16./17. Jh. zurückreicht, zeigt die in Schlesien erhaltene Form *Labander.* Es ist aber dennoch nicht sicher, ob der lautliche Anklang im Sinne des bibl. Laban zu verstehen ist oder eine Anlehnung an das schles. Städtchen Laband vorliegt. Auch ist nicht klar, ob die mögliche bibl. Deutung urspr. war oder erst nachträglich vorgenommen wurde. Auch eine volksetymol. Deutung, die der vorigen nicht widersprechen muß, kann zutreffen, nämlich für einen langen Menschen einen Namen zu finden, der an ,lang' anklingt. Es gibt deren viele: Langer Laband (Ostpr.), L. Labommel (Pomm., Ostpr.), Lakeband (Pomm.), Labbatsch (um Elbing), L. Lampe, L. Laster, L. Latte, L. Labbes, L. Lakes, L. Lulatsch. Möglich ist auch die Abhängigkeit von dem Stamm ,lab', der in labberig (gehaltlos, fade) und labbern (schlaff werden) steckt (↗ Laffe, ↗ Lappländer). Diese Deutungen brauchen einander nicht auszuschließen; sie können durchaus gemeinsam den Sinn der Rda. herstellen, ja solche Bez. entstehen oft nur unter der Bedingung der Mehrdeutbarkeit.
Neues Licht auf die Entwicklung der Rda. wirft eine Untersuchung von H. Rosenfeld: Die pomm., preuß., schles. und schlesw.-holst. Mda.-Wbb. registrieren seit 1768 das Wort vom langen, schlaksigen, ungeschickten, faulen, flegelhaften, sich herumtreibenden Laban. Dagegen engt sich das Problem der Entstehung und Deutung der Rda. auf Nord- und Ostdeutschland ein, d. h. auf Gebiete, in denen eine Jahrhunderte während Gemeinsamkeit der Auseinandersetzung von dt. und slaw. Siedlern stattfand.
Der bisher älteste lit. Beleg spricht nicht von ,langer Laban', sondern von ,Labóm-

mel' (also mit Zweitsilbenbetonung). Er findet sich in den ‚Ein Jugendleben, biographische Idylle' (1852), wo Labómmel einen verlotterten Jüngling bez. Der märkische Erzähler Hanns von Zobeltitz (1853–1918), Gutsbesitzersohn aus dem Kreis Sternberg, spricht in seinem Roman ‚Aus märkischer Erde' (1910, S: 14) vom Kantor als „der lange Labammel". Der nächste lit. fixierte Beleg bringt die kunstvolle Wortverbindung ‚langer Labánder'. Er findet sich in den ‚Soldatengeschichten' (Bd. 3, 1853, S. 150) von Friedrich Wilhelm Hackländer (1816–1877). Hier sagt der Feuerwerker Wortmann zu seinem Hauptmann: „Der lange Labander da, er sollte sich schämen, von einem kleinen Kerl Prügel zu erhalten". Im Milieu des preuß. Soldatentums befinden wir uns auch, wenn der Breslauer Karl Holtei (1798–1880) in einem Alterswerk diesen Ausdr. gebraucht. Beim Ausbruch des Bayer. Erbfolgekrieges zwischen Friedrich d. Gr. und Österreich, April 1778, läßt er den Helden seines ‚Christian Lammfell' (Bd. 3, 1853, S. 86) in einem Briefe schreiben, sein Freund wolle unter die Soldaten, „mich nehmen sie nicht, sagt er, ich wäre viel zu klein, … wenn ich so ein recht langer Labander wär, müßte ich vielleicht mit, möcht ich mögen oder auch nicht".

H. Rosenfeld geht sodann der Frage nach, ob die Rda. vom ‚langen Laban' tatsächlich auf den biblischen Laban Bezug nimmt, und bezweifelt zu Recht, ob dieser im deutschen Volk je so bekannt war, daß sein Name in eine Rda. verflochten werden konnte. Man vergißt, daß im MA. niemand die Bibel lesen konnte und daß trotz der immer mehr verbilligten illustrierten Bibeldrucke die Lektüre des Alten Testaments und seiner sehr weitschweifigen Geschichten meist nur sehr begrenzt war. So kam es wohl kaum vor, daß Eltern ihre Kinder auf den Namen des bibl. Laban taufen ließen, und auch nach dem Ausweis des ‚Lexikons der christlichen Ikonographie' ist der bibl. Laban niemals in Abb. populär geworden. Nach alledem muß grundsätzlich die Möglichkeit bestritten werden, daß der bibl. Laban, eine Gestalt im Hintergrund der Geschichte des Erzvaters Jakob, je-

mals so bekannt und populär war, um in eine Rda. einzugehen. H. Rosenfeld sieht den Urspr. der Rda. eher im Bereich der Übernamen oder des Namenspottes: Im Polnischen steht neben dem Kollektivum lobizie ‚Stengel, Stiel, Stange' das Maskulinum lobuz ‚Schurke, Schlingel'. Im Altpreuß. gibt es labes, labasch ‚Taugenichts, Strolch' und lebas ‚fauler, lascher, träger Mensch', kaschubisch-slovinzisch labas ‚dümmlicher, ungeschickter fauler Mensch', im Russ. labaz, labazka ‚Stengel, Stock', im Pommerischen labas, lebbas, lebbda ‚dürrer, hagerer Mensch' usw. Es muß im MA. in den westslawischen Sprachen ein etwa ‚lobas' lautendes Wort für ‚Stange, Stengel, Stock' gegeben haben, das genau wie das deutschen Wörter Stange, Stengel, Bohnen- oder Hopfenstange zur figürlichen Bez. eines langen dürren Menschen wurde, da in diesen seit dem Hoch-MA. völlig eingedeutschten niederdeutschen Gebieten Deutsche und Slawen in Symbiose lebten. Wo der interpretierende Zusatz ‚lang' beibehalten wurde, konnte die alte figürliche Bedeutung für einen langen, dürren Menschen sich bis in unsere Tage erhalten. Wo das nicht der Fall war, konnte sich aus der humoristisch angehauchten Feststellung körperlicher Länge eine vorsichtige Kritik an der Körperhaltung langer Menschen, eine Schelte als ungeschickt, nachlässig, träge, faul, als Herumtreiber, Strolch und Taugenichts entwickeln. Genauso wie die Bdtg. sich wandelte, konnte die ursprüngliche sprachl. Form bei Vergessen der slawischen Sprachen dieser eingedeutschten Gebiete sich nicht halten. Sie wurde teils den unzähligen, mit dem geläufigsten slawischen Personensuffix gebildeten Wörtern auf -ahn angepaßt wie zu Labáhn oder aber Wörtern mit den slawischen Personalsuffixen -atz; -as, -ak usw. angeglichen oder an geläufige Ortsnamen wie Labénz, Labánd, Lubénz usw. angelehnt. Eine weitere Variation der Lautung dieses Übernamens oder Scheltworts brachte dann das Spiel mit der überlieferten Lautform, die lautmalend, ja lautschwelgend zu Labánner, Labánnes, Labámmel, Labómmel, Labánder, Labáster, Labátscher, labáschig, Labáudi, Labáuter, Labochórius erweitert wurde. Wo aber sich die

deutsche Anfangsbetonung durchsetzte
und aus Labáhn einen Lābān und Lā-
bann machte, konnten durch Konsonan-
ten- oder Vokalvariation sich Lautungen
wie Lóban, Lórban, Lórbaß, Laúban usw.
durchsetzen.

Dem volkstüml. ‚Langer Laban‘ entspricht bei Cl. v. Brentano im Märchen
von dem Witzenspitzel ein Riese Labelang. Daß dieser Name ebenfalls auf
volkstüml. Grundlage beruht, schließt
R. Sprenger aus Brentanos Märchen von
‚Schneider Siebentot auf einen Schlag‘, in
dem die Schneider von Amsterdam den
‚langen Tag‘ aus der Judenschule holen.
Es heißt dort: „Als sie durch die Straßen
von Amsterdam den himmelblauen Labelang schleppten, war es helle u. die Mit-
tagssonne trat plötzlich über dem Rathaus
hervor“.

Lit.: *R. Sprenger*:‚Labelang = Langer Laban‘, in: Zs.
f. d. U. 5 (1891), S. 276–277. *Kuckei* u. *Hunold* in:
Korr.-Bl. d. ndd. Sprache 37 (1919–21). *H. Rosenfeld*:
Labáhn, Labásch, Labámmel, Labánder: Von
deutsch-slawischen Orts- und Familiennamen,
Scherz- und Scheltnamen zur volksläufigen und lite-
rarischen Rda. vom langen Laban. Vom lebendigen
Wildwuchs der Sprache, in: Aspekte der Germanistik.
Festschrift für H. Fr. Rosenfeld (Göppingen 1989),
S. 529–549.

Labet (betont auf der 2. Silbe) leitet sich
von dem frz. ‚la bête‘ her, das bereits im
übertr. Sinne den Spieleinsatz im Kartenspiel bedeutet, den der Verlierer zu bezahlen hat. Es erscheint im 17. Jh. auch in Dtl.
Im Frz. leitet sich davon die Redewndg.
‚faire la bête‘ = das Lasttier machen, aus-
genutzt werden ab, heute in der Bdtg. ‚sich
für dumm ausgeben‘. In Dtl. ist der Ausdr.
zunächst auf das Kartenspiel beschränkt
und erscheint in der Form *labet sein, labet
gehen, labet spielen* und *labeten*. Im übertr.
Sinne bedeutet labet dann träge, schlaff,
unwohl, mies, lahm. Sehr verbreitet sind
umg. *Sei nicht so labet!* und *Es ist mir so
labet* (im Magen, Bauch, Kopf). Auch in
das student. Kommersbuch ist der Ausdr.
in das Lied vom ‚Krambambuli‘ eingegangen: „Das Spiel hat mich labet gemacht“,
worin man den Ausdr. sowohl als Terminus technicus des Spiels als auch schon im
übertr. Sinne verstehen kann.

lachen. Bereits um 1180 ist in Dtl. die
Wndg. vom *Sardonischen Lachen* (frz.

‚Rire sardonique‘) bekannt. Als ‚risus Sar-
donius‘ wird es schon bei Cicero genannt,
der es wohl von den Griechen übernahm,
denn bei Homer heißt es in der ‚Odyssee‘
(20, 301): „Er lächelt so recht höhnisch“
(„μείδησε δὲ θυμῷ/σαρδάνιον μάλα
τοῖον“). Das homerische Wort σαρδάνιος
stammt von σαίρειν = fletschen, grinsen
und hat mit Sardinien nichts zu tun, denn
Homer kannte diese Insel nicht. Die irr-
tümliche Zurückführung des ‚Sardonischen Lachens‘ auf die Stelle in Homers
‚Odyssee‘ verdanken wir einer Verwechs-
lung des kleinasiatischen Schriftstellers
Pausanias (um 175 n. Chr.), der in seiner
‚Περιήγησις‘ (= Reisebeschreibung)
X, 17 meint, auf der Insel Sardo wachse
ein Kraut, nach dessen Genuß man unter
Lachen sterbe. In der Tat gibt es auf Sardinien eine Giftpflanze (herba Sardonia),
deren Genuß schnelle und zahlreiche
krampfartige Zuckungen im Gesicht hervorruft. Nach dieser Wirkung dürfte das
als herzlos und hämisch verstandene Lachen benannt sein. Schon Sallust hat im
2. Buch seiner ‚Historiae‘ die Wirkung
dieses Krautes geschildert.

In der Medizin ist Sardon. Lachen eine
von den Kau- u. Gesichtsmuskeln ausgehende Starre des Gesichts (risus sardoni-
cus), wodurch dies den Ausdr. eines
beginnenden Lächelns annimmt. Sardon.
Lachen ist ein typ. Zeichen bei Starr-
krampf.

In der Lit. ist vor allem das unbegründete
Lachen mehrfach bezeugt: „Er kitzt sich
und lacht, wenn er will“, so heißt es 1494
in Seb. Brants ‚Narrenschiff‘ iron. für
jem., der grundlos lacht, wohl auch nichts
zu lachen hat und sich selber zum Lachen
kitzeln muß. In Egenolfs ‚Sprichwörter,
schöne, weise Klugreden, darinnen Teutscher und anderer Sprachen Höfflichkeit,
Zier etc. begriffen …‘ von 1560 wird festgestellt: „Wer sich selber kitzelt, der lacht,
wenn er will“. Bei Luther findet sich 1530
in seiner Sprww.-Sammlung dieselbe
Wndg.: „Kützel dich nicht selbst, sonst
lachst du dich zu tod“.

Jünger sind die Rdaa.: *sich vor Lachen biegen (krümmen):* heftig lachen und den
ganzen Körper dabei bewegen, und *sich
krank lachen:* bes. ausgiebig lachen, mit
Lachen nicht mehr aufhören können; vgl.

frz. ‚en être malade de rire' oder ‚en mourir de rire' (sich tot lachen). Bei Joh. Fischart gibt es hingegen 1575 in der ‚Geschichtklitterung' den „Philosophen, der sich gesund lacht". Dazu das Sprw.: *Lachen ist gesund;* vgl. frz. ‚Le rire est bon pour la santé' (auch *Lachen ist die beste Medizin),* was zurückgeht auf die Wndg. *Lachen ist der Leber gesund.* Die ↗ Leber wurde in früheren Zeiten als der Sitz der Gefühle und Stimmungen angesehen. 1526 ist bei Luther bereits der Ausdr. *das Lachen verbeißen* greifbar (Weimarer Ausg. 20,128).

Der Ausdr. *die lachenden Erben* geht wohl als eine Lehnübers. und Verkürzung auf Publius Syrus (1. Jh. v. Chr.) zurück: „heredis fletus sub persona risus est" = das Weinen des Erben unter der Maske des Lachens. Ähnl., aber jünger ist die Wndg. *der lachende Dritte,* der als der stille Gewinner der Auseinandersetzung zweier anderer hervorgeht. Vom *lachenden Kauf* spricht Joh. Mathesius in ‚Sarepta' 1587: „Par Geld ist lachender Kauf", d. h. wenn man bares Geld hat und bar zahlen kann, kauft man gern und günstig. Die Wndg. *ein homerisches Gelächter* ist eine Lehnübers. des 18. Jh. aus dem frz. ‚rire homérique', vorher ‚rire inextinguible' (s. ‚Mémoire de la Baronne d'Oberkirch', etwa um 1785: „on partit d'un éclat de rire homérique"). Der Ausdr. geht auf Homers ‚Odyssee' (20,346) zurück, wo von unauslöschlichem Gelächter geredet wird.

Jung sind vermutl. folgende Wndgn.: *nichts zu lachen haben;* vgl. frz. ‚ne pas avoir de quoi rire'; *das Lachen wird dir (schon noch) vergehen* (um 1900); *da lachen ja die Hühner* (ganz modern: *die ältesten Suppenhühner),* was soviel heißt wie: dies ist unzumutbar und höchst lächerlich; meist verächtlich gebraucht. Daß solche Ausdr. jedoch ziemlich zeitlos sind, beweist ein Beleg aus Abraham a Sancta Claras ‚Narren-Nest' (I,97): „Da müßte wohl eine Kuh lachen". Die Absurdität soll hier wohl mit einem absurden Bild ausgedrückt werden. *Das wäre ja gelacht* (seit 1930) i. S. v.: das wollen wir doch einmal sehen; das wäre ja noch schöner. In Manfred Hausmanns ‚Lilofee' (1958) findet sich die Wndg. „Man könnte direkt seinen Hintern verlieren vor Lachen". *Das kostet mich nur ein (müdes) Lächeln:* das (Argument) ist lächerlich, zu billig, als daß ich es ernst nehmen könnte. *Sich ins Fäustchen lachen* ↗ Faust. *Sich einen Ast lachen* ↗ Ast. Ähnl.: *Sich schütteln vor Lachen* u. *platzen vor Lachen.* Diese Rdaa. kennzeichnen das Lachen als einen Vorgang der Erschütterung. Das wird noch verstärkt in Ausdr. wie ‚Lachkrampf' oder ‚Lachsalve' u. – in abgeschwächter Form – wie ‚Lachtaube' als Bez. für eine Frau, die viel lacht.

Von einem Kind sagt man: ‚es hat Lachen u. Heulen in einem Säckel', d. h. es vergißt seinen Kummer sehr schnell.

‚Kitzel mich, daß ich lachen muß' (mdal.: ‚kitzel mi, dass e lache muss!'): ich kann über diesen (schlechten) Witz wirklich nicht lachen. Ähnl. auch die trockene Bemerkung auf einen dummen Scherz: ‚selten so gelacht!'

Lit.: *B. Karle:* Art. ‚Lachen', in: HdA. V, Sp. 868–884; *H. Bergson:* Le Rire (Genf 1945, dt. Übers. Meisenheim 1948); *H. Plessner:* Lachen und Weinen (Bern ³1961); *M. Grotjahn:* Vom Sinn des Lachens (München 1974); *H. Weinrich:* Was heißt: ‚Lachen ist gesund'?, in: *W. Preisendanz* u. *R. Warning* (Hg.) Das Komische (München 1976), S. 402–408. *R. Jurzik:* ‚Der Stoff des Lachens', in: Studien über Komik (Frankfurt/Main/New York 1985).

Lachs. Der weiten Verbreitung des hochwertigen Fisches entspricht auch der vielfältige Gebrauch in Redewndgn. und Sprww. Ein einfacher rdal. Vergleich ist der Ausdr. *springen wie ein (junger) Lachs* für einen körperlich wendigen und beweglichen Menschen, wobei, ganz von der Realität ausgehend, an den über Flußhindernisse hinwegspringenden, ziehenden Lachs gedacht ist. *Lachs aus der Tonne* bez. im Rheinl. scherzhaft den Hering. In Ostpr. kannte man einen Wacholderschnaps, den *Danziger Lachs,* wahrscheinl. wegen seiner rötlichen Farbe so benannt. dazu kommt aber die bes. Bekanntschaft mit dem Fisch und die lautliche Affektqualität des Wortes; vgl. Lessings ‚Minna von Barnhelm' 1763 (I,2): „… gut, sehr gut! Selbst gemacht, Herr Wirt? – Behüte! Veritabler Danziger! Echter, doppelter Lachs". In Schwaben spricht man von den Pommern als ‚Lachspommern', wohl wegen ihres Umgangs mit Fischen.

Nicht mehr direkt verständlich ist die Bez. Lachs = Prügel, Hiebe, die in Ostdtl. und Posen, aber auch im Els. verbreitet ist; so *Lachse kriegen:* Prügel beziehen, und *lachsen:* prügeln. Die Wndg. ,Fische kriegen' könnte eine Herkunft von Lachs als Fisch nahelegen. Möglich ist aber auch eine Verbindung mit dem ahd. Wort lahan = tadeln.

Häufig ist in Ost- und Mitteldtl. der Ausdr. Lachs = Geld, der im Anschluß an das metallisch-glänzende Aussehen der Fischschuppen geprägt sein könnte. Aber auch ein Vergleich mit dem entspr. Ausdr. Flachs = Geld im Wiener Rotw. ist zu beachten. *Lachse haben:* Geld haben. *Der Lachs ist mitzunehmen:* das ist ein Vorteil, den man wahrnehmen kann. Im Kartenspiel gibt es die Wndg. *einen Lachs fangen* (oder *spielen*); auch *um einen Lachs spielen.* Lachs meint hier soviel wie Gewinn, z. B. ,Bierlachs', und ist also mit der obigen Bdtg. als Geld und Vorteil zu vergleichen. So werden beim Skatspiel, wenn es um den Lachs geht, nur die schlechten (Minus-)Punkte aufgeschrieben; wer zuerst eine vorher festgesetzte Zahl erreicht hat, muß eine Runde oder dgl. bezahlen. Jul. Stinde erklärt den Ausdr. 1884 in ,Familie Buchholz' (Teil I, S. 114): „Onkel Fritz hat ihn dort getroffen und sagte mir ,Lachs fangen' bedeutet soviel als das Bier im Skat ausspielen".

Lit.: *E. Hoffmann-Krayer:* Art. ,Lachs', in: HdA. V, Sp. 884–885.

Lack. Das Wort Lack wird in Redewndgn. in zwei entgegengesetzten Weisen gebraucht, einmal als äußerlich gutes Aussehen, das andere Mal als schadhaftes Aussehen, etwa als Fleck usw., auch als Schande und Schmach; dazu kommt ein häufiger ambivalenter Gebrauch. Mit der Sache kam das Wort im 14. Jh. nach Dtl.: ital. und mlat. lac(c)a ist urspr. der Name für eine Mückenart, lacca ilicis, die im Altind. lakša (,hunderttausend') heißt, wegen ihres Auftretens in Schwärmen. Aus Absonderungen dieses Insektes wurde im MA. der nach ihm genannte Lack gewonnen. Mit Lack wurde gesiegelt (seit dem 16. Jh.), ferner gab man Möbeln und Gebrauchsgegenständen – und auch Damen – ein schönes, gefälliges Aussehen. In die-

sem Sinne wird das Wort vom 15. Jh. bis heute mehr oder weniger übertr. gebraucht. So heißt es in einem Gedicht des Barockdichters Daniel Schoppe: „Kein Florentiner Lack bemalte ihr Gesicht", was real gemeint ist. Übertr. ist die schwäb. Wndg.: Frauen, die ihre Kinder selber stillen ,lassen (vor der Zeit) Lack', werden früher alt und häßlich. Lack als festlicher Putz findet sich in vielen (vor allem rhein.) Rdaa.: *Er ist im Lack:* er ist in festlicher Kleidung; *er schmeißt (wirft) sich in Lack:* er zieht sich festlich an. Dieser Wndg. haftet meist auch etw. Abfälliges an im Sinne des Sprw. ,Wenn der Lack weg ist, zeigen sich die Wurmstiche' oder der Wndg. *Der Lack ist ab.* In der rdal. Formel *in Frack und Claque* (Klapphut) *und Lack* bez. Lack wohl urspr. die zum Gesellschaftsanzug gehörenden Lackschuhe. Immer haftet diesen Redewndgn., in denen Lack als Putz erscheint, etw. von Tadel an. Deutlich wird das in der Bez. *Lackaffe* für einen eingebildeten, aufgemachten Gecken, ebenso in *Lackel,* der sowohl einen Gecken als auch einen unflätigen Menschen bezeichnen kann. Bei Lackel kann vom Putz die Bez. Lakai als volksetymol. Stütze dienen. Statt vom Lackaffen spricht man auch von einem *lackierten Affen* oder man sagt: *Er hat sich die Schnüß lackiert:* er hat sich gekkenhaft zurechtgemacht, den Mund beschmiert, aber auch: sich betrunken. *Fertig ist der Lack* (↗ Laube) sagt man beim Abschluß einer wohl meist nicht sehr qualitätsvollen Arbeit, die man durch einen letzten Anstrich noch zu retten sucht. Der Lackanstrich gibt einer minderwertigen Ware ein glänzendes Aussehen. Jem., der auf etw. Derartiges hereinfällt, ist der *Lackierte* oder *Gelackmeierte.* Eine erweiterte Berl. Version lautet: ,Ich bin der lackierte Europäer'. Das Verb. ,lackieren' ist hier unlogisch verwandt, weil ja eigentl. nicht der Betrogene, sondern die Sache lackiert wird.

Möglicherweise nicht mehr i. S. v. Lack = Firnis, sondern im Anschluß an ahd. lahan = tadeln sind folgende Wndgn. zu verstehen: *einen Lack haben:* einen Fehler haben, z. B. ,das Pferd hat einen Lack'. *Der hat Lack an:* er ist nicht ohne Tadel; vgl. frz. ,Il a du vernis': Er hat ein glänzendes Aussehen, aber der Schein kann trügen.

Einem einen Lack anhängen: jem. etw. Böses nachsagen; ebenso: *Lack auf einen werfen* (Rheinl.); ‚er hat Lack am Lif' (Leib), er hat ein körperliches Gebrechen (Rheinl.). Ndd. ‚Dai hiät sick en Lack makt, dat kliäwet iän titliäwens an', der hat sich einen Lack gemacht, das klebt ihm zeitlebens an. *Allerhand Lack und Plack ohne Sack* (Rheinl.): viel Mühe und Gebrechen.

Zu der Zeit, als der kleine PKW ‚Hanomag', der ‚wildgewordene Kohlenkasten', der ‚Chausseefloh', der schon auf 100 m Entfernung freundlich Tageszeit nickte, unsere Straßen bevölkerte, war über ihn eine ‚freundliche', Beschreibung im Umlauf: ‚Zwei Pfund Löcher, zwei Pfund Lack – fertig ist der Hanomag'.

Laden. *Sich an den Laden legen:* sich anstrengen, kräftig und entschlossen zu Werke gehen, etw. auf einem bestimmten Gebiet anstreben (wobei meist eine ambitiöse Absicht mitschwingt). Die Rda. ist aus dem Bereich der Handelssprache genommen und meint urspr.: sich (wie eine zur Schau ausgelegte Ware) sehen lassen, prahlen. Das Wort Laden als Verkaufsstelle ist seit dem 15. Jh. gebräuchl. So heißt es 1445 in einer Augsburger Chronik bei der Schilderung eines ungewöhnlich kalten Winters, die Bäcker ‚legten gantz kain brot an den laden": 1541 wird dann in der Sprww.-Sammlung von Seb. Franck die ältere Wndg. ‚sich an den Laden lassen' zum erstenmal im übertr. Sinne greifbar. 1673 meint Grimmelshausen in der ‚Prahlerei mit dem deutschen Michel', „dass es nicht jederzeit rathsamb sey, sich mit seinen frembden Sprachen an den Laden zu legen". Goethe schreibt an seinen Sohn August (Brief vom 6. Aug. 1816): „Lege dich nicht an Laden, aber sey nicht unthätig". In Gottfr. Kellers ‚Grünem Heinrich' (4. Teil, 5. Kap.) heißt es: „Ich hab' es (meinen Lohn) vom Stück, da kann man sich an den Laden legen und dem Patron die Nase lang machen". – Verwandt ist die ebenfalls alte Rda. *sich zu weit an den Laden legen:* zu offen sein, auch: sich zuviel herausnehmen. Hartmann Creidius mahnt in seinen ‚Nuptia-

lia' (Augsburg 1652) zur Zurückhaltung: „... wollen die Männer aber selber kurzum Narren sein, und so weit an Laden sich herfürlegen, daß jeder Mann in der ganzen Stadt davon weiß zu sagen". *Im Laden liegen:* sehnsüchtig (nach einem Freier) Ausschau halten. In einem Volkslied heißt es ähnl.:

Das Megdlein an dem Laden stund,
fing kleglich an zu weinen

(Ambras. Ldb. 13, 13).

Doch kann auch mit dieser Rda. die negative Bdtg. ‚sich zur Schau stellen wie feilgebotene Ware' verbunden sein.

Vom alten ‚Kramladen' her haftet dem Wort Laden heute ein verächtlicher, wertmindernder Sinn an. Das wird vor allem in jüngeren Rdaa. deutlich: *der ganze Laden:* das alles, das Ganze (geringschätzig); vgl. frz. ‚toute la boutique'. *Den Laden schmeißen:* die Sache überlegen meistern; *der Laden klappt:* die Sache nimmt einen günstigen Verlauf, das Beabsichtigte ist erreicht; *den Laden in Ordnung bringen:* die Sache regeln; *er kann seinen Laden zumachen:* er ist erledigt, er muß seine Sache aufgeben (auch in anderer als in geschäftlicher Hinsicht gebraucht); vgl. frz. ‚Il peut fermer sa boutique'.

Mach keinen Laden auf!: Rede nicht so lange!

Keinen Laden machen: Keinen Lärm, Aufruhr, Terror, kein Aufsehen verursachen.

Jem. an den Laden (an den Karren, an den Wagen) fahren: ihn rügen, ihm zu nahe treten; 20. Jh.

Den Laden vollhaben: schwer betrunken sein (wobei Laden offenbar für Magen steht); ↗ trinken.

Im falschen Laden sein: sich gröblich irren.

Lit.: *An:* ‚Sich an den Laden legen': in: Muttersprache 40 (1925), Nr. 2, S. 61–62.

laden. *Auf einen geladen sein:* wütend auf ihn sein, auf jem. zornig sein. *Er ist geladen:* schwer gereizt. Das Bild ist von der geladenen Schußwaffe genommen; vgl. ‚jem. auf dem Korn haben' und ähnl. Wndgn., ↗ Korn.

Schwer (schief, krumm) geladen haben: betrunken sein. Das Bild ist vom Beladen

eines Fahrzeuges oder Schiffes genommen: unter der Last der Alkoholmenge kommt der Bezechte ins Taumeln.
Einen auf den Besen laden ↗ Besen.
‚Sich etw. aufladen‘: eine Last, Bürde (z. B. Schulden) auf sich nehmen.

Ladenhüter. *Es ist ein Ladenhüter* sagt man von einer nicht verkauften, wegen mangelnden Käuferinteresses liegenbleibenden Ware; schweiz. heißt sie ‚Ladengaumer‘; frz. (noch vor dem Dt.) ‚gardeboutique‘; heute: ‚rossignol‘. Bereits 1660 ist der Ausdr. Ladenhüter bei Corvinus in der ‚Fons latina‘ belegt. 1673 in Christian Weises ‚Erznarr‘, wo ein schlecht gemaltes Bild als Ladenhüter bez. wird. Bei J. Savary (‚Der vollkommene Kauf- und Handelsmann‘, 1676) heißt es: „(Waren), die geringer als andere, und die entlichen wie man spricht zu Ladenhütern werden“. In Kaspar Stielers ‚Der deutschen Sprache Stammbaum und Fortwachs‘ von 1691 wird definiert: „Ladenhüter ... merces aegre vendibilis, die man nicht an den Mann bringen kann / merces obsoletae“. 1781 wird der Ausdr. in Kindlebens Studentenlexikon von Büchern gebraucht: „Ladenhüter, so nennen die Buchhändler ein Buch, welches nicht abgeht und endlich Makulatur wird“. Jean Paul gebraucht im ‚Hesperus‘ 1795 Ladenhüter in einem weiter übertr. Sinne und spricht von „soviel Witz und Scharfsinn, (die) ganz unnütz als Ladenhüter liegenbleiben“. In Ost- und Mitteldtl. ist das Sagte-Sprw. (Wellerismus) bekannt: ‚Ich mache keine Ladenhüter, sagte die Frau Pastor, die sechs Töchter hatte, als ein Freier die jüngste begehrte‘.

Ladenschwengel. *Ladenschwengel* ist eine Berufsschelte, die auf einen Ladendiener oder Ladenjungen angewandt wird. Sie ist kaum vor 1792 belegt. 1809 wird der Ausdr. in Campes Wb. d. dt. Sprache ‚pöbelhaft‘ genannt. Er dürfte vermutlich eine Schöpfung der Studentensprache sein, die analog zu dem bereits um 1300 bekannten ‚Galgenschwengel‘ gebildet wurde. Die frühere Annahme, daß es sich um eine sexuelle Pars-pro-toto-Bez. handelt (W. Porzig, Wunder der Sprache), wie

Stift, Stöpsel u. a., dürfte demnach nicht die primäre Deutung sein.
Schwengel kommt von schwingen, so in Pumpenschwengel, Glockenschwengel (= Klöppel). Auch an jedem Wagen, der zweispännig fuhr, mußte ein Schwengel die Ortscheite aufnehmen, die die Zugseile zogen. Der Schwengel glich die unterschiedlichen Anzugskräfte der Pferde aus, also auch: ... schwingen, hin und her ... Ladenschwengel ist also der junge Mann, der dienstbeflissen hin- und herrennt, um den Kunden durch reiche Angebote zufriedenzustellen. Weitere Bez. der Ladendiener, die meist auf die Sticheleien zwischen Studenten und Ladenpersonal zurückgehen, sind ‚Ladenhengst‘ (vgl. heute auch ähnl. Bildungen wie ‚Bürohengst‘ usw.), dann ‚Ladenschwung‘ und ‚Ladenschwanz‘.
Auch ‚Ladenhupfer‘, ‚Ladenhupser‘ u. ‚Ladengumper‘ (nördl. Freiburgs) sind gelegentlich zu hören.

Lit.: *G. Grober-Glück:* Motive u. Motivationen in Rdaa. u. Meinungen (Marburg 1974), S. 413–416.

Ladestock. *Er hat wohl einen Ladestock verschluckt* und *Er hat wohl einen Ladestock im Kreuz* sagt man von einem Menschen, der sich so steif hält, als könne er sich nicht bücken. Der Ausdr. – ein eindrucksvolles Beisp. für die groteske physiologische Vorstellungswelt der Umgangssprache – geht ins 19. Jh. zurück und stammt wohl aus der Soldatensprache, von wo er sich allg. verbreitet hat. Vgl. auch die Wndgn. ‚einen Besenstiel im Rücken haben‘ (↗ Besen) oder ‚ein Lineal verschluckt haben‘. Schon 1471 gibt es ein ähnl. Bild für steife Haltung in dem Liederbuch der Klara Hätzlerin:

Tregt ainer den leib uffgestrackt, man
           seyt:
Im steckt ain scheytt ymm ruck,
wo er get oder reit.

Laffe. *Ein Laffe sein:* eine einfältige Person, ein verachteter junger Mann sein, dem man nichts Vernünftiges zutraut. Das seit frühnhd. Zeit bezeugte Wort ‚laffe‘ = Hängelippe, Maul steht pars pro toto für den untätigen Gaffer, der mit hängender Lippe oder offenem Mund (↗ Maulaffe) dabeisteht und zusieht, wie sich andere plagen. Das Wort ist verwandt mit nhd. ,laff' = schlaff, matt und dem ndd. ,laps' = läppischer, dummer Kerl, auch das Wort ↗‚Affe' kann auf die Bildung dieses Scheltwortes eingewirkt haben.

Lager. *Etw. auf Lager haben:* vorrätig oder parat haben, stammt aus der Sprache des Kaufmanns, der sein Warenlager hat. vgl. frz. ,avoir quelque chose en réserve'. Übertr. findet sich die Rda. bei Bismarck, der in einer Parlamentsrede feststellt, „daß wir einen Finanzminister nicht fertig auf Lager haben". Bei Gustav Freytag heißt es in ,Der verlorenen Handschrift': „Da sprach aus ihnen der letzte Rest des guten Genius, den sie noch auf Lager hatten". Eine Stadt, überhaupt jede Art von Gemeinschaft, kann *in verschiedene Lager gespalten sein;* vgl. frz. ,être divisé en plusieurs camps'.
Eine Person kann ,in ein anderes Lager überwechseln'. Das Lager bez. hier meist nicht mehr bloß den Ort einer Partei, sondern die Partei selbst, so wie bei Luther 1. Sam 13,23 „der Philister Lager herauszog", womit also das Heer selbst gemeint ist. Freiligrath teilt die Welt in zwei Lager:
Von heute an – die Republik!
Zwei Lager nur auf Erden:
Die Freien mit dem kühnen Blick,
Die Sklaven, um den Hals den Strick.
,Das westliche und das östliche Lager' oder ,das neutrale Lager' sind bekannte Begriffe der politischen Ggwt. – Die Wndg. ,Er ist ins große Lager gerückt' gebraucht man von einem Verstorbenen, der im großen Reich der Toten ist (↗zeitlich).
Die Rda. *Er hat sein Lager bei Kandelberg aufgeschlagen* ist mdal. verbreitet. Lit. findet sie sich z. B. bei Abraham a Sancta Clara und bez. einen, der oft im Bier- und Weinhaus sitzt. Der fiktive Ortsname Kandelberg ist scheinbar eine Anspielung auf eine bestimmte Lokalität und eine anekdotische Reminiszenz, bezieht sich aber nur auf die Kanne mit dem Getränk.

Laib. *Die gleichen Laibe zurückgeben:* im Bösen Gleiches mit Gleichem vergelten. Die Rda. geht wohl auf die Sitte des Brotleihens zurück: War jem. das Brot ausgegangen, so lieh man sich einige Laibe beim Nachbarn, die man nicht bezahlte, sondern am nächsten eigenen Backtag wieder zurückgab. Hatte einem der Nachbar minderwertige Brote gegeben, so konnte man es ihm nun mit den gleichen Laiben zurückgeben. Davon leitet sich auch ab: *Der gibt ihm die Laibe heim:* der wird es ihm schon zeigen; und als Drohung auf etwaige Angriffe: *Ich will dir die Laibe schon heimgeben.*

Lit.: Das Brot im Spiegel schweizerdeutscher Volkssprache und Sitte (Leipzig 1868); M. Bringemeier: Vom Brotbacken in füherer Zeit (Münster 1961); weitere Lit. ↗Brot.

Lameng. *Aus der Lameng:* direkt aus der Hand, ohne Besteck, ohne Anstrengung, unvorbereitet, aus dem Ärmel geschüttelt etw. verrichten oder sagen können, ohne langes Nachdenken, z. B. ,mit der linken Hand' etw. tun. Der Ausdr. bezieht sich auf das frz. ,la main' = die Hand. Bekannt wurde er im u. nach dem 1. Weltkrieg, als viele solche fremdsprachlichen Wndgn. in die Umgangssprache gelangten u. mit dt. Wörtern versetzt wurden. Die phonet. Schreibweise ist typisch für das Zustandekommen derartiger Sprachanleihen, ↗Hand.

Lametta. *Lametta tragen:* Orden und Ehrenzeichen sichtbar auf der Uniform tragen. Die Rda. ist eine Weiterentwicklung der schon im 1. Weltkrieg gebräuchl., iron. Wndg. ,Christbaumschmuck tragen', die den gleichen Sachverhalt bez. Die Rda. blieb nicht auf die Soldatensprache beschränkt, sie wird heute vielfach analog der Rda. ,Gala tragen' gebraucht (↗Gala).

Lamm. *Sich wie ein Lamm zur Schlachtbank führen lassen:* alles geduldig mit sich geschehen lassen, die höchste Strafe erleiden, ohne den Versuch einer Rechtfertigung oder Verteidigung zu unternehmen (vgl. frz. ,se laisser conduire comme un agneau à l'abattoir'). Diese Rda. bezieht sich auf das ,Lamm Gottes', also auf Jesus während der Passion. Bereits Jes. 53,7 steht der prophetische Hinweis auf den Tod Jesu, der die Sünde der Welt und das Leiden dafür willig auf sich genommen hat: „Da er gestraft und gemartert ward,

‚Lamm Gottes‘ – ‚Opferlamm‘

tat er seinen Mund nicht auf wie ein Lamm, das zur Schlachtbank geführt wird, und wie ein Schaf, das verstummt vor seinem Scherer und seinen Mund nicht auftut". Auch die Rdaa. *eine Lammsgeduld besitzen (haben)* und *lammfromm sein* stehen mit der Vorstellung vom ‚Gotteslamm‘ (Joh. 1,29) in Zusammenhang, die auch in der kath. Messe und in ev. Kirchenliedern begegnet. Die Wndg. *das Lamm den Wölfen befehlen:* jem. seinen ärgsten Feinden, also dem sicheren Verderben, preisgeben, geht auf eine antike Tierfabel zurück und ist bereits bei Terenz sprw. gebraucht worden: „ovem lupo committere". Vgl. die dt. Rda. gleicher Bdtg.: ‚den ↗ Bock zum Gärtner machen‘.

Die Rda. *die Lämmer für (vor) die Hunde werfen:* Friedfertige und Unschuldige den Verleumdern und Lästerern preisgeben, stammt ebenfalls aus der Antike. Vgl. lat. ‚agnos canibus obicientes‘. Auf der weitverbreiteten Fabel Äsops vom ‚Wolf und Lamm‘ beruhen die Rdaa. *Das Lamm hat dem Wolf das Wasser getrübt:* der Schwache wird beschuldigt, einen Starken beleidigt oder geschädigt zu haben, und *Das Lamm will mit dem Wolfe streiten:* der Schwache unternimmt den von vornher-

ein nutzlosen Versuch, gegen einen in jeder Hinsicht überlegenen Gegner vorzugehen und sein Recht zu behaupten. Vgl. die lat. Wndg. ‚Ne capra contra leonem!‘, die den gleichen Sachverhalt umschreibt, und die dt. Rda. ‚kein Wässerchen trüben können‘, ↗ Wasser.

Als Bild der Geduld steht das Lamm vor allem auch für das unschuldige junge Mädchen, wie es z. B. in Schillers Drama ‚Kabale u. Liebe‘ (2,5) begegnet: „Vergeb’s Ihnen Gott, Baron! Was hat dieses Lamm getan, daß Sie es würgen?"

‚Das Lämmle hängt raus‘ sagt man scherzhaft in Schwaben, wenn einem Mann das Hemd aus der Hose hängt.

Lit.: *L. Herold:* Art. ‚Lamm‘, in: HdA. V, Sp. 890–894; *M. Lurker:* Wb. bibl. Bilder u. Symbole (München 1973), S. 183–187: ‚Lamm u. Widder‘.

Lämmerschnee, Lämmerstag. Von *Lämmerschnee* spricht man, wenn es zugleich regnet und schneit. Solche ambivalenten Naturereignisse finden oft auch mythologische und sagenhafte Ausdeutung wie etwa der Regen bei Sonnenschein (↗ Kirmes). *Lämmerstag* und *Lämmerchestag* werden (vor allem in Hessen) i. S. v. St.-Nimmerleins-Tag, also als Bez. von „nie und nimmer", gebraucht (↗ Pfingsten). Der Ausdr. könnte auf eine Verkürzung der gleichbedeutenden Wndg. ‚wenn die Böcke lammen‘ zurückgehen.

Ähnl. auch die südwestdt. Rda. ‚zahle am Lämmerlestag, wenn die Eulen bocken‘, d. h. niemals.

Lämmerschwänzchen. *Gebratene Lämmerschwänzchen* („mit eingelegten Kellertreppen‘) ist die scherzhafte Antwort auf die neugierige Frage, was es zu essen gebe; vor allem in Ost- und Mitteldtl. verbreitet. In Schwaben heißt es ‚Pastetle und Lämmerschwänzle‘. In Ostfriesland sagt man: ‚De Tung geit em as ’n Lämmerstert‘, ihm geht die Zunge sehr schnell, er ist ein Schwätzer.

Das Herz hüpft (klopft) wie ein Lämmerschwänzchen: das Herz klopft schnell und unruhig vor Erwartung oder Freude. Rachel hat in seinen ‚Satirischen Gedichten‘ (VI, 425) die Rda. bis auf die fehlende Verkleinerung genauso: „das Herz klopft wie ein Lämmerschwanz", während Abel

(‚Satirische Gedichte‘, S. 212) ein Kälberschwänzlein einsetzt, das sich ebenfalls durch unablässiges Wippen auszeichnet, und auch Simplicissimus (II, 6) sagt: „das Herz hüpfte mir gleichsam vor Freuden wie ein Kälberschwänzlein", ↗ Schwanz. Im Grimmschen Märchen ‚Das tapfere Schneiderlein‘ (KHM. 20) heißt es: „Und sein Herz wackelte ihm vor Freude wie ein Lämmerschwänzchen".

H. Rölleke fand heraus, daß sich in den ‚Erznarren‘ von Christian Weise (1673) eine fast wörtl. Vorlage für diese sprw. Rda. findet: „dem guten mensch wackelt das herz vor freuden wie ein lämmerschwänzchen".

Auch vor Angst und Aufregung kann jem. *zittern wie ein Lämmerschwänzchen*. Der Feigling und Unentschlossene wird denn auch einfach ‚Lämmerschwanz(chen)‘ genannt, das auch an ‚Schlapp- oder Lappschwanz‘ anklingen mag. In Hessen sagt man von einem sehr vergeßlichen Menschen: ‚Der hat Gedanken wie ein Lämmerschwanz‘, d.h. die Gedanken wechseln bei ihm so schnell wie das Wackeln des Lämmerschwanzes, oder sie sind so kurz wie der Lämmerschwanz. Von einem reglosen Menschen oder Tier sagt man iron.: *Der regt sich wie ein toter Lämmerschwanz.*

Eine bair.-österr. Wndg. lautet: ‚Zittern wie a Lampelschwaf‘. Sie begegnet schon Anf. des 18. Jh. in den ‚Teutschen Arien‘, Bd. 1, S. 320:

Es wimmelt wie ein Ameiß-Häufl,
Es zittert wie ein Lämpfl-Schweifl.

Lit.: *L. Schmidt:* Sprw. dt. Redensarten, in: Österr. Zs. f. Vkde., N.S. 28 (1974), S. 108; *H. Rölleke (Hg.):* ‚Rdaa. des Volks, auf die ich immer horche‘. (Sprichwörterforschung Bd. 11, hg. v. W. Mieder), (Bern, Frankfurt/Main, N.Y., Paris 1988).

Lampe. *Einen auf die Lampe gießen (schütten):* ein Glas Alkohol (Schnaps) trinken; auch in den Mdaa., z. B. rhein. ‚änen of de Laterne schidden‘. vgl. frz. ‚s'en mettre plein la lampe‘: unmäßig trinken und essen. Das Bild stammt nicht von der Öllampe, sondern geht auf frz. ‚lamper‘ = übermäßig, in kräftigen Zügen trinken, zurück. Den Säufer kennzeichnet oft eine dicke (glüh)rote Nase, ein ‚Lötkolben‘, ‚eine rote Lampe‘. Sie muß – und der Gedanke mag zur Entstehung der Rda. beigetragen haben – wie die ‚ewigen Lampen‘ in der Kirche von Zeit zu Zeit ‚Öl‘ erhalten, nachgefüllt werden.

Das Lebenslicht erscheint auch als Lampe, entspr. dem Schlagerlied:

Freut Euch des Lebens,
Weil noch das Lämpchen glüht.

(Gesellschaftslied v. M. Usteri, 1796). Durch Alkohol verlängert man die Brenndauer. Entspr. *zuviel auf die Lampe gegossen haben* und *einen auf der Lampe haben:* betrunken sein. Das Bild findet sich schon im 12. Jh. in der Beichte des Archipoeta: „Poculis accenditur animi lucerna", was G. A. Bürger 1777 übersetzt mit: „Echter Wein ist echtes Öl zur Verstandeslampe". *Die Arbeit riecht nach der Lampe:* sie verrät durch ihre anmutlose Form das nächtliche Studium, d.h., sie zeugt mehr von Fleiß und verbissenem Ehrgeiz als von wirklicher Begabung und genialem Schwung. Die Rda., die man heute meist auf lit. Arbeiten bezieht, wurde zuerst von dem griech. Redner Pythéas (um 330 v. Chr.) auf die Reden des ihm verhaßten Demosthenes (384–322 v. Chr.) angewendet, von denen er behauptete, daß sie „nach den Lampendochten röchen", bei denen er gearbeitet hätte (Büchmann), ↗ Docht, ↗ Licht, ↗ Lebenslicht.

Lit.: *A. Haberlandt:* Art. ‚Lampe‘, in: HdA. V, Sp. 894–895; *J. Jeremias:* ‚Die Lampe unter dem Scheffel‘, in: Zs. f. Neutestamentl. Wissenschaft u. die Kunde der älteren Kirche 39 (1940), S. 237–240; *P. H. Niebyl:* ‚Old Age, Fever, and the Lamp Metaphor‘, in: Journal of the History of Medicine and Allied Sciences 26 (1971), S. 351–368; *M. Lurker:* Wb. bibl. Bilder u. Symbole, Art. ‚Lampe u. Leuchter‘ (München 1973), S. 187–189.

Lampenfieber. *Lampenfieber haben (bekommen):* sich in Aufregung vor einem Bühnenauftritt befinden u. dabei voller Erwartung des möglichen Erfolgs oder Mißerfolgs sein. Die Bdtg. der Rda. hat sich erweitert auf: Angst vor dem (ersten) öffentlichen Auftreten, vor einer Prüfung, einer Klassenarbeit, einem Vorstellungsgespräch usw. Der Ausdr. ‚Lampenfieber‘ ist seit dem 19. Jh. belegt u. entstammt dem Bühnenjargon. Er bezieht sich auf die an der ↗ Rampe angebrachte Bühnenbeleuchtung, das Rampenlicht. Vgl. frz. ‚fièvre de la rampe‘ (Rampenfieber), das vielleicht auf unseren Ausdr. eingewirkt hat. Älter ist der Begriff ‚Kanonenfieber' für die Erregung des Soldaten vor dem ersten Fronteinsatz, vor einer alles entscheidenden Schlacht.

Lit.: ↗ Angst.

Land. *Land sehen:* dem Ziele nahe sein, Aussicht haben, mit einer Sache zu Ende zu kommen. Die Rda. stammt von der Seefahrt. Klaus Groth (1819–99) schreibt in seiner Gedichtsammlung ‚Quickborn' (Ges. W. I, 48): „Geld muss sin Vetter em gebn, sunst kunn he op Scholen keen Land sehn".

Land gewinnen: festen Grund unter seinen Füßen spüren, Zeit gewinnen und neue Kraft schöpfen können, größeren Raum und damit günstigere Bedingungen zu seiner Verteidigung erhalten. Die Rda. wird häufig als Drohrede angewandt: ‚Sieh zu, daß du Land gewinnst!', mach schnell, daß du wegkommst'.

Etw. an(s) Land ziehen: eine Eroberung machen, einen Vorteil bei Handel oder Spiel gewinnen, auch: sich etw. unrechtmäßig unter dem Schein des Rechts aneignen. Die Rda. steht in Zusammenhang mit dem Strandrecht. Nach ihm standen alle Güter, die nach einem Schiffbruch vom Meer ans Land gespült wurden, den Strandbewohnern zu. Diese halfen dem Zufall oft noch etw. nach und zogen vorbeitreibende Gegenstände an Land. In einigen Strandkirchen wurde Gott sogar um einen ‚gesegneten' Strand angefleht, d.h. er wurde wegen der zu erwartenden Beute um den Untergang recht vieler Schiffe gebeten.

Das kann das Land (auch *die Welt*) *nicht kosten:* es wird nicht so teuer zu stehen kommen. vgl. frz. ‚Cela ne coûtera pas un monde' (Das wird die Welt nicht kosten).

In Holst. sagt man iron. von einem, der übel ankommt: ‚He kumt int gelobte Land', vielleicht in Erinnerung an den oft üblen Ausgang der Kreuzzüge.

Entspr. heißt es in einem Gedicht von Fr. Rückert: „Bleibet im Lande und nähret euch redlich", das vor der Auswanderung nach Amerika zu warnen versucht u. auf Psalm 37,3 beruht.

Die Wndg. von Amerika, als dem ‚Land der unbegrenzten Möglichkeiten' geht zurück auf den Bankier Ludwig Max Goldberger, der sie erstmals 1902 in der populären Zeitschrift ‚Die Woche' verwendete.

Aus der Seemannssprache stammen Wndgn. wie ‚Land in Sicht' oder ‚Land unter'.

Land u. Leute kennen lernen (wollen) wird meist gebraucht als Erweiterung zu Rdaa. wie ‚verreisen', ‚in die Fremde gehen'. Es handelt sich um eine Zwillingsformel, die bereits seit dem 12. Jh. in der Formel ‚liute unde lant' bezeugt ist u. seit dem späten MA. aus der Sprache des Rechts nicht mehr wegzudenken ist. „In dem Maße, wie mit der entstehenden Landesherrschaft die Bez. ‚lant' auch die Bdtg. von Territorium erlangen konnte, wurde die Formel ‚liute unde lant' mit dem Begriff ‚Herrschaft' über ein Land verbunden." Das kommt auch z. Ausdr. im alten Rechtssprw.: ‚Mit Recht u. Gericht erhält man Land u. Leute. Wo Recht u. Sitte wenden, da wendet auch der Herr mit Land u. Leuten'.

Lit.: *J. Cornelissen:* ‚Vreemde Landen en Volken in den Volkshumor en de Spreekwoordentaal', in: Volkskunde 32 (1927), S. 25–35, 73–89, 126–148; 33 (1928), S. 3–26, 76–91; *A. Höch:* ‚Land u. Leute', in: Schweiz. Volkskunde 60 (1970), S. 11–13; *R. Schmidt-Wiegand:* Art. ‚Land u. Leute', in: HRG. II, Sp. 1361–1363; *O. G. Sverrisdottir:* Land in Sicht (Frankfurt/M. 1987), S. 189–191.

Landesvater. *Den Landesvater singen:* das rituelle Singen des feierlichen Liedes ‚Alles schweige, jeder neige ernsten Tönen nun sein Ohr' wird als Studentenlied bei festlichen Kommersen gesungen, wobei die Mützen der Studenten mit dem Schläger durchbohrt wurden. Die Löcher werden später von den Couleurdamen bestickt. Das ‚Stechen eines Landesvaters' ist ein waffenstudentischer Brauch. Aus der Ehrung des Seniors der Verbindung entwickelte sich eine Huldigung an den Landesfürsten.

Sowohl dieser Brauch selbst wie auch das Lied wird ‚Landesvater' genannt, weil es zur Melodie eines älteren Liedes gedichtet wurde, das mit den Worten begann: ‚Landesvater, Schutz und Rater'.

Lit.: *Th. Gantner (Hg.):* Couleurstudenten in der Schweiz. Ausstellung des Schweiz. Museums für Vkde. (Basel 1979/80).

Landfrieden. *Dem (Land)frieden nicht trauen:* einen Zustand nicht für ganz sicher, nicht für gefahrlos halten, obwohl es so scheint. Im späten Mittelalter war der Friede oft durch Fehden bedroht oder gestört. Die Kaiser erließen dagegen seit dem 11. Jh. ,Gottesfrieden' für bestimmte Tage der Woche, später meist ,Landfrieden' für größere Teile des Reiches. Aber Heer und Polizei waren nicht genügend ausgebildet, um für diesen Landfrieden völlig sichere Gewähr zu leisten; daher die Rda., die freilich in übertr. Sinne erst im 18. Jh. belegt ist. Älter bezeugt ist die Wndg. ,dem Geleit nicht trauen': zum Schutz gegen Überfälle bedienten sich reisende Kauf- und Privatleute des Geleites, einer Art berittener Polizei. In Rollenhagens ,Froschmeuseler', einem episch-didaktischen Gedicht von 1595 (Aa 8 b), warnt der alte Sperling seine Jungen:

Spür ich an einem dicken Strauch,
Daß sich herauswindet der Rauch,
Als wenn ein Feur darunter wär,
So trau ich dem Geleit nicht mehr.

Lit.: *E. Kaufmann:* Art. ,Landfrieden' (I), in: HRG. II, Sp. 1451–1465.

Landgraf. Die Aufforderung *Landgraf, werde hart!* gilt als Ermahnung an einen allzu milden Vorgesetzten oder an eine Regierung, strenger gegen Unrecht und Mißstände vorzugehen. Sie geht zurück auf eine von Joh. Rothe 1683 in der ,Düringischen Chronik' berichtete Sage, nach welcher der Landgraf Ludwig von Thüringen (1140–72) anfänglich so milde geherrscht haben soll, daß die Mächtigen im Lande übermütig wurden und das Volk ausbeuteten und in jeder Weise quälten. Auf einer Jagd habe sich der Landgraf verirrt und schließlich bei dem Schmied von Ruhla im Thüringer Wald Unterkunft gefunden. Der Schmied, der ihn nicht erkannte, habe, während er nachts emsig auf den Amboß schlug, auf die Lässigkeit des Grafen geflucht und gerufen: „Nun werde hart". Unter dem Eindruck dieses Erlebnisses soll Ludwig alsbald für Zucht und Ordnung im Lande gesorgt haben. Die heute übliche Form ,Landgraf, werde hart!' stammt aus Wilhelm Gerhards (1780–1858) Gedicht ,Der Edelacker' (,Gedichte', 1826, II, 24), das zum ersten Male 1817 unter dem Titel ,Der Acker der Edlen' erschien. Die Brüder Grimm haben die Sage von Rothe übernommen und in ihren ,Deutschen Sagen' unter der Nr. 556 veröffentlicht. Sagen ähnl. Inhalts gibt es mehrfach, so z. B. von Gauffredus und dem Köhler (Joannis monachi Historia Gauffredi, Paris 1610, S. 26–29).

ländlich. *Ländlich, sittlich:* urspr.: was in einem guten Lande üblich ist, gehört zur guten Sitte; als sprw. Wndg. am frühesten im 16. Jh. in Schwaben bezeugt und seit dem Ende des 17. Jh. von den Wbb. verzeichnet; in neuerer Zeit meist scherzhaft gesagt von dörflichen Zuständen, wobei ,ländlich' im Gegensatz zu ,städtisch' steht; deshalb auch in der iron. Reimform ,ländlich, schändlich'.

Landluft. *Landluft genießen:* iron. für: sich schminken (gegenwärtige Umgangssprache). Entspr. wird Schminke, Sonnenbräune vortäuschende Kosmetik bez. als ,Landluft aus dem Döschen'. Geschminkt sieht man so aus, als käme man aus der Sommerfrische (Küpper). Mit der Wndg. ,Es riecht nach gesunder Landluft' ironisiert man oft penetranten Stall-, Jauche- oder Güllengeruch.

Landplage. *Sich zur Landplage entwickeln:* sich zu einem Unheil auswachsen, das alle ohne Unterschied trifft. Die Rda. bezieht sich auf 2. Mos. Kap. 7–12, wo von den 10 Plagen über Ägyptenland berichtet wird. Es sind die Strafen Gottes, weil der Pharao die Israeliten nicht aus Ägypten ziehen lassen will. Die durch Moses und Aaron angekündigten und bei einem Sinneswandel des Pharao noch abwendbaren Plagen sind: 1. Verwandlung des Wassers in Blut, 2. Die Frösche, 3. Stechmücken, 4. Ungeziefer, 5. Pestilenz unter dem Vieh, 6. Schwarze Blattern, 7. Hagel, 8. Heuschrecken, 9. Finsternis u. 10. Erwürgung der Erstgeburt. Erst nach der letzten und schwersten Plage drängt das leidgeprüfte ägyptische Volk selbst die Israeliten zum Auszug. In übertr. Bdtg. heißt es auch: *Jem. (etw.) ist eine (wahre) Landplage:* er (es) ist beinahe unerträglich (verheerend).

Landsknecht. *Fluchen wie ein Lands-knecht:* tüchtig, unaufhörlich fluchen; vgl. frz. ,jurer comme un charretier' (fluchen wie ein Kutscher).

Der Begriff ,Landsknecht' ist seit dem ausgehenden 15. Jh. bezeugt. Er steht für den vom Kaiser (urspr. Kaiser Maximilian I.) im kaiserl. Land angeworbenen Söldner (im Gegensatz zu den Schweizern, mit denen die Landsknechte in sprw. Feindschaft standen, wie es u. a. auch in der ,Zimmerischen Chronik' (3,35,3) bezeugt ist.

Später ist der Ausdr. zu ,Lanzknecht' umgedeutet worden, was fälschlicherweise auf die Bewaffnung der Söldner zurückgeführt wird. Daß es sich hierbei freilich um eine andere Herkunft handeln muß, geht sowohl aus der Schreibweise der ,Zimmerischen Chronik' als auch der in anderen lit. Zeugnissen hervor, so u. a. aus einem Beleg von Joh. Lenz (ab 1494 Schulmeister in Freiburg/Üchtland), der in seinem ,Schwabenkrieg' (hg. v. H. v. Dieszbach, Zürich 1848, S. 26) folgendes berichtet:

das ein nam ist uff komen,
der heist lantzknecht zu land,
als Maximilian lag im Nyderland,
kriegt umb die land so verlorn
er hett ee er kung was erkorn,
da wurden all kriegslut slecht
genant die fryen landsknecht,
us genomen die eidgenossen
solt man Swytzer bliben lassen,
wolten kein Swytzer haben
by in dieselben kriegsknaben,
meinten besser zu sin zur zit,
dann die eidgenossen zum strit.

Die Landsknechte wurden zwar häufig als ,fromme Landsknechte' bez., doch bedeutet dieses Beiwort hier soviel wie: tüchtig, tapfer. Aber schon Seb. Franck klagte: „Gots lestern, huoren, spilen, mörden, brennen, rauben, witwen und weisen machen, ist ir gemein handwerk und höchste kurzweil. Wer hierin küen und keck ist, der ist der best und ein freier landsknecht".

Hans Sachs erzählt in seinem Schwank von ,Sankt Peter mit den Landsknechten' von neun Landsknechten, die an die Himmelspforte kommen und vergebens Einlaß begehren, so daß sie anfangen zu fluchen: „Marter, Leiden und Sacrament", was St. Peter für geistliche Reden hält. Als Rda. bucht die Wndg. „Er flucht als ein Lands-Knecht" 1741 J. L. Frisch (Teutsch-Lateinisches Wörterb. I, 572a); er verzeichnet auch den Ausdr.: „Von einer allzufreyen Weibs-Persohn sagt man: Sie ist ein rechter Lands-Knecht". In B. v. Münchhausens Ballade ,Alte Landsknechte im Himmel' (1900) heißt es von den wenigen in die ewige Seligkeit aufgenommenen Landsknechten:

Und wenn gar einer mal fluchen will:
„Potz Tod und Teufel und Frundsber-
ger Drill!"
Geht's ihm nicht aus dem Mund her-
aus,
Wird gleich ein Halleluja draus!

Lanze. *Mit jem. eine Lanze brechen:* sich mit jem. in einen Streit einlassen, streiten; vgl. frz. ,rompre une lance avec quelqu'un'.

Für jem. (etw.) eine Lanze einlegen (brechen): für jem. (etw.) sich mit Wort oder Tat einsetzen, ihn (es) verteidigen (ebenso: ,ein gutes Wort einlegen'); vgl. frz. ,rompre une lance pour quelqu'un' oder besser: „... pour quelque chose'. Der Ausdr. knüpft an Realvorstellungen aus dem ma. Turnierwesen an. Das Wort Lanze kommt dar erst um 1200 als Lehnwort aus dem Frz. ins Dt. Erst bei Fischart ist der Ausdr. ,eine Lanze einlegen' bezeugt, und im übertr. Sinne ist die Redewndg. erst seit der 2. H. des 18. Jh. gebräuchl. Bei dem Ostfranken Wirnt von Grafenberg heißt es zwar schon 1204 im ,Wigalois': „(er) valte (brach) da sîn lanze"; und im ,Titurel' Wolframs wird vom ,lanzenkrach' gesprochen. Sonst aber heißt es im Mhd. stets ,sper' oder ,spiesse brechen', und ,diu sper under die arme slahen', der Technik des Speerhaltens beim Turnier entspr.: die Lanze wurde zwischen den rechten Oberarm und die rechte Brust eingelegt; am Brustpanzer war mitunter sogar ein besonderer Haken befestigt, der die Waffe tragen half.

Die Wndg. *die ersten Lanzen werfen,* die in lat. Form bei Erasmus von Rotterdam belegt ist (,primas iactare hastas'), ist eine Art Terminus technicus der antiken Rhetorik und meint die ersten schlagkräftigen und gezielten Pointen und Argumente, die der Redner erst nach gemäßigtem Beginn anbringt.

Mit silbernen Lanzen zu fechten wird Philipp von Mazedonien von dem Orakel des pythischen Apoll auf die Frage nach seinen Siegeschancen geraten, d. h. dem König wird im Bilde nahegelegt, das Mittel der Bestechung und des Verrates anzuwenden. So ist auch für die korrupte Rechtspflege des 17. Jh. das Sprw. gebräuchl.: ,Mit goldener Lanze hebt man den Stärksten aus dem Sattel'.

Lit.: *A. Erler:* Art. ,Lanze', in: HRG. II, Sp. 1620–1622.

Lappen. *Durch die Lappen gehen:* entwischen, entgehen, entkommen; eigentl.: die Absperrung durchbrechen. Diese Rda. stammt aus der Jägersprache, aus der so manche Rdaa. hergeleitet werden können (vgl. Busch, Garn, Latein, Leim; etwa auch ,durch die Latten gehen'). Um das Wild am Ausbrechen aus dem Jagdrevier zu hindern, wurden auf Treibjagden bunte Zeuglappen zwischen den Bäumen aufgehängt, vor denen die Tiere zurückscheuten. Dennoch brach das Wild gelegentlich aus und ging dann ,durch die Lappen'. Lappen als Schrecktücher zum Umstellen des Wildes erwähnt bereits 1579 M. Sebiz (,Feldbau' S. 563): „Zum Betrug (des Wildes) gehören Garn und Netze, und die man zum Gewild gebraucht, nendt man auf weidmännisch Wildseil, Wildgarn ... Wehrtücher oder Lappen". Im Jagdbuch von H. F. v. Göchhausen 1741 werden die Vorkehrungen beschrieben, um „sich das Wild zuzulappen". Im übertr., auf Menschen bezogenen Sinne wird die Rda. erst seit dem

,Durch die Lappen gehen'

18. Jh. gebraucht. Bei Wilhelm Raabe findet sie sich z. B. in ,Prinzessin Fisch' (Kap. 11): „... als ich Eltern, Geschwistern ... durch die Lappen ging".

Ein neues Kleid mit einem alten Lappen flicken (und umgekehrt) sagt man, wenn zwei nicht zusammenpassende Dinge unsinnigerweise miteinander verbunden werden. Die Rda. bezieht sich auf das bibl. Gleichnis bei Luk. 5,36: „Niemand flickt einen Lappen von einem neuen Kleid auf ein altes Kleid; sonst zerreißt er auch das neue, und der Lappen von dem neuen paßt nicht zu dem alten".

Den Lappen neben das Loch setzen: etw. ungeschickt anfassen. *Am Lappen halten* ist seit 1554 belegt und heißt soviel wie sparen, sogar an minderwertigen Lappen festhalten.

Sich auf die Lappen machen: sich auf den Weg machen, sich entfernen (ebenso ,sich auf die Socken machen'). Mit den Lappen sind hier die Fußlappen gemeint, mit denen man den Fuß umwickelte.

Aus den Lappen in die Plunnen: vom ↗ Regen in die Traufe (Braunschweig).

Lappen als Schelte ist sehr früh gebräuchl. Abraham a Sancta Clara weiß folgendes zu erzählen: „Ein Frauenzimmer... hat dem guten Alten etlichmal eine Labetkarten ums Maul geschlagen, und ist wohl viel, daß dem armen Lappen die Nasen nit geblutet". Im 16. Jh. wurde in Basel sündhaften Männern und Frauen der ,Schandlappen' umgehängt. So wird bei Hans Sachs die Wndg. *jem. einen Schandlappen ↗anhängen* gebraucht i. S. v.: jem. die Ehre abschneiden. Mdal. sind im Rheinl. die Schelten ,Trauerlappen' und ,Schmachtlappen' bekannt. Die mdal. verschieden gebrauchte Wndg. ,Lappländer' soll einen bald liederlichen, auch wunderlich gekleideten, bald auch einen ungeschickten Menschen bezeichnen (vgl. Lappsack, Lappschwanz, Lapphannes, Laban usw.). Es handelt sich hier wohl um einen geographischen Wortwitz, in dem die Tendenz sichtbar wird, für einen bestimmten Typ die Festlegung in der Nation zu finden. Dabei dienen der lautliche Anklang und die Struktur des Wortes als Länder- und Herkunftsname zur Herstellung des Ausdr. Ähnl. sagt man von einem läppischen Menschen: *Er ist von Lappenhausen.* Schon 1453 wird im ‚Ring‘ des Heinrich Wittenweiler das Dorf Lappenhausen genannt, und auch Hans Sachs schließt an diese sprechende Ortsbez. an:

Pey Rappersweil im Schweizerland
Da ligt ein Dorff gar weit erkand,
Das man zu Lappenhausen nennt,
Darin gar leppisch Pauern sent.

Lappen kann auch für ‚Ohrlappen‘ stehen; daher *einem ein paar hinter die Lappen geben:* ihm ein paar Ohrfeigen versetzen (ndd. ‚up de Lappen geben‘).

‚Die paar Lappen‘ heißt es am Niederrh. verächtlich für einige wenige Geldscheine von geringem Wert.

‚Jedem Lappen gefällt sein Kappen‘: Das Sprw. ist schon Anf. 18. Jh. in den ‚Teutschen Arien‘ (S. 304) bezeugt.

Eine österr. Rda. bezieht sich dagegen auf einen einfältigen harmlosen Menschen: ‚Armer Lapp, b'halt nur dei närrische Kapp‘. Ähnl. auch die jüngere Bez. ‚Jammerlappen‘ für jem., der sich oft u. laut beklagt.

Lit.: *G. Jungbauer:* Art. ‚Lappen‘, in: HdA. V, Sp. 905–908; *H. Rausch:* ‚Durch die Lappen gehen‘, in: Der Sprachfreund 4 (1955), Nr. 4; *L. Röhrich* u. *G. Meinel:* Rdaa. aus dem Bereich der Jagd und der Vogelstellerei, S. 319; *L. Schmidt:* Sprw. dt. Rdaa., in: Oesterr. Zs. f. Vkde., N.S. 28 (1974), S. 108–109.

läppern. *Es läppert sich zusammen:* aus vielen kleinen Beträgen ergibt sich eine beachtliche Summe; bei der Rda. ist an ↗ Lappen, also an kleine Stoffstückchen, zu denken, aus denen etw. Größeres zusammengeflickt werden kann. Das Wort ‚Lappen‘ nimmt spätestens im 18. Jh. die Bdtg. einer wertlosen Kleinigkeit an, in Dtl. wurde es bes. z. Zt. der Inflation auch zur Bez. des Papiergeldes gebraucht.

Larifari. Leeres Gerede (meist auch in der Absicht, jem. etw. vorzumachen). Das Wort steht in Wndgn. wie *Das ist doch Larifari,* oder *mach kein Larifari.* Im Schwäb. kennt man die Rda. ‚Es ist Larifari wie des Weberwiblis Habermus‘. Solche lautmalenden Wortbildungen sind im Bereich des Spielerisch-Sinnlosen durchaus geläufig (vgl. lirum-larum, Brimborium, Klimbim, papperlapapp, Schlendrian usw.). Wahrscheinlicher ist aber die Herkunft aus der musikalischen Technik.

In der ital. Solmisation sind la-re-fa Tonbez. Trällernde Gesangstöne werden in alten Volksliedaufzeichnungen mit lōri fā angedeutet, eine Messe im 15. Jh. mit La re fa re. Hier ist schon die Form erreicht, die in Wien 1719 als ‚leeres Geschwätz‘ fest geworden erscheint. Abraham a Sancta Clara meint: „Ein Wax ist die Welt, man truck darein, was man will, so ists doch nichts als Lari fari und Kinderspiel“. Seit dem Ende des 18. Jh. trägt der Hanswurst in Wien auch den Namen Larifari.

‚Eine Larifari-Einstellung haben‘: mangelndes Interesse an den Tag legen, die Dinge recht oberflächlich betrachten.

Lit.: Zs. f. dt. Wortf. 2, S. 23; *Göhring,* Nr. 219, S. 124; *Schulz-Basler:* Fremdwb. (1942), 2,9; *Kluge:* Etymol. Wb., S. 423.

Lärm. *Lärm schlagen:* die Leute auf etw. aufmerksam machen (oft mit einer abwertenden Note i.S.v.: künstlich aufregen). Die Wndg. geht auf einen militärischen Terminus technicus zurück und bewahrt die urspr. Bdtg. von Lärm, womit eigentl. ‚Alarm‘, d.h. der Ruf zu den Waffen, ital. all'arma, frz. à l'arme, gemeint ist (frühnhd. larman, lerman). Es war vor allem in den Kriegen des 16. und 17. Jh. die Wndg., mit der man zu den Waffen rief. Hans Sachs dichtet:

Josua kompt mit sein Volk und
schreyn:
Lerman, Lerman, dran, dran, dran!
In Gottes Namen greif wir an.

1558 heißt es bei Lindener im ‚Katzipori‘ schon im übertr. Sinn: „Und hebt der Pfaff noch den selbigen Tag ein Lerman an“.

Bes. häufig sind rdal. Vergleiche mit Lärm, z.B. ‚ein Lärm wie auf dem poln. Reichstag‘, ‚lärmen wie die Gänse auf dem Kapitol‘, ‚wie die Berserker‘, ‚wie die Wilden‘, ‚er macht mehr Lärm als ein Kesselschmied‘. Der rdal. Vergleich ‚lärmen wie die Schweidnitzer Büchse‘ geht auf einen chronikalischen Bericht von 1488 über eine Schweidnitzer Kanone zurück, die von 43 Pferden gezogen worden sein und 3 Zentner schwere Kugeln verschossen haben soll.

Im Sinne des Nichterfülltwerdens bedeutender Ankündigungen oder der Unangemessenheit zwischen Aufwand und

Ergebnis werden folgende Redewndgn. gebraucht: ‚Viel Lärm um nichts‘ (Shakespeares Komödientitel; vgl. Plautus: ‚verba sine penu et pecunia‘ = Worte ohne Nährwert und Geld). In der Oberlausitz sagt man: ‚Viel Lärm und keine Hochzeit‘ (vgl. ‚viel ↗ Geschrei und wenig Wolle‘). ‚Sie macht einen Lärm wie die Henne vor Tage‘; ‚er lärmt wie die Frösche im Winter‘ (nämlich gar nicht); ähnl.: ‚er lärmt wie ein Dieb im Pferdestall‘, ‚als wenn die Katze ein Ei legt‘.

‚Lärmmühle‘ oder ‚Lärmkulisse‘ sind neue Bez. eines sehr lauten Motorrades oder einer ohrenbetäubenden Veranstaltung.

Lit.: *A. Perkmann:* Art. ‚Lärm‘, in: HdA. V, Sp. 914–917.

Larve. *Einem die Larve (Maske) abreißen (abziehen)* oder *vom Gesicht reißen:* ihn in seiner wahren Gestalt zeigen, ‚entlarven‘, seine Absichten enthüllen; vgl. frz. ‚arracher le masque à quelqu’un‘. Eine ähnl. Wndg. findet sich schon bei Luther: „Habe ich wollen die Larven anzeigen, die Herzog George aufgesetzt hat, damit sie die Mummerei kennen“. Schon die Römer haben diese Wndg. in übertr. Sinne gebraucht: ‚personam detrahere capiti‘ (Martial 3, 43, 4). Joh. Georg Forster verwendet 1791 in seinen ‚Ansichten vom Niederrhein‘ die Ausdr. „hinter der Larve der Demokratie versteckt“ und „hinter der bedeutsamen Larve ein Schafsgesicht verstecken“, was an die lat. Wndg. ‚pulchra larva cerebrum non habens‘ (= ein schönes Gesicht ohne Verstand) erinnert. Schiller sagt in der ‚Macht des Gesanges‘: „Des Jubels nichtiges Getöse verstummt und jede Maske fällt“, in den ‚Räubern‘ heißt es: „Er ist’s trutz seiner Larv“. Grillparzer schreibt: „Ich würde unbedachtsam kühn die schöne Larve vom Gesichte reißen“. Hölderlin spricht im ‚Hyperion‘ von „dem Kriege, den man unter der Larve des Friedens führt“.

Im 17. Jh. schon wandelt sich Larve auch zur Bez. des Trägers; in Schwaben sagt man: ‚Die hat eine schöne Larve‘, und meint damit das Gesicht eines Mädchens; das Mädchen bez. man auch pars pro toto als Lärvchen. Im Rheinl. sagt man: ‚Schlag ihm eine an die Larv‘ (ins Gesicht). Larve steht für Gesicht auch im Schweiz., wo ‚eine Larve machen‘ ein Gesicht schneiden heißt. Ein schweiz. Spruch warnt: ‚I schön G’sichtli vergaff di nit, ’s chönnt au e Larvli si‘.

Ebenso häufig ist die entspr. Wndg. *die Larve (Maske) fallen lassen (ablegen):* sein wahres Gesicht zeigen, seine Tarnung preisgeben, seinen wahren Charakter erkennen geben, seine Absichten enthüllen; vgl. frz. ‚jeter …‘ oder ‚lever le masque‘ oder ‚ôter son masque‘. ↗ Maske.

Last. *Einem etw. zur Last legen:* jem. etw. als Schuld anrechnen; *einem zur Last fallen.* Diese und ähnl. Wndgn. können im wörtl. und übertr. Sinne eine ‚Belastung‘ meinen, aber auch auf die Kaufmannssprache zurückgehen, in der ‚Last‘ und ‚Belastung‘ die ‚Debetseite eines Kontos‘, d. h. eine Zahlungsverpflichtung, bedeuten. Sicher zur Kaufmannssprache gehören die Rdaa. *einem etw. zu Lasten schreiben* und *jem. mit soundso viel belasten.*

‚Die Last des Daseins‘ ist ein bekannter rdal. Topos. Das Wort Last wird spätestens seit frühnhd. Zeit als reale wie übertr. Bez. für alle möglichen Formen von Belastung verwendet (vgl. das lutherisch-neutestamentliche „Einer trage des anderen Last“). In Mdaa. und Sondersprachen wird das Wort neben der allg. Bdtg. noch für spezielle Bez. gebraucht, vor allem für verschiedene Gewichts- und Mengenbez. So ist das ins Grastuch eingebundene Viehfutter, das die Bäuerin auf dem Kopf trägt, eine Last. Von hier rührt dann der drohende Kraftausdr. ‚Ich trete dir en Bruch wie’n Last Klee‘, der im Rheinl. verbreitet ist. Allg. sagt man: ‚Man hot sei Last‘, d. h., man hat es nicht leicht im Leben. ‚Mit dem kriegste noch (dein) Last‘, prophezeit man vor allem Eltern bzgl. ihrer mißratenen Kinder; es kann sich auch auf kommende Krankheiten richten. Bereits im 16. Jh. ist im Schweiz. gebucht ‚in ein groß Last kommen/difficultatem incurrere‘, in schwere Händel geraten.

Die Last zur Bürde nehmen: eine kleine Belastung abschütteln, dafür aber eine um so größere aufnehmen müssen. Auch rdal. Vergleiche, die meist iron. Sinn haben und

Ungewöhnliches verbinden, sind mdal. sehr verbreitet: ,Er hat ne Last wie en Zinngießer'; ,er hat seine Last wie Kimmels Hund'; ,er hat seine Last wie ein Reffträger'. Im Sprw. heißt es: ,Das Ende trägt die Last', was soviel bedeutet wie: ,Das dicke ↗ Ende kommt nach' und ,Man soll den ↗ Tag nicht vor dem Abend loben'.

lästig. *Jem. lästig sein,* auch: *etw. als lästig empfinden:* beschwerlich, unangenehm sein. Das spätmhd. Adj. ist eine Ableitung zu ,Last' u. hat später die Bdtgn. von unbequem, störend u. zudringlich angenommen.
Nicht lästig fallen wollen (werden): keine Mühe machen wollen, z.B. als Gast, oft als Formel bescheidener Ablehnung eines Angebots zu hören. Häufig sind die rdal. Vergleiche: *lästig wie die Fliegen (Schmeißfliegen, Mücken)* u. *lästig wie Fußpilz,* die auch übertr. Bdtg. besitzen.
Etw. als lästige Pflicht betrachten: etw. ohne jede Begeisterung tun, ähnl.: *eine lästige Aufgabe erledigen müssen.* Auch ein Kind, das als bes. unruhig u. störend empfunden wird, kann als ,lästig' bez. werden.

Latein. *Mit seinem Latein am Ende sein:* nicht mehr weiterwissen, keinen Rat mehr wissen, sich festgefahren haben, aber auch: des bloßen Geredes überführt sein; vgl. frz. ,en être au bout de son latin'. Im selben Sinne ist die Rda. *Dem geht das Latein aus* zu verstehen; vgl. frz. ,Il y perd son latin': Er weiß sich keinen Rat mehr.
Anstoßend für den rdal. Gebrauch des Wortes Latein war die Funktion des Lat. im ma. Gelehrten- und Bildungsbetrieb. So steht Latein in den genannten verbreiteten Rdaa. in übertr. Sinne ganz allg. für Wissen und Wissenschaft.
Die Wndg. *Latein reden* bez. ,hohe Kunstfertigkeit'; vgl. das Sprw.: ,Wer Latein kann, kommt durch die ganze Welt', d.h., Latein als Sprache der Kirchenmänner u. Rechtsgelehrten hatte Weltgeltung u. entspr. Autorität.
Die Bdtg. kann allerdings auch ins Gegenteil umschlagen; Latein bedeutet dann das Verkehrte, Verzwackte, Umständliche, bis zum bloßen Gerede: *Sag dein Latein auf:* sag, was du weißt, es wird nicht viel sein, es ist doch bloß äußerlich einstudiert. *Das ist kein gut Latein:* das ist nicht gut gemeint, nicht gut gesprochen. Im Sinne von dummem und schlechtem Gerede bringt Seb. Franck (1541) folgende Sprww.: ,Wein redt vil, aber bös Latein' und ,Wein – spricht man – redt Latein'. In Gutzkows ,Ritter vom Geiste' 1850/51 heißt es: „das kommt mir lateinisch vor", das ist mir unklar (↗ spanisch).
Jem. das Latein sagen: ihm etw. sehr deutlich, grob sagen. In der ,Zimmerischen Chronik' (16. Jh.) finden sich z.B. folgende Wndgn.: „Daß mich der Mann nicht ergreif und mir die Vesper auf Latein pfeif"; „... sondern ihm ein Latein sagen, daß er ihn ein andermal zufrieden wird lassen". In den heutigen Mdaa. hat sich diese Bdtg. z.T. noch rdal. erhalten. Im Rheinl. z.B. sagt man für deutlich werden auch: ,Von Jesus up Latein sprechen'. Der Ausdr. *Küchenlatein* (frz. ,Latin de cuisine') für schlechtes Latein mag aus dem Munde gelehrter Humanisten stammen, die sich auf ihr klassisches Latein etw. einbildeten gegenüber dem Latein, das in Klosterküchen gesprochen wurde. So erscheint die Wndg. 1521 bei Joh. Eberlin von Günsberg und 1523 bei Luther. *Jägerlatein* bez. zunächst die Sondersprache des Jägers, dann aber auch die beliebten Aufschneidereien erzählfreudiger Waidmänner. *Krämerlatein* ist die scherzhafte oder verächtliche Bez. der Kaufmannssprache als Sondersprache.

,Jägerlatein'

Auf lat. Zehrung gehen: sich selbst zu Gaste laden, was schweiz. vor allem Studenten und Geistlichen nachgesagt wird.

Ebenso schwäb. ‚auf lat. Zehrung gehen‘, betteln; vgl. die altels. Rda. ‚ufm latinische Tappe reise‘, d. h. als fahrender Schüler Geistliche und Klöster aufsuchen und sich so durchs Ländchen essen und betteln.

Zu vermerken sind ferner folgende rdal. Vergleiche: ‚Der spricht Latein wie Wasser‘; so sagt man in Aachen von einem Schwätzer und Angeber. Allg. ist im Rheinl. verbreitet: ‚Der spricht Französisch wie die Kuh Latein‘ (vgl. frz. ‚Il parle français comme une vache espagnole‘); ‚das versteht er wie die Katze Latein‘, nämlich gar nicht.

Lit.: *D. Liebs:* Latein. Rechtsregeln u. Rechtssprww. (München 1983); *R. Schmidt-Wiegand:* Art. ‚Rechtssprache‘, in: HRG. III, Sp. 344–360, hier insbes. 352 f.

Laterne. *Etw. mit der Laterne suchen:* etw. mühsam suchen; dagegen: *etw. mit der Laterne am Tage suchen:* etw. Unsinniges, Selbstverständliches tun, etw. Längstbekanntes als Neuigkeit preisen, ‚offene Türen einrennen‘; älter in der Form: ‚die Laterne bei Tage anzünden‘. Brant im ‚Narrenschiff‘ (28, 1) verspottet solche Verkehrtheit:

Der ist eyn narr, der macht eyn für
(Feuer),
Das er dem sunnen schyn geb stür
(Unterstützung),
Oder wer fackeln zündet an
Vnd will der sunnen glast zu stan
(unterstützen).

Diogenes, der griech. Zyniker (gest. 323 v. Chr.), verachtete die Menschen so sehr, daß er am hellichten Tage einen Menschen mit der Laterne suchen zu müssen vorgab. Daher Spiegelberg in Schillers ‚Räubern‘ (II, 3): „Lösch deine Laterne aus, schlauer Diogenes! – du hast deinen Mann gefunden“. Dagegen der Kapuziner in ‚Wallensteins Lager‘ (8. Auftr.):

Aber wer bei den Soldaten sucht
Die Furcht Gottes und die gute Zucht
Und die Scham, der wird nicht viel finden,
Tät‘ er auch hundert Laternen anzünden.

In rhein. Mda. heißt es: ‚So findschte käne, un wenn de om helle Dag met der Laterne rumgehscht‘.

Wem der *Kopf wie eine Laterne* ist, dem ist es heiß im Kopf. Els. bedeutet ‚eine Laterne haben‘ im Rausch scharf sehen. Rhein. ‚er hot de Laterne un‘ (an), er hat Rotz aus der Nase hängen.

Ihm geht eine Laterne (Stallaterne) auf: ihm geht ein ↗ Licht auf, er beginnt zu begreifen.

Laternenpfahl. *Mit dem Laternenpfahl winken:* mit dem ↗ Zaunpfahl winken. Die Rda. kann natürlich erst in der 2. H. des 18. Jh. mit der Einführung der Straßenbeleuchtung aufgekommen sein. Sie findet sich z. B. in dem Briefwechsel zwischen Adalbert v. Chamisso und Helmine v. Chézy (hg. v. Petersen und Rogge, Berlin 1923, S. 44): „Die Staël ... winkt mir schmeichlerisch mit einem Laternenpfahl“. Zunächst war es wohl der Wirt, der allzu seßhaften Gästen diesen Wink gab. ‚Die Laterne is angebrannt‘ sagt obersächs. der Wirt zu seinen Gästen, um sie zu veranlassen, nach Hause zu gehen, ↗ heim.

Sich hinter einem Laternenpfahl ausziehen können: sehr dünn und schlank sein.

Latsche. *Sie passen zusammen wie ein Paar alte Latschen* (d. h. Pantoffeln, Hausschuhe) sagt man obersächs. von einem alten Ehepaar, das sich gut miteinander eingelebt hat, doch auch von anderen gut harmonierenden Personen.

Aus den Latschen kippen: umfallen, ohnmächtig werden, aber auch: sprachlos sein, ähnl. wie ‚von den ↗ Socken sein‘.

Latte. *Mit der Latte laufen:* ein Narr sein, in engerer Bdtg.: toll sein vor Liebe. Belegt ist der Ausdr. z. B. 1728 bei Daniel Stoppe (‚Gedichte‘ Bd. 2, S. 199): „Wer mit der Latte läuft und sich als ein Narr stellt“. Der Sinn der Rda. wird kulturgeschichtlich klar, wenn man sich unter Latte die Leimstange oder Leimrute des Vogelfängers vorstellt. Gestützt wird diese Gleichsetzung dadurch, daß im 16. Jh. die Rda. auch in der Form ‚mit der Leimstange laufen‘ im selben Sinne ganz gebräuchl. war. Diese Form wird im 17. Jh. bei Heinrich Julius von Braunschweig lit.: „Barmherziger Gott, wie leuft der Kerl mit der Leimstangen“, d. h., was ist er doch für ein Narr. Der ‚Leimstäng-

ler' war in der Komödie des 16. und 17. Jh.
die typische Figur des verliebten Gecken,
der in närrischem Aufzug mit Leimrute
oder -stange als Mädchenjäger umherlief,
um sie wie Vögel einzufangen. ↗ Leim.

Einen auf der Latte haben: betrunken sein,
mag sich scherzhaft auch noch auf die
Leimstange beziehen, mit der man einen
Vogel fängt. Die Rda. bedeutet aber auch:
es auf einen abgesehen haben, einen nicht
leiden können, jem. scharf beobachten.
Hier dürfte vielleicht an die Fixier- und
Visierlatte des Landmessers oder des Ar-
tilleristen als tertium comparationis gedacht sein. Latte kann hier aber auch im
Sinne des ↗ Kerbholzes verstanden werden, auf dem man noch jem. als Schuldner
hat. So heißt ,etw. auf der Latte haben'
auch: Schulden haben. Latte wird ferner
als Mengenbez. für Geld gebraucht: ,eine
Latte Geld', eine Stange Geld. Im Bair. ist
im Sinne des Kerbholzes bekannt: ,einem
eine Latte zahlen', einem die Zeche zahlen. Man sagt dort auch: ,Er hat eine lange
Latte', er hat viele Zechschulden, oder:
,rechnen Sie die Latte zusammen', machen Sie die Rechnung. Im Rheinl. sind
,Lattenschulden' Borgschulden. ,Man
schlägt einen an die Latte', wenn man
über den Durst und auf Pump trinkt, wobei der letztere Sinn in der Rda. heute
meist verlorengegangen ist, so daß sie nur
noch als ein flottes Kraftwort gebraucht
wird.
Er hat eine Latte zuviel: er ist verrückt.
Verständlich wird diese Rda., wenn man
an die verwandte Form denkt: ,Der hat
einen Dachsparren zuviel', wobei Kopf
und Verstand mit dem Dach verglichen
werden. *Der hat sie nicht alle auf der Latte*
besagt dasselbe. *Latten schneiden:* schnar-
chen; vgl. auch ,sägen' in der gleichen
Bdtg.
Lange Latte nennt man einen langen, hageren Menschen; *eine tapezierte Latte* ist
ein geckisch aufgeputzter hagerer
Mensch.
Einen auf die Latten legen: einen ins Gefängnis stecken. Die Rda. knüpft an den
älteren Ausdr. ,Lattenarrest' an, der so
nach der mit Latten ausgelegten, primi-
ven Gefängniszelle genannt ist; vgl. ,an
die Latten kommen', von der Polizei erwischt werden. Im Schwäb. ist ,August

mit der Latte' der Landjäger, wobei Latte
als ironisierender Ausdr. für jede Art von
Waffe, hier für das Gewehr, fungiert. Im
Rheinl. nannte man den Degen des Feld-
webels ,Lättchen'.

Durch die Latten gehen: entwischen, ist
wohl eine lautliche Analogiebildung zu
,durch die ↗ Lappen gehen', wobei hier
nun aber Latten als Lattenzaun verstanden werden.

,Über den Latten gehen' besagt in Augsburg: die Grenzen des Anstandes überschreiten; vgl. schweiz. ,aus der Latte
springen', aus der Rolle fallen, wobei eine
Anknüpfung an die ma. Turnierschran-
ken (↗ Schranke) denkbar wäre, aber nicht
gesichert ist.

Lit.: *L. Röhrich* u. *G. Meinel:* Rdaa. aus dem Bereich
der Jagd und der Vogelstellerei, S. 323.

Latz. *Jem. eine vor den Latz knallen* (oder
donnern, hauen): auf die Brust schlagen,
ihn ohrfeigen. Latz meint hier das Brust-
stück der Männer- oder Frauentracht;
etwa seit 1920 belegt. Entspr. *sich innerlich
vor den Latz geknallt fühlen:* sich beleidigt
fühlen, sich Selbstvorwürfe machen
(Küpper); vgl. ,jem. eine vor den Hals
hauen'; ,jem. eine vor den Kahn hauen',
ihn tätlich angreifen.

Laube. *Fertig ist die Laube* (oder auch: *Kiste*): die Sache ist fertig, abgemacht, eigentl.: rasch erledigt, ebenso schnell, wie
eine Gartenlaube aus wenigen Brettern
gezimmert wird. Diese berl. Rda. hat allg.
Verbreitung gefunden und wird meist am
Schluß eines Berichtes gebraucht, um anzudeuten, daß alles glatt geht (auch mit
dem Akzent minderer Qualität des Erle-
digten oder Hergestellten), oft mit einem
scherzhaften Zusatz: ,aber jrün is se
(noch) nich'. Obersächs. auch in erweiterter Form: ,Da packen mer'sch in 'ne Kiste,
un fertig is de Laube'; ↗ Lack, ↗ Laden.

laufen. *Sich auf dem laufenden (er-)halten,*
auch *auf dem laufenden sein:* sich immer
über alle Neuigkeiten und Fortschritte un-
terrichten. Die Rda. verdankt ihre Entstehung einem Übersetzungsfehler: sie soll
das frz. ,au courant' wiedergeben, wobei
hier ,courant' = Strömung, Lauf der Welt
bedeutet.

933

‚Den Sozialismus in seinem Lauf
hält weder Ochs' noch Esel auf'

Auf etw. zu laufen wissen: sich mit etw. beschäftigen u. daraus seinen Lebensunterhalt gewinnen, wie der Seiltänzer, der auf
dem Seile läuft, d. h. eine schwierige u. gefahrvolle Aufgabe meistert.

Nach etw. lange laufen müssen, auch *von
Pontius zu Pilatus laufen müssen:* viele (erfolglose) Wege (Anstrengungen) unternehmen müssen. *Etw. läuft:* eine Angelegenheit ist in Angriff genommen worden,
es geht etw. vor, eine Arbeit geht ohne
Hindernisse voran. Die Frage *Was läuft?:*
was geht vor? ist im Halbwüchsigent. der
Ggwt. üblich und vermutlich dem Roulet-
tespielerjargon entnommen, in dem die
Frage bedeutet, welche Chance im Augenblick günstig sei. Die Wndg. kann aber
auch mit dem Ablauf einer Filmspule in
Verbindung gebracht werden, so daß ihr
Urspr. nicht gesichert erscheint. *Alles laufen lassen:* tatenlos zusehen, sich nicht um
eine wichtige Angelegenheit kümmern,
nichts unternehmen, um einer Sache Ein-
halt zu gebieten, um eine drohende Gefahr abzuwenden; eigentl. einen ins Rollen gekommenen Wagen nicht bremsen;
vgl. frz. ‚laisser courir'.

Zahlreich sind die rdal. Vergleiche, von
denen Wander (II, Sp. 1813 ff.) sehr viele
anführt, z. B. *Er läuft darüber hin wie der
Hahn über die Kohlen:* sehr schnell und
vorsichtig; *er läuft davon wie der Teufel vor
dem Kreuz:* er flieht voller Abscheu und
Entsetzen; *er läuft wie ein Faßbinder*
(↗ Bürstenbinder): er muß sich wie ein
Faßbinder beeilen, der dem rollenden
Faß die Reifen antreibt. Die schweiz. Rda.
‚Er laufft uff dütsche Sohle' meint: er hat
die Schuhsohlen durchgelaufen.

Schieflaufen ↗ schief.

Ferner: ‚laufen wie auf Eiern', ‚wie der
Bettelmann', ‚wie ein Huhn im Regen',
‚wie ein Krämersgaul', ‚wie ein Salz-
männle', ‚wie ein Storch im Salat'. ‚Laufen
wie ein Döpken' (Kreisel, d. h. ebenso reibungslos); ‚laufen wie ein Hamster im
Rad', d. h. vergeblich, ohne Effizienz.
‚Wissen, wie der Hase läuft': Bescheid
wissen, ↗ Hase. ‚Nachtigall, ich hör dir
laufen': du bist durchschaut, ↗ Nachtigall.

Laufenburg. *Von Laufenburg sein:* rasch
davonlaufen, es bes. gut verstehen, sich
etw. Unangenehmem, Gefährlichem zu
entziehen. Die schweiz. Rda. ‚Er het nach
Laufeburg appelliert' meint: er ist heimlich durchgegangen, geflohen. Die
Wndgn. haben den Namen der Stadt Laufenburg am Hochrhein zu einem Wortspiel verwendet, in der scherzhaften Annahme, daß die Einwohner dieses Ortes
bes. gut zu laufen verstehen müßten.

Lauffeuer. *Sich wie ein Lauffeuer verbreiten:* sehr schnell, bes. von Nachrichten,
Gerüchten gesagt; vgl. frz. ‚se répandre
comme une trainée de poudre'. Lauffeuer
sind eigentl. bei Fernzündungen und
Feuerwerken gebräuchl.: in áneinander-
gehängten Röhren, in die Pulver geschüt-
tet ist, verbreitet sich das Feuer sehr rasch;
urspr. wurde das Pulver auch als Strich
auf den Boden ausgestreut (so seit 1617
bezeugt). Nicht als Urspr. der Rda.
kommt in Betracht die im 18. Jh. als Lauffeuer bez. Art des Gefechtsschießens, bei
dem ein Mann nach dem andern vom Flügel aus sein Gewehr abfeuerte. In übertr.
Sinne ist die Wndg. seit dem Ausgang des
18. Jh. belegt.

W. Heinse verwendet die Rda. im ‚Ardinghello', (1794, 1, 84) bereits im übertr.
Sinne, doch immer noch in enger Anlehnung an ihren Ursprung: „alles dies u.
mehr ging aus meinem Munde wie ein
Lauffeuer, leis, aber mächtig in ihr Ohr".
Ähnl. auch ein Beleg bei Jean Paul: „eine
Nachricht fliegt wie ein Lauffeuer durch
die Stadt" (‚Der Komet', 1820–22, 2, 41).
Später, als man den Urspr. der Rda. nicht
mehr verstand, ist sie mdal. hier und da
verdreht worden, z. B. schweiz. ‚es god
umme wie nes Laubfür' (wobei man an

einen Waldbrand denkt), obersächs. ‚dergleichen Sachen liefen wie ein Lohfeuer in der Stadt herum'.

Laufmasche. *Du hast wohl eine Laufmasche im Auge* (oder *im Gehirn*): du kannst wohl nicht richtig sehen, bzw. du bist wohl nicht recht bei Verstand, Mitte 20. Jh.

Laufpaß. *Einem den Laufpaß geben:* ihn wegschicken, entlassen, abweisen; vgl. frz. ‚donner à quelqu'un son congé'. Der Laufpaß, früher auch ‚Laufzettel', war der Paß, der den Soldaten bei der Entlassung ausgestellt wurde und der ihnen bei der Suche nach Arbeit als Ausweis diente (18. Jh.). In übertr. Sinne ist die Wndg. seit dem Ausgang des 18. Jh. bezeugt. Ähnl. lauten die Worte des Ministerialangestellten La Roche in Schillers ‚Parasit' (I, 2): „Mein Platz ist vergeben. Seit gestern abend hab' ich meinen Laufpaß erhalten". Die Rda. hat einen negativen Beiklang; sie wird heute meistens dann gebraucht, wenn ein Mädchen einen Mann abweist oder wenn ein Ehepartner den andern verläßt.

Lauge. *Einen mit scharfer Lauge waschen:* ihn scharf tadeln, ihn tüchtig ‚herunterputzen', ‚jem. den ↗ Kopf waschen'; ähnl. *einem scharfe Lauge aufgießen; einen mit Lauge taufen.* Der Ausdr. läßt in diesen Wndgn. geht auf die Badegepflogenheiten des 16. Jh. zurück. So sagt die Heldin in Paul Rebhuhns Drama ‚Susanna' (1536), was neben Seife, Öl und reinem Tuch zum Baden gehöre:

Eine reine laug,

Die zu meinem haubte taug.

Doch wird der Ausdr. schon in derselben Zeit in übertr. Bdtg. rdal. gebraucht. Bei Joh. Fischart findet sich in der ‚Geschichtklitterung': „Das ist Laug für seinen Kopf", d. h., so muß man ihn behandeln; das wird bei ihm wirken. Burkard Waldis sagt 1527 in seinen Äsopischen Fabeln: „Sie sind alle mit der Lauge begossen", i. S. v. sie sind alle hereingefallen (vgl. ‚wie ein begossener Pudel'). In einem Stuttgarter Kodex aus dem 16./17. Jh. heißt es von der Stadt Ulm: „Es seye dieser Ketzerstatt schon etlichmal ein Laug übergossen worden, sie müsse einmal aus-

gerieben werden". Bei Abraham a Sancta Clara findet sich: „mit der gleichen Lauge gewaschen werden" = gleiches Schicksal mit jem. erdulden müssen. Das heute verbreitete Sprw. ‚Auf einen grindigen Kopf gehört scharfe Lauge' ist in ähnl. drastischer Form schon bei Chr. Lehmann im ‚Florilegium politicum oder politischen Blumengarten' (Lübeck 1639) verzeichnet: „Offt ist zum unsinnigen Kopff kein besser Recept, als ein rot Laug". Auf ital. heißt es jedoch resignierend: ‚Chi lava la testa all'asino, perde il ranno ed il sapone' = ‚Wer dem Esel den Kopf wäscht, vergeudet die Lauge und die Seife'.

Die Lauge seines Spottes über jem. ausschütten: ihn scharf verspotten. Der humanistische schwäb. Dramatiker Nikodemus Frischlin (1547–90) warnt: „Hoffkatzen ... grüssen die Leut freundtlich under Augen, Dahinter giessen sie ein Laugen". 1647 bei Joh. Gerlingius (‚Sylloge adagiorum' Nr. 24): „Aceto perfundere (wörtl.: ‚mit Essig übergießen'). Einen hönisch oder für einen Jecken halten". Bei Peter Rosegger heißt es 1875 im ‚Waldschulmeister': „Seine Predigten sind scharf wie Lauge".

Laus. *Einem eine Laus in den Pelz setzen:* ihm Ärger, Schwierigkeiten bereiten, auch: sein Mißtrauen erregen, ihm etw. weismachen. Die Rda. ist im 19. und 20. Jh. noch ganz geläufig. Der ältere Sinn der Rda. entspricht aber keiner der heutigen Bdtgn. ‚Einem Läuse in den Pelz zu setzen', das war soviel wie ‚Eulen nach Athen tragen' (↗Eule), d. h. etw. völlig Überflüssiges tun, denn in einem Pelz waren natürlich schon vorher Läuse, und man brauchte sie nicht erst dorthin zu bringen. Das entspricht durchaus den äl-

‚Laus im Pelz'

teren kulturgeschichtl. Tatsachen. In
Seb. Brants ‚Narrenschiff' heißt es: „Es ist
nit not, daß man Leuß in den Belz werf, sie
wachsen wol on das darin". Das Bild will
hier sagen: ein Übel, das ohnehin fast von
selbst kommt, muß man nicht noch eigens
herbeiführen. Bei Geiler von Kaysersberg
heißt es 1514 im ‚Irrig Schaf' (D l a):
„Man darf (= braucht) nit lüs in den belz
setzen, sie wachsen selbs darin". Das
17. Kap. von Murners ‚Schelmenzunft'
von 1512 trägt sogar die Überschrift:
„Leuß in beltz setzen" und beginnt:

Es wer nit not, alß ich das schetzen,
Schiltecht leuß (= Schildläuse) in
                       beltz zu setzen:
Sy wachsendt selber dryn zu handt.

In der ‚Schelmenzunft' findet sich auch
eine hierzu gehörige Holzschnittill., die
einen Mann zeigt, der sich die Läuse vom
Kopf nimmt und sie in den Pelz setzt.
Abraham a Sancta Clara sagt im ‚Judas'
(III, 415): „Die Laus ... soll man auf kein
Weiß in den Beltz setzen, dann sie kriecht
selber daran". Die Rda. ist noch in anderen Variationen geläufig, z. B. ‚die Laus im
Bart haben', in eine unangenehme Sache
geraten sein. Els. ‚Suech mer ken Lüs am
Kopf', kümmere dich nicht um meine Sachen. Bei Jer. Gotthelf findet sich die
Wndg. ‚einem Läuse hinter die Ohren setzen', d.h. jem. etw. Dummes einreden
(vgl. ‚einem einen ↗ Floh ins Ohr setzen').
‚Eine Laus im Ohr haben' bedeutet dagegen auch: ein schlechtes Gewissen haben.

Häufig dient die Laus auch als Bild des
Kleinen und Unbedeutenden: *nicht die
(rote) Laus:* nicht die geringste Kleinigkeit
(Leipzig); *das ist nicht drei Läuse wert;*
ndd. ‚se hätt nich moal e Luus enm Bos-
sem', sie ist ein sehr armes Mädchen
(ohne jede Mitgift); westf. ‚du kannst mi
keen Lus abstarven laten', du kannst mir
nichts anhaben; schwäb. ‚bei dem hält
keine Laus mehr', er ist so verkommen,
daß selbst das Ungeziefer ihn flieht. Bei
Luther findet sich in den ‚Tischreden' die
Wndg.: „aus einer Laus ein Kamel machen" i.S.v. ‚aus einer Mücke einen Elefanten machen'.

Die Wndg. *die Laus nicht um einen Taler
geben* ist bei J. G. Schottel 1663 in der
‚Ausführlichen Arbeit von der Teutschen

‚Einem eine Laus in den Pelz setzen'

HaubtSprache' belegt und soll urspr. den
Bettlerhochmut ausdrücken; sie hat sich
in den Mdaa. z. T. noch lebendig erhalten:
holst. ‚de Lus nicht um en Daler gewen',
sich viel einbilden; rhein. ‚dem es ken Lus
für 'n Daler feil'.

*Besser eine Laus im Kraut (Kohl, Pott) als
gar kein Fleisch:* man muß mit dem Geringsten vorliebnehmen (eigentl. ist hier
die Blattlaus gemeint); vgl. engl. ‚better a
louse (mouse) in the pot, than no flesh at
all' u. frz. ‚Un „Tiens" vaut mieux que
deux „Tu l'auras"' (wörtl.: Besser ist es,
etw. in den Händen zu halten, als auf etw.
Fragwürdiges zu hoffen). Die zunächst
modern anmutende Wndg. findet sich in
gleicher Formulierung schon in Joh. Fischarts ‚Geschichtklitterung': „Besser ein
Lauß im Kraut als gar kein Fleisch". *Wie
die Laus im Grind (Schorf) sitzen:* klein,
aber frech und anmaßend, auch: unver-
dient in guten Verhältnissen leben (vgl.
‚wie die ↗ Made im Speck'). Schon bei
Geiler von Kaysersberg heißt es 1510 im
‚Has im Pfeffer': „Sitz ich als ein Laus im
Grind", d. h. wie ein kleiner Mann in üppi-
gen Verhältnissen. Luther umschreibt den
Stolz des Gemeinen und Minderwertigen:
„Indes müssen wir leiden, daß die Laus im

Grind sich dicke weide, und im alten Pelz auf Stelzen gehet". Im Rheinl. heißt es noch: ,frech wie die Laus im Grind', und das Sprw. sagt hier: ,Die Welt ist ein Grindkopf, und wir sind die Läus druf'. Gegenüber lächerlichem und unangemessenem Großtun sagt man auch: ,Er prangt wie die Laus auf dem Samtkragen'.

Es ist ihm eine Laus über die Leber gelaufen: er ist verärgert, erbost; sächs. ,die Laus leeft iwern Buckel'. Auch dieses Bild kennt Geiler von Kaysersberg 1510 (,Spinnerin' b 2b): „Wenn dir ein laus über die leber ist gelaufen, das du allwegen den beichtvater damit (mit dem Bücherlesen) betriebest, mach dir selbs ein buch in deinem kopf". Urspr. sagte man nur: ,Es ist mir etw. übers Leberl gekrochen' (oder: geloffen); so noch im Bair. Die Rda. beruht auf der volkstümlichen Vorstellung von der Leber als Sitz der leidenschaftlichen Empfindungen (↗ Leber). Die später geläufige Einsetzung des Wortes Laus, hier wieder den kleinen, geringfügigen Anlaß, die Nichtigkeit meint, entspricht der Vorliebe des rdal. Ausdr. für den Stabreim.

Ein Zeichen von Kleinlichkeit und Übergenauigkeit ist es, wenn man *der Laus Stelzen macht.* Hier geht eben die Differenzierung zu weit (vgl. ,die Flöhe husten hören'). Joh. Fischart sagt im ,Bienenkorb': „Sie wollen allzeit ein Laus schinden und wissen doch nit wie viel sie Füß hat", d.h., wer schon in differenzierten Dingen mitwirken will, soll wenigstens etw. davon verstehen. Die Wndg. *die Laus um den Pelz schinden* ist ein Ausdr. besonderen Geizes, der sich darin zeigt, daß einer selbst das kleinste Tierchen wegen eines geringfügigen Gewinnes schindet. Als witzige Pointe kommt bei dieser Rda. hinzu, daß die Laus ja keinen Pelz hat. Der Geizhals wird als ,Läuseknicker' bez. Schon bei Hans Wilh. Kirchhoff findet sich 1581 im ,Wendunmuth': „(ein Geiziger), der umb den Balg ein Lauß geschindet hette"; vgl. das Grimmsche Märchen KHM. 212 (Nachlaß) ,Die Laus'. Wenn jem. für etw. ganz und gar nicht geeignet ist, sagt man: *Er paßt dazu wie die Laus zum Brieftragen,* ein rdal. Vergleich, der sich von selbst deutet. Von einem heruntergekommenen Menschen heißt es: ,Er

geht wie die Laus am Stecken'. *Er hat's im Griff wie der Bettelmann die Laus* sagt man scherzhaft von einem gewohnten, tausendmal geübten Handgriff (↗ Griff).

In Wien u. im österr. Umland sagt man: ,Was größer ist als eine Laus, trägt man nach Haus'; entspr. berl.: ,Watt besser is wie 'ne Laus, det nehm ik mit nach Haus'.

Die Läuse werden sich erkälten heißt es, wenn jem. die Kopfbedeckung nicht abnimmt. ,Ir liewe Leis (eigentl. ihr lieben Leute), wat Fleh!' ist im Rheinl. Ausdr. einer iron. Bewunderung. Die scherzhafte Wirkung beruht auf dem Wortspiel von ,Leute' und ,Läuse', die dann, die Ironie steigernd, desillusionierend von den Läusen nicht weiter als bis zu den Flöhen gelangt.

Auch als Schelte wird die Laus häufig verwendet (z. B. Lausejunge, Lausebengel, lausekalt, Lausenest = Kleinstadt, Lauserechen oder -harke = Kamm). Im Kinderreim des Nahegebietes heißt es:

Schimbe, Schimbe (Schimpfen) dout
net weh!

Wer mich schimbt hot Leis un Fleh.

Leis un Fleh gen Wanze

Solle dem domme Schimber om Kob
erom danze.

Eine rheinhess. Schelte findet sich in Carl Zuckmayers ,Schinderhannes' (3. Akt): „Läus sollste kriege unn e kurz Ärmche, daß de nit kratze kannst". Im Rheinl. sagt man den durstigen Kindern (seit dem ausgehenden 19. Jh.): ,Trink nicht soviel Wasser! Du kriegst Läus in den Bauch!'; gemeint ist wohl: davon wird der Bauch kribbeln, als wären Läuse darin. Als Ludwig Uhland mit dem Stadtbibliothekar Robert Naumann die Leipziger Biere probierte, lehnte er das eine ab mit den Worten: „Von dem Bier kriegt mr Läus", d. h., es bereitete ihm Kribbeln am Kopf. Wenn man bei Müdigkeit einen Juckreiz am Kopf verspürt, sagt man Kindern, man habe *Schlafläuse.*

Jem. zerquetschen wie eine Laus: ihn im Handumdrehen vernichten. Die Wndg. wird meist als grobe Drohung verwendet.

Eine Brust haben, daß man eine Laus darauf knacken kann: eine feste, stramme Brust haben.

,Ik denke, mir laust der Affe' ↗ Affe.

Von einer ,lausigen Kälte' ist die Rede,

wenn es bitterkalt ist. Hier wird das Adj. ,lausig' zur Steigerung gebraucht. Bad. ,I ha Lüs un du häsch Lüs', d. h. wir sind quitt. ,I las mr kai Luus in de Pelz setze': ich lasse mir keine Schwierigkeiten machen, ich lasse mir nichts anhängen. Daneben die Schimpfwörter: ,Lausbub', ,Lauser' oder ,Lausnickel'.

Lit.: *Wander* II, Sp. 1822–1829; *Göhring*, Nr. 220, S. 124 (mit zweifellos irriger Erklärung); *O. Keller:* Die antike Tierwelt (Leipzig 1913), S. 395–398; *A. Wirth:* Art. ,Laus', in: HdA. V, Sp. 933–938; *L. Röhrich:* Sprw. Rdaa. in bildl. Zeugnissen, S. 74; *L. Schmidt:* Sprw. dt. Rdaa., in: Österr. Zs. f. Vkde., N.S. 28 (1974), S. 109.

Laute. *Jem. die Laute schlagen:* jem. seine Liebe beteuern u. erweisen. Lit. bei Seb. Brant im ,Narrenschiff' (62,7):

und schlagen luten vor der tür,
ob gucken well die mütz har für.

Übertr. erot. Bdtg. zeigt sich deutlich in dem ,Reuterliedlein' Nr. 62 u. im ,Fastnachtsspiel' (239,32):

Ich kan ir auf der lauten geschlagen
des ir die knie begunden wagen.

Einen Lautenschlager im Busen haben: innerlich froh und gelöst sein; eine heimliche Freude oder stille Liebe haben, aber auch: ein gutes Gewissen besitzen. Bei Egenolff (63ᵇ) heißt es: „Mancher hat im hertzen sitzen ein lauten schlaher mit seim kritzen, das er muss gumpen und auch blitzen on alle vernunfft mit wenig witzen". Murner schreibt: „Sie hat mirs wol so süss geschlagen, das ich vom dantz lieff narren jagen, der hat ein lautenschlaher sitzen, wenn sie will, so muss er lauffen" (,Von einem verliebten Narren', in Kloster, IV, 835). Vgl. die schwed. Rda. ,Han haar en lutenist i barmen'.

Von den schlechten Lautenspielern heißt es bei Gryphius: „Wer nicht recht spielen kann, dem schlägt man die Lauten am Kopf entzwei". Mit musikalischen Nichtskönnern geht man ins Gericht: ,Der Esel will die Laute schlagen, weiß doch nicht zu fassen den Kragen'. Auf die Griffe kommt es vor allem an: „Wie Luthenschlager hab ich's im Griff" (Jörg Wickram), und Luther schreibt: „Nichts gewisses haben sie jr lebtag gehabt, denn solche jre eigen weissagung, sie hattens am griffe wie die fiddeler". Als Sprw. heißt es: ,Mancher will die Laute schlagen

und weiß kein Griff nicht'. Häufig ist der rdal. Vergleich ,Der paßt dazu wie der ↗Esel zum Lautenschlagen', gereimt: ,Der Esel soll nicht Lauten schlagen, er soll die Säcke zur Mühle tragen', es gibt nur Unheil, wenn sich ein Unberufener mit Dingen abgibt, denen er nicht gewachsen ist.

Lit.: *M. Willberg:* Die Musik im Sprachgebrauch, in Sprww., in Rdaa. …, in: Die Muttersprache (1963), S. 201 ff.; *D. Müller:* Untersuchungen zur Symbolik der Musikinstrumente im Narrenschiff des Seb. Brant (Regensburg 1982), S. 37–54.

läuten. *Er hat etw. läuten hören:* er hat davon reden hören, weiß aber nichts Genaues; er hat noch nichts Endgültiges gehört, nicht das Ganze erfaßt, sein Wissen bleibt oberflächlich. Die Rda. ist verkürzt aus einer urspr. längeren Wndg.: ,Er hat etw. läuten hören, weiß aber nicht, wo die Glocken hängen'; in anderen Versionen: ,Er hat läuten hören, weiß aber nicht wo', ostpr. ,Hei heft wat lüdde gehört, wêt aber nich ön welk Kärch (ön welken Derp)', ,er hat läuten hören, aber nicht zusammenschlagen'. In dieser letzten Form war die Rda. schon Luther bekannt. In Chr. Weises ,Kleine Leute' findet sich die Wndg.: ,Der liebe Herr Bürgermeister hat läuten hören, aber er weiß nicht in welchem Dorfe". Mit einer anderen der schon angeführten Fortsetzungen findet sich die Rda. bei Friedrich Nicolai in den ,Briefen, die neueste Literatur betreffend' (1761–67): „Wenn ein Kenner der Malerei etwas anderes davon sagen kann, als – um mit einem Gottschedischen Kern- und Sprichworte zu reden – der Verfasser habe die Glocken läuten gehört und wisse nicht, wo sie hängen". Lessing tadelt einen Kritiker: „Wenigstens hat der, von welchem sich diese Berichtigung herschreibt … nur läuten hören, ohne im geringsten zu wissen, wo die Glocken hängen". Goethe schreibt aus Italien: „Von dem deutschen Kunstsinn und dem dortigen Kunstleben kann man wohl sagen, man hört läuten, aber nicht zusammenklingen". Diese Formulierung führt auch zur Erklärung der Rda.; ihr kulturgeschichtl. Hintergrund ist nämlich der alte kirchliche Brauch, nach dem zum Hauptgottesdienst zunächst zweimal mit einer einzelnen Glocke und erst beim dritten

Male mit sämtlichen Glocken zusammengeläutet wurde. Eine Art Ill. der Rda. bietet H. Chr. Andersens Märchen ‚Die Glocke‘. Die Bdtg. der verschiedenen Glockenzeichen ist nur dem Eingeweihten bekannt. Noch ohne auf unsere Rda. Bezug zu nehmen, schreibt Geiler von Kaysersberg in seinen ‚Brösamlein‘ (1, 44a): „Wenn man sunst in den Rat lütet, der ein Ratsherr ist, der verstot dabei, das er in den Rat sol gon, wer ein frembder Man, der da wißt nit, was das Lüten bedüte, er hörte die Glocken wol“. Positiv gewendet, hört man die Rda. *Davon habe ich etw. läuten hören.* Der Sinn bleibt aber der gleiche: davon weiß ich, aber nichts Genaues.

Die Bdtg. des Läutens als Zeichen zeigt auch die rhein. Rda. *Für dich hat's geläutet:* für dich ist es Zeit geworden zu verschwinden. *Die gehen für's Läuten in die Kirch* sagt man im Rheinl. von einem Brautpaar, das bereits vor der Hochzeit zusammen lebte. Von dem, der lieber ins Wirtshaus als in die Kirche geht, heißt es: ‚Er geht lieber in *die* Kirch, wo mit den Gläsern (beim Zuprosten) zusammengeläutet wird‘. Wer sich zwischen zwei Dingen nicht entscheiden kann und beide zugleich möchte, ‚will zugleich läuten und mit der Prozession gehen‘. Meist von den Spielzeugen der Kinder sagt man: ‚Sie halten von 11 bis Mittag, es muß aber gleich läuten‘, d.h. sie halten keine Stunde. Die Wndg. geht auf das im Dorf gewohnte Mittagsläuten um 11 und um 12 Uhr zurück und ist vor allem im Rheinl. und in Schwaben weit verbreitet. ‚Et laid Schoof‘ oder ‚et laid op et Schoof‘ sind rhein. mdal. Umschreibungen für das Läuten der Totenglocke; sie beziehen sich darauf, daß die Toten früher auf Stroh aufgebahrt wurden, ↗ Schoof.

Dem Esel zu Grabe läuten ↗ Esel.

Lit.: *K. Helm:* Art. ‚Läuten‘, in: HdA. V, Sp. 938–950; *M. Willberg:* Die Musik im Sprachgebrauch, in Sprww., in Rdaa. …, in: Die Muttersprache (1963), S. 201ff.; weitere Lit. ↗ Glocke.

Lawine. *Eine Lawine ins Rollen bringen (lostreten):* eigentl. eine große Schneemasse (Geröll, Schlamm) an einem Bergabhang zu Tal stürzen lassen, die immer schneller gleitet u. erbarmungslos alles

‚Eine Lawine ins Rollen bringen‘

mit sich reißt u. unter sich begräbt; in übertr. Bdtg.: Schuld an einer unheilvollen Entwicklung tragen, leichtfertig etwas in Bewegung setzen, das eine unaufhaltsame Eigendynamik entwickelt. Das Wort ‚Lawine‘ ist im 18. Jh. aus dem Schweiz. entlehnt. Es beruht auf räto-roman. ‚lavina‘, das auf mittellat. ‚labina‘ zu lat. ‚labi‘ = gleiten, rinnen zurückgeht. Die Erfahrung lehrt, daß oft eine Kleinigkeit (ein falscher Tritt, ein Ruf, ein Schuß) im Hochgebirge genügt – ‚kleine Ursache – große Wirkung‘ –, um eine Lawine auszulösen.

Von einer Lawine überrollt werden: machtlos einer plötzlich aufbrechenden Gewalt gegenüberstehen, von den Ereignissen mitgerissen werden u. sich vor dem Untergang nicht retten können, z.B. bei revolutionären Unruhen, bei kriegerischen Auseinandersetzungen, bei betrügerischem Bankrott oder Börsenkrach u. Währungsverfall.

Leben, leben. *Mit dem Leben davonkommen:* dem Tode knapp entgehen; diese Rda. ist bibl. Urspr. (2. Makk. 3,38); vgl. frz. ‚S'en tirer la vie sauve‘.

Nur das nackte Leben retten (können): nichts weiter als sich selbst unter Verlust allen Besitzes.

Sein Leben teuer verkaufen: sich heftig

wehren und dabei dem Gegner große Verluste zufügen.

Mit dem (seinem) Leben spielen, auch sein Leben aufs Spiel setzen: sich bewußt in Gefahr begeben, eigentl. sein Leben als höchstes Pfand bei einem Spiel zum Einsatz geben. Die Rda. erinnert an die verzweifelte Anstrengung eines Spielers, der bereits alles verloren hat, in einem letzten Einsatz, wobei er die Freiheit seiner Person aufs Spiel setzt, das Glück doch noch zu zwingen; vgl. frz. ‚mettre sa vie en jeu‘.

Sein Leben für jem. oder *etw. einsetzen:* so entschlossen kämpfen, daß man dabei auch die Gefahr für das eigene Leben in Kauf nimmt. An diese Einsatzbereitschaft knüpft auch die rdal. Beteuerungsformel ‚ich könnte mein Leben für ihn geben‘ an.

Jem. ans Leben wollen steht dagegen für jem. töten wollen. Daraus abgeleitet auch in der Bdtg. einer ernsthaft zugespitzten Lage oder als Begründung für die eigene Verteidigung: schwäb. ‚Wenn's eim an's Lebe gaht, wehrt man si‘. Auch von einer großen Anstrengung oder Anfechtung heißt es ‚'s gaht mir am Lebe 'rab‘.

Sein Leben hängt an einem (seidenen) Faden, ↗ Faden, ↗ Damoklesschwert.

Schwäb. ‚um sei Lebe gib i kein' Kreuzer meh‘: es steht schlecht um ihn, er hat sein Leben verwirkt oder er ist sterbenskrank.

Die Wndg. *jem. das Leben sauer machen* stammt aus der Bibel. Bei 2. Mos. 1, 13–14 heißt es: „Und die Ägypter zwangen die Kinder Israel zum Dienst mit Unbarmherzigkeit und machten ihnen ihr Leben sauer mit schwerer Arbeit …“

Schweiz. ‚eim z'Leid lebe‘: ihn beständig ärgern und schädigen. Dagegen ‚eim z' G'falle lebe‘, veraltet hd. ‚seines Gefallens leben‘: immer zu seiner Zufriedenheit handeln. *Einem zu Willen leben* hieß früher, ihm stets zu Willen zu sein.

Er lebt in einer anderen Welt: er ist der Wirklichkeit entrückt, merkt nicht, was um ihn herum vorgeht. Ähnl.: *auf dem ↗ Mond (in den Wolken), in einer Traumwelt leben, wie auf einem fremden Stern leben.*

Mitten (oder *mit beiden Beinen*) *im Leben stehen:* in jeder Hinsicht aufgeschlossen sein, sich keinen Träumereien und unerreichbaren Wünschen hingeben, sondern tatkräftig zupacken und nicht verzagen.

Dagegen bedeutet die ndl. Rda. ‚in het leven zijn‘ von der Unzucht leben.

Rhein. ‚op grussem Fuss lewen‘, *auf großem Fuß leben* bedeutet zu großem Aufwand treiben, *über die Verhältnisse* (auch *aus dem Vollen*) *leben.*

Neuere Wndgn. sind: *etw. ins Leben rufen:* etw. gründen, den Anstoß zu einer Entwicklung geben; *jem. ins Leben einführen:* in die Welt der Erwachsenen, in die Gesellschaft einführen, jungen Menschen wichtige Bekanntschaften vermitteln, sie in ihrer persönlichen Entfaltung fördern; *Leben in die Bude bringen:* Langeweile und Trübsinn durch fröhliche Betriebsamkeit verdrängen, ausgelassene Stimmung in einer Gesellschaft verbreiten.

Schwäb. ‚Lebe zeige‘ bedeutet munter, lebhaft sein, insbes. beim Umgang mit dem anderen Geschlecht, auch in der verneinenden Form ‚der zeigt jetzt au kei bißle Lebe‘.

Aussehen wie das (blühende) Leben: gesund, kräftig aussehen. *Von Leben strotzen, vor Leben sprühen (bersten):* vital, tatendurstig sein. ‚Es lebt alles an ihm‘ sagt man von einem quirligen Menschen, dessen Glieder in steter Bewegung sind. ‚Ein Leben machen (haben)‘ bedeutet in Schwaben ein Getue, Aufhebens, Lärm machen, daraus ‚ein Leben mit einem haben‘: ihn zu etw. drängen. *Ein (sieben) Leben haben wie eine Katze,* schweiz. ‚zwei Lebe ha‘: ein zähes Leben haben.

Das ist zum Leben zuwenig und zum Sterben zuviel heißt es von geringen Einkünften, wenn sie gerade das Existenzminimum sichern.

Im Schatten leben müssen: in Sorge und Not. *Kaum zu leben haben, von der Hand in den Mund leben, sich mühsam durchs Leben schlagen* bezeichnen ärmliche, schwere Lebensverhältnisse. Ähnl. *nicht leben und nicht sterben können:* nur so dahinvegetieren, oft in der Bdtg. eines langen Siechtums oder permanenter Armut gebraucht.

Nicht von der Luft leben können: gewisse Einkünfte haben müssen. Die Rda. wird oft als Entschuldigung gebraucht, wenn eine Rechnung als zu hoch beanstandet wird: ‚Ich kann doch (mit meiner Familie) nicht von der Luft leben‘.

Man sagt auch als Warnung für junge

Leute: *von der Liebe allein kann man nicht leben,* man müsse sich von etw. ernähren können, d. h. einen Beruf haben. Denn es heißt auch scherzhaft von Verliebten, die in höheren Regionen zu schweben scheinen, sich für lebensnotwendige Dinge zeitweise nicht interessieren und sogar den Hunger vergessen, daß sie *von der Luft und der Liebe leben;* vgl. frz. ,vivre d'amour et d'eau fraîche' (wörtl.: von der Liebe und vom frischen Wasser leben).

Jem. lebt (nur) von der Luft: er ißt sehr wenig. Früher glaubte man, daß geistig-moralisch bes. hochstehende Menschen, wie Heilige, durch Gnade von den niederen irdischen Verdauungsvorgängen frei wären und sich durch ,geistige Nahrung' ernähren könnten. Später übertrug man dies auch auf bes. zarte und feine oder kränkliche Menschen. So bei Goethe: „daß sie gleichsam nur von der Luft lebte, sehr wenig aß". Aber auch in der Naturwissenschaft hielt sich diese Meinung lange. Geradezu eine wissenschaftsgeschichtliche Köstlichkeit stellt die Entwicklung der diesbezüglichen Ansichten über das ↗Chamäleon dar: Im 1. Jh. n. Chr. berichtet Plinius d. Ä. in seiner ,Naturgeschichte', daß das Chamäleon oft stundenlang mit erhobenem Kopf und offenem Maul dasitze und weder esse noch trinke, sondern ausschließlich von der Luft lebe. Und noch am Anfang des 13. Jh. hieß es in Freidanks ,Bescheidenheit' schlicht aber grundsätzlich: „gamâlion des luftes lebt". Ende des 16. Jh. schließlich mußte Camerarius unter dem Eindruck der verfeinerten Naturbeobachtung einen Kompromiß zu der noch immer als unangreifbare Autorität geltenden Lehre des Plinius finden. So bestätigt er auch, daß das Chamäleon von der Luft lebe, gesteht ihm jedoch zu, daß es gleichsam als „Zwischenmahlzeit" zwischen seinen luftigen Hauptmahlzeiten (!) auch Fliegen, Ameisen und andere Insekten zu sich nehme. Erst im Zedlerschen Lexikon i. d. 1. Hälfte des 18. Jh. fand die tatsächliche Ernährungsweise des Chamäleons angemessene Beachtung.

Nicht ohne jem. leben können: den Partner unbedingt brauchen; diese Wndg. ist auch als Liebesbeteuerung häufig; vgl.

frz. ,ne pas pouvoir vivre sans quelqu'un'. *Zu leben wissen:* die Gesetze des Anstandes beobachten, es verstehen, sich das Leben angenehm zu machen; vgl. frz. ,savoir vivre' sowie das frz. Substantiv ,le savoir-vivre' (der Anstand); *dem Leben die besten Seiten abgewinnen. Das süße Leben lieben:* Nichtstun und Luxus; bekannt auch durch den ital. Film ,La dolce vita'.

Er ist ein Lebenskünstler sagt man von einem Menschen, der das Leben geschickt zu meistern versteht. Dagegen: *nicht zu leben wissen:* an den Annehmlichkeiten des Lebens vorbeigehen.

,Bist au no bei Lebe?' ist eine scherzhafte Begrüßungsformel in Schwaben.

Auf die Frage nach dem Befinden hört man manchmal die neutrale Antwort: *Man lebt,* da man aus einer gewissen abergläubischen Scheu heraus vermeidet, sein Wohlergehen zu bestätigen; vgl. frz. ,On vit', ebenfalls als neutrale Antwort auf die Frage nach dem Wohlergehen, allerdings als Hinweis auf schlechte Gesundheit oder Schwierigkeiten.

,Lebe, wie me cha und mag und nüd, wie me möcht' ist eine schweiz. Rda. von armen Leuten.

Eine häufige Beteuerungsformel ist noch immer *So wahr ich lebe! Um's Leben nicht!* dient als Bekräftigung: unter keinen Umständen. In der Rechtssprache war auch die Wndg. ,bei Leib und Leben' (vgl. ↗Leib) gebräuchlich.

Die Lebensregel *leben und leben lassen:* selbst in Frieden gelassen werden wollen und anderen auch etw. gönnen, gebraucht Schiller im 6. Auftr. von ,Wallensteins Lager' lit. und läßt sie den ersten Jäger aussprechen.

Vgl. frz. ,Vivre et laisser vivre'. Die Wndg. *So etw. lebt nicht mehr!:* das ist doch nicht die Möglichkeit, ein Ausdr. ungläubiger Verwunderung, erscheint auch mit iron. Erweiterungen, z. B. heißt es oft: ,So was lebt, und Schiller mußte sterben!'; ↗Schiller.

Leben wie Gott in Frankreich ↗Gott. Wander (II, Sp. 1861 ff.) führt noch weitere zahlreiche rdal. Vergleiche an, z. B. *leben wie ein Fürst;* vgl. frz. ,vivre comme un prince'; *wie eine Laus im Grind, wie im Himmel, wie die Made im Speck, wie ein Hund, wie Hund und Katze* usw.

In den Tag hinein leben: ohne Ziel, planlos leben, sorglos das Leben genießen, ohne sich um die Zukunft Gedanken zu machen. *Ein neues Leben anfangen* bez. die guten Vorsätze (meist zum neuen Jahr), seinen Lebenswandel von Grund auf zu ändern.

Die norddt. Verkleinerungsform ‚lüttj Lewen' ist eine vertrauliche Bez. der männlichen Geschlechtsorgane.

Lit.: *W. Boette:* Art. ‚Leben', in: HdA. V, Sp. 952–956; *F. v. Lipperheide:* Spruchwörterbuch (Berlin 1962), S. 496–506; *Klaus Günther Just:* „Chamaeleonte Mutabilior", in: Antaios 12 (1971), S. 381–400; *M. Lurker:* Wb. d. Symbolik (Stuttgart 1979), S. 331–332.

lebendig. *Er nimmt's von den Lebendigen:* er läßt es sich teuer bezahlen. Neben dieser weitverbreiteten Kurzfassung der Rda., durch die ein Habgieriger charakterisiert wird, steht eine weniger geläufige längere Form: ‚Er nimmt's von den Lebendigen und den Toten'; vgl. auch hess. ‚Er nimmts aach von de Leawige, weil ers von de Dute net mehr kritt'. Auch sonst herrscht in den Mdaa. die Langform vor, z. B. rhein. ‚.. von den Doten is nix meh te kriegen' (vornehmlich von den Advokaten gesagt). Es fragt sich nun, welches die urspr. Fassung ist und welche Herkunft sie hat. Unter den genannten Versionen dürfte die hess. Fassung die geringste Aussicht haben, als alt zu gelten; der Kausalsatz ist zu verdächtig. Er sieht doch aus wie eine neu hinzugefügte Erklärung zu einer alten, schon nicht mehr ganz verständlichen Rda. – Die Wndg. ‚von den Lebendigen und den Toten' scheint an sich zwar einwandfrei; sie würde eben bedeuten: er nimmt's überall, wo er's nur bekommen kann, und scheut selbst vor den Toten nicht zurück. Allerdings wäre dann von hier aus die Kürzung auf die erste Fassung nicht recht zu verstehen. Man läßt doch nur dort etw. weg, wo der Rest allein zur Charakterisierung genügt. In diesem Fall wäre dann ‚er nimmt's (sogar) von den Toten' viel eher zu erwarten.

Diese Erwägungen legen den Gedanken nahe, daß die zuerst genannte Kurzform den Ausgangspunkt der Rda. darstellt. Ihr Sinn, wenn sie nicht als Kürzung einer längeren, sondern für sich bestehend ganz selbständig entstanden ist, kann dann nur der sein: Der Gierige nimmt das, was ihm von den Toten rechtmäßig zustehen würde, bereits zu deren Lebzeiten, also von den Lebendigen. Zum Verständnis dieser Wndg. könnte dann jener alte Rechtsbrauch verhelfen, nach dem beim Tode des Hörigen, Leibeigenen oder des Vasallen aus der Hinterlassenschaft das sog. Besthaupt (das beste Rind, das beste Pferd etc.) an den Herrn oder Lehnsherrn zu leisten war. Die Rda. wäre nach dieser Erklärung also zunächst eine Charakterisierung des harten, habgierigen Herren gewesen, der den Tod des Untergebenen nicht abwartete, sondern schon zu dessen Lebzeiten nach dem wertvollen Besitz griff. Dann fand eine Übertr. auf allgemeinere Verhältnisse statt, und schließlich wurde die Rda., als ihr urspr. Sinn verschwand, in verschiedener Weise ausgefüllt. Freilich kann diese Erklärung noch nicht als völlig gesichert gelten.

Lit.: *J. Grimm:* Dt. Rechtsaltertümer II, 509–521; *K. Helm:* Er nimmts von den Lebendigen, in: Hess. Bl. f. Vkde., 27 (1928), S. 205.

Lebensfaden ↗ Faden.

Lebenslicht. *Einem das Lebenslicht ausblasen (auspusten):* einem das Leben nehmen, so auch mdal. z. B. ‚heute werd dir de Lompe ausgeblosa'. *Der Tod hat ihm das Lebenslicht ausgeblasen:* er ist gestorben. *Er ist ausgegangen wie ein Licht (Lichtlein)* sagt man von einem schmerzlos Verschiedenen. Ähnl. ‚das Leben verlischt'; ‚der Lebensfunken glüht'. Das Lebenslicht wird humorvoll zur ‚Lampe' in der berl. Rda. *einen auf die Lampe gießen:* Alkohol trinken, sozusagen um die Brenndauer des Lebenslichtes zu verlängern, ‚solange noch das Lämpchen glüht'. (Vgl. den Schlager „Freut euch des Lebens, weil noch das Lämpchen glüht!"), ↗ Lampe. Seit alten Zeiten glaubt man das Leben des Menschen an ein Licht gebunden. Zwischen beider Dauer bestehen sympathetische Beziehungen: Stirbt der Mensch, erlischt auch sein Lebenslicht und umgekehrt. In der Volksüberlieferung ist diese Vorstellung allg. bekannt, und in sprw. Rdaa. hat sie sich bis heute erhalten. Schon die Israeliten sahen das Leben als Funken und Licht (1. Kön. 11,36; 15,4), das Sterben als Erlöschen

(2. Sam. 14,7; 21,17) an. Die griech. Kunst stellte den Tod mit der umgestürzten, erloschenen Fackel dar (vgl. Lessings Abhandlung ‚Wie die Alten den Tod gebildet‘). Dazu sind die sprachl. Wndgn. im Lat. heranzuziehen, die ‚lux‘ bzw. ‚lumen‘ im Sinne von Lebenslicht enthalten, z. B. ‚lucem exhalare‘. In diesen Umkreis gehört auch die Sage von Meleager, dem bei der Geburt verkündet wurde, er werde so lange leben, bis das auf dem Herde soeben angezündete Holzscheit vom Feuer verzehrt sein werde. Ebenso ist in der germ. Sage das Leben des Nornagest an das Verlöschen einer an der Wiege brennenden Kerze gebunden. Im Grimmschen Märchen vom ‚Gevatter Tod‘ (KHM. 44) brennen in der unterirdischen Höhle des Todes tausend und aber tausend Lichter, deren Länge sich richtet nach der Lebensdauer, die dem einzelnen Menschen noch beschieden ist. Die Lebenslichtvorstellung spielt auch im brauchtümlichen Leben bis heute eine Rolle: So viele Lebensjahre das Kind zählt, so viele Kerzen werden ihm auf den Geburtstagskuchen gesteckt. Das in der Mitte stehende Lebenslicht darf nur das Geburtstagskind selbst ausblasen. In anderen Gegenden darf man die Lichter vom Geburtstagskuchen überhaupt nicht ausblasen, schon gar nicht das in der Mitte stehende Lebenslicht, sondern muß sie bis zu Ende brennen lassen. Im Rheinl. kannte man ferner den Brauch, unmittelbar vor der Geburt des Kindes eine geweihte Kerze anzuzünden, und man deutete es übel aus, wenn das Kind nicht zur Stelle war, wenn das Licht erlosch. Erlischt die Altarkerze von selbst, so stirbt der Prediger innerhalb eines Jahres. Im Erzgebirge wurden bei der Aufbahrung der Leiche so viele Lichter angebrannt, als der Verstorbene vollendete Lebensjahre hinter sich hatte; die das letzte Lebensjahr bedeutende Kerze lag unangezündet und zerbrochen daneben. In dem Kinderspiel ‚Stirbt der Fuchs, so gilt der Balg‘ (vgl. Goethes gleichnamiges Gedicht) muß derjenige ein Pfand geben, in dessen Hand das letzte Fünkchen eines herumgereichten glimmenden Spanes erlischt. Unsere Rdaa. vom Lebenslicht sind auch lit. reich bezeugt. Schon bei Wolfram von

‚Tempus erit‘

‚Einem das Lebenslicht ausblasen‘

Eschenbach heißt es im ‚Willehalm‘ (416, 14) wortspielend:
    … bî liehter sunnen dâ verlasch
                                    (erlosch)
    manegem Sarrazîn sîn lieht,
in der Lohengrindichtung: „… und sluoc in, daz im muoste daz lieht erlschen“, wobei natürlich die Möglichkeit offenbleibt, daß ‚lieht‘ hier i. S. v. ‚Augenlicht‘ gemeint ist. Mit Sicherheit ist das Lebenslicht jedoch gemeint bei Gryphius (1698):
    … doch Chach der Mörder riß
    Den kurzen Faden ab und setzte Kling
                                und Zangen
    In unser Brust, er bließ
    Dies Lebenslichtlein aus, eh es die
                                Zeit verhangen.
Das Bild wurde von Schiller weiter ausgeführt in den Worten Franz Moors (‚Räuber‘ II, 1) über die geplante Ermordung seines Vaters: „Ein Licht ausgeblasen, das ohnehin nur mit den letzten Öltropfen noch wuchert – mehr ist’s nicht“. Wilh. Busch beschreibt den Tod des alten Kaspar Schlich in ‚Plisch und Plum‘ mit den Worten:
    Fällt ins Wasser, daß es zischt,
    Und der Lebensdocht erlischt.
Eine volkstümliche Hausinschrift in Tuttlingen (Württ.) lautet:

Bläst uns, o Welt, in deinem Haus
Der Tod des Lebens Lichtlein aus,
Wird am Geruch es offenbar,
Wer Talglicht oder Wachslicht war.

Lit.: *J. Grimm:* Rechtsaltertümer I, 151; *ders.:* Mythologie, S. 496; *W. Wackernagel:* Das Lebenslicht, in: Zs. f. d. A., 6 (1848), S. 280–284; *B. Kahle:* Seele und Kerze, in: Hess. Bl. f. Vkde., 6 (1907), S. 9–24; *Lessmann*, S. 35–38; HdA. V, Sp. 967–970, Art. ,Lebenslicht' von *Boette;* *H. Freudenthal:* Das Feuer im dt. Glauben und Brauch (Berlin u. Leipzig 1931), S. 154–171; *K. Ranke:* Idg. Totenverehrung, FFC. 140 (Helsinki 1951), bes. S. 248ff.; *R. W. Brednich:* Volkserzählungen u. Volksglaube von den Schicksalsfrauen, FFC. 193 (Helsinki 1964); *L. Schmidt:* Lebendiges Licht im Volksbrauch und Volksglauben Mitteleuropas, in: Volksglaube und Volksbrauch (Berlin 1966), S. 19–55; *H. Rölleke:* Rdaa. des Volks, auf die ich immer horche' (Bern u.a. 1988), S. 72.

Leberschau: Aus der Leber die Zukunft voraussagen

Leber. *Frisch (frei) von der Leber weg sprechen (reden):* freimütig, offenherzig, rückhaltlos, ohne Scheu sprechen, seinem Herzen Luft machen, seinen Ärger herausreden. In der ma. Medizin galt, ebenso wie schon im Altertum, die Leber als Sitz der Lebenssäfte und damit auch der Temperamente, insbesondere des Zornes. Die Rda. meint also eigentl.: durch freimütiges Reden die Leber von dem angehäuften Groll und der aufgespeicherten Galle erleichtern. Diese alte Auffassung der Leber hat sich in unserer Sprache noch bis ins 17. und 18. Jh. erhalten, wofür zahlreiche lit. Belege sprechen. Paul Fleming dichtet im 17. Jh.:

Vergebens ist uns nicht die Leber
       einverleibet.
Sie, sie ist unser Gott, der uns zum
       Lieben treibet,
Wer gar nicht lieben kann, der wisse,
       daß anstatt
Der Leber er faul Holz und einen
       Bovist hat.

oder:

Vor euch (der Geliebten Augen) zeucht
       Amor ein und aus
In meine Leber als ein natürlich Haus.

Auch Chr. M. Wieland weist noch auf die alte Bdtg. der Leber hin: „Die Leidenschaft, die sich in seinem Herzen oder – wie die Alten meinten – in seiner Leber zu bilden anfangen wollte …"; oder: „Gestehe, daß du um diese Zeit den unsichtbaren Pfeil schon in der Leber stecken hattest". In Schillers ,Räubern' heißt es: „Jetzt hat er einen Eid geschworen, daß es

uns eiskalt über die Leber lief". In der heutigen Umgangssprache hat sich diese alte Bdtg. der Leber ganz auf die Rda. ,frisch von der Leber weg reden' reduziert. Die Rda. ist in dieser Form seit dem 18. Jh. bezeugt, so in des Abenteurers Friedrich v. Trenck Lebensgeschichte (1787, hg. v. Gugitz, Bd. II, S. 5): „Hier sprach ich nun frei von der Leber weg". In Lessings ,Minna von Barnhelm' heißt es: „Denn einem Soldaten ist es schon recht, wenn man mit ihm von der Leber weg spricht". Und Nicolai schreibt an Lessing: „Sie müssen sie (Ihre Anmerkungen) ganz frei von der Leber weg sagen". Goethe schreibt am 8. April 1812 an Zelter: „Ich höre es gern, wenn Sie von der Leber weg referieren und urtheilen".

Die Mdaa. kennen daneben freilich noch zahlreiche andere Versionen, in denen von der Leber als dem Sitz des Gemütslebens die Rede ist, z.B. schwäb. ,e weich Leberle han', von weicher Gemütsart sein. Nach Ärger- und Zornausbrüchen sagt man im Schwäb.: ,s Leberle isch übergloffe' (vgl. auch die übergelaufene Galle). Dazu gehört auch die Rda. *Das muß herunter von der Leber:* ich will das Geheimnis nicht länger verschweigen. Von einem schlecht Gelaunten sagt man im Siebenb.-Sächs.: ,Et es em net öm de Lewer'. Die Leber kann sogar synonym mit Gewissen gebraucht werden. So besagt die Wndg. *einem auf die Leber reden:* ihm ins Gewissen reden; vgl. ,ich hab em die Lewer geschleimt (entschleimt)', ich habe ihm ,die ↗Leviten gelesen'.

Etw. frißt ihm an der Leber: er hat Kummer u. Ärger, ist voller Neid u. Mißgunst. Ähnl.: *Er hat etw. auf der Leber:* es drückt ihn eine Schuld, er ist sich eines Unrechts bewußt, sein Gewissen ist belastet. Dann aber auch iron. weiter abgewandelt: *eine trockene Leber haben:* oft durstig sein, immer Lust auf Alkohol haben; *die Leber auf der Sonnenseite haben:* gerne viel ↗trinken.

Eine jüngere lustig-spottende Weiterbildung ist die Rda. *Er spielt die gekränkte (beleidigte) Leberwurst:* er ist gekränkt, er schmollt. Zu der bereits bestehenden Rda. wurde dann hinterher eine ätiologische Erzählung erfunden, die die angebliche Entstehung der Wndg. schildert: Die Leberwurst platzte vor Ärger über ihre Zurücksetzung vor einer Blutwurst, die vor ihr aus dem Wurstkessel herausgeholt wurde (bezeugt für Obersachsen). Die ‚Wurst‘ wurde wohl erst angehängt, als man von der alten Anschauung der Leber nichts mehr wußte; vgl. auch *Es ist ihm eine Laus über die Leber gelaufen* (↗ Laus). Die Rda. *Er hat das Leberlein gegessen:* er muß schuld sein, ihm ist die Verantwortung zuzuschieben, geht auf den schon für das 11. Jh. bezeugten Schwank ‚von dem Schwaben, der das Leberlein gegessen hat‘ zurück (vgl. KHM. 81; Bolte-Polívka II, 151 f.). Ein Beleg findet sich bereits in Seb. Brants ‚Narrenschiff‘:

Wenn Ryter, Schriber gryfen an
Ein veißten, schlechten bürschen
(bäurischen) Man
Der muß die Leber gessen han.

In Joh. Fischarts ‚Flöhhatz‘ heißt es:

Aber ich bin unschuldig dessen,
Noch mus die Leberle ich han gessen
Und mus gethan han die gröst
Schmach.

Lit.: *Bargheer:* Art. ‚Leber‘, in: HdA. V, Sp. 976–985.

lecken. *Vorne lecken, hinten kratzen* sagt man für das Verhalten des heimtückischen Schmeichlers oder des falschen Freundes. Das Bild ist von der ↗ Katze auf den Menschen übertr. worden. Schon der Prediger Geiler von Kaysersberg warnt in seinen ‚Brösamlein‘: „Darumb so hüt du dich vor den Menschen, die da einen überzwerch ansehen, und vor denen, die fornen lecken und hinten kratzen“. Zur

‚Die gekränkte Leberwurst spielen‘

Beliebtheit der Rda. hat der Reim ‚Katzen – kratzen‘ wesentlich beigetragen. In Luthers Sprww.-Sammlung heißt es: „Hüt dich vor den Katzen, die vorne lecken und hinten kratzen“. Das Katzengleichnis findet sich auch in Sebastian Brants ‚Narrenschiff‘. Dort heißt es im Kapitel ‚von offlichem anschlag‘:

Es will jetzt rätschen (schwatzen)
jedermann
Und treiben solche Kaufmannschaft
(Handel, Geschäft),
Die vorne leck und hinten kratz‘.

Diese Klage über die ungetreuen Freunde stellt der Petrarcameister auch bildl. dar. Sein Holzschnitt bedarf allerdings der Erläuterung: Der links stehende Mann hat sich für das hinterhältige Werk der ↗ Katze geradezu präpariert, indem er den Oberkörper entblößt hat. Nun leckt ihm die Katze das Gesicht, und das Blut läuft an dem zerkratzten Rücken herab. Auch

‚Hüte dich vor den Katzen, die vorne lecken und hinten kratzen‘

,Hüte dich vor den Katzen, die vorne lecken und hinten kratzen'

die Darstellung rechts gehört zum Thema der falschen Freunde: Der Ritter in prächtiger Rüstung geht scheinbar eine Freundschaft mit dem Gelehrten ein, er reicht ihm die Hand und stößt ihm zugleich den Dolch in den Rücken. Das Bild rechts bestätigt also die Deutung der Katzen-Rda. links. Vgl. frz. ,lècher les bottes' oder ,... le cul de quelqu'un': einem schmeicheln. Von der Vorstellung, daß die Katze ihr Fell leckt, um sich fein und schön zu machen, stammt der rdal. Vergleich *wie geleckt* für einen geschniegelten Menschen, auch durchaus positiv für fein geputzte Gegenstände (z. B. ,der Fußboden ist wie geleckt'), und ,Lecker' für den Stutzer, obwohl im letzten Falle auch die abwertende Bdtg. des Speichelleckens (↗ Speichel) mitwirken kann. Luther fragt in seinen ,Tischreden': „Du junger Lecker wilt du uns strafen?" Kaspar Stieler dichtet 1660 in der ,Geharnischten Venus': „Die Worte blies mir Amor zu, der Lecker". Über die Malerei seiner Zeit urteilt Winckelmann im 18. Jh.: „die geleckte Manier einiger von Raffaels Landsleuten". ,Gelecki' kann aber auch im guten Sinne gebildet, formvollendet bedeuten und steht dann in der Nähe der Tiersage, nach der die Bärin ihrem Jungen erst durch Lecken seine Form gibt, ↗ Bär.
Vgl. dagegen frz. ,un ours mal léché'

(wörtl.: ein schlecht geleckter Bär): Bez. für einen unflätigen Menschen.
Wilhelm Busch benutzt dieses Motiv auch in seiner komischen Zoologie.
Ein ,ungeleckter Mensch' ist also ein ungebildeter Mensch ohne Umgangsformen. H. Heine schreibt: „Der deutsche Edelmann, dem sie (seine Form) von der bärenleckenden Lutetia mühsam eingeübt worden".
Das Maul nach etw. lecken (,ein Leckermaul sein') oder *die Finger danach lecken* als Ausdr. der Lüsternheit ist 1691 bei Kaspar Stieler in der ,Teutschen Sprache Stammbaum und Fortwachs' gebucht: „Das Maul lecken, gustum alicuius rei capere ... Du leckst alle deine fünf Finger danach, dulcedinis huius rei desiderio nunquam non capieris"; vgl. frz. ,s'en lécher les doigts'. Von jem. der ein günstiges Angebot ausgeschlagen hat, sagt man: ,Der würde noch einmal die Finger danach lecken'. Im Sprachkommentar des Joh. Mathesy findet sich die Wndg. bereits 1586: „... hernach aber, wenn sie gefreiet und zu Hause sitzen, lecken sie die Finger danach" (↗ Finger). In einem Fastnachtsspiel des 16. Jh. findet sich die Version:

Ich weiß, daß sie (die Mohrrübe)
euch wurd lieben,
das ihr die Feust danach wurd lecken.

Den eigenen Löffel lecken: seinen eigenen Haushalt haben. Die Rda. findet sich ebenfalls schon bei Joh. Mathesy: „Denn gar viel Mägde haben es weit besser, wenn sie dienen, denn wenn sie ihren eigenen Leffel lecken".

Mit der Wndg. *Es ist kein Honiglecken* umschreibt man eine unangenehme und harte Beschäftigung oder auch Lebensphase. Die Rda. ist bereits bei K. Stieler 1691 gebucht: „Es ist allhier kein Honiglecken, negotia ista molestiora sunt, quam ut inde jucunditas hauriri possit". Vgl. frz. ,Ce n'est pas du gâteau' (wörtl.: Das ist kein Kuchen).

Von der Tatsache, daß Tiere instinktiv zur Heilung und Schmerzlinderung ihre Wunden lecken, leitet sich die Wndg. her: *daran zu lecken haben,* die oft hämisch gemeint ist i. S. v.: dieser Schaden wird ihm noch lange zu schaffen machen.

Leck mich! verkürzt aus ,Leck mich am ↗ Arsch'.

Leder wird in mehreren Rdaa. übertr. für die menschliche Haut gebraucht, z. B. *einem das Leder gerben (versohlen):* ihn heftig verprügeln, ,durchledern'; ,durchwalken'; vgl. frz. ,tanner le cuir à quelqu'un'; die Rda. ist eine Parallelbildung zu ,das ↗ Fell gerben'; westf. ,dat Leader wasken'; *einem das Leder über die Ohren ziehen* ist eine Parallelbildung zu ,einem das Fell über die Ohren ziehen'. *Einem ans Leder wollen:* jem. etw. Unangenehmes zufügen wollen. Vgl. frz. ,vouloir rentrer dans le lard à quelqu'un' (wörtl.: einem an den Speck wollen). In bes. eindringlicher Rede heißt es in Joh. Fischarts ,Gargantua' (194b): „Es juckt ihn die Haut, man muß sie ihm gerben, man muß ihm mit einem eichenen Fläderwisch die Leuß abstreln, man muß ihm hinders Leder wischen". In Grimmelshausens ,Simplicissimus' wird geschildert, wie „man einander hinters Leder kompt und die Fell zerreißt". Der Barockschriftsteller Schuppius verteidigt sich, „weil itzo so mancher grammatikalische Mußquetirer mir an das Ledr wil" (d. h. ihm am Zeug flicken will). Jean Paul ermutigt im ,Titan': „Seien Sie doch kein Hase, und stoßen Sie ihm derb aufs Leder". In Schillers ,Kabale und Liebe'

(II, 4) droht der Musikus Miller: „Wenn ich ihm nicht ... alle zehn Gebote und alle sieben Bitten im Vaterunser und alle Bücher Mosis und der Propheten aufs Leder schreibe, daß man die blauen Flecken bei der Auferstehung der Toten noch sehen soll".

Aus anderer (Leute) Leder Riemen schneiden: auf Kosten anderer freigebig sein. *Kein Sitzleder haben:* aus Unruhe und Nervosität nicht ruhig sitzen können, kein stetiger Arbeiter sein.

Vom Leder ziehen: angreifen, scharf vorgehen, losschlagen, sich rücksichtslos äußern. In dieser Rda. ist unter Leder die lederne Schwertscheide zu verstehen; vgl. frz. ,dégainer' (wörtl.: aus der Schwertscheide ziehen): sich duellieren. Ein altes Beispiel hierfür bietet des Meistersingers M. Behaim ,Buch von den Wienern' (142,30):

> Da zugen sy von leder,
> zu der wer graiff yedweder.

Hier ist die Wndg. noch nicht in übertr. Bdtg., sondern noch ganz im realen Sinn der Waffen gebraucht. Ebenso bei Luther: „Und zeuch denn von Ledder, und schlahe drein in Gottes Namen". Der Barockdichter Weckherlin ruft auf: „Ho, Schweizer, Kotz Kreuz, zeuch von Leder". Im ,Simplicissimus' liest man (1. Buch, Kap. 25): „Aber ich irrte, dann der Beleidigte zog von Leder, und versetzte dem Täter eine Wunde dafür an den Kopf". Das 16. und 17. Jh., dem das konkrete Bild der Rda. noch klar vor Augen stand, kennt noch viele Abwandlungen der Wndg. Deutlich in übertr. Bdtg. braucht sie dagegen Jean Paul: „Wir (Deutsche) ziehen in Büchern keck vom Leder und zeigen, wo uns das Herz sitzt".

Jem. auf dem Leder sitzen: ihn fortwährend beaufsichtigen (vgl. ,jem. auf der ↗ Pelle sitzen'). Die Rda. stammt vielleicht aus der Bergmannssprache, hergeleitet von dem halbrund geschnittenen Leder, auf dem der Bergmann bei seiner Arbeit zu sitzen pflegt. Möglich oder sogar wahrscheinlicher ist aber auch hier die seit mhd. Zeit verbreitete Bdtg. Leder = menschliche Haut. Sicherlich aus der Bergmannssprache stammt jedoch der sprw. Ausdr. ,Viel Bergleute, viel Arschleder', d. h. viel Köpfe, viel Sinne. Die

Wndg. *vom Leder und (oder) von der Feder* geht gleichfalls auf die Bergmannssprache zurück. Damit wurden urspr. die beiden Arbeitnehmergruppen im Bergbau unterschieden: der mit der Hand Arbeitende und der in der Planung oder Verwaltung Tätige. Diese Unterscheidung wurde dann allg. i.S. des Unterschieds zwischen geistig und körperlich Arbeitenden gebraucht. So schreibt im 18. Jh. Justus Möser in seinen ‚Patriotischen Phantasien' (2, 261): „... daß einige Einwohner der Stadt, sie seien nun von Leder oder von der Feder, wähnen, sich zur Bühne geschickt zu machen". Am 4. Mai 1873 berichtet das ‚Frankfurter Journal' zur Weltausstellung: „Der Landwirt, der Handwerker, die Leute von der Feder wie die vom Leder, welche von allen Enden der Erde herbeikommen, sie sehen und hören jeder in seinem Fache Neues, Nachahmenswertes".

An der Mosel ist die Einladungsformel ‚Dau kimms doch of de Lederwein' gebräuchl. Der Lederwein ist der frisch abgestochene Wein, der früher durch den Lederschlauch lief, vor allem der Wein, der beim Abstich des verkauften Weines getrunken wurde; dazu fanden sich gern Nachbarn und Freunde ein.

Da muß der Hund Leder gefressen haben ↗ Hund; *ausreißen wie Schafleder* ↗ ausreißen; *darauf losarbeiten (zuschlagen), was das Leder hält* ↗ Zeug.

Lit.: *K.-A. Tiemann:* Art. ‚Leder', in: HdA. V, Sp. 996–1003; *H. Eberhardt (Hg.):* Deutsches Ledermuseum (Offenbach 1956).

Lehrgeld. *Lehrgeld geben (zahlen):* eine Erfahrung teuer erkaufen, durch Schaden klug werden. Den kulturgeschichtl. Hintergrund der Rda. bildet das Lehrgeld, das früher im Handwerk für die Ausbildung des Lehrlings von dessen Eltern an den Meister bezahlt werden mußte. Doch ist die Wndg. schon im 16. Jh. in übertr. Bdtg. bezeugt; sie ist z.B. sprw. bereits in den Sammlungen des Humanisten Joh. Agricola und bei Seb. Franck gebucht. Joh. Mathesy sagt in seinem Syrachkommentar von 1554: „Lehrgeld muß jeder geben". Bei Zincgref heißt es 1644 in seinen ‚Apophthegmata': „Wenn einer irgend betrogen ward, pflegt er zu sagen: ...

fromme Leut müssen täglich Lehrgeld geben". Joh. Balth. Schuppius bekennt in seinen ‚Lehrreichen Schriften' von 1684: „Ich kenne die Welt, ich habe aber gar zu viel Lehrgeld aus geben, bis ich die Welt hab kennen lernen". Und Chr. M. Wieland gesteht: „Wenigstens hab ich ein hübsches Lehrgeld für dieses Stück meiner Weltkenntnis gegeben". Vgl. ndl. ‚Hij heeft leergeld gegeven'.

Bekannt ist auch die Wndg. *Laß dir dein Lehrgeld (Schulgeld) zurückgeben* für den, der es nie lernt, der sich als ungeschickt erweist.

Lit.: *R. Wissell:* Des alten Handwerks Recht und Gewohnheit, 2 Bde., Bd. II (Berlin 1929); *L. Röhrich* u. *G. Meinel:* Rdaa. aus dem Bereich von Handwerk und Gewerbe, in: Alem. Jahrbuch (Bühl/Baden 1973).

Leib. Mhd. ‚lîp' bedeutet Leben. Das zeigt sich noch in der Wndg. *beileibe nicht,* die eigentl. meint: beim Leben nicht! und womit man sich vor etw. bewahren möchte. Bei Wencel Scherffer heißt es im ‚Grobianus' (139): „Du aber hütte dich, thue dieß bey leibe nicht!". Diese formelhafte Wndg. braucht auch Burkard Waldis (II, 85, 9): „Die krä allein solchs widerräth, vnd sprach: thut solches bei leibe nit!"

Die Zwillingsformel *Leib und Leben* ist wohl nur des Stabreims wegen gebildet und als Tautologie zu verstehen, da Leib auch in dieser Verbindung Leben bedeutet. In ‚Diocletians Leben' (7041 f.) heißt es mhd.: „Der keiser wart von zorne rot, by lib vnd leben er gebot". Auch die mdal. ndd. Rda. ‚Dat geht up Lîv un Leven' meint: es ist lebensgefährlich. *Leib und Leben wagen:* alles aufs Spiel setzen. *Leib und Gut verwirken:* sein Leben und den gesamten Besitz verlieren, beruht auf einem alten Rechtsbrauch, nach dem der Besitz eines Verurteilten ohne Rücksicht auf seine Erben eingezogen wurde. Vgl. frz. ‚forfaire corps et avoir' (veraltet).

Immer mehr ist bei den Rdaa. aber die heutige Bdtg. von Leib = Körper in den Vordergrund getreten, wie z.B. in der formelhaften Wndg. *Leib und Seele,* die in verschiedenem Zusammenhang auftreten kann; vgl. frz. ‚Corps et âme'. Von einer guten Mahlzeit sagt man *Das hält Leib und Seele zusammen:* es ist dafür gesorgt,

Der sterbliche Leib als Gefängnis der Seele

daß weder Körper noch Seele dabei zu kurz kommen. Schon Luther braucht eine ähnl. Wndg.: „Auf einen guten Bissen gehört ein guter Trunk, da kömpt Leib und Seele zusammen". Geiler von Kaysersberg sagt von zweien, die in ihrem Fühlen, Denken und Tun vollkommen übereinstimmen, die also echte Freunde sind: „Sie sind ein Leib und eine Seele", wofür wir heute häufiger die Rda. ‚ein ↗ Herz und eine Seele sein' anwenden. Daß jem. ohne Einschränkung für etw. oder jem. eintritt, besagen die Wndgn.: mit Leib und Seele dafürsein; mit Leib und Seele an etw. (jem.) hängen und mit Leib und Seele jem. ergeben sein. Die Rda. einem zu Leibe gehen (wollen), auch jem. zu Leibe rücken; ihn verfolgen, bedrängen, angreifen, stammt wohl vom Zweikampf und Fechten her, ebenso wie die Wndg. sich jem. vom Leibe halten: Abstand, Distanz wahren, ihm keine Angriffsmöglichkeit bieten. Dagegen meint die Rda. einem nicht vom Leibe gehen: ständig beobachtet oder belästigt werden, nicht allein und in Ruhe gelassen werden; vgl. frz. ‚ne pas quitter quelqu'un d'une semelle' (wörtl.: von einem nicht um eine Fußsohlenbreite weichen): ihn ständig beaufsichtigen.

Etw. am eigenen Leibe erleben (erfahren, verspüren): böse Erfahrungen machen, Angst, Not, Schmerzen erleiden müssen.
Seinen Leib pflegen: sich vor Anstrengungen hüten, ein gemütliches Dasein führen, auch: faulenzen; ähnl. seinem Leib etw. zugute tun: tüchtig essen und trinken, aber auch: sich selbst Erholung gönnen, vgl. frz. ‚bien se soigner' (wörtl.: sich wohl pflegen).
Die Wndg. gut bei Leibe sein: wohlgenährt sein, wird meist als euphemist. Umschreibung für Dicke und Fettleibige gebraucht, die bei ihrem ‚Leib- u. Magengericht' (Lieblingsessen) oft das gesunde Maß überschreiten. Die Rda. gesegneten Leibes sein ist ein Euphemismus zur Bez. von Schwangerschaft, die lange Zeit als bes. Gnade Gottes empfunden wurde, während man glaubte, daß kinderlose Ehepaare unter einem Fluch Gottes stünden. Vgl. Luk. 1,25: Elisabeth freut sich ihrer Schwangerschaft, um die sie lange gebeten hatte und sagt deshalb: „Also hat mir der Herr getan in den Tagen, da er mich angesehen hat, daß er meine Schmach unter den Menschen von mir nähme"; vgl. die Wndg. ‚Gott segnete sie mit Kindern'.
Noch nichts im Leibe haben: hungrig sein; vgl. frz. ‚n'avoir rien dans l'estomac (nichts im Magen haben); auch mit dem scherzhaften Zusatz: noch keinen warmen Löffelstiel im Leibe haben. Sich etw. am eigenen Leibe absparen: selbst Mangel am Notwendigsten leiden, um etw. ersparen zu können, was ohne Entbehrungen nicht möglich wäre.
Nichts auf dem (am) Leib haben: in Notdurft leben, unbekleidet sein; vgl. frz. ‚n'avoir rien à se mettre' (nichts zum Anziehen haben); dagegen: alles auf (an) den Leib hängen: zuviel für die Kleidung ausgeben, unangemessenen Aufwand treiben, putzsüchtig sein.

Lit.: G. Mascovii: Programma de paroemia iur. germanici: Längst Leib, längst Gut (Gottingae 1736); W. C. B.: „Keep body and soul together", in: Notes & Queries, 11.1. (1910), S. 27; H. Wiesendanger: Mit Leib und Seele (Frankfurt/M. u. a. 1987).

Leiche bedeutet in der Volkssprache sowohl ‚Leichnam' als auch ‚Begräbnis'. In der großen Zahl von Rdaa. zeigt sich das stark affektive Verhältnis zum Tod, das zuweilen aber auch in zynischen oder groben Witz umschlägt. ‚De ganze Woche krank und sonntags keene Leiche' sagt man in Sachsen von eingebildeten oder wehleidigen Kranken; diese Rda. erinnert auch noch zur Steigerung der Witzwirkung an den mancherorts üblichen Brauch, daß sonntags nicht beerdigt wird. Wenn jem. bei traurigen Anlässen Witze erzählt, heißt es in Berlin (neuerdings aber auch sonst vielerorts): *Spaß muß sin bei de Leiche* und dazu oft als begründender Nachsatz: ‚sonst jeht keener mit!'

Mit zur Leiche gehen ist eine boshafte Rda. in Kaufmannskreisen, wenn man beim Konkurs eines Geschäftspartners wie viele andere seine aussichtslosen Forderungen anmeldet. In Niederoesterr. verwendet man in bezug auf die Unausrottbarkeit von lästigen Fliegen das Bild: ‚Oane daschlagt ma, neine keman auf d'Leich', d.h. eine erschlägt man, aber neun kommen zur Beerdigung (der einen). J. Maaler bucht die Wndg. ‚mit zur Leiche (oder mit der Leiche) gehen' in seiner ‚Teutsch Spraach' (Zürich 1561) noch im eigentl. Sinn: „einen zu der Begrabnuß leiten; die oder der Leich nach gon; exequias alicui ducere". ‚Eine schöne Leiche' ist die Bez. für ein prunkvolles Begräbnis mit vielen Teilnehmern.

Über Leichen gehen: rücksichtslos auf ein Ziel lossteuern. Ihren Urspr. hat die Rda. wohl in der drohenden Verteidigungsformel, daß man eher sterben wolle, als eine bestimmte Forderung zuzugestehen. So heißt es in Herders Gedicht ‚Der Gastfreund': „Nur über meinen Leichnam geht der Weg!" Dieselbe Formel findet sich in Körners ‚Hedwig' (3,10): „Nur über meine Leiche geht der Weg". In ‚Wallensteins Tod' (5,7) heißt es: „Erst über meinen Leichnam sollst du hingehen".

Nur über meine Leiche!: niemals, solange ich lebe; kurzer Ausruf heftigster Abwehr.

Eine Leiche im Keller haben: etw. Belastendes, das man verborgen glaubte u. das plötzlich zum Vorschein kommt oder aufgedeckt wird. Vgl. das Kriminalstück ‚Arsen und Spitzenhäubchen', in dem eine Leiche nach der anderen im Keller verschwindet und später entdeckt wird.

Einen *lebenden Leichnam* (frz. ‚un cadavre vivant') nennt man einen gesundheitlich stark geschädigten oder auch nur so aussehenden Menschen (vgl. den gleichlautenden Titel eines Bühnenstücks von Leo Tolstoi). Die gleiche Bdtg. hat der Ausdr. ‚wandelnde Leiche'. Der rdal. Vergleich ‚wie eine Leiche auf Urlaub' stammt aus der Soldatensprache und meint ebenfalls einen abgemagerten, geschwächten oder auch nur so aussehenden Menschen; der Gedanke des nur noch vorübergehenden Daseins wird hier (durch ‚Urlaub' pointiert) dargestellt, ebenso das Gespenstische der Erscheinung.

Mit einer wahren Leichenbittermiene. Wie den Hochzeitsbitter, so gab es im Volksbrauch auch den Leichenbitter, der mit professionell ernstem Gesicht die Trauergäste zum Leichenbegängnis einzuladen hatte. Der Leichenbitter spricht im Schwarzwald etwa folgende Einladungsformel: „Der Baschebur isch g'schtorwe un wurd übermorge früeh vergrabe. Seine Freunde lasse bitte, daß Ihr au zu dr Lich komme; sie werde dafür au Euch beistehe in Freud und in Leid". Darauf bittet er um ein Vaterunser für den Verstorbenen (Elard Hugo Meyer, Badisches Volksleben im 19. Jh., Straßburg 1900, S. 589). Seine ‚Leichenbittermiene' wurde sprw. für meist nicht ganz echtes, aber um so deutlicher zur Schau getragenes Leidwesen (vgl. die Schilderung von Ludwig Lenz und Ludwig Eichler: ‚Berlin und die Berliner', 1840–42). Schon bei Chr. M. Wieland wird im ‚Amadis' von der Stimme eines Ritters gesprochen, „die er von einem Leichenbitter geborgt zu haben schien". In Schillers ‚Fiesko' (I, 7) findet sich dann direkt die Wndg. ‚mit einer wahren Leichenbittermiene'. Das Subst. ‚Bitter' wird heute im Volksbewußtsein oft mißverstanden und als Adj. ‚bitter' = herb, sauer gedeutet.

Eine Leichenrede halten: über etw. Unabänderliches reden, jammern und sich aufregen, bes. beim Skatspiel über das vergangene Spiel reden. Wenn man in Obersachsen nach einem Begräbnis einen Umtrunk hält, heißt das ‚einen Leichenstein setzen' (vgl. ‚das ↗ Fell versaufen'). Bismarck nennt in seinen ‚Gedanken und Erinnerungen' seine Entlassung und die damit verbundenen militärischen Ehren, die man ihm erwies, „ein Leichenbegäng-

1/2 Leichenbitter („Mit einer wahren Leichenbittermiene herumlaufen')

nis erster Klasse". Eine makabre Rda.: ‚Immer diese aufgewärmten Leichen!': Alte Sachen, längst begraben, wieder hervorgeholt ... in alten Wunden rühren ... auch auf geistige Dinge anzuwenden.

Lit.: *P. Geiger:* Art. ‚Leiche' – ‚Leichenzug', in: HdA. V, Sp. 1024–1167; *E. Schlee:* Die Husumer Leichenbitterin Madame Stak, in: Schlesw.-Holstein 12 (1960), S. 129–130; *H. Schmälzer:* ‚A schöne Leich'. Der Wiener u. sein Tod (Wien 1980).

Leid, Leiden. Bereits sehr alt ist die entschuldigende und bedauernde Rda. *Es tut mir leid!* Schon bei Notker heißt es: „ze demo uns leido ist" (leido ist hier Adv.). Im Minnesang findet sich häufig die Formel: „daz tuot mir leit unde wê z'allen stunden". Diese Wndg. kann aber auch soviel bedeuten wie unser heutiges ‚ich bin es leid'. ‚Leid tun' wird dann auch i. S. v. ‚jem. (ein) Leid antun' gebraucht. So heißt es in Luthers Katechismus, „daß wir unsern Nächsten kein Schaden noch Leid tun" sollen. *Einem das gebrannte Leid antun:* ihm ein bes. schweres Herzeleid zufügen; ‚gebrannt' steht hier in intransitivem Gebrauch für ‚brennend', Mhd. heißt es bereits: „si tuont mir gebrantiu leit". *Sich ein Leid antun* wird seit dem 17. Jh. in der Bedeutungsverengung nur noch (verhüllend) für den Selbstmord gebraucht. *Sein Leid in sich (hinein-)fressen* ist eine bibl.

Rda. nach Ps. 39,3 in Luthers Verdeutschung, ‚Leid geben' bedeutet oberhess.: die Trauermahlzeit für die Leichenbegleiter geben. Leid kommt darüber hinaus in zahlreichen, meist schon ma. rdal. Formeln, insbes. in alliterierenden oder endreimenden Zwillingsformeln, vor wie ‚Lust und Leid', ‚Leid und Freud', ‚Lieb und Leid', ‚Trost und Leid', ‚Leiden sind Lehren', ‚leiden und meiden', ‚Schaden und Leid', ‚Reu und Leid'.

Der rdal. Vergleich *aussehen wie das Leiden Christi:* sehr elend und erbärmlich aussehen, bezieht sich auf die Passionsbilder und Pietà-Darstellungen. ‚Das Leiden Christi' meint als stehende Bez. in der christl. Kirche die Passion Christi, schließlich das leidende Gesicht des Erlösers (vgl. ‚aussehen wie der ⟋Tod von Ypern').

Lit.: *Fr. Maurer:* Leid. Studien zur Bedeutungs- und Problemgeschichte ... (Bern u., München ²1961).

Leier. *Immer die alte Leier!* wird von ewigen Wiederholungen gesagt; obersächs. auch: ‚'s is immer eene Leier', es ist noch derselbe leidige Zustand (z. B. bei einem Kranken, auch sonst von üblen Verhältnissen; die alte Art und Weise, dieselbe Klage). Im Rheinl. sagt man zu dem, der einem dauernd mit derselben Sache ‚in den ↗Ohren liegt': ‚Du bist ein Leierkasten!' Die Bauern- oder Kurbelleier war stets auf eine bestimmte Tonlage und Melodie abgestimmt. Die mangelnde Varriierbarkeit beim Spielen und das nachhaltige Einerlei ihrer Musik ermöglichte es, die Leier als Bild des Eintönigen, Immerwiederkehrenden, auch des Aufdringlichen rdal. zu verwenden. Vgl. dagegen frz. ‚Toujours le même refrain' oder ‚... la même rengaine' (wörtl.: immer derselbe Kehrreim). Zum Teil sind auch andere Instrumente oder Spielweisen in derselben Art rdal. geworden. So ist in der Lebensbeschreibung Wilwolts von Schaumburg (1507) von einem „ungelehrten" Spielmann die Rede, „der stet auf einer seiten glimpt" (vgl. ndd. ‚upr olden Saiden trumpeden'). In einem Bericht aus Dresden von 1615 heißt es: „Er kömpt immer mit der alten Geige". Die westf. Mda. sagt: ‚Et ist en ollen Dudelsack'. Die Formel von der ‚alten Leier' bezieht sich in den frühesten Redensartbelegen wohl auf das Instrument selbst. Grimmelshausens Simplicissimus versucht, seine alte Leier neuen Verhältnissen anzupassen, und erklärt dies gleich mit einer neuen Rda.: „... mußte aber den Mantel nach dem Wind hängen, meine Leier anders stimmen". Hier wird noch ganz deutlich an die Grundvorstellung angeknüpft; man konnte die Leier ja auf eine bestimmte Tonart und Melodie einstellen, war dann aber festgelegt. Christian Günther nimmt bereits die Rda. beim Wort und behandelt sie als konkretisierte Metapher, indem er sie mit einer inhaltlich verwandten Rda. logisch und ästhetisch verbindet: „Im ersten Jahre meiner Ehe, da hieng der Himmel voller Geigen, hernach fielen sie herunter und wurden lauter Leyern draus". Chr. O. v. Schönaich sagt in seinem ‚Neologischen Wörterbuch oder die ganze Aesthethik in einer Nuß' von 1755 (S. 242): „Ein altmodischer Schriftsteller bleibt bei seiner Leyer und Einfalt". Lessing klagt in ‚Nathan der Weise' über das Alte in der verkappten Form des Neuen: „Doch die alte Leier wieder? Mit einer neuen Saite nur bezogen, die fürcht ich, weder stimmt noch hält". Goethe läßt in den ‚Mitschuldigen' (II, 4) Söller von der „abgedroschenen Leyer" reden, und er

gebraucht auch: „Da haben wir wieder den alten Leierton". Eine Entwicklung ist darin zu sehen, daß man in späterer Zeit unter Leier nicht mehr so sehr das Instrument, sondern vielmehr die vom Instrument ausgehende Musik versteht: ‚die alte Melodie', ‚das alte Lied'. Schon Seb. Franck denkt in seiner Sprww.-Sammlung von 1541 an die Melodie, wenn er sagt (2,7a): „... sonst spricht man bald: es ist eine alte leier, ein versungen liedlin". Ernstlich ermahnt eine z.B. Joh. Seb. Bach in seinem Anstellungsbescheid in Arnstadt: „Seine Kunst möglichst zu excolieren, nicht immer auf einer Leyer zu bleiben".

Jetzt gibt's eine andre Leier sagt man im Rheinl., wenn bedeutende Neuerungen eingeführt werden sollen, auch Kindern gegenüber als letzte Ermahnung, wenn sie nicht gehorchen wollen. Sprw. allg. verbreitet sind ‚Besser geleiert als gefeiert' für ‚Besser wenig getan als gar nichts' und: ‚Neue Leier, neue Dreier' für ‚Neue Methoden, neuer Gewinn'. Weitere mdal. Varianten sind ferner kärnt. leiern, nichts tun, faulenzen; thür. leiern, hinhalten (z. B. ‚der Arzt leierte den Kranken so hin'); rhein. leiern, langsam arbeiten, faule und lässige Bewegungen machen, auch: schwatzen. Im Hess. bedeutet leiern auch soviel wie trinken. Das Verb leiern im Sinne von spielen, fingern, gleichmäßig bewegen wurde im Grobianismus des 16. Jh. auch in obszöner Bdtg. verwandt; in einem Fastnachtsspiel heißt es z.B.:

Heuer trug man mir eine Witwe an,
die sprach sie het vor gehabt ein Man,
der het kein Nacht an ir gefeiert.
Er het ains oder zwei rabgeleiert.

Lit.: *M. Willberg:* Die Musik im Sprachgebrauch, in Sprww., in Rdaa. ...,in: Die Muttersprache (1963), S. 201 ff.

Leikauf. „Das Haus wurde gekauft um 5000 Gulden und 1 Karolin Leikauf"; so etwa liest man in alten Kaufbriefen. Noch heute zahlt der Händler neben der eigentl. Kaufsumme zuweilen einen Leikauf. Leikauf meint urspr. leitkauf, mhd. lîtkouf, wobei leit, mhd. lît, Obst- oder Gewürzwein bedeutet. Nach abgeschlossenem Handel zahlte der Käufer den Beteiligten, dem Verkäufer und den Zeugen des Handelsgeschäftes, einen Trunk als Dank für gehabte Mühe und gleichsam auch als Besiegelung des Handels. Die Naturalleistung wurde mit der Zeit zu einer Geldleistung, die sich mehr und mehr zu immer höheren Beträgen steigerte. Der erste urkundliche Beleg für die Rechtsformel vom Leikauf stammt vom Jahre 1245. In dem Nürnberger Baumeisterbuch von Enders Tucher aus dem 15. Jh. geht es neben dem Trunk wohl auch noch um die Vertragsbekräftigung, wenn es heißt: „... nachdem die Steinmetzen und Maurergesellen also gelobt haben, so soll inen und irem Meister der Stat Paumeister zu vertrinken und Leikauf geben nach altem Herkomen vier pfund alt". Formelhaft und metaphorisch konnte Leikauf später rdal. auf jegliche Form von Abschluß übertr. werden, auch wenn der Rechtsbrauch nicht mehr gepflegt wurde. Luther sagt im übertr. Sinne in seinen ‚Tischreden': „Wir haben alle den Leikauf zum Tode getrunken". Nur noch als Vorwand zum Trinken gilt der Leikauf in einem Fastnachtspiel:

Dann, Wirt, habt ir ein guten Wein,
So tragt nur her und schenkt fix ein
Und laßt uns bald ein Leikauf machen.

Bei Jak. Ayrer heißt es: „so soll es war und leickauf sein", oder: „So seis leickauf! Gott wolle sein walten!" Diese Zeilen besagen: So steht es ein für allemal fest; darauf können wir trinken. Leikauf wurde auch volksetymol. umgedeutet zu Leihekauf und Leichkauf. So heißt es in v. Schweinichens Tagebuch (1568–1602): „über den Trunk des Leihkaufes bekommen wir einen guten Rausch", d.h. wir Pump oder auf Kosten anderer läßt sich gut und billig trinken. – Das Lutherische Bild des Leikaufes mit dem Tode findet sich bei M. Neander im ‚Menschenspiegel' von 1587 in der falsch etymologisierenden Form: „ir wisset, daß ir Menschen und alle deß Leihekaufes zum Tode getrunken habt". Wolfhart Spangenberg läßt in seinem Drama ‚Mamons Sold' von 1614 ebenf. das memento mori anklingen und sagt: „Wohlan der Leichkauf ist gemacht". Lebendig ist das Wort Leikauf heute nur noch in den Mdaa., wie im Kärntischen und im Schwäb. ‚Den Leikaff machen' heißt kärnt.: einen Handel

eingehen; Leikaff ist dann auch das Draufgeld zum Vertrinken. Im Schwäb. wird Leukauf oder Lidkauf ebenf. noch als das Draufgeld beim Vertragsabschluß angesehen, das man mit den Zeugen und denen, die sich gern dafür halten, vertrinkt; ↗ Weinkauf.

Lit.: *J. Grimm:* Dt. Rechtsaltertümer, 4. Ausg. (Leipzig 1921), I, 264f.; *Göhring,* Nr. 225, S. 126; *R. Schmidt-Wiegand:* Art. Leitkauf, in: HRG, II, Sp. 1842–1843.

Leim. *Jem. auf den Leim locken (führen):* ihn betrügerisch zu etw. verlocken, ihn täuschen, anführen; *auf den Leim gehen (kriechen):* sich betrügen lassen, sich zu seinem Nachteil verlocken, übervorteilen, anführen lassen; *er geht nicht auf den Leim:* er läßt sich nicht täuschen; *das ist ein Leim:* das ist eine betrügerische Ver-

‚Jemandem auf den Leim gehen'

lockung. Das Bild all dieser Rdaa. ist hergenommen von dem (heute in Dtl. verbotenen) Vogelfang mit Leimruten. Das sind kleine, dünne, mit Leim bestrichene Stäbchen, die nur lose mit dem einen Ende in eine Stange gesteckt werden und herabfallen, sobald sich ein Vogel daraufsetzt. Beim Herunterfallen der Leimrute flattert der Vogel und bleibt mit den Flügeln an dem Leim kleben (vgl. auch ‚Pech haben' und ‚ins Garn gehen'). Schon bei Gottfried von Straßburg (‚Tristan' V.843ff.) findet sich das Bild im übertr. Sinn als Gleichnis für den von der Minne gefangenen Menschen:

daz der minnende muot
reht alse der vrie vogel tuot,
der durh die vriheit, die er hat,
uf daz gelimde zwi gestat:
als er des limes danne entsebet
und er sich uf ze vlühte hebet,
so klebet er mit den vüezen an;
sus reget er vedern und wil dan;
da mite gerüeret er das zwi
an keiner stat, swie kumez si,
ezn binde in unde mach in haft;
so sleht er danne uz aller kraft
dar und dar und aber dar,
unz er ze jungeste gar
sich selben vehtend übersiget
und gelimet an dem zwige liget.

Der Volksprediger Geiler von Kaysersberg warnt um 1500 in seiner Schrift ‚Brösamlein‘ (1,33 a): „Die böse Liebe und die böse Glüst sind die Leimruten. Welcher Vogel darin kumpt, der muß verderben". Im Fastnachtsspiel der gleichen Zeit heißt es: „ob unser eines auch also wurd gefangen, das er an dem Leim mußt hangen". Der Barockdichter Martin Opitz weiß: „Ein schlauer Vogel kann des Stellers Leim entschleichen".

Mit der Leimstange laufen: den Mädchen nachlaufen, ein Narr sein. Die Rda. ist mehrf. auch bei Grimmelshausen belegt (↗ Latte); vgl. ostpr. ‚he löppt bi de Limstange‘, er ist ein Narr, ein sog. ‚Leimstängler‘.

Aus dem Leim sein: entzwei, zerbrochen

‚Mit der Leimstange laufen‘

sein. ‚Aus dem Leim gehen‘ können eigentl. nur schlecht geleimte Sachen. Bildl. wird die Wndg. aber vom Lösen jeder Verbindung gesagt, z. B. ‚ihre Freundschaft ist aus dem Leim gegangen‘. In dieser Rda. schwingt meist der Verdacht mit, daß die Sache eben schon immer schlecht geleimt war. Im übertr. Sinne des inneren Zusammenhalts heißt es im 16. Jh. in Joh. Mathesy's Sprachkommentar: „Eine friedfertige Red ist wie ein Leim, der zwei Hölzer zusammenzeucht". Der Volksprediger Abraham a Sancta Clara (1644–1709) sagt: „als sei nun der Credit bei ihnen aus dem Leimb gegangen"; Jean Paul im ‚Siebenkäs‘, als Natalie ihrem Bräutigam den Laufpaß gegeben hat: „Wahrscheinlich war der Leim zwischen ihm und Natalie aufgegangen und abgelaufen". Im ‚Hesperus‘ spricht Jean Paul von der „Schönheit als Mörtel und Leim der Freundschaft". 1741 bucht Joh. Leonh. Frisch in seinem ‚Teutsch-Lateinischen Wörterbuch‘ ‚aus dem Leim gehen‘ als einen Ausdr., den die Handwerker gebrauchen, wenn ein Geselle vorzeitig vom Meister weggeht.

Ein bair. Ausruf bei einer argen Enttäuschung lautet: ‚Itz geht ma's Gsicht ausm Leim!‘; vgl. die ähnl. nordd. Wndg. ‚Daß du die Näse ins Gesicht behältst!‘ (↗ Nase). Die westf. Rda. ‚He löppt mit 'n Limpott‘, er ist ein Pfuscher, erklärt sich daraus, daß eine nicht ordentlich gemachte oder verdorbene Arbeit oft mit Leim notdürftig geflickt wird, eben von einem Pfuscher.

Lit.: *L. Röhrich* u. *G. Meinel:* Redensarten aus dem Bereich der Jagd und der Vogelstellerei. S. 316, 323. *R. W. Brednich:* Der Vogelherd. Flugblätter als Quellen zur Ikonographie der Jagd, in: Rhein.-Westf. Zs. f. Vkde. 24 (1978).

Leine. *Einen an der Leine haben:* ihn in seiner Gewalt haben, ihn lenken können, wie man will, ihn unter Kontrolle halten, so wie der Herr seinen Hund an der Leine hat; vgl. ndl. ‚iemand aan het lijntje hebben (krijgen)‘, engl. ‚to have a person on a string‘, frz. ‚tenir quelqu'un en laisse‘. Umgekehrt kann man einem die *lange Leine lassen,* d. h. ihm mehr oder weniger Bewegungsfreiheit zugestehen; ndd. ‚de Líne hängen laten‘, schlaff und nachsichtig sein, eigentl.: den Pferden ihren Willen

„Jemanden an der Leine haben'

lassen. *An einer Leine ziehen* (vgl. ‚an einem Strick, am selben Strang ziehen'): gemeinsam eine Arbeit oder ein Unternehmen ausführen, gleiche Interessen haben, zusammenhalten. Von denen, welchen diese Zusammenarbeit nicht gelingt, sagt man iron.: „Sie ziehen an einer Leine, aber an zwei Enden'.

Leine ziehen: sich davonmachen, ausreißen, verschwinden, auch: klein beigeben. Diese Rda. stammt wohl nicht vom Lenkseil des Tieres, weil hier die Leine ja nicht eigentl. zum Ziehen dient, geschweige denn gezogen wird. Leine bedeutet hier vielmehr das Schiffszugseil. Die Rda. ‚Zieh Leine!' stellt also von Hause aus schiffahrtliches Sondergut dar. Sie entstammt der Zeit des alten Binnenschifffahrtbetriebes, wo noch die Fahrzeuge vom Ufer der Wasserstraße her (‚Leinpfad') getreidelt wurden. ‚Leine ziehen' bedeutete für die Zugknechte soviel wie: dafür sorgen, daß man von der Stelle kommt. Ein Bild im Giltbuch der Passauer Schiffszieher aus dem Anfang des 15. Jh. trägt als Befehl an den Zugknecht, der vor ein ↗ Seil gespannt ist, die Worte: ‚Nu zeuch am Sail!' (Die Miniatur ist wiedergegeben von K. Gröber in: Alte deutsche Zunftherrlichkeit, München 1936, S. 76.) Der reine Fachausdr. hat im Laufe der Zeit seinen alten Anschauungsgehalt mehr und mehr eingebüßt und ist heute vollkommen abgeblaßt. Er begegnet nur noch in der Befehlsform und besagt jetzt nichts anderes als schlechthin: ‚Mach, daß du fortkommst!' Die Rda. ist erhalten geblieben und allg. verbreitet, obwohl für ihr Fortleben seit fast einem Jh. die Voraussetzungen nicht mehr bestehen. Der Ausdr. ‚Leine ziehen' hat in jüngerer Zeit zu einem scherzhaften Wortspiel Anlaß gegeben, in dem ebenfalls zugleich ein Deutungsversuch steckt: ‚Wenn die Weiber waschen, müssen die Männer Leine ziehen'. Um 1846 gab es in der Berliner Dirnensprache dieselbe Wndg. ‚Leine ziehen' = ‚auf den Strich gehen', d. h. „sich behufs der Anlockung von Männern auf der Straße umhertreiben".

In wieder andere Zusammenhänge des mehrdeutigen Wortes Leine führen einige, nur regionale und mdal. Rdaa. Im Rheinl. ist bekannt: ‚Op de Leine gohn', nichts zu essen haben. Hier wird die brotlose Kunst des Seiltänzers als Vergleich dienen. Ebenso heißt es von einem Stromer: ‚Der loschiert op de Lein'. ‚Er geht über die Lein' heißt: er macht Bankerott, aber auch: er stirbt. ‚Einen über die Leine springen lassen' sagt man von dem, der an seiner Arbeitsstelle entlassen wird.

Lit.: *Kluge:* Rotw. (Straßburg 1901); *H. Becker:* Schiffervolkskunde (Halle 1937), S. 51 f.

Leisten. *Alles über einen Leisten schlagen:* alles gleichmäßig, nach demselben Schema behandeln, Unterschiede nicht berücksichtigen, ‚alles über einen ↗ Kamm scheren'; vgl. frz. ‚mettre tout dans le même sac' (wörtl.: alles in denselben Sack hineintun). Daneben findet sich die Wndg. *über denselben Leisten geschlagen:* von der gleichen Sorte oder Art sein (vgl. ndl. ‚op dezelfde leest geschoeid zijn', frz. ‚frapper tout au même coin' (veraltet), engl. ‚to make one shoe for every foot'). Der Schuster fertigt die Schuhe nicht individuell nach jedem menschlichen Fuß, sondern nach feststehenden hölzernen Modellformen, den Leisten. Das rdal. Bild stammt also von einem bequemen Schuhmacher, der nicht nach Maß arbeitet und alles ungenau nimmt. Die Rda. ist seit dem 16. Jh. belegt. H. Steinhöwel sagt in seiner Boccacciobearbeitung von 1535: „dann du als sie in der selben Sünd bist, ihr seid all über ein Leist gemacht". Das Fastnachtsspiel des

‚Alles über einen Leisten schlagen'

16. Jh. bringt ähnl. Wndgn. ebenf. sehr häufig, z. B. Hans Sachs: „ir seit alle über ein Leist geschlagen". 1625 schreibt Joh. Höpfner im ‚Spiegel der Kleider Hoffart' (S. 27): „Sie sind alle, wie man pflegt im Sprichwort zu reden, vber eine Leiste geschlagen"; Joh. Gerlingius 1649 (‚Sylloge adagiorum' Nr. 94): „Eundem calceum omni pede inducere. Alle Schuhe über eine leist machen". Kant verurteilt es, „alles dem Leisten scholastischer unfruchtbarer Abstraktion an(zu)passen". 1889 heißt es bei J. Stinde in ‚Frau Buchholz im Orient' (S. 83): „Alle Art ihrer Musik geht nach demselben Leisten". In positiver Bdtg. verwendet Goethe den Leisten als Bild des Maßes und der maßvollen Beschränkung:

Niemand will ein Schuster sein,
Jedermann ein Dichter,
Alle kommen sie gerennt,
Möchtens gerne treiben;
Doch wer keinen Leisten kennt,
Wird ein Pfuscher bleiben.

Von dem ungewöhnlichen Menschen verlangt der Volksmund: ‚Man muß ihn über einen anderen Leisten schlagen', d. h. man darf ihn nicht mit dem gewöhnlichen Maß messen. ‚Man muß ihn auf den Leist spannen' heißt dagegen: man muß ihm einmal eine Lehre beibringen, oder: ihn in die Kur nehmen.

In der Abwandlung ‚Alles über einen Leisten zuschneiden' begegnet die Rda. in der 43. Historie des Volksbuches vom Eulenspiegel, der den Auftrag des Schuhmachermeisters wörtl. ausführt.

Schuster bleib bei deinem Leisten sagt man, wenn einer über seine Möglichkeiten und Fähigkeiten hinaus will; sprich von Dingen, die du nicht verstehst. Das Sprw. hat noch bis in den Schlagertext aus den fünfziger Jahren des 20. Jh. nachgewirkt:

Schuster, bleib bei deinen Leisten,
Schöne Frauen kosten Geld.

Plinius berichtet in seiner ‚naturalis historia' (35,10) von Apelles, dem Hofmaler Alexanders des Großen, daß ein Schuster ihn anläßlich einer Ausstellung seiner Bilder getadelt habe, weil der Maler eine Sandale falsch dargestellt hatte. Apelles verbesserte daraufhin das Bild; als der Schuster nun noch weitere Einwände gegen das Gemälde vorbrachte, soll der Maler gesagt haben: „Ne sutor supra crepidam" (Schuster, nicht weiter als die Sandale). Unser Sprw. ist also keine direkte Übers. dieser Pliniusstelle. Man mag es später jedoch darauf bezogen haben. Vgl. frz. ‚Mêle-toi de tes oignons': Kümmere dich um deine eigenen Zwiebeln, ↗ Schuster.

Leistung, leisten. *Sich etw. leisten* wird rdal. in zweifacher Bdtg. verwandt, einmal i. S. v. sich auch einmal etw. zugute kommen lassen, sich auch einmal etw. gönnen, dann auch entgegengesetzt: sich etw. herausnehmen, unverschämt oder unmöglich sein. Noch eine dritte, dazwischenliegende Bdtg. hat die Feststellung ‚Du hast dir da ja etw. (Schönes) geleistet' als rhet. Floskel: Das soll wohl etw. sein! Na, das ist ja schön! In dem selben Sinne kann die Wndg. *Das war (aber) eine Leistung* als iron. Euphemismus fungieren. Vgl. frz. ‚Quel exploit!' (wörtl.: Was für eine Heldentat!). Ernst gemeint ist dagegen die Wndg.: *eine schmissige Leistung!* für eine flotte, schnell entstandene, aber gelungene Leistung. Sie ist in einem Zug hingeworfen, ‚hingeschmissen'. Wer sie vollbracht hat, der hat ‚Schmiß'; ähnl. die anerkennende Bemerkung *Das war (aber) eine reife Leistung.* Die Rdaa. um Leistung und leisten sind recht jung. Ihr starker Gebrauch entspricht der anwachsenden Bdtg. des Leistungsbegriffs in der technischen Gesellschaft des 20. Jh., die diesen Begriff sprachl. über den engeren Bereich der Technik ausdehnt.

Leiter. *Auf der Leiter geschlafen haben:* mager sein; die Rippen zeichnen sich deutlich ab; in den dreißiger Jahren des 20. Jh. aufgekommen; ↗ gelehrt.

Leitfaden ↗ Faden.

Leitung. *Eine lange Leitung haben:* langsam begreifen, nur schwerfällig etw. lernen; vgl. frz. ‚avoir la comprenette un peu dure‘ (wörtl.: kein richtig funktionierendes Auffassungsvermögen haben). Die Wndg. ist erst im 20. Jh. in Analogie zum Telefondraht oder überhaupt zur elektrischen Leitung aufgekommen; entspr. *ihm (bei ihm) steht einer auf der Leitung:* er begreift nicht; *die Leitung funktioniert:* er faßt richtig auf. *Bei ihm schließt die Leitung kurz:* er braust leicht auf. An die Wasserleitung ist vermutl. bei folgenden, ebenfalls in der gegenwärtigen Umgangssprache aufgekommenen Wndgn. gedacht: *die Leitung aufdrehen:* zu weinen beginnen; *eine undichte Leitung haben:* das Wasser nicht halten können, auch: nicht recht bei Verstand sein.

Lektion. *Seine Lektion wissen:* seine Sache gründlich gelernt haben, Rede stehen können; vgl. frz. ‚savoir sa leçon‘. Lektion meint urspr. Vorlesung einer bestimmten Stelle aus der Bibel beim Gottesdienst, dann einen Abschnitt aus der Grammatik. Goethe sagt in den ‚Zahmen Xenien‘ über die ‚Bürgerpflicht‘:

Ein jeder übe sein Lektion,
So wird es gut im Rate stohn.

Noch immer gebräuchl. ist die im 16. und 17. Jh. häufig bezeugte Rda. *einem eine Lektion lesen* (oder *geben, erteilen*): ihn ausschelten (↗ Leviten); vgl. frz. ‚donner une leçon à quelqu’un‘.

Lerche. *Eine Lerche schießen:* jählings hinfallen (durch Stolpern, aber auch vom Pferde oder Fahrrad herab). Ob die nicht vor dem 19. Jh. bezeugte Rda. erst nachträglich mit dem Vogel in Zusammenhang

gebracht und dann durch ‚schießen‘ erweitert worden ist, bleibt ungeklärt. Doch sind mdal. ähnl. Wndgn. bezeugt, z. B. ndd. ‚Koppheister scheten‘, einen Purzelbaum schießen, zu Heister = Elster gehörig; vgl. auch sächs. ‚hinlerchen‘, hinfallen; vielleicht hat das schnelle Herabschießen des Vogels mit dem Kopf voran den Anlaß zu dem Bild gegeben. *Warten, bis einem eine gebratene Lerche (Taube) in den Mund fliegt;* ↗ Taube. *Ins Lerchenfeld gucken:* ins Leere starren; *jem. auf das Lerchenfeld führen,* gemeint ist wohl urspr.: einen zum Lerchenfang auf ein Feld führen, auf dem, wie der Führende genau weiß, keine Lerchen zu holen sind. Daraus ergibt sich dann die allg. Bdtg.: jem. zum Narren halten, jem. düpieren; lit. z. B. in Joh. Fischarts ‚Gargantua‘ (S. 388): „Es ist auch einer auff dem Lerchenherd nicht sicher, wenn einer schlafft, dann die Räbhüner dörffen eim bald ohren abstoßen und abbeissen“. Möglicherweise ist die Rda. aber auch auf eine eigentümliche Fangmethode zurückzuführen, die darin besteht, daß man Lerchen durch Spiegel blendet und sie so ins Garn lockt. Eine ausführliche Beschreibung des ‚Lerchenspiegels‘ findet sich in Naumanns ‚Naturgeschichte der Vögel Mitteleuropas‘. Zum Vergleich läßt sich heranziehen die frz. Rda. ‚se laisser prendre au miroir comme l’alouette‘, sich wie die Lerche mit dem Spiegel fangen, d. h. sich durch Schmeicheleien betören lassen. Ein Analogon findet sich noch im ital., wo ‚specchietto delle allodole‘ (Lerchenspiegel) geradezu für Hinterhalt, Falle gebraucht wird. *Im Lerchenfeld sein:* im Irrtum sein.

Lit.: *O. Keller:* Die antike Tierwelt (Leipzig 1913), S. 85–86; *R. Riegler,* Dt. Rdaa., in: Zs. f. d. U., 23 (1919), S. 525 f.; *A. Taylor:* Art. ‚Lerche‘, in: HdA. V, Sp. 1219–1221; *V. Doebele-Flügel:* Die Lerche als lit. Motiv in der dt. Dichtung (Berlin 1976); *E. u. L. Gattiker:* Die Vögel im Volksglauben (Wiesbaden 1989), S. 245–253.

Letzt. *Zu guter Letzt:* zum erfreulichen Beschluß, auch iron. gebraucht. Mit dem Superlativ ‚der letzte‘ hat die Wndg. urspr. nichts zu tun; vielmehr ist Letzt aus mhd. ‚letze‘ = Abschied (zu letzen = ein Ende mit etw. machen, Abschied feiern, dann: laben, erquicken) hervorgegangen. Die

Grundbdtg. der Wndg. ist also: als guter Abschiedstrunk oder -schmaus; in diesem Sinne in altertümelnder Sprache noch bei Wieland:

Wie sie zu guter Letze
Den goldenen Becher mir bot.

Die Rda. wird dann auch auf andere Gaben, die als Abschluß gewährt werden, übertr. In der Einleitung zu den zwölf Artikeln der oberschwäb. Bauern von 1525 wird das Liebesgebot Christi, das er bei der Abendmahlseinsetzung gegeben hat, als die ‚Letze' bez., die er uns hinterlassen habe. Bei Blumauer heißt es in der ‚Äneis' (1784, Bd. II, S. 41): „Nun begann das dritte Spiel dem Volke zu guter Letze". Als man den Urspr. der Wndg. nicht mehr verstand, wurden Form und Bdtg. an das Adj. ‚letzt' angeknüpft. Auch in der veralteten Wndg. *eine Letze lassen*: ein Abschiedsgeschenk geben, die im 16. Jh. oft, bes. auch im Volkslied, bezeugt ist, steckt das obengenannte Subst. ‚Letze'.

Letzte. Das Sprw. *Der letzte sein ist nimmer gut* verdeutlicht die allg. Anschauung des Volkes, nach der dem Menschen, der mit seiner Arbeit zuletzt fertig wird oder der als letzter bei einer Zusammenkunft erscheint, ein Makel anhaftet. Der Schnitter, der die letzte Garbe auf dem Feld abmäht, wird gehänselt; der Langschläfer erhält an bestimmten Tagen im Jahr einen Spottnamen, und bei Wettkämpfen ist nach wie vor der derjenige der eigentl. Verlierer, den man im Sportjargon als ‚Schlußlicht' zu bezeichnen pflegt. Selbst beim Spiel der Kinder ist dieser Brauch als ‚letzten geben' zu beobachten. Vgl. ‚der letzte Mohikaner', ‚das letzte Gefecht', ‚letztes Aufgebot' oder ‚das ist das Letzte'. Die Sinngebung des Sprw. ‚Den Letzten beißen die Hunde' ergibt sich aus der realen Beobachtung: Das schwächste Tier bleibt auf der Flucht zurück und wird leicht eine Beute der Verfolger (Wolf, Gepard, Falke, Fuchs usw.), aller Feinde, die auf Nahrungssuche sind. Bis in die 2. Hälfte des 19. Jh. hinein – wurde genauer differenziert durch die Wndg. ‚als Letztes, aber nicht als Geringstes' (engl. ‚last, but not least'). In Dtl. geriet sie freilich in Vergessenheit. Anders in England; dort blieb sie bis in die heutige Zeit hinein eine sehr be-

liebte Formel, i. S. v.: nicht zuletzt, nicht zu vergessen.

Das Letzte versuchen (aus sich herausholen): das letzte Mittel einsetzen, noch einmal alle Kraft zusammennehmen, um ein Ziel zu erreichen.

Lit.: *C. G. Knorre:* Usum Paremiae Iuris Germanici: ‚Der Letzte thut die Türe zu', in: Successione Coniugum (Hallae 1741); *Anon.:* ‚Ein Beitrag zur Erläuterung des Sprichwortes: Den letzten beißen die Hunde' in: E. E. Klein: Merkwürdige Rechtssprüche der Hallischen Juristenfakultät (Berlin 1797), vol. II, No. 30; *C. W. v. Sydow:* Die Begriffe des Ersten und Letzten in der Volksüberlieferung mit bes. Berücksichtigung der Erntebräuche, in: Folk-Liv (1939); *A. Eskeröd:* Årets Äring. Nordiska Museets Handlingar 26 (Stockholm 1947); *D. Sauermann:* Der Letzte im Pfingstbrauch, in: Zs. f. Vkde. 64 (1968), S. 228 ff.; *W. Mieder:* Angloamerikan. u. dt. Überlieferung des Ausdrucks ‚last (but) not least', in: Der Sprachspiegel 37 (1981), S. 131–134, 162–166; *P. Portmann (Hg.):* Di letschti Chue tuet's Törli zue (Frauenfeld 1983).

Leuchte. Die Rda. *eine Leuchte der Wissenschaft sein:* ein hervorragender Gelehrter, ein erfolgreicher Forscher sein, geht bereits auf die Antike zurück. In seiner Naturgeschichte (‚Naturalis historia' XVII,5) nennt Plinius (23–79 n. Chr.) den Cicero die zweite Leuchte der Wissenschaft nach Homer: ‚Lux doctrinarum altera". Meistens begegnet die Wndg. heute in der Negation als tadelnde oder bedauernde Feststellung: *jem. ist keine große Leuchte* oder *er ist nicht gerade eine Leuchte:* er ist nicht sonderlich gescheit; obwohl er sich klug dünkt, vollbringt er keine entspr. Leistungen; er bleibt merklich hinter den allg. Erwartungen und Anforderungen zurück; vgl. frz. ‚Ce n'est pas vraiment une lumière'. Die Wndg. *jem. ist eine Leuchte* wird im gleichen Sinne auch iron. angewendet, um einen Überklugen zu bezeichnen, der alles besser wissen will. Er wird auch als ‚Leuchter' oder ‚Armleuchter' (euphemist. für ‚Arschloch') bez., ↗ Licht.

Leute. *Er ist einer von unsere Leut:* er gehört zu uns, ist mit uns verwandt, gehört zur selben Gruppe. Die jüd. Rda. ist durch eine Posse von David Kalisch (1820–72) mit dem Titel ‚Einer von unsere Leut' lit. geworden (1870).

Das sind die besten Leute: sie sind (wieder) gut Freund miteinander, sagt man, um eine stattgefundene Versöhnung auszudrücken. *Unter den Leuten gewesen sein:* Erfahrungen gesammelt haben; Menschenkenntnis besitzen; vgl. frz. ,avoir parcouru le monde' (wörtl.: durch die Welt gezogen sein).

Sich nicht unter die Leute wagen: sich seines Aussehens schämen; menschenscheu sein. *Da streiten sich die Leut' herum* ist ein Zitat aus dem ,Hobellied' aus Raimunds ,Verschwender' von 1833.

Etw. unter die Leute bringen: bekanntmachen, ein Gerücht ausstreuen; ndd. ,dat is unner de Lüde', so geht das Gerücht, so erzählt man sich.

In der Leute Mäuler sein: im Gerede sein; in üblem Ruf stehen. Vgl. ndl. ,Hij is op der lieden tong'.

Die bösen Leute sind an ihm sagt man, wenn ein Kind ständig schreit und dabei verfällt. Die Rda. bezieht sich wohl auf den Glauben an Hexen, die dem Kind etw. angetan haben.

Du willst wohl alte Leute foppen (ndd.: ,Du wullt wol olle Lit foppen') sagt man zu jem., der Unglaubliches erzählt.

Geschiedene Leute sein: nichts mehr miteinander zu tun haben (wollen) – meist in Verbindung mit einer Drohung gebraucht.

Aus Kindern werden Leute: auch erwachsene, vernünftige Menschen. Im Badischen heißt es: ,Berg und Tal komme nit zamme, aber d'Leut'; ,Von de reiche Leut muss mr spare lerne'; scherz.: ,s geht halt de Mensche wie de Leut'. Scherzhafte Aufforderung für allzu seßhafte Gäste: ,Mr welle ins Bedd go, daß d' Lidd haim kenne, sunscht halde mr si noch lang uff'.

Lit.: Hessen-Nass. Volkswb. 2,137,47 ff.: *L. Berthold:* Sprachliche Niederschläge absinkenden Hexenglaubens, in: Volkskundliche Ernte. H. Hepding dargebracht in: Gießener Beiträge zur dt. Philologie 60 (1938), S. 32–39, bes. S. 35 f.

Leutnant. *Ein Leutnant zahlt seine Schulden* ↗ Kirmes.

Leviten. *Einem die Leviten lesen,* auch *die Epistel, die Kapitel, die Lektion, den Text lesen:* ihm einen Verweis erteilen, ihn zurechtweisen. Der Urspr. dieser Wndgn. ist alt. Um das Jahr 760 stellte der Bischof Chrodegang von Metz zur Besserung der verwilderten Geistlichkeit einen Kanon nach Art der Benediktinerregel auf. Dieser verpflichtete die ,Canonici' zu gemeinschaftlichem Speisen und Schlafen, zu gemeinsamem Gebet und Gesang, ferner zu bestimmten Versammlungen mit bes. Buß- und Andachtsübung. Da pflegte ihnen der Bischof oder dessen Stellvertreter einen Abschnitt aus der Bibel, insbes. aus dem dritten Buch Mosis (,Leviticus' genannt, weil es hauptsächlich Vorschriften für Leviten, d. h. Priester enthält), ferner aus Satzungen, die in ,Capitula' eingeteilt waren, vorzulesen; in der Regel knüpften sich hieran ermahnende und strafende Reden. Daher wohl die Rda., die auch durch spätere kirchliche ,Strafpredigten' in wechselnder Form erneuert worden sein kann. In dem Gedicht ,Des Teufels Netz' aus dem Anfang des 15. Jh., in dem die Laster aller Stände gegeißelt werden, heißt es V. 10476:

> Da will ich dir denn ein letzgen
>> (Lektion) lesen,
> Daz si niemer me mag genesen.

Eine andere Hs. hat statt ,letzgen' das Wort ,Leviten'. In einem spätma. Schauspiel, das sich in Franz Josef Mones Sammlung ,Schauspiele des Mittelalters" (1846, Bd. II, S. 280) findet, wird Petrus angeredet:

> Man mües dir ouch die leviten lesen,
> Du bis by Jhesu von Gallile gewesen.

Hans Sachs sagt von einem Heruntergeputzten:

> Im wardt der harnisch wol gefegt.
> Sie las im sein legendt so kurz.

Gelegentlich tritt das Wort ,Levit' auch kurzweg in der Bdtg. ,Strafpredigt', ,Verweis' auf, so im ,Deutschen Grandison' von 1755: „Ich geb' ihm mit meiner gewöhnlichen Sanftmut ganz gelassen einen kleinen Leviten". Vgl. auch die Rda. ,einen ins ↗ Gebet nehmen'.

Lit.: *G. Fohrer:* Art. ,Leviticus', in: RGG. IV, Sp. 339–340.

Licht. *Es geht ihm ein Licht auf:* es wird ihm alles klar, er hat verstanden. Die Rda. beruht auf Bibelstellen wie Hiob 25,3, Ps. 97,11 („Dem Gerechten muß das Licht immer wieder aufgehen ..."); Matth. 4,16 u. a. („Das Volk, das in Finsternis saß, hat ein großes Licht gesehen; und die da saßen am Ort und Schatten des Todes, denen ist ein Licht aufgegangen").

‚Es geht ihm ein Licht auf‘

Obwohl schon die Bibel die Wndg. durchaus bildl. versteht und die Erhellung des menschlichen Geistes durch das Licht des Glaubens oder durch das göttliche Licht meint (z. B. Hiob 25, 3), hat die Volkssprache – nicht selten in iron. Überspitzung – das Bild immer wieder in die Realität zurückbezogen. So hat auch Moritz von Schwind (1804–71) die Rda. bildl. dargestellt. Els. wird z. B. die Rda. ‚Es geht mir ein Licht auf‘ mit dem Zusatz ‚wie e Fakkel‘ versehen. Scherzhaft sagt man auch: ‚Es geht ihm ein Dreierlicht auf‘; berl. ‚Mir jeht ’n Talchlicht (ne Latüchte, Jaslatern, Stallaterne, Kronleuchter Tranfunzel) uf‘, ich verstehe; gesteigert auch: ‚Mir jeht ne janze Jasfabrik uf‘. Vgl. frz. ‚Une lumière jaillit dans son esprit‘. In der Rda. ‚jetzt geht mir ein Seifensieder auf‘ ist statt des Lichtes sein Hersteller eingesetzt; die Rda. findet sich lit. z. B. in W. v. Kügelgens ‚Jugenderinnerungen‘ (Reclam-Ausg. S. 87): „Es mußte einem ein großer Seifensieder aufgehen“. ‚Dämmert’s?‘ fragt man scherzhaft, wenn man hofft, daß einem etw. ‚einzuleuchten‘ beginnt. Ähnl. schon in Schillers ‚Kabale und Liebe‘ (I,5): „Ist Ihm das helle?“ – „Daß mich die Augen beißen“. Bair. ist volkstümlich ‚einen Funken von etw. kriegen‘, anfangen, der Sache auf die Spur zu kommen.

Einem ein Licht aufstecken: ihn aufklären; dann auch: ihn zur Rede stellen, ihn zurechtweisen. Das Bild der Rda. ist vom Aufstecken des Kerzenlichtes auf einen Leuchter genommen. Bei F. Reuter findet

‚Dem Tag ein Licht anzünden‘

sich die Variante: „’ne Laterne anstikken“. 1639 führt Lehmann S. 476 (‚Lehrer‘ 24) an: „Einer, der einem von seinem Liecht ein Liecht anzünd, dem geht nichts davon ab; wer andern lehrt, der hat an seiner Geschicklichkeit keinen Verlust“.

Dem Tage ein Licht anzünden: ebenso *Licht in die Sonne bringen:* etw. Überflüssiges, Unnützes, Unsinniges tun (vgl. ‚Eulen nach Athen tragen‘, ↗ Eule); ähnl. *das Licht an beiden Enden anzünden,* zugleich auch in der Bdtg.: seine Arbeitskraft doppelt verbrauchen (vgl. engl. ‚he lights his candle at both ends‘; frz. ‚On brûle la chandelle par les deux bouts‘; ndl. ‚Dei kaars brandt aan beide einden‘, ‚hij stect zijne kaars aan beide kanten aan‘). *Das Licht nehmen und den Leuchter damit suchen:* unüberlegt oder zerstreut handeln; ebenso *ein Licht verbrennen, um eine Nadel zu suchen* (ndl. ‚eene kaars verslinden, om eene spelt ze vinden‘).

Sein Licht unter den Scheffel stellen: allzu bescheiden sein, die vorhandenen Kräfte nicht voll, oder nicht zum allg. Besten anwenden (entspr. engl. ‚not to hide one’s light under a bushel‘; frz. ‚ne pas mettre la lampe – lumière – sous le boisseau‘; ndl. ‚zijn licht niet onder de korenmaat zet-

‚Sein Licht unter den Scheffel stellen' – ‚Sein Licht leuchten lassen'

ten'). Den Gegensatz bildet *sein Licht leuchten lassen:* seine Gaben zur Geltung bringen, ‚mit seinem Pfunde wuchern'. Beide Rdaa. sind bibl. Herkunft und stammen aus Matth. 5, 15 f.: „Man zündet auch nicht ein Licht an und setzt es unter einen Scheffel, sondern auf einen Leuchter, so leuchtet es allen, die im Hause sind. Also laßt euer Licht leuchten vor den Leuten, daß sie eure guten Werke sehen ..." (vgl. Mark. 4, 21; Luk. 8, 16; 11, 33). Das bibl. Gleichnis ist vom sog. Petrarcameister in seiner Bildwirklichkeit dargestellt worden. Dieses Bild bedarf allerdings einer kurzen Erläuterung: Der Mann im Vordergrund links führt die Rda. genau aus. Nur ist der Scheffel zu klein, um das Licht zu verbergen. Ebenso geht es dem Manne im Hintergrund, der mit einem Löschhütchen, wie es zum Löschen der Kerzen verwendet wurde, die Kirchtürme verdecken möchte. Den Gegensatz verdeutlicht ein gelehrter Magister (rechts), der verschämt sein Gesicht hinter einem Lichtschirm verbergen möchte, um nur seine Werke, nicht aber seine Person gelten zu lassen; vielleicht genießt er eher auch die eigene Weisheit unter dem Vergrößerungsglas.

Er ist kein (großes) Licht: er ist nicht gerade klug. Die Rda. wird auch verstärkt:

‚Sein Licht leuchten lassen'

„Er ist kein großes Kirchenlicht', er ist geistig wenig bedeutend; älter auch: ‚Er ist kein (großes) Lumen', ↗ Leuchte. Modern: ‚Er ist ein Armleuchter', ‚Er ist wenig belichtet', ‚Er ist unterbelichtet', er taugt überhaupt nichts. Alle diese Rdaa. negativer Bdtg. beziehen sich letztlich und urspr. auf eine positive Aussage: Matth. 5, 14 sagt Jesus zu den Jüngern: „Ihr seid das Licht der Welt" (Vulgata: „Vos estis lux mundi"). Bereits Cicero („Catilina' III, 10, 24) nannte berühmte Männer ‚Lumina civitatis'. ‚Lumen ecclesiae' wird Augustin in mehreren Quellen genannt, z. B. in Luthers ‚Tischreden‘. Als ‚Kirchenlichter‘ bez. Mathesius (‚Historien von Luthers Anfang ...‘ 1570) die Wittenberger Theologen.

Dem Licht zu nahe kommen; sich am Licht verbrennen (vgl. frz. ‚Cet homme s'est venu brûler à la chandelle‘); ‚wie die ↗ Motte ums Licht‘. *Das Licht brennt ihm auf den Fingern:* ‚das Wasser steht ihm bis zum Hals‘, er braucht rasche Hilfe. Bereits 1649 bei Gerlingius ist die Wndg. verzeichnet, und 1718 überliefert sie Celander (‚Verkehrte Welt‘): „So brennet ihm das Licht, wie man im Sprichwort zu reden pflegt, recht auf den Nagel“. Zu denken ist an eine Kerze, die bis auf die Finger, die sie halten, herabgebrannt ist. Man hat auch daran erinnert, daß sich die Mönche bei der Frühmesse zum Lesen im Dunkeln kleine Wachskerzen auf die Daumennägel klebten, wenn man die Rda. nicht von den Foltermethoden des MA. (Brennen der Fingernägel durch aufgelegte glühende Kohlen) herleiten will, entspr. ihrer verkürzten Form: ‚es brennt ihm etw. auf den Nägeln‘ (↗ Nagel).

Licht ziehen: den Nasenschleim hinaufziehen und einschnupfen. Wie das Talglicht früher beim Brennen oft überlief, so nennt man auch im Scherz den auslaufenden Schleim einer Kindernase Licht. ‚'s Licht brennt zu hell‘ sagt man, wenn die Anwesenheit von Kindern eine gewisse Mitteilung nicht gestattet, die für Kinderohren nicht gedacht ist, und man deshalb abbricht. In anderen Wndgn. bedeutet Licht nicht nur die erleuchtende Kerze, sondern auch das Lichte schlechthin, z. B. den erhellten Raum. Daher: *etw. ans Licht bringen (kommen):* an den Tag bringen: vgl. frz. ‚mettre quelque chose en lumière‘: eine Sache hervorheben; ferner: *einen hinter's Licht führen:* ihn täuschen, betrügen. Der eigentl. Sinn ist: jem. ins Dunkle führen, wo er nichts sehen kann (vgl. KHM. 44 u. KHM. 61). Dazu die alten Nebenformen: ‚einen unters Licht, ums Licht führen‘. Die Wndg. *bei Lichte besehen* bedarf keiner Erklärung. Nur um ihr Alter darzutun, sei Hans Sachs (‚Der böhmisch sprechende Schwabe‘) zitiert: „und we mans pey dem liecht peschawt‘. Chr. Weise (‚Erznarr‘ I,67): „... und

wenn man hernach das Raben-aasz beim Liecht ansiehet, so verdienet es kaum die Beine ...“

Die schlesw.-holst. Rda. ‚Zwee (dree) Lichter op'n Disch! Mien Ohm is kamen‘ wird nicht nur gebraucht, um diesen speziellen Fall, sondern überhaupt jedes besondere Ereignis anzukündigen; dazu die Variante: ‚Licht op'n Disch! Is Cölmar Volk‘ (= es sind Leute aus Colmar, einem Dorf bei Glückstadt), da muß etw. Besonderes geschehen.

Ich habe nicht das Licht dazu gehalten: ich bin an der Sache nicht beteiligt gewesen, ich bin unschuldig. Das Bild der Rda. ist von einem Einbruchsdiebstahl hergenommen, bei dem ein Mitschuldiger dem eigentl. Dieb das Licht hält.

Das Licht scheuen: sich verbergen müssen; heimliche und ungesetzliche Taten ausführen; ein Verbrechen im Dunklen vorbereiten.

Sich selbst im Lichte stehen: sich selbst schaden, sich selbst das Sehen dadurch unmöglich machen, daß man zwischen die Lichtquelle und den zu beobachtenden Gegenstand tritt. Ein ndd. Sprw. lautet: ‚Et get di as en Klumpemaker (Holzschuhmacher), du stest di selwer in't Licht‘. Ähnl. schon in Joh. Fischarts ‚Ehzuchtbüchlein‘ (S. 332, 13): „Stehe dir nur selbs nicht im Liecht“. Anders jedoch 1639 bei Lehmann, S. 780 (‚Verachtung‘ 27): „Wer sich gering und wolfeil macht, der steht ihm selbst vorm Licht“.

In Grimmelshausens ‚Simplicissimus‘ (Buch III, Kap. 21) erscheint ‚bei jem. zu Licht kommen‘: „... und gaben mir damit zu verstehen, daß ich ... wohl zu ihnen zu Licht kommen dürfte“, d. h. zum Abendbesuch.

Neueren Datums und von den Verkehrsampeln her übernommen ist das vielgebrauchte Schlagwort vom *grünen Licht* (frz. ‚feu vert‘), das man jem. bzw. einer Sache geben kann. Auch sagt man: ‚Das Licht steht auf Grün‘. Diese rdal. Wndgn. bezeichnen völlige Handlungsfreiheit, gleichsam das Startzeichen zu einem Vorhaben und bedeuten ‚Freie ↗ Bahn‘.

Dabei verdient man nicht das Licht: es lohnt sich nicht (vgl. frz. ‚le jeu ne vaut pas la chandelle‘). *Kein Licht brauchen:* kahlköpfig sein (etwa seit 1910 bezeugt). Ähnl.

rhein. und hess. von Rothaarigen: ‚die sporen et Licht deham‘, oder ‚bei der brauchste kein Licht‘, wenn einer.eine Rothaarige heiratet.

Das Licht im Kopf geht aus: das Erinnerungs- und Denkvermögen kommt abhanden. In der modernen Boxersprache: ‚jem. das Licht auspusten‘, ihn besinnungslos schlagen; vgl. die schwäb. Drohung: ‚Dir will i zünde ohne Licht!‘ ‚Sich das Licht auspusten‘, Selbstmord verüben. ↗Lebenslicht, ↗Schatten.

Zu Licht gehen: in die Lichtstube, Spinnstube, Kunkelstube gehen. Man traf sich dazu reihum in einem anderen Hause, um beim Spinnen Licht u. Wärme zu sparen und die Arbeit am Abend in der Geselligkeit zu verrichten.

Aus der jüngsten Zeit stammt die Rda.:

Licht am Ende des Tunnels sehen: herauskommen, nach einer finstern Wegstrecke das Dunkel weichen sehen, in übertr. Bdtg.: einen Hoffnungsschimmer, einen Ausweg sehen; ähnl.: *Einen Lichtblick haben:* neue Hoffnung schöpfen, etw. Erfreuliches in trostloser Lage erfahren. Die Wndg. begegnet oft in der Form eines erleichterten Ausrufes: *Das ist (endlich) mal wieder ein Lichtblick!:* nun geht es wieder voran, aufwärts, die Lage bessert sich.

Beliebt sind auch Wortkombinationen, die an Stelle einer vollständigen Rda. stehen, wie z. B. ‚lichterloh‘: in hellen Flammen; ‚Lichtjahre‘ (entfernt): eine nicht nachvollziehbar lange Zeit, eine Ewigkeit weit weg.

Lit.: *H. Freudenthal:* Art. ‚Licht‘, in: HdA. V, Sp. 1240–1258; *G. J. van der Keuken:* ‚Bij dit licht‘, in: Tijdschrift voor Nederlandse Taal- en Letterkunde 53 (1934), S. 114–116; *L. Schmidt:* Volksglaube und Volksbrauch (Berlin 1966), S. 19 ff. (Kap. ‚Lebendiges Licht im Volksbrauch und Volksglauben Mitteleuropas‘); *M. Lurker:* Wb. bibl. Symbole (München 1973), S. 195–197; *W. Schivelbusch:* Lichtblicke (München 1983).

Liebe. ‚Liebe‘ erscheint in Sprww. und Rdaa. zumeist in metaphorischen Umschreibungen (s. Register). Bibl. taucht ‚Liebe‘ (griech. ‚Agape‘, lat. ‚caritas‘) sowohl als Gottesliebe wie als Nächstenliebe, Gattenliebe, Kindesliebe auf. Paulus schrieb im 13. Kap. seines 1. Korintherbriefes (V. 1 u. 13): „Wenn ich mit Menschen- und mit Engelszungen redete und hätte der Liebe nicht, so wäre ich ein tönend Erz oder eine klingende Schelle ...“ – „Nun aber bleibet Glaube, Hoffnung, Liebe, diese drei; aber die Liebe ist die größte unter ihnen“.

Goethe preist die sinnliche Liebe z. B. in seinem Gedicht ‚Rastlose Liebe‘:

Krone des Lebens,
Glück ohne Ruh,
Liebe bist du.

Novalis meint:

Liebe ist der Endzweck
der Weltgeschichte,
das Amen des Universums.

Heine dichtet (‚Junge Leiden‘ 8):

Die Engel, die nennen es Himmelsfreud‘,
Die Teufel, die nennen es Höllenleid,
Die Menschen, die nennen es – Liebe!

In der heutigen Umgangssprache umschließt ‚Liebe‘ eine breite Skala von Gefühlen und Bedeutungen: *Liebe zu etw. haben (zeigen):* Neigung, Begabung und Begeisterung zu einer bes. Aufgabe, zu einem bestimmten Beruf, zu künstlerischer oder wissenschaftlicher Arbeit, ähnl.: *etw. mit Lust und Liebe tun:* mit wahrer Hingabe, mit dem Einsatz aller Fähigkeiten u. Kräfte für ein hohes Ziel; lit. bei Goethe in ‚Iphigenie‘ II, 1 (Worte des Pylades).

Liebe suchen (finden): nach Zuneigung u. Verständnis verlangen (Geborgenheit u. Zärtlichkeit erhalten), oft von Kindern oder Tieren gesagt.

Jem. Liebe (einen Liebesdienst) erweisen: ihm in Nöten beistehen, ihm Treue bewahren, in bewährter Freundschaft helfen, auch i. S. v. ‚Nächstenliebe‘ gebraucht. Auf die Liebe in erot. Hinsicht spielen viele Rdaa. an, die das Gefühl treffend zu umschreiben suchen: *Vor Liebe brennen,* auch: *in Liebe entbrennen für jem.,* ↗Herz; *in Liebe erglühen (vergehen):* seine Gefühle (Leidenschaft) für jem. entdecken, bes. von noch ‚verborgener Liebe‘ gesagt, denn ‚heimliche Liebe‘ brennt wie Feuer, wie es im Volkslied heißt:

Kein Feuer, keine Kohle
kann brennen so heiß
als heimliche Liebe,
von der niemand nichts weiß.

Vor Liebe ↗blind sein: Fehler und negative Eigenschaften des Partners nicht sehen (wollen). Dagegen heißt es im Sprichwort: ‚Wo Liebe fehlt, erblickt man alle Fehler‘.

‚Liebe macht blind‘

Von der Liebe allein nicht leben können: auch materielle Absicherung benötigen, eine Mitgift erwarten.

(Nur) von der Luft und von der Liebe leben: kaum etw. zu sich nehmen, im Wechselbad der Gefühle keinen Hunger verspüren. Die Wndg. wird mitfühlend oder iron. gebraucht, wenn jem. nichts essen möchte, weil er ‚in höheren Regionen schwebt‘ u. an Alltägliches, Notwendiges u. Reales nicht mehr denkt.

Seine Liebe verbergen (müssen): aus bestimmten Gründen oder Rücksichten (Scham, Aussichtslosigkeit, Furcht vor Abweisung oder auch Gefahr, eine Freundschaft, eine Ehe zu zerstören) sich nicht dem Partner offenbaren, dagegen: *seine Liebe erklären (gestehen):* offen seine Neigung zu erkennen geben, auch: einen Heiratsantrag machen.

Jem. Liebe (nicht) erwidern: gleiche (keine) Zuneigung zu ihm hegen (ihn zurückweisen). Haben sich Liebende gefunden, heißt es oft: *Es war Liebe auf den ersten (zweiten) Blick:* die Erkenntnis, nicht mehr voneinander lassen zu können, füreinander geschaffen zu sein, kam plötzlich, sie ‚schlug wie ein ⁊ Blitz ein‘.

Einen vor Liebe (fast) erdrücken: jem. fest umschlungen halten, aber auch: ihm seine Bewegungsfreiheit nehmen, ihn an seiner persönlichen Entfaltung hindern.

Jem. mit Liebe überschütten: ihn unglaublich verwöhnen, ihm ‚jeden Wunsch von den ⁊ Augen ablesen‘, oder gar: *einen (am liebsten) vor Liebe (auf)fressen (wollen),* eine schon in mhd. Zeit bekannte Wndg.

Liebe und Leid teilen (wollen): alle Freuden u. Leiden gemeinsam erleben (wollen), sich eine gemeinsame Zukunft aufbauen.

Sich gegenseitig die Liebe bewahren: sich auch bei Trennung, über einen langen Zeitraum (das ganze Leben) treu bleiben, seine Gefühle nicht erkalten lassen, so daß es bei einem Wiedersehen heißen kann: *Ihre Liebe war (ist) lebendig wie am ersten Tag.* Häufiger geschieht jedoch das Gegenteil: *jem. Liebe ist erloschen (erkaltet, erstorben).*

Bes. häufig sind die Wndgn.: *Jem. etw. zuliebe tun:* ihm eine Gefälligkeit erweisen; *Das tut (doch) der Liebe keinen Abbruch:* das ist nicht so schwerwiegend, das macht gar nichts, u. *Das macht der Liebe (noch) kein Kind:* es ist erlaubt, unschädlich, das ist doch nicht schlimm.

Viele Sprww. preisen die Liebe: ‚Liebe überwindet alles‘ – ‚Omnia vincit amor‘; ‚Liebe ist stärker als der Tod‘; ‚Liebe höret nimmer auf‘; ‚Liebe grünt immer‘; in Schillers ‚Lied von der Glocke‘ (V. 78–79) heißt es ähnl.:

O daß sie ewig grünen bliebe,
Die schöne Zeit der jungen Liebe!

‚Alte Liebe rostet nicht‘; ‚Liebe ist (macht) erfinderisch‘; ‚Liebe bringt alles ins rechte ⁊ Lot‘; ‚Liebe lehrt singen‘; ‚Liebe haßt die Angst‘; ‚Liebe macht Gegenliebe‘.
Oft wird auch vor der Liebe gewarnt: ‚Keine Liebe ohne Leid‘, so schon in der mhd. Dichtung: „lieb âne leit mac niht gesîn‘ (v. Eist); ‚Kurze Liebe – langes Leid‘; oder es heißt humorvoll-resignierend: ‚Wider die Liebe ist kein Kraut gewachsen‘; ‚Der Liebe und dem Tode kann niemand entgehen‘; ‚Die Liebe macht kluge Leute zu Narren‘; ‚Die Liebe und der Husten lassen sich nicht verbergen‘; „Wo die Liebe hinfällt, da bleibt sie liegen, und wär‘ es ein Misthaufen‘.

‚Liebe geht durch den ⁊ Magen‘. ‚Ein ⁊ Kind der Liebe sein‘.

Lit.: *A. de Cock:* Spreekwoorden en zegswijzen over de Vrouwen, de liefde en het huwelijk (Gent 1911); *M. Bauer:* Liebesleben in dt. Vergangenheit (Berlin

‚Liebe grünt immer'

‚Liebe haßt die Angst'

1924); *L. Röhrich:* Liebesmetaphorik im Volkslied, in: Folklore International. Essays in Traditional Literature, Belief and Custom in Honor of Wayland Debs Hand (Hatboro/Pa. 1967), S. 187–200; Liebe u. Hochzeit. Aspekte des Volkslebens in Europa (Antwerpen 1975); *E. Borneman:* Lexikon der Liebe (Frankfurt/M. 1978); *L. Röhrich:* Art. ‚Ehe', in: EM. III, Sp. 1023–1042; *W. Mieder:* Moderne Varianten des Blumenorakels „Er (sie) liebt mich, er (sie) liebt mich nicht" (mit 4 Abb.), in: Jb. f. Vlf. 27/28 (1982/83) (= Fs. Röhrich), S. 335–345; *L. Röhrich:* Art. ‚Erotik, Sexualität', in: EM. IV, Sp. 234–278; *W. Mieder:* Modern Variants of the Daisy Oracle ‚He loves me, he loves me not', in: ders.: Tradition and Innovation in Folk Literature (Hannover/New York 1987), S. 84–117.

lieben. Auf das Gebot der ‚Nächstenliebe' (in der Bergpredigt) beziehen sich die Wndgn.: ‚seinen Nächsten lieben' u. ‚seine Feinde lieben'.

Jem. lieben wie (mehr als) sein Leben: bereit sein, sich für einen anderen aufzuopfern, ohne ihn nicht leben können.

Sich selbst am meisten lieben: ein großer Egoist sein, immer zuerst an die Befriedigung eigener Wünsche und Bedürfnisse denken.

Von Leuten, die sich ständig streiten, heißt es iron.: ‚Sie lieben sich wie Hund u. Katze'.

Scherzhaft meinen Beobachter eines jungen Paares, das sich selbst noch seiner Liebe kaum bewußt ist: ‚Was sich liebt, das neckt sich' oder: ‚Was sich neckt, das liebt sich'. Gern wurde früher das ‚Liebesorakel' befragt, um Gewißheit über die Liebe des anderen zu erhalten. Man zupfte dabei die Blüten einer Margerite aus mit den Worten:

Er liebt mich –
Er liebt mich nicht –
ein wenig –
von Herzen –
mit Schmerzen –
gar nicht.

Dieses ‚Liebesorakel' befragt Gretchen in ‚Faust' I, um sich der Liebe Fausts zu vergewissern.

Eine Häufung von Metaphern, mit denen ‚lieben' in dichterischer Sprache ‚begründet' werden kann, bringt das Gedicht ‚Liebeserklärung in Redensart' v. Fritz Werf (geb. 1934):

Ich liebe dich
weil du deine Haut nicht zu Markte
trägst
weil deine Liebe nicht durch den Magen geht
weil es dich nicht kümmert ob wir alle
Tassen
im Schrank haben

Ich liebe dich
weil du mit beiden Beinen auf der Erde
stehst
wenn ich den Boden unter den Füßen
verliere

965

weil du nicht den Kopf in den Sand
steckst
wenn ich das arme Tier kriege
weil du Kinder nicht beizeiten zu Haken krümmst
weil du ihnen nichts vom Sandmann er-
zählst
Ich liebe dich
weil wir oft in die Luft gehen feder-
leicht
und kein Zeitungsblatt zwischen uns
paßt
Ich liebe dich
weil du zwischen den Zeilen liest
weil du weißt was uns die Stunde geschlagen hat
weil dir die Taube in der Hand lieber ist
als der Adler auf dem Dach
weil du glaubst daß Wasser den Stein
erweicht
weil wir zusammen gegen den Strom
schwimmen

Ich liebe dich ist keine Redensart
ist eine Kriegserklärung
du weißt genau
an wen.

(Aus: Fritz Werf, *Kopfherz, Gedichte.* An-
dernach: Atelier Verlag, 1982, S. 43)
Lit.: ↗ *Liebe*

‚Lieber ein lebendiger Hund als ein toter
Löwe'

*Sonne im Herzen als Eis am Stiel; lieber
einen guten Film als ein schlechtes Gespräch; lieber gar keine Haare als eine
Glatze; lieber ein kalter Krieger als ein war-
mer Bruder; besser ein kinderloses Ehepaar
als ein eheloses Kinderpaar; lieber nett im
Bett als cool auf dem Stuhl; lieber no future
als überhaupt keine Zukunft; lieber von Pi-
casso gemalt als vom Schicksal gezeichnet;
lieber 'nen Tag in Eis und Gletscher als 'ne
Nacht mit Margret Thatcher!; lieber strahlen als zahlen (mit Bezug auf die Entschädi-
gung der Landwirte nach dem Reaktorun-
glück in der UdSSR 1986); lieber Ostern als
Western; lieber rot als tot.*

lieber. Mit dem Komparativ ‚lieber' wird
in der heutigen Umgangssprache eine
Reihe von rdal. Vergleichen verbunden,
z. B. *lieber eine Laus im Pott als gar kein
Fleisch; lieber scheintot im Massengrab;
lieber den Spatz in der Hand als die Taube
auf dem Dach; lieber klopfe ich mir selber
Steine auf dem Arsch; lieber ein Jahr in Si-
birien ohne Hose; lieber den nackten Arsch
in Schwefelsäure hängen; lieber fünf
Minute geschämt als Geld ausgebe*
(schwäb.); *lieber e Ranze vum Esse als e
Buckel vum Schaffe; lieber krankfeiern als
gesundschuften; lieber den fleißigen Bock
zum Gärtner als den faulen zum Ehemann;
lieber durch Glück dumm als durch Schaden klug; lieber reich und glücklich als arm
und unglücklich; lieber etwas in der Birne
haben als Birne sein; lieber fernsehmüde
als radioaktiv; lieber instand setzen als ka-
puttbesitzen; lieber Gott als tot; lieber*

Lied. *Ich kann ein Lied davon singen:* ich
kann davon aus eigener (schlimmer) Erfahrung berichten; vgl. frz. ‚Je connais la
musique' oder ‚... la chanson' (wörtl.: Ich
kenne die Musik oder das Lied).
1529 erklärt Joh. Agricola (Nr. 378) „Ich
wolt einem wol eyn liedlein daruon singen" so: „Eyn liedlein singt man von einer
that vnd geschichte, das ruchtbar vnd gewiß ist, vnd wer eyn ding weyß vnd betracht es wol, der kan vil dauon singen vnd
sagen, daß ich wolt wol ein lidlein da von
singen, also vil sey, als ich weyß warheit
drumb. Zuo eynem liede gehoeren vil
wort, also wer grund kundtschafft weyß
von eynem ding, der kan es dester baß sagen, als wenn man sagt, an and leüt kindern ist das brot verloren. Antwort ich, Ja
lieben herren, ich wolt eynem wol eyn
liedlein darvon singen. Ich hab ettlich vil
weisichen (Waisenkinder) erzogen, aber

den danck vnd lon, den ich darfür entpfangen hab, ist gering, ia eyn muck fueret yhn auff dem schwantz hynweg. Item, wie es vnderweilen zugehet ynn Kloestern, ynn Fürstenhoefen, ynn stedten, ym Kammergericht vnd Cantzleyen, da wolt ich einem wol ein liedlin von singen, das ist, ich wolt yhm wol souil daruon sagen, das er genuog solt zu hoeren haben".

Joh. Agricolas Zeitgenosse, der bayr. Geschichtsschreiber Johannes Aventinus (Thurmair), sagt, als er von altdt. Geschichten spricht: „Von diesen Dingen und Sagen allen seind noch viel alte teutsche Reimen und Maistergesäng vorhanden in unsern Stiften und Klöstern, denn solche Lieder allein sind die alte teutsche Chronika, wie denn bei uns noch der Landsknecht brauch ist, die allweg von ihren Schlachten ein Lied machen". Derartige Bericht- oder Ereignislieder gehören zum Repertoire des älteren Berufssängertums, von dem ja auch die Rda. stammt: *einem ein Lied singen:* ihm zuliebe reden, u. das alte, schon in mhd. Zeit belegte Sprw. ,Wes Brot ich eß, des Lied ich sing', ↗ singen.

Es ist das alte Lied ↗ Leier: *das Ende vom Lied* ↗ Ende.

liefern. *Geliefert sein.* verloren sein; eigentl.: dem Gericht, dem Scharfrichter ausgeliefert sein; so noch in Schillers ,Räubern' (V. 2): „Man hat tausend Louisdore geboten, wer den großen Räuber lebendig liefert", und bei Jean Paul 1798 in den ,Palingenesien' (1, XI): „So ist man ein gelieferter Mann".

Lilie. *Dastehen wie eine geknickte Lilie:* traurig sein, den Kopf hängen lassen, äußerst betrübt sein, keine Hoffnung mehr besitzen. Bei den Römern war die Lilie ein Sinnbild der Hoffnung und der Juno geweiht; bei uns und bes. im christl. Bereich gilt sie als Zeichen der Reinheit und Unschuld, aber auch als sichtbarer Beweis göttlicher Gnade und Vergebung, wenn sie auf Gräbern erblüht. Die Lilie wird deshalb auch in der christl. Kunst häufig als Attribut der Jungfrau Maria u. vieler Heiliger und Märtyrer dargestellt. Die ,geknickte Lilie', die ihre stolze Haltung verloren hat, ist später zum Bild für die

Weiße Lilie als Attribut der Jungfrau Maria

verletzte Unschuld geworden. Die Rda. ist wahrscheinl. eine Umbildung zu einem oft zitierten Vers von Schiller. In seinem Gedicht ,Die Kindsmörderin' (in der ,Anthologie auf das Jahr 1782') lautet die Frage der Verurteilten: „Henker, kannst du keine Lilie knicken?" Nach Matth. 6, 28 zitiert man ,die Lilien auf dem Felde'. *Die Lilien im Garten sind verwelkt:* die Unschuld ist verlorengegangen. Die Wndg. dient als euphemist. Umschreibung für die verlorene Ehre eines Mädchens. Die blühende Lilie dagegen gilt auch bei Schiller noch als Symbol der Ehrenhaftigkeit. Seine Kindsmörderin bittet:

Weinet um mich, die ihr nie gefallen.
Denen noch der Unschuld Liljen blühn.

Wegen ihrer Schönheit, ihres stolzen Wuchses u. ihrer reinen weißen Farbe wurde die Lilie neben der Rose häufig in der Dichtung und im Volkslied besungen und im sprachl. Vergleich verwendet. Bereits bei Otfried von Weißenburg (1, 16, 23) heißt es:

thaz kint uuuahs untar mannon,
sô lilia untar thornon.

Bes. die Schönheit der Frau wurde wiederholt mit der Lilie verglichen. In mhd. Zeit war dies ein beliebtes dichterisches Bild. So wird z.B. im ,Erec' (337) eine

schöne Frau mit folgenden Versen geschildert:

   ir lîp schein durch ir salwe wat
   alsam diu lilje, dâ sî stât
   under swarzen dornen wîz.

Im Volkslied erscheint die Lilie als häufig-
ste Grabesblume. Wohl am bekanntesten
bis heute ist das Lied ‚Drei Lilien, die
pflanzt’ ich auf mein Grab‘. Außerdem ist
die Verbindung von ‚Rosen und Lilien‘
häufig im Volkslied u. bis heute in der
Dichtung üblich.

Einem die Lilie anheften (anhängen):
einen Verurteilten brandmarken. Die
Rda. bezieht sich auf einen Brauch in
Frankreich: den Missetätern wurde eine
Lilie aufgebrannt, ↗brandmarken.

Die Lilie war die Wappenblume der Bour-
bonen. Frankreich hieß früher ‚das Reich
der Lilien‘ und der frz. König ‚Fürst der
Lilien‘.

Auf den Lilien sitzen: eine Stelle in den
oberen Gerichtshöfen Frankreichs haben.
Die Wndg. weist auf die Sitze in den frz.
Gerichtssälen, die mit Lilien ausgeschlagen waren.

Lit.: *Geiger:* Art. ‚Grabblumen‘, in: HdA. III,
Sp. 1103 ff.; *H. Marzell:* Art. ‚Lilie‘, in: HdA. V,
Sp. 1300 ff.; *E. K. Blümml:* Die Lilie als Grabes-
pflanze, in: Studien zur vergleichenden Literatur-
gesch., Bd. 6 (1906), S. 409 ff. und Bd. 7 (1907),
S. 161 ff.; *L. Weiser-Aall:* Erlebnisgrundlagen der
Volksüberlieferung u. Dichtung. Der Liebestod, in:
Schweiz. Archiv f. Vkde. 44 (1947). S. 117–140; *L. Var-
gyas:* Researches into the Mediaeval History of Folk
Ballad (Budapest 1967), S. 112 ff; *W. Danckert:* Sym-
bol, Metapher, Allegorie im Lied der Völker, III
(Bonn-Bad Godesberg 1978), S. 1150–1158; *G. Meinel:* Art. ‚Grabpflanzen‘, in: EM. VI, Sp. 72–78.

links. *Die Linke kommt von Herzen* sagt
man, wenn man die rechte Hand nicht frei
hat, um jem. die Hand zu geben, und man
statt dessen die linke Hand gibt. Die Rda.
ist eigentl. ein Euphemismus, denn links
ist nach dem Volksglauben die ungünsti-
gere, unglückbringende Seite; die Wndg.,
daß die Linke ‚von Herzen‘ kommt, soll
nur diese urspr. Unglücksbdtg. beschönigen. Ähnl. Wndgn. sind z. T. auch in den
Mdaa. geläufig, z. B. in der Uckermark
‚Linkerpoot schlag’n Dübel dot!‘

Jem. links liegen lassen: ihn vernachlässi-
gen, ihn nicht beachten. Auch hier bezieht
sich links auf die ungünstige Seite, wie sie
vielen abergläubischen Regeln geläufig

ist. Ebenso: *mit dem linken Bein zuerst auf-
gestanden sein:* frühmorgens schlecht gelaunt sein; wer mit dem linken Bein zuerst
aufsteht, hat den ganzen Tag schlechte
Laune; vgl. frz. ‚s’être levé du pied gau-
che‘. *Zwei linke Hände haben:* ungeschickt sein; beim gewöhnlichen Rechts-
händer ist die linke Hand tatsächlich
ungeschickter und weniger geübt als die
rechte; lit. schon 1847 bei Grillparzer; vgl.
frz. ‚être gaucher des deux mains‘ (wörtl.:
auf beiden Händen Linkshänder sein).

Jem. (auf) links drehen: ihn ärztlich gründlich untersuchen; das Bild ist vom Wenden eines Anzugs hergenommen, der zur
gründlichen Reinigung auf links gedreht
wird.

Nicht wissen, was rechts oder links ist: sich
gar nicht auskennen. Nach Jona 4, 11
sprach Gott: „Und mich sollte nicht jammern Ninives, solcher großen Stadt, in
welcher sind mehr denn hundertund-
zwanzigtausend Menschen, die nicht wissen Unterschied, was rechts oder links
ist?“

*Die rechte Hand nicht wissen lassen, was
die linke tut* ↗Hand.

Ging einer vom Adel eine eheliche Verbindung mit einer Bürgerlichen ein, eine
„Mesalliance“, so sagte man: ‚Sie ist ihm
links angetraut worden‘. – Sie durfte auch
nicht an seiner ‚rechten‘ Seite gehen – wie
Gleichgestellte.

In Mythen, Sagen u. Märchen ist links oft
die weibliche, rechts die männliche Seite.
Schon im alten Ägypten galt die linke
Hand (Isishand) als die mütterliche, die
‚nährende‘ Hand. Sie war als ‚manus
aequitatis‘ die würdigere vor der rechten,
männlichen Hand. Psycholg. wird sie
auch gedeutet als die Seite des mehr Un-
bewußten.

Lit.: *A. Gornatowski:* Rechts und Links im antiken
Aberglauben (Diss. Breslau 1936); *P. Hajdu:* Die Be-
nennung der Begriffe rechts und links als Ausdr. der
Beziehung zwischen Sprache und Denken (= Acta
Linguistica I), Budapest 1951, S. 171–248; *L. Röhrich:*
Art. ‚Links und rechts‘, in: RGG. ³IV, Sp. 382;
W. Danckert: Symbol, Metapher, Allegorie im Lied
der Völker, II (Bonn-Bad Godesberg 1977),
S. 746–759.

Lippe. *Eine (große) Lippe riskieren,* eine
Äußerung wagen, sich in ein Gespräch
mischen, widersprechen; etwa in der
zweiten H. des 19. Jh. aufgekommen; vgl.

,ein ↗ Auge riskieren'. Dagegen meint die Wndg. *sich auf (in) die Lippe beißen:* eine ärgerliche oder ungehörige Antwort unterdrücken; infolge einer Beschämung schweigen, aber auch: sich das Lachen verbeißen. Vgl. ndl. ,hij bijt op zijne lippen' u. frz. ,s'en mordre les lèvres': eine vorschnelle, ungehörige Antwort bereuen. *An jem. Lippen hängen:* begeistert seinen Worten lauschen, sie ihm vom Munde ablesen wollen; vgl. frz. ,être suspendu aux lèvres de quelqu'un'.

Lobby. *Eine (keine) Lobby haben:* eine (keine) mächtige Vereinigung hinter sich, (keine) einflußreichen Fürsprecher haben. Die Wndg. bezieht sich auf die im Amerikanischen als Lobby bezeichnete Empfangshalle eines Hotels.

Loch. *Ein Loch kriegen:* schadhaft werden; *ein Loch haben:* schadhaft sein; oft bildl. gesagt, z. B. ,eine Freundschaft hat ein Loch bekommen', ähnl. wie ,einen Riß bekommen'. Der Dramatiker Jakob Ayrer (um 1543–1605) schreibt in den Fastnachtsspielen: ,Ir brüder, der krieg hat ein loch, dem ich bei hundert meil' nachzog"; öfters bei Grimmelshausen, z. B. im ,Simplicissimus' (II, 219): ,,daß der damascenische Krieg bald ein Loch gewinnen würde". H. Kurz teilt in einer Anmerkung zu dem letztgenannten Beleg mit, daß auf dem Frieden zu Ryswick 1697 eine Münze geschlagen worden sei mit der Prägung: ,,GOTT LOB DER KRIEG HAT NVN EIN". Zur Ergänzung des Satzes war unter den Buchstaben eine Trommel mit einem Loch dargestellt. Das Loch ging auf der Kehrseite der Münze durch einen Korb, in den das Füllhorn des Friedens seine Früchte schüttete; auf dieser Seite stand die Umschrift: ,,WER ABER FLICKT DEM FRIEDE SEINEN BODEN?" Dieses Bild von der durchlöcherten Pauke ist schon 100 Jahre früher rdal. gebraucht worden. In Kirchhoffs ,Wendunmuth' von 1581 finden sich zwei Belege: ,,gedacht dieser pauken, daz sie den klang verlür, ein loch zu machen" (128b); ,,der Bayer gedachte der pauken, wie man spricht, ein loch zu machen". Später heißt es bei Lessing: ,,die Narrenpossen dauern zu lange. Ich muß

der Pauke ein Loch machen, damit ich doch erfahre, woran ich bin".

Die Sache hat ein Loch: es ist falsch geplant, falsch durchgeführt, man geht von einem Irrtum aus.

Da ist ein Loch in der Socke: da ist etw. höchst bedenklich, da stimmt etw. nicht. *Löcher im Heiligenschein haben:* nicht untadelig sein (20. Jh.).

Ein Loch haben kann aber auch bedeuten: ,einen Ausweg wissen', wie der Fuchs aus seiner Höhle: ,,Item wenn man ie mer kriegen müst, daß man denn vor, als feren (sofern) man möcht, ein fürsten oder zwien bestellet, wie man möcht, daß man ein loch het, daß wir net ganz umbgeben weren als in dem vergangenen kriege" (,Dt. Städtechroniken' II,230). Schlesw.-holst. ,He hett ümmer'n Lock apen'; ,he süht door' keen Lock in', die Sache ist ihm zu verwickelt; ,he weet ni mehr Lock ut un Lock in', er weiß nicht mehr ein noch aus. Ebenf. schlesw.-holst. ,to een Lock mutt de Voß rut', ein Ausweg muß sich finden; ,dor kümmt de Voß to't Lock herut', die Sache kommt ans Licht (↗ Fuchs).

Ein Loch finden: eine Lücke finden, davonkommen, sich in der Not zu helfen wissen. Luther (Werke III, 447[b]) sagt vom Teufel, der überall einen Ausweg kennt: ,,er ist gleich wie der Wind, der findet, wie man sagt, gar enge Löcher". Bes. im Nordostdt. ist die mdal. Wndg. häufig: ,Dar is keen Lock dor to finen', da ist kein Ausweg, kein Ende abzusehen.

Im Badischen sagt man, wenn einer nichts zuwege bringt: ,Mit deam kame au mause, wemmer em d Lecher zoigt': Mit dem kann man auch Mäuse fangen, wenn man ihm die Löcher zeigt.

Mit Loch ist die Tür gemeint in der Rda. *jem. das Loch zeigen (weisen):* ihn hinauswerfen; heute meistens in der Form *einem zeigen, wo der Zimmermann das Loch gelassen hat:* ihn hinauswerfen, einem die Tür weisen; hess. auch ,do hott de Schreiner e Loch gelosse'. Die Rda. ist auch mehrfach lit. überliefert. In ,Jucundi Jucundissimi Wunderliche Lebensbeschreibung' von 1680 heißt es: ,,werdet ihr mir noch einmal eins (von den Kindern) mit finger anrühren, so will ich euch das loch weisen, welches der zimmermann im hause offen gelassen hat". Bekannter ist das Zitat aus Schillers ‚Kabale und Liebe‘ (I,1): „Ja, ja, dem Major will ich weisen, wo Meister Zimmermann das Loch gemacht hat". In den Erlebnissen eines Schuldenbauern von Jer. Gotthelf (1854) heißt es: „Ihr habt es gehört, dort machte der Zimmermann das Loch, wenn ihr es nicht seht, und macht daß ihr draus kömmt, so kann man es euch zeigen". Eine Entsprechung findet sich im Ndl.: ‚iemand het gat van dem timmerman wijzen‘.

Einem ein Loch in den Bauch (oder *in den Kopf*) *reden:* eigentl. durch Reden jem. schadhaft machen, scherzhaft übertreibender Ausdr. für: heftig oder ausdauernd auf jem. einreden. Moderne scherzhaft-übertreibende Abwandlungen dieser Rda. sind: *jem. ein Loch in den Arsch fragen:* ihn eingehend ausfragen; ‚jem. ein zweites Loch in den Arsch fragen‘, einem Fragen über Fragen stellen; ‚jem. ein Loch in den Bauch quasseln‘, 1639 bei Lehmann, S. 356 (‚Natur‘ 63): „Wenn man ein Loch durch manchen predigt, so hilffts doch nicht". Loch in solcher bildl. Verwendung ist seit frühmhd. Zeit bezeugt. Der 2. Abschnitt von Thom. Murners ‚Schelmenzunft‘ (1512) ist überschrieben: „Eyn loch durch brieff reden" und zeigt das Bild eines Juristen mit derbem Mund, der auf einen durchlöcherten Brief in seinen Händen gerichtet ist, dazu die Verse:

Versigelt schon der babst mit bley
So kan ichs wieder sprechen frey
Ich bins der selbig dapffer man
Der sigel und brieff durch reden kan
Und thuon wenig noch rechtem synnen
Wen ich nur kan das gelt gewinnen.

Geiler von Kaysersberg sagt in seinen Predigten über das ‚Narrenschiff‘ von Seb. Brant (55 a): „Es sein kein brief so gut, sie wölen ein loch dreinreden". In Paulis ‚Schimpf und Ernst‘ von 1522 heißt es: „sie wöllen gelt von einem nemen und helfen ein sach gewinnen und wöllen darnach gelt nemen von dem andern und wöllen inn ein jeglichen brief ein loch reden". Weitere Belege finden sich bei Luther: „wo ist jemals ein vertrag, recht, handel, siegel oder brieve gemacht, gestellet, oder aufgerichtet, da man nicht hat wider disputirn mügen, oder ein loch dadurch zu machen fürgenommen"; Luther

wendet diese Rda. auch auf das Deuteln an der Hl. Schrift an: „als nu die schrift also ein zerrissen netz war worden, das sich niemand damit lies halten, sondern ein jglicher boret jm loch, wo jm seine schnauze hin stund, und fuhr seinem sinn nach, deutet und drehet sie, wie es jm gefiel"; an anderer Stelle heißt es: „das ist abermal ein dürrer heller text, von der Gottheit Christi wider die Arianer, wiewol sie sich doch unterstanden haben, ein loch dadurch zu boren, mit jren glosen und deuten, aber Gottes Wort leszt sich nicht also mit drehen und deuten umbstoszen".

Ähnl. Rdaa. sind: *Ich laß' mir lieber ein Loch ins Knie bohren:* ich tue alles andere eher; *ein Loch in die Welt laufen:* zwecklos ins Weite gehen (seit dem 17. Jh. belegt); *Löcher in den Himmel gucken* (oder *stieren*): erstaunt dreinschauen; *Löcher in die Luft* (oder *in die Natur*) *schießen* (von schlechten Schützen gesagt); *ein Loch in den Tag brennen:* das Licht bis in den hellen Tag hinein brennen lassen; *ein Loch in den Tag schlafen:* sehr lange schlafen.

Ein sehr drastischer rdal. Vergleich ist *saufen wie ein Loch:* unersättlich, denn das Loch läßt die Flüssigkeit immer wieder verlaufen; es wird nie ‚voll‘; vgl. frz. ‚boire comme un trou‘.

Auf (aus) dem letzten Loch pfeifen: schwerkrank, am Ende sein, sein Vermögen fast ganz durchgebracht haben, am Rand des Grabes stehen. Die Rda. bezieht sich

‚Ein Loch durch einen Brief reden‘

 urspr. sicher auf die Löcher eines Blasin-
struments. Lit. schon bei Grimmelshausen im ,Simplicissimus' (I, 283): „Er sagte,
ich werde aus dem letzten Loch pfeifen!"
und bei Goethe:

Da lachte die Vergiftrin noch:
Ha! sie pfeift auf dem letzten Loch.

Den Gürtel ein Loch enger schnallen: Hunger leiden müssen, wenig essen; vgl. frz.
,resserrer sa ceinture d'un cran'; *ein Loch
zurückstecken:* nachgeben, die Ansprüche
mindern; ebenfalls hergenommen von
dem Leibriemen, den man enger schnallt.
Das reißt ein (böses) Loch in den Beutel:
das kostet viel Geld; vgl. frz. ,Cela fait un
trou dans le porte-monnaie'; *ein Loch mit
dem andern zustopfen:* neue Schulden machen, um alte zu tilgen; vgl. das ,Milliar-
denloch' im Staatshaushalt. Auch Kör-
peröffnungen werden Loch genannt, z. B.
der Mund. In Seb. Francks Sprww. von
1545 heißt es: „der got venter und das clo-
ster maulbronn (ich mein das loch unter
nasen) treibt und lert uns fast alle, alles
was wir thuon, reden und könden, des lied
ich sing, des brot ich esz und singt jedermann das bettelliedlein, dem loch under
nasen zu lieb". *Loch unter der Nase* ist eine
in allen Mdaa. beliebte Umschreibung für
,Mund'. *Zu Loch fahren:* essen, schlingen.
In Friedr. Dedekinds ,Grobianus' finden
wir einen frühen Beleg dieser Rda. (1551):

soltu der erst in d'platten greifen,
und nemen rausz bei guter zeit
das best, an welchem ort es leit,
das nicht ein andrer greife dar,
und alsobald zu loch mit fahr.

Mdal. ,Halt's Loch!' oder ,Hep's Loch
zue!' meint: Halte den Mund; vgl. engl.
,He has a hole under his nose that all his
money runs into'; belegt schon 1611.
Loch steht auch für die Afteröffnung
(↗ Arsch), z. B. obersächs. ,Setz dich auf's
Loch', setz dich auf das Hinterteil; *einem
das Loch versohlen (daß das Fell raucht):*
ihn verhauen. Bei Geiler von Kaysersberg
kann man lesen: „ein muter, die irem kind
schlecht (schlägt) das Loch vol, die ist nit
sein feind, man sol kind zimlich schlagen". In Fischarts ,Gargantua' von 1594
heißt es: „das hier schlegt eim fürs loch".
Aufs Loch setzen: sich hinsetzen; von
einem, der lange sitzen bleibt, sagt man
z. B. schwäb. ,Ma meit grad, er häb Pech

am Loch'. Das Gegenteil davon ist, wenn
jem. nicht stillsitzen kann: *keine Ruhe im
Loch haben* oder *Hummeln im Loch haben.* In allen Mdaa. ist Loch = After Anlaß zu den verschiedensten derben Rdaa.
Aber es gibt auch Unterschiede. Während
man rhein. auf das Schimpfwort ,Arsch-
loch' antwortet: ,De brauchst nore Arsch
ze san, dann es et Loch sowieso debei',
wird im Elsaß Loch als anständigster
Ausdr. für diesen Körperteil bevorzugt.
Häufig sind auch obszöne Rdaa., in denen
Loch für weibl. Scham steht, z. B. ndl.
,Lock is Lock', Mädchen ist Mädchen;
hess. ,Hans vor allen Löchern', Schürzenjäger; hess. ,ein schönes Loch in der
Schürze haben', nicht mehr Jungfrau sein;
wenn ein Geistlicher ein Mädchen ge-
schwängert hat, sagt man: ,Er hat ein
Loch durch die Kanzel gebohrt'.
Jem. ins Loch stecken: ihn ins Gefängnis
werfen; vgl. frz. ,mettre au trou'; *im Loch
sitzen:* Strafgefangener sein; vgl. frz. ,être
au trou'.
Loch bedeutet in diesen Wndgn. das Gefängnis oder die Gefängniszelle. Diese
Ausdrucksweise bezieht sich nicht nur auf
die Enge der Zelle, wie man nach heuti-
gem Sprachgebrauch annehmen möchte,
sondern gemeint ist urspr. das Hundeloch, wie es sich in alter Zeit am Rathaus
befand, und nicht nur unsicherem Gesindel als unfreiwillige Nachtherberge ange-
wiesen wurde, sondern vorübergehend als
Gefängnis diente. Nach ihm wurde sodann jedes Gefängnis ,Hundeloch' oder
verkürzt ,Loch' genannt. In Heinrich Julius' Drama von einem Wirte, der dreimal
betrogen wird, droht derselbe den drei betrügerischen Gesellen: „Ich will Euch vor
dem Richter verklagen, der soll Euch so
lange in das Hundeloch stecken, bis das
Ihr mich bezahlt habt", u. in des herzogl.
Dichters ,Ungeratenem Sohn' nennt Nero
das Gefängnis das Hundeloch, oder aber
auch in beliebter Kürzung (III,6): „man
will mich ins Loch stecken". In einem
Fastnachtspiel (Keller, 404) heißt es:

Hör Strolntrit, was ich Dir sag!
Gar pald verantwurt hie die clag,
Die über dich get von uns allen
Ee du must in richters loch vallen.

In der ,Ehrlichen Frau Schlampampe' begegnet (S. 59) Hundeloch neben Loch,

wie auch in den Mdaa. beide in gleicher Bdtg. miteinander wechselten. Heute ist nur noch die Kürzung gebräuchl.

Loch bez. umg. schließlich auch die menschliche Behausung; *nicht vors Loch kommen:* zu Hause bleiben; vgl. frz. ,ne pas sortir de son trou'. Obersächs. ,zu Loche gehen', nach Hause gehen.

Zuweilen wird Loch auch an Stelle von Bett gebraucht; ndd. ,to Lock kruppen', zu Bett gehen. ,Walt Gott, in's alt Loch!' sagt man schwäb., wenn man ins ungemachte Bett steigt.

Die Volkssprache bez. die Himmelsrichtung oder Gegend, aus der gewöhnlich das Wetter aufzieht, mit ,Wetterloch'. Wenn ein kalter Wind weht, sagt man z. B. schlesw.-holst. ,de Wind blaast ut'n koold Lock', es ist empfindlich kalt. An diese Vorstellung knüpfen einige Rdaa. an: *Der Wind pfeift aus einem anderen Loch* und *Es pfeift aus allen Löchern:* es weht ein andrer, scharfer Wind, der Schlendrian muß aufhören. *Wissen, aus welchem Loch der Wind pfeift:* wissen, worum es geht, was dahintersteckt.

locker. *Nicht locker lassen:* nicht nachgeben. Die Rda. ist erst im 19. Jh. bezeugt: hergeleitet ist sie vom Nachlassen der Zügel beim Pferdegespann. Anders: *Geld locker machen:* flüssig machen, finanzielle Unterstützung erhalten.

Lockvogel. *Ein Lockvogel sein; als Lockvogel gelten (benutzt werden):* durch leere oder falsche Versprechungen in eine Falle, einen Hinterhalt locken, Leidenschaft und Begehrlichkeit reizen, um zu unüberlegtem Handeln zu verführen, aber auch: als bes. schöne und billige Ware im Schaufenster Käufer werben. Die Rdaa., die in übertr. Bdtg. auf Personen und Sachen angewendet werden können, sind bereits bibl. Herkunft. Bei Jer. 5,27 heißt es z. B.: „Ihre Häuser sind voller Tücke, wie ein Vogelbauer voller Lockvögel ist" und bei Sir. 11,31: „Ein falsches Herz ist wie ein Lockvogel im Korbe lauert, wie es dich fangen möge". Das sprachl. Bild der rdal. Vergleiche wurde der Jagd entlehnt. Die Vogelsteller benutzten Lockvögel, die durch ihr Pfeifen und Singen andere Vögel herbeiriefen, die ohne Scheu geflogen kamen und dadurch leicht in die in der Nähe aufgestellten Fallen, Leimruten oder Netze gerieten. Von dieser Art des Vogelfanges berichten einige Sprww.: ,Ein Lockvogel bringt einen andern mit lieblichem Gesang ins Garn' und ,Lockvögel können alle Weisen".

Vgl. frz. ,attrappe-nigaud' (von attrapper = fangen, hereinlegen und nigaud = albern).

,Lockvogel' (,Drossel')

1/2 Lockvogel

Als Lockvogel arbeiten (eingesetzt werden): bewußt auf die Verführung ausgehen, einen ins Verderben locken. In Verbrecherkreisen werden gern Mädchen und Frauen bei einem Unternehmen beteiligt, wenn jem. der Argwohn und die übliche Vorsicht genommen werden soll. Häufig sind es auch Prostituierte (‚Drosseln‘), die diese Aufgabe übernehmen.

Lit.: *L. Röhrich* u. *G. Meinel:* Redensarten aus dem Bereich der Jagd und der Vogelstellerei, S. 317; *J. Lipman* u. *A. Winchester:* Art. ‚Lockvögel-Decoys‘, in: Die Vkde. in Amerika. Ausstrahlung, Vorlagen, Quellen (München 1976), S. 170 f.

Lödlein. *Einem Lödlein eintragen:* ihn betrügen. Die Rda., die bes. in bergmännischen Kreisen bekannt ist, stammt aus der Webstube und bedeutet urspr.: ein Stück untaugliches Garn (‚Lode‘ = Zotte) in Aufzug oder Kette hineinschmuggeln. „Und weil jhr sach nicht gar gut war, tregt er lödlein ein und macht weitleuftig ding“ (Mathesius: ‚Sarepta‘, 1562, 21 b). Heute ist die Rda. praktisch ausgestorben.

Löffel. *Etw. mit Löffeln gegessen* (auch *gefressen*) *haben:* es gründlich satt haben, zu viel von etw. haben.
Mit dem großen Löffel essen: eingeladen sein. In der seit dem 17. Jh. häufig bezeugten Wndg. *die Weisheit mit Löffeln gegessen (gefressen) haben:* sich sehr weise dünken (und dabei ein Dummkopf sein), liegt ein doppelter Spott: denn erstens wird geistige Nahrung nicht so bequem eingenommen wie leibliche, und zweitens geht es auch nicht so schnell wie beim Löffeln der Suppe. So heißt es 1663 bei Schuppius (Schriften 145): „Ihr habt Salomons Weisheit mit Löffeln gefressen“, und an anderer Stelle (264): „Du wirst meynen, daß man auf Universitäten lauter Weisheit mit Löffeln fresse“. Bisweilen wird die Rda. noch iron. verstärkt: ‚die Weisheit mit Schaumlöffeln gefressen haben‘, so auch in den Mdaa., z. B. ostfries. ‚De heet ett Verstand met de Schümlepel gefrette‘; obersächs. ‚Die haben alle Tugenden mit Rohmleffeln (Rahmlöffeln) gefressen‘.
Mit einem goldenen (auch *silbernen, großen*) *Löffel im Mund geboren sein:* reich sein, in allen Dingen Glück haben (vgl.

engl. ‚to be born with a silver spoon in his mouth‘).
Jem. über den Löffel barbieren: ihn betrügen. Die Rda. soll ihre Entstehung einem Verfahren verdanken, das früher weniger geübte Barbiere mit alten zahnlosen Leuten vornahmen: Anstatt die eingefallene Backe vorsichtig zu behandeln, steckten sie einen Löffel hinein, um so eine glatte Wölbung herzustellen. Der Ausdr. bedeutete also zunächst: mit jem. nicht viel Umstände machen, ihn rücksichtslos behandeln, und hat sich dann zu der heutigen Bdtg. verschlimmert. Zur Zeit Ludwigs XIV. war das ‚über den Löffel barbieren‘ allg. bekannt. Die Galane, die zum Rendez-vous gingen, mußten scharf ausrasiert sein, durften nicht ‚kratzen‘ beim Tête-à-tête. Vielleicht liegt hier der urspr. Real-Gehalt der Redensart, die später andere Inhalte bekam, je mehr sich das Rasieren änderte.
Doch ist auch eine andere Entwicklung denkbar. Man sagte zunächst nur ‚barbieren‘ für betrügen (ähnl. wie ‚scheren‘ und ‚einseifen‘). Nun kann Löffel (richtiger ‚Läffel‘ zu ‚Laffe‘) auch ‚Tolpatsch, Narr, Schelm‘ bedeuten, und so konnte man zu ‚barbieren‘ hinzufügen ‚über den Löffel‘ wie in der Rda. ‚einen über einen Tölpel werfen‘, ihn als Einfältigen behandeln. Vielleicht beruht der Witz der Rda. auf diesem Doppelsinn. Liegt der Doppelsinn des hölzernen Eßlöffels (oder des Löffelbretts) und des Schelms doch auch dem aus Sachsen bezeugten witzigen rdal. Vergleich zugrunde: ‚Das Kleid hängt an ihm herum wie Löffel(holz) am Galgen‘, es sitzt ihm schlecht.
Als Löffel werden schon in mhd. Weidmannssprache die großen Ohren des Hasen bez.: umg. wird das auf den Menschen übertr.: *Wer die Löffel nicht (gehörig) aufsperrt* und sich eine gute Lehre nicht *hinter die Löffel schreibt, kriegt eins hinter die Löffel.* ‚Er scheint die Löffel am Hintern zu haben‘, er hört schwer; ist aus Leipzig bezeugt.
Die Löffel spitzen: etw. erlauschen wollen, aufmerksam zuhören.
In zahlreichen mdal. Versionen wird das Sterben mit dem Bild vom Weglegen des Löffels umschrieben. *Da hat wieder einer den Löffel hingelegt (weggeworfen, fallen*

lassen) sagt man, wenn jem. gestorben ist; z. B. meckl. ‚de het den Läpel an de Wand stäken‘, ‚de lickt den Läpel ok nich wedder‘; schles. ‚se hot a Löffel ibrig gemacht‘; rhein. ‚der hät de letzten Löffel geleckt‘; schwäb. ‚den Löffel wischen (aufstecken)‘. Schon in Joh. Fischarts ‚Geschichtklitterung‘ heißt es im selben Sinn: „Es entful jhm der Löffel". Der Löffel ist nicht nur ein sinnfälliges Bild der Vitalfunktion ‚essen‘ und auf dem Land individueller Besitz jedes Essers, der ihn nach Gebrauch ‚wischt‘ und auf das geschnitzte Löffelbrett an der Wand ‚aufsteckt‘, sondern er ist auch Rechtssymbol des Besitzers. Das Abendblatt zur Neuen Münchner Zeitung 1857, Nr. 280 bemerkt: „Hier (in München) ist ein adeliges Haus bekannt, wo jeder Dienstbote strengen Verweis erhält, wenn ein Silberlöffel auf den Boden fällt, denn dann sterbe jemand aus der Familie, heißt es", ↗zeitlich.

Da muß man schon silberne Löffel gestohlen haben: da muß man sich etw. Schwerwiegendes, etw. Kriminelles zu Schulden haben kommen lassen, bevor man entlassen werden kann. Die Wndg. bezieht sich urspr. auf Dienstboten, die bei ihrer Herrschaft eine Vertrauensstellung besaßen, doch die Gelegenheit zum Diebstahl nutzten. Voller Empörung heißt es dagegen von jem., der sich ungerecht behandelt fühlt, der unschuldig in Verdacht geraten ist: *Ich habe ja schließlich keine silbernen Löffel gestohlen.*

Zum schmutzigen Löffel oder *Schmutziger Löffel* nennt man ein heruntergekommenes, schlampig geführtes, in schlechtem Ruf stehendes Wirtshaus.

Lit.: *E. L. Rochholz:* Dt. Glaube und Brauch im Spiegel der heidnischen Vorzeit, 2 Bde. (Berlin 1867) I, S. 142; *G. Rhyner:* ‚Über den Löffel barbieren‘, in: Schweiz. Arch. f. Vkde. 1 (1897), S. 320; *A. Haberlandt:* Art. ‚Löffel‘, in: HdA V, Sp. 1317–1323; *A. Helfrich-Dörner:* Messer, Löffel, Gabel seit wann? (Schwäbisch Hall 1959); *G. Benker:* Alte Bestecke. Ein Beitrag zur Geschichte der Tischkultur (München 1978); *Chr. A. Douglas:* Die Konstanzer Silberschmiede von 1550 bis 1800 (Diss. Freiburg i. Br. 1984), S. 131; *Th. Gantner:* Die ausgelöffelte Suppe. Eine kleine Kulturgesch. des Löffels in Europa, in: Rund ums Essen (Mensch, Kultur. Umwelt 1) (Basel 1986), S. 55–62; *E. Gerhards (Hg.):* Löffel. Zur Kulturgeschichte eines Eßgerätes, Museum für Völkerkunde (Freiburg i. Br. 1988); *J. P. Barbier (Hg.):* Der Kongreß der Löffel (Genf 1989).

Lohgerber. *Dastehen wie ein betrübter Lohgerber,* der seine ↗Felle fortschwimmen sieht. Auch in anderen rdal. Vergleichen kommt der Lohgerber vor, z. B. *reden* (auch *spielen) wie ein Lohgerber:* schlecht reden. Gerberlohe ist eine sehr übelriechende Lauge. Die Rda. kann darum wohl auch meinen: ‚anrüchig‘ reden, doppelsinnig, doppeldeutig.

Lorbeer. *Lorbeeren ernten:* wegen einer ausgezeichneten Leistung gerühmt werden, vgl. frz. ‚récolter de lauriers‘.
Schon im Altertum wurde aus den Zweigen des dem Apollo hl. Lorbeers der Ruhmeskranz gewunden: Mit Lorbeer bekränzt wurden die Sieger bei den Pythischen Spielen in Delphi, die römischen Feldherren, wenn sie im Triumph in die Stadt einzogen. Die Sitte, Dichter mit Lorbeeren zu schmücken (‚poeta laureatus‘), haben in der Renaissance die Gelehrten aus dem Altertum übernommen; so ist Petrarca am Ostertage 1341 auf dem Kapitol gekrönt worden, so 1517 Ulrich von Hutten durch Kaiser Maximilian, so noch Martin Opitz. Seit dem 18. Jh. wird Lorbeer in übertr. Sinne für ‚Ruhm‘ oft gebraucht, obwohl schon Klopstock statt des fremden Lorbeers den heimischen Eichenkranz forderte, der dann im 19. Jh. von den Turnern als Siegeszeichen eingeführt wurde. Von einem, der nach hervorragendem Tun bequem wird, sagt man: *Er ruht auf seinen Lorbeeren aus, Er ist auf seinen Lorbeeren eingeschlafen* (beides schon bei Goethe). In einem undatierten Brief, wahrscheinl. vom April 1808, schreibt Königin Luise von Preußen (1776–1810) an ihren Vater: „Wir sind eingeschlafen auf den Lorbeeren (Friedrichs des Großen)". Vgl. frz. ‚Il s'est endormi sur ses lauriers‘.
Von einem, der Lob erntet, ohne schon etwas geleistet zu haben, sagt man: *Er bekommt Vorschußlorbeeren,* lit. schon in Heinrich Heines ‚Romancero‘ (1846–51):

Wollten keine Ovationen
Von dem Publico auf Pump,
Keine Vorschuß-Lorbeerkronen,
Rühmten sich nicht keck und plump.

Lit.: *A. Birlinger:* Zwei Redensarten, in: Alemannia 3 (Bonn 1875), S. 132–134; *H. Marzell:* Art. ‚Lorbeer‘, in: HdA V, Sp. 1349–1351.

Los. *Das große Los gezogen* (oder *gewonnen) haben* wird bildl. gesagt von einem, dem ein großes Glück in den Schoß gefallen ist, der einen guten Griff getan hat (so in übertr. Sinne schon bei Jean Paul). Vgl. frz. ,avoir gagné le gros lot (à la Loterie Nationale)'. Dagegen ist aus Sachsen bezeugt: ,ein Viertel in der großen Lotterie spielen', etw. geistesgestört sein; ,du spielst wohl e Achtel vom Sonnenstein?' (einer Irrenanstalt), du bist wohl verrückt?

Mit seinem Los unzufrieden sein: mit seinem Geschick hadern; vgl. frz. ,être mécontent de son sort'. Die Doppeldeutigkeit des Wortes ,Los' i. S. v. Schicksal und Lotterielos regte humoristische Rdaa.-Zeichnungen an, z. B. auch Moritz von Schwind.

Lit.: *E. Boehm:* Art. ,Los, Losen', ,Losbücher', ,Losnächte', in: HdA. V, Sp. 1351–1425; *E. Roth:* Das grosse Los (o. O. 1965).

los. *Was ist los?:* was ist geschehen? Los meint, es habe sich etw. aus der gewohnten Ordnung gelöst, es sei etw. Außergewöhnliches geschehen. Auf die Frage: ,Was ist los?' wird gern die rdal. Scherzantwort gegeben: ,Was nicht angebunden ist' oder ,was nicht fest ist'.

Mit ihm ist nicht viel los: er leistet nichts Besonderes, taugt nicht viel; *mit ihm ist heute nicht viel los:* er ist heute nicht in guter Stimmung; *was ist mit dir los?:* was fehlt dir, was hast du?

Los kommt auch sonst sehr häufig in gegenwartsprachl. Wndgn. vor: ,etw. los haben', etw. können; ,einen Brief loslassen', einen Brief abschicken; ,loslegen', energisch beginnen; ,losschießen', mit der Sprache herausrücken; ,loszittern', abmarschieren, ebenso: ,lostigern'; ,losgehen', anfangen, etc.

loseisen. *Jem. loseisen:* im älteren Bair. auch ,auseisen', bedeutete urspr.: einen Angefrorenen vom Eise losmachen. In übertr. und verallgemeinertem Sinne: ihn aus einer Verlegenheit, Zwangslage befreien, ihn aus einer beruflichen oder unangenehmen gesellschaftlichen Bindung durch gewaltsames Eingreifen zu lösen wissen. Das sprachl. Bild kann sich auf das Flottmachen eines Schiffes bei Eis-

,Mit seinem Los unzufrieden sein'

gang beziehen. Möglicherweise geht die Rda. aber auch auf den in ein Fangeisen geratenen Fuchs zurück, der verzweifelt alles zu seiner Befreiung versucht und sich gelegentlich unter Verlust des eingeklemmten Gliedes, das er selbst abbeißt, aus dem Fangeisen löst.

Etw. loseisen: Geld flüssig machen, unter großer Anstrengung etw. für sich erlangen, was zunächst fast aussichtslos schien.

Lit.: *L. Röhrich u. G. Meinel:* Redensarten aus dem Bereich der Jagd und der Vogelstellerei, S. 320.

Lot. *Im Lote sein* (landschaftlich auch: *im Blei):* in Ordnung sein; *etw. ins Lot brin-*

,Liebe bringt alles ins rechte Lot'

1

2

1/2 ‚Der Lotse geht von Bord'

löten. *Nicht zu löten an'n Holzeimer* (oder *an eine Holzkiste)!* Ausdr. der Ablehnung. Da beim Löten nur zwei Metallstücke verbunden werden können, meint der Ausdr. eigentl. eine technische Unmöglichkeit; dann verallgemeinert; etw. seit 1900 (Küpper).

lotsen. *Jem. durch etw. hindurchlotsen:* ihm über seine schlimmsten Schwierigkeiten hinweghelfen. Die Wndg. ist aus der Seemannssprache in die allg. Umgangssprache übergegangen.

‚Der Lotse geht von Bord': er verläßt das (sinkende) Schiff. Anläßlich von Bismarcks Entlassung erschien am 29. März 1890 in der englischen Satire-Zs. ‚Punch' eine Karikatur von John Tenniel. In unzähligen Variationen haben die Karikaturisten das Motiv seither zitiert u. abgewandelt.

Lit.: *Fr. Kluge:* Wb. der Seemannssprache (Halle 1911); *W. Stammler:* Seemanns Brauch und Glaube, in: Dt. Philol. im Aufriß, 29. Lieferung (1956), Sp. 1815–1880.

Löwe. *Sich in die Höhle des Löwen wagen:* mutig dem Stärkeren entgegentreten. Die Rda. bezieht sich auf die 246. Fabel (Mot. 644,I) des Aesop (um 550 v.Chr.). Der Fuchs antwortet dem in der Höhle krank liegenden Löwen auf dessen Frage, warum er nicht nähertrete: ‚Ich träte schon ein, wenn ich nicht sähe, daß so viele Spuren hinein-, keine aber herausführt'. Horaz überträgt die Antwort ins Lat.: „Quia me vestigia terrent omnia te adversum spectantia, nulla retrorsum", woraus sich das geflügelte Wort ‚Vestigia terrent' (die Spuren schrecken) entwickelt hat. Vgl. die bildl. Darstellung der Fabel in Steinhöwels ‚Aesop'. Desgl. AaTh. 50 u. 51. *Den Löwenanteil bekommen;* vgl. frz. ‚recevoir la part du lion'; bzw. *sich den Löwenanteil nehmen:* den größten Teil bekommen; vgl. frz. ‚se réserver la part du lion'. Die Rda. geht auf Aesops 260. Fabel zurück: ‚Der Löwe, der Esel und der Fuchs'. Die Fabel (AaTh. 51), die auch von Luther in seine Fabelsammlung aufgenommen wurde, berichtet, daß der Löwe bei einer gemeinsamen Jagd mit dem Esel und dem Fuchs sich die ganze Beute aneignete. Auf Grund dieser Fabel nannte der Rechtsgelehrte C. Cassius

gen: in Ordnung bringen; urspr.: genau senkrecht, wie es der Maurermeister mit dem Richtlot nachprüft. Dagegen gehen auf das Lot als Gewicht zurück die um 1700 häufige Wndg. ‚Wie viele auf ein Lot?', die als Ausdr. der Geringschätzung in das Gespräch eingeworfen wurde, und das schon mhd. bezeugte Sprw. ‚Freunde in der Not gehen hundert auf ein Lot', das sich auch in Seb. Brants ‚Narrenschiff' (10,32) findet.

1/2 ‚Sich (nicht) in die Höhle des Löwen wagen'

Longinus (1. Jh. n. Chr.) einen Vertrag, wonach der eine Teilnehmer allen Nutzen zieht, der andere allen Nachteil trägt, eine ‚societas leonina' (eine Vereinbarung nach dem Muster des Löwen). Nach V. B. Dröscher ist die Realität noch eindrucksvoller: denn die oft gefährliche Aufgabe, für das Futter des Rudels zu sorgen, obliegt den Löwinnen. Die Löwen selbst schauen nur zu, bis die Beute erledigt ist, beanspruchen aber dann das Recht des Stärkeren gegenüber der abgekämpften Löwin, d. h., sie bemächtigen sich der Beute und fressen, bis sie satt sind – oft die ganze Beute.

Auch der Ausdr. *der Esel in der Löwenhaut* für einen Feigling, der den Mutigen spielt, geht auf eine Fabel zurück (↗ Esel).

Ein Löwenmaul und ein Hasenherz haben: große Worte im Munde führen, dabei aber feige sein. Seb. Franck (I, 51): „Er hat ein lewen maul vnd ein hasen hertz". In Seb. Brants ‚Narrenschiff' (56, 24 ff.) heißt es von Xerxes:

Er greiff Athenas grüslich an
glich wie der löw angrifft eyn hun.
Vnd floch doch als die hasen thun.

Den Hund vor dem Löwen schlagen ↗ Hund.

Die Klaue des Löwen erkennen lassen: die Könnerschaft (des Genies) deutet sich bereits an, z. B. bei noch unbekannten Künstlern (Dichtern). Lat.: ‚ex unguine leonem'. *Der Löwe des Tages sein:* im Mittelpunkt des Tagesinteresses stehen. Die Rda. ist gegen 1830 aufgekommen und dem Engl. nachgebildet. Engl. ‚lion of the day' ist zu der Bedeutung ‚(Tages-)Berühmtheit' dadurch gekommen, daß im Londoner Tower in früherer Zeit Löwen gehalten wurden, zu denen man Besucher als zu einer besonderen Sehenswürdigkeit führte.

Der rdal. Vergleich *umhergehen wie ein brüllender Löwe* ist eine bibl. Wndg.: 1. Petrus 5, 8 heißt es: „Der Teufel geht umher wie ein brüllender Löwe und sucht, welchen er verschlinge"; vgl. frz. ‚se promener comme un lion en cage' (wörtl.: umhergehen wie ein Löwe im Käfig): vor lauter Wut umhergehen.

‚Gut gebrüllt, Löwe!' ist ein Zitat aus Shakespeares ‚Sommernachtstraum', das gerne als Zustimmungsformel verwendet wird.

Lit.: *K. Gorski:* Die Fabel vom Löwenanteil in ihrer geschichtl. Entwicklung (Diss. Rostock 1892); *O. Keller:* Die antike Tierwelt, Bd. 1 (Leipzig 1909), S. 24–60; *A. Smith:* ‚Meine Truppen haben wie Löwen gefochten', in: Moderna Sprak 14 (1920), S. 200–203; *H. Bächtold-Stäubli:* Art. ‚Löwe', in: HdA V, Sp. 1432–1436; *V. B. Dröscher:* Mich laust der Affe (1981), S. 109–112.

Luchs. *Augen haben wie ein Luchs;* vgl. frz. ‚avoir des yeux de lynx', ↗ Auge. *Luchsaugen haben, aufpassen wie ein Luchs:* sehr scharf sehen, sehr scharf beobachten; dazu die Wndgn. *einem etw. abluchsen, ihn beluchsen:* es ihm abspähen, ablisten. Schon Konrad von Megenberg rühmt 1350 in seinem ‚Buch der Natur' (146, 27) die Scharfsichtigkeit des Luchses (die nach Brehm von seinem feinen Gehör noch übertroffen wird, daher auch: ‚Ohren haben wie ein Luchs'): „Linx haizt ain luhs. Der hat so scharpfiu augen ... daz er durch starch wend siht". So auch bei Luther: „Man sagt viel, das adeler und luchse scharf sehen"; 1682 in dem Drama ‚Masaniello' Christian Weises (III, 19): „Ich bin kein Lux, der durch ein Bret se-

977

hen kann". Daher auch Luchs bildl. für einen schlauen, hinterlistigen Menschen.

Lit.: *A. Becker:* ‚Luchsen, beluchsen‘, in: Zs. f. d. U. 6 (1892), S. 845–846; *O. Keller:* Die antike Tierwelt, Bd. 1 (Leipzig 1909), S. 81–85; *W. E. Peuckert:* Art. ‚Luchs‘, in: HdA. V, Sp. 1440–1442.

Luft. *Es liegt in der Luft* wird von Ideen gesagt, die nur ausgesprochen zu werden brauchen, um sofort allg. Anklang zu finden, etwa wie man sich gewisse Krankheitsstoffe, zumal wenn eine Seuche aufgetreten ist, als in der Luft schwebend vorstellt. Vgl. frz. ‚C'est dans l'air‘. Dagegen bedeutet *etw. hängt (schwebt) (noch) in der Luft,* es ist noch ganz ungewiß, unsicher, ist noch nicht entschieden, und *jem. hängt in der Luft:* er hat keine feste Existenzgrundlage, kein Auskommen. ‚En hänkt ön der Luft‘ sagt man in Trier auch von einem Menschen, der mit seiner Ansicht ganz allein steht. Euphemismen wie *in der Luft tanzen, jem. einen Tanzplatz in der freien Luft bauen, in den Lüften schweben* oder *mit der Luft spielen* umschrieben früher die Galgenstrafe.

Die Luft ist rein: jetzt ist nichts zu befürchten, es ist kein Verdächtiger anwesend (vgl. KHM. 60).

Die Luft ist nicht rein! dient als Warnung und Hinweis auf unerwünschte Zuhörer, z. B. wenn Kinder anwesend sind.

Dicke Luft nennt man ein drohendes Unheil. Schon ‚Die Teütsch Spraach‘ von Josua Maaler (1561) kennt die Bez. „dicker/schwårer oder bôser lufft“ in der Bedeutung krankmachender drückender Luft, und Gryphius schrieb: „die dicken Lüfte blitzen“. Bei Adelung und Campe bedeutete dicke Luft staubige bzw. trübe, dunstige Luft. ‚Dicke Luft kriegen‘ hieß in der Soldatensprache des 1. Weltkriegs unter heftigen Artilleriebeschuß geraten. Der Frankfurter Dialekt bewahrt noch den urspr. Sinn der Rda.: ‚da drinne is e bes (böse) Luft‘ sagt man bei streitsüchtiger Stimmung, drohendem Unheil.

Na, gute Luft! ist eine jüngere iron. Wndg. mit der Bdtg.: Ich danke! Das kann ja gut werden. In der Schweiz bedeutete dagegen früher ‚gute Luft haben‘ wohlgelitten sein. *Luft haben:* Bewegungsfreiheit haben; in der techn. Sprache bedeutet die Wndg., daß die beweglichen Teile, z. B.

die Zahnräder in einem Uhrwerk, nicht zu eng angeordnet sein dürfen, damit sie leichten Lauf haben. *In etw. ist noch Luft drin:* es gibt noch einen Spielraum, eine bestimmte Handlungsfreiheit. *Luft schaffen; seinem Herzen Luft machen:* bei Stieler (1699) noch in der Form „sein Herz entlüften“: sich frei aussprechen; *Luft ablassen* ↗ Dampf. *Jem. geht die Luft aus,* er gerät außer Atem.

Ihm ist die Luft ausgegangen: er ist zahlungsunfähig, kampfunfähig geworden. *Aus etw. ist die Luft raus:* es hat seine Aktualität, seine Wirkung verloren, ist verpufft. Schwäb. ‚der Luft pfeift aus'm letzte Loch‘: es geht nicht nach Wunsch (vgl. ↗ Loch). *Nach Luft schnappen,* eigentl. rasch u. mühsam atmen, übertr. unter wirtschaftl. oder sonst. Druck stehen.

Luft bekommen (oder *kriegen):* aus einer Schwierigkeit herauskommen; auch: *wieder etw. Luft haben,* nicht mehr so unter Streß stehen.

Halt die Luft an: Sei still!, bes. berl. *Mir bleibt die Luft fort (weg):* ich bin sehr erstaunt, sprachlos, fassungslos; vgl. frz. ‚Cela me coupe le souffle‘; synonym dazu ist: *etw. verschlägt jem. die Luft (Atem). Jem. die Luft abdrehen (abdrücken, abschnüren)* meint eigentl. ‚würgen‘; übertr.: seine Handlungsfreiheit stark beschränken, ihn beruflich oder geschäftlich erledigen.

Jem. die Luft zum Atmen nehmen: ihn in seiner Handlungsfreiheit einschränken, ihn durch bloße Anwesenheit erdrücken, so daß er die Nähe als bedrohlich empfindet. ‚He hett dat Luchthalen vergeten‘ sagt man plattdt., wenn jem. gestorben ist. Rhein. ‚e macht e Gesech, wie us der Luft gefalle‘: so verdutzt (vgl. ↗ Himmel, ↗ Wolke). *In die Luft fliegen,* explodieren, schon bei Adelung (1796) aufgeführt, ebenso *etw. in die Luft sprengen* (oder jünger: *jagen),* wobei die Luft hier für ‚Höhe‘ steht, wie auch bei der Rda. *In die Luft gehen:* zornig werden, aufbrausen, wohl vom Bild des Explodierens hergenommen. Diese Wndg. ist schon bei Stieler verzeichnet, jedoch noch in der konkreten Bdtg. von aus dem Haus hinaus-, ins Freie gehen.

Wenn man *an die frische Luft geht,* ohne dabei einzukehren, sagt man wohl auch scherzhaft: *in die Luftschenke gehen* oder *Luft kneipen gehen.*

Das ist die Berliner Luft! Die Wndg. stammt urspr. aus Paul Linckes Operette ‚Frau Luna‘ (1898):

> Das macht die Berliner Luft, Luft, Luft,
> So mit ihrem holden Duft, Duft,
> Duft ...

Jem. an die Luft setzen: ihn hinauswerfen, derb zum Verlassen der Wohnung auffordern; Variante zu: ‚auf die ↗ Straße setzen‘.

Die gleiche Luft atmen: ähnliche Ansichten oder gleiche Herkunft haben.

Gesiebte Luft atmen (schnappen): eine Freiheitsstrafe verbüßen (wegen der vergitterten Zellenfenster).

Die Luft verändern: einen Ortswechsel vornehmen, schon in der Zimmerischen Chronik gebraucht. Daraus *Luftveränderung brauchen* in übertragenem Sinne für Abwechslung, Situationswechsel. *Frische Luft in etw. hineinbringen:* neuen Schwung in eine Sache bringen, Anstoß geben. Schweiz. ‚es göt en andere Luft‘: die Sache hat eine Wendung genommen‘ (vgl. auch ↗ Wind).

Jem. wie Luft behandeln: ihn unbeachtet lassen; ‚er ist Luft für mich‘, ich beachte ihn gar nicht, eigentl.: er ist für mich gar nicht vorhanden, unsichtbar wie die Luft. Schon bei Seb. Frank steht Luft rdal. für Nichts: „ich geb nit lufts umb jn" und bei Lehmann: „umbs lufts willen". Daraus *nach der Luft greifen, haschen,* nämlich nach Nichtigem, Ungreifbarem, entspr. schwäb. ‚da tust Luft greife‘, fehl greifen. Man sagt auch von einer grundlosen Behauptung, *sie sei aus der Luft gegriffen,* weil sie auf nichts beruht, keine feste Grundlage hat.

Der Schuß geht in die Luft: trifft nicht, verfehlt das Ziel, eine giftige Bemerkung kommt nicht an. Man sagt auch; *etw. zerfließt in der Luft,* löst sich in der Luft auf, wenn es verschwindet und so zu nichts wird. *Jem. in der Luft zerreißen* bedeutet in der lit. Sprache eine vernichtende Kritik über einen Künstler, den man gleichsam zu ‚nichts‘ zerfetzt. *Ich könnte dich in der Luft zerreißen* ist dagegen Ausdruck von Wut und dient auch als Drohung. *In die Luft gucken:* das Nachsehen haben, leer ausgehen (vgl. ↗ Röhre). Rhein. ‚en Loɐ en

de Luft kike‘, den Himmel anstarren, vor sich hinstieren; vgl. ‚Hans Guck in die Luft‘ *In die Luft reden, etw. in die Luft schlagen,* vgl. ↗ Wind. In Frankfurt sagt man ‚ich hab Luft im Leib‘: mir gurgelt der Leib vor Hunger. Scherzhaft heißt es auch, *es ist Luft im Glas,* wenn es leer ist, und *die Luft aus dem Glas lassen* bedeutet nachfüllen, eingießen.

‚Der hebt sei Sach z‘säme wie der Luft ’s Mehl‘ sagt man in Schwaben ironisch u. meint damit, wie der Wind das Mehl fortbläst. ‚Du schwätzst, wie der Luft geht‘: unbeständig wie der Wind. ‚Dés is e rèchtɐ Luft‘ sagt man in Bayern von einem leichtsinnigen, oberflächlichen, windigen Menschen. Man sagte auch ‚Lüftling‘, ‚Lufti‘ (alem.) und in der Studentensprache wurde es latinisierend ‚Lufticus‘.

Von der Luft leben ↗ leben.

Luftballon. *Einen Luftballon verschluckt haben:* schwanger sein. Die scherzhafte Wndg. ist eine Anspielung auf den runden Bauch der Hochschwangeren, ↗ Kürbis.

Luftschloß. *Luftschlösser bauen:* unausführbare Pläne entwerfen, sich kühne Hoffnungen machen, die wenig Aussicht auf Erfüllung haben, sich seinen Wunschträumen und Phantasiespielen überlassen.

Luftschloß in der Bdtg. ‚Phantasiegebilde‘ ist seit der Mitte des 17. Jh. bezeugt und 1691 von Stieler gebucht. Voraus geht „Ein Schloß in den Lufft bawen" (1541 bei Seb. Franck). Im Engl. entspricht ‚to build castles in the air‘, was gleichfalls seit dem 16. Jh. bezeugt ist; ndl. ‚luchtkastelen bouwen‘; auch franz. entspr. ‚bâtir en l’air‘.

Schon bei dem Kirchenvater Augustin (354–430) heißt es (‚Sermones‘ 2, 6; 8): „Subtracto fundamento in aere aedificare" (= nachdem einem das Fundament entzogen ist, in die Luft bauen). Das Bild vom Toren, der auf ungeeignetem Boden baute, ist im christl. Abendland seit Matth. 7,26 allg. bekannt gewesen (vgl. ‚auf ↗ Sand bauen‘).

Das Wort ‚Schloß‘, das es im Ahd. noch nicht gab, bedeutete seit dem Mhd. eine ‚feste Burg‘. Erst durch spätere Bedeutungsverengung trat der Sinn ‚Befesti-

Project

Sic transit gloria mundi

Des Praetendentens Luftgebäude
War der Rebellen Lügenwende,
Doch da sich's neigte, brach, und fiel,
Verschwand der Herrsucht böses Wert.

‚Luftschlösser' – ‚Seifenblasen'

‚Roman de la Rose' (,Rosenroman',
13. Jh.). Der Ausdr. stammt aus der Zeit,
als die Mauren Herren von Spanien waren und deshalb Landgüter und Schlösser
für einen Franzosen dort keinen Wert hatten. Die Rda. kam dann je nach politischer u. kriegerischer Lage auch als
‚châteaux en Albanie' (= Albion, England) oder ‚châteaux en Asie' vor. Wander
vermerkt fürs Deutsche ebenfalls ‚spani-
sche Schlösser bauen'.

Auch in den Mdaa. ist die Rda. verbreitet;
z. B. ndd. ‚Mancher but Schlösser in de
Luft, de keen Schithus upn Lanne buen
künn' und schwäb. ‚Der hat gut in Himmel komme, er hat scho viel Luftschlösser
baut'. Im Rheinland heißt es: ‚me mutt
kein Luchtschlöter baue'.

Lit.: *A. Morel-Fatio:* „Châteaux en Espagne", in: Etu-
des sur l'Espagne, 4th ser. (Paris 1925), S. 119–130;
R. M. Smith: ‚Chaucer's ‚Castles in Spain', in: MLN.
60 (1945), S. 39–40. *A. Nelso:* ‚Châteaux en Espagne
dans le latin médiéval, in: Eranos 49 (1951),
S. 159–169; *S. A. Gallacher:* ‚Castles in Spain', in: JAF.
76 (1963), S. 324–329.

gung' zurück und wurde das Schloß zum
glanzvollen Fürsten- und Herrensitz auch
ohne Befestigungsanlage. Eine Festung
ist aber nur fest und also sinnvoll, wenn
sie selber auf festem, sicherem Grund gebaut ist. Demgegenüber steht ‚Luft' in dieser Rda. für ‚Ungrund' schlechthin. So
gab es denn auch die Variante ‚ein Schloß
auf ↗ Eis bauen', holl. ‚Kasteelen op het ijs
bouwen', oder mhd. im gleichen Sinne:
‚ûf den regenbogen bûwen', so in Freidanks Lehrgedicht ‚Bescheidenheit' (I, 5):

der hât sich selber gar betrogen
und zimbert ûf den regenbogen;
swenne der regenboge zergât,
so enweiz er (weiß er nicht) wâ
sîn hûs stât.

In Umkehrung dieses rdal. Bildes sagt
man von einem besonders zuverlässigen
und soliden Menschen auch: ‚man darf
ein Schloß auf ihn bauen' (↗Schloß).
Volkstümlich ist die Weiterentwicklung
der Rda. in der Operette ‚Frau Luna' von
Paul Lincke, wo eines der Couplets beginnt: „Schlösser, die im Monde liegen",
d. h. unerreichbar sind (↗Mond). Frz. sagt
man: ‚bâtir des châteaux en Espagne',
Schlösser in Spanien bauen, so schon im

lügen. Seit alters wird lügen gern durch
einen Zusatz verstärkt; so bes. in den rdal.
Vergleichen *wie ein Lügenmeister, wie ein
Leichenrede, wie ein Zahnreißer;* vgl. frz.
‚mentir comme un arracheur de dents' (lügen wie ein Zähneausreißer). Am bekanntesten und verbreitetsten ist *lügen, daß
sich die Balken biegen.* Häufig gehen die
rdal. Vergleiche von der Vorstellung aus,
daß Lügen eine Last sind, wie z. B. in der
Wndg.: „Er log ihr einen ganzen Lastwa-
gen voll" in Grimmelshausens ‚Simplicissimus'. Diese Vorstellung liegt auch unserer Rda. zugrunde. Sie findet sich schon
um 1500 bei dem Prediger Geiler von
Kaysersberg; Thomas Murner sagt 1512
in der ‚Schelmenzunft' (15,14): „lügen,
daß die Balken krachen"; vgl. auch Hans
Sachsens Schwank vom ‚Lügenberg' und
von der ‚Lügenbrücke'. Stärker noch
drückt sich in der zweiten H. des 16. Jh.
Joh. Fischart in ‚Sankt Dominici Leben'
aus: Da lügt ein Schneidergeselle, „daß
die Werkstatt kracht"; die Sterndeuter in
‚Aller Praktik Großmutter' lügen, „daß
die Himmel krachen".

Abraham a Sancta Clara kennt außer der
Form ‚lügen, daß sich die Balken biegen'
noch die Varianten: „Lügen, daß sich die

Bäum möchte biegen"; „Wann zu einer jeden Lug allzeit solte bey dem Verkauffen sich ein Baum Biegen, so wurde in kurtzer Zeit ein gantzer Wald bucklet"; „Lügen so sehr, daß sich der Thurn zu Cölln möcht auff die andere Seiten biegen" („Judas' I, 354); „erstlich hat er stark gelogen, daß sich fast der Himmel gebogen" („Narren-Nest' II, 39).

Einen ganzen Strauß derartiger Ausdrücke bietet die kräftige Sprache des Schweizer Reformationsdichters Nikolaus Manuel. Einem alten Kriegsmann legt er den Reim in den Mund:

Ich mag ouch wol nüt destminder kriegen
Und schweren, daß sich der himmel möcht biegen.

Ein andermal wirft er den Papisten vor:

Sie stond am kanzel ietz und liegend,
Daß sich ganze wend und bollwerk biegend.

Einen Bettler läßt er von dem Ablaßkrämer sagen:

Da treibt er wunder abentür mit liegen;
Ich dacht ein wil, der kilchturm sött sich biegen.

Als Luthers Gegenspieler Johann Eck von der Badener Disputation zurückgekehrt ist, weiß er von ihm zu dichten:

Er log, wie man für's wetter lüt,
Und schampt sich minder dann nüt.

Diese Satire schließt gar mit dem burlesken Witz:

Do Egg und sin gsell Faber log,
Daß sich der berg Runzefal bog!

In den heutigen Mdaa. haben sich derartige Nebenformen z. T. bis heute erhalten, z. B. siebenb. ‚E lecht, dat sich de Ierd (Erde) bigt'; ähnl. schon in dem Gedicht ‚Des Teufels Netz' aus dem 15. Jh.: „Der ander lügt, das sich der boden under in bügt". Auf die sich biegenden Balken spielt man schwäb. an, wenn man bei einer offenkundigen Lüge sagt: ‚Joo, i han dea Durchzugsbalka schau lang im Aug. I moa, i häb se a bisle boga'. Mit einem Blick an die Balkendecke warnt man den, der in Ggwt. Unmündiger Unpassendes sagen will: ‚Seid still, 's sind so viel Balken da'.

Verbreitet ist auch *dem Teufel ein Ohr ablügen* (↗Teufel); ferner *das Blaue vom Himmel herunterlügen* (↗blau); *einem die*

Hucke (oder *die Haut) vollügen; nach Strich und Faden lügen* (↗Strich).

Jünger ist die Rda. *wie gedruckt lügen* (z. B. bei Chamisso belegt), ein böser Vorwurf des Volksmundes gegen Bücher und Zeitungen. Schon bei Joh. Fischart (‚Aller Praktik Großmutter', 1623, S. 546) heißt es: „Die Lügen ist getruckt, darumb ist sie geschmuckt". Eine Erweiterung brachten die bekannten Worte Bismarcks aus der Sitzung des preuß. Herrenhauses vom 13. Febr. 1869: „Es wird vielleicht auch dahin kommen, zu sagen: er lügt wie telegraphiert" (‚Reden', IV. 144).

‚Dann war's gelogen' heißt es immer dann, wenn jem. vergessen hat, was er sagen wollte.

Lit.: *C. Müller-Fraureuth:* Die deutsche Lügendichtung bis auf Münchhausen (Halle 1881, Ndr. Hildesheim 1965); *A. Rüstow:* Der Lügner (Diss. Erlangen) (Leipzig 1910); P. Sartori: Art. ‚Lüge, lügen', in: HdA, V, Sp. 1450–1453; *H. Weinrich:* Linguistik oder Lüge (Heidelberg 1966).

Lügenbrücke. *Kommst du auch heil über die Lügenbrücke?:* Jetzt hast du bestimmt gelogen, deine Lügen und Aufschneidereien sind durchschaut. Die Frage, meist an ein Kind gerichtet, gilt als Aufforderung, bei der Wahrheit zu bleiben, und bezieht sich auf die bekannte Fabel Gellerts ‚Der Bauer und sein Sohn'. Der Bauer übertrumpft die Lügen seines von der Reise heimkehrenden Sohnes über einen Hund so groß wie ein Pferd, indem er die Lügenbrücke erfindet, auf der man sich sofort ein Bein bricht, wenn man am gleichen Tag gelogen hat. Der nun ängstlich gewordene Sohn reduziert seine Aufschneiderei stufenweise bis zur gewöhnlichen Größe des Hundes und wird durch die List des Vaters überführt. Der Stoff zu Gellerts Schwankfabel beruht auf der 88. Fabel ‚Vom lügenhafften Jüngling' im ‚Esopus' des Burkard Waldis. Der Stein auf der Brücke, an der Lügner stößt und sich das Bein bricht, ist eine Erfindung Gellerts, er fehlt in der sonstigen Überlieferung. In der oralen Tradition wird der Stoff zum Schwankmärlein umgestaltet und souverän von den Erzählern um neue Züge bereichert.

Aus Gellerts Gedicht wird ein Vers rdal. gebraucht, wenn man jem. bei einer offensichtlichen Lüge ertappt: „Die Brücke

1/2 ‚Auf den Lukas hauen‘

kömmt! Fritz, Fritz! wie wird dir's gehen!", auch abgewandelt zu: *Fritz, Fritz! Die Brücke kömmt/* (↗ Brücke).

Ähnl. sagt man auch: *wenn das Wort eine Brücke wäre,* zu ergänzen: ‚dann wäre es eine Lügenbrücke‘, d.h., man würde sich auf ihr ein Bein brechen, ↗ Wort.

Lit.: *Büchmann; K. Ranke:* Die Lügenbrücke, in: Festschrift Mathias Zender – Studien zu Volkskultur, Sprache und Landesgeschichte, hg. v. Edith Ennen u. Günther Wiegelmann, Bd. II (Bonn 1972), S. 868–874.

Lukas. Mit Lukas bez. man den Kraftmesser auf dem Jahrmarkt; mit Hilfe eines großen Holzhammers wird ein Schlag auf einen Holzklotz abgegeben. Durch den damit ausgelösten Druck wird ein Metallstück an einer Latte hochgetrieben, das bei ausreichender Stärke des Schlags an der oben befindlichen Figur einen Knall verursacht. Der Besitzer und Schausteller des Geräts, der Lukasmann, lockt die Jahrmarktsbesucher an mit dem Ausruf: „Haut den Lukas!": „Wer haut ihn, den Lukas?", schlesw.-holst. ‚Hau den Lukas op den Knast!‘, auf den Holzklotz; schwäb. ‚Haut den Lukas auf den Mokas‘ (Kopf). In Schlesien (Liegnitz): ‚Hau den Lukas! Hau druff, kriegst Blumme, hau zweimal druff, kriegst'n Bild von Jesus!‘

Von daher übertr. *auf den Lukas hauen:* tüchtig dreinschlagen, rhein. ‚He hät den Lukas kregen‘, ihm ist der Schlag gelungen, und ‚enen lukasen‘, ihn verprügeln.

Lit.: *F. Dering:* Volksbelustigungen (Nördlingen 1986), S. 160–162.

Lumpen, lumpen. *Einen aus den Lumpen schütteln:* ihn auszanken, kräftig zurechtweisen; schon um 1500 bei dem Prediger Geiler von Kaysersberg bezeugt: „Du wilt yederman sin lumpen auswaschen", d.h. dich in alles mischen, bes. beim Tadeln anderer.

Sich nicht lumpen lassen: sich nicht schäbig, nicht geizig zeigen, eigentl.: sich nicht Lump nennen, sich nicht als verächtlichen, armseligen Menschen behandeln lassen.

Tanzen wie der Lump am Stecken: unentwegt, flott tanzen; der vor allem in Südwestdtl. verbreitete rdal. Vergleich meint eigentl. die Vogelscheuche, d.h. den im Wind hin und her flatternden Lumpen.

‚'s Lümple kriegt's Stümple‘: alem. Rda. mit der Bdtg.: derjenige, der am meisten trinkt, bekommt den Rest. Die Wndg. wird beim Einschenken des Weines gebraucht.

Auf ähnl. Vorstellungen beruht auch der

Ausdr. ‚Lumpensammler‘, das ist die letzte Straßenbahn, die die späten Gäste nach Hause befördert. Im Badischen ist ein beliebtes Schimpfwort für einen Mann: ‚Lumpenseckel‘ (Dreckskerl).

Lit.: *Anon.:* ‚Sich nicht lumpen lassen‘, in: Sprachpflege 10 (1961), S. 153.

‚Lunte anlegen‘

Lunte. *Lunte riechen:* merken, daß Gefahr im Verzug ist. Die seit 1585 belegte Rda. geht auf Lunte = brennender Docht, dann Zündschnur zurück. Vor der Einführung der Steinschlösser und Zündhütchen benutzte man Lunten zum Entzünden der Geschützladungen. Der üble Geruch, der durch das Anstecken der Lunte entstand, noch bevor der Schuß losging, hat die Veranlassung zu der auch in den Mdaa. verbreiteten Rda. gegeben. Ähnl. sagt man z. B. berl. ‚Hier riecht's sengerig‘: entspr. schwäb. ‚es wird brenzlig‘, die Sache scheint bedenklich, es wird gefährlich. Vgl. frz. ‚eventer …‘ oder ‚découvrir la mèche‘: das Geheimnis eines Komplotts entdecken, sowie ‚vendre la mèche‘ (wörtl.: die Lunte verkaufen): ein Geheimnis preisgeben.

Mit der Lunte am Pulverfaß spielen: mit der Gefahr spielen, einen Krieg vorbereiten, provozieren, auch *die Lunte anlegen*.

Lit.: *H. Rausch:* ‚Lunte riechen‘, in: Sprachfreund 4, 1955), Nr. 3, S. 3–4 (Beil. zur Zs. Muttersprache).

Lupe. *Etw. (jem.) unter die Lupe nehmen:* es genau betrachten, ihn genau beobachten und prüfen.

‚Nicht lupenrein sein‘: nicht in Ordnung sein, etw. zu verbergen haben. Der Ausdr. ist vor allem von der Begutachtung der Diamanten u. Brillanten her bekannt.

M

Machart. *Das ist meine Machart:* das sagt
mir sehr zu; das entspricht meinen Wünschen, Vorstellungen; hergenommen vom
Schneiderhandwerk: Machart ist die Art
und Weise, in der ein Kleidungsstück gefertigt wird; erst in der Mitte des 20. Jh.
umg. aufgekommen.

Mache. *Einen (jem.) in die Mache nehmen*
(oder *kriegen*): unter die Hände bekommen, z. B. zur Erziehung; dann auch: tadeln, herunterputzen; in der Gaunersprache bedeutet diese Rda., jem. mit Gewalt
einschüchtern oder umbringen.
Etw. in der Mache haben: es in Arbeit haben; seit dem 17. Jh. bezeugt, zunächst in
wörtl. Bdtg.: „weil sie ihr einziges Paar
(Schuhe) in die Mache gegeben", d. h. zur
Reparatur (Schiller, ‚Räuber' II, 3), bald
aber, so oft beim Grafen von Zinzendorf
(1700–60), in übertr. Anwendung. Dabei
hat Mache meist abschätzigen Sinn, so
auch in der Wndg. ‚Alles Mache!' oder
‚Quatsch, det is allens Mache!', mit der
der Berliner eine eingebildete Krankheit
abtut.

machen. Das Verb ‚machen' ist zu einem
Allerweltswort geworden und steht oft als
Ersatz für ein die jeweilige Tätigkeit besser umschreibendes Verb. In einem Schul-
aufsatz ist das etw. farblose ‚machen'
daher verpönt. Goethe gebrauchte es
darum iron.:

> Es meinet jedermann,
> Er könn' es machen;
> Und wenn er's machen soll,
> Kann er's nicht machen.

(Goethe, Gedichte: Invektiven: Ultima-
tum 3, Schlußzeilen).
Machen, was man kann: sich mit allen
Kräften für etw. (jem.) einsetzen, seinen
ganzen Einfluß gebrauchen, versichern,
sich um etw. (jem.) bemühen zu wollen.
Die Wndg. ‚Was gemacht werden kann,
wird gemacht': das Mögliche wird ver-

sucht (durchgesetzt), ist als Ausspruch
von Finanzminister Joseph Graf Wallis
(1767–1818) bekanntgeworden. Mit diesen Worten verteidigte er 1811 eine Verfügung in Wien im Ministerrat gegenüber
Metternich. Bismarck hingegen hielt die
Wndg. für eine jüd. Rda. (Briefe an Braut
und Gattin, Nr. 21).
In den vielfältigen Wndgn., in denen das
Wort ‚machen' erscheint, hat es mit der
Zeit verschiedene Bdtgn. erhalten, die
sprachlich fein differenzieren, oft nur
durch die Betonung oder Stellung innerhalb der Rdaa. Bes. in den Mdaa. wird
‚machen' gern verwendet. Die im Hess.
gebräuchl. Wndgn. ‚uff die Gass mache':
auf die Gasse gehen, und ‚ins Bett mache':
zu Bett gehen, werden oft wegen ihrer
Doppeldeutigkeit im Hd. iron. zitiert.
Jem. (ruhig) machen lassen: ihn gewähren
lassen, davon überzeugt sein, daß er erfolgreich sein wird. Diese Wndg. begegnet
auch in der Form einer Aufforderung:
Laß mich mal machen!: laß es mich einmal
versuchen, vielleicht kann ich den Schaden schnell beheben, leichter mit einer
technischen Schwierigkeit fertig werden.
Der ermunternde Zuruf: *Mach weiter so!*
dient als Bestätigung, daß man mit einem
anderen zufrieden ist, daß man ihn auf
dem rechten Weg zum Erfolg weiß. Dagegen ist der nur wenig abweichende Ausruf: *Mach nur so weiter!* iron. oder gar
drohend gemeint, denn er spielt auf die
negativen Folgen eines bestimmten Verhaltens an.
Die Rda. *Mach, was du willst!* meint resignierend: Du hörst ja doch nicht auf andere, es interessiert mich deshalb nicht
weiter, was schließlich daraus wird.
Jem. kann machen, was er will: er erfährt
keinerlei Einschränkung, er besitzt ↗ Narrenfreiheit. Die gleiche Wndg. als unvoll-
ständiger Satz heißt aber auch: Jem. kann
sich anstrengen, soviel er will, er hat doch
keinen Erfolg (kein Glück) dabei.

Aus allem etw. zu machen wissen: sehr geschickt sein, alles, auch Reste verwenden (verwerten) können. *Es wird sich (schon) machen (lassen):* es wird sich einrichten lassen. *Jem. macht sich:* er entwickelt sich zu seinem Vorteil; oft anerkennend gesagt: *Du machst dich (wirklich);* manchmal auch mit dem Hintergedanken: Das hätte ich gerade von dir nicht so leicht erwartet. *Es (etw.) macht sich ganz gut:* es geht voran, auch: etw. sieht sehr geschmackvoll aus. *Das macht sich gut:* Das trifft sich gut, das kommt wie gelegen. *Etw. ist wie gemacht dazu:* es ist bes. gut geeignet, als wäre es extra dafür geschaffen (worden). Die Formel: *Ist gemacht!:* einverstanden, dient als Bekräftigung einer Zusage, eines Kaufvorhabens. Dagegen meint die Feststellung: *Das war nur gemacht:* das war nicht echt, das war nur vorgetäuscht, ↗ Mache.

Einem nichts recht machen können: immer mit Kritik zu rechnen haben, keine Anerkennung finden. Ähnl. heißt es auch im Sprw. resignierend: ,Wie man es macht, macht man es verkehrt (falsch)'.

Machen, daß man davonkommt: sich schnell entfernen, sich davon- ↗ scheren; oft in der Form einer Drohung gebraucht: *Mach, daß du wegkommst (Land gewinnst)!*

Etw. aus sich machen: sich bilden, entwickeln; sich vorteilhaft kleiden; sich ins rechte ↗ Licht zu setzen wissen.

Sich nichts daraus machen: sich nicht beirren lassen, einen Tadel, eine Kritik gelassen hinnehmen. *Sich nichts (wenig) aus jem. machen:* jem. nicht mögen, ihn wenig sympathisch finden, jem. nicht leiden können.

Etw. macht nichts: es schadet (stört) nicht; auch: es kostet nichts. Bes. häufig wird die Frage nach dem Preis: *Was macht das (alles zusammen)?* gestellt.

Es ist (leider) nichts zu machen: es ist vergeblich, nicht zu ändern, dagegen bedeutet: *Da ist nichts (mehr) zu machen,* oder achselzuckend: *Da kann man nichts mehr machen:* jede Hilfe kommt zu spät, da ist keine Rettung mehr zu hoffen, die Krankheit verläuft tödlich. *Nicht mehr lange machen:* bald sterben, ↗ zeitlich.

Es macht es nun einmal nicht anders: das ist so seine Art, er nimmt keinen Rat, keine

Hilfe an, aber auch: er ist sehr großzügig, er verwöhnt seine Gäste, Verwandten. *Darunter macht er es nicht:* das ist das mindeste, das ist der Preis (Lohn), der nicht unterboten werden kann.

Bes. oft hört man die Frage: *Was machst du denn so?:* Wie geht es dir? Wo arbeitest (wohnst) du? Hast du inzwischen das Examen (Familie)? Bekannte und Freunde, die sich aus den Augen verloren hatten, erkundigen sich so beim Wiedersehen. Als Abschiedsformel gebraucht man auch gern: *Mach's gut!* Die scherzhafte Entgegnung heißt: *Mach's besser!* ↗ Gruß, grüßen. Zur Eile treibt dagegen der Ausruf: *Mach, mach!* oder: *Mach voran!*

Machenschaften. *Dunkle Machenschaften betreiben:* undurchsichtige Geschäfte abschließen, intrigieren, geheime Abmachungen treffen.

Das Wort ,Machenschaft' ist schweiz. Herkunft und bedeutet urspr.: Vergleich, Kontrakt. Die heutige Bdtg. ,üble Praktiken' gewann der Begriff im 18. Jh.; er erfuhr Verbreitung durch die Schriften Lavaters (,Herzenserleichterung' 1784) und im 19. Jh. durch die Dichtungen von Gottfried Keller.

machiavellistisch. *Machiavellistisch handeln:* skrupellos sein, seine Ziele rücksichtslos verfolgen. Die Wndg. bezieht sich auf die polit. Vorstellungen des ital. Staatsmannes und Schriftstellers Niccolò Machiavelli (1469–1527). In seiner polit. Lehre gibt er der Machtpolitik Vorrang vor der Moral. Da er die äußere Schwäche und den inneren Zerfall der ital. Staatenwelt erlebte, suchte er nach Wegen der Erneuerung. Der Glaube an den Kreislauf der Geschichte und ein pessimistisches Menschenbild beherrschten dabei sein Denken. In seinem 1513 entstandenen Werk ,Il Principe' (,Der Fürst') stellt er bis heute umstrittene Verhaltensregeln auf. Danach kann das Handeln des zur Staatsgründung und -erhaltung begabten neuen Fürsten dann im Widerspruch zur überlieferten Ethik stehen, wenn es die polit. Verhältnisse einer feindlich gesonnenen Umwelt erfordern. Machiavelli formt damit den Begriff der ,Staatsräson' vor. Das Neue seiner Lehre war die Erkenntnis, daß die Macht ein konstituierendes Element der Politik sei. Seine Gedanken von einer berechtigten Anwendung von Gewalt zur Erlangung eines Zieles wurden seit dem 19. Jh. von revolutionären Bewegungen aufgegriffen.

Macho. *Ein Macho sein,* auch: *sich wie ein Macho verhalten:* ein übersteigertes Männlichkeitsgefühl besitzen, ganz dem Männlichkeitswahn verfallen sein, seine angebliche Überlegenheit und Vitalität bewußt betonen und brutal ausleben, ohne bes. Sensibilität. Das erst in der Gegenwartssprache geläufig gewordene span. Wort ‚Macho‘ (= männl. Tier, Männchen) geht als substantiviertes Adj. auf lat. ‚masculus‘: männlich zurück.
Frauen gegenüber spielt sich ein Macho gern auf, hält sich dem anderen Geschlecht gegenüber für unwiderstehlich, ist aber als krasser Egoist mit Pascha-Allüren zu Liebe und echter Partnerschaft nicht fähig.
Ein Schlager der Ggwt. (Ende der 80er Jahre) greift dieses falsche ‚Idealbild‘ eines Mannes unter dem Titel ‚Macho, Macho‘ auf und verspottet es. Im Refrain heißt es iron.:

Macho, Macho
kannst net lernen.
Macho, Macho
muß ma sei.

Macht. Das Verbalabstraktum (ahd. maht) zu ‚mögen‘: können, vermögen bezieht sich auf den privaten u. öffentl. Bereich i. S. v. Kraft, Stärke, Einfluß, Vermögen, Herrschaft u. Gewalt. *Macht ausüben:* herrschen; *Macht über jem. haben:* ihn nach seinem Willen leiten, ihn bevormunden; *jem. in seiner Macht haben:* ihn in seiner Gewalt haben, ihn unterdrücken, zwingen; *eine unwiderstehliche Macht auf jem. ausüben:* eine große Anziehungskraft, guten (schlechten) Einfluß auf jem. haben; *seine Macht gebrauchen (auskosten, ausspielen):* seinen Willen durchsetzen, sich seines Einflusses erfreuen; *andere seine Macht fühlen lassen,* auch: *seine Macht mißbrauchen:* Gewalt anwenden, andere unterdrücken; *jem. der Macht berauben:* ihn aus seiner Stellung verdrängen, ihm Wirkungsmöglichkeiten nehmen. Wie sehr machtpolit. Denken Eingang in den allg. Sprachgebrauch gefunden hat, zeigen die vielen Rdaa., die um Ausübung, Erringung u. Erhaltung von Macht kreisen, wie z. B.: *an die Macht kommen:* an die Regierung kommen; *die Macht erringen:* alle Anstrengungen aufbieten, um uneingeschränkte Regierungsgewalt, Herrschaft über ein Volk zu erhalten; *die Macht an sich reißen:* durch einen Putsch (Umsturz) alle Gegenspieler ausschalten, die Befehlsgewalt übernehmen; *die Macht ergreifen:* sich zum Führer machen, die Gunst der Stunde nutzen, um sich selbst zum Regierungschef aufzuwerfen. Diese Wndg. wurde bes. auf das Vorgehen Hitlers bezogen.
Alle Macht in einer Hand vereinigen: das Parlament weitgehend ausschalten, als Gesetzgeber selbstherrlich fungieren; ähnl.: *die Macht in Händen halten. Sich die Macht nicht entreißen lassen:* alle Kraft aufbieten, um seine bevorzugte Stellung in der Politik (in der Partei) zu halten, auch: bei einer Auseinandersetzung die Oberhand behalten; ähnl.: *sich an der Macht festklammern:* sich nicht verdrängen lassen, sein Amt nicht aufgeben wollen.
Sich mit aller Macht gegen etw. stemmen: seinen persönlichen Einfluß geltend machen, um eine Entwicklung (Neuerung) zu verhindern. *Mächte der Reaktion bekämpfen:* den Weg für den Fortschritt ebnen. *Mit großer Macht anrücken:* eine große Truppenstärke aufbieten. *Sich mit einer feindlichen Macht auseinandersetzen:* seine Gegner bekämpfen.
In den Medien ist auch gern von einer ‚ausländischen‘ oder einer ‚verbündeten Macht‘ die Rede. In übertr. Bdtg. ist von der ‚Macht des Geldes‘, der ‚Macht der Gewohnheit‘, der ‚Macht der Liebe‘ zu hören. Vgl. das Lied von Gerhard Tersteegen v. 1737:

Ich bete an die Macht der Liebe,
die sich in Jesu offenbart …

(Ev. Kirchengesangbuch 470, Str. 1).
Die Macht des Schicksals: die Unabwendbarkeit, das Vorherbestimmte, ist der Titel einer Oper v. Giuseppe Verdi, die 1862 in St. Petersburg uraufgeführt wurde und in der Neufassung 1869 an der Mailänder Scala herauskam.
Es ist die Macht der Verhältnisse: es ist un-

abänderlich, die Umstände lassen nichts anderes zu. ‚Die Macht der Verhältnisse‘ ist ursprünglich der Titel eines 1815 verfaßten Trauerspiels von Ludwig Robert (1778–1832).

‚Geistige Macht‘ u. ‚überirdische Macht‘ werden gepriesen, ‚himmlische‘, aber auch ‚höllische Mächte‘ angerufen.

Von der *Macht der Finsternis* ist bereits im Lukasevangelium bei der Gefangennahme Jesu die Rede, der zu seinen Häschern sagt: „Ich bin täglich bei euch im Tempel gewesen, und ihr habt keine Hand an mich gelegt; aber dies ist eure Stunde und die Macht der Finsternis" (Luk. 22, 53). ‚Die Macht der Finsternis‘ ist außerdem der dt Titel von L. Tolstois Tragödie ‚Vlast‘ t'my‘ (1887).

Aus Luthers Trutzlied ‚Ein feste Burg ist unser Gott‘ (Ev. Kirchengesangbuch 201) stammt das sprw. gewordene Zitat: „Mit unsrer Macht ist nichts getan", das den Menschen in seiner Ohnmacht u. Gefährdung auf eine ‚höhere Macht‘, d. h. auf Gottes ‚Allmacht‘ verweist. Vgl. auch die Wndg. *nicht in jem. Macht stehen:* seine Kräfte u. Möglichkeiten übersteigen.

Kurz vor seiner Hinrichtung am 9.4.1945 im KZ Flossenbürg bezeugte Dietrich Bonhoeffer seinen festen Glauben in den Versen:

Von guten Mächten
wunderbar geborgen
erwarten wir getrost,
was kommen mag…

Dagegen meint die Wndg. *mit bösen Mächten im Bunde stehen:* nach dem Volksglauben einen Teufelspakt geschlossen haben, auf die unheilvolle Wirkung von Dämonen vertrauen. Eine neue Rda. der Jugendsprache ist: *Etw. ist eine Macht:* es ist eine Wucht.

Machtwort. *Ein Machtwort sprechen:* eine Äußerung tun, die keinen Widerspruch duldet, die respektiert und befolgt werden muß.

‚Machtwort‘ als Wort von befehlender, zwingender Gewalt ist zuerst bei Luther lit. belegt: „da er (= Gott) sprach Gen. 1. es sei Sonn und Mond, und war kein Lügenwort, so ist sein Wort freilich nicht ein Nachwort, sondern ein Machtwort, das da schaffet, was es lautet".

machule. *Etw. macht jem. machule:* eine Anstrengung oder Arbeit ermüdet jem. in starkem Maße. Ist ein Unternehmen in Konkurs gegangen, so sagt man auch: *Die Firma ist machule.* Das jidd. Wort ‚mechulle‘ bedeutet ‚krank‘.

Macke. *Eine Macke haben:* eine gestörte Persönlichkeit besitzen, absonderliche Eigenheiten pflegen, wenn die Wndg. auf den Menschen bezogen wird. Bei Gegenständen besagt die Rda., daß es sich hier um Dinge zweiter Wahl handelt; denn im Jidd. bedeutet ‚makke‘ Schlag, Streich, Hieb.

Mädchen. *Das macht dem Mädchen (der Liebe) kein Kind:* eine Sache ist nicht so schlimm, sie kann keinen großen Schaden anrichten oder nach sich ziehen. Die Rda. spiegelt moralische Vorstellungen der Gesellschaft vergangener Jhh.; denn es galt als schlimm und verwerflich, wenn eine ledige Frau (Mädchen) schwanger wurde; alles, was nicht zu dieser sog. Schande beitrug, war somit harmlos und unschädlich.

Ein Mädchen anführen: ihm unter Vorspiegelung des Eheversprechens die Jungfräulichkeit rauben. *Das Mädchen hat ein Hufeisen verloren:* sie hat ein uneheliches Kind, ↗ Eisen, ↗ Hufeisen. *Das Mädchen ist zu haben:* es ist leicht zu verführen; vgl. frz. ‚Cette fille a le bouquet sur l'oreille‘.

Ein leichtes Mädchen sein: eine leichtlebige, auch leichtsinnige Frau sein, die aus Abenteuerlust häufig Beziehungen zu verschiedenen Männern sucht und eingeht.

Ein Mädchen (eine Frau) mit Vergangenheit sein: einen häufigen Partnerwechsel hinter sich haben.

Das Mädchen muß einen Mann haben: Rda. unter Kartenspielern, wenn die Dame vom König gestochen wird.

Das Mädchen hat mehr, als man sieht: sie hat Geld, besitzt ein großes Vermögen.

Ein Mädchen nach Maß sein: eine Modevorführerin sein. Die nach 1945 aufgekommene Rda. bezieht sich auf die körperlichen Voraussetzungen und strengen Maßstäbe für die Wahl und den Erfolg eines Mannequins. Heute wird die Wndg. verallgemeinernd auf ein Mädchen mit idealer Figur und idealen Maßen bezogen, so auch bei Heiratsanzeigen und

987

Schönheitswettbewerben (Schönheitskönigin). ‚Jem. braucht ein Mädchen nach Maß': ein Mann ist bes. wählerisch, keine ist ihm gut genug.

Ein spätes Mädchen sein: ein Mädchen, das nicht rechtzeitig geheiratet worden ist. Die Rda. ist um 1900 erstmals belegt und nicht ganz so abwertend gemeint wie der Ausdr. alte ⟋ Jungfer, der dasselbe besagt.

Ein Mädchen für alles sein: Umschreibung für eine Person – männlichen oder weiblichen Geschlechts –, die alle Arbeiten und Dienste erledigt. Früher bezog sich die Rda. auf Dienstmädchen; heute gilt sie auch für den außerhäuslichen Bereich, wie z. B. in einer Firma, einem Betrieb usw. Vermutl. entstand die Rda. in Berlin, wo in Zeitungsannoncen junge Frauen gesucht wurden, die sämtliche Geschäfte im Haus erledigen konnten. Die Rda. wurde auch verändert zu ‚Mädchen für alle' als Bez. für eine Prostituierte. *Ein Mädchen auf Anruf sein:* ein Callgirl sein.

Unter uns Mädchen gesagt: frei herausgesprochen, unter Gleichgesinnten, ⟋ Pastorentöchter. Dasselbe besagt die Wndg. *Wir Mädchen unter uns,* die häufig von erfahrenen Frauen benutzt wird. *Für kleine Mädchen müssen (gehen):* die Damentoilette aufsuchen müssen. *Das ist nichts für kleine Mädchen:* es ist nur etw. für Erwachsene, auch für erfahrene Männer. Vgl. den Liedtext: „Hm, das schickt sich nicht für kleine Mädchen, das schickt sich nur für einen Mann".

Soll dich das Mädchen mit dem langen Arm holen? Das sagt man zur Abschreckung, um Kinder von tiefen Wassern fernzuhalten. Das ‚Mädchen mit dem langen Arm' ist eine Kinderschreckfigur und meint eine Wassernixe; in Mecklenburg heißt es mdal. ‚Shall dy de Metje mit dem langen Arm holen?'

Mädchen, die pfeifen, und Hühnern, die krähen, soll man beiden (beizeiten) den Hals (die Köpfe) umdrehen. Diese drastische Warnung im Sprw. begegnet auch in mdal. Versionen, wie z. B. ‚Wenn d'Maidle pfiffe un d'Hiener krahje, Sott me ne der Hals umdraihje'. „Besonders gewarnt wird das weibl. Geschlecht vor dem Pfeifen, das man als ebenso normwidrig u. unnatürlich wie eine krähende Henne ansieht. Ein solcher Normdurch-

bruch in Richtung Geschlechtertausch wird als Bedrohung, als böses Omen erfahren: krähende Hennen müssen sofort geschlachtet werden, sonst stirbt ein Familienmitglied innerhalb eines Jahres. Dergestaltige weibl. Grenzüberschreitung zeigt außerdem einen Bund mit dem Teufel an, bei dem am Ende das Mädchen der Hölle verfällt, zur Hure wird, oder doch zumindest einen untauglichen Mann erhält. Pfeifende Mädchen rufen außerdem materielle Not für sich und ihre Nächsten herbei. Der Teufel freut sich über den Normbruch, während Gottvater, die Engel und die Muttergottes dabei weinen, und die sieben Kirchen erzittern (HdA. VI, Sp. 1580–1581).

Vgl. engl.:

Whistling maids and crowing hens.
Never come to no good ends;
A whistling maid and crowing hen.
Is good to neither God nor man.

Im amer. Englischen ist dieses Sprw. aus feministischer Perspektive umfunktioniert worden:

Girls that whistle and hens that crow
Make their way wherever they go.

Lit.: *A. de Cock:* „Een spreekwoord op bijgeloof berustend: Wenn die Mädchen pfeifen und die Weiber keifen und die Hühner krähen, dann ist Zeit, ihnen den Hals umzudrehen", in: Mélanges Paul Frédéricq (Brüssel 1904). S. 151–160; *H. Lewy:* „Zum Verbot des Pfeifens: Mädchen, die pfeifen, und Hühnern, die kräh'n, soll man beizeiten den Hals (den Kopf) umdreh'n", in: Zs. f. Vkde. 41 (1931), S. 58–59; *E. Seemann:* Art. „Pfeife, pfeifen, Flöte, flöten', in: HdA. VI, Sp. 1577–1597, bes. Sp. 1580–1581; *G. Grober-Glück:* Motive und Motivationen in Redensarten und Meinungen. Aberglaube, Volks-Charakterologie, Umgangsformen, Berufsspott in Verbreitung und Lebensformen. Textband (Marburg 1974), § 145–152, S. 237–251; *A. Dundes:* The Crowing Hen and the Easter Bunny. Male Chauvinism in American Folklore, in: ders.: Interpreting Folklore (Bloomington – London 1980), S. 171; *U. Mittwoch:* Whistling Maids and Crowing Hens – Hermaphroditism in Folklore and Biology, in: Perspectives in Biology and Medicine 1981, pp. 595–606.

Made, madig. *Sitzen wie die Made im Speck:* genug zu essen haben, dann allg.: es sich wohl sein lassen; vgl. frz. ‚être comme un rat dans un fromage' (wörtl.: wie die Ratte im Käse sitzen).

Sich Maden in die Augen schlafen: sehr lange schlafen (⟋ Auge). *Jem. madig machen:* ihn herabsetzen, schlecht machen; *jem. etw. madig machen:* jem. etw. vermiesen; *sich madig machen:* sich unbeliebt machen (bes. durch Wichtigtuerei); madig, eigentl. ,von Maden befallen', hat bes. in mittel- und ostdt. Mdaa. die Bdtg. ,wertlos, schlecht' angenommen, z. B. obersächs. ,Die Geschichte ist madig', bedenklich, faul; so wie: ,da ist der ↗ Wurm drin'.

Magen. *Einen guten Magen haben:* Beleidigungen, Spott und Spaß ertragen können, ohne gekränkt zu sein. Schon in Joh. Fischarts ,Geschichtklitterung': „Mein magen steht allzeit offen, wie eyns Fuersprechen Tasch" (d. h. wie der Geldbeutel eines Advokaten). Der große oder gute Magen wird oft mit rdal. Vergleichen umschrieben, z. B. ,ein Magen wie ein Stiefelschaft'; ,wie eine Strumpfkappe'; ,wie ein Soldatentornister'; ,wie eine Schublade'; vgl. frz. ,avoir de l'estomac': die anderen einschüchtern können. *Er hat 'nen pommerschen Magen, der verdaut Eisen und Kieselsteine:* er hat einen guten Magen, kann alles vertragen; vgl. frz. ,Il a un estomac d'autruche' (wörtl.: Er hat den Magen eines Straußvogels). *Sein Magen ist lutherisch, aber seine Feiertage sind katholisch;* er ißt gut (fastet nicht) und arbeitet nicht gern. *Dazu gehört ein guter Magen:* das ist ein harter Brocken, schwer zu verdauen; pomm. ,Dar hört 'ne goden Mage to'. *Seinem Magen keine Stiefmutter sein:* gern gut essen. Schlesw.-holst. ,Iß, sunst löpt de Hund mit dinen Magen weg!'; sächs. (wenn man sich genügend mit Mundvorrat eingedeckt hat) ,Da kennen uns de Meise den Magen nich verschleppen'. Am verbreitetsten ist, beim Anblick einer reichlichen Mahlzeit zu sagen: *Da wird dir die Katze den Magen nicht forttragen* (↗ Katze). *Seine Augen sind größer als sein Magen* (oder *Mund*): er hat sich mehr auf seinen Teller genommen, als er nun aufzuessen imstande ist; vgl. frz. ,Il a les yeux plus grands que le ventre' (Bauch). *Lieber den Magen verrenkt, als dem Wirt was geschenkt* sagt man, wenn man im Gasthaus die Portion bis auf den letzten Rest aufißt, auch wenn der Hunger schon gestillt ist. *Sich den Magen vollschlagen:* sehr viel essen; Parallelbildung zu ,sich den Bauch vollschlagen'.

Ihm bellt (knurrt) der Magen: er hat Hunger, ↗ Bauch. *Den Magen in der Kniekehle hängen haben:* sehr hungrig sein. Groteske Physiologie, seit etwa 1900 aufgekommen. Ähnl. *Der Magen hängt mir bis auf die Füße, der Magen hängt mir lang* (oder *schief*): ich habe großen Hunger; vgl. frz. ,J'ai l'estomac dans les talons' (wörtl.: Der Magen steckt mir in den Fersen). *Man kann dir bis in den Magen sehen* sagt man zu einem, der gähnt, ohne die Hand vor den Mund zu halten; schon 1847 belegt, allerdings in anderem Zusammenhang: „Die Statistik, diese schonungslose Forscherin, die den Leuten bis in den Magen sieht" (Br. Bauer, ,Parteikämpfe' I, 47). *Einen im Magen haben:* zornig oder verdrießlich über ihn sein, als ob er einem wie eine schwerverdauliche Speise Magenbeschwerden verursachen würde; auch ,die Geschichte liegt mir im Magen', sie macht mir zu schaffen, ich möchte am liebsten nichts mehr damit zu tun haben; vgl. frz. ,avoir quelque chose sur l'estomac' (wörtl.: etw. auf dem Magen haben): seinen Zorn oder Ärger schwer überwinden, ↗ Blei; ähnl. ,einen gefressen haben' (↗ fressen). In Hans Sachs' Schwank von einem jungen Gesellen und einer Frau, die den Buhler mit lauter Scherzen abtrumpft, heißt es:

> Er sprach: „Ich wolt, daß Ihr doch
>
> west
> mein groß hertzen, das ich tu tragen".
> Sie sprach: „,s liegt auch leicht
>
> im magen,
> Ihr habt nechten truncken zu viel
> odern grimm gwunnen ob dem spiel.
> Wölt Ihr des unraths ledig sein,
> so nemet ein purgatzen ein!"

Die Nachricht schlug ihm auf den Magen, der Magen drehte sich um: sie verdarb ihm die Laune. *Es kommt ja doch alles in einen Magen:* die Reihenfolge der verschiedenen Speisen ist gleichgültig. *Und das auf nüchternen Magen!:* Ausruf der Verwunderung, des Ärgers, i. S. v.: auch das noch, das fehlt gerade noch, der Tag fängt gut (gemeint ist: schlecht) an. *Jem. den Magen auspumpen:* Jem. in brutalster Weise zusammenschlagen, ihn derart hauen und boxen, daß er sich übergeben muß (umg.).

Die europ. Literatur kennt die Fabel vom Magen und den Gliedern. Der Magen steht stellvertretend für den Obersten, den Herrn, die Glieder sind die Diener und Knechte des Magens. Die sozialkritische Komponente dieser Fabel liegt darin, daß die Glieder als Untertanen sich weigern, ihrem Herrn, dem Magen, weiterhin zu dienen (indem sie ihn nicht nähren), jedoch nicht bedenken, daß solcher Ungehorsam auch ihren Untergang bewirkt. Als Moral dieser Fabel steht in einer ma. Hagenauer Hs.:

> So wenig als wir könden sein
> on brot, on wasser und on wein
> So wenig könden wir empern
> Der König, Fürsten und der Herrn!

Lit.: *H. Gombel:* Die Fabel vom Magen und den Gliedern in der Weltliteratur, 1934 (= Beiheft z. Zs. f. roman. Phil. 80); *D. Peil:* Der Streit der Glieder mit dem Magen. Studien zur Überlieferungs- und Deutungsgeschichte der Fabel des Menenius Agrippa von der Antike bis ins 20. Jh. (= Mikrokosmos. Beiträge zur Lit. Wiss. Bedeutungsforschung 16) (Frankfurt a. M. – Bern – New York 1985).

mahlen. *Wer zuerst kommt, mahlt zuerst.* Bei der noch heute allg. geläufigen Wndg. handelt es sich primär um ein Rechtssprw. Der früheste dt. Beleg findet sich in Eike von Repkows ,Sachsenspiegel' (um 1230): „Die ok irst to der molen kumt, die sal erst malen" (II, 59). Ähnl. im ,Schwabenspie-

,Wer zuerst kommt, mahlt zuerst'

gel' (ca. 1275): „Der ouch e zer müli kumt, der sol auch e malen". In lat. Form begegnet das Sprw. schon in einer Münchener Handschrift des ausgehenden 12. Jh., in den sog. Sprüchen aus Scheftlarn: ,Qui capit ante molam, merito molit ante farinam'. In diesen Frühbelegen besteht eine deutliche Verbindung zwischen Mühle und mahlen, während die Mühle ja in unserem heutigen Sprw. nicht erwähnt wird. Damit scheint sich die Vermutung von Petsch und Künßberg zu bestätigen, wonach das Sprw. auf die Kundenmühle des MA. zu beziehen ist, wie sie vielfach heute noch in ländlichen Bezirken üblich ist: Derjenige, der sein Getreide zuerst in der Mühle abliefert, hat den Anspruch, daß es auch zuerst gemahlen wird (im Gegensatz zu der Bevorzugung des Herren bei einer Herrenmühle und der Zwangsgäste bei einer Bannmühle). Ähnl. äußert sich S. B. Ek, der das in Europa weitverbreitete Sprw. nach Alter u. Funktion untersuchte. Es handelt sich hier also um eine förmliche Rechtsregel, die wahrscheinl. schon als sächs. Sprw. bestand, als der Sachsenspiegel aufgezeichnet wurde. In einem ähnl. Sinn benutzen wir das Sprw. heute noch, wenn auch ohne Bezug auf die Mühle in allg. und übertr. Weise. Vom Spezialfall der Mühle erweiterte sich der Sinn des Sprw. auf andere Rechtslagen, bei denen der Zeitvorrang maßgebend ist, entspr. dem lat. ,Prior tempore potior iure'. Die versuchten Deutungen auf ahd. ,mahalen' = feierlich reden, greifen daneben, wenn sich auch eine solche Deutung schon bei Luther zu finden scheint (Thiele, S. 161; Wander II, 1472, 166: „wer ehe kompt, der melet ehe"). Den gleichen rechtlichen Grundgedanken finden wir in ähnl. Form noch zweimal im ,Sachsenspiegel' wieder: „Svelk wagen erst up di bruegen kumt, die sal erst overgan, he si idel (leer) oder geladen" (II, 59) und „Svelkes ordeles man irst bedet, dat sal man irst vinden" (I, 62). Wieder ein anderes Bild für den Grundsatz des Zeitvorranges bei Egenolf (Bl. 217): „der erster zum herd kompt, setzet sein häflin wohin er will". Mahlsteine ↗ Stein.
Im Volkslied ist mahlen als Umschreibung für koitieren gebräuchl., z. B. bei Liedern von der Müllerin.

1. „Ich weiß mir eine Müllerin,
Ein wunderschönes Weib.
Wollt Gott ich sollt bei ihr mahlen,
Mein Körnlein zu ihr tragen,
Das wär der Wille mein!
2. Der Müller aus dem Holze kam,
Von Regen war er naß,
‚Steh auf, Frau Müllerin stolze,
Mach mir ein Feuer von Holze,
Von Regen bin ich naß!'
3. ‚Ich kann dir nicht aufstehen!'
Sprach sich des Müllers Weib;
‚Ich hab die Nacht gemahlen
Mit einem Reutersknaben,
Daß ich so müde bin!'"
(E. B., Nr. 156a).

Lit.: *Sachse*, in: Zs. f. d. Recht 16, S. 102 ff.; *Hillebrand*: Dt. Rechtssprww. (1858), S. 12 f.; *Günther*: Rechtsaltertümer, S. 94; *Weizsäcker*, S. 324; *S. B. Ek*: Den som kommer först till kvarns – in: Scripta Minora Regiae Societ. Human. Litter. Lundensis 1963/64: 1 (Lund 1964), S. 1–66; *L. Röhrich*: Liebesmetaphorik im Volkslied, in: Essays in Traditional Literature, Belief, and Custom in Honor of Wayland Debs Hand (1967), S. 187–200.

Mahlzeit. *Prost Mahlzeit!* sagt man umg. in dem iron. Sinne: ‚das kann ja gut werden', ‚das ist eine schöne Bescherung!'. ‚Prost' ist aus ‚Prosit' zusammengezogen; vgl. frz. ‚Bon Appétit!' in derselben iron. Bdtg. Ähnl. *Ja, Mahlzeit!* ‚Gesegnete Mahlzeit!' sagt man vor und bes. nach dem Essen als Abschiedsgruß an die Tischgenossen. Von da entwickelt zu der Bdtg.: ‚dafür bedanke ich mich!' im Sinne einer iron. Ablehnung.

Mai. *Wie einst im Mai:* wie früher, in glücklicher Zeit; gleichbleibend. Die Wndg. stammt aus dem Gedicht ‚Allerseelen' des Tiroler Dichters Hermann von Gilm (1812–1864): „Stell auf den Tisch die duftenden Reseden" (1844). In der Vertonung von Richard Strauss (‚Acht Lieder' op. 10) gehörte das Gedicht zum musikalischen Grundbestand des Bürgerhauses. Als Stütze der Wndg. kommt wahrscheinlich noch der Titel der Operetten-Posse von Walter Kollo ‚Wie einst im Mai' (uraufgeführt 1913) hinzu. *Am 17. Mai geboren sein:* homosexuell sein; verhüllend für § 175 des Strafgesetzbuches, der wie ein Datum gelesen wird; erst im 20. Jh. aufgekommen.

Im Mai seines Lebens stehen: sehr jung sein. Mit dieser Wndg. umschreibt man vor allem poetisch die Zeit der Jugend und der jungen Liebe:
Des Lebens Mai
blüht einmal
und nicht wieder
heißt es in Friedrich Schillers Gedicht ‚Resignation' (Sämtl. Werke, ⁴1965–67, Bd. 1, S. 130–133). Ebenso verwendet Schiller dieses sprachl. Bild in der ‚Elegie auf den Tod eines Jünglings': „Einen Jüngling trägt man hier heraus, einen Jüngling, noch nicht reif zum Sarge, in des Lebens Mai gepflückt."
Den Ersten Mai feiern: nicht arbeiten am sog. ‚Tag der Werktätigen'. Der Erste Mai ist seit 1890 zum Demonstrationstag der internationalen Arbeiterbewegung geworden. Schon in alter Zeit war dieser Tag ein Anlaß zu Frühlingsfesten.

Lit.: *H. Goersch*: Dâr hadde hê werf alse Meibôm tô Aken. Ein Erklärungsversuch, in: Zs. des Aachener Geschichtsvereins 2 (1880), S. 117–126; *A. Haas*: De Herthe gifft Gras un füllt Schünen un Faß, in: Blätter für pommersche Vkde. 3 (1894), S. 1–4; *D. Esser*: Das Heiraten im Mai, in: Zs. des Vereins für rhein. und westf. Vkde. 5 (1908), S. 46–49; *A. Verwaetermeulen*: Te Meie verhuizen, in: Biekorf 38 (1932), S. 158; *U. Achten*: Illustrierte Geschichte des 1. Mai (Oberhausen 1979).

Maikäfer. *Strahlen wie ein Maikäfer:* über das ganze Gesicht strahlen; auch in den Mdaa. bekannt, z. B. schwäb. ‚dear lacht mit'm ganza Gsicht wie a Moikäfer'. *Über die Unsterblichkeit des Maikäfers nachdenken:* sinnen, auch Unsinn reden; stud. Ausdr.; seit dem Ende des 19. Jh. aufgekommen. *Maikäfer numerieren:* eine knifflige, aber unnötige Arbeit tun, ↗ Fliegenbeine, ↗ Käferbeine.

maikäfern. *Jem. maikäfert:* veralt. Ausdruck für jem., der sich während eines Festessens die Rede überlegt, die er anschließend zu halten hat; dieses Verhalten wird deshalb mit dem Maikäfer verglichen, da dieser schon vor dem Auffliegen die Flügel kräftig bewegt, ‚pumpt'.

Lit.: *O. Behagel*: Maikäfern, in Zs. f. dt. Wortf. 11 (1930), S. 3.

Mailüfterl. ‚Wenn's Mailüfterl weht': es wird Frühling, stammt aus einem Gedicht von Anton Freiherr v. Klesheim: ‚'s Mailüfterl‘, das in der Sammlung ‚Schwarzblatl aus'n Weanerwald‘ 1845 veröffentlicht wurde.

Main. *Wenn der Main brennt:* niemals; mdal., bes. hess. ‚Wann de Maa brennt‘ (Biebrich); ‚de Mao brennt‘ (Frankfurt); vgl. auch den schwäb. Spottvers:

Fuirio, der Necker brennt,

Holet Straoh ond löschet gschwend!
Das Brennen des Wassers als rdal. Bild des Unmöglichen kennen schon ma. Dichter. In Wolframs v. Eschenbach ‚Titurel‘ (77,4) versichert Signe dem Schionatulander: „ez brinnent elliu wazzer, ê diu liebe mînhalp verderbe“; vgl. ‚zu ↗ Pfingsten auf dem Eise‘.

Lit.: *I. Zingerle,* in: Germania VII, S. 190; *L. Berthold:* Ma. Sprww., S. 65 f.; *A. Taylor:* Locutions for ‚Never‘, in: Romance Philology 2, Nos. 2 and 3 (1948/49), S. 103–134.

Majestätsbeleidigung. *Das grenzt ja an Majestätsbeleidigung:* iron. nach Kritik an jem., der sich schwer beleidigt fühlt. Von ‚Majestätsbeleidigung‘ spricht man gelegentlich, wenn einer höhergestellten Persönlichkeit nicht der von ihr erwartete Respekt gezollt wird. In ihrem heutigen umg. Gebrauch ist die Rda. in der Regel somit nicht auf irgendwelche Monarchen bezogen. Rechtshist. gesehen stellte jedoch die Majestätsbeleidigung einen schweren Straftatbestand dar. Sie gehört bereits zum röm. Recht: ‚Crimen laesae maiestatis‘ und ist im Rom der Kaiserzeit aufgekommen. Da der Kaiser wie ein Gott verehrt wurde, konnte seine Schmähung wie eine Gotteslästerung bestraft werden. 397 n. Chr. erging die berüchtigte ‚Lex Arcadia‘, die diesen Personenschutz bes. betonte und durch ihre Aufnahme in die ‚Goldene Bulle‘ die dt. Strafrechtsgeschichte stark beeinflußte. Die ‚Bambergische Halsgerichtsordnung‘ von 1507 definiert die Majestätsbeleidigung in Art. 132: „So einer Römische Keyserliche oder Königliche maiestat lestert“. In den Aufklärungsgesetzen von 1787 reichte die Majestätsbeleidigung vom Attentat bis zum Außerachtlassen der pflichtgemäßen Ehrerbietung gegenüber dem Landesfürsten. Die die Majestätsbeleidigung betreffenden Paragraphen wurden durch das Ende der Monarchie 1918 gegenstandslos. Doch nach der Ermordung Erzbergers und Rathenaus wurde 1922 ein entsprechender Strafschutz für den Reichspräsidenten und die Mitglieder der Regierung erlassen. Das Strafgesetz von 1951 stellt das Verunglimpfen der höchsten Staatsorgane unter Strafe (§ 90 StGB) und die Beleidigung eines ausländischen Staatsoberhauptes oder seiner diplomatischen Vertreter (§ 103 StGB) und steht so sachlich in der Tradition der früheren Majestätsbeleidigung.

Lit.: *H. Holzhauer:* Art. ‚Majestätsbeleidigung‘, in: HRG. III, Sp. 177–182., *E. Schmidt:* Einführung in die Gesch. der dt. Strafrechtspflege (Göttingen ³1965).

Makler. *Ein ehrlicher Makler sein:* ein neutraler Vermittler sein. Dieser Ausdr. geht auf Bismarck zurück. Dieser sagte am 19. Februar 1878 im Dt. Reichstag: „Die Vermittlung des Friedens denke ich mir nicht so, daß wir nun bei divergierenden Ansichten den Schiedsrichter spielen und sagen: So soll es sein, und dahinter steht die Macht des Dt. Reiches, sondern ich denke sie mir bescheidener, ja – ohne Vergleich im Übrigen stehe ich nicht an, Ihnen etwas aus dem gemeinen Leben zu zitieren – mehr die eines ehrlichen Maklers, der das Geschäft wirklich zustande bringen will“.

Makulatur. *Makulatur reden:* Unsinn reden. Makulatur sind unbrauchbare Drucke, auch Altpapier, also Wertloses; seit dem ausgehenden 19. Jh. in Berlin bezeugt.

malen. *Ich will dir was malen; dem werde ich's malen!; laß dir was malen!; du kannst dir was malen lassen* (evtl. mit dem Zusatz: ‚auf Löschpapier‘). Diese Ausdrücke bedeuten eine grobe Abweisung für jem., der einen mit irgendeinem Anliegen belästigt (in ähnl. Sinne: ‚einem etw. ↗ husten‘). Vielleicht ist eigentl. gemeint: Das, worum du bittest, kann oder will ich dir nicht verschaffen; male es dir, dann hast du's! Urspr. wird wohl hinter der Wndg. eine Derbheit stecken; vgl. ostfries. ‚lat di wat ofmalen upn Stück Klackerpapier

(up'n Buskohlblatt)'; westf. ,Du kannst di
wat op Löskpapier moalen laten'.
Er kann malen ohne Farbe: er ist ein
Schlaumeier. *Dem muß man eine malen*
sagt man von dem Mann, dem keine
weibl. Person zusagt. *Nicht gemalt hat er's
gesehen* sagt man von einem, der sich
rühmt, etw. gesehen zu haben, es aber niemals gesehen hat (schon lat. ,Ne pictum
quidem videt'). *Den Teufel an die Wand
malen* ↗ Teufel.

malochen. *Die ganze Woche nichts als malochen:* die ganze Woche ausgefüllt mit
schwerer körperlicher Arbeit; der Ausdr.
kommt aus dem jidd. ,melocho', Arbeit.

Mammon. Aramäisch ma mon = Hinter-
legtes, gelangt durch die Lutherbibel aus
Matth. 6,24 und Luk. 16,9 in der Bdtg.
,(ungerechter) Reichtum' ins Dt. und wird
in die Rdaa. *dem (schnöden) Mammon
dienen:* dem Geld nachjagen, eigentl: dem
syrischen Gott des Reichtums dienen, *ein
Knecht des Mammons sein* seit etwa 1600
geläufig (entspr. engl. ,to serve Mammon'; frz. ,servir le Mammon', auch: ,un
serviteur de Mammon' und ndl. ,de Mammon dienen').

man. Viele Sprww. fangen mit einem ver-
pflichtenden ,Man soll', ,Man muß', ,Man
darf' an: ,Man soll den Tag nicht vor dem
Abend loben', ,Man soll sich nicht ausziehen, bevor man sich schlafen legt'. Man
findet diese Formulierungen insb. in An-
standsregeln: ,Man spricht nicht mit vollem Mund', ,Man legt die Füße nicht auf
den Tisch'; ähnlich in Werbeslogans:
,Man trägt wieder Hut', ,Man gönnt sich
ja sonst nichts'. Die alltägliche Umgangssprache ist voll von solchen ,Man-For-
meln': ,Man tut, was man kann', ,Man
dankt', ,Man benimmt sich'. Auch in wiss.
Texten sind solche Formeln gebräuchl.:
,Man muß sich doch fragen'. Viele dieser
Ausdrucksweisen sind mit dem Konjunk-
tiv (Irrealis) verbunden: ,Man müßte
noch einmal zwanzig sein', ,Man müßte
Klavier spielen können', ,Wenn man täte,
was man müßte.'
Hinter dem ,man' der dritten Person ver-
birgt sich der Allgemeingültigkeitsan-
spruch des Sprw.s vor allem, wenn man

von anderen etw. erwartet, was ,man' eigentlich selber tun sollte: ,Man sollte weniger essen', ,Man sollte mal wieder den
Rasen mähen'. Feministische Sprachfor-
scher haben vorgeschlagen, ,man' durch
,frau' zu ersetzen. Es ist jedoch noch nicht
in den allg. Sprachgebrauch eingegangen.

Mangel. *Jem. durch die Mangel drehen:*
ihm mit Fragen zusetzen, ihn rücksichtslos behandeln. Mangel ist die Glättrolle
für die Wäsche; wenn ein Mensch durch
die ,Mangel gedreht' wird, wird er also
,gepreßt'. Ähnl. *jem. in der Mangel haben,
in die Mangel kriegen* (oder *nehmen*): ihn
heftig rügen; auch in den Mdaa., z. B.
meckl. ,he hätt em dägt in de Mangel nahmen', er hat ihn tüchtig zugerichtet.
Auch ein Übermüdeter fühlt sich ,wie ge-
mangelt'.
In der Mangel sein: gymnastische Übungen machen (Mitte 20. Jh.).

Mangelware. *Etw. ist Mangelware:* es ist
schwer erhältlich, ist selten u. daher nur
mühevoll oder unter hohen Kosten zu be-
schaffen. Urspr. bezieht sich der Ausdr.
auf Probleme des Handels, der in Not-,
Kriegs- oder Krisenzeiten nicht alle gewünschten Güter vorrätig haben u. überall anbieten kann. In übertr. Bdtg. dient
die Rda. zur scherzhaft-euphemist. Umschreibung eines festgestellten geistigen
Unvermögens beim Menschen, von dem
man sagt: *Bei ihm ist etw. Mangelware,*
d. h. es fehlt ihm z. B. an Einsicht, Intelli-
genz, Verstand oder gutem Willen.

manipulieren. *Etw. (jem.) manipulieren:*
eine Sache steuern, geschickt zu Werke
gehen, einen Menschen in seinem Sinne
beeinflussen. *Etw. als Manipulation bezeichnen (erkennen):* gewisse Machenschaften durchschauen. Das Subst. ,Ma-
nipulation' ist wie das Verb seit dem Ende
des 18. Jh. gebräuchl. und zuerst als Terminus des magnetischen Heilverfahrens
bekannt geworden, i. S. v. geschickte
Handhabung, Kunstgriff. In der Rda. besitzt das Wort heute meist negative Bdtg.

Manko. *Das (etw.) ist ein schweres Manko:*
es fehlt Beträchtliches, es gereicht zum
Nachteil. Das ital. Wort ,manco' bedeutet

ursp. verstümmelt, unvollständig, mit einem großen Fehler oder Schaden behaftet sein. So auch: *Ein Manko haben an etw.*: einen Bedarf haben an etw. Ital. ‚a manco‘ gehört der Kaufmannssprache an und bedeutet ‚Fehlbetrag‘; in dieser Bdtg. ist ‚manco‘ seit 1712 auch in der dt. Handelssprache belegt; in erweitertem, übertragenem Sinn wurde ‚Manco‘ ab 1869 in lit. Texte übernommen.

Lit.: *A. Schirmer*: Wb. d. dt. Kaufmannssprache (Straßburg 1911), S. 125.

Mann. *Seinen Mann stehen* (oder *stellen*): die Aufgaben und Pflichten, die einem als Mann zufallen, zu erfüllen wissen; Vollwertiges leisten; ähnl. ndd. ‚Da bin ik Mann vör‘, dafür bin ich Bürge.

Seinen Mann finden: einen finden, der einem gewachsen ist; so schon 1541 in Seb. Francks ‚Sprichwörtern‘; auch frz. ‚trouver son homme‘. Das ostfries. ‚de is sien Mann ankamen!‘ bedeutet auch: er ist unangenehm überrascht worden.

(Ein) Mann bei der Spritze sein: tüchtig dabeisein, auch: eine wichtige Rolle spielen; der Ausdr. hat sich vom Feuerlöschwesen aus verbreitet, wo die Männer bei der Spritze die entscheidende Tätigkeit ausüben, ↗ Spritze.

Ein gemachter Mann sein: in guter Position, vermögend sein.

Ein Mann von Welt sein: Analogiebildung zu ‚Kinder dieser Welt‘; Luk. 16,8: „Die Kinder dieser Welt sind klüger denn die Kinder des Lichts“. Im MA. bez. man mit ‚werltman‘ einen Menschen, dem irdische Güter sehr wichtig erschienen, während im 16. Jh. – wohl unter span. Einfluß – derjenige als Mann von Welt galt, der Karriere in einem weltlichen Beruf gemacht hatte, der sich in der höfischen Gesellschaft im Gegensatz zu Geistlichkeit und Kirche hervortat; in dieser Bdtg. auch bei Grimmelshausen, Simplicius Simplizissimus: „... daß sie keinen Mönch, sondern einen Weltmann aus mir machen wollten“. Heute charakterisiert man mit dieser Wndg. jem., der sich weltgewandt benimmt u. mit den Umgangsformen der gehobenen Gesellschaft vertraut ist.

Ein Mann in den besten Jahren; lit. auch bei Heinrich Heine ‚Die Heimkehr‘ (1826), wo vom Teufel gesagt wird:

Er ist nicht häßlich und ist nicht lahm,
Er ist ein lieber, charmanter Mann.

Ein Mann in seinen besten Jahren; frz. entspr. ‚un homme dans la fleur de l'âge‘.

Mann Gottes steht ursp. 5. Mos. 33,1 und sonst noch sehr oft im A.T. Heutzutage wird die Wndg. meist als Ausdr. mißbilligender Verwunderung gebraucht; ähnl.

Mann, Mann!, Mannomann! oder *Mannometer!* Hier ist die Anrede ‚Mann!‘ gedehnt durch Herbeiziehung des gleichlautenden Fremdworts ‚Manometer‘, entstanden aus frz. ‚manomètre‘, einem Druckmesser für Gase und Flüssigkeiten.

Männeken! ist eine verächtliche Anrede.

Die stabreimende Zwillingsformel *mit Mann und Maus (untergehen)* stammt aus der Seefahrt.

„Wärn gute Leute auf dem Schiff gewesen, in Grund gesunken wär's mit Mann und Maus“, heißt es bei Schiller (‚Tell‘, IV,3). Vgl. auch frz. ‚périr avec armes et bagages‘. Dagegen ist *mit Mann und Roß und Wagen* (hat sie Gott geschlagen) ein Zitat aus dem ‚Fluchtlied‘ (1813) von Max von Schenkendorf, dieses wiederum stammt aus der Bibel: 2. Mos. 15.

Mann für Mann: eine Person nach der anderen, jeder einzelne für sich.

Von Mann zu Mann sprechen: vertraulich.

Das ist gesprochen wie ein Mann kommt als Zitat aus Schillers Drama ‚Die Piccolomini‘ (IV,4).

Das Sprw. ‚Ein Mann – ein Wort‘ soll die Einhaltung eines gegebenen Wortes garantieren. Bei Schiller heißt es im ‚Pegasus im Joche‘: „Der Täuscher, hoch vergnügt, die Ware loszuschlagen, schlägt hurtig ein. ‚Ein Mann, ein Wort!‘ und Hans trabt frisch mit seiner Beute fort“. In frauenfeindl. Absicht erweitert zu: ‚Ein Mann – ein Wort. Eine Frau – ein Wörterbuch‘.

Etw. an den Mann bringen: seine Ware absetzen, auch: eine Geschichte, einen Witz erzählen können; ursp. wohl eine kaufmannssprachl. Wndg.

Goethe schreibt: „Gewöhnlich haben unsere Schauspieler eine aparte Leibesbewegung einstudiert, die sie mit ... Fertigkeit an den Mann zu bringen wissen“.

Jem. an den Mann bringen: verheiraten. Umg. sagt man von einer Frau, deren Ehe von Eltern, Verwandten, Freunden arrangiert wurde, sie wurde an den Mann gebracht.

Manns genug sein, etw. zu tun: die nötige Stärke, Tapferkeit und den Mut besitzen, um eine Sache zu bewältigen. Die Rda. kann sich auf beide Geschlechter beziehen. Lit. Beispiele:

„Nathan: ‚Bleibt! Wohin?'

Tempelherr: ‚Zu ihr! Zu sehn, ob diese Mädchenseele manns genug wohl ist, den einzigen Entschluß zu fassen, der ihrer würdig wäre.'" (Lessing, ‚Nathan der Weise'.)

„Wie? Sind wir beide ihm nicht manns genug, daß er, besorgt, uns den Gehilfen sendet?" (Schiller: Fragment Macbeth).

Das ist unser Mann: das ist diejenige Person (männl. oder weibl. Geschlechts), die wir gerade suchen; man sagt auch: ‚Das ist der rechte Mann', jedoch bez. sich diese Wndg. nur auf Männer. Lit. z. B. bei Hans Sachs, Fastnachtsspiele:

„da kumbt der rechte Mann herzu."

Oder bei Goethe:

„Kaum hatte er Ferdinanden gesehen, als dieser ihm sein Mann zu sein schien."

Den wilden (starken) Mann markieren (machen), sich hemmungslos gebärden, kraftvoll dünken, als Betrunkener Streit suchen. Urspr. war der ‚Wilde Mann' ein riesiger Waldmensch in Volkssagen, ma. Epen und bildl. Darstellungen.

Voll wie tausend Mann: schwer bezecht.

Männchen machen wird zunächst von Tieren (Hunden, Hasen) gesagt, die sich auf den Hinterbeinen aufrichten; in der Soldatensprache bedeutet es: stramme Haltung annehmen; dann wird es übertr. zu ‚sich sträuben', so z. B. wien. ‚Manderln machen', Umstände machen, sich widersetzen. Vgl. frz. ‚faire le beau' (wörtl.: den Schönen machen), auch in der urspr. ersten Bdtg. der dt. Rda., dann aber i. S. v. ‚radfahren', sich hervortun und bei anderen beliebt machen, um einen Vorteil zu bekommen (wie der Hund sich auf den Hinterbeinen aufrichtet, um einen Leckerbissen zu bekommen), ↗ Radfahrer.

Einen kleinen Mann im Ohr haben: nicht ganz bei Verstand, verrückt sein. Die Rda. soll eine Aussage, vor allem einen Wunsch oder eine Forderung, als sinnlos abtun. Es ist, als ob der kleine Mann im Ohr das Sinnlose oder Törichte hervorge-

bracht hätte, dem Vernünftigen den Gehörgang versperrend (↗ Ohr).

Obwohl die Rda. neu erscheint, ist sie doch in Berlin mindestens schon vor dem 1. Weltkrieg bekannt gewesen. Im Grunde zeigt sich dabei ein altertümliches krankheitsdämonistisches Denken. Ähnl. kann der Berliner Arzt beim klinischen Ausspülen des Ohres und Entfernen eines Pfropfens sagen: ‚Jott sei Dank, det der kleine Kerl raus is!'

Kleiner Mann, was nun? ist der Titel eines Romans von Hans Fallada (Berlin 1932).

Einem nackten Mann in die Tasche greifen: etw. holen wollen, wo es nichts zu holen gibt.

Man kann doch einem nackten Mann kein Bonbon ins Hemd kleben: es ist nicht möglich, man kann ihm nichts anhaben.

Einen alten Mann schlagen: eine Arbeit verrichten, die wenig einbringt, die vergebens ist. Die Wndg. stammt aus dem altsächs. Bergmannswesen; ein ‚alter Mann' ist die Bez. für das abgebaute Flöz, ein ‚toter Mann' ist ein Gang ohne Erz.

‚Wilder Mann'

Den toten Mann machen: sich ohne Bewegung auf dem Rücken im Wasser treiben lassen.

‚Auf Männerfang ausgehen‘

Ein toter Mann sein: verloren sein, keine Überlebenschancen besitzen; oft als Drohung gegen Verräter in der Unterwelt verwendet.

Sich stellen wie der alte Mann von Wien: eine verschollene Rda., deren Sinn sich nicht mehr erklären läßt; belegt in den Ingolstädter Reimen 1562, wahrscheinl. i. S. v. Niemand:

„Spräch ich, du hetst mich gheißen,
Du laugnest hin und hin,
Und köndst dich gar wol stellen
Als der alt Mann von Wien.“

Dastehen wie's Mandl beim Sterz: diese Wiener Rda. meint einen ungeschickten Menschen. Lit. belegt bei Nestroy.

Männchen auf Männchen setzen: Ausdr. aus der Druckersprache, der besagt, daß bei der Neuauflage eines schon gedruckten Buches völlige Übereinstimmung zwischen beiden besteht.

Sei ein Mann!: sei so (tapfer, furchtlos, beherzt), wie es sich für einen Mann gehört; dies sagte schon der sterbende David zu seinem Sohn Salomo (1. Könige 2,2). In Goethes ‚Faust‘ (2. Teil, 3. Akt) findet sich die Wndg. *Selbst ist der Mann:* er weiß sich selbst zu helfen. Daß sich ein Volk erhebt, wie ein (d. h. einziger) Mann‘ (ohne Unterschied, vollständig), ist bereits bibl. (Richter 20, 1.8.11) bezeugt.

Dem Manne kann geholfen werden: hier kann Abhilfe geschaffen werden, so lauten die letzten Worte Karl Moors in Schillers ‚Räubern‘ (V, 2).

Als Schnelligkeitsprobe beim Sprechen dient der eigentl. zum Nachdenken anregende Spruch:

Wenn mancher Mann wüßte,
wer mancher Mann wär’,
Gäb’ mancher Mann manchem Mann
manchmal mehr Ehr’.

Auf Männerfang ausgehen (aussein): unbedingt heiraten wollen und alles daransetzen, einen Mann für sich zu gewinnen.

Die Wndg. *Männerstolz vor Königsthronen* entstammt als Zitat Friedrich Schillers Gedicht ‚An die Freude‘, das er zuerst in der ‚Thalia‘ Bd. I, H. 2, S. 1–5 im Jahre 1787 veröffentlichte.

Lit.: *A. Spamer:* Wenn mancher Mann wüßte, was mancher Mann wär ..., in: Zs. f. Vkde. 46 (1936/37), S. 134–149; *R. Bernheimer:* Wild Men in the Middle Ages. A Study in Art, Sentiment, and Demonology (Cambridge 1952); *F. Neumann:* Der kleine Mann im Ohr, in: Muttersprache 69 (1959), S. 129–131; *E. Meyer-Heisig:* Vom Herrn Niemand, in: Zwischen Kunstgeschichte und Volkskunde, Festschr. für Wilhelm Fraenger (Berlin 1960), S. 65 ff.; *L. Richter:* Mutter, der Mann mit dem Koks ist da; Berliner Gassenhauer (Leipzig ²1977); *D. Rünzler:* Machismo. Die Grenzen der Männlichkeit (Kulturstudien. Bibliothek der Kulturgeschichte. Bd. 16, hrsg. v. H. C. Ehalt und H. Konrad), (Köln 1988).

manoli. *Du bist wohl manoli:* du bist nicht ganz normal; die Rda. wurde einer früheren Zigarettenmarke und deren Lichtreklame nachempfunden. Die kreisende Bewegung der Reklamefigur wurde mit jener Handbewegung verglichen, die man macht, um anzudeuten, daß jem. nicht ganz normal ist.

Manschette. *Manschetten haben:* Angst, Furcht, Respekt haben; ndd. auch in der Form: ‚Manschettenfieber haben'. Die Rda. ist in der zweiten H. des 18. Jh. in student. Kreisen entstanden, als die Mode der überfallenden Manschetten den Gebrauch des Degens hinderte. Wer Manschetten trug, konnte sich nicht schlagen, sondern war ein modischer Zärtling. Völlig aus dieser Anschauung heraus schreibt Rahel Varnhagen 1814 eine zornige Charakteristik der Diplomaten, die sie mit dem heftigen Ausruf schließt: „Diese Kerle mit Manschetten!" (O. Berdrow: Rahel Varnhagen, Stuttgart 1900, S. 202). Damals war die Rda. noch ganz frisch: Am 1. Febr. 1811 schreibt Theodor Körner einen Brief an die Landsmannschaften in Jena mit einem poetischen Anhang, der zeigt, wie die Rda. ‚Manschetten haben' (die zur Tracht der Adeligen gehörten) für ‚feige sein' gebraucht wurde. Es war ja die Zeit, in der auf der Wartburg die Schnürbrust als Zeichen der Verweichlichung unter Hohnversen verbrannt wurde. Vgl. die scherzhafte Parodie auf Schillers ‚Hektors Abschied', die den Hallischen Professor Wilh. Gesenius besang, als dieser beim Anrücken der Cholera Halle verließ, um sein Leben in Nordhausen in Sicherheit zu bringen:

> Wer wird künftig Exegese lehren,
> Hiob lesen, Genesis erklären,
> Wenn du mit Manschetten dich
> gedrückt?

Daß man dem mit Manschetten Ausgerüsteten kein festes Zupacken, insbes. keine grobe Arbeit zutraut, zeigt auch die Bez. *Manschettenbauer.*

Dagegen *Manschetten machen:* wuchern und dafür im Gefängnis sitzen. Hier meint Manschetten gaunersprachl. die Handschellen der Gefangenen.

Lit.: R. M. Meyer: Schlagworte, S. 34 f.

Mantel. *Den Mantel nach dem Wind kehren* (oder *hängen*): nicht nach festen Grundsätzen handeln, charakterlos, wetterwendisch sein; eigentl.: sich in die Umstände schicken wie ein Wanderer, der auf der Landstraße bei stürmischem Wetter den Mantel immer nach der Seite hängen muß, aus der der Wind kommt. Urspr. hatte die Wndg. keinen tadelnden Neben-

1/2 ‚Seinen Mantel nach dem Wind hängen'

sinn, sondern bedeutete nur: sich in die Verhältnisse schicken, ‚sich nach der ↗Decke strecken'; so als Lebensweisheit in einem der Sprüche Spervogels (‚Minnesangs Frühling' 22,25):

> Man sol den mantel kêren, als daz
> weter gât,

oder in Gottfrieds von Straßburg ‚Tristan' (V. 10430 f.):

> Man sol den mantel kêren,
> als ie die winde sint gewant.

Diese Frühbelege, aber auch noch spätere Zeugnisse beweisen, daß unsere Rda. sich erst aus einem vollen Sprw. verkürzt hat.

In dem satirisch-didaktischen Epos ‚Der Ring‘ des Heinrich von Wittenweiler heißt es (V. 4514ff.):

Besich, in welhem zeit du pist,
Dar zuo, wie daz weter ist,
Daz du deinen mantel gschwind
Mugest keren gen dem wind!

In Freidanks ‚Bescheidenheit‘ (115,2) findet sich die Variante:

Ein man den nüschel (Mantelspange) kêret,
Als in daz weter lêret.

Tunnicius bucht 1513 die Rda. in ndd. Form (Nr. 707): ‚Men mot de hoiken (Mantel) na dem winde hangen‘. Schon frühnhd. nimmt die Rda. den Sinn der Charakterlosigkeit an; so heißt im ‚Reinke de Vos‘ von 1498 ein Großer am päpstlichen Hofe ‚Wendhoyke‘; Luther schreibt (Erlanger Ausg. Bd. 60, S. 308): „Bauchdiener hängen an dem Mantel, nachdem der Wind wehet“. Hans Sachs hat die Rda. ebenfalls häufig gebraucht, z. B. in den ‚drei wachsenden Dingen‘:

Wer der armut entpfind,
Der henck den mantel nach dem Wind,
Und treib allen Überfluß aus,
Halt nach seinem vermügen haus.

Und in dem Schwank ‚Der Pfennig ist der beste Freund‘:

Wer sein gelt also prauchen thut
Zur noturft aus ainfalting mut,
Dem selben gar selten zurint;
Er henckt den mantel nach dem wint,
Lest sich begnügen, was er hab,
Und dankt got deglich seiner hab.

In KHM. 83 ‚Hans im Glück‘ findet sich das Lied eines Scherenschleifers:

Ich schleife die Schere und drehe geschwind
Und hänge mein Mäntelchen nach dem Wind.

Der Reim ist alt und findet sich schon auf einem Kupferstich von Israel von Meckenem im 15. Jh., wo verschiedene Sprww. durch handwerkliche Verrichtungen veranschaulicht werden. Der Sichelschmied z. B. sagt: „Das Recht kann ich krumm machen, drum trag ich rot Scharlachen“; ein Werkzeugmacher: „Meine Dinge mach ich recht und schlecht, drum bleibe ich ein armer Knecht“, und der Scherenschleifer: „Ich schleif, ich wend und kehr mein Mäntelchen nach dem Wind“. In

der ndl.-fläm. Rdaa.-Malerei ist unsere Rda. von Bruegel bis zu den späteren Bilderbogen immer wieder dargestellt worden. Sprw. und Rda. scheinen nur dem dt., frz. und ndl. Sprachbereich anzugehören. Zwar schreibt schon Plautus „Utcumque est ventus, exim velum vortitur“, aber ma. und moderne Tradition sagen ‚Mantel‘ statt ‚Segel‘; vgl. frz. ‚retourner sa veste‘ (wörtl.: seine Jacke umkrempeln): seine Einstellung ändern.

Den Mantel auf beiden Schultern tragen: mit jedem gut auskommen, sich von vornherein auf alle Möglichkeiten gefaßt machen, sich überallhin gut zu stellen wissen, friedliche Absichten zeigen. Diese Rda. ist schon sehr alt und beruht auf der Rechtsformel ‚den Mantel schultern‘, wie sie etwa um 1220 im Sachsenspiegel auftaucht; auch ältere schwed. und fries. Rechtstermini kennen den geschulterten Mantel als Zeichen der Waffenlosigkeit. *Im Mantel den Kopf verhüllen* bedeutet jedoch das Gegenteil der vorherigen Rda.; hier wird Unheil signalisiert oder die unredliche Absicht eines Menschen beschrieben.

Etw. mit dem Mantel der (christlichen) (Nächsten-)Liebe bedecken: über einen Fehler, eine Schwäche oder eine nicht ganz saubere Sache schweigen; so tun, als ob man sie nicht bemerke; sie der Vergangenheit anheimgeben, um den, der sie verschuldet hat, nicht in Verlegenheit oder in Ungelegenheiten zu bringen. Friedrich v. Logau (1604–1655) sagt in einem Epigramm:

Nenne mir den weiten Mantel, drunter alles sich verstecket;
Liebe tut’s, die alle Mängel gerne hüllt und fleißig decket,

und Samuel von Butschky 1677 im ‚Pathmos‘ (88): „Christus deckt die Sünden mit dem Mantel seiner Gerechtigkeit zu“. Das Bild von dem das Unrecht verhüllenden Mantel findet sich schon in Hugos v. Trimberg Lehrgedicht ‚Der Renner‘ (V. 3307ff.):

kappen und swestermentellîn
(Mantel einer geistlichen Frau)
bedeckent manec untaetelîn.

Im Corpus iuris canonici, Decretum Gratiani, Kap. 8,96 wird berichtet, der röm. Kaiser Konstantin (306–337), der das

Christentum zur Staatsreligion erhob, habe gesagt: „Wahrscheinlich, wenn ich mit eigenen Augen einen Priester Gottes oder jemanden im Mönchsgewand hätte sündigen sehen, so würde ich meinen Mantel abnehmen und ihn bedecken, damit er von niemand gesehen würde". In den Sprüchen Salomonis 10,12 heißt es: „Haß erregt Hader; aber Liebe deckt zu alle Übertretungen"; ähnl. im 1. Brief Petri 4,8: „Die Liebe decket auch der Sünden Menge". In der heutigen Form stammt die Rda. jedenfalls aus geistlichem Munde, wo sie oft in salbungsvollem Ton ernst gemeint ausgesprochen worden sein wird, was den iron. Sinn, den wir heute gewöhnlich mit ihr verbinden, mit hervorgerufen haben mag.

Die nahe verwandten Ausdrücke *bemänteln, einer Sache ein Mäntelchen umhängen* in dem Sinne von ‚beschönigen‘ brauchen selbstverständlich weder aus dem jüd. noch dem klassischen Altertum abgeleitet zu werden; sie enthalten ein Bild, wie es jede Sprache immer wieder aus sich zu erzeugen imstande ist. So sagt Schiller in der ‚Jungfrau von Orleans‘ (II,1):

Der Aberglaube ist ein schlechter Mantel
Für Eure Feigheit.

Bismarck sprach einmal (‚Reden‘ IX,429) von dem „Mantel der gekränkten Unschuld, in dem man sich einhüllt, wenn man sachlich nichts zu sagen weiß", und wiederholte: „die Triftigkeit seiner sachlichen Gründe mit dem Mantel der sittlichen Entrüstung, des persönlichen Gekränktseins zudecken" (‚Reden‘ IX,433). Im altdt. Rechtsleben hat der Mantel eine wichtige Rolle gespielt. Vor der Ehe geborene Kinder wurden dadurch legitimiert, daß die Frau sie bei der Trauung unter ihren Mantel nahm (‚Mantelkinder‘, lat. ‚filii mantellati‘, frz. ‚enfants mis sous le drap‘). Auch als Sinnbild des Schutzes galt der Mantel; in der Wartburgsage flüchtet der Minnesänger Heinrich von Ofterdingen unter den Mantel der Landgräfin. Ebenso bedeuten die Worte Wolframs im ‚Parzival‘ (88,7 f.):

Dô diu botschaft was vernomn,
Kaylet, der ê was komn,
saz ter küngîn undr ir mantels ort
keine Vertraulichkeit, sondern die Bitte

‚Mantel der Nächstenliebe‘ – ‚Schutzmantelmadonna‘

um Schutz. An die Stelle des Mantels tritt dann der Schleier, so wenn in dem mhd. Heldenepos ‚Rosengarten‘ erzählt wird, daß Kriemhild den Siegfried mit ihrem Schleier deckte, als er von Dietrich besiegt wurde. Erinnert sei auch an die spätma. Schutzmantelmadonnen, Darstellungen der Madonna, wie sie mit einem mächtig ausgebreiteten Mantel alle diejenigen schützt, die bei ihr Zuflucht gesucht haben. Im Zusammenhang mit unserer Rda. hat man auch an die Tracht der Femrichter erinnert: „Sie sollen Mäntelein auf ihren Schultern haben. Diese bedeuten die warme Liebe, recht zu richten, die sie haben sollen; denn so wie der Mantel alle andere Kleider oder den Leib bedecket, also soll ihre Liebe die Gerechtigkeit bedecken. Sie sollen auch darum die Mäntel auf den Schultern haben, damit sie dem Guten Liebe beweisen, wie der Vater dem Kinde" (Th. Berck: Geschichte der westf. Femgerichte, Bremen 1815, S. 32). Es fehlt bei dieser Erklärung der Rda. allerdings der Sinnbezug zur ‚Bemäntelung‘ begangenen Unrechts.

Den blauen Mantel umhängen ↗blau.

Im Schwäb.: ‚Der hat sein Mantel z'lang mache lasse‘ bedeutet, daß eine Person zu großartig aufgetreten ist, zu sehr angegeben hat.

Lit.: *A. Fink:* Mantel, in: HRG. III, Sp. 251–254; *M. de Meyer:* ,De Blauwe Huyk', in: Proverbium 16 (1971), S. 564–575; *O. Holzapfel:* Den Mantel auf beiden Schultern tragen, in: Proverbium Paratum 1 (1980), S. 45–47.

Märchen. Das Wort ,Märchen' ist eine Verkleinerungsform von ,Mär' (mhd. diu oder daz maere) und bedeutet urspr. Kunde, Bericht, Erzählung. Den Beigeschmack einer ,fabula incredibilis', d. h. einer unglaubwürdigen, rein fiktiven Erzählung oder eines bloßen Gerüchts, hat der Begriff ,Märchen' erst im Laufe seiner Entwicklung erlangt. Noch im Ahd. (Otfried v. Weißenburg) kann ,mari' die gewiß für wahr gehaltene bibl. Geschichte, das Evangelium bedeuten. Wie andere Diminutive unterlag auch das Märchen oder Märlein früh einer Bedeutungsverschlechterung, so daß damit erfundene, phantastische, unrealistische oder gar unwahre Geschichten bez. werden konnten, was bes. in Zusammensetzungen wie ,lügenmaere', ,tandmaere', ,entenmäre', ,gensmäre' deutlich wird. Charles Perrault nannte seine Märchen ,Contes de ma mère l'Oye'. Noch heute kann man mit ,Märchen' höchstes Glück umschreiben: ,Es war wie im Märchen'. In Werbetexten bez. ,märchenhaft' – ebenso wie ,sagenhaft' – ein Hochwertwort. Aber auch die Welt der Lüge kann mit demselben Wort umschrieben werden: *Erzähl mir keine Märchen!:* sag nicht die Unwahrheit.

Eine Reihe von Märchenschlußformeln sind durch den großen Bekanntheitsgrad der Grimmschen Sammlung sprichwörtl. geworden, wie z. B. ,Mein Märchen ist aus, da läuft eine Maus' (so und ähnl. in KHM. 15, 108, 127 u. a.)

Lit.: *L. Röhrich:* Märchen und Wirklichkeit (Wiesbaden ⁴1979); *M. Lüthi:* Märchen (Sammlung Metzler 16) (Stuttgart ⁸1990, bearbeitet von H. Rölleke), S. 1; *B. Holbek:* Art. ,Formelhaftigkeit, Formeltheorie', in: EM. IV, Sp. 1416–1440.

Maria. *Mir ist ganz maria-magdalenisch:* ich habe ein komisches, unerklärliches Gefühl, mir ist ↗ blümerant. Die Rda. ist in Oberschwaben bekannt. Sie bezieht sich wohl auf die bibl. Maria Magdalena (Luk. 8,2), aus der Jesus sieben Teufel ausgetrieben hat.

Marionette. *Eine Marionette (in den Händen eines anderen) sein:* ein willenloses Geschöpf sein, sich widerspruchslos lenken lassen.

Eine Marionettenregierung einsetzen: eine von einem fremden Staat bestimmte und abhängige Regierung eines Landes, eine Scheinregierung.

Der frz. Ausdr. ,Marionette' bez. eine Gliederpuppe eines Puppentheaters. Der Name taucht erst im 14. Jh. auf und wurde zuerst für hölzerne Statuetten gebraucht, die junge Mädchen bei religiösen Feiern ersetzen sollten. In Dtl. war der Name zu Beginn des 17. Jh. für eine Puppe gebräuchl., deren Glieder an Schnüren befestigt und somit beweglich sind.

Doch schon im ,Hortus deliciarum' der Äbtissin Herrad von Landsberg (12. Jh.) werden unter der Bez. ,Ludus monstrorum' zwei an Schnüren tanzende Puppen erwähnt. Die Oxforder Hs. des Alexanderromans (entstanden 1344) enthält zwei Miniaturen, die Handpuppenbühnen darstellen.

Lit.: *H. v. Kleist:* Über das Marionettentheater (1810); *Ch. Magnin:* Histoire des Marionettes en Europe (Paris ²1862); *E. Rapp:* Die Marionette in der dt. Dichtung vom Sturm und Drang bis zur Romantik (Leipzig 1924); *H. Schulz:* ,Marionette', in: Dt. Fremdwörterbuch, hg. v. O. Basler, Bd. 2 (Berlin 1942), S. 73; *A. Ch. Gervais:* Marionettes et marinettistes de France (Paris 1947); *J. Chesnais:* Histoire générale des marionettes (Paris 1947); *P. L. Mignon:* Marionettentheater (Lausanne 1963); *G. Böhmer:* Puppentheater (München 1969).

,Marionetten'

Mark (das). *Es geht* (oder *dringt*) *einem durch Mark und Bein;* es geht einem durch und durch; von einem heftigen Seelenoder Nervenschmerz, bes. bei einem schrillen Klang; vgl. frz. ,Cela vous pénètre jusqu'à la moëlle des os'. Auffällig ist dabei die Reihenfolge ,Mark und Bein'; denn was von außen kommt, muß doch erst die Knochen (↗ Bein) durchdringen, ehe es ans Mark gelangen kann. Wohl nur dem Reim zuliebe ist die Formel bisweilen umgestellt, z. B. 1573 in Joh. Fischarts ,Flöhhatz' (Neudruck, 1619 f.) und in einem Lied von 1657 auf den Tod von Kaiser Ferdinand III.:

Dann der Schmerz ist also stark,
Daß er dringt durch Bein und Mark.

Die formelhafte Verbindung ,Mark und Bein' steht freilich seit der Lutherbibel fest; Hebr. 4,12 steht: „Das Wort Gottes ist ... schärfer denn ein zweischneidig Schwert und dringt durch, bis daß es scheidet Seele und Geist, auch Mark und Bein". In der Volkssprache z. T. in reimhafter oder liedhafter Verbindung, z. B. in dem alten Spottvers auf den sauren Wein von Grünberg (Schlesien):

O Grüneberg, mich faßt ein Schauer,
O weh, wie ist dein Wein so sauer,
Der geht durch Mark, der geht durch Bein
Als hätte man das Zipperlein.

In älterer Sprache kommen z. T. daneben noch andere Zwillingsformeln vor, z. B. mhd. ,marc und verch' (Leben), bei Goethe: ,Mark und Seele'. Um 1900 hat sich, von Berlin ausgehend, die Wndg. ,Das geht mir durch Mark und Pfennig' ausgebildet, wobei ,das' Mark scherzhaft als ,die' Mark aufgefaßt wurde und ,Pfennig' sinngemäß zu Mark hinzutrat.

Einen älteren (partitiven) Gen. stellt vielleicht die mdal. Form ,Marks' für ,Mark' dar, z. B. obersächs. ,Ich habe gar kein Marks mehr in den Knochen', ich fühle mich schwach, ermüdet; vgl. frz. ,Il n'a rien dans le ventre' oder, ... dans les couilles' (wörtl.: Er hat nichts im Bauch oder in den Hoden): Er ist ein Schwächling. Obersächs. ,er hat Marks im Kopf', er ist ein verständiger Mensch; dagegen ostpreuß. das Wortspiel ,ik heet Markus', d. h. ich kann mir leicht etw. merken.

Mark in den Knochen haben: stark sein; *sich vom Marke anderer nähren:* den Ertrag der Arbeit anderer auf betrügerische Weise an sich bringen. *Jem. das Mark aus den Knochen saugen:* ihm das Lebensnotwendigste rauben, ihn bis aufs Äußerste ausbeuten, ihn zugrunde richten. *Jem. (bis) ins Mark treffen (erschüttern):* ihn tödlich verletzen (beleidigen).

Mark (die). *Die Mark dreimal umdrehen* (bevor man sie ausgibt): sehr sparsam sein, auf seine Ausgaben achten (müssen); auch Bez. für jem., der knauserig und geizig ist.

Eine schnelle Mark machen: auf schnellste Weise zu Geld kommen; ohne große Anstrengung seinen Geschäftsvorteil nutzen.

Keine müde Mark wert sein: überhaupt nichts wert sein.

Die Mark ist (dann) nur noch fünfzig Pfennig wert: man muß seinen Verdienst, sein Einkommen teilen. Die Rda. wird gern scherzhaft oder zur Warnung vor einer Heirat gebraucht. Sie umschreibt die finanzielle Situation bei Eheleuten im Unterschied zu der offenbar besseren Lage der Alleinlebenden. Die Wndg. wird in der Ggwt. aber auch auf die hohen Steuerabzüge bezogen, die 50% und mehr betragen können.

Mit fünf Mark dabeisein: etwas hat den Preis von fünf Mark, eine aus der Fernseh-Lotterie bzw. deren Werbung entstandene Rda.

Markt hat in der Volkssprache auch die allgemeinere Bdtg. ,Geschäft, Betrieb', ähnl. wie ,Handel'. So bedeutet *seinen Markt machen:* gute Geschäfte machen; vgl. frz. ,faire son marché': auf den Markt einkaufen gehen; *seinen Markt haben, einen Markt über* (oder *mit*) *etw. machen:* sich damit abgeben, sich sehr dafür erwärmen; obersächs. ,en langen Jahrmarkt mache ich nich drum', viele Worte mache ich deshalb nicht; schon bei dem Prediger Geiler von Kaysersberg (1445–1510): „Macht nur nicht lang märckt mit ihm"; vgl. frz. ,faire bon marché de quelque chose'. Obd. ,Der Markt hat e End', schwäb. ,Der Markt ist verloffe', die Gelegenheit ist vorbei (z. B. von solchen, die sich nicht zur rechten Zeit zum Heiraten haben entschließen können); holst. ,Dor bün ik schön (bös) to Markte bröcht', oder ,Ik heff en schöne Markt maakt', ich bin übel angekommen; els. ,einen uf der Markt führen', ihn zum besten halten; sächs. ,der Markt leert sich', ,der Markt wird klar', die Sache lichtet sich, klärt sich auf; ,marktwischen', nennt man es sächs., wenn man bloß in der Mitte der Stube kehrt, ohne Möbel zu rücken und in die

MARODE

Ecken zu gehen. In Leipzig sagt man von einer Putzfrau, die den Schmutz in den Winkeln liegen läßt: ‚Sie geht uf'n Marcht, aber nich in die Ecken'.

Etw. zu Markte tragen: es öffentl. mitteilen; *seine Haut zu Markte tragen* ↗ Haut.

Auf einem anderen Markte einkaufen: euphemist. Umschreibung für ein Kind, das aus einer ehebrecherischen Verbindung der Frau hervorgegangen ist, die sie ihrem Ehemann als sein eigenes unterschieben will. Von einem argwöhnischen Ehemann, der keine Ähnlichkeit an dem Kind entdecken kann, sagt schon Abraham a Sancta Clara: „Er glaubt stets, seine Frau habe auf einem andern Markte eingekauft".

marode. *Marode sein:* durch körperliche Strapazen geschwächt sein. Die Wndg. entstand während des 30jähr. Krieges und ist der Soldatensprache entnommen. Das aus dem Frz. entlehnte Wort (frz. ‚maraud' bedeutet Lump, Vagabund) wurde auf die Nachzügler einer Soldatentruppe (‚Marodeure') angewandt, die entweder marschunfähig waren oder plünderten. Im Oesterr. ist die Rda. noch verbreiteter als im Dt.: ‚Du bist ja ganz und gar marodi'.

Marotte. *Eine Marotte haben:* eine seltsame, schrullige Eigenart an sich haben, eine ↗ Grille haben. Das urspr. frz. Wort ‚marotte' meinte eine kleine Heiligenfigur oder Puppe; es entstand als Verkleine-

,Eine Marotte haben'

rungsform von Maria; später bez. man mit ‚marotte' ein Narrenzepter mit einem Puppenkopf.

Im 18. Jh. wurde es in der heutigen Bdtg. in Dtl. übernommen. 1759 schrieb Ramler an Gleim: „auf ein Spiel, auf eine Marotte, mit einem Wort, auf Proben des griechischen Sylbenmaßes" (Dt. Fremdwb. v. H. Schulz u. O. Basler, Bd. II [Berlin 1942], S. 77). Bei G. Seume findet sich die Adjektivbildung ‚marottisch' (1798). Klaus Mann schreibt im ‚Wendepunkt', S. 168: „Uns fiel auf, daß Mrs. Kahn beim Tee den Hut aufbehielt ... – eine gewiß sehr elegante, aber doch nicht besonders kostspielige Marotte". Eine Anekdotensammlung mit schwankhaften Einschüben heißt: „Das kurtzweilige Leben des Clement Marott oder Allerhand lustige Materi für die kurzweilliebende Jugend. Aus dem Franz. ins Niederl. und aus demselben anitzo ins Hochdt. gebracht".

Wie es dazu gekommen sein mag, daß die Hauptfigur eines Schwankbuches den Namen Marot erhalten konnte, beruht höchstwahrscheinlich darauf, daß ‚marot' von frz. ‚marotte' auch im Ndl. den Narrenkolben bez. und im übertr. Sinn dann wie im Dt. einen merkwürdigen Einfall; ↗ Steckenpferd, ↗ Hobby.

Lit.: *E. Moser-Rath:* Clément Marot als Schwankfigur, in: Fabula 20 (1979), S. 137–150; *M. Lever:* Zepter und Narrenkappe. Geschichte der Hofnarren (Titel d. frz. Ausg.: ‚Le sceptre et la marotte'), (München 1983); *W. Mezger:* Narren, Schellen und Marotten (Remscheid 1984); *E. Moser-Rath:* Lustige Gesellschaft (Stuttgart 1984), S. 74–77; *W. Mezger:* Narrenidee u. Fastnachtsbrauch. Studien zum Fortleben des Mittelalters in der europäischen Festkultur (Konstanz 1991).

Marsch. *Einem den Marsch blasen* (mdal. auch *machen*): ihn zurechtweisen, ausschelten, ihn zur Ordnung mahnen, auch: ihn hinauswerfen, fortjagen. Das Bild der Rda. stammt vom militärischen Trompetensignal, mit dem zum Aufbruch geblasen wird. Die Rda. ist aus der Soldatensprache in die Umgangssprache übergegangen, aber erst seit dem Anfang des 19. Jh., lit. z. B. bei Jeremias Gotthelf, belegt.

Den langen Marsch antreten (müssen): große Strapazen auf sich nehmen müssen. Der Ausdr. ‚Langer Marsch' bezieht sich auf den Rückzug der chinesischen Roten

Armee unter Mao Tse-tung, der im Oktober 1934 in der Prov. Jiangxi (SO-China) begann und Oktober 1935 in Yanan (Prov. Shenxi, NW-China) endete. Er führte durch 11 Provinzen über insgesamt 12 000 km, doch von den mehr als 80 000 Kämpfern gelangten infolge der enormen Strapazen und andauernder Kämpfe nur etwa 4000 ans Ziel.

In übertr. Bdtg. wird diese Wndg. dann gebraucht, wenn es deutlich wird, daß jem. eine schwierige Wegstrecke vor sich haben wird und große Anstrengungen unternehmen und bes. viel Geduld aufbringen muß, um schließlich doch noch erfolgreich zu sein, obwohl dies schier unmöglich erscheint. So spricht man heute auch vom ‚langen Marsch durch die Institutionen‘.

Martin. *Sanct Martin (Merten) feiern (loben):* ein gutes Mahl bereiten, tüchtig essen und trinken, das Leben genießen, wie es am Martinstag üblich war. Die Rda. bezieht sich auf Martini als Freß- und Sauffest vor Beginn der Weihnachtsfastenzeit. Vgl. auch frz. ‚faire la Saint Martin‘ oder ‚martiner‘: gut essen und trinken; ‚mal de Saint Martin‘ bedeutet Trunkenheit und ein verdorbener Magen.

Bereits der Stricker verspottet das übermäßige ‚minnetrinken‘ in seiner ‚Martinsnacht‘: Ein reicher Bauer „tranch vil vaste uber maht; also tet daz gesinde sîn“. Währenddessen steigen Diebe in seinen Stall, um das Vieh des Bauern zu stehlen: Der Bauer, durch das Brüllen der Bullen aufgeschreckt, läuft in seinen Stall, wo sich einer der Diebe als heiliger Martin ausgibt und das ganze Hab und Gut des Bauern segnet. Überglücklich trinkt der Bauer weiter die Martinsminne, bis er am nächsten Morgen seinen leeren Stall sieht: „er begunde vaste weinen“.

Die Martinsgans überbringen: eine Naturalgabe entrichten. Dorfschullehrer erhielten früher am Martinstag eine solche Gabe.

Nach der Legende hat sich der hl. Martin vor seiner Wahl zum Bischof in einem Gänsestall verborgen. Durch ihr Geschnatter verrieten ihn die Tiere. Zur Strafe werden die Gänse deshalb noch immer am Martinstag geschlachtet. Die Wndg. ‚Er hat viel Mertens Genss helffen essen‘, meint: Er hat lange gelebt.

Da am Martinstag ein neuer Zeitabschnitt im bäuerlichen Wirtschaftsjahr beginnt – die Dienstboten wechselten an ihm die Stellung, Zins und Pacht waren fällig (‚Martin ist ein harter Mann für den, der nicht bezahlen kann‘ oder ‚wart bis St. Martin!‘) –, wurde er wichtig für viele Weissagungen und bes. für Wetterregeln: *Der Martin kommt auf dem Schimmel geritten:* er bringt den ersten Schnee und die Kälte mit. Die Gedankenverbindung zwischen dem Schnee und dem Schimmel beruht auf der Legende, in der der wohltätige Reiter seinen Mantel mitleidig geteilt hat. Eine Bauernregel lautet:

St. Martin weiß

Nichts mehr von heiß.

Die Rda. *Martin wirft mit Nüssen* besagt, daß stürmisches Wetter herrscht (bes. in Kleve). Das Andenken an den hl. Martin als Gabenbringer kommt hier zum Ausdr. *Einem den Martinsmantel umhängen:* jem. ins Gefängnis bringen. Dies ist eine veraltete euphemistische Freiburger Rda., da das Martinstor früher als Verlies diente. Ähnl. Wndgn. gibt es auch in Berlin, wo das Schuldgefängnis ‚Möser‘ hieß: ‚In Mösers Ruh sein‘ heißt: im Schuldgefängnis sitzen; es gibt auch ein Sprw.: ‚Hüte dich vor Mösersruh‘, ist man drin, so ist es zu‘.

Lit.: *C. Clemen:* Der Ursprung des Martinsfestes, in: Zs. f. Vkde. 28 (1918), S. 1–14; *K. Meisen:* Sankt Martin im volkstümlichen Glauben und Brauch, in: Rhein. Jb. f. Vkde. 19 (1968), S. 42–91; *W. W. Moelleken u.a.* (Hg.): Die Kleindichtung des Strickers, Bd. III 1, Gedicht Nr. 59: Die Martinsnacht (Göppingen 1975), S. 128–141; *I. Weber-Kellermann:* Saure Wochen, Frohe Feste (München u. Luzern 1985), S. 89; *M. Grätz:* Art. ‚Gans‘, in: EM., Bd. V, Sp. 676–683; bes. Sp. 679.

‚Die Martinsgans überbringen‘

Märtyrer, Martyrium. *Jem.* oder *sich zum Märtyrer machen:* allein für alle anderen die Verantwortung übernehmen, stellvertretend für die anderen büßen müssen; jem. zum Symbol für eine Sache machen. Griech. μάρτυς bedeutet Zeuge. In christl. Zeit wurden damit zunächst die Apostel als Zeugen des Lebens und der Auferstehung Christi benannt. Dann ging der Name auch auf solche Christen über, die unter schwierigsten Umständen an ihrem Glauben festhielten; im Römerreich stand auf das christl. Bekenntnis die Todesstrafe; daher wurde der Name Märtyrer vor allem Ehrentitel für solche, die sich durch ihre Standhaftigkeit im christl. Glauben bei ärgsten Folterungen auszeichneten.

Etw. ist für jem. ein einziges Martyrium: jem. erlebt eine Zeit voller Leid und Schmerz, erleidet große psychische Qualen.

Lit.: Art. ‚Märtyrer', in: RGG. IV (³1960), Sp. 587–592; *F. W. Deichmann:* Art. ‚Martyrion', in: ebd., Sp. 783–785.

Masche. Vom Stricken hergeleitet ist die Rda. *'s ist eine Masche gefallen:* die Sache ist mißlungen, eigentl.: so, wie eine von der Stricknadel fallende Masche die ganze Arbeit verdirbt. Auf das Netz des Vogelstellers oder des Fischers bezieht sich dagegen die bereits bei dem Prediger Abraham a Sancta Clara (1644–1709) vorkommende Rda. *in die Maschen geraten:* ins ↗Garn gehen, gefangen werden, in übertr. Sinn: Unglück haben; vgl. frz. ‚tomber dans le filet' (ins Garn geraten).

Der Gegensatz dazu ist: *durch die Maschen* (z. B. eines Gesetzes) *schlüpfen.* In der Umgangssprache der Ggwt. bedeutet Masche auch die günstige, gewinnbringende Gelegenheit; vielleicht in Verbindung mit ‚Massel' = Glück, Geschäftserfolg (neuhebr. und rotw.). *Das ist die Masche!, das wäre eine Masche!:* das ist die Gelegenheit, das ist die Idee! Ausruf der Zustimmung, wenn eine blitzartig einleuchtende Lösung zu einem Problem gefunden wurde; dieses Wort Masche kommt aus der jidd. Sprache: ‚mezio' heißt hier Lösung, Erfindung, Fund, Gewinn.

Eine neue Masche ausprobieren: sein Glück auf andere Art und Weise versuchen, einen andersartigen Trick anwenden. Im Obersächs. erhält das Wort ‚Masche' sogar die Bdtg. von einer Lüge: ‚Er sagte so, aber's war enne Masche'.

Lit.: *A. Wolf:* Das's de Masche, in: Muttersprache 66 (1956), S. 28.

Maschinengewehr. *Reden wie ein Maschinengewehr:* pausenlos reden; wahrscheinl. erst seit 1914 gebräuchl.

Im Unterschied zu der Rda. ‚Wie aus der ↗Pistole geschossen', die eine prompte Antwort auf eine Frage meint, wird mit dieser Rda. ein längeres, schnelles Reden beschrieben. Der Vergleich einer sprechenden Person mit einem Maschinengewehr (erstes Maschinengewehr in Dtl.: 1901) zielt auf das beim Betätigen des Abzugs einsetzende Dauerfeuer ab.

In den 50er Jahren nannte man Massenprediger wie den Jesuitenpater Johannes Leppich das ‚Maschinengewehr Gottes'.

Maske. *Die Maske fallen lassen (abwerfen, von sich werfen):* sein wahres Gesicht zeigen, sich zu erkennen geben. Bes. häufig ist die gleichbedeutende Wndg. ‚sich (jem.) demaskieren'.

Das Wort ‚Maske' geht auf arab. ‚maschara': Scherz, Maskerade, Spaßmacher, maskierte Person und Gesichtsmaske zurück, das früh als ‚máschera' ins Ital. entlehnt wurde und bereits im 16. Jh. zu uns über die Alpen gelangte. Im Bair., Schwäb., Alem. und Schweiz. bedeutet es bis heute nur ‚maskierte Person', während die Gesichtsmaske in diesen Mda.-Gebieten als ↗Larve bez. wird.

Bei Maskenbällen war es üblich, um Mitternacht die Maske abzulegen. Der Tanzpartner wartete deshalb gespannt auf diesen Augenblick und pochte bei einer Weigerung auf sein Recht. Dies wird auch in Opern und Operetten geschildert, wie z. B. in Mozarts ‚Don Giovanni' oder der ‚Fledermaus' von Johann Strauss. Vgl. auch ndl. ‚Hij ligt het masker af'.

Sich ohne Maske zeigen: sich ganz natürlich (zwanglos) geben, seine Verstellung (bes. Freunden gegenüber) aufgeben. Das Gegenteil meint die Wndg.: *Sich hinter seiner Maske verbergen:* seine wahren Gefühle nicht verraten, unerkannt seine Absichten verfolgen. Vgl. auch ndl. ‚Hij doet het masker voor'.

Etw. im Schutz der Maske tun: eine Straftat, ein Verbrechen begehen und versuchen, unerkannt der Gerechtigkeit zu entkommen (bes. aktuell als Vermummung bei Banküberfällen, Demonstrationen, terroristischen Anschlägen und Gewaltverbrechen). Auch Giuseppe Verdi (1813–1901) läßt entsprechend der Rda. in seiner Oper ‚Ein Maskenball' einen Mord ‚im Schutz der Maske' geschehen.

Jem. die Maske herunterreißen (vom Gesicht reißen): seine Machenschaften enthüllen, ihn ‚entlarven'.

Lit.: *K. Meuli:* Art. ‚Maske, Maskereien', in: HdA. V, Sp. 1744–1852; *ders.:* Schweizer Masken (Zürich 1943); *L. Schmidt* (Hg.): Masken in Mitteleuropa: volkskundliche Beiträge zur europ. Maskenforschung (Wien 1955); Masken zwischen Spiel und Ernst. Beiträge des Tübinger Arbeitskreises für Fasnachtsforschung (= Volksleben, 18), (Tübingen 1967); *R. Wildhaber* (Hg.): Masken u. Maskenbrauchtum aus Ost- und Südosteuropa (Basel 1968); *O. Bihalji-Merin:* Masken der Welt. Verzauberung, Verhüllung, Verwandlung (Gütersloh 1970); *A. Lommel:* Masken: Gesichter der Menschheit (Zürich 1970); *I. Ebeling:* Masken u. Maskierung. Kult, Kunst u. Kosmetik (= DuMont-Taschenbücher, 153), (Köln 1984); *H. u. E. Schwedt:* Masken u. Maskenschnitzer der schwäb.-alem. Fasnacht (= Forschungen u. Berichte zur Vkde. in Baden-Württemberg, 7), (Stuttgart 1984); *D. R. Moser:* Fastnacht, Fasching, Karneval. Das Fest der ‚verkehrten Welt' (Graz 1986); *W. Mezger:* Narrenidee und Fastnachtsbrauch. Studien zum Fortleben des Mittelalters in der europ. Festkultur (Konstanz 1991).

Maß. *Ein gerüttelt Maß an (von/voll):* sehr viel von etw.; oft bezogen auf etw. Negatives, wie: ‚ein gerüttelt Maß an Freiheit besitzen'. Die Wndg. geht auf Luk. 6,38 zurück:

> Ein voll, gedrückt, gerüttelt und überfließend Maß wird man in euren Schoß geben; denn eben mit dem Maß, mit dem ihr messet, wird man euch wieder messen.

Das Maß vollmachen: die Grenze des Erträglichen überschreiten, das Unglück noch größer, das unzumutbarer machen. Lit. belegt in Schillers ‚Jungfrau von Orleans' (1802): „Sein Maß ist voll, er ist zur Ernte reif"; holl.: ‚De maat is vol'.

Mit zweierlei Maß messen: nicht objektiv genug eine (oder mehrere) Sache(n) beurteilen, indem man unterschiedliche Maßstäbe anlegt.

Jem. Maß nehmen: oder auch: ‚jem. maß-

regeln': jem. in scharfem Ton zurechtweisen, ihm die Meinung sagen; umg.
In der Gaunersprache bedeutet der dem Schneiderhandwerk entnommene Ausdr. jem. zusammenschlagen.

Weder Maß noch Ziel kennen: auch ‚ohne Maß und Ziel sein': in seinem Denken und Tun keine Grenzen mehr anerkennen, ‚maßlos sein'; die ältere Wndg. heißt ‚ohne Maß und Zahl', so in einem Lied von Paul Gerhardt:

> Die Wolken gießen allzumal
> die Tränen ohne Maß und Zahl.

Alles mit Maaß!
sagte der Hanswurst und trank einen Krug Bier nach dem andern.

‚Alles mit Maß'

Masse. *Zur großen Masse gehören:* zur (schweigenden) Mehrheit der Bevölkerung, deren Anschauungen und Ziele man sich zu eigen macht; auch: keine bes. bedeutende Persönlichkeit sein. Oft wird dabei ‚Masse' im verächtlichen Sinne gebraucht u. dient gar zur Bez. des ‚Pöbels'. Scherzhaft spricht man bei großen Menschenansammlungen auch von der *Masse Mensch.* Der Ausdr. beruht auf dem Titel eines Schauspiels von Ernst Toller (1893–1939), der in den ersten Jahren der Weimarer Republik als „der Dramatiker des dt. Proletariats" galt. Während seiner Festungshaft entstand das 1920 uraufgeführte Drama, in dessen Zentrum sein Erlebnis der Revolution und deren Scheitern steht.
Ebenso ist der Ausdr. ‚Der Aufstand der Massen' lit. Urspr.s und geht auf die Übers. des Buchtitels ‚La rebelión de las masas' (1930) des span. Kulturphilosophen José Ortega y Gasset (1883–1955) zurück.
Welches Machtpotential die ‚Masse' be-

sitzen kann, zeigt sich bei Demonstrationen und Protestaktionen, die sogar eine Regierung oder ein ganzes diktatorisches System aus Freiheitsdrang hinwegfegen können. Man spricht deshalb auch vom ‚Gesetz (Diktat) der Masse‘, wenn bei Streiks oder ‚Massendemonstrationen‘ Hunderttausende auf die Straße gehen und ihren Willen durchsetzen.

Sich aus der Masse herausheben (von der Masse abheben): sich deutlich von den anderen (in Bildung, Einfluß, Vermögen) unterscheiden; sich durch seine Vorzüge von der Allgemeinheit positiv abheben; als Persönlichkeit herausragen; ein Individualist sein. Dagegen: *in der Masse untergehen:* keine bes. Beachtung finden, auch: sich total anpassen.

Von der Masse erdrückt werden: zugrunde gehen, sich als Individuum nicht behaupten können, aber auch: die große Menge an Stoff (Wissen) nicht bewältigen können.

Der Begriff ‚Masse‘ kann aber auch in übertr. Bdtg. Geld, Kapital und Waren meinen, wie in den folgenden Wndgn.: *Die Masse muß es bringen:* ein Profit ergibt sich bei billigen Waren nur, wenn sich möglichst viele Käufer finden; ähnl.: *Die Masse macht’s;* vgl. engl. ‚It is the mass that matters‘. *Etw. mangels Masse aufgeben:* wegen fehlender finanzieller Möglichkeiten ein Geschäft schließen, ein Projekt nicht durchführen können, Pleite gehen.

Lit.: *P. R. Hofstätter:* Gruppendynamik. Kritik der Massenpsychologie (= Rowohlts dt. Enzyklopädie, 38), (Hamburg 1957); *M. Rassem:* Die Masse, in: Zs. f. Politik 33 (1986), Heft 1, S. 108–113.

Massengrab. *Lieber scheintot im Massengrab!* Ausdr. der Ablehnung, sold. seit dem 1. Weltkrieg; ↗lieber.

Matratze. *Die Matratze abhorchen* (auch *an der Matratze horchen*): schlafen; sold. seit dem 1. Weltkrieg; dazu *auf den Matratzenball gehen:* ins Bett gehen.

Matrosenkleid. *Noch im Matrosenkleid stecken:* noch Kind sein. Für Kinder eine Kleidung à la matelot (wie die Matrosen) zu wählen, ist schon ziemlich alt. 1787 schreibt F. Schiller im ‚Don Carlos‘ (I, 2):

„So tief bin ich gefallen – bin so arm geworden, daß ich an unsere frühen Kinderjahre dich mahnen muß – daß ich dich bitten muß, die lang vergessenen Schulden abzutragen, die du noch im Matrosenkleide machtest“. Schiller konnte kaum ein solches Bild für die Kindheit gewählt haben, wenn nicht sein Publikum den Knabenanzug à la matelot gekannt hätte. Ungefähr 100 Jahre später erlebte der Matrosenanzug in Dtl. ein Comeback: 1874 begann der Aufbau der kaiserlichen Flotte und erfüllte die Deutschen mit einer ungeheuren Marinebegeisterung. Die Kaiserkinder trugen vorzugsweise Matrosenanzüge, die dann auch in der bürgerlichen Mode kopiert wurden. Erst die Nationalsozialisten schätzten diese Kinderkleidung nicht mehr und verachteten sie als bürgerlich-reaktionär; so verschwand sie allmählich aus dem Klassen- und Straßenbild.

Lit.: *D. Lühr:* Matrosenanzug und Matrosenkleid. Entwicklungsgeschichte einer Kindermode von 1770–1920, in: Beitr. zur dt. Volks- und Altertumskunde 5 (1960), S. 19–42; *I. Weber-Kellermann:* Die Kindheit (Frankfurt/M. 1979), S. 126–131; *R. Kuhn* u. *B. Kreutz:* Der Matrosenanzug. Kulturgesch. eines Kleidungsstücks (Dortmund 1989).

Matte *Auf der Matte bleiben:* sich nicht aufspielen; sportsprachl. Parallelausdr. zu: ‚auf dem ↗Teppich bleiben‘. Ebenfalls die Matte des Sportbetriebes (Ringkampf) ist gemeint in den Rdaa.: *voll auf der Matte stehen:* voll einsatzbereit sein; *es haut ihn auf die Matte:* er ist erschüttert, solchen Mißerfolg hat er nicht erwartet; *jem. auf die Matte legen:* ihn besiegen, übertreffen, unschädlich machen; vgl. engl. ‚to take somebody on the mat‘, frz. ‚rester sur le tapis‘: besiegt werden; *auf der Matte liegen:* kampfunfähig sein. *Wieder auf der Matte stehen:* wieder auf dem ↗Posten sein; nach langer Krankheit wieder seinen Dienst versehen.

Von der Matte auf das Stroh kommen: von einem schlimmen Zustand in einen noch schlimmeren geraten. Eine Matte bestand früher aus einer Stoffdecke, in welche Stroh, Schilf oder ähnliches eingenäht war; so meint diese veraltete Rda. mit Matte und Stroh Dinge aus minderwertigem Material (stellvertretend für das Unglück), betont jedoch den größeren Kom-

fort der Matte gegenüber Stroh als Liege-
platz, um die Verschlimmerung der Un-
glückssituation eines Menschen zu verdeutlichen; ndl. ,De kumt van de Matt up
dat Stro'; vgl. ,vom Ochs auf den Esel
kommen', ↗Ochse.

Matthäus. *Bei ihm ist Matthäi (Matthäus)
am letzten:* es ist aus mit ihm, sein Geld ist
alle; *mit ihm ist Matthäi am letzten:* er wird
bald sterben. Die Rda. ist mehrfach und in
widersprechender Weise gedeutet worden. Eine zweifellos etw. zu gewagte Erklärung gibt Wackernagel, der darauf
hinweist, daß bei dem von den Persern
übernommenen Schachspiel ,schah mate'
bedeutet: ,Der König ist tot' (↗Schach).
Der Ausdr. sei dann in die rom. wie germ.
Sprachen übergegangen (,schachmatt').
Wenn wir den Worten ,Matthäi am letzten
sein' den Sinn unterlegen von ,zu Ende gehen', so erklärt Wackernagel dies als ein
durch den Anklang des Wortes ,Matthäi'
an ,matt' entstandenes Wortspiel. Schwer-
lich hat auch Wustmann recht, wenn er
den Ausdr. an den Tod Karls V. anknüpft,
der am 21. September 1558 starb, am
,abent Mathei', wie eine Magdeburger
Chronik berichtet. Die Rda. ist vielmehr
der ev. Kirchensprache entnommen, wo
sie eigentl. bedeutet: im letzten Kapitel
des Matthäusevangeliums, und es ist damit auf dessen Schlußworte (Matth.
28,20) angespielt: „... bis an der Welt
Ende". Durch Luthers Katechismus, wo
es in dem Hauptstück von der Taufe
heißt: „Da unser Herr Jesus Christus
spricht Matthäi am letzten: Gehet hin in
alle Welt ..." ist die Wndg. in weite Kreise
gedrungen (ganz ähnl. heißt es von einem
langweiligen Menschen: ,er ist immer Johannes in eodem'; ↗Johannes). Im überwiegend kath. Rheinl. ist die Rda. in der
Form bezeugt: ,He steht bi Matthäus an't
leste Kapitel', mit ihm geht es zu Ende.
Lit. läßt sich die heutige Bdtg. zuerst 1626
in Friedrich Seidels ,Türkischer Gefäng-
nuß' (4a) belegen: „Der eine Koch, so anrichten sollen, ein Pollack, spricht auff
sein böse Deutsch: Nu ist mit uns der
letzte Mattheus". Auch Abraham a Sancta
Clara gebraucht in ,Judas' (III,174):
„Matthäei am letzten". Die Wndg. wird
aber auch erklärt als Kurzform von

,[Evangelium] Matthäi am letzten [Sonn-
tag nach Pfingsten]': in Matth. 24,15–35
ist die Rede von der Zerstörung Jerusa-
lems und vom Weltuntergang. Zur Volks-
tümlichkeit der Rda. hat, wie auch Wieland bezeugt, sicher G. A. Bürgers Ballade ,Die Weiber von Weinsberg' (1777)
beigetragen, in der es heißt:

Doch wann's Matthä' am letzten ist
Trotz Raten, Tun und Beten,
So rettet oft noch Weiberlist
Aus Ängsten und aus Nöten.

Lit.: *G. Wackernagel:* Kleine Schriften (Leipzig 1872),
S. 112 u. 119; *A. Götze:* Alte Rdaa. neu erklärt, in: Zs. f.
dt. Wortf. 4 (1903), S. 332.

Mattscheibe. *Mattscheibe haben:* nicht
klar aus den Augen sehen, benommen
sein, leicht betrunken, oder auch leicht
verrückt sein. Der Ausdr. kommt aus der
früheren Phototechnik. Den Gegensatz
bez die Wndg.: ,den rechten ↗ Durchblick
haben'.

Matz, Mätzchen. Aus ,Matthäus' und
Matthias' über ,Mattes' entstanden, ist
Matz, ebenso wie ↗Hans, zum Gattungsnamen geworden und bedeutet einen
traurigen Gesellen ohne geistige und körperliche Fähigkeiten. Außer in Zusammensetzungen wie ,Hosenmatz', ,Hem-
denmatz', ,Dreckmatz' usw. ist Matz bes.
geläufig geworden in der Rda. *Da will ich
Matz heißen!:* ich will mich einen Dummkopf schelten lassen, wenn das und das
nicht so ist, wie ich behaupte; lit. seit dem
17. Jh. bezeugt (daneben auch: ,Da will
ich Hans heißen!').
Weit verbreitet, auch in der Lit. von
Zschokke bis Fritz Reuter, ist der rdal.
Vergleich *wie Matz von Dresden* (daneben
wie Matz von Zeitz), eine Anspielung auf
eine bekannte Steinfigur in Dresden, die
ein hockendes Steinmännchen an der alten Elbbrücke darstellte (Näheres bei
Müller-Fraureuth II,217); vgl. den ndd.
Spottreim:

Hans Matz ut Dräsen
Kann schreiben und nich lesen.

Hier geht es zu wie auf Matzens Hochzeit:
lustig und in Freuden. Neben ,Matzens
Hochzeit' ist ebenso häufig und wohl verutl.
richtiger und urspr. ,Metzenhochzeit'.
,Metze' ist Kurzform für Mechthild und

ein verallgemeinernd-typischer Name für die Bauernmädchen in der Lit. des späten MA. Es sind aus dieser Zeit mehrere mhd. Gedichte von der Metzenhochzeit erhalten, die allerhand Unglaubliches von der Hochzeit einer ‚Mätzli‘ oder ‚Metze‘ erzählen und berichten, wie üppig und ausgelassen es dabei herging.

Mätzchen machen: Unsinn treiben; Ausflüchte, Winkelzüge machen; sich sträuben, sich widersetzen, geht auf die Verkleinerungsform von Matz zurück, bedeutet also eigentlich: sich wie ein kleiner Matz benehmen, d. h. dumm, einfältig, possenhaft. Obersächs. ‚Mach mer keene Mätzchen vor!‘, mache mir nichts weis! Vor mehreren Jahrzehnten begann ein in der Mark Brandenburg viel gesungenes Lied:

Mach mir keine Mätzchen vor;
Denn ich bin vom Garde-du-Corps.

Lit.: Der Bauernhochzeitsschwank. Meier Betz und Metzen hochzit, hg. v. *E. Wiessner* (Altdt. Textbibliothek 48), Tübingen 1956.

mau. *Mir ist (so) mau:* ich fühle mich nicht ganz wohl (in meiner Haut), ich habe ein merkwürdiges Angstgefühl, eine unbestimmte, böse Vorahnung (z. B. vor einer Reise, Entscheidung, Prüfung). Diese offenbar nervöse Störung wirkt sich meist recht unangenehm auf den Magen und damit auf das Allgemeinbefinden aus. Mau ist zuerst 1878 berl. bezeugt, es gilt als halb scherzhafte lautmalende Bildung zu ‚mauen‘, ‚miauen‘, womit man das klagende Geschrei einer Katze bez. Möglicherweise hat das lautlich ähnl. Wort ‚flau‘ eingewirkt, oder mau ist als eine Mischbildung aus ‚matt und flau‘ hervorgegangen. *Etw. ist (war) mau:* es ist (war) nur dürftig, mittelmäßig, unbedeutend. Diese Wndg. ist ebenfalls von Berlin ausgegangen. In der Schülersprache hat sich daraus die Sonderbdtg. entwickelt: eine Leistung war schwach, dürftig, die Note ist nur mangelhaft, es ist ein schlechtes Ergebnis zu befürchten. Seit Anfang des 20. Jh. ist die Rda. auch im Rotw. im Sinne von bedenklich, faul und erfolglos bezeugt. Vielleicht besteht sogar ein Wortzusammenhang mit dem Glücksspiel ‚Mau-Mau‘, das man z. T. streng verboten hatte, weil man es wegen der möglichen hohen

Verluste für äußerst bedenklich und gefährlich hielt, da um Geld gespielt wurde.

Mauerblümchen. *Ein Mauerblümchen sein:* ein unscheinbares, wenig attraktives Mädchen sein, nicht umworben werden, einsam bleiben, kaum Heiratschancen besitzen. Auch: *Ein Mauerblümchendasein führen:* nicht beachtet werden, traurig der Fröhlichkeit anderer zusehen müssen. Oft wurde ein Mädchen, das nicht zum Tanz aufgefordert wurde, das also an der Wand ‚sitzen blieb‘, mit einer Blume verglichen, die an einem ungünstigen Platz an der Mauer blüht, wo man sie leicht übersehen kann; vgl. engl. ‚wallflower‘.

Lit.: *R. Schmidt:* Sie war immer nur ein Mauerblümchen, in: ders.: Der Mensch im Spiegel der dt. Sprache (Gerabronn o.J.)

Maul steht in Rdaa. vielfach als derber, vom Tier auf den Menschen übertr. Ausdr. für ‚Mund‘. Die meisten Rdaa. mit Maul sind Parallelbildungen zu Ausdrücken mit ↗ Mund, bes. in den obd. Mdaa.; z. B. *jem. übers Maul fahren:* ihn wegen einer Äußerung scharf zurechtweisen; *nicht aufs Maul gefallen sein:* schlagfertig, um eine Antwort nicht verlegen sein; *sich das Maul verbrennen:* sich durch Worte

‚Sein Maul aufreißen‘

schaden. *Das Maul aufreißen:* übertreiben, vorlaut sein; vgl. engl. ‚gaping against an oven‘; *das Maul voll nehmen:* prahlen; *ein loses (grobes) Maul(werk) haben:* freche (derbe, unsaubere) Reden führen. Allg. üblich ist *Halt's Maul!:* Sei still! „Liebe Kinder, lernet das Maul halten; denn wer es hält, der wird sich mit Worten nicht vergreifen", übersetzte Luther Sir. 23,7; vgl. frz. ‚ferme ta gueule' oder ‚ta gueule' (beides derb).

Maulen: mürrische Widerworte geben. So schon bei Hans Sachs (‚Töchtermann' 18); als dem Ehemann anstatt des erwarteten Sohnes eine Tochter geboren wird, heißt es:

Darob het der jung man ein grawen
Und meulet sich ob seiner frawen.

Ähnl. ‚sich vermaulen', ein halb mucksiges, halb naseweises Dagegenreden, Sich-verteidigen.

Ein Maul anhängen: frech widersprechen.

Das Maul hängen lassen: mürrisch, mißvergnügt sein; aus ‚melancholisch' hat die Volksetymologie *maulhängolisch, maulhenkolisch* gemacht (so schon bei Joh. Fischart). Das Bild wäre von alten Pferden entlehnt, hat man gemeint mit Berufung auf den Satz in Pestalozzis ‚Lienhard und Gertrud': „Er hängt die Oberlippe wie eine alte Stute". Aber dieser Übertr. bedarf es nicht; mürrische Menschen lassen wirklich den Mund hängen (oder *ziehen ein schiefes Maul*). Schon in der Namenlosen Sammlung von 1532 heißt es unter Nr. 301: „Sihe wie henckt er das Maul. Mault sich". Dazu die Erklärung: „Sihe wie ist der so zornig, die da zürnen, sehen sawr, vnd lassen das maul mit den lippen lang heraußhangen". Ähnl. Agricola, Nr. 323. Auch in der ‚Zimmerischen Chronik' (IV,14): „Damit macht er das meniglich … das maul hanckte". In Ifflands ‚Jägern' von 1785 heißt es (I,1): „Hängt das Maul, so tief Ihr wollt – hier kann ich es nicht aushalten".

Maul und Nase aufsperren: dumme Verwunderung äußern. Bei höchstem Erstaunen öffnen wir unwillkürlich gleichsam alle Sinne, als ob wir sie alle zu Hilfe nehmen wollten bei dem Erfassen eines merkwürdigen Anblicks, einer verblüffenden Geschichte. Der offenstehende Mund erklärt sich dabei so, daß man sich äußern möchte, aber vor Erstaunen kein Wort hervorbringt. Schon der Prediger Geiler von Kaysersberg (1445–1510) rechnet die unter die Narren, „die mit dem Kopff und Maul hören; denn es sein etlich also geartet, daß sie nicht hören können, wenn sie nicht das Maul aufsperren und gaffen, gleichwie ein Esel, der Distel frißt"; vgl. frz.: ‚rester bouche bée' (wörtl.: mit offenem Mund dastehen); ähnl. *die Maulsperre haben (kriegen):* vor Staunen sprachlos sein, ↗ Maulaffe.

Ein ungewaschenes Maul nennt man einen Mund, aus dem nur unnützes Gewäsch, schmutzige oder freche Reden kommen. Die Vorstellung ist sehr alt und früher offenbar weniger anstößig gewesen als jetzt, sogar die höfische Dichtung des 13. Jh. verschmäht sie nicht. Die rechte Waschung für den Mund sind Gebete; Murner predigt in der ‚Narrenbeschwörung' (47,12):

Das mul solt ir mit beten weschen!

Das maul in bynmel staß e

‚Sein Maul in den Himmel stoßen'

Von bes. frechen Schnäbeln sagt Murner in der ‚Schelmenzunft', daß sie *das Maul in den Himmel stoßen,* wenn sie Gottes Regiment tadeln, wobei er auf den alten Glauben von den Schnabelmenschen anspielt:

Man sagt myr das in alten zeyten
Warendt der schneblechten leyten
Ich kanß nit fur eyn wunder han
Man findt wol ietz eyn schnebler man
Der mit seym maul erreichen kan
Den hymmel vnd all sternen dran.

Das Maul ausleeren nennt es der Bayer, wenn einer alles Böse, was er über jem. oder eine Sache zu wissen glaubt, vorbringt. *Das Maul nach etw. spitzen (und doch nicht pfeifen):* auf etw. begierig sein;

nach der Mundhaltung, die man einnimmt, wenn *einem das Maul nach etw.
wässert;* Grimmelshausen sagt dafür im
‚Simplicissimus' (II, 102): „mir die Zähne
wässerig zu machen".

Einem etw. ins Maul schmieren: es ihm so
leicht und angenehm wie möglich beibringen; eigentl. von einer Speise gesagt, die
der andere nicht von selber essen will, wie
der Lehrer erst ‚vorkaut', was die Schüler
verdauen sollen. Geläufig ist auch: *einem
das Maul schmieren, einem ums Maul gehen:* ihm schöne Worte geben, Versprechungen machen, die nicht gehalten werden; vgl. Luther (‚Tischreden', 1577,
Bl. 362 a): „Einem das Maul schmieren,
ohne ihm etwas zu geben". So auch 1529
bei Joh. Agricola (Nr. 692): „Er schmirbt
yhm das Maul, und gibt yhm ein dreck
drein. Das ist, er betrügt yhn", ↗ Honig.
Einem das Maul stopfen: ihn zum Schweigen bringen, um nicht weiter von ihm belästigt zu werden. Nach einer lat. Fabel
des Phaedrus versucht ein Dieb dem kläf-
fenden Hofhund ein Stück Brot anzubie-
ten, um ihm das Maul zu stopfen, damit er
nicht mehr belle (vgl. Singer I, 118, II, 43).
Luther gebrauchte die kräftige Wndg. öfters in seiner Bibelübers.: z. B. Ps. 107, 42:
„Aller Bosheit wird das Maul gestopft
werden"; Ps. 63, 12 steht: „Lügenmäuler
stopfen"; Ps. 40, 10 und Luk. 11, 53: „Den
Mund stopfen". Geiler von Kaysersberg
sagt: „Wenn du jedermanndes maul wöl-
test stopfen, würdest du fürwar nirgend
lumpen und scher wollen gnug bekommen mögen". In Seb. Brants ‚Narrenschiff' (41, 27 f.) findet sich die Rda.
angewandt auf die Klatschbasen und
schwatzhaften Narren, denen es niemand
recht machen kann:

Der muß mäl han, vil me dann vil,
wer yedems mul verstopfen wil.

In lat. Form auch bei Heinrich Bebel
(Nr. 340): „Multa farina opus est, si quis
omnium hominum ora occludere velit".
1541 führt Seb. Franck an (I, 85): „Der
muß vil mel haben, der alle meuler wil ver-
kleyben". Bei Abraham a Sancta Clara
(‚Judas' I, 181) heißt es: „Es gibt wohl zu
Zeiten einen schlechten Doctor, über den
kein Patient thut klagen, denn er stopffet
ihnen allen das Maul zu mit der Erden".
‚Nur so übers Maul raschwätze' sagt man

im Schwäb., wenn man meint, es wird nur
so dahergeredet, das Gesagte ist nicht
allzu ernst zu nehmen.

Sehr drastisch ist die aus neuerer Umgangssprache bezeugte Rda. *Dem sein
Maul muß noch bes. totgeschlagen werden,
wenn er mal stirbt,* womit man einen bos-
haften Schwätzer brandmarkt. Ähnl. auch
in den Mdaa., z. B. schwäb. ‚Bei dear
muaß ma amaul d'Gosch oiges toat-
schlaga'; ‚wemma dear d'Gosch zuanäha,
no tät se no zua de Nähta rausbäbbera';
‚dia hot a Maul wie a Scheraschleifer'.

*Das Maul geht ihm wie geschmiert, er läßt
kein Spinnweb vor seinem Maul wachsen,
sein Maul geht ihm wie ein Schlacht-
schwert, wie ein Entenarsch, er hat sein
Maul nicht in der Hosentasche stecken.* So
schon bei Schuppius: „Wann Sie mich
aber mit der Feder angreifen wollen, so
will ich meine Feder und mein Maul nicht
in die Hosentasche stecken, sondern mit
Gottes Hülf sehen, daß ich Ihnen allein
Mann's genug sei" (vgl. frz. ‚Il ne met pas
sa langue dans sa poche').

*Dem Schweigsamen umgekehrt ist das
Maul zugefroren* oder er *hat es gar zu
Hause vergessen;* vgl. frz. ‚Il a oublié sa
langue' (wörtl.: Er hat die Zunge verges-
sen); oder aber er sitzt still da und *hält die
Zunge im Maul.*

Die Rda. *sich den Mund (das Maul) wischen* hat mannigfachen Bedeutungs-
wechsel erfahren. Urspr. wischt man sich
das Maul, das Wort erscheint noch im
16. Jh. in edlem Sinne, nachdem man
eine Speise verzehrt, wie die Edelfrau und
Vögtin in Hans Sachs' ‚Edelfrau mit dem
Aal' 39: „wischten darnach das maul
paidsam". Dann tut man in iron. Sinne
dasselbe, wenn man nichts davon bekommen hat, wenn man ohne Anteil geblieben
ist. Sodann wird die Geste angewandt, um
anzudeuten, daß man überhaupt keinen
Anteil an etw. hat. In dieser Anwendung
kann die Geste (und die aus ihr gewordene Rda.) auch auf Heuchelei zurückgehen. In diesem Falle stellt man sich
unbeteiligt (wischt sich das Maul), obwohl man eigentl. recht stark beteiligt sein
sollte. In älterer Zeit findet sich die Rda.
gerade in diesem Sinne recht oft. In Hans
Sachs' ‚Krämer mit den Affen' (105) wischen die Spottvögel sich „den mund,

‚Maulaffen feilhalten': 1 Der brennende Kienspan kann im Notfall mit dem Mund gehalten werden; 2 Eiserne Kienspanklemme, sog. ‚Mäulåff'; 3 Stövchen, sog. ‚Malåpen'; 4 Kienspanhalter aus Ton, sog. ‚Geanmaul' oder ‚Mulaffe'

drollen davon", und in desselben Dichters ‚Zwei Gesellen mit dem Bären' (117) wischt sich der Ausreißer ebenfalls „den mund und geht darfon".

Der heutige Gebrauch der Rda. nähert sich mehr der ersten, iron. Umdeutung, insofern als sie heute fast durchgehend in der Bdtg. verwandt wird, keinen Anteil an einer Sache erhalten zu haben, auf den man doch eigentl. ein Anrecht hatte oder zu haben vermeinte.

‚Maul' als Bezeichnung für einen mißgebildeten Mund kommt in dem Sprichwort vor:

‚Familie (Maul) Schiefeschnut kriegt de Kerz' nit ut'.

Lit.: *Anon.*: Een muilband op een lampe, in: Biekorf 39 (1933), S. 94.

Maulaffe. *Maulaffen feilhalten (feilhaben, -tragen, -bieten; verkaufen):* mit offenem Mund untätig zusehen, dumm dastehen und glotzen, ohne etw. zu tun, auf törichte Weise seine Neugier bekunden.

Die Erklärung der Rda. ist nicht einfach, weil sich offenbar ganz verschiedene Vorstellungs- und Sprachbereiche unentwirrbar vermischt haben. Man hat die Rda. früher fälschlich gedeutet als Übers. von ndd. ‚dat mul apen hollen' in hd. ‚das Maul offen halten'; in Holst. sagt man noch heute ‚he steiht mul apen'. In der Entwicklungsgeschichte unserer Rda. müßten dann aus ndd. ‚apen' = offen durch eine doppelte Volksetymologie schließlich die Affen geworden sein. Abgesehen davon, daß damit das Wort ‚feilhalten' nicht erklärt ist, spricht gegen diese Deutung, daß es auch im Ndd. zusätzlich noch die Wndgn. ‚Mulapen to kop hebben' und ‚Mulapen verköpen' gibt. Doch scheint der Rda. eine andere Realvorstellung zugrunde zu liegen: Der Kienspan, mit dem man einst das Haus notdürftig erhellte, wurde gelegentlich, wenn man die Hände nicht frei hatte, zwischen die Zähne geklemmt, wie es Olaus Magnus bereits im 16. Jh. für die nordischen Völker berichtet (,Historia de gentibus septentrionalibus'. Dt. Ausg. Basel 1567, Kap. 16): „Vber das braucht man auch durch alle mittnächtige Länder das Kienholtz in allerley gestalt / wie die gemeinen Haußkertzen / Nemlich also / wann einer mit beiden henden zuschaffen hat / steckt er etliche dünn geschnittne spän / so vil er will vnder die gürteln, vnd nimpt ein brennenden spon in den mundt / … geht also hin vnd wider wo er will / … vnd arbeitet was jm gefelt …" Ähnl. im finn. ,Kalewala-Epos' (23. Rune, V. 175 ff.): „In dem Mund ein Feuerhölzchen". Es lag nahe, den Tonklotz, der dem brennenden Kienspan als Unterlage diente, in einen menschlichen Kopf umzubilden, dessen verbreiteter Mund den Span hielt. Tatsächlich sind solche Tonköpfe als Kienspanhalter seit dem 13. bis 14. Jh. nachweisbar, und sie wurden in Oesterr. als ,Maulauf' oder ,Geanmaul', in Süddtl. als ,Gähnaffen' bez. (vgl. ,jem. einen Gähnaffen machen', eine Grimasse mit offenem Mund und herausgestreckter Zunge schneiden). Später wurden diese Kienspanhalter aus Eisen hergestellt, behielten aber den alten Namen, obwohl sie nicht mehr die Form eines Kopfes mit geöffnetem Mund, sondern die Form eines in der Höhe verstellbaren zangenförmigen Gerätes bekamen. Dies entspricht durchaus Bez. bei anderen Leuchtgeräten wie ,Leuchterweibchen' (Kerzenhalter), ,Ölgötze' (Hängevorrichtung für die Öllampe); vgl. ,dastehen wie ein ↗ Ölgötze'.

Lit.: R. E. A. Drey: Apothekengefäße. Eine Geschichte der pharmazeutischen Keramik (München 1980).

Maulkorb. *Jem. einen Maulkorb anlegen:* jem. durch Verbot die freie Meinungsäußerung unmöglich machen. Der Maulkorb ist eigentl. eine Schutzvorrichtung, die das Beißen von Tieren verhindern soll. Sie besteht aus einem Draht- oder Lederkorb, welchen die Tiere vor das Maul gebunden bekommen. Schon Jean-Paul Friedrich Richter (1763–1825) schrieb in den ,Teuflischen Papieren': „… eine Art

,Jemandem einen Maulkorb umhängen'

von Fatum, von Maulkorb und von Daumenschrauben für den menschlichen Verstand". Ein Gedicht A. Glassbrenners aus dem Jahre 1849 meint mit ,Maulkorb' die politische Zensur. Der ,dt. Michel' wird hier nach dem Grund seiner Trauer gefragt:

Michel, warum weinst du,
weinest du so sehr?
– Weil es mir nicht macht Behagen,
daß ich soll den Maulkorb tragen!
Darum, darum weine ich so sehr.
(U. Otto, S. 493).

In diesem Sinne spricht man heute auch von ,Maulkorberlaß', ,Maulkorbgesetz' oder ,Maulkorbparagraph', wenn man die staatliche Unterdrückung freier Meinungsäußerung des Bürgers meint.

Lit.: U. Otto: Die hist.-politischen Lieder und Karikaturen des Vormärz und der Revolution von 1848/1849 (Diss. Freiburg), (Köln 1982).

Maulsperre. *Die Maulsperre kriegen;* vor Staunen sprachlos sein; von der Tierkrankheit auf den Menschen, der mit offenem Mund staunt, übertr., schon 1809 lexikographisch verzeichnet. Obersächs. braucht man die Wndg. vor allem scherzhaft dann, wenn der Kuchenteig bes. gut gegangen ist und die Kuchenstücke zu groß zum Abbeißen erscheinen.

Maulwurf. *Wie ein Maulwurf wühlen:* emsig, ohne Pause arbeiten, voller Eifer sein und nicht einmal bei der Arbeit aufschauen. Der rdal. Vergleich wird bes. auf Erdarbeiten und auf Arbeiten im Bergwerk angewandt. In der Bergmannssprache hat die Feststellung *Der Maulwurf schafft* die bes. Bdtg. angenommen, daß durch den Sohlendruck das Gestänge gehoben wird, gleichsam als ob eine unsichtbare Kraft, die man sich in Gestalt des Tieres denkt, am Werke gewesen sei.

Der alte Maulwurf wühlt fort: die geheimen Machenschaften und Feindseligkeiten werden fortgesetzt; weitere Angriffe und Schwierigkeiten werden in der Stille vorbereitet.

Blind wie ein Maulwurf sein; ↗blind; vgl. frz. ‚myope comme une taupe‘ (wörtl.: kurzsichtig wie ein Maulwurf).

Lit.: *O. H. Werner:* Der Saarbergmann in Sprache und Brauch (Diss. Bonn 1934), S. 49.

‚Da beißt keine Maus (k)einen Faden ab‘

Maus. *Da beißt keine Maus einen Faden ab,* auch *Davon beißt die Maus keinen Faden ab:* da ist nichts mehr zu ändern; das steht unabänderlich fest; davon geht nicht das geringste ab. Die Rda. ist in der Schriftsprache und in den Mdaa. allg. bekannt. Bei Moscherosch (1650) in den ‚Gesichten Philanders von Sittewald‘ (Bd. 2, S. 474) heißt es: „Vnd da beißt kein Mauß kein Faden ab"; so auch noch heute in schwäb. Mda.: ‚Da beißt kei Maus kein Fade ab‘. Eine rein rationalistische Erklärung möchte diese Rda. urspr. im Munde eines Schneiders vermuten, der von einem Kunden Tuch zur Bearbeitung

erhält und so versichert, daß er nicht das kleinste Stück davon veruntreuen wolle. Man könnte auch an die Schilderung einer großen Armut denken, bei der die Mäuse nicht einmal mehr einen Faden zu nagen und zu beißen haben.

Doch trifft dies weder den Wortlaut noch den Inhalt der Rda. Die Entstehung der Rda. ist vielmehr ganz anders zu erklären und steht vermutlich im Zusammenhang mit der hl. Gertrud von Nivelles, die im MA. vor allem zur Abwehr von Ratten- und Mäuseplagen angerufen wurde. Der Tag der hl. Gertrud, der 17. März, spielt im bäuerlichen Kalender eine große Rolle; es ist der Beginn des Frühlings, an dem die Winterarbeiten eingestellt werden und mit der Feldbestellung und Gartenarbeit begonnen wird. Wenn am Gertrudentag noch gesponnen wurde, so behauptete man, werde der Flachs von den Mäusen zerfressen oder der Faden abgebissen. Unter den zahlreichen Sprww., die das Ende der Winterarbeiten fordern, erscheinen in Oberdtl. und Oesterr. immer wieder die folgenden: ‚Gertrud hört mit Spinnen auf, sonst läuft die Maus den Faden auf und beißt ihn ab‘ oder: ‚Gertrud mit der Maus treibt die Spinnerinnen aus‘. Bair. ‚Am Gertraudtag laufft die Maus am Rocken hinauf und beißt den Faden ab‘. Schon Joh. Fischart (‚Geschichtklitterung‘) kennt den Vers:

> St. Gertraut mit Mäusen
> Die den Mägden das Werck abbeißen.

Diese Sprüche wollen nur in volkstümlicher Weise ausdrücken, daß mit dem 17. März das Spinnen aufzuhören habe. Heute noch findet sich die Meinung in Hunderten von Rdaa. weit über das Gebiet des eigentl. Gertrudenkultes hinaus. Auch in den Bauernkalendern wird der Gertrudentag oft durch zwei Mäuse an einer Spindel dargestellt. Die Wndg. ist von Gertrud z. T. auch auf andere Tage mit einem Spinnverbot übertr. worden. Seit etwa 1400 taucht in den Einblattdrucken, die für die volkstümliche Religiosität charakteristisch sind, Gertrud mit einer oder mehreren Mäusen auf, die an ihrem Gewand oder dem Faden zur Spindel hinauflaufen oder aber sonderbarerweise auf ihrer Schulter oder gar auf ihrem Haupte sitzen; und da die Einblattdrucke im

Grunde nur Ill. der volkstümlichen Auffassung sind, müssen die Rdaa. noch älter sein. Unsere allg. umg. Rda. hätte sich dann nur der Heiligengestalt gelöst und allgemeinere Bdtg. angenommen. Eine Holzstatue des 14. Jh. im Schnütgenmuseum in Köln zeigt Gertrud mit einer Maus in ihrer Hand; und getreu jahrhundertealter Überlieferung backt in Oberdtl. die Bäuerin am Gertrudstag einen Eierteig, den sie um ein Salbeiblatt wickelt, so daß der Stiel wie ein Schwänzchen aussieht, die ‚Mäusenudel‘. Denkbar wäre allerdings auch ein Bezug zu der Fabel vom Löwen und der Maus, die aus Dankbarkeit den gefangenen Löwen befreit, indem sie mit ihren Zähnen seine Fesseln zerbeißt (AaTh. 75):

‚Da beißt die Maus den Faden ab‘

Als der Lew gieng spatzieren auß
Da fing er auff dem feld ein Mauß.
Gedacht, wer wers ein grosser Spot,
Wen ich der Mauß anthet den Todt.
Ließ sie drauff loß: darnach ward er
Gefangen vnd verstricket sehr.
Alß die Mauß hoert des Lewens
          gschrey,
Kam sie vnd nagt das netz entzwey.
Vnd macht den Lewen wider frey.
Es sollt auch billich jederman
Des andren schonen wo er kan.
Vielleicht sich ein solcher findt.
Der dir auß noht auch helffen künd.
(Aegidius Sadeler: Theatrum novum. Artliche Gespräch der Thier mit wahren historien den Menschen zur Lehr. Prag 1608, S. 194.)
Wo diese Fabel in der dt. Überlieferung vorkommt (z. B. in Steinhöwels Äsop, bei Burkard Waldis oder bei Aegidius Sadeler), ist indessen immer nur von ‚Stricken‘

oder einem ‚Netz‘, nicht von einem Faden die Rede. Auch paßt der gute Ausgang der Fabel, die den Löwen entkommen läßt, nicht zum Sinn der Rda., die die Maus den Faden eben nicht abbeißen läßt. Zu dieser Erklärung würde das engl. Sprw. passen ‚mouse in time may bite in two a cable‘. Es gibt jedoch einen Typ von Mausefallen, bei dem die Maus einen Faden abbeißen muß, um an den Köder zu gelangen (z. B. im Vogtsbauernhof-Museum Gutach/Schwarzwald). Hat die Maus den Faden abgebissen, so fällt die Falle zu.
Jem. tut wie die Maus am Faden: jem. ziert sich sehr.
Wie eine gebadete Maus sieht einer aus, der ganz durchnäßt ist, dem das Wasser am Leibe herunterläuft. Schon das klassische Altertum kennt diesen rdal. Vergleich (Petronius, ‚Cena Trimalchionis‘, Kap. 44). Er ist wohl deshalb so geläufig, weil man der in der Falle gefangenen Maus gewöhnlich ein schlimmes Bad bereitet, indem man sie durch Ersäufen tötet. In einem Soldatenlied vom Jahre 1693 jammert der Türke:
Ich gedachte das Spiel viel anders
          zu karten;
Jetzt sitz ich wie eine gebattene
                Maus.
Schwäb. auch ‚wie eine getunkte, getaufte Maus‘. Schon Hans Sachs sagt von einem Bayern, der in die Donau gefallen ist und an Land schwimmt:
Stig auch an dem gestate aus
Triff nasser wie ain taüfte maus.
Schwäb. ‚Der macht Auge wie d'Maus unterm Ziegel‘ (d. h. in der Falle).
Schles. ‚A wil andern Loiten Ratten fangen und kannem salber keene Mäuse fangen‘. Die Maus stiehlt, daher schon mhd. *mausen:* stehlen; ausführlicher in der Wndg. *nach den Mäusen werfen,* so z. B. bei Hans Sachs von einem diebischen Schneider:
Der schneider pehilt etlich stück
Tuchs, im selber zu ungelück.
Dieselben warf er in seinem haus,
Wie man saget, nach der maus.
Ein weiterer Beleg findet sich in Grimmelshausens ‚Simplicissimus‘ (V, Kap. 15): „... und die Weber bleiben aus Redlichkeit so arm, daß sich auch keine Mäus bei ihnen ernähren können, denen sie

etwa ein Knäul Garn nachwerfen müßten".

Das trägt eine Maus auf dem Schwanze fort: das ist äußerst wenig, ein lächerlich geringer Gewinn; dafür im 16. Jh. auch: ,Das führt eine Mücke auf dem Schwanze hinweg'.

Wie die Maus im Speck sitzen: mit irdischen Gütern gesegnet sein und dieselben benutzen, um sich das Leben angenehm zu machen; ↗ Made. ,Der spricht auch wie die Maus im Speck: Unser täglich Brot gib uns heute!' Vgl. frz. ,être comme un rat dans un fromage' (wörtl.: wie eine Ratte im Käse sitzen). *Leben wie die Mäuse in der Speckseite:* ein behagliches Wohlleben führen. Das Gegenteil ist *arm wie eine Kirchenmaus* (↗ arm). Wolfram von Eschenbach klagt im ,Parzival' (185, 1 ff.) über die Ärmlichkeit seines Haushaltes:

,Wie die Maus im Speck sitzen'

dâ heime in mîn selbes hûs,
dâ wirt gefreut vil selten mûs.
wan diu müese ir spîse steln:
die dörfte niemen vor mir heln:
ine vinde ir offenlîche niht.
alze dicke daz geschiht
mir Wolfram von Eschenbach,
daz ich dulte alsolch gemach.

Noch heute sagt man: ,vor den Mäusen sicher sein', nichts besitzen, was zu fressen wäre, ,kommet d'Müs d'Kellertrepp ruf', so ist das im Alem. ein Bild für unübersehbare Armut. Bei einem Geizigen ,kriege d'Mäus Blase an d'Füß', heißt es in Schwaben.

Es ist eine Maus im Mehl: die Sache hat einen Haken, sie hat einen Fehler, ist nicht in Ordnung.

Auch als Beisp. der List wird die Maus gerne in rdal. Vergleichen gebraucht, z. B. schwäb. ,Du bist gscheider als d'Mäus'; ,der moint, er hör' d'Mäus pfeife'.

Das ist den Mäusen gepfiffen: das ist umsonst. Tatsächlich hat man in früheren Jhh. bei Mäuse-, Ratten- und anderen Ungezieferplagen sich durch Pfeifen zu helfen gesucht, wie auch die Sage vom Rattenfänger von Hameln und manche Parallelüberlieferung beweist; ↗ Ratte. Von einem sehr faulen Menschen sagt man els. ,Dem könnte d'Müs Stroh ins Loch trojn'; ebenso *Dem wird keine Maus Speck aus dem Arsch fressen;* ,Dem wird keine Maus Stroh in den Arsch tragen',

schon bei Joh. Fischart heißt es in der ,Geschichtklitterung' (S. 57): „... daß jhnen die Mäuss also Spannen tief auss dem Arss Speck nagen ..." Eine ganz nichtsnutzige Tätigkeit nennt man sächs. ,Mäuse schwänzen'.

Es ist zum Mäusemelken: es ist unerträglich, zum Verzweifeln. ,Mäuse zu melken' gilt als große Unsinnigkeit; westf. spottet man von einem, der sich getäuscht hat: ,du kannst Müse melken'. Etw. Unsinniges tun bedeutet auch: ,Die Mäuse mit Speck vertreiben wollen'; vgl. frz. ,vouloir attirer les mouches avec du vinaigre' (wörtl.: die Fliegen mit Essig locken wollen).

Von einem, der Wind von einer Sache bekommen hat, sagt man ostfries. ,de hett'n Muske davon pipen hört'; holst. ,en Stückchen ut de Muskist singen', schlecht singen; schwäb. ,Der singt so schö, daß d'Mäus' drvo laufe'.

Mäuse merken: Unrat wittern, hinter etw. kommen; z. B. in Jean Pauls ,Titan': „Daß von allen bisher an die Verlagshandlungen eingeschickten mit Mutmaßungen gefüllten Brieffelleisen keines Mäuse merkte".

Wenn ein Mann seine Frau beim Ehebruch überrascht, heißt es im Ndd.: ,Un dar is de Mann komen, de hett Müs merkt'.

Ähnl. schon bei Luther *Mäuse riechen:* „Denn er (der Papst) reuchet meuse und schmeckt den braten wol, sorget er künde damit nicht bapst bleiben". Auch westf. ,he rüket Muse', er ahnt nichts Gutes. Dazu in allg. Gebrauch: *Mäuse (vor-)machen:* Flausen, Schwierigkeiten machen. Der Schlesier Johann Christian Günther kennt den Ausdr. (,Gedichte' 1034): „Der

Kaiser macht uns Mäuse"; auch Hermes („Sophiens Reise von Memel nach Sachsen', Bd. 3, S. 172): „Da vergaft sich eine; machte den Eltern so viel Mäuse, daß sie sie ins Kloster sperren".

Aussehen wie ein Topf voll Mäuse sagt man von einem, der ein verdrießliches Gesicht macht, bes. auch von schmollenden Frauen. Meckl. fragt man einen Verdrießlichen: ‚Hest Müs freten?'

Da möchte ich Mäuschen spielen (oder *sein*): das möchte ich im verborgenen mit anhören. Dazu gehört auch *mäuschenstill* und die ndd. Rda. ‚Müseken besliken', es sehr listig anfangen. „Es sei den Mäusen gesagt", heißt es bei Johann Fischart für: ‚Es sei leise unter uns gesagt'. Goethe in der Ballade vom getreuen Eckart: „Schweiget und horchet wie Mäuslein". Der Vergleich ist alt und wird schon in der Dichtung des MA. zur Bez. größter Stille verwendet; vgl. z. B. Heinrichs von Freiberg ‚Tristan' (V. 5919 ff.):

Dô allez daz entslâfen was
in gademe und in palas
daz dâ lac in dem hûs,
und sich nindert regte ein mûs.

Maus wie Mutter: eins wie's andere; vgl. ‚Jacke wie Hose' (↗Jacke), ‚gehupft wie gesprungen' (↗hüpfen) und ähnliche Wndgn., schon in Luthers ‚Tischreden' 51,b.

Es war keine Maus da; auch *Es war keine Maus von einem Menschen da:* es war niemand da.

Schwäb. ‚Der hot seine beste Mäus schon gfange', seine beste Zeit ist vorbei, es geht mit ihm bergab. ‚I muß meine Mäus anderst richte', die Sache anders anfangen.

Mäuse im Kopf haben: verrückt sein; ähnl. wie ‚Grillen im Kopf' (↗Grille); auch ‚Mäusenester im Kopf haben' (ndl. ‚muizennesten in het hoofd hebben').

Weiße Mäuse sehen: stark betrunken sein; im Volksmund wird häufig die Meinung vertreten, weiße Mäuse gäbe es nicht. Heute werden auch Verkehrspolizisten, die eine weiße Mütze tragen, scherzhaft als ‚weiße Mäuse' bez., die Verkehrssünder fürchten, vor allem, wenn sie sich beim Alkoholgenuß ans Steuer gesetzt haben.

Bis dahin wird noch manche Maus in ein ander Loch schlüpfen: bis dahin ist noch viel Zeit. Schwäb. ‚Do fendet siebe Meis koi Loch', es hat keinen Sinn, es gibt keinen Platz mehr.

In ein Mausloch kriechen mögen: aus Angst oder Scham sich verstecken mögen. Das Mauseloch steht sinnbildl. für jeden Schlupfwinkel. Das Bild findet sich zuerst am Ende des 12. Jh. im ‚Erec' des Hartmann von Aue (V. 6655): „Und fluhen ze loche sam diu mûs". Schles. ‚Ich finde ihn, und wenn er im tiefsten Mauseloch steckte'.

Mäuse haben: viel Geld besitzen (umg.). *Ein paar Mäuse springen lassen:* etw. spendieren, großspurig für etw. Geld ausgeben. Mäuse i. S. v. Geld ist nur im Plur. gebräuchlich. Es ist aus dem rotw. Wort für Geld ‚Moos', ‚Mous' entstanden, dem das jidd. Wort ‚moo' (Pfennig) zugrunde liegt.

Daß dich das Mäuslein beiß'! Diese scherzhafte Verwünschung und harmlose Fluchformel, die heute bes. in den südl. Teilen Dtl.s bekannt ist, war früher gar nicht so harmlos. Das ‚Mäusle' ist nämlich keineswegs eine kleine Maus, sondern volksetymol. entstellt aus frühnhd. ‚Meisel', mhd. mîsel (gekürzt aus mîselsucht) = Aussatz. Als man ‚Meisel' nicht mehr verstand, wurde es zu ‚Mäusle' umgebildet. Noch in einem Erfurter Judeneid aus dem 12. Jh. heißt es: ‚daz dich di miselsucht bistê!' (‚bestehe', d. h. befalle). Die urspr. Bdtg. der Rda. wäre also eigentl.: Mögest du vom Aussatz befallen werden! Gegen diese Deutung spricht das Verbum ‚beißen'. Es könnte allerdings sein, daß die Verbindung von Mäusle und beißen erst nach der Umformung von Meisel zu Mäusle entstand, mit ihr auch die Rda. in der heutigen Form. Analog gebildet erscheint ‚Daß dich der Has beiß'!' (schwäb.), wobei also auch ein harmloses Tier beißt. Hier zeichnen sich allerdings auch ganz andere Zusammenhänge ab (Schwank von den sieben Schwaben, die Angst vor einem Hasen haben). ‚Das Mäusle beißt' nennt man in schwäb. Kindersprache auch den Schmerz am ‚Elektrisierknochen' des Ellbogens.

Lit.: *A. L. P.:* Een levendige muis in de hand hebben, in: Ons Volksleven 2 (1890), S. 118–119; *O. Keller:* Die antike Tierwelt 1 (Leipzig 1909), S. 193–202; *L. Kohler:* Die Fabel von der Stadt- und Feldmaus in der dt. Lit. (Programm Mährisch-Ostrau 1909); *O. Meisinger:* Da beißt keine Maus einen Faden ab, in: Zs. f. dt.

Mdaa. 4 (1909), S. 24 f.; *H. Ahrens:* Die Fabel vom Löwen und der Maus in der Weltlit. (Diss. Rostock 1920); *K. Rother:* Hund, Katze und Maus im schles. Sprw., in: Mitt. d. Schles. Ges. f. Vkde. 16 (1925); *W. Treutlein:* Das Arbeitsverbot im dt. Volksglauben (Bühl 1932), S. 63 ff.; *U. Uittien:* Een en ander over huizen en muizen in folklore en taalgrenzen, in: Eigen Volk 6 (1934), S. 243–245; *H. Carl:* Die Maus im Sprachgebrauch, in: Muttersprache (1955), S. 369–372; *M. Zender:* Die Verehrung der hl. Gertrud von Nivelles, in: Räume und Schichten ma. Heiligenverehrung (Düsseldorf 1959), S. 89–143, sowie Abb. 4–10; *J. Cornelissen:* De muizen en ratten in het volksgeloof, in: Vragen van den Dag, Jg. 35, o. J., S. 350–364 und Jg. 36, o. J., S. 267–283; *B. Beckmann:* Von Mäusen und Menschen: Die hoch- und spätmittelalterlichen Mäusesagen (Zürich 1974); *F. Otten:* Die Sage von Bischof Hatto von Mainz und dem Mäuseturm bei Bingen, in: Zs. f. Slav. Philologie Bd. 39, H. 2 (1977), S. 233–250; Münzen in Brauch und Aberglauben (Nürnberg 1982), S. 223 (Ausstellungskatalog); *J. van der Kooi:* Art. ‚Hilfe des Schwachen‘, in: EM. VI, Sp. 1023–1029.

mauscheln, Mauschelei. *(Über) etw. mauscheln:* Unterderhand, in undurchsichtiger Weise Vereinbarungen treffen; Gerüchte in die Welt setzen und weitertragen; beim Kartenspiel betrügen; undeutlich reden.

Das Wort ‚mauscheln‘ kommt von dem Namen ‚Moses‘, hebr. ‚môschë‘, jüd. ‚Mousche‘, der zur Schelte des Handlungsjuden geworden war. Schon im 17. Jh. bez. man abfällig einen jüd. Händler als ‚Mauschel‘.

‚Mauscheln‘, hebr. ‚möschel‘, bedeutete urspr.: reden wie ein Jude.

Das ist eine ungeheure Mauschelei: Das ist ein undurchsichtiges Geschäft, etw., das sich am Rande der Legalität bewegt.

Mausefalle. *In die Mausefalle geraten:* sich verraten, beim Lügen ertappt werden, generell in eine ↗ Falle geraten.

Weiter bez. Mausefalle ein anrüchiges Lokal, das vor allem der Anknüpfung von Bekanntschaften dient (vgl. E. Borneman: Sex im Volksmund, Art. 55.11). Der Schlagertext spielt direkt darauf an, in dem es heißt:

Pigalle, Pigalle,
das ist die große Mausefalle
mitten in Paris.

mausern. *Jem. mausert sich:* er verändert sich durch eigene Anstrengung (Kraft) zum Vorteil. Die Wndg. wird oft anerkennend gebraucht, z. B. wenn sich ein junges Mädchen zu einer Schönheit entwickelt, wenn sich jem. elegant kleidet oder seinen ganzen Lebensstil vervollkommnet.

Urspr. wurde die Rda. ‚sich mausern‘ nur auf Vögel bezogen, die ein schöneres Federkleid erhalten, ↗ mausig. Heute ist diese Wndg. im übertr. Sinne auch auf vieles beziehbar. Z. B. in einem Spiegel-Artikel (Nr. 51 [1974], S. 36): „Bald schon hatte sich die Ausnahme zur Regel gemausert!"

mausig. *Sich mausig machen:* sich hervordrängen, sich durch lautes Wesen unangenehm bemerkbar machen; eine bereits im 16. Jh. bezeugte Rda., die nichts mit der ↗ Maus zu tun hat, sondern auf die Jagd mit Falken zurückgeht. Mhd. ‚mûzec‘ (zu ‚mûzen‘ = die Federn wechseln, aus lat. mutare) bez. den Jagdfalken, wenn er die (erste) Mauser überstanden hat und dadurch übermütig und zur Jagd bes. geeignet wird. Die Falkner suchten die Mauser, wenn sie sich verzögerte oder gar ausblieb, durch bes. Mittel hervorzurufen. Man nannte dies ‚mäusen‘, d. h. den Falken mausig machen. Daraus ist die Rda. entstanden, die anfänglich noch durchaus lobenden Sinn hatte: „New Besen keren wol ... new Ehehalten (Dienstboten) machen sich den ersten Tag zween oder drei so maußig und rüstig, das die Hern wünschen, es solt keiner kein Ehehalten über acht Tag halten" (Seb. Franck, ‚Sprichwörter‘ I, 84 a). Bald aber tritt der Nebensinn des Übermütigen in den Vordergrund, so daß mausig die Bdtg. ‚vorlaut, unverschämt‘ annimmt. Heutiges Sprach-

‚Mausefalle‘

gefühl bringt mausig gelegentl. mit Maus in Zusammenhang, so in dem ndd. Sprw.: ‚De sik musik maakt, den fret de Katt'.

Lit.: *Fr. Seiler:* Deutsche Sprichwörterkunde (München 1922), S. 284; *L. Röhrich* u. *G. Meinel:* Rdaa. aus dem Bereich der Jagd und der Vogelstellerei, S. 323.

meckern. *Über alles meckern (wie eine Ziege):* überall etw. zu kritisieren haben, an allem herummäkeln.
Bes. in der Propaganda während des II. Weltkriegs wurden unangenehme Kritiker als ‚Meckerer und Miesmacher' gebrandmarkt.
Da ‚meckern' die Stimme der Ziege meint, spielen entsprechende Übertragungen gerne im Tierwitz eine Rolle.

Mecklenburg. *Das Mecklenburgische Wappen machen:* die Ellbogen auf den Tisch stemmen und den Kopf in die Hände stützen. Die Rda. bezieht sich auf das alte meckl. Wappen, das einen Ochsenkopf führte.

Einen Mecklenburger zu Hilfe rufen, auch: ‚nach dem Mecklenburger greifen': nach dem Prügel greifen. Die heute ausgestorbene Rda. bezieht sich auf das einstige Mecklenburger Prügelgesetz.

Medizin. *Etw. ist für jem. (wie) bittere Medizin:* jem. macht eine unangenehme, bittere Erfahrung, die er psychisch so schlecht verkraften kann wie ‚das Schlukken bitterer Medizin'. In einem Schlager der Ggwt. wird dies verharmlost: „Mit 'nem Teelöffel Zucker nimmst du jede Medizin …"

Lit.: *A. de Cock:* Spreekwoorden, Zegswijzen en Uitdrukkingen op Volksgeloof berustend: IV. Oude Ge-

neeskunde, in: Volkskunde 26 (1920), S. 26–43, 115–131, 183–199; *F. H. Garrison:* Medical Proverbs, Aphorisms and Epigrams, in: Bulletin of the New York Academy of Medicine 4 (1928), S. 979–1006; *R. A. Elmquist:* English Medical Proverbs, in: MP 32 (1934–35), S. 75–84; *R. Bouissou:* Medical Proverbs. The Common Sense of Centuries, in: World Health. The Magazine of the World Health Organization (July 1971), S. 2–26; *H. A. Seidl:* Medizinische Sprichwörter im Englischen und Deutschen (Frankfurt a. M./ Bern 1982) (= Forum Anglicum Bd. 11).

Meer. *Das Meer ausschöpfen* (auch *ausbrennen, austrinken, austrocknen*) *wollen:* Unmögliches versuchen; auch von einer langwierigen Arbeit gesagt, deren Ende man nicht absieht (frz. ‚c'est la mer à boire' wird heute eher in der negativen Form: ‚Ce n' est pas la mer à boire', i. S. v.: Das ist nicht so schwer, gebraucht); ebenso: ‚das Meer mit einem Schwamm austrocknen'; ‚das Meer in ein Krüglein schöpfen'. Der hl. Augustin erklärte das Meer auszuschöpfen für nicht unmöglicher als das Geheimnis der Dreieinigkeit zu ergründen.
Am Meer wohnen und Wasser suchen: etw. Unsinniges tun; ebenso: ‚auf dem Meer nach Wasser gucken'; ‚auf dem Meer säen'. *Ans Meer gehen, um seine Hände zu waschen:* einen großen Aufwand für eine kleine Sache betreiben (vgl. frz. ‚pour laver ses mains on ne vend pas sa terre').
In einem Meer von … versinken: eine Unzahl, Unmenge einer Sache sehen, erfahren, auch: ‚in einem Meer von Tränen ertrinken': unendlich traurig sein; lit. bei Wieland im ‚Oberon' (1,4) gebraucht: „In welches Meer von Jammer stürzt sie euch?"
Vom Meer und der Seefahrt sind zahlreiche Rdaa. u. Sprww. ausgegangen (vgl. Stammler u. Sverrisdóttir).

Lit.: *W. Stammler:* Seemanns Brauch u. Glaube, in: Dt. Philologie im Aufriß, Bd. III (1956), Sp. 1815–80; *O. G. Sverrisdóttir:* Land in Sicht (Frankfurt/M. etc. 1987).

Meerrettich. *Mach nur keinen Meerrettich!:* Sei kurz und bündig! Bes. obersächs. steht Meerrettich übertr. für: weitschweifiges Geschwätz. In gleichem Sinn sagt man auch: ‚Mach nur keen Senf her!' In Österr., wo man statt Meerrettich ‚Kren' sagt, gilt die Rda.: ‚sein Kren dazuageben', seine Ansicht äußern (↗ Senf).

Mehl. *Kein Mehl im Maul behalten:* frei heraus seine Meinung äußern (so schon in Luthers ‚Tischreden‘). Obersächs. ‚Mehl im Munde und Holzbündel im Schlunde haben‘, undeutlich, unverständlich reden.

Es ist aus demselben Mehl gebacken: die Sache hat dieselbe Herkunft.

Es geht viel Mehl in den Kasten sagt man von jem., der für Geschenke empfänglich und bestechlich ist.

Gemahlenes Mehl mahlen: etw. Überflüssiges tun.

Els. ‚’s is bös Mehl a de Knöpfle‘, die Sache steht schlimm; bair. ‚Es kommt ihm alles durcheinander wie dem Bettelmann das Mehl‘, er bringt alles durcheinander.

Mehlspeise. *Das is a Mehlspeis’ zum Umhängen* – als Antwort auf eine dumme Frage – ist eine scherzhafte Rda., die man in Wien, aber auch sonst in Oesterr. häufig hören kann. Noch gesteigert, aber dann mit anderer Bdtg., lautet sie: *A Mehlspeis’ zum Umhängen mit drei Reihen Knöpf* (wenn man sehr viel Bewirtung erfahren hat). Die Rda. ist heute nur noch bildl. gemeint, muß ursprüngl. aber unmittelbar sinnfällig und verständlich gewesen sein. Die Realbeziehung geben wohl die mannigfachen Bräuche, bei denen Brot oder bestimmte Gebildbrote umgehängt werden (Mehlspeis’ = Kuchen). Der Umhängebrauch eines festlichen Brotes (an Mensch und Tier) läßt sich von antiken Zeugnissen bis etwa zur umgehängten Brezel im Faschingsbrauch verfolgen. Die Rda. als sprachl. Bild für etw. Unwahrscheinliches zeigt, daß der Brauch unverständlich geworden ist oder nur ‘noch scherzhaft geübt wird. Der Witz der Rda. liegt einmal darin, daß ‚Brot‘ nicht gleich ‚Mehlspeise‘ ist, zum anderen, daß eine Mehlspeise zum Essen und nicht zum Umhängen da ist.

Lit.: *L. Kretzenbacher:* ‚A Mehlspeis’ zum Umhängen‘. Kleiner Versuch über eine scherzhafte Rda., in: Blätter für Heimatkunde (Steiermark) 35, H. 2 (1961), S. 41–49; *E. Burgstaller:* Brauchtumsgebäcke und Weihnachtsspeisen (Linz 1957).

Mehrheit. *Die schweigende Mehrheit sein,* auch: *Zur schweigenden Mehrheit gehören:* zur großen Zahl der Menschen gehören, die ihre Meinung in einer Sache nicht äußern wollen oder können, z. B. zu denen, die keiner Partei oder politischen Gruppierung angehören, die für ihre Belange eintreten könnten, oder zu denen, die sich bei Wahlen fernhalten und ihr demokratisches Recht nicht nutzen. Die Rda. ist die wörtl. Übers. von ‚silent majority‘. Das Wort, ‚Mehrheit‘ existierte bereits um 1000 im dt. Sprachschatz. Notker übers. lat. ‚maioritas‘ mit mērheit; jedoch taucht es dann erst wieder im 18. Jh. auf, so als Bez. des Stimmenverhältnisses bei Abstimmungen (Möser, Klopstock, Schiller); später dann auch allg. i. S. v. Mehrzahl.

Die Mehrheit entscheiden lassen: eine demokratische Verfahrensweise wählen bei polit. Entscheidungen. *Mit wechselnden Mehrheiten regieren müssen:* einen schwierigen Regierungskurs steuern, wenn die Partei, die die Regierung bildet, keine absolute Mehrheit besitzt. Bei jeder Entscheidung ist die Situation deshalb völlig offen. Da die Regierung keine absolute Entscheidungsfreiheit besitzt, muß sie zunächst um die Zustimmung der anderen Parteien werben, was die Verabschiedung von Gesetzen verzögert oder gar verhindert.

meien. *Meien gehen:* sich gesellig am Abend zum Spinnen u. gemütlicher Unterhaltung, zu Gesang u. Tanz reihum in einem der Häuser zusammenfinden; vgl. ‚zu ↗ Licht gehen‘. Im Lothringischen gab es die Bez. ‚Meistube‘ für die Spinn-, später Flechtstube, von der die Wndg. abgeleitet worden ist. Angelika Merkelbach-Pinck hat in Meistuben Volkserzählungen, Rdaa. u. Sprww. gesammelt.

Lit.: *A. Merkelbach-Pinck (Hg.):* Aus der Lothringer Meistube. Sagen, Schwänke, Legenden, Bauerngeschichten, Redensarten, Sprichwörter. Bd. I (Kassel 1943).

Meile. *Drei Meilen gegen den Wind riechen (stinken):* einen starken, intensiven Geruch an sich haben, der als unangenehm oder aufdringlich empfunden wird; iron. übertreibend.

Mein. *Mein und Dein verwechseln (nicht unterscheiden können):* es mit den Besitzverhältnissen nicht so genau nehmen, sich an fremdem Eigentum vergreifen. Das

Possessivpronomen steht hier stellvertretend für den Besitz einer Person wie auch in dem Sprw. ‚Das Mein und Dein ist alles Zaubers Ursprung‘.

Scherzhaft heißt es von dem gemeinsamen Besitz der Eheleute – meist von Seite des Mannes:

Was Deine ist, ist meine,
und was meine ist,
geht Dich nichts an.

Die parodist. Anspielung bezieht sich auf die im allg. Sprachgebrauch formelhafte Beteuerung gegenseitiger Liebe u. Treue: ‚Du bist mein, und ich bin dein‘, wie sie auch im Grimmschen Märchen begegnet (KHM. 67, KHM. 94 u. KHM. 127). Der Besitzanspruch des Mannes drückt sich bereits bei der Brautwerbung aus: ‚Willst Du die Meine werden?‘ oder als Bitte des Liebenden: ‚Sei die Meine!‘

Lit.: *J. Meier:* ‚Du bist mîn, ich bin dîn‘, in: Schweiz. Arch. f. Vkde. 11 (1907), S. 269–287.

Meinung. *Jem. die Meinung sagen:* urspr. einfach sagen, was man meint; dann: es sehr nachdrücklich tun; daraus allg.: mit Worten derb anfassen. Schon in Lindeners ‚Katzipori‘ (53) sagt „die Frau dem junkern bald die meynung“. Vgl. frz. ‚Je vais lui dire ce que je pense‘.
Jem. die Meinung geigen ↗ geigen.

Meise. *Da kannst du Meisen ausnehmen;* damit wirst du nichts erreichen; bes. mdt. verbreitet. Das Bild der Rda. bezieht sich auf die Wertlosigkeit eines Meisennestes, das einer ausräumt.
Eine Meise (unterm Pony) haben: nicht recht bei Verstand sein; eine vorzugsweise berl. Analogie zu ‚einen ↗ Vogel haben‘.

Lit.: *O. Keller:* Die antike Tierwelt 2 (Leipzig 1913), S. 120–121; *E. u. L. Gattiker:* Die Vögel im Volksglauben (Wiesbaden 1989), S. 192–197.

Meister. *Seinen Meister finden:* jem. begegnen, der einem in einer Fähigkeit überlegen ist, der einen in seine Schranken weist. *Seinen Meister suchen:* auf einem bestimmten Gebiet ungeschlagen sein. *Eine Sache meistern:* mit einem schwierigen Problem fertig werden, eine komplizierte Sache bewältigen.

Lit.: *R. Wissell:* Des alten Handwerks Recht und Gewohnheit, 2 Bde. (Berlin 1929); *L. Röhrich* u. *G. Mei-*

nel: Rdaa. aus dem Bereich von Handwerk und Gewerbe, in: Alemannisches Jahrbuch (Bühl 1973), S. 163–198.

Mekka. *In seinem Mekka sein:* an dem Ziel seiner Wünsche angelangt sein; an dem Ort sein, der das bietet, was man als höchste Erfüllung erwartet.

Diese Rda. beruht auf einer Vorschrift der islamischen Religion: Jeder Moslem sollte wenigstens einmal in seinem Leben nach Mekka, dem religiösen Zentrum des Islam gepilgert sein, um die Große Moschee und die Ka'aba gesehen und betreten zu haben. Mekka gilt als die Geburtsstadt des Propheten Mohammed, von wo aus dieser Ende September 622 zur Hidschra nach Medina aufbrach.

In übertr. Bdtg. kann der Begriff ‚Mekka‘ auch auf profane Bereiche angewendet werden, z. B. spricht man heute von einem ‚Mekka der Technik‘, um damit eine Industrie-Ausstellung zu bez., die das Neueste auf allen Gebieten der Technik zeigt.
Etw. als das neue Mekka preisen: eine neue ↗ Masche, eine beglückende, auch: zukunftsverheißende Sache entdeckt haben und sie anderen empfehlen wollen, sie davon zu begeistern suchen.

Melaten. *Nach Melaten kommen:* sterben (köln.), begraben werden, ↗ zeitlich.

Mit dem Wort ‚Melaten‘ verbindet der Kölner die alt-ehrwürdige Friedhofsanlage der Stadt. Jahrhundertelang vorher war Melaten die Kölner Hinrichtungsstätte. Den Anstoß zur Errichtung des Melatenfriedhofs gab Napoleons Dekret über die Begräbnisse von 1804. Es schrieb die Beerdigung der Toten außerhalb der Gemeinden vor.

Der Name ‚Melaten‘ deutet auf ein ehemaliges Leprosenhaus hin. Er bez. den Ort ‚zu den Maladen‘ (= Aussätzigen). Das mnd. Wort ‚malat‘ lebt heute noch in der köln. Mda. fort. Während der Friedhof im Hd. ‚Melaten‘ heißt, wird er in der köln. Mda. ‚Malote‘ genannt. Wenn sich ein Nichtkölner ‚elend fühlt‘, ‚es et dem Kölsche janz malätzisch‘.

Beerdigungen von Köln nach Melaten endeten häufig für einen Teil der Trauernden noch vor dem Hahnentor. Sie zogen sich in das Hahnenbräuhaus zurück ‚för ze suffe'. Man sagt darum in Köln sprw.: ‚Fresse brengk mich Lück noh Malote als Drinke' (Fressen bringt mehr Leute nach Melaten als Trinken).

Lit.: *J. Abt* u. *W. Vomm:* Der Kölner Friedhof Melaten. Begegnung mit Vergangenem und Vergessenem aus rhein. Geschichte und Kunst (Köln 1980).

Melkkuh. *Jem. ist eine (die) Melkkuh von einem anderen:* jem. wird über einen längeren Zeitraum hinweg regelmäßig finanziell ausgebeutet, als ergiebige Geldquelle angesehen, immer wieder erpreßt. Allg. heißt eine Kuh, die täglich gemolken wird, Melkkuh oder auch: eine melkende Kuh, d.h. eine Kuh, die viel Milch gibt, bes. dann, wenn sie gerade gekalbt hat. Im Schwäb. nennt man daher eine frischerschlossene Möglichkeit, finanzielle Zuwendungen zu erhalten, sogar ‚eine neumelkige Kuh'. Der Begriff ‚Melkkuh', der aus der Agrarsprache stammt, hat eine Bedeutungserweiterung erfahren und begegnet häufig im Zeitungsjargon. Die Feststellung: ‚Der Steuerzahler ist die Melkkuh der Nation' erscheint dabei bes. oft.

Die Rda. ist jedoch auch lit. bei Franz Werfel belegt: „Die unerschöpfliche Melkkuh seines Lebens ist entwichen für immer".

Memento mori. *Ein Memento mori sein:* etw., das an den Tod gemahnt.

Memento mori (lat.) ist ein Mahnruf und bedeutet: ‚Denk' ans Sterben!' Im deutschsprachigen Raum ist die Wndg. mindestens seit dem 11. Jh. bekannt (Notker Balbulus schrieb um 1070/80 ein gleichnamiges Gedicht. Im 12. Jh. betitelte Heinrich von Melk sein geistliches Werk ‚Von des Todes gehügede' mit ‚Memento mori'. Unter dem Memento-mori-Gedanken versteht man im weitesten Sinne alles, was an den Tod erinnert und gemahnt und die Vergänglichkeit des Irdischen aufzeigt. „Schon der Anblick eines Leichnams kann für viele ein eindringliches Memento mori bedeuten". (A. Hahn: Einstellungen zum Tod und ihre soziale Bedingtheit [Stuttgart 1968], S. 57).

Lit.: *A. Freybe:* Das Memento mori in dt. Sitte, bildlicher Darstellung und Volksglauben, dt. Sprache, Dichtung und Seelsorge (Gotha 1909, Nachdr. Walluf 1972); *K. Weihrauch:* Das Memento mori auf den Ein-

blattdrucken des 15. und 16. Jhs. (Magisterarbeit Freiburg i. Br. 1982).

Menetekel. *Ein Menetekel aufrichten:* ein Warnzeichen geben, drohendes Unheil anzeigen.

‚Menetekel'

Die Rda. geht auf eine Danielstelle (5,25) des A.T. zurück. Während eines Gelages des babylonischen Königs Belsazar († 539 v.Chr.) schrieb eine geheimnisvolle Hand folgende Worte der aramäischen Sprache an die Wand des Festsaales: ‚měně, měně těquel ûfarsin'. Daniel, zur Deutung dieser Ausdrücke herbeigerufen, die den Untergang des babylonischen Reiches daraus ab: ‚Er (Gott) hat (dein Reich) gezählt … gewogen … zerteilt'. Belsazar wird in derselben Nacht umgebracht und sein Reich den Medern und Persern gegeben. Mit dieser Danielstelle hängt auch die Rda.↗‚Gewogen, und zu leicht befunden' zusammen.

Lit.: *O. Eißfeldt:* Die Menetekel-Inschrift und ihre Deutung, in: Zs. für alttestamentl. Wiss. 63 (1951), S. 105–114; *A. Alt:* Zur Menetekel-Inschrift, in: Vetus Testamentum 4 (1954), S. 303–305; *K. Galling:* Die 62 Jahre des Meders Darius in Dan 6,1, in: Zs. für alttestamentl. Wiss. 66 (1954), S. 152.

Menge. *Jede Menge:* viel, unbegrenzt viel; auch *in rauhen Mengen* (‚rauh' von neuhebr. raw = viel); *die schwere Menge.* Alle diese Wndgn. sind neuere umg. Steigerungen von viel und Menge.

Ein Bad in der Menge nehmen ↗ Bad.

Menkenke. *Menkenken machen:* Schwierigkeiten machen, Vorbehalte haben, Widerstand leisten (auch: *Menkenkes machen*).

Das Wort ist entweder aus ‚mengen‘ entstanden i. S. v. Gemisch, Durcheinander oder jidd. Ursprungs: ‚mechanne sein‘ bedeutet hier: um eine Sache herumreden.

Lit.: *S. A. Wolf:* Wb. des Rotwelschen: Dt. Gaunersprache (Mannheim 1956), S. 215.

Mensch. *Einen neuen Menschen (↗ Adam) anziehen:* sich (zum besseren) ändern; die Wndg. ist bibl. Herkunft und hat ihren Urspr. in Eph. 4,22.24: „Leget von euch ab den alten Menschen..., und ziehet den neuen Menschen an“ und Kol. 3,9.10: „ausgezogen den alten Menschen mit seinen Werken und angezogen den neuen“; entspr. ndl. ‚den ouden mensch afleggen‘. *Ein ganz neuer (anderer) Mensch werden:* sich grundlegend ändern, wobei die Veränderung des Menschen zum Schlechteren hin nicht ausgeschlossen ist.

Etw. für seinen inneren (äußeren) Menschen tun: dem Körper oder Geist etw. Gutes, Wohltuendes zukommen lassen, indem man sich z. B. erholt, neu einkleidet, sich weiterbildet etc. Die Rda. läßt sich auf Röm. 7,22 zurückführen, wo vom Geist, der Seele des Menschen als innerem Menschen im Gegensatz zu seiner körperlichen Existenz, dem äußeren Menschen gesprochen wird.

Jem. zu einem Menschen machen: eine Person ihrer wahren menschlichen Bestimmung zuführen, ihr aus Leid oder Verfehlungen heraushelfen, sie zu einem wertvollen Mitglied der menschlichen Gemeinschaft erziehen; auch euphemist. Umschreibung für sinnlosen Kasernenhofdrill.

Kein Mensch mehr sein: weder Verstand noch Vernunft gebrauchen, alle menschlichen Gefühle vermissen lassen. In hochgradiger Erregung (Kummer, Ärger, Zorn, Verzweiflung) den Eindruck vermitteln, unvernünftige Reaktionen zu zeigen, die scheinbar denen von Tieren gleichen. Mdal. war diese Rda. bes. im 19. Jh. geläufig. Die lat. Lit. kennt dafür die Bez. ‚non homo‘ (z. B. Petronius), welche dem dt. Begriff ‚Unmensch‘ zugrunde liegt.

Wieder Mensch sein: sich nach einer Strapaze, einer körperlichen oder geistigen Anstrengung, nach einer schweren Erkrankung erholen und sich wieder wohlfühlen und seinen bisherigen Interessen leben können. *Nur ein halber Mensch sein:* körperlich oder seelisch sehr angegriffen, erschöpft sein, auch: sehr abgemagert sein, sich in einer schlechten geistigen Verfassung befinden.

Jem. wie einen Menschen zweiter Klasse behandeln: jem. sehr herablassend, von oben herab behandeln; ihm gegenüber sehr überheblich tun. *Man ist ja nur ein Mensch* oder: *Wir sind doch alle nur Menschen* heißt es zur Entschuldigung von Schwachheiten oder Vergehen. Man will damit ausdrücken, daß nicht mehr gefordert werden kann, als das, was in eines Menschen Kraft steht. In Pommern heißt es: ‚Ik bin dog man ên Mensch!‘ Die Wndg. ist bereits bei Petronius lat. belegt: ‚Homines sumus, non dei‘.

Es gibt Menschen, es gibt auch Hirsche: mit dieser Wndg. werden Handlungen eines Menschen kommentiert, die verkehrt und töricht wirken und die den handelnden Menschen als unbesonnen und unüberlegt kennzeichnen. Die Rda. stellt dem normalerweise besonnenen, vernünftigen Wesen des Menschen den ↗ Hirsch als unüberlegt und kopflos gegenüber. Die Wndg. ist bes. in Rheinhessen verbr.: ‚'s gebt Mensche, 's gebt aach Hersch!‘ In dieser Form erscheint sie in dem Roman ‚Daheim‘ (1908) von W. Holzamer.

Wie der erste Mensch (auch *wie die ersten Menschen*): weltunerfahren, unwissend, unmodern, töricht, unbeholfen; sold. seit dem 1. Weltkrieg, dann in allg. Umgangssprache übergegangen.

Wie der letzte Mensch sein: vor allem äußerlich in verwahrlostem Zustand sein, ungepflegt sein. Die Wndg. ‚Die letzten Menschen‘ wird als Titel eines lit. Werkes wörtl. verstanden, so bei Fr. Jacobsen, Hans Schmidt (1887) und Wolfgang Kirchbach (1890).

Mit jem. von Mensch zu Mensch sprechen: in vertraulichem Ton, ohne konventionelle Schranken zu berücksichtigen, offen miteinander reden. *Das geht den Menschen wie den Leuten:* das geht allen so. Hier wie in den drei folgenden Rdaa. wird der Begriff ‚Mensch' i. S. v. allen Menschen, jedermann gebraucht. *Das kann einem Menschen passieren, der Frau und Kinder hat:* das kann jedem Mann zustoßen, selbst einem, der große Lebenserfahrung besitzt.

Unter Menschen gehen: sich in Gesellschaft begeben, sich der menschlichen Gemeinschaft nicht fernhalten, seiner Trübsal und Einsamkeit entfliehen.

Mensch und Vieh verrückt machen: jedermann in Aufregung versetzen.

Das wird einem alten Menschen sauer: in der Niederlausitz sagt man das vor allem spottend zu oder von einem jungen Menschen, der schon bei kleinster Anstrengung stöhnt.

Der Mensch, das unbekannte Wesen: Rda., die die Unwissenheit des Menschen über sich selbst ausdrückt; urspr. ein Buchtitel: ‚Man – the unknown' von Alexis Carrel (1873–1945), ersch. 1935 in Amerika, dt. Übers. 1936.

Ein Mensch mit drei Buchstaben sein: ein in der Öffentlichkeit bekannter Mensch sein, dessen Name dreiteilig ist und sich so zu drei Buchstaben abkürzen läßt; z. B. Franz Josef Strauß = FJS. Die urspr. lat. Rda. ‚Homo trium litterarum' bez. zunächst einen Dieb (lat. ‚fur'), wurde später auch auf hochstehende Persönlichkeiten angewandt: L.C.S. = Lucius Cornelius Sulla; G.J.C. = Gajus Julius Caesar.

Er ist heute keines Menschen Freund: Er ist verdrießlich gestimmt, er hat schlechte Laune.

Ein Menschenfreund sein: auf Gewaltanwendung verzichten; urspr. berl. seit etwa 1900, jetzt allg. umg. geläufig.

Aus ihm wird kein Mensch klug: niemand versteht seine Handlungen, niemand durchschaut ihn. Die Negation von ‚Mensch' erhält hier die Bdtg. von ‚niemand'; so auch: ‚A ginnt kem Mensche nischt': er gönnt niemand etw.

Keine Menschenseele ↗ Niemand.

Mensch!: gemütliche oder erzürnte Anrede; vermutl. aus der Dichtersprache des 19. Jh. übernommen („O Mensch, gib acht!"). In Ostpreußen drückte man sein Erstaunen aus, wenn man ausrief: ‚O Mensch, drâchtiger'.

Mensch Meier! erstaunte Anrede; ihre Herkunft ist ungeklärt; die Wndg. ist erst

im 20. Jh. aufgekommen, wahrscheinl. Erweiterung der gemütlichen Anrede ‚Mensch' oder auch ‚Menschenskind!'. Erstmals 1941 lit. vermerkt; 1978 Titel eines Volksstückes von F. X. Kroetz.

‚Mensch ärgere dich nicht'; auch rdal. gebrauchter Name eines beliebten Würfelspiels. Das Spiel wurde 1911 in Berlin von F. J. Schmidt entworfen (die Grundidee ist schon altindisch). Inzwischen hat sich das Spiel über die ganze Welt verbreitet (Gesamtauflage bisher 50 Millionen).

Das Mensch: hiermit wird eine bes. große Verachtung ausgedrückt. Im Bair. war ‚das Mensch' urspr. die nicht wertgebundene Bez. für einen weibl. Dienstboten (Magd) und hat sich bis ins 17. Jh. hinein in Dtl. als Neutrum ohne verächtlichen Nebensinn gehalten; erst im 18. Jh. wurde ‚das Mensch' zur Bez. ehrloser weiblicher Personen wie Dirnen, Schlampen usw. Die oberoesterr. Rda. ‚Dös is a Mensch, das man mit koan Prüg'l daschlaga kunt' bezieht sich auf eine wenig geachtete Frau, während sich die Rdaa. ‚Wenn 'k dat Minsch ansich, fall'n mi alle mîne Sünden bî' oder ‚... fehl'n mi immer sechs Drîer' auf einen Mann oder eine Frau beziehen können.

Der Abschaum der Menschheit sein; zum Abschaum der Menschheit gehören: ein verdorbener, schlechter, ehr- und tugendloser Mensch sein. Die Rda. geht auf die griech. Textfassung von 1. Kor. 4, 13 zurück; Luther übers.: ‚ein Fluch der Welt'.

Es menschelt: ein hoher Würdenträger läßt erkennen, daß auch er mit menschlichen Schwächen behaftet ist; vor allem obd. geläufig; auch: *sich menschlich zeigen;* schwäb. ‚menscheln': nicht besser sein, als die Menschen es gewöhnlich sind: ‚Es menschlet bei ihm halt auch'; ‚es menschelt bis vor Gottes Thron', Rda. im Badischen; schweiz. ‚menschelen': allg.: menschliche Gebrechlichkeit an sich haben. In ähnl. Bdtg. wird auch gern der Ausdr. *Menschliches, Allzumenschliches* gebraucht, urspr. der Titel einer 1878 von Nietzsche erschienenen Schrift.

Einem ist nichts Menschliches fremd: man hat sehr viel Verständnis für alles. Diese Feststellung beruht auf einem lat. Zitat: ‚Homo sum; humani nil a me alienum puto': ‚Ich bin ein Mensch; nichts

Menschliches ist mir fremd' (Terenz: ,Heautontimorumenos' I, 1,25). Augustus teilt in den ,Epistolae' 155, IV, 14 mit, daß diese Rda. bei den Römern im Theater immer großen Beifall gefunden habe. Vgl. auch Goethes Spruch: „Denn ich bin ein Mensch gewesen ..." im ,West-östl. Divan'. *Es läuft immer etw. Menschliches mit unter:* jedem Erzeugnis des Menschen sieht man an, daß es menschlicher Herkunft ist; Wander erklärt: „Die Hand des Menschen blickt überall hervor". Vgl. ndl. ,Er loopt al tijd wat menschelijks onder'.

Ein menschliches Rühren verspüren: seine gnadenlose Härte überwinden, durch das Beispiel treuer Freundschaft überwältigt werden, sein Herz sprechen lassen. Urspr. bezieht sich diese Rda. auf ein Zitat aus Schillers ,Bürgschaft', wo es von dem Tyrannen heißt: „Der fühlt ein menschliches Rühren". Heute wird die Rda. meist scherzhaft profaniert verwendet. Sie umschreibt den Drang des Menschen, sich zu entleeren, seine Notdurft zu verrichten, aber auch seine Hunger- und Durstgefühle.

Kein Menschenfresser sein: niemandem etw. tun, umgänglich sein; ein Mensch sein, mit dem man reden kann, vor dem man keine Angst zu haben braucht.

Jem. auf die Menschheit loslassen: eine fertig ausgebildete Person aus Schule oder Lehre entlassen; iron. angewandt.

Seit Menschengedenken: soweit die Überlieferung zurückreicht, solange man sich zurückerinnern kann; vgl. lat. ,Post homines natos' (Cicero). Jean Paul schreibt: „Eine alte Sage von Wundern und Zaubereien, schreckt seit Menschengedenken die Schiffer ab, sich ihr (= der Insel) zu nähern (,Quintus Fixlein'). *Ist das (denn) die Menschenmöglichkeit?:* Ausruf der Verwunderung, des Erstaunens; schweiz. ,Ist das au menschenmügli?'. Die ältere Formel heißt: ,menschlich und möglich'.

Das sagt einem doch der gesunde Menschenverstand: zu diesem Ergebnis kommt man durch die natürliche Denk- und Urteilsfähigkeit; dazu braucht man keine gelehrte Auseinandersetzung, kein Bücherwissen.

Menschenfleisch. Die berühmten Worte des Riesen im Märchen: „Ich rieche, rieche Menschenfleisch" (z. B. KHM. 29 ,Der Teufel mit den drei goldenen Haaren') (engl.: ,I smell the blood of an Englishman') rührten an eines der größten Tabus, das die christl. Kultur errichtet hat, das aber in Folklore, Lit. und Kunst immer wieder durchbrochen wird: Die Menschenfresserei (Thomsen, S. 8). Die – wie Psychoanalytiker sagen würden – unterdrückte Lust am Kannibalismus äußert sich noch heutzutage in Science-Fiction, Film (z. B. ,Das Schweigen der Lämmer'), Karikatur und Parodie (Wedekind: ,Der Tantenmörder') oder in den sog. Kannibalen-Witzen, im Kinderbuch, wie in den Bildergeschichten Wilh. Buschs (,Max und Moritz', ,Der Eispeter') oder in den – nicht für Kinder gedachten Märchen-Illustrationen eines G. Doré oder Pocci; aber auch in sprw. Rdaa. wie z. B. ,jem. zum ↗ Fressen gern haben' oder ,einen ↗ Narren an jem. gefressen haben'. In ,Auerbachs Keller' (Goethe, ,Faust' I) singen die betrunkenen studentischen Saufkumpane:

Uns ist ganz kannibalisch wohl,
Als wie fünfhundert Säuen!

Unterschwellig oder ganz offen vorhanden ist Kannibalismus in Märchentraditionen wie in ,Hänsel und Gretel' (KHM. 15), ,Rotkäppchen' (KHM. 26), ,Machandelboom' (KMH. 47), ,Däumling' (Perrault: ,Le petit poucet'). Kannibalismus wird Hexen, ↗ Werwölfen und Vampiren zugeschrieben. Im russ. Märchen ist die Baba-Jaga eine menschenfressende Dämonin. Der Kyklop Polyphem ist der Prototyp aller Anthropophagen der antiken Mythologie. Im Sagen-Zyklus von der ,Wilden Jagd' wird ein Mensch für seine (meist unbeabsichtigte) Jagdhilfe belohnt. Aber der Dank besteht in einem ,Aasgeschenk', das der Wilde Jäger zuteilt mit dem Ruf:

Hast mit helfen jagen,
kannst auch mit nagen!

In vielen Fällen wird die vom Wilden Jäger herabgeworfene Gabe als Menschenleiche, gebratener Mensch, halber Mensch, Menschenlende, Weiberschinken, Menschenbein, blutiges Frauenbein etc. bezeichnet. Die erste Erwähnung eines Fleisch- oder Aasgeschenkes findet sich bei Heinrich Bebel (,Facetiarum libri tres', 1506, I, 36). Dabei handelt es sich um ein Stück von der nach ihrem Tode gejagten sündhaften Pfaffenkellerin, seiner Jagdbeute. In übertr. Bdtg., d. h. in nicht mehr anthropophager Absicht, werden die Worte ‚Ich rieche, rieche Menschenfleisch' heutzutage oft benutzt gegenüber jedem Fremden, der nicht dem eigenen spezifischen ‚Stallgeruch', ‚Müffel', ‚Duftmarke' etc. entspricht; vgl. ‚jem. nicht ↗riechen können'; ‚bei jem. in gutem ↗Geruch stehen', ‚mir stinkts' etc.

Lit.: *Pehl:* Art. ‚Menschenfresser, in: HdA. VI, Sp. 151–154; *W. E. Peuckert:* Art. ‚Aasgeschenk des Wilden Jägers', in: Handwb. d. Sage I, S. 10–16; *E. Volhard:* Kannibalismus (= Studien zur Kulturkunde 5) (Stuttgart 1939); *L. Röhrich:* Die Frauenjagdsage, in: Laographia XXII (1965) S. 408–423; *ders.:* Art. ‚Grausamkeit', in: EM. VI, Sp. 97–110; *Chr. W. Thomsen:* Menschenfresser in der Kunst und Literatur ... (Wien 1983).

meschugge. *Meschugge sein:* verrückt sein; das Wort ‚meschugge' kommt aus dem Hebr.: ‚mĕschugga' ist die Partizipbildung zu ‚schägag', was hin- und herwanken (herumirren) bedeutet.

Lit.: *S. A. Wolf:* Wb. des Rotwelschen; Deutsche Gaunersprache (Mannheim 1956), S. 216.

Messe bedeutet sowohl den Gottesdienst wie (urspr. mit dem kirchlichen Fest verbunden) den Jahrmarkt. Beide Bdtgn. finden sich auch in Rdaa. *Auf dem Rücken zur Messe gehen:* zu seiner eigenen Totenmesse getragen und begraben werden.
Er hört nur Messe, wenn's im Kalender rot geschrieben steht: er geht nur selten in die Kirche.
Er hat gern kurze Messen und langes Essen: er ißt gern gut, der sinnliche Genuß geht ihm über den geistigen. *In die jüdische Messe gehen:* gar nicht in die Kirche gehen (weil die Juden keine Messe kennen). *Sie sind vor der Mess z'Opfer gange:* sie haben sich bereits vor der Trauung als Eheleute betrachtet; die Wndg. wird schweiz. gebraucht, wenn eine Neuvermählte zu früh niederkommt.
Zur Messe kommen, wenn die Buden leer sind: zu spät kommen, die günstige Gelegenheit versäumen. *Das dauert keine Leipziger Messe:* das geht schnell, dauert nicht lange; von den berühmten Leipziger Messen dauerten die beiden großen, die Jubilate-(Oster-)- und die Michaelis-Messe

seit alters je vierzehn Tage. *Der letzte Messeschrei sein:* die letzte Messeneuheit (↗schreien).

Messer. *Jem. das Messer an die Kehle setzen:* ihm hart, nachdrücklichst zusetzen; bezieht sich eigentl. auf die Absicht, ihm den Hals abzuschneiden; vgl. frz. ‚mettre à quelqu'un le couteau sous la gorge'; ebenso *jem. ans Messer liefern; das Messer sitzt ihm schon an der Kehle,* eigentl.: er ist in arger Geldnot.
Das Messer wetzen: Vorbereitungen treffen. Die Wndg. begegnet bereits in übertr. Bdtg. im Lied vom ‚Schnitter Tod' (Str. 1):

ES ist ein Schnitter heist der Todt,
Hat Gwalt von grossen GOtt.
Heut wetzt er das Messer,
Es geht schon viel besser,
Bald wird er drein schneiden,
Wir müssens nur leyden,
Hüt dich, schöns Blümelein!

Die ähnl. Wndg. *die Messer wetzen* meint: sich auf eine harte (verbale) Auseinandersetzung einstellen, schlagkräftige Argumente sammeln.

‚Die Messer wetzen'

Einem selbst das Messer in die Hand geben: zu seinem eigenen Schaden handeln. *Jem. ins offene Messer laufen:* sich ungeschickt verhalten, so daß man dem Gegner in die Falle gerät.
Etw. (jem.) bis aufs Messer bekämpfen: eine Sache oder Person mit allen Mitteln bis zum Äußersten bekämpfen.
Der Ausdr. ‚Krieg bis aufs Messer' beruht auf einer Antwort des span. Feldherrn José de Palafox y Melzi (1775–1847) an die Franzosen, die ihn 1808 zur Übergabe des belagerten Saragossa aufforderten.

Jem. unters Messer nehmen: jem. operieren. Ebenso wie die folgenden Rdaa. ,Jem. unter dem Messer haben', ,unters Messer müssen': sich operieren lassen müssen, *unter dem Messer bleiben:* während der Operation sterben; hier steht Messer stellvertretend für das Skalpell des Chirurgen. Urspr. waren alle diese Rdaa. nur auf Schlachtvieh bezogen.

Lit. bei Schiller, ,Macbeth' IV, 6 (Übers. u. Bearbeitung von Shakespeares Drama): „Weißlich gibt man ein unschuldig Lamm dem Messer hin, um einen zürnenden Gott zu versöhnen".

Das Messer beim Heft haben, heute meist bloß *das Heft in der Hand haben:* die Macht, die Gewalt haben. So schon bildl. in mhd. Zeit, z. B. in Ottokars oesterr. ,Reimchronik' (V. 956 ff.):

Dô wart der Franzoisaere dinc
in Cecili dester bezzer,
si heten daz mezzer
begriffen bî dem hefte.

Die Entscheidung steht auf des Messers Schneide: es geht ,auf Biegen und Brechen' (↗biegen). Schon in Homers ,Ilias' (X, 173) ,ἐπὶ ξυροῦ ἵσταται ἀκμῆς'.

Mit dem großen Messer (auf-)schneiden: lügen, schwindeln, ↗aufschneiden. Lit. in Grimmelshausens ,Simplicissimus' (Buch II, Kap. 18): „... es werden sich etliche finden, die sagen werden, Simplicius schneide hier mit dem großen Messer auf" (gemeint ist die Brockenfahrt).

Ein Messer ohne Klinge, an dem der Stiel fehlt: ein ,Nichts', scherzhafte Wndg., die G. Chr. Lichtenberg (1742–99) geprägt hat.

,Er legt gleich das Messer bei der Käs' sagt man rheinhess. von einem, der entgegen bäuerlicher Gewohnheit gleich mit seiner Rede herausrückt.

Da steckt das Messer: da liegt der ↗Hund begraben.

Das Messer im Ferkel stecken lassen: eine Arbeit unvollendet liegen lassen.

Da geht einem das Messer im Sack (oder *in der Tasche*) *auf:* man wird sehr zornig, sehr erregt; schon um 1900 in Baden bekannt. Von einem stumpfen Messer sagt man: *Auf dem Messer kann man nach Breslau* (auch *Rom, Paris, Köln*) *reiten;* schlesw.-holst. ,Dat Meß is so stump, dor kannst mit'n bloten Ars op na'n Blocks-

barg rieden'; ,op sien Mess kunn en Hex ahn Ünnerbüx up na'n Blocksbarg rieden'; von der stumpfen Sense heißt es meckl.: ,Dor kann'n up nah'n Blocksbarg riden!'. Der Messerritt ist unverkennbar ein Hexenritt und bezieht sich auf den Volksglauben: Man darf sein Messer nicht mit der Schneide nach oben legen, weil sonst die Hexen darauf nach dem Blocksberg reiten.

Messer gen Himmel richten: die Schneide des Messers nach oben stellen; davor wird bes. im Volksglauben gewarnt, denn man nimmt an, dadurch könnten sich die Engel ihre Füße verletzen. Im ,Journal von und für Dtl. von 1787', II, Nr. 17 und 18, S. 342 ist ein Artikel aus Pforzheim abgedruckt: „Legt man ein Messer mit der Schneide aufwärts, so zerschneidet man dem lieben Gott oder den Engeln das Gesicht. Wenn man einen Rechen so trägt, daß die Zähne aufwärts stehen, oder einen Finger in die Höhe reckt, so sticht man dem lieben Gott die Augen aus; – auch vergeht der Regenbogen davon". – Birlinger berichtet (in: Volksthümliches aus Schwaben 1, Nr. 701, S. 492): „Wenn man ein Messer auf den Rücken legt, schneiden sich die Engel in die Füße, weshalb man solche Messer gleich abbrechen soll; dafür bekommt man den Lohn von den Engeln".

Doch ist als Erklärung weder die pädagogische Absicht noch eine von Antonius Margaritha angenommene jüd. Herkunft dieses Aberglaubens ausreichend. 1530 erschien ,Der gantze Jüd. Glaube' von Antonius Margaritha, der darin schreibt: Die Juden ,lassen auch deswegen kein Messer auf dem Rücken liegen, sprechend, ein ieder Jude habe einen eigenen Engel, welcher stets bey und um ihn sey, der möchte sich vielleicht an solchem Messer versehren oder beschädigen ... Ich glaube, daß ... auch einer vielleicht, der ein liebes Kind gehabt, solche Fabel mit dem Messer erdacht habe, damit es sich nicht schnitte" (Ausg. Leipzig 1713, S. 19).

Der Volksglaube geht auf uralte Vorstellungen zurück; schon im Altertum meinte man, einen Hagelsturm abwehren zu können, indem man blutige Beile gen Himmel richtete. Herodot berichtet von dem ägyptischen König Pheron, der durch eine solche Handlung gegen die Götter blind wurde.

Lit.: *A. Jacoby:* Messer gen Himmel richten, in: Schweiz. Arch. f. Vkde. 23 (1920–21), S. 220–223; *L. Berthold:* Sprachl. Niederschläge absinkenden Hexenglaubens, in: Volkskundl. Ernte. Hugo Hepding dargebracht. Gießener Beiträge zur dt. Philologie 60 (1938), S. 32–39; *L. Röhrich:* Sprw. Rdaa. aus Volkserzählungen, S. 260.

messerscharf. *Messerscharf denken:* logische, schnelle, Schlüsse ziehen; lit. bei Christian Morgenstern (1871–1914) im Gedicht: ‚Die unmögliche Tatsache‘:

Weil, so schließt er messerscharf,

nicht sein kann, was nicht sein darf.

Meßlatte. *Eine Meßlatte anlegen:* mit einem bestimmten Maßstab messen, auch: jem. schlagen.

‚Eine Meßlatte anlegen‘

Metzgersgang. *Einen Metzgersgang getan haben* (obd.): einen vergeblichen Gang getan haben, umsonst dagewesen sein; entspr. ndd. ‚eenen Slachtergang don‘, mdt. ‚einen Fleischergang tun‘. Die Rda. ist seit dem Anfang des 18. Jh. bekannt und wird damit erklärt, daß die Metzger oft manchen vergeblichen Gang über Land tun mußten, um bei den Bauern Schlachtvieh einzukaufen. Von einer solchen unnützen Reise sagt man auch, wortspielend mit dem Ortsnamen Calbe (a. d. Saale, a. d. Milde usw.): ‚das war eine Reise nach Calbe‘. In manchen Gegenden Dtl.s sagt man auch ‚einen Fleischergang machen‘. Lit. bei Lessing: „Kurz, sie machten, was man nennt einen Fleischergang" und bei Pfeffel: „das Schicksal will mich irre führen, sprach es nach manchem Fleischergang" (Dt. Wörterb. III,

Sp. 1757). Vgl. frz. ‚faire un pas de clerc‘ (wörtl.: wie der Lehrling in einer Kanzlei, der mit seinem Beruf noch nicht vertraut ist, einen vergeblichen Gang machen).

Im 16. Jh. entstanden die sog. Metzgerposten, in denen sich bes. in Schwaben und im Rhld. die Metzgerinnungen als Anstalten für das Verkehrswesen organisierten. Obwohl dieses „Nebenbotenwerk" 1614 von Kaiser Matthias verboten wurde, fand die Organisation erst in der 2. Hälfte des 17. Jh. ihr Ende. In Württemberg, der Pfalz und in Baden stand die von der Metzgerzunft betriebene Post zeitweilig unter staatlichem Schutz („Post- und Metzgerordnung" vom 26. Juni 1622) unter Herzog Friedrich von Württemberg, ganz gegen die Interessen der Thurn-und-Taxis-Betriebe. Ärger zwischen den Metzgerinnungen und der Thurn- und-Taxis-Organisation gab es auch wegen des Posthornes, das Thurn-und-Taxis für sich allein in Anspruch nahm, obwohl dieser Brauch von den Metzgern abstammt: In der Memminger Chronik von 1490 wird berichtet, daß die Metzger ihre Ankunft und ihren Aufbruch jedesmal durch Blasen auf einem kleinen Horn der Bevölkerung kundtaten. Ihr Vertreter berichtete einem Boten von Thurn-und-Taxis, „daß die Metzger auf ihre eigenen Kosten ein Pferd halten und ohne die geringste Belohnung dann und wann sich zur Verschickung der Wegweiser gebrauchen lassen". Deshalb „müßte ihnen auch erlaubt sein, ein Posthörnlein mit Livree zu führen" (O. Lauffer, S. 50).

Lit.: *Anon.:* Woher kommt die Rda. ‚einen Metzgergang machen?‘ Schweiz. Vkde. 17 (1927), S. 21; *O. Lauffer:* Der laufende Bote, in: Beiträge zur dt. Volks- und Altertumskunde 1 (1954), S. 19–60· *E. Johann:* Das Jahr des Metzgers. Der Wurstologia anderer Band (Frankfurt/M. 1957).

mich. *Für mich und meine Erben:* diese ma. Rechtsformel regelt das Problem der Erbenhaftung bei Verschuldung des Erblassers. Steht diese Formel in einer Schuldurkunde, so haftet der Erbe nur mit dem Nachlaßvermögen für die Schulden des Verstorbenen.

In den fränk. Formelsammlungen des 8. und 9. Jh. tritt diese Formel zum ersten Mal in Erscheinung: ‚pro me et heredibus meis‘. Bis Ende des MA. besitzt die häufig vorkommende Formel noch keinen dekorativen Charakter. Sie wurde auch verpflichtend für die Schuldiger des Erblassers, die noch ausstehende Schuld an die Erben des Toten auszuzahlen. Der Sachsenspiegel erklärt:

Men scal ok deme erve gelden,
dat men deme doden sculdich was.

Bis ins 18. Jh. hält sich die Formel in Sachsen als Rda. ohne rechtliche Bdtg.; in anderen Gebieten Dtl. ist sie schon vorher ausgestorben. Heute ist die Formel weitgehend unbekannt.

Lit.: *W. Ebel:* Über die Formel ‚für mich und meine Erben' in ma. Schuldurkunden, in: Zs. der Savigny-Stiftung für Rechtsgeschichte; Germanistische Abteilung 84 (1967), S. 236–274.

Michel. Der *Deutsche Michel* gilt als Verkörperung des Deutschen allg.; ihm sagt man Schwerfälligkeit, Schlafmützigkeit und gutmütige Unklugheit nach. Die Wndg. ist daher im ganzen eine nicht eben schmeichelhafte Bez. für den Deutschen u. seine besonderen Eigenschaften. Diese werden in verschiedenen Rdaa. angesprochen, die Verschlafenheit in ‚Michel wach auf', die Dickfelligkeit in der ostpr. Version ‚Möchel, merkst nuscht?' oder mangelnde Einsicht in ‚Michel gib dich' (ins Unvermeidliche). In Schwaben bedeutet ‚jem. fürs Michele halten': ihn necken, ihn für dumm u. tolpatschig halten; ‚er spielt klein Mecheli'; in der Schweiz: ‚Micheli, Mächeli, mach ins Kächeli' (ähnl. in Kärnten); auch: ‚jem. zum Michel machen', jem. nicht ernst nehmen, zur Spottfigur machen. Die Herkunft der Wndg. ist nicht genau auszumachen. Eiselein meint,

‚Jemand zum Michel machen'

der dt. Michel habe seinen Urspr. nicht in einer Begebenheit oder einer Person, sondern wäre vielmehr ein ‚Sobriquet', d.h. eine gemeinsame Benennung des dt. Volkes wie ‚John Bull' für das engl. Volk u. ‚Yankees' für die Amerikaner. Es sei auf das ahd. ‚mihhil', (mhd. ‚michel' = ‚groß') zurückzuführen, i.S. eines klobigen, unbeholfenen Menschen, der auch als ‚klotziger Deutscher' oder ‚deutscher Großhans' bez. wurde.

A. Hauffen hingegen hält einen Zusammenhang mit dem Erzengel Michael, dem Schutzpatron der Deutschen, für wahrscheinlich. Der hl. Michael – Sieger über den Satan (Offb. 12, 7 ff.), Beschützer der Kirche, Patron der christl. Heere – wurde als Engel des Volkes in Dtl. besonders gefeiert. Zahlreiche Kirchen des frühen MA. wurden dem hl. Michael geweiht, viele Orte nach ihm benannt: Michelau, Micheltal, Michelstadt usw. In all diesen Orten waren dem Erzengel Kirchen oder Kapellen geweiht. Der Name Michael ist noch immer einer der beliebtesten Taufnamen. Daher auch die vielen bürgerlichen Familiennamen wie Michaelis, Michel, Michelis, Micheler, Michelmann, Kleinmichel usw. Aus der innigen Verehrung Michaels entstanden schon früh zahlreiche Lieder auf ihn, die ältesten in lat. Handschriften des 8. Jh. Im 15. Jh. tauchten vier Wallfahrtslieder auf, die nach einer Michaelslegende von Mitgliedern einer Pilgergesellschaft, den sog. ‚Michelsbrüdern' verfaßt worden waren. Darunter befand sich auch eines, das deutsche Knaben auf einem Pilgerzug zu dem berühmten Wallfahrtsort ‚Mont-St-Michel sur mer' in der Normandie sangen:

Here sante Michael, stae uns bii ...
Liber here sante Michael, was dust
du in welschem lande unter den
gesnoten Walen? Si nemen uns dii
phande,
sii geben uns das kupher gelt
umbe das rode gold.

Wann u. wie aus der strahlenden Erscheinung des Erzengels der ‚deutsche Michel' entstanden ist, läßt sich nicht eindeutig klären. Von den Wallfahrtsliedern verstanden die Franzosen nur den ständig wiederkehrenden Ruf nach ‚Sankt Mi-

,Der deutsche Michel'

chael'. Hauffen nimmt daher an, daß sie diese ,Michelsbrüder' als dumme deutsche Michel bez. hätten, zumal in Frankr. schon damals ein zum Schein wallfahrender Bettelbruder ,michelot' genannt wurde.

1525 soll die Wndg. ,deutscher Michel' zum ersten Mal im Elsaß vorgekommen sein. Hauffen vermutet jedoch, daß die eigentl. Umgestaltung zum geflügelten Wort in Dtl. selbst vor sich ging, zumal es am Ausgang des 15. Jh. – im Zeitalter der Satire – Brauch wurde, daß die Fehler u. die Unwissenheit der sprachunkundigen Deutschen von einheimischen Dichtern wie Brant u. Fischart belacht u. gegeißelt wurden. Zum ersten Mal belegt ist die Wndg. 1541 in Seb. Francks zweibändiger Sprww.-Sammlung. Im 1. Band stellt Franck einige frauenfeindliche Sprww. zusammen u. fügt dann sehr unhöflich hinzu, sie seien „so torecht Tier", daß etliche daran zweifeln, ob man die Weiber überhaupt unter die vernünftigen Menschen rechnen könne. In Ränken und Listen seien sie „ja eitel geschwind Doctores", hingegen „in nötigen Sachen können sie weniger dann der teutsch Michel". Im 2. Bd. führt er als Bez. für grobe und dumme Menschen an: „Ein grober Algewer Bauer, ein blinder Schwab, ein rechter dummer Jahn, der teutsch Michel, ein teutscher Baccalaureus" (damals der niedrigste akademische Grad).

Karl Meisen jedoch führt den Ausdr. auf den dt., bei Bauern bes. beliebten Vornamen Michael, Michel zurück (s. auch die Novelle von Heinrich von Kleist: ,Michael Kohlhaas' [1808]). Nach Meisen hat dieser Name nichts mit dem Hl. Michael zu tun. „Diese Ausdrucksweise muß, da sie im 16. Jh. bereits schriftl. überliefert wird, nach den angeführten Belegstellen zu urteilen, im 15. oder beginnenden 16. Jh. entstanden sein. Sie bez. ... urspr. den in gelehrten Dingen nicht bewanderten ..., grob und ungeschlacht verachteten Bauern" (Meisen S. 251).

In einer der frühesten Quellen, in Martin Schrots Spottbilddichtung vom Jahre 1546, ,Von der erschrecklichen Zerstörung und Niederlag des ganzen Papsttums', läßt der Dichter die Ritter des dt. Ordens in Preußen klagen: „Wir sein verdorben Edelleut ... Spot unser jedermann behend / Die teutschen Michel

1029

Ewig lobwürdige Ehrengedechtnuß des recht-
Edlen thewren Teutschen Helden/ Herren Obristen
Hans Micheln von Obentraut/ auß der Chur Pfaltz/ꝛc.

Schaw Teutscher Adel/ schaw/ vnd schawt ihr Herten zu gleiche/
    Ja schawt ihr Teutschen all im Heilgen Römischen Reiche ;
    Schawt an/ schawt an mein Leich/ die Tilly g'fangen helt/
    Vnd mich zum spectacul euch für die nasen stelle.
Tilly hat zwar mein Leich in seinem zwang vnd gwalte/
Aber der liebe Gott/ an den ich mich steiff halte/
    Der hat mein seel vnd geist/ der Leichnam ghört der Erd/
    Daß er widrumb zu staub/vnd wenig äschen werd.
Mein Nam von Obentraut/ mein Waapen vnd Kleinothe/
So ich durch göttlich Gnad erhalten biß in todte/
    Bey der posteritet bleibt ewig vnversehrt/
    Auch bey den Feinden selbs wol g'achtet vnd geehrt.
Solchs gwint ein redlich Hertz/ das trew an seinem Herren/
Vnd sich von ihm nicht wolt zu jemandt anders kehren/
    Der Nam eins frommen Manns ist aller Ehren wärth.
    Ein fauler Mamaluck ist ein fluch auff der Erd.
O weh der losen Rott/ die Spannisch gelt gefressen/
Vnd seind zur Widerparth wie Judas nider gsessen/
    Die straaff kompt auch mit hin/ meyneyd hat kein bestand/
    Es sey zu welcher zeit/ oder in welchem Land.
Meinn Feind hab ich verfolgt/ vnd war bey mir kein schimpffe/
Sücht weder bey klein Hans/ noch auch bey groß Hans glimpffe.
    Mein König war mir lieb/vnd das gantz Vatterlande/
    So leyder/ Gott erbarms/ jetz steht in disem stande.
Der Spannier trotzt vnd pocht/ vnd tritt Teutschland mit füssen/
Alß wann sich alle Landt ihm vnderwerffen müssen.
    Das that mir schmertzlich weh/ vnd macht mir angst vnd bang/
    Daß ich im Vatterlandt solt sehen solchen zwang.
Ach hett meins sinns gehabt die gantz Teutsch Ritterschaffte/
Vnd hette Gott der Herr geben sein gnad vnd krafft/
    Man hett der lieben Pfaltz/ vnd andrem Teutschem Lande
    Nicht anthun sollen den spott/ vnd vnerhörte schande.
Nun hat vns Gott gestrafft/ der wirds sich auch erbarmen/
Vnd widrumb schaffen raht den vnderdruckten Armen/
    Keiner poch auff sein glück/ Gott ist im Himmel g'recht/
    Der seinem Völcklin hül rett sein trewen Knecht.

    : 6 2 5.

'Der deutsche Michel'

man uns nennt, / Ist wahr, können nit vil Latein, / Denn Fressen, Saufen, Buben sein". Seit der Reformationszeit bez. man mit diesem Spottnamen die gutmütigen, aber unbeholfenen und einfältigen Deutschen, die sich von fremden und eigenen Zwingherren alles gefallen lassen. Jakob Frey berichtet in seiner ‚Gartengesellschaft' (1556, 14) von einem beschränkten Pfarrer und deutet sein Wesen mit den Worten an: „Er wußt weniger, weder sein Pfarrkinder, ja weniger dann der teutsche Michel". Die ‚Zimmerische Chronik' bringt den Michel mit einem andern Beiwort: „Er (Schenk Albrecht) hätt ein Narrn, war ein lauters Kind, man nampt (nannte) ihn unsern Michel".

Die Wbb. des 17. Jh. nehmen den alten Gattungsnamen wieder auf. Zuerst Georg Henisch, ‚Teutsche Sprach und Weisheit' (1616): „Ein einfältiger Teutscher Michel richt kein ketzerei an". Sodann verdient ein Aufruf des „Deutschen Michels" zum Kampf gegen die Fremdländerei und Sprachvermengung des 17. Jh. hervorgehoben zu werden. Erst ging ein Gedicht im Jahre 1638 als kleine Flugschrift aus. Dann erschien es im Jahre 1642, „da die teutsche Sprache verderbt war", mit einem Spottbild auf die Modesucht der Zeit in Form eines Flugblattes: „Ein schön new Lied, genannt: der teutsche Michel etc., wider alle Sprachverderber, Concipisten und Cancellisten, welche die alte teutsche Muttersprach mit allerlei fremden, lateinischen, wälschen, spanischen und französischen Wörtern so einfältig vermischen, verkehren und zerstören, daß sie ihr selber nicht mehr gleich siehet und kaum halber kann erkannt werden". Durch eine endlose Aufzählung gebräuchl. Fremdwörter wird das Kauderwelsch der dt. Sprache bespiegelt und lächerlich gemacht. Mit dem Seufzer: „Ich deutscher Michel / Versteh schir nichel / In meinem Vaterland, / Es ist ein Schand" beginnen und enden die Klageverse. Ähnl. und der damaligen Auffassung nahestehend heißt es in dem Roman von Hans Michael Moscherosch, ‚Gesichte Philanders von Sittewald' (1642, I, 12): „Heuchelst du nicht mit, sondern wirst als ein redlicher deutscher Michel frei durchgehen und aus guten Herzen Al-

les meinen, reden und tun wollen" und (II, 35): „Einer wollte Griechisch an mich, der Ander Spanisch, der dritt Italienisch mit mir reden, aber ich sagte ihnen allen, ich wäre ein geborner Teutscher Michel, könnte kein andere Sprach als die Deutsche".

Wahrscheinl. haben diese Vorlagen Grimmelshausen zu ‚Des Simplicianisch-teutschen Michels verstümmelten Sprach-Gepräng' und seinen fünf Büchern der Urfassung ‚Simplicissimus Teutsch' (1669, II, 17) veranlaßt, wo es heißt: „Ich wußte dermal weniger als der deutsche Michel, was ein Secret war".

Daß nicht Philander von Sittewald, sondern Simplicius eine sinnbildl. Gestalt wurde, liegt daran, daß Moscherosch kein Erzähler war wie Grimmelshausen. In der Folgezeit des Dreißigjährigen Krieges wird die Bdtg. des ‚teutschen Michel'-Namens immer pejorativer gebraucht, so daß Kaspar von Stieler in seinem ‚Teutschen Sprachschatz' (Nürnberg 1691) ‚ein deutscher Michel' geradezu mit „idiota, indoctus" wiedergibt. Der Ausspruch von Stieler zeigt, daß im 17. Jh. unter ‚deutscher Michel' Leute gemeint waren, die kein Latein verstanden, also Ungebildete.

Erhard Weigel, seit 1654 Professor in Jena, sagte in einer seiner Streitschriften: „Das Wörterwissen bläht an sich schon auf, daß auch ein Knabe, wenn er die deklinieren und konjugieren kann, sich in der Schule mehr einbildet als in guter Deutscher auf dem Rathaus. Denn diesen heißt man Idioten, Barbaren, deutschen Michel, einen gemeinen Mann, unweise, ungelehrt und ungeschickt, welchen Schimpf gedachter Knabe schon von sich ablehnet, zu geschweigen, was ein höherer Lateiner sich einbilden muß". Das kam aber der Gestalt des ‚teutschen Michel' zugute, weil er in dieser und weiteren Schriften jener Zeit als Verteidiger der Reinheit unserer Muttersprache auftritt. In Augsburg erschien 1642 das Flugblatt „Ein new Klagelied, Teutscher Michel genannt, wider alle Sprachverderber". Aber auch der tapfere Reiterführer Michael Obentraut (1574–1625), der sich als Reitergeneral im Dreißigjährigen Krieg auszeichnete, erhielt den Beinamen „der deutsche Michel". 1620 besiegte er bei

Der
Deutsche Michel
auf
breitester demokratischer Grundlage.

Volksmaueranschlag

Almanach
für
Deutschlands vierunddreißig Einheiten,
herausgegeben vom Reichshansmuwst.

Leipzig, 1849.   Verlag von E. O. Weller.

einem Reiterüberfall die Spanier bei Frankental, die ihm den Namen des Deutschen Michel beigelegt haben sollen. Dies ist jedoch nicht die Quelle des bis heute fortlebenden Spitznamens, sondern die schon ältere Bez. wurde nur auf ihn übertragen. Um die Mitte des 18. Jh. bez. man mit Michel einen Bauernknecht oder einen jungen Bauern mit den guten und schlechten Eigenschaften des Landvolks, der meist nicht sehr gescheit, auch verträumt ist, aber arbeitsam und bieder und auch gemütlich als ‚Vetter Michel' angesprochen wird. In jener Zeit heißt es weiter: „Ich armer Michelissimus, Weltmutter, was hatt'st du verbrochen, das dich unser lieber Herrgott ließ kommen mit mir in die Wochen? Sie (andere Völker) kräftigten zu Nationen sich, und ich – ich blieb der Michel. Ich blieb der Michel und ging nach Hause und legte mich auf den Glauben; denn weil mir die irdischen hingen zu hoch, so schielt' ich nach himmlischen Trauben. So bracht' ich das Mittelalter herum, gehörsam Gott und dem Fürsten, den einen Hang verspürend nur, nach Sauerkraut und Würsten". Zur politischen Spottfigur (mit der Zipfelmütze)

wird der deutsche Michel in der Zeit zwischen den Befreiungskriegen und der Revolution von 1848. Als volkstümliche Gestalt spielt er in witzigen Flugschriften eine Rolle, wo er zu tatkräftigem Eingreifen in das politische Geschehen wachgerüttelt und aufgerufen werden sollte.

Das Wort hat sich bis in die politische Sprache der Gegenwart erhalten: Ob neuzeitliche Versuche, den ‚teutschen Michel' ins Positive umzumünzen, auf Dauer fruchten, bleibt abzuwarten. An Versuchen fehlt es nicht: „Am vergangenen Donnerstag, gegen elf Uhr, wurde im Plenarsaal des Bundestages der neue deutsche Michel geboren. In wohlklingenden Wendungen beschrieb ihn Landesvater Willy Brandt seinem Volk: Der Bürger 73 arbeitet hart und zahlt ehrlich seine Steuern, er sorgt für Kunst am Eigenbau und ist lieb zu Kindern, er übt Barmherzigkeit am Nächsten und achtet Eltern und Großeltern, freudig trägt er Mitverantwortung am Staat und betrachtet ‚Frieden' als ‚eine Lebenshaltung'." (Der Spiegel vom 22. Januar 1973, S. 19).

Lit.: Liederbuch des deutschen Michel (Leipzig 1843); R. Köhler: Joh. Mich. Moscherosch u. sein Sprechverderber u. der teutsche Michel wider alle Sprechverderber, in: Archiv f. Literaturgeschichte I (1870), S. 291–295; J. E. Heß: Obentraut, in: Allg. Dt. Biographie, Bd. 24 (Leipzig 1887), S. 85 f.; J. Frey: Gartengesellschaft (Bibl. d. litter. Ver. Stuttgart, Bd. 209, S. 23, 25); G. M. Kueffer: Die Deutschen im Sprw. (Heidelberg 1899), S. 14 f.; G. Hoerner: Hans Michael Elias von Obentraut, genannt ‚Der deutsche Michel', in: Pfälz. Geschichtsblätter IV (1908), S. 17–21; A. Haußfen: Gesch. des dt. Michel (1918); K. Schottenloher: Flugblatt und Zeitung (Berlin 1922), S. 400 ff.; K. Meisen: St. Michael in der volkstümlichen Verehrung des Abendlandes, in: Rhein. Jb. f. Vkde. 13/14 (1962/63), S. 195–255; U. Otto: Die historisch-politischen Lieder und Karikaturen des Vormärz und der Revolution von 1848/1849 (Köln 1982); Ch. Köhle-Hezinger u. A. Zippelius: „Da ist der Michel aufgewacht und hat sie auf den Schub gebracht". Zu zwei Zeugnissen antisemitischer „Volkskunst", in: Zs. f. Vkde. 84 (1988), S. 58–84.

Miene. *Gute Miene zum bösen Spiel machen:* sich schweren Herzens etw. gefallen lassen, scheinbar gleichgültig über etw. hinwegsehen; die Rda. ist eine Lehnübers. des frz. ‚faire bonne mine à mauvais jeu' und bezieht sich auf das Glücksspiel (↗ Spiel).

Keine Miene verziehen: keinen Laut, keine Regung von sich geben; auch: keine Gefühle zeigen. Kant: „Es ist schwer, den Eindruck eines Affekts durch keine Miene zu verraten".

Miene machen, etw. zu tun: erkennen lassen, daß man etw. tun will, sich anschikken, etw. zu tun.

„Wer die Freiheit zu stürzen Miene macht" (Schiller: ‚Die Verschwörung des Fiesko zu Genua' III, 5).

Miese. *In den Miesen sein:* das Konto überzogen haben, Schulden haben, auch: bei bestimmten Kartenspielen Minuspunkte haben.

Das Wort ‚Miese' geht auf jidd. ‚mis' zurück, das dort urspr. schlecht, miserabel bedeutet.

Milch. *Er hat nicht viel in die Milch zu brokken* (auch gekürzt: ‚er hat nicht viel zuzubrocken'): er lebt bescheiden, kann keine ‚großen Sprünge machen' (↗ Sprung). Das Gegenteil heißt ndd. ‚He hett wat in der Melk to krömen' (krümeln); ‚he hett wat intostippen'; ebenso ndl. ‚veel in de melk te brokken hebben', viel Einfluß, viel zu sagen haben. Seb. Brant geißelt es im ‚Narrenschiff' (17, 28), daß auch ein Dummer als Schwiegersohn willkommen geheißen werde, wenn er nur Geld habe:

Man sucht eyn vß der narren zunfft,
Der jnn die mylch zu brocken hab.

Etw. mit der Muttermilch eingesogen haben: Eigenschaften und Eigenheiten als angeborene Eigentümlichkeit besitzen. So schon bei Augustinus (‚Confessiones' 3, 4): „Nomen Salvatoris in ipso adhuc lacte matris cor meum praebiberat"; entspr. frz. ‚sucer avec le lait'; engl. ‚to imbibe with one's mother's milk'; ndl. ‚iets met de moedermelk inzuigen'.

Ndd. ‚De Melk löppt mi nich mer ut dem Mund', ich bin kein Kind mehr. ‚Die Milch ist von blauen Kühen', sie ist sehr stark mit Wasser gemischt.

Milch und Honig: diese beiden Begriffe stehen für Überfluß, bes. in der Wndg. ‚Land, wo Milch und Honig fließt!' Dieser Ausdr. kommt in der Bibel häufig vor (z. B. 2. Mos. 3, 8) und ist auch in den klassischen Sprachen bekannt; gemeint ist das Paradies oder das Jenseits; heute ist diese Umschreibung für alle Gegenden, in denen die Menschen gut und wohlversorgt leben können, gebräuchlich. Im christl. Denken gehören 12 Flüsse von Milch und Honig zum himmlischen Jerusalem; in einer apokryphen Vision umgeben vier Flüsse die Stadt: sie sind gefüllt mit Honig, Milch, Wein und Öl. Der Honigstrom ist der Ort der Propheten, der Milchfluß derjenige der unschuldigen Kinder und der reinen Seelen. Diese Vorstellungen gaben Anlaß, Milch und Honig als ‚reinigende' Elemente bei der christl. Taufe mitzuverwenden. Um 600 n. Chr. starb dieser Brauch aus. Rom hatte ihn am längsten unverändert bewahrt.

Wie Milch und Blut aussehen: weiß und rot, gesund sein; das Weiß der Milch und das Rot des Blutes zusammen im Antlitz gilt als ein Zeichen der Schönheit. „Hadd ik doch en Kind, so rood as Blood un so witt as Snee" heißt es im Grimmschen Märchen (KHM. 47) ‚Von dem Machandelboom', und ebenso wünscht sich die Mutter Schneewittchens (KHM. 53) „ein Kind so weiß wie Schnee, so rot wie Blut und so schwarz wie Ebenholz". Die Wndg. ist ein uralter poetischer Ausdr. für die Schönheit, die ängstlich vor der Sonne gehütet wurde. So steigt schon vor Parzival (Wolfram 282, 20; Chrestien, Conte del Graal V. 5550), als der Falke auf eine Wildgans stößt und drei Blutstropfen vor ihm in den Schnee fallen, das Bild der geliebten Condwiramur mit ihrer weißen Haut und ihrem rosigen Munde auf und zwingt ihn zu unwiderstehlicher Sehnsucht:

üz ir wunden ûfen snê
vieln drî bluotes zäher rôt,
die Parzivâle fuogten nôt ...
Condwîr âmûrs, hie lît dîn schîn.
sît der snê dem bluote wîze bôt,
und ez den snê sus machet rôt,
Cundwîr âmûrs,
dem glîchet sich dîn bêâ curs.

Die höfische Lyrik umschreibt die weibl. Schönheit sonst meist im Bild der Rose und der Lilie, so auch Walther von der Vogelweide (53, 38):

so reine rôt, so reine wîz,
hie roeseloht, dort liljen var.

Über vergossene Milch reden: Belanglosigkeiten erörtern, längst Entschiedenes besprechen (engl. ‚crying over spilt milk').

‚Über verschüttete Milch weinen', Sinnloses tun, sich über Sinnloses aufhalten.

Bei ihm ist die Milch sauer: er verhält sich ablehnend; er ahnt Benachteiligung; man hat ihm etw. verleidet; etwa seit 1920.

Dä wird d' Milch scho no abegee: ‚dem wird die Milch schon noch abgehen' sagt man in der Schweiz von einem Überheblichen, der schon nachgeben wird. *Ich verkaufe meine Milch nicht an dich:* meint, mit dir will ich nichts zu tun haben; schwäb. ‚i verkauf mei Milch it a di'. *Es gibt doch keine Milch:* etw. ist vergebens.

Die Milch der frommen Denkungsart: poetische Umschreibung für ein ehrliches, frommes und aufrichtiges Denken einer Person.

> „In gärend Drachengift hast
> du die Milch der frommen
> Denkart mir verwandelt."
> (Schiller, Tell IV, 3)

Vgl. auch Shakespeares ‚Macbeth' (I, 5): „Too full of the milk of human kindness" u. die ähnl. Aussage in 1. Petr. 2, 1–2.

Lit.: *V. Loveling:* Volkstaal en volksgeloof; Melk te drinken geven, in: Vkde. 12 (1899–1900), S. 167–169; *H. Usener:* Milch und Honig, in: Rhein. Museum für Philologie 57 (1902), S. 177; *R. Foncke:* Een Mechelse verwensing: Loopt naar de melk, in: Feestbundel H.-J. van de Wijer, ed. H. Draye (1944), II, S. 335–338; *H. Braddy:* Wild mare's milk, in: American Speech 35 (1960), S. 79–80; *E. Strübin:* Zur dt.-schweiz. Umgangssprache, in: Schweiz. Arch. f. Vkde. 72 (1966), S. 116.

Milchmädchenrechnung. Die Redewndg. *eine Milchmädchenrechnung aufmachen* wird bildl. auf eine unlogische Gedankenkette angewandt, auf eine an unzureichende Bedingungen geknüpfte Erwartung. Sie dient zur Verächtlichmachung und Kritik des Gegners bes. bei Haushalts- und Finanzdebatten, wenn man die vorausberechneten Einnahmen anzweifelt. Der Ausdr. geht möglicherweise zurück auf die Fabel ‚Die Milchfrau' von Joh. Wilh. Ludw. Gleim (2. Buch, Berlin 1757, S. 14) und die Fabel ‚Der Milchtopf' von Joh. Benj. Michaelis (‚Fabeln, Lieder und Satyren', Leipzig 1766, S. 49), die beide Bearbeitungen von La Fontaines Fabel ‚La laitière et le pot au lait' sind. Lisettchen trägt in der Fabel La Fontaines die Milch in die Stadt und träumt von dem zu erwartenden Geld, das sie in die bäuerliche Wirtschaft investieren will. Voller

‚Eine Milchmädchenrechnung aufmachen'

Vorfreude hüpft sie, und Topf, Milch und Pläne sind dahin. Mit dem Sprw. ‚Es ist das Milchmädchen in der Fabel' meint man eine Person, die Hoffnungstürme und Luftschlösser baut.

Lit.: *P. Fendi:* Das Milchmädchen (Wien 1830); *G. Zick:* Der zerbrochene Krug als Bildmotiv des 18. Jahrhunderts, in: Wallraf-Richartz Jb. 31 (1989), S. 149–202; *U. Looft-Gaude:* Zur Geschichte des Bildmotivs ‚Milchmädchen' in der Kunst, in: Meiermädchen. Arbeits- und Lebensformen im 19. Jh., Ausstellung des Schleswig-Holst. Landesmuseums Schloß Gottorf (Schleswig 1991), S. 39–45.

mild. *Um eine milde Gabe bitten:* um eine durch Barmherzigkeit bewirkte Wohltä-

‚Milchmädchen'

tigkeit bitten. Hier wird das Adj. ‚mild‘ in seiner alten Bdtg. von großzügig, freigebig gebraucht. Urspr. war die ‚milte‘ eine standesmäßige Eigenschaft eines guten Fürsten oder Herren: dieser sollte sein Hausgesinde materiell gut versorgen, so wie Hartmann von Aue ihn schildert (‚Erec‘, V. 2730 ff.):

vil ritterlîchen stuont sîn muot:
an im erschein niht wan guot: ...
er was getriuwe
und milte âne riuwe,
staete unde wol gezogen.

Später bedeutet ‚mild‘ allg. großzügig im Gegensatz zu geizig, so z. B. bei Hans Sachs (Fastnachtspiele): „Epimenides sagt gar fein, das gelt dem geizigen sei ein pein, dem milden aber ist's ein zier". Eine veraltete sprw. Rda. heißt: ‚Er ist mild auf der nehmenden Seite, auf der anderen aber Gebhart‘.

Lit.: Dienstboten in Stadt und Land: Vortragsreihe zur Ausstellung ‚Dienstbare Geister – Leben und Arbeitswelt städtischer Dienstboten‘ im Museum für Dt. Vkde. Berlin. Februar bis März 1981 (Berlin 1982); *U. Ottmüller:* Die Dienstbotenfrage: Zur Sozialgeschichte der doppelten Ausnutzung von Dienstmädchen im Kaiserreich, (Zur Sozialgeschichte der Frau, Bd. 1) (Fulda 1978).

Mine. *Alle Minen springen lassen:* alle Kräfte in Bewegung setzen, alle Mittel einsetzen; urspr. ein Kriegsausdr.: Der Feldherr läßt alle Pulverminen auf einmal explodieren, um die gegnerischen Verteidigungsanlagen möglichst völlig zu zerstören. Bildl. verwendet z. B. Schiller den Ausdr. in ‚Kabale und Liebe‘ (II, 3): „Ich laß' alle Minen sprengen". Die Rda. ist wohl erst in der zweiten H. des 18. Jh. dem frz. ‚faire jouer une mine‘ nachgebildet worden (heute ungebräuchl.).

Eine Mine legen: eine Intrige spinnen.

Minna. *Jem. zur Minna machen:* ihn scharf zurechtweisen, ihn rücksichtslos behandeln, ihn einem harten Examen unterwerfen; vgl. *Ich werde zur Minna!* Ausdr. höchster Verwunderung.

Minna ist die Kurzform des Namens Wilhelmine. So wurden früher viele Dienstmädchen gerufen, auch wenn sie einen anderen Taufnamen hatten. Frieda von Kronoff gibt 1910 in ihrem Buch über ‚Lebensart. Ein Wegweiser des feinen Takts‘

genaue Anweisung über das Verhalten und die Behandlung eines Dienstmädchens: „Es paßt nicht, daß Haustochter und Dienstmagd denselben Rufnamen haben. Entweder nenne man in solchem Fall das Haustöchterlein mit einem zweiten oder Kosenamen, oder man rufe das Dienstmädchen mit dem Taufnamen der Vorgängerin an" (S. 28). Der Name Minna wandelte sich so geradezu zu einer Berufsbezeichnung der Dienstmädchen, deren Arbeitsbedingungen oft sehr schlecht waren.

Die grüne Minna besteigen: als Festgenommener in das grüngestrichene Transportauto der Polizei einsteigen müssen.

Minne. *Minne trinken:* Als Zeichen des miteinander Verbundenseins wurde im MA. durch gemeinsames Trinken betont, daß man sich – bes. in Zeiten der Trennung – in liebender Erinnerung behält. Die urspr. Bdtg. des Wortes Minne ist hier erhalten als ‚sich erinnern‘, ‚jem. in Liebe gedenken‘ (lat. meminisci). Der Minnetrunk selbst ist einer älteren Kultsitte entsprungen und war von Anfang an ein Abschiedstrunk. In christl. Zeit wurde dieser Brauch auf Heilige übertragen, deren man an bestimmten Tagen bes. gedachte. Am häufigsten trank man Johannis- und Gertrudis- (Heilige Gertrudis von Nivelles, † 654, Schutzpatronin der Reisenden) Minne; z. B. im ‚Erec‘ von Hartmann von Aue (Verse 4023 ff.):

ze hant truoc er im dô
ze heiles gewinne
Sant Gêrtrûde minne
alsô reit er snahtes dan.

Die von den Bauern und ihrem Gesinde ausgiebig gefeierte ‚Martinsminne‘ wird vom Stricker in seiner Versdichtung ‚Die Martinsnacht‘ geschildert, wobei er den Brauch bereits ad absurdum führt und der Lächerlichkeit preisgibt, ↗ Martin. Dieser Brauch des Minnetrinkens wurde bald von der christl.-gelehrten Seite her bekämpft und wird heute nur noch vereinzelt praktiziert. So geht ‚das Schäppeln‘, das Trinken Jugendlicher zu Ehren verstorbener Altersgenossen (bes. im Rheinl.) auf diesen Minnetrunkbrauch zurück.

Lit.: *A. de Cock:* Hij heeft een minne drankje ingenomen, in: Vkde. 12 (1899–1900), S. 136–141; *L. Mak-*

kensen: Art. ‚Minne‘, in: HdA. VI (1934, 1935) Sp. 375–380; *H. Schommer:* Die Heiligenminne als kirchlicher und volkstümlicher Brauch, in: Rhein. Jb. f. Vkde. 5 (1954), S. 184–231; *G. Schreiber:* Dt. Weingeschichte (Köln 1980), S. 375–387.

Minnedienst. *Minnedienst haben,* auch: *Zum Minnedienst gehen (müssen):* seine Freundin (Geliebte) besuchen, ihr zur Verfügung stehen müssen. Die Rdaa. werden heute scherzhaft oder mit iron. Anspielung gesagt, wenn ein (junger) Mann eine intensive Liebesbeziehung unterhält. Im MA. gehörte der Minnedienst zur Werbung eines Ritters um eine Frau und war vorwiegend in sozial höhergestellten Schichten üblich. Z. B. konnte sich ein Ritter seiner Herzensdame verpflichten, indem er für sie auf Turnieren kämpfte, ihr den überwundenen Gegner zu ihrem Dienst übersandte und durch Siege ihre Gunst zu erlangen suchte. Lange gehörte der Minnedienst zur höfischen Kultur des MA. Wolfram von Eschenbach im ‚Parzival‘ (114, 15 ff.):

ob ich guotes wîbes minne ger,
mag ich mit schilde und ouch
             mit sper
verdienen niht ir minne solt,
al dar nâch sî sie mir holt.

Minute *Keine Minute verlieren wollen:* sofort handeln, keine Zeit vergeuden.
In letzter Minute kommen: gerade noch rechtzeitig, z. B. zur Bahn, zum Flugzeug.
Fünf Minuten vor Zwölf sein: die letzte Gelegenheit, sich eines Besseren zu besinnen, z. B. seine Lebensgewohnheiten zu verändern; sich vor einem körperlichen oder seelischen Zusammenbruch Ruhe zu gönnen. Die Wndg. steht auch in Zusammenhang mit der Narrenzahl ‚Elf‘, die darauf hinweist, daß dem Narren, dem Sünder nur wenig Zeit für Reue, Buße u. Besserung verbleibt.
Fünf Minuten vor dem nackten Arm gibt man scherzhaft zur Antwort auf die Frage: ‚Wieviel Uhr ist es?‘, wenn man keine (Armband-)Uhr bei sich hat.

Lit.: *D. R. Moser:* Elf als Zahl der Narren. Zur Funktion der Zahlenallegorese im Fastnachtsbrauch, in: Jb. f. Vlf. 27/28 (1982/83), S. 346–363.

mir. *Mir nach!:* Wenn Weg oder Ziel unbekannt oder unklar sind oder wenn es ge-

fährlich wird, lautet die Aufbruchsaufforderung des Führenden: ‚Mir nach!‘ (Heute meist: ‚Folgen Sie mir bitte!‘). Joh. Scheffler (Angelus Silesius) dichtete 1668: „Mir nach, spricht Christus, unser Held …“ (Ev. Kirchengesangbuch 256).

mir nichts, dir nichts ⬈ nichts.

Mischmasch. *Ein Mischmasch sein:* abwertend über ein Gemisch aus nicht zusammengehörenden Dingen. Mischmasch ist eine lautmalende Bildung von ‚mischen‘ und erscheint im 16. Jh. als ‚mischmesch‘. Wahrscheinlich wurde diese Form von Paracelsus († 1541) gebildet; vgl. auch engl. ‚mishmash‘.

Misere. *Jem. singt das Misere:* jem. geht es vor allem finanziell sehr schlecht. In der Liturgie der kath. Kirche wird der Bußpsalm 50 (51) gesungen. Er beginnt (Vulgatatext) mit ‚Miserere mei‘ (Erbarme dich meiner). In der Rda. wird das Miserere durch lat. miseria, dt. Misere, ersetzt. Misere bedeutet Elend, Unglück.
Lit. bei Grimmelshausen im ‚Vogelnest‘: „Die Handwerks-Leute das Misere sangen und am Hungertuche nagten“.
In der Misere stecken: in schwierigen Verhältnissen leben, keinen Ausweg finden. Diese Rda. ist heute geläufiger als die vorherige, sie kann auf Einzelpersonen, Firmen, Staaten, auf die allg. Wirtschaftslage oder polit. Schwierigkeiten bezogen werden.

Missionsfest. *Es wäre mir ein inneres Missionsfest:* es würde mich sehr freuen; blasiert-burschikose Erweiterung von ‚es wäre mir ein Fest‘ unter Anspielung auf die religiöse Bewegung der Inneren Mission; um 1930 aufgekommen.

Mist. *Mist reden:* Unsinn reden; vor allem imperativisch: ‚Rede doch keinen solchen Mist!‘
Mist bauen: eine sehr schlechte Leistung vollbringen, eine schlimme Tat begehen; schülersprachl. und sold. etwa seit 1930; älter ist *Mist machen;* schon bei Joh. Fischart (‚Flöhhatz‘ 1577): „… hie machstu kain Mist“. Vgl. auch die modern umg.

Wndgn. ‚erhabener Mist', ‚gediegener Mist', völliger Unsinn; ‚schick garnierter Mist', Unsinn in gefälliger Form.

Faul wie Mist; der rdal. Vergleich ist schon um 1500 bei dem Prediger Geiler von Kaysersberg belegt: „es seint etlich fauler dann mist".

Das ist nicht auf seinem Mist gewachsen: es ist nicht sein geistiges Eigentum, es zeigt fremden Einfluß. Das rdal. Bild geht aus von einem Bauern, der niemals fremden Mist zu kaufen braucht, sondern alles auf eigenem Mist wachsen läßt; lit. bei Goethe in ‚Sprichwörtlich':

Diese Worte sind nicht alle in Sachsen
Noch auf meinem eignen Mist
                        gewachsen,
Doch was für Samen die Fremde
                              bringt,
Erzog ich im Lande gut gedüngt.

Über den Mist heiraten: in die Nachbarschaft einheiraten; in ländl. Gebieten gebräuchl., wo sich der Misthaufen vor dem Haus befindet, wie z. B. in Franken. Ein Sprw. sagt ‚Heirat über'n Mist, dann weißt, wo du bist (wer sie ist)'.

Etw. auf den Mist werfen: etw. wegwerfen.

Auf seinem Mist scharren, sich auf seinem Miste wälzen: gierig für seinen Vorteil sorgen. Mist wird hier in der Bedeutung von Düngerhaufen gebraucht. „Laßt nur die schnöde Welt sich auf dem Miste welzen, wer in den Lastern steckt, der liebt auch Koth und Grauß" (Chr. Gryphius, Poetische Wälder).

Nicht lange Mist machen: sich nicht lange aufhalten, keine Umstände machen. Die Rda. war bes. im 16. u. 17. Jh. gebräuchl. und spielt auf die langwierige Pflege des Düngers auf dem Bauernhof an. Hans Sachs schreibt (‚Fastnachtsspiele'): „Doch wil ich nit lang mist da machen, wann kemb der pawer zu den sachen, so schlueg er mich im Feld darnider". Im Abzählvers der Kinder lebt diese Rda. bis in die Ggwt. weiter, wenn es heißt:

Wir machen keinen großen Mist –
Und du bist!

Schreiben wie mit der Mistgabel: schlecht schreiben, gar nicht schreiben können. Der rdal. Vergleich ist bereits bei Hans Sachsens Fastnachtsspiel ‚Der schwangere Bauer' vorgebildet: „Er kan nur schreiben mit der Mistgabel".

Mistfink. *Ein Mistfink sein:* Schimpfname für einen Menschen mit schmutziger Gesinnung, aber auch für eine unordentliche, schlampige Person. *Einen Mistfinkendiskurs führen:* eine gemeine, schlüpfrige Unterhaltung führen.

mitspielen. *Einem böse (übel) mitspielen:* ihm Schaden zufügen, ihn schlecht behandeln. Die Rda. stammt aus ma. Kampfspiel und dem Niederstrecken des Gegners her. Schon in mhd. Zeit geläufig; so droht im ‚Tristan' Heinrichs von Freiberg Kandin seinem Schwager Tristan (V. 3856):

Ist, daz ich genzlich ervar,
daz du mîn swester smaehen wilt,
eins spils wirt mit dir gespilt,
daz dîne friunt beginnen klagen.

Ähnl. im 16. Jh. in Oldecops ‚Hildesheimer Chronik': „Dat wart den von Hildensem capitel und stat ovel gespelet". Mit dem Kartenspiel hat die Rda. nichts zu tun.

Nicht mehr (länger) mitspielen: sich nicht länger beteiligen wollen, seine Mitwirkung aufkündigen.

Mittag. *Im Mittag des Lebens stehen:* sich in der Zeit der höchsten Schaffenskraft befinden, auf dem Höhepunkt, in der Mitte seines Lebens sein. Die bildl. Rda. bezieht sich auf den Lauf der Sonne, die am Mittag am höchsten steht und ihre größte Strahlungskraft an Wärme und Helligkeit besitzt.

Am Mittag eine Laterne anzünden: etw. zu unrechter Zeit tun, etw. Überflüssiges und Verschwenderisches.

Mittel. *Sich ins Mittel legen* (älter: *schlagen*): bei schwierigen Verhandlungen zweier Gegner eine ausgleichende Lösung versuchen; zunächst von dem Dritten gesagt, der sich in die Mitte zwischen zwei Streitende wirft, um sie zu versöhnen; d. h. das Mittel ist hier rein örtlich zu verstehen als die Mitte. 1639 führt Lehmann S. 633 (‚Recht' 74) an: „Bey langem Rechtfertigen ist man endlich fro, daß sich Leut darein schlagen vnd Vergleichung machen". ‚Sich schlagen' bedeutet hier soviel wie: sich werfen, sich rasch begeben; ebenso wie in dem Schlußvers von

Seumes Gedicht ‚Der Wilde'; „Und er schlug sich seitwärts in die Büsche". In wörtl. und bildl. Sinne läßt Schiller die Jungfrau sich ins Mittel schlagen bei dem Zweikampf zwischen Dunois und Burgund (‚Jungfrau von Orléans'). Vgl. frz. ‚Bons offices' als Bezeichnung für die Tätigkeit eines Vermittlers.

Nicht bei Mitteln sein: kein Vermögen besitzen, nicht bezahlen können, ‚mittellos sein'.

Mittel und Wege kennen (finden): alle Möglichkeiten nutzen, guten Rat wissen, einen Ausweg zeigen.

Mittelalter. *Das ist (ja) wie im finsteren (finstersten) Mittelalter!* Dieser Ausruf bezieht sich auf die Rückständigkeit bestimmter Bräuche und Sitten der heutigen Gesellschaft. Die Rda. kann in dieser Form erst im 19. Jh. entstanden sein, da der Begriff MA. bis dahin in der dt. Sprache nicht vorhanden war. Wieland spricht noch vom mittleren Zeitalter, von der Mittelzeit oder von mittleren Zeiten. In der dt. Sprache ersch. das Wort MA. lit. 1809 im Titel eines geschichtl. Werkes: ‚Die kürzeste und bündigste Charakteristik des Mittelalters deutscher Nation' (von Campe). Goethe benutzt neben Mittelzeit auch das neugeprägte Wort ‚Mittelalter'. Jedoch ist die Zeit vom 8. bis 14. Jh. schon immer als finsteres Zeitalter bez. worden. In der Periode der Renaissance belegten die Humanisten das MA. mit allerlei Schimpfnamen, unter denen die Metapher der Finsternis an erster Stelle stand. Die Reformation sah im MA. eine Zeit der religiösen Verfinsterung, und in der Folgezeit empfand man das MA. als eine Epoche religiösen und kulturellen Verfalls. Das Jh. der Aufklärung bezog diese ‚Finsternis' des MA.s auch auf die damalige Staatsform. Die ältere Historiographie des MA.s ist von Verachtung gegenüber diesem Zeitalter geprägt. Nach Meinung des Historikers Iselin z. B. füllen Barbarei, elendes Staatsrecht, Aberglaube, Dummheit, Mangel an Sitten und Abgeschmacktheit diese Jhh. aus und erlauben ihm, von der „Finsternis der mittleren Zeiten" zu reden (‚Über die Geschichte der Menschheit', Karlsruhe 1784).

Herder (‚Auch eine Philosophie der Geschichte', Riga 1774) wendet sich erstmals gegen die bisherige Betrachtungsweise des MA.s durch die Aufklärung, kann sich jedoch in der Folgezeit selbst nicht ganz von dem althergebrachten Gemeinplatz lösen; so auch Goethe, der zwar eine anerkennende Haltung vor allem gegenüber der Baukunst des MA.s einnimmt, über eine ma. Malerei jedoch urteilt: „das Werk steht ... auf dem eingeschränkten' düstern Pfaffenschauplatz des medii aevi". Wurde die Formel seit der Renaissancezeit eher als Kampfparole gebraucht, um die neuen Ideale von den alten abzugrenzen, so ist heute daraus eine Rda. entstanden, die sich generell auf alles Rückständige beziehen kann.

Wir leben doch nicht mehr im Mittelalter: in dieser Rda. steht der Begriff MA. allein für die angebliche Verfinsterung und Rückständigkeit dieser Zeit; vermutl. ist auch sie erst im 19. Jh. aufgekommen, wahrscheinl. in Anlehnung an die oben zitierte Rda. vom ‚finsteren MA.', da man mit beiden Rdaa. dieselben Umstände kritisieren will.

Dem Mittelalter den Vortritt lassen (u. ä.): der Begriff MA. dient hier zur Umschreibung von Personen mittleren Alters. In der Lit. des 17. Jh. ist in demselben Sinne ‚medium aevum' belegt; heute ist die Rda. scherzhaft gemeint.

Lit.: *L. Varga:* Das Schlagwort vom ‚finsteren Mittelalter' (Ndr. d. Ausg. Brünn 1932, Aalen 1978).

Mittelweg. *(Den (goldenen) Mittelweg gehen:* eine ausgleichende Lösung zu finden suchen. Die Rda. geht letztlich auf lat. ‚aurea mediocritas' (Horaz, Oden II, 10,5) zurück. In Ovids ‚Metamorphosen' heißt es: „Medio tutissimus ibis" (auf dem Mittelweg gehst du am sichersten), woher die Rda. vom *sicheren Mittelweg* stammt. Dazu auch das Sprw.: ‚In der Mitte ist das Beste'. Auch in der Lyrik Mörikes spielt der Mittelweg eine Rolle, so etwa in dem ‚Gebet':

Herr! schicke was du willt.
Ein Liebes oder Leides.
Ich bin vergnügt, daß beides
Aus Deinen Händen quillt.

,Den (goldenen) Mittelweg gehen'

Wollest mit Freuden
Und wollest mit Leiden
Mich nicht überschütten!
Doch in der Mitten
Liegt holdes Bescheiden.

Von dem Maler-Dichter Mörike stammt auch eine Zeichnung zum Mittelweg. Vgl. frz. ,trouver le juste milieu' (wörtl.: die sichere Mitte finden).

In dem ,Lied vom gehorsamen Mädchen' greift Frank Wedekind die Formel vom goldenen Mittelweg auf, um die bürgerlichen Moralvorstellungen seiner Zeit zu kritisieren. Die Befolgung des unbestimmten Rates der Mutter:

Verlier dich von dem Lebenspfad
Nie seitwärts ins Geheg.
Geh immer artig kerzengrad'
Den goldenen Mittelweg

wird dem Mädchen zum Verhängnis. Wedekind parodiert hier die prüde Erbauungs- und Erziehungslit., wie sie gerade ,den höheren Töchtern' zuteil wurde. Während er zunächst die Moral des ,goldenen Mittelwegs' verulkt, indem er ihn in iron. gespielter Naivität als das leibliche Ziel der erotischen Erfüllung auffassen läßt, ahmt er dann die Form des moralischen Imperativs nach, wendet aber den Inhalt ins Gegenteil.

Lit.: *W. Freund:* Die literarische Parodie (Stuttgart 1981), S. 98.

Mittwoch. *Der krumme (schiefe) Mittwoch:* Der Mittwoch vor dem Karfreitag in der Karwoche heißt der krumme oder schiefe Mittwoch. Der Name beruht angeblich darauf, daß die Quadragesima (= 40tägige Fastenzeit) durch diesen Mittwoch 41 Tage zählt. Schon 1386 hieß dieser Mittwoch in Westfalen ,der krumme oder schiefe Guetentag' (HdA. VI, Sp. 441). Eine weniger überzeugende Erklärung für den Namen des Karmittwochs wird darin gesehen, daß an diesem Tag Jesus zum Tode verurteilt wurde, also das Recht ,gekrümmt' wurde.

Lit.: *G. Bilfinger:* Der krumme Mittwoch, in: Zs. f. dt. Wortf. 4 (1903), S. 253–256; *G. Jungbauer:* Art. ,Mittwoch', in: HdA. VI (1934/35), Sp. 440–450.

Mob. *Zum Mob gehören:* zu einer aufgewiegelten Volksmasse gehören; auch in der Bdtg. Pöbel, Gruppe heruntergekommener Leute. Aus: Claudian, ,De IV consulatu Honorii', V. 302: ,Mobile mutatur semper cum principe vulgus' (Mit seinem Fürsten verändert sich der schwankende Pöbel) ist engl. ,mob' entstanden und war bis zum 17. Jh. noch in der vollen Form ,mobile' gebräuchl. 1759 übernimmt Zinzendorf das engl. ,mob' ins Dt.; bis ins 19. Jh. bezieht sich das Wort nur auf Londoner Verhältnisse, wird dann um 1860 allg. in der heutigen Bdtg. gebraucht.

Möbel. *Jem. die Möbel geraderücken:* ihn vom falschen Standpunkt abbringen, ihm heftige Vorhaltungen machen; erweitert aus gleichbedeutendem ‚richtigstellen' und ‚zurechtweisen'.

Ein möblierter Herr, eine möblierte Dame sein: scherzhaft für eine Person, die ein möbliertes Zimmer gemietet hat.

Früher nannte man eine langjährige Dienerschaft eines Hauses ‚altes (Haus)Möbel'.

Mode. *A la mode sein:* dem neuesten Zeitgeschmack entsprechen. Das frz. Wort ‚mode' wurde nach lat. ‚modus' (rechtes Maß) gebildet und bedeutete im 15. Jh. in Frankr. zeitgemäße Kleidertracht. Im 17. Jh. wurde die frz. Kleidertracht in Dtl. übernommen und ab 1628 wird ‚à la mode' zum Schlagwort dafür. Seit 1629 ist ‚alamodisch' belegt, das später zu ‚modisch' gekürzt wird.

‚Sich à la mode kleiden'

Ein Modeteufel sein: übertrieben modisch gekleidet sein. Quelle für das Wort Modeteufel ist eine Schrift des Frankfurter Pastors A. Musculus (1514–81) gegen in Mode gekommene Pluderhosen: ‚Vom Hosen Teuffel'. Auf dem Titel der Neuauflage von 1629 wird der Hosenteufel als des ‚jetzigen weltbeschreyten verachten und verlachten Almodo Kleyder der Teuffels Alt-Vatter' bez. Heute sagt man auch ‚eine Modepuppe sein' (auf Frauen bezogen) oder ‚ein lebendiges Modejournal sein', was bedeutet, daß man sich kleidet wie die Modelle in den Modezeitschriften.

Lit.: *R. König:* Kleider und Leute, Zur Soziologie der Mode (Frankfurt/M. – Hamburg 1967); *H. Kessler-Aurisch:* Mode und Malerei in Wien vom Wiener Kongreß bis zum Ersten Weltkrieg (Bonn 1983).

Modepuppe. *Eine Modepuppe sein:* sich betont modisch kleiden, herausputzen, von den Puppendamen auf Frauen übertragen.

Puppendamen aus Frankr., teuer und modisch nach neuestem Pariser Schick ausgestattet, halfen im 19. Jh. dem spielenden Mädchen das gewünschte Modebewußtsein einzuüben. Berühmt waren die frz. Modepuppen für ihre ‚Trousseaux' (die beigegebenen Aussteuern). Ankleidepuppen, Puppenkleider-Schneidereivorlagen dienten alle dem gleichen Zweck: im Umgang mit Mode den Wunsch nach modischem Aussehen zu festigen und das herrschende Schönheitsideal zu verinnerlichen.

Das Mädchen sollte sich danach sehnen, als junge, heiratsfähige Dame genauso herausgeputzt und begehrenswert zu werden wie ihre Puppen. Die Modepuppe war Vorbild und schließlich eine möglichst perfekte Spiegelung des eigenen Selbstbildes.

Lit.: *K. Engels u. G. Meinel:* Leben mit Puppen (Freiburg i. Br. 1987); *K. H. Roewer:* Spielzeug als Lebensmodell. Spielzeug als Abbild gesellschaftlicher Wirklichkeit von der Mitte des 19. Jh. bis zum 1. Weltkrieg (Mag. Arbeit [masch.] Freiburg, i. Br. 1989), S. 17.

Mohikaner. *Der letzte (der) Mohikaner sein:* jem. sein, der von vielen als einziger übriggeblieben ist. Die Rda. ist nach dem 2. Bd. der Lederstrumpf-Romane des amerikan. Schriftstellers J. F. Cooper (1789–1851), ‚The Last of the Mohicans' (1826), gebildet. Der hist. Stoff des Romans sind die Kämpfe zwischen Engländern und Franzosen zur Zeit des 7jährigen Krieges (1756–63). Der Freund des Helden, Lederstrumpf (= Natty Bumppo), ist nach dem Tod seines einzigen Sohnes Uncas der Letzte des Delawarenstammes der Mohikaner; sein Name ist Chingachgook, ↗ Letzte.

Mohr. *Einen Mohren weiß waschen wollen:* das Unmögliche versuchen; dazu das Sprw.: ‚Wer einen Mohren wäscht, verliert Mühe und Seife'. Als Quelle für beides wird oft der Bibelvers Jer. 13,23 genannt: „Kann auch ein Mohr seine Haut wandeln oder ein Parder seine Flekken?", aber auch schon im griech.-röm. Altertum war die Rda. ‚einen Äthiopier

,Einen Mohren weiß waschen'

waschen' sprw. für eine mühselige und doch von vornherein aussichtslose Arbeit. Im Dt. ist die Rda. seit 1649 durch Gerlingius (Nr. 29/30) gebucht: „Aethiopem lavas ... Du wäschest einen Mohren, oder thust vergebliche Arbeit", „Aethiops non albescit. Ein Mohr wird nit weiß". Mit einem anderen Bild heißt es frühnhd. (A. v. Keller: Alte gute Schwänke, 5,1):

Wer baden will ainen rappen weiß
vnd daran legt sein ganzen fleiß,
der tut, das da vnnutz ist, gar.

Ähnl. im ,Eulenspiegelvolksbuch': „das hieß wol bleichen einen Moren"; vgl. frz. ,à laver la tête d'un Maure on y perd sa lessive' (heute veraltet); engl. ,to wash a blackamoor white'; ndl. ,het is de Moriaan gewassen'.

Auf den gleichen Sachverhalt bezieht sich die Wndg. *Mohrenwäsche halten:* eine erfolglose Arbeit verrichten. Schon Äsop berichtet von einer Mohrenwäsche: „Ein Mann hatte einen Äthiopen gekauft und dachte, dieser habe eine so schwarze Hautfarbe, weil sein früherer Herr sich nicht um ihn gekümmert habe. Er nahm ihn mit nach Hause, schrubbte ihn mit allen möglichen Laugen ab und suchte ihn durch allerlei Bäder weiß zu bekommen. Doch alle Mühe war umsonst, und er erreichte nur, daß der Äthiope krank wurde von der Rumpelei". (Schöne Fabeln des Altertums ..., hg. von Horst Gasse, Leipzig o. J., S. 44).

Woher die Rdaa. *Mohr machen, es wurde schwerer Mohr:* große Erregung, *die Familie macht großen Mohr:* sie treibt großen Aufwand, stammen, ist ungeklärt; der Hinweis auf frz. Flüche wie ,mort de ma vie!', ,mort de dieu!' hilft kaum weiter. Vielleicht ist daran zu denken, daß sich früher nicht selten Neger (Mohren) unter der höfischen Dienerschaft befanden.

Mohren haben: Angst, Furcht haben. Die Wndg. stammt aus der Studentensprache; vermutl. als scherzhafte Entstellung aus ↗,mores'.

Die zum geflügelten Wort gewordene Wndg. ,Der Mohr hat seine Schuldigkeit getan', aus Schillers Fiesko, III, 4 (1783) wird scherzhaft abgeändert zu: ,Der Mohr hat seine Schuldigkeit getan, der Mohr kann kaum noch gehen'.

Lit.: *J. Morawski:* A laver la tête d'un Maure on perd sa lessive, in: RSS 17, 1930, S. 138–143.

Moll. *Auf Moll gestimmt sein:* betrübt sein. ,Moll' (von lat. mollis = weich, Gegensatz durus = hart), ist das ,andere' harmonische Tongeschlecht, dessen Grundakkord sich aus kleiner Terz über dem Grundton aufbaut. Die naive Auffassung, ,Dur' klinge fröhlich, ,Moll' traurig, ist im 16. Jh. entstanden aus der älteren musiktheoretischen Lehre über den Affektgehalt der Kirchentonarten (vgl. H. J. Moser: Musik-Lexikon, Berlin 1935, S. 515–517).

Lit.: *H. Stephani:* Der Charakter der Tonarten (Regensburg 1923); *P. Mies:* Der Charakter der Tonarten (Köln – Krefeld 1948).

Molle. *Mit Mollen gießen;* stark regnen; Berliner Rda. ,Molle' ist eine Abwandlung von Mulde; in Berlin heißt eine Molle auch ein Glas Bier, und eine ,Molle mit Schuß' ist eine durststillende Mischung aus Bier und Himbeersaft.

Molli. *(Den) Molli machen:* trunksüchtig sein, aus der Rolle fallen, ,den ↗ Bär machen'. Die rhein. und Westerwälder Rda. geht wohl auf den Grafen von Molzberg zurück, dessen Schloß bei Wallmerod im Westerwald steht. Das Dorf Möllingen, das seinen Namen trägt, war ihm lehenspflichtig. Vgl. Lothar Späth im ,Spiegel' Nr. 7, 1979, S. 24: „Ich bin wild entschlossen, mit mir überhaupt nicht den Molli machen zu lassen".

Einen Mollikopf machen: in übler Laune sein, dickköpfig sein. Im Schwäb. und in der Schweiz sagt man ‚das Molle' für Rindvieh; jedoch wird der Ausdr. auch auf dicke, dumme Menschen übertr.

Moloch. *Einem Moloch opfern:* einer grausamen Macht opfern, die immer wieder neue Opfer fordert; so z.B. der Moloch Krieg, der Moloch Verkehr.

‚Moloch'

Moloch (griech. molōch, hebr. molęk) bedeutete urspr. Opfer, bes. Kinderopfer, wurde jedoch als Name eines grausamen Gottes mißdeutet und seit dem 17. Jh. appellativisch gebraucht. In 3. Mos. 18,21 wird der furchtbare Gott der Kanaaniter Moloch genannt.

Lit.: O. Eißfeldt: Art. ‚Moloch', in: RGG. IV (³1960), Sp. 1089–1090.

Monat. *An den russischen Monat denken:* sich eine Beleidigung oder ähnliches merken, um sich dafür bei passender Gelegenheit zu rächen.

Dreizehn Monate für ein Jahr geben: einem Verhandlungspartner mit günstigen Angeboten sehr entgegenkommen.

Jem. ein 13. (14.) Monatsgehalt anbieten: ihn durch großzügige Versprechungen als Mitarbeiter zu gewinnen suchen, auch: ihn einer anderen Firma abwerben.

Mönch. *Das ist der alte Mönch mit einer neuen Kappe:* es ist die alte Geschichte, nur in etw. anderer Form; vgl. ndl. ‚Het is de oude monnik onder eene nieuwe kap'.

Das Kleid (Kapuze) macht (noch) keinen

Mönch: man soll nicht nach Äußerlichkeiten urteilen, da die innere Haltung entscheidend ist; vgl. frz. ‚L'habit ne fait pas le moine'.

Verzweifeln macht einen Mönch (Luther): Der Lebensuntüchtige zieht sich in die Geborgenheit zurück; er wählt nicht nur aus Glaubensgründen den geistlichen Stand.

‚Dat is Müenke Arbeit' sagt man im Münsterischen und am Rhein über eine vergebliche Arbeit; vgl. frz. ‚C'est un travail de bénédictin': eine bes. langwierige Arbeit.

Den Mönch haben: veraltete Rda. für Unglück haben. Die Wndg. kommt aus dem frz. ‚bailler le moine'. So auch bei Fischart, in der ‚Geschichtklitterung' S. 486: „Da sagt ihm Grandgurgel, daß seine Feinde für gewiß den Mönch hätten. Wann sie, antwurt Grandgoschier, nach dem franz. Sprichwort den Mönch, d.i. den Hasen oder das Unglück im Busen haben, so stehn sie übel".

Mit einem Mönch gehen: Unglück haben, ähnl. ‚den Mönch im Busen haben'. Der Angang des Mönchs galt als unglückverheißend (vgl. HdA. I, Sp. 423 ff.).

Den Mönch im Sack haben: jem. in irgendeinem Sinne überwältigt haben; ↗Sack.

Einem den Mönch stechen bez. eine höhnische Gebärde, die urspr. unzüchtig (auch apotropäisch) dasselbe meinte wie ‚die ↗Feige weisen'. Man machte dabei die Hand zur Faust und steckte den Daumen zwischen Zeige- und Mittelfinger hindurch. Die unzüchtige Bdtg. ist jedoch schon früh verblaßt und wurde nur noch i.S.v. ‚jem. betrügen' gebraucht.

Die Rda. einen Mönch schlagen stammt aus der Druckersprache und meint: die Farbe ist nicht gleichmäßig stark aufgetragen.

Lit.: A. Andrae: Das Wort ‚Mönch' in der Bdtg. Wärmflasche, Bettwärmer, in: Zs. f. d. U. 20 (1906), S. 589–590.

Mond. *Den Mond anbellen:* auf jem. schimpfen, dem man nicht schaden kann. Auch frz. sagt man im gleichen Sinn ‚aboyer à la lune'. Die Rda. findet sich bereits im 16. Jh. in Joh. Fischarts ‚Geschichtklitterung'. 1639 bei Lehmann S. 409 (‚Hund' 27): „Der Mond fragt nichts darnach, daß ihn die Hund anbellen"; S. 723 („Sorgen' 12): „Mancher sorgt vnnützlich wie ein Hund, der bellet den Mond an, vnnd meynet, er wöll ins Haus steigen". Der Begründung, die in den letzten Worten liegt, bedarf es ebensowenig, wie der in der bekannten Fabel ‚Der Mops und der Mond' (G. Wustmann: ‚Als der Großvater die Großmutter nahm', 5. Aufl. 1922, S. 134 f.): Ein dicker Mops geht beim Mondenschein spazieren und kommt an einen Graben. Er will darüberspringen, fällt aber hinein und bellt nun wütend auf den Mond, als ob der an dem unfreiwilligen Bade schuld sei.

Der Mond, nicht wahr, der schalt
                doch wieder?
O nein, sah lächelnd auf den Mops
                hernieder
Und fuhr, als ging's ihn gar nicht an,
Lustwandelnd fort auf seiner
                Himmelsbahn.

In ‚Faust II' sagt Phorkyas zum Chor der gefangenen Trojanerinnen:

Wer seid ihr denn, daß ihr des
    Hauses Schaffnerin entgegenheulet,
Wie dem Mond der Hunde Schar.

1885 schreibt Elisabeth Ebeling das Kindergedicht ‚Spitz und Mond':

Der Spitz bellt den Mond, den
                strahlenden an,
Den Mond, der doch nie 'was zu Leid
                ihm gethan.
„Pfui", brummt er, „ich hasse Dich
                bleichen Gesellen.
Du kannst weder knurren, noch
                beißen, noch bellen
Du hast weder Beine, noch Ohren
                noch Schwanz,
Hast nichts, als das bißchen
                erbärmlichen Glanz.
Bist häßlich, und über und über voll
                Flecken,
Wahrhaftig, Du solltest Dich lieber
                verstecken".
Der Mond, der entgegnet dem Spitzel
                kein Wort
Zieht schweigend am Himmel, dem
                nächtlichen fort,

Zu dem Bild vom bellenden Hund gehört auch die Rda. *Das hieße den Mond mit den Zähnen fassen.* Der gereizte Hund fletscht die Zähne und erweckt den Anschein, als wolle er mit ihnen den Mond fassen. Im

1/2 ‚Den Mond anbellen'

übertr. Sinn bedeutet daher die Rda.: etw. Unmögliches tun wollen, eine unmögliche Sache verlangen, vgl. frz. ‚vouloir prendre (décrocher) la lune avec ses (les) dents'.

Den Mond am hellen Tage suchen: sich vergebliche Mühe machen. Die Rda. ist eine Lehnübers. der frz. Wndg. ‚chercher la lune en plein midi (jour)'. Die gleiche Bdtg. hat auch die Rda. ‚den Mond mit der Laterne suchen'. Dagegen rhein. ‚den Mond anhülen', einsam im stillen Kämmerlein sich seinem Seelenschmerz ergeben.

Neben dem Hund ist auch der Wolf in Verbindung mit dem Mond gebracht worden. Das bei Rabelais (I, 11 und V, 22) zu findende ‚garder la lune des loups' (heute veraltet) hat den Sinn: unnütze Sorgen haben, sich unnötige Mühe machen. Im Dt. gibt es für diese Rda. keine Entsprechung. Das Lat. kennt ‚luna tuta a lupis', was soviel bedeutet wie: es ist dafür gesorgt, daß die Bäume nicht in den Himmel wachsen.

Nach dem Volksglauben muß alles, was gedeihen soll, bei zunehmendem Mond vorgenommen werden. Entspr. schädigt, hemmt, ja vernichtet sogar abnehmender Mond. Dieselbe Analogie zeigen folgende Rdaa.:

Bei ihr ist zunehmender Mond: sie ist schwanger. Grimmelshausen: ('Simplicissimus' 4, 70): „eine von unseren mägden wird wie der mond zunehmen". Von Dienern, Beamten usw., welche die Güter ihrer Herrschaft schmälern, sagt man: ,da regiert der abnehmende Mond'. Muß bei einem Unternehmen mit Sicherheit mit Verlust gerechnet werden, so ,kommt es in den abnehmenden Mond'.

Den Mond im Brunnen suchen, der am Himmel hängt: sich vom falschen Schein verführen lassen. Entspr. *den Mond im Brunnen suchen:* einen täuschen. *Nach dem Monde greifen:* nach Unerreichbarem streben.

Etw. liegt im Monde: es ist nur in der Phantasie oder als Wunschtraum vorhanden. So sind die ,Schlösser, die im Monde liegen' dasselbe wie ,Luftschlösser' (vgl. frz. ,promettre la lune' [wörtl.: den Mond versprechen], i. S. v.: Unmögliches versprechen). Die Wndg. ist vor allem durch Paul Linckes (1866–1946) Operette ,Frau Luna' bekanntgeworden, wo es in der Schlußszene heißt:

Schlösser, die im Monde liegen,

Bringen Kummer, lieber Schatz ...

Spottend sagt man von einem, der anspruchsvoll auftritt, aber bzgl. seiner Reichtümer verdächtig ist: ,seine Güter liegen im Monde', ,sein Geld ist im Monde'. „Die Grafschaft des Grafen liegt im Monde, von wo er, ... wenn der Mond dieser Erde näher kommt, seine ungeheuren Revenüen beziehen kann" (H. Heine II, 279).

Ist jem. vom Glück außerordentlich begünstigt, so heißt es: *Der Mond scheint ihm die ganze Nacht.* Der früheste Beleg für diese Wndg. findet sich bei Hans Sachs (,Fastnachtspiele' 2, 143, 58): „Jetzt scheine die ganze nacht der mon".

In den Mond gucken: leer ausgehen, das Nachsehen haben (in gleicher Bdtg.: ,in den ↗Eimer gucken' oder ,durch die ↗Röhre gucken'); rhein. ,de hat de Mond gesehn' sagt man jedoch von einem, den

man für närrisch hält; hier steckt wahrscheinl. die abergläubische Vorstellung dahinter, daß man ungeschickt und blöde wird, wenn man in den Mond schaut. Hat einer nichts zu leben, dann sagt man: ,der Mond scheint ihm in den Topf'. Bei Sebastian Franck (Sprww. II, 1876) ist die Rda. belegt: „Narren, die da meinen, sie haben Milch im Napf, so scheint ihn nun (d. h. nur) der mon drein"; vgl. ndl. ,de maan schijnt in het water'.

Die Uhr geht nach dem Mond: geht unzuverlässig, falsch, im Gegensatz zur Sonnenuhr, die die Tagesstunden zuverlässig anzeigt. Wer rückständig ist, ,bleibt drei (sieben) Meilen hinter dem Mond zurück'. Die Rda. *hinter dem Mond sein* (oder *leben*) bedeutet: wirklichkeitsfremd leben, über aktuelle Geschehnisse nicht unterrichtet sein; vgl. frz. ,être dans la lune' (wörtl.: im Mond sein), i. S. v. verträumt sein.

Gegen den Mond pissen (spucken): sich selbst schaden (vgl. ndl. ,hij pist tegen de maan', eine Rda., die den Hochmütigen lächerlich machen will. In der Gegend von Moers und Xanten sagt man für eine vergebliche Arbeit: ,das ist tegen de Mond geseicht'; vgl. frz. ,il pisse sur la terre'. Die Rda. spielt in der ndl. Rdaa.-Malerei wiederholt eine Rolle, so mehrfach bei P. Bruegel (auf dem Rdaa.-Bild), auf einer Misericordie in Champeaux sowie auf Bilderbogen.

,Gegen den Mond pissen'

Du kannst mir mal im Mondschein (auch: *am Abend*) *begegnen:* ,du kannst mir gestohlen bleiben'; die berl. Rda. ist eine schonende Verhüllung für das Götz-Zitat. *Der Mond geht auf:* er bekommt eine Glatze. *Den Mond putzen:* Licht anzünden. Ist man jem. leid, so möchte man *ihn auf den Mond schießen*, d. h., man wünscht ihn in weite Ferne. Vgl. die Sage vom ‚Mann im Mond‘, der wegen eines Sonntagsfrevels in den Mond versetzt wurde. Einer ist *voll wie der Mond* oder *Er sieht den Mond für eine Laterne an* sagt man von einem Betrunkenen, ↗trinken.

Einen ordentlichen Mond haben (Saarland): viel Geld verdienen; wahrscheinl. steht hier Mond für ‚Monat‘ und bezieht sich auf den Monatslohn, wie ja auch Monat urspr. auf Mond (Mondphasen) zurückgeht.

Rdaa. bringen oft starke Übertreibungen ohne jeden Wirklichkeitsgehalt; dazu gehört *Sie wischte dem Mond die Hörner ab, wenn sie ihn erreichen könnte*, für eine Frau, die in ihren Liebesbezeigungen oder ihrer Putzwut keine Grenzen kennt. Weiterhin: ‚Wenn er so groß wäre, wie er dumm ist, könnte er den Mond auf den Knien küssen‘ (Süd- u. Mitteldtl.) für einen unwissenden Menschen. *Dem Mond ein Kleid machen wollen*: etw. Unmögliches schaffen wollen. In Plutarchs ‚Convivium septem sapientium‘ (Kap. 14) findet sich das Märlein vom Monde: Selene, die Mondgöttin, bat einst ihre Mutter, ihr ein gutpassendes Röckchen zu weben. Diese aber erwiderte: Wie soll mir das gelingen? Sehe ich dich doch bald voll, bald abnehmend, bald zunehmend. An diesen erzählenden Teil schließt das Märchen seine Nutzanwendung: der Gestaltwandel der jungen Selene wird gleichnishaft auf die unberechenbare Unbeständigkeit ‚maßloser‘ Menschen übertr. Fischart zieht in seiner ‚Geschichtklitterung‘ den Inhalt des Märchens formelhaft zusammen: „So man sonst dem vnstäten Mon, kein Kleid anmachen kann“.

Als ‚proverbium germanicum‘ geht die Wndg. Fischarts in Janus Gruterus‘ ‚Florilegium ethico-politicum‘ über: „Dem vnstedigen Mon kann man kein Kleyd anmachen“; aus Fischarts ad-hoc-Wndg. ist also ein ‚dt. Sprichwort‘ geworden, das auch in späteren Ausg. in den dt. Sprww.-Schatz aufgenommen wird. In die Umgangssprache ist die Rda. kaum gedrungen, jedoch wurde sie öfter lit. variiert, so z. B. bei Lessing in seiner Schrift ‚Leibniz

‚Mann im Mond‘

von den ewigen Strafen‘ (1773): „Wie wäre das auch möglich gewesen? Wie hätte es ihm einkommen können, mit einem alten Sprichwort zu reden, dem Mond ein Kleid zu machen?“

In Schwänken des 16. Jh. (Wickram, Westphal, Joh. Strauss aus Elsterberg) wird von einem Mann erzählt, den man auf Bildern nur nackt darstellen kann, da er seine Kleidung dauernd ändert. Im Märchen bei Plutarch kann dem Mond kein Kleid gemacht werden, weil er seine Gestalt wandelt, im Schwank kann dem Menschen kein Kleid gemacht werden, weil er immer etw. Neues will; beider Verhalten wächst aus ihrer Unbeständigkeit.

Lit.: *E. Ebeling:* Vier und zwanzig Fabeln u. Gedichte für Kinder (Leipzig 1885); *A. de Cock:* Hij heeft in (tegen) de maan gepist, in: Vkde. 19 (1907/08), S. 132; *E. H. van Heurck:* Hij pist tegen de maan, in: Folklore Brambaçon 7 (1927/28), S. 195; *A. Haas:* Der Mond krangt, in: Unsere Heimet 7 (1928), Nr. 8; *W. Wolf:* Der Mond im dt. Volksglauben (Bühl 1929); *Stegmann:* Art. ‚Mond‘, in: HdA. VI, Sp. 477 ff.; *F. Sieber:* Dem Monde kann man kein Kleid machen, in: Dt. Jb. f. Vkde. 3 (1957), S. 366 ff.; *T. Harley:* Moon Lore (London 1885, Ndr. Detroit 1969).

Mondkalb. *Er ist ein Mondkalb:* er ist sehr dumm, einfältig. Mondkalb ist eigentl. eine Mißgeburt der Kuh; denn der Mond gilt als verantwortlich für Mißgestaltungen. Luther (Werke VII, S. 84) schreibt: „Muß also den Widertäuffern ein Kind nicht ein Kind, sondern ein Mondkalb oder Wechselbalg heißen“. Dazu auch die volkstüml. Sentenz:

Dinge kommen vor im Mond,
Die das Kalb selbst nicht gewohnt.

Wie ein Mondkalb in die Gegend gucken: sehr verwundert, hilflos herumschauen.

Moneten. *Moneten haben:* Geld haben. Der Ausdr. kommt aus dem lat. ‚monetae‘, Münzen; urspr. wohl zuerst in der Studentensprache gebräuchl.

Monogramm. *Beiß dir ein Monogramm in den Bauch (Hintern):* tu, was du willst, aber laß mich ungeschoren. *Man kann sich auch ein Monogramm in den Bauch beißen* ist eine Entgegnung auf eine mit ‚man kann …‘ beginnende Äußerung, deren Verwirklichung man bezweifelt, seit etwa 1920. ‚Ich beiß‘ mir ein Monogramm in den Bauch‘ gilt auch als Ausdr. der Überraschung. *Sich vor Wut ein Monogramm in den Bauch (Arsch) beißen:* sich über alle Maßen ärgern müssen, so daß man fast die körperliche Beherrschung verliert; drastisches Sprachbild.

Monokel. *Jem. fällt das Monokel in den Kakao:* ein eingebildeter Mensch muß eine Niederlage hinnehmen. ‚Monokel‘ steht hier als Zeichen für einen aufgeblasenen Menschen, ‚Kakao‘ für Schmutz. So ist die Rda. angebracht, wenn sich ein Höhergestellter, Eingebildeter blamiert.

Monstranz. *Sie ist eine schöne Monstranz, wenn nur ein Heiligtum drin wäre,* sagt man von einer schönen Frau, die keine Tugend besitzt. Bereits Seb. Franck hat die Wndg. in seine Sprww.-Sammlung (II, 35ᵃ) aufgenommen: „Es ist eyn schön monstrantz, wen nur heyltumb drinne wer". Sinnverwandte Wndgn., die Seb. Franck schon anführt, sind: ‚ein ↗ Bild ohne Gnade sein‘, ‚ein Haupt ohne Hirn oder Zung‘ und ‚ein ↗ Ölgötze sein‘. Vgl. lat. ‚corpus sine pectore‘ und ndl. ‚Het is eene schoone monstrantie, ware er heiligthum in‘.

Montag. *Blauen Montag machen:* nicht arbeiten; am Montag die Arbeit ruhen lassen, ihn ebenso feiernd zubringen wie den Sonntag. Gekürzt: *blau machen,* auch lit., z.B. bei G. Keller in ‚Martin Salander‘, 6. Kap.: „morgen mach' ich Blauen"; vgl. engl. ‚to blue‘, ‚tu keep St. Monday‘; ndl. ‚een blauwe Maandag houden‘; frz. ‚faire le lundi‘, ‚fêter saint lundi‘ (veraltet). Das Bestreben, die Arbeitszeit durch Einlegung eines ganz oder teilweise freien Tages zu kürzen, tritt schon früh hervor: Im späteren MA. und z.T. bis in die Neuzeit hinein hatten die Handwerksgesellen den Anspruch, am Montag oder wenigstens an bestimmten Montagen nicht für ihren Meister zu arbeiten, diesen Tag vielmehr für eigene Arbeit frei zu lassen; das hieß ‚Montag halten‘. Der Tag wurde als ‚guter Montag‘, seit der Mitte des 17. Jh. als ‚blauer Montag‘ bez. Dieser war bei der oft langen Arbeitszeit nicht ganz ohne Berechtigung. Er sollte es den Gesellen ermöglichen, sich zu erholen oder ein Bad zu nehmen oder die Gesellenvereinigung zu halten. Freilich wurde dieser freie Montag von den Gesellen oft als Nachfeier des Sonntags aufgefaßt; schon im 14. Jh. stoßen wir in den Handwerkssatzungen auf die Verbote des guten Montags. Sie wurden vielfach dadurch wirksam zu machen versucht, daß dem Meister die Pflicht auferlegt wurde, dem feiernden Gesellen einen Teil des Lohnes, oft den ganzen Wochenlohn einzubehalten. Der Rat Krakaus bestimmt z.B. im Verhältnis der Schneider zu ihren Knechten am 18. November 1392: ‚daz dy knechte keynen guten Montag süllen heben nach der aldin saczunge der Stat‘. Im 15. Jh. scheint sich der gute Montag doch allg. durchgesetzt zu haben. Wenigstens stoßen wir jetzt auf Bestimmungen, die den Gesellen im Prinzip den guten Montag zugestehen und nur die Zahl der Montage oder das Feiern auf einen halben Tag zu beschränken suchen. „Vortmer so hebben de knechte alle maendage vry. In den vryen maendagen mögen se mâken to dem jar veer armborste an erem egenen horne" heißt es in der ‚Ordeninge der armborster‘, Hamburg 1458. An manchen Orten wurde der blaue Montag nicht regelmäßig erlaubt; nach der württ. Schreinerordnung (1593) höchstens alle vier oder fünf Wochen, in Frankfurt gibt es nach der Schuhknechtordnung (1589) einen halben Tag, und zwar nur in dem Fall, wenn kein Feiertag in die Woche fällt; in Nürnberg haben die Gesellen um 1550 in einer Woche ohne Feiertag erst nach der Vesperzeit frei. Der Obrigkeit war der blaue Montag von je ein Dorn im Auge. So häufig wie die den blauen Montag betr. Bestimmungen der Zunftsatzungen sind auch die Verordnungen der Obrigkeit gegen ihn, z. B. eine Nürnberger Ordnung von 1550 ‚Ordnung und verpot welcher gestalt die guten Montag von den hantwerksgesellen alhie gehalten werden sollen‘. Auch Hans Sachs ist darum ein ausgesprochener Feind des guten Montags, in dessen Gefolge nach seiner Meinung Trunkenheit, Fraß und Spiel, Zorn, Hader und Schlägerei, endlich Faulheit, Armut und Krankheit einherschreiten. Wir verdanken H. Sachs zwei Gedichte (I, Nr. 124, S. 339, Bd. II, Nr. 262, S. 218), in denen er ein schreckliches Ungeheuer als Personifikation des guten Montags auftreten läßt:

Mir gueten montag, er da sprach,
Volgt stecz ein poeser samstag nach ...
Ich gueter montag mach doll köpff,
Lere pewtel vnd volle kröpff ...
Mach manche werckstat ler vnd öd,
Hosen vnd rock schieter vnd plöd.

Vom Dichter heißt es zum Schluß des Traumes:

Ich erwacht vnd dem traum nach son,
Stund auf, fing zw arbeiten on,
Mit zw entgen vil vngemachs
Des gueten montags, spricht Hans
Sachs.

150 Jahre später hat sich der Wortgebrauch vom ‚blauen Montag‘ gegenüber dem älteren ‚guten Montag‘ schon ganz durchgesetzt; Abraham a Sancta Clara schreibt: „Lorenz Blaurock, Handwerks-Gesell! Euer Handwerk trägt zwar ein sehr ehrliches Geld, gleichwohl gehet Euch nichts von der Hand. Der hl. Lorenz oder Laurentius, dessen Namen Ihr führt, ist auf dem Rost gebraten worden, hat dannenhero einen schweren Rosttag gehabt; Ihr macht aber aus dem Rosttag einen Rasttag und heisst nicht umsonst Blaurock, denn ihr liebet nichts mehr als die blaue Farb, sonderbar den blauen Montag; aus dem blauen Montag aber wird ein fauler Dienstag und darauf ein durstiger Mittwoch, aus diesem entsteht ein schläfriger Pfingsttag (Donnerstag), so geht's die ganze Wochen durch"; und später: „Der heil. Crispinus und Crispinianus seynd Schuster gewest. Ich bin nicht darwider, sagt der Meister Pechpatz, ich hab zwar die ganze Wochen einen blauen Montag gemacht, nun aber kommt mir die Arbeit auf Ein Mahl zusammen". Im 18. Jh. wurde diese alte örtliche Einrichtung von der Reichsgesetzgebung bekämpft. So schreibt J. Möser in den ‚Patriotischen Phantasien‘ (1774f., Bd. 4, S. 35): „In andern Ländern, wo ... die blauen Montage eingezogen sind", 4, 47: „Wenn er gehört hätte, daß man solchen jungen Burschen ... sogar den Trost, sich alle vier Wochen einmal richtig ausdehnen zu können, oder den sogenannten blauen Montag abgeschnitten hätte".

Daß man gerade den Montag als Ruhetag gewählt hat, mag damit zusammenhängen, daß an den ‚Mondtagen‘, bes. bei Neu- oder Vollmond, in alter Zeit Gerichts- und Dingversammlungen stattgefunden hatten. Vielfach dehnte man auch größere Feste, die auf Sonntage fielen, auf den Montag aus, was ja auch für die zweitägigen hohen Kirchenfeste (Ostern, Pfingsten und Weihnachten) gilt. Auch die ‚Morgensprachen‘, d. h. die mit Gelagen und Schmäusen verbundenen regelmäßigen Zusammenkünfte der Innungen, hielt man am Montag ab. Was die Meister taten, ahmten die Gesellen nach. Vielfach galt auch, wie schon bei den Römern, der Montag als Unglückstag, an dem man lieber keine Arbeit begann. Die Bäckergilde Münster feiert noch alle 3 Jahre am ersten Montag im Juni ihren ‚Guten Montag‘ als Schützenfest. Dieser Brauch wird als Zunftprivileg auch in Wien und in anderen Städten erwähnt. In Münster selbst wird er mit einer Sage von der Belagerung Wiens durch die Türken in Zusammenhang gebracht, die wahrscheinl. erst sekundär mit dem schon vorher urkundlich bezeugten Brauch verbunden wurde: 1683 soll ein Bäckergeselle aus Münster in einer Backstube von Wien nachts Geräusche gehört haben. Als er es der Wache meldete, entdeckte man, daß die Türken dabei waren, einen unterirdischen Gang in die Stadt zu graben. Seine Wachsamkeit rettete die Stadt. Zur Belohnung gestattete man der Zunft der Bäcker in Münster von da an die festliche Begehung dieses denkwürdigen Tages. Eine Urkunde darüber ist aber nicht erhalten. Problematisch ist vor allem die Frage, warum diese Montage ‚blau‘ benannt wurden. Dafür sind im Laufe der Zeit die verschiedensten Deutungen und Erklärungen versucht worden, von denen keine völlig bewiesen ist. Blau, so hat man argumentiert, wurden diese Montage genannt, weil an dem Fastnachtsmontag, an dem ebenf. die Arbeit ruhte und der auch ‚der unsinnig Montag‘, ‚Fraßmontag‘, rhein. ‚Rosenmontag‘, d.h. eigentl. ‚rasender Montag‘ genannt wurde, die Altarbehänge in den Kirchen von blauer Farbe waren. Diese Erklärung findet sich z. B. in Haltaus’ ‚Calendarium medii aevi‘ (1729): „In Palatinatu Bavaria etc. hunc diem appellant den blauen Montag a colore violaceo, quo omnia in templo ornantur. Et hoc die ab operis vacant otioque ac laetitiae indulgent opifices cum famulis; unde forsan in genere dies otiosi atque geniales ab iis blaue Montäge nuncupantur“. Gegen diese Ableitung erheben sich aber Bedenken: Die blaue (eigentl. violette) Altarverkleidung, ein Symbol der Buße und des Fastens, beginnt mit dem Sonntag Septuagesimae als dem Anfang der siebzigtägigen Fastenzeit der älteren Kirche und dauert bis Ostern; es ist also nicht einzusehen, warum gerade der Fastnachtsmontag darnach benannt sein soll. Wenn also die Bez. tatsächlich vorkommt – ein sicherer Beleg ist dafür nicht bekannt –, so ist immer noch die Frage, ob sie nicht erst sekundär auf diesen Bummelmontag übertragen wurde.

Eine ganze andere Erklärung bringt Kluge-Götze: Solange mit Waid blau gefärbt wurde, mußte die Wolle, nachdem sie zwölf Stunden im Färbebad gelegen hatte, ebensolange an der Luft oxydieren. Sonntags ließ man sie im Bad, worauf sie den ganzen Montag an der Luft liegen mußte. Die Gesellen konnten müßig gehen, wenn in solcher Weise ‚blau gemacht‘ wurde.

Andere Erklärungen gehen von sprachl. Erwägungen aus. Man hat z.B. an eine Übertr. aus dem engl. ‚playmonday‘, d. h. Spiel-Montag, gedacht. Auch eine volksetymolog. Umbildung aus dem engl. ‚plough-Monday‘, dem Montag nach Epiphanias, an dem die jungen Burschen mit einem Pflug umherzogen und unverheiratete Mädchen davorspannten, hat man erwogen. Natürlich liegt die Analogie zu Benennungen wie ‚Grüner Donnerstag‘, ‚Weißer Sonntag‘ u.a. nahe. Auch eine Entstellung aus ‚Palm-Montag‘ hat man für möglich erachtet. Wer vom Sonntag her noch ‚blau‘ ist, kann auch am Montag nicht viel leisten. Trotz dieser plausiblen Erklärung ist es unwahrscheinl., daß der blaue Montag von ‚blau sein‘ = betrunken sein herzuleiten ist (↗blau).

Eine andere Theorie meint, der blaue Montag habe seinen Namen von der Tollheit und Ungebundenheit der Handwerksburschen an den Montagen, die häufig damit endeten, daß manche verbleut wurden und mit blauen Striemen und Flecken am Kopf und Körper nach Hause kamen. In Nürnberg seien die Drohworte: ‚Wart, ich will Dir an Blöbling (Bläuling) stechen, wennst noch a Wurt redst‘, d.h. ich will Dir die Augen blauschlagen, üblich gewesen. – Nicht zutreffend dürfte auch die Erklärung sein, daß die Kleidung der Genossenschaften, die sich im späteren MA. unter den Handwerksgesellen bildeten, blau gefärbt gewesen sei. Doch liegt ein anderer Bezug zu Kleidersitten näher und ist wahrscheinlicher: Nach der Kleiderordnung des MA. war für jeden Stand auch die Farbe des Kleiderstoffes festgelegt. Die für Bauern und Handwerker zuständige Kleiderfarbe war grau, daneben auch braun; es sind die ‚geringen Farben‘. Daneben stand für den Sonn- und Feiertag die blaue Farbe. Eine ganz eindeutige Äußerung haben wir aus der Zeit um 1290 vom dem oesterreich. Dichter Helbling (II, 72), der schon damals die später oft erhobene Klage anstimmt, daß die Bauern sich nicht in ihren Grenzen halten:

Dô man dem lant sin reht maz,
man urloubt im hûsloden grâ
und des virtages Blâ
von einem guoeten stampfhart.
dehein varve mêr erloubt wart
im noch sînem wibe.

Wenn die Handwerker am Montag nicht arbeiteten und statt dessen den blauen Feiertagsrock anzogen, konnten sie vom blauen Montag sprechen. Er steht damit also als Gegensatz zum ‚grauen Alltag‘. Eine ganz andere Erklärung für das Wort ‚blau‘ bietet sich aus dem jidd. ‚belo‘ i. S. v. ‚ohne‘ an, das sich in rotw. ‚blau‘ (sehr schlecht, böse, gar nicht, überhaupt nicht) veränderte. So wäre der ‚blaue Montag' als Tag zu erklären, an welchem die Handwerker nicht arbeiten, also als unnütz und vergeblich (S. A. Wolf: Wb. d. Rotw., S. 55, Nr. 524). Auch S. Landmann schreibt (S. 87): „Und wer gibt sich Rechenschaft, daß ein ‚blauer Montag' oder ‚blau sein' rein nichts mit der blauen Farbe zu tun haben, sondern mit einer hebr. Negation, nämlich ‚b'lo' oder ‚b'law'."

Die oft schlechte handwerkliche Arbeit an Montagen prägte das Sprw. ‚Montag(sarbeit) wird nicht wochenalt'. Besitzt ein neues Auto erhebliche Mängel, die nach und nach in Erscheinung treten, so sagt man: *Ich habe mir einen Montagswagen gekauft* und meint damit, das Auto sei an einem Montag gefertigt worden, d. h. ohne große Sorgfalt.

Lit.: *Jeitteles:* Blauer Montag, in: Germania 26 (1881), S. 506–507; *Anon.:* Blauwe Maandag, in: Vkde. 1 (1888), S. 59; *E. Mummenhoff:* Der Handwerker in der dt. Vergangenheit (Leipzig 1901), S. 70 f.; 125; *E. Berend:* Der blaue Montag, in: Bayer. Hefte f. Vkde. 2 (1915), S. 180 f.; *H. F. Singer:* Der blaue Montag (1917); *Koehne:* Studien zur Gesch. des Blauen Montags, in: Zs. f. Sozialwiss. 11 (1920); HdA. VI, Sp. 554–565; *R. Wissell:* Des alten Handwerks Recht und Gewohnheit, Bd. I (Berlin 1929), S. 378–390; *R. Foncke:* Folklore van de Maandag, in: Volkskunde. Nieuwe Reeks, Jg. 3; *O. Lauffer:* Farbensymbolik im dt. Volksbrauch (Hamburg 1948), bes. S. 20 ff.; *F. C. Tubach:* Notes on the expression ‚Blauer Montag', in: MLN 74 (1959), S. 329–333; *S. Landmann:* Jiddisch, Abenteuer einer Sprache (München 1964); *R. Brockpähler:* Der ‚Gute Montag' der Bäckergilde Münster – Sage und hist. Wirklichkeit, in: Rhein.-westf. Zs. f. Vkde. 16. Jg. (1969), H. 1–4, S. 123–163.

Moos. *(Viel) Moos haben:* viel Geld haben, reich sein. Moos ist urspr. ein student. Ausdr. für ‚Geld'; er kommt über das Rotw. aus jüd. māos = hebr. mā'öth = Pfennige, Kleingeld (vgl. ‚Most' in der Rda. ‚wissen, wo ↗Barthel den Most holt'). Die Wndg. ‚Moos haben' ist dann in der Studentensprache scherzhaft erweitert worden zu: *Moses und die Propheten haben,* mit Anlehnung an die bibl. Erzählung vom reichen Mann, der, in der Hölle schmachtend, Abraham bittet, seine noch auf Erden weilenden Brüder vor einem sündigen Leben zu warnen, worauf Abraham ihm bedeutet: „Sie haben Moses und die Propheten, laß sie dieselbigen hören" (Luk. 16,29). Th. G. v. Hippel (1741–96) verwendet die Rda. und bemerkt dazu:

„Hieß zu der Zeit (um 1757) in Kurland Geld und Gut oder, wie einige wollen, Gold- und Silbergeld, oder im Provinzialausdruck grob und fein, groß und klein Geld, das will sagen Albertstaler und Vierlings".

Ebenfalls aus der Studenterspr. stammt das Sprw. ‚Ohne Moos nix los'. Moos hat auch hier die Bdtg. von ‚Geld'.

Moos ansetzen: alt werden; studentensprachl. ‚ein bemoostes Haupt sein': ein alter, verbummelter Student sein. J. Gotthelf beschreibt die Situation der Studenten in seinem ‚Schuldenbuch': „Was unsere Väter in sechs Jahren (auf der Hochschule) lernten, so daß sie gelehrt wurden, daran lernt man jetzt zwölf Jahre und im dreizehnten ist man wohl was geworden, aber nicht geehrt, sondern ein famoser Bierrülps, ein Urbursche mit Moos auf dem Haupte und Dreck überall". Im Engl. sagt man für jem., der geistig frisch und beweglich bleibt: ‚a rolling stone gathers no moss'.

Aufs Moos kommen: eine alte Jungfer werden, ledig sterben. Die Moore (= mhd. mos: Moor, Sumpf) wurden als Aufenthalts- und Strafort für unverheiratete Mädchen und Frauen nach ihrem Tode angesehen, bes. in Bayern, Oesterr., Tirol und der Schweiz. Dort müssen sie Kiebitze hüten, Scheite sieben, Ladhölzer säen, Hosen flicken oder gar als häßliche Schnecken umherkriechen. *Das Mooslied singen:* ein Lied singen, das als Thema alte Jungfern hat.

Lit.: *F. Sarasin:* Die Anschauungen der Völker über Ehe und Junggesellentum, in: Schweiz. Arch. 33 (1934).

Mops. *Sich ärgern* (auch *sich langweilen*) *wie ein Mops.* Der rdal. Vergleich geht von dem mürrischen Gesicht des Tieres aus. Danach auch: *sich mopsen:* sich langweilen, sich ärgern; *mopsig:* langweilig. Doch gilt der rundliche Mops auch für ein zufriedenes Tier: daher *mopsfidel, ein vergnügter Mops.* Hierher gehört auch der um 1870 aufgekommene parodistische Stammbuchvers:

Lebe glücklich, lebe froh

Wie der Mops im Paletot!

und der Liedvers: „Wenn der Mops mit der Wurst über'n Spucknapf springt …"

Wenn der Mops mit der Wurst über'n Spucknapf springt.

Eigenthum von J. E. Maier.

1.

Ein Jeder kennt gewiß das Lied,
Das froh sich auf die Wurst bezieht,
Und das den Mops dabei besingt,
Der über'n Spucknapf springt!
Gesungen ist es schon sehr viel,
Darum jetzt auch beim Orgelspiel
Ertöne laut und froh:
„Wenn der Mops mit der Wurst über'n Spucknapf springt
Und der Storch in der Luft den Frosch verschlingt!
Wenn dem Mops mit dem Frosch über'n Spucknapf springt
Und der Storch in der Luft die Wurst verschlingt!"

2.

Ein Jüngling spricht zum Mägdelein:
„Dir werde ewig treu ich sein!"
Doch wenn sie ihn dann zärtlich fragt:
„Wann ihr die Hochzeit tagt?"
Dann wird er plötzlich still und stumm
Und denkt, da kümm're Dich nicht d'rum!
Ich nehme Dich zur Frau,

Das ist unterm Mops: das ist ‚unter aller Kritik'; Nebenform von ‚unter allem ↗Hund'; ↗Kanone; ↗Strich.
Altmärkisch: ‚He hett Möps in'n Kopp', er hat Launen. Dagegen meint die Wndg. *Möpse haben* heute allg. auch: viel Geld besitzen, reich sein.

Moral *Die Moral heben wollen:* das ethische Verhalten der Allgemeinheit durch Erziehung zum Guten u. Schönen verbessern wollen. Das Wort ‚Moral' ist im 16. Jh. entlehnt worden aus frz. ‚morale' zu lat. ‚moralis': die Sitten (mores) betreffend, ethisch.
Gegen die Moral verstoßen: gegen Sitten u. Anstand, gegen die verbindlichen Werte einer Gemeinschaft handeln.
Eine Moral mit doppeltem Boden: eine von Fall zu Fall verschiedene Verhaltensweise mit einer ‚strengen' oder ‚lockeren' Moral, sich nach außen hin als ‚moralisch einwandfrei' darstellen, aber strenge Grundsätze heimlich mißachten. Man spricht daher auch von einer ‚erschütterten Moral', einem Sittenverfall.

Die Moral für sich gepachtet haben: sich als Richter über das Verhalten anderer aufwerfen, sich entrüsten. Häufig besaßen früher Geschichten, Fabeln, selbst Schwänke eine Schlußmoral, auch im Bänkelsang war dies die gewöhnliche Zusammenfassung, die Warnung vor falschem Verhalten. Wilhelm Busch bringt eine solche Lehre, den ethischen Kern einer Geschichte in seinem ‚Bad am Samstag Abend' in die humoristischen Verse:
Und die Moral von der Geschicht:
Bad' zwei in einer Wanne nicht!
Bekannt ist auch der klassenkämpferische Kehrreim aus der ‚Dreigroschenoper' (2. Dreigroschen-Finale, II. Akt) von Bert Brecht (1928):
Erst kommt das Fressen,
Dann kommt die Moral!

Mord. *Es gibt Mord und Totschlag:* es gibt Zank und Streit; die übertreibend umschreibende Zwillingsformel ‚Mord und Totschlag' stammt aus dem Rechtsleben. Im Gegensatz zum offenen, im Affekt begangenen Totschlag ist Mord die heimliche, geplante Tötung. In der Rda. wird dieser Unterschied nicht berücksichtigt, sondern beide Begriffe sollen sich auf denselben Umstand, nämlich Streit, beziehen.
Etw. ist reiner Mord: eine Arbeit ist so hart, daß man sich bis zum letzten verausgabt.
Mordio schreien: ↗Zeter und Mordio.
Lit.: *R. Schmidt-Wiegand:* Art. ‚Mord (sprachlich)', in: HRG. III, Sp. 673–675.

Mördergrube. *Aus seinem Herzen keine Mördergrube machen* ist eine Prägung Luthers, der σπήλαιον λῃστῶν, vielleicht über ‚spelunca latronum' der Vulgata, in seiner Septemberbibel (1522) als ‚eine Mördergruben' übersetzt.
Da zur Mördergrube (ndd. ‚mortkule') das Versteckte und Heimliche gehört, gebraucht man die angeführte Rda. von einem offenherzigen Menschen.

Mores. *Jem. Mores lehren:* ihm Sitte, Lebensart beibringen; auch: ihn zurechtweisen. Die Rda. stammt wohl aus der Studentensprache und geht auf die Schulsprache der Humanistenzeit zurück. Lat. ‚mores' = Sitten ist seit dem 15. Jh. im Dt.

belegt, z. B. in der Verbindung ‚weder zuht noch mores‘. Die volkstümlich gewordene Wndg. ist seit dem Reformationszeitalter oft bezeugt; sie taucht schon bei Hans Sachs in dem Fastnachtsspiel ‚Der Krämerkorb‘ (V. 303) auf: „Ich wolt dich gar wol mores leren“; ebenso bei Sebastian Franck 1531. ‚Den will ich emol Mures liern‘ (Unterwesterwald) wird oft als Drohung verstanden; umgekehrt bedeutet daher *Mores haben*: Angst, Respekt vor etw. haben. Vielleicht spielt hier das hebr. ‚mōrā‘ Furcht, das aus der Kundensprache eingedrungen sein könnte, herein und das auch der Urspr. von ‚mauern‘ = zurückhaltend spielen ist.

Umg. ist die Rda. scherzhaft umgestaltet worden zu: *jem. Moritz lehren*, so z. B. 1779 bei Jung-Stilling. ‚Ech well dech Moritz kennen lärnen‘ sagt man in Hessen, desgleichen in Norddtl.

Vgl. auch ndl. ‚Hij zal nog anders mores moeten leeren‘.

Morgenluft. *Ich wittre Morgenluft* ist eine durch die Schlegel-Tiecksche Übers. aus Shakespeares ‚Hamlet‘ (I, 5) geläufig gewordene Rda., die auf den Ausspruch des Geistes von Hamlets Vater „But soft! Me thinks I scent the morning air“ („Doch still, mich dünkt, ich wittre Morgenluft“) zurückgeht. Bei Shakespeare ist der Ausdr. wörtl. gemeint, da der Geist bei Anbruch des Tages verschwinden muß. In übertr. Bdtg. wird heute damit ausgedrückt, daß man eine ‚Chance wittert‘, für ein Vorhaben einen günstigen Verlauf voraussieht.

Lit.: *M. Lüthi:* Lob der Autonomie und der Heteronomie, in: Röhrich Fs. (Jb. für Volksliedforschung 27/28), (Berlin 1982), S. 17–27, hier S. 22.

Morgenstunde. Das Sprw. ‚Morgenstund hat Gold im Mund‘ beruht – so hat man gemeint – auf der Vorstellung der personifizierten Morgenröte = Aurora, die Gold in Haar und Mund trägt. Diese Vorstellung ist schon altnordisch bezeugt, und so sagt man denn in Schweden, daß ein goldener Ring aus ihrem Munde fällt, wenn sie lacht; in Norwegen fallen Goldstücke aus ihrem Munde, wenn sie spricht, und aus den Haaren, wenn sie sich kämmt. In Dänemark fallen Edelsteine aus ihrem

‚Morgenstund hat Gold im Mund‘

Munde und Silber aus ihrem Haar. Ähnl. Metaphern finden sich in vielen europ. Sprachen, so im Ungarischen; ‚wer früh aufsteht, findet ein Goldstück‘; frz.: ‚a bon gain qui se lève matin; l'aurore est l'amie des Muses‘; engl.: ‚the early bird catches the worm‘; lat.: ‚aurora musis amica‘. Man sieht indessen sofort, daß diese Beisp. zwar den gleichen Sinngehalt haben, nicht aber dasselbe Bild verwenden.

Die Frage der Herkunft des dt. Sprw.s ist seit W. Wackernagels Aufsatz von 1848 immer wieder diskutiert worden. Zuletzt hat W. Mieder eine befriedigende Antwort darauf gegeben, indem er die Ergebnisse früherer Forschungen miteinander verglich und auf ihre Wahrscheinlichkeit hin überprüfte. Für ihn ist die Erklärung Fr. Seilers (1922), das Sprw. sei eine Art Erfindung eines listigen Lateinlehrers, der seinen Schülern mit ‚aurora habet aurum in ore‘ gleich drei lat. Vokabeln beibringen wollte, nicht haltbar.

Demgegenüber gibt es aber ein lat. Sprw., das als rechtmäßiger Vorläufer des dt. angesehen werden kann: ‚aurora musis amica‘. Dieses lat. Sprw. wurde von der älteren Forschung deshalb nicht als Quelle anerkannt, weil man es irrtümlicherweise erst um 1625 belegt glaubte, das dt. Sprw. jedoch schon 1612 in Jan Gruters Sprichwörtersammlung erschien. Doch sind beide Daten überholt: das dt. Sprw. wird von Seiler schon 1585 nachgewiesen in Michael Neanders Sprichwörtersammlung, während das lat. Vorbild 1497 von Erasmus von Rotterdam in einem Brief an Christian Northoff verwendet wurde (A. Taylor). Mieder erklärt sich vor allem mit den Ergebnissen von R. Jente einig und findet in Georg Philipp Harrsdörfers

‚Schauspiel Teutscher Sprww.' (1641) eine weitere Stütze für Jentes Argumentation.

‚Aurora Musis amica' wird hier mit ‚Morgenstund hat Brot im Mund; morgens studiert man am besten' übers. In der Lit. des 17. und 18. Jh. finden sich kaum Belege für das Sprw., was jedoch dessen Volksläufigkeit nicht ausschließt.

B. Brecht verwendet es 1930 in einem Gedicht als sozialpolitische Kritik:

Ach, des Armen Morgenstund
Hat für den Reichen Gold im Mund.
Eines hätt ich fast vergessen:
Auch wer arbeit', soll nicht essen!

‚Der kleine Moritz'

(Ges. Werke, Frankfurt/M. 1977, S. 137). Das Sprw. wird auch gelegentlich durch einen Zusatz erweitert, der sich auf das Frühaufstehen bezieht, das bekanntlich den meisten Menschen recht schwerfällt. Diesem Sachverhalt wird auf drastische Weise Rechnung getragen; im Rheinl. sagt man: ‚Morgenstund hat Gold em Mond – on Blei em Arsch' (oder – ‚on Bech [Pech] em Hind'); in Schwaben heißt es: ‚Morgenstund hat Gold im Mund – und Blei im Füdle'. Vgl. frz. ‚La fortune appartient à ceux qui se lèvent tôt' (wörtl.: Das Glück gehört den Frühaufstehern). Mit Sprw.-Mischung: ‚Morgenstund ist aller Laster Anfang'.

Lit.: *W. Wackernagel:* Gold im Munde, in: Zs. f. d. A. und dt. Lit. 6 (1848), S. 290; *L. Tobler:* Morgenstunde hat Gold im Munde, in: Germania 25 (1880), S. 80–81; *R. Geete:* Morgenstunde hat Gold im Munde, in: Germania 26 (1881), S. 348–350; *R. Sprenger:* Morgenstunde hat Gold im Munde, in: Zs. des allg. dt. Sprachvereins 17 (1902), S. 321; *A. Götze:* Morgenstunde hat Gold im Munde, in: Zs. f. dt. Wortf. 13 (1911/12), S. 329–334; *E. Slipper:* Morgenstunde hat Gold im Munde, in: GRM 4 (1912), S. 607; *Fr. Seiler:* Dt. Sprichwörterkunde, S. 24 f.; *R. Jente:* Morgenstunde hat Gold im Munde, in: Publications of the Modern Language Association 42 (1927), S. 865–872; *A. Taylor:* The Proverb (Cambridge [Mass.] 1931), S. 48–49; *E. Kalinka:* Morgenstunde hat Gold im Mund, in: Anzeiger der Akademie der Wissenschaften in Wien 76 (1939), S. 56–58; *L. Röhrich:* Gebärde-Metapher-Parodie. Studien zur Sprache und Volksdichtung (Düsseldorf 1967), S. 181 ff.; *W. Mieder:* Rund um das Sprichwort ‚Morgenstunde hat Gold im Munde', in: Muttersprache 88 (1978), S. 378–385.

Moritz. *Jem. Moritz lehren:* ihn scharf zurechtweisen, ↗Mores.

Wie der kleine Moritz sich das (so) vorstellt: naiv betrachtet, aus der Perspektive eines Kindes. ‚Aus dem Skizzenbuch des klei-

nen Moritz' veröffentlichte der populäre Münchner Zeichner A. Oberländer (1845–1923) seit 1863 eine Reihe von Karikaturen für die humoristisch-satirische Zeitschrift ‚Fliegende Blätter', die später unter dem Titel ‚Heimliche Randzeichnungen aus dem Schreibhefte des kleinen Moritz' zusammengefaßt wurden. Die Serie steht in der Tradition der seit W. Buschs ‚Max und Moritz' (1865) in Mode gekommenen Lausbuben-Bildergeschichten.

Lit.: *A. Oberländer:* Schreibheft des kleinen Moritz mit einem Nachwort versehen von H. Heisenbüttel, hg. v. K. Riha (Siegen 1985).

morixeln. *Jem. morixeln:* scherzhaft für jem. töten. Das Wort morixeln ist eine Verballhornung aus lat. ‚mori' und dt. ‚metzeln'.

Morpheus. *In Morpheus' Armen ruhen:* gut und angenehm schlafen. Morpheus als Sohn des Schlafgottes ὕπνος (lat. somnus) hat nach Ovid (‚Metamorphosen' XI 634–639) die Macht, Traumgestalten hervorzurufen. Sein Name bedeutet daher ‚der Gestaltende' nach griech. μορφή, die Gestalt. Nach ihm ist auch das 1804 von W. Sertürner in Paderborn entdeckte Schlafmittel Morphium benannt, als Parallelbildung zu Opium; vgl. frz. ‚être dans les bras de Morphée' (gehobene Sprache).

Moses. Bei jem. ‚eam easchte Buch Mosis stihn' bedeutet in Hessen: viele alte Schulden haben.

Er hat das 6. und 7. Buch Mosis gepredigt bez. einen Menschen, der aus seinem Unglauben keinen Hehl macht. Mit dem Schimpfwort ‚Kalb Moses' bzw. ‚du bist e räechts Kalb Moses' belegt man im Elsaß, aber auch im Hess. einen ungeschliffenen, flegelhaften Menschen.

Moses und die Propheten haben ↗Moos.

Sich um Moses Grab zanken: sich nutzlos streiten. Vgl. die ähnl. Wndg. ,sich um des Kaisers ↗Bart streiten' und die ndl. Rda. ,zij kijven om Mozes' graf'.

Er hat Moses Grab gesucht: er hat sich vergeblich bemüht.

Mosthannes. *Keiner hat mehr zu tun als Mosthannes* ist eine Rda., die auf die ma. Zehentwirtschaft zurückgeht. Der Mosthannes war der Fronbote des Meiers, der bei der Erhebung des Weinzehnten sehr beschäftigt war. Die Bdtg. ist jedoch früh verblaßt, und man gebraucht scherzhaft in Bernkastel-Kues die Rda. ,dau häs me Arbet wie Misthannes am Kihdrecksdag' von einem, der über zuviel Arbeit klagt. Als ,Mosthans' bezeichnete man auch einen, der auf Most begierig war (Seb. Franck, ,Sprichwörter' 286), in Anlehnung an Bildungen wie ,Prahlhans', ,Schmalhans', ,Hansdampf' u. a., ↗Hans.

Mostrich, Mostert. Mostrich besteht aus zerriebenen Senfkörnern, die mit Most angesetzt sind. Goethe spricht daher von ,Mostsenf'. Das in Nordostdtl. gebräuchl. Mostrich ist eine Eindeutschung aus dem ital. ,mostarda' und an Namensbildungen wie Friedrich angelehnt. Ebenso wird Mostert, das von der Unterelbe bis zu Rhein und Mosel gilt, schon mhd. umgedeutet zu musthart, in Gleichsetzung zu Namen wie Gebhart (Kluge-Mitzka). Firmenich (I, 381) erwähnt die Rda. ,wo Barthel den Mostert holt', die aber wohl urspr. heißt ,wo Barthel den Most holt' (↗Barthel). Im Ndd. und Ndl. sagt man für etw., das zu spät kommt und daher keinen Nutzen mehr hat, *Möstrich nach der Mahlzeit* bzw. ,Mosterd na de maaltijd', wohl in Anlehnung an das frz. ,servir de la moutarde après diner' (veraltet) oder engl. ,after dinner mustard'.

Jem. mit Mostrich bestreichen: ihn übervorteilen. *Du hast ja Mostrich auf der Pupille:* du kannst wohl nicht deutlich sehen, du bist wohl nicht recht bei Verstande; *Du hast wohl Mostrich auf der Windschutz-*

scheibe? fragt man einen Autofahrer, der einen Zusammenstoß verursacht hat. *Dich haben sie wohl mit Mostrich geimpft?:* du bist wohl nicht recht bei Verstand? *In Mostrich treten:* Anstoß erregen. Mostrich steht in diesen Rdaa. euphemist. für ,Scheiße'.

Motte. *Da sind die Motten hinein gekommen:* die Sache steht nicht mehr so gut wie früher, sie hat keinen glatten Fortgang genommen. Die Rda. geht wohl zurück auf Matth. 6, 19: man sollte keine Schätze auf Erden sammeln, „da sie die Motten und der Rost fressen" (vgl. auch Hiob 13, 28 und Jes. 56, 9); daher wohl auch die Verwünschung: *Daß du die Motten kriegst!* oder *Daß du die Motten in den Pelz kriegst!* Hess. ,du sollst der die Motte krieje' (mit dem Dativus ethicus ,dir', der, in der Umgangssprache häufig gebraucht, die innere Beteiligung ausdrückt). Vielleicht steht hier eine stärkere Verwünschung dahinter, wenn man bedenkt, daß ,die Motten haben' im Rotw. eine Umschreibung für Lungentuberkulose ist, wobei die von der Tuberkulose infizierte Lunge mit einem von Motten zerfressenen Stoffgewebe verglichen wird.

Du kriegst die Motten! berl. Ausdr. des Erstaunens und Entsetzens.

Motten im Kopf haben: sonderbare, wunderliche Gedanken haben, ungerechtfertigte Ansprüche haben. *Dem will ich die Motten vertreiben* (oder *ausklopfen*): ich will ihn (durch Schläge) von seinen nichtsnutzigen Gedanken abbringen.

Die Motte ist Sinnbild des Vergehens und Symbol der Seele. *Wie Motten um das Licht schwärmen* drückt die Kurzlebigkeit und Vergänglichkeit einer Sache in stark negativem Sinne aus. Der Vergleich

,Wie die Motten ums Licht'

taucht in anderem Zusammenhang schon bei Lohenstein (‚Sophonisbe' 1,1) auf: „die schuld schwermt um verderb, wie mutten um das licht".

Lit.: *O. Keller:* Die antike Tierwelt 2 (Leipzig 1913), S. 442.

motzen. *Jem. anmotzen:* jem. ausschimpfen, unfreundlich mit ihm reden. *Dauernd motzen:* sich dauernd nicht einverstanden zeigen mit gewissen Dingen; schimpfen. *Bis in die Motzen schlafen:* berlin. Rda.; sehr lange schlafen! ‚Motzen' bedeutete früher: in Verwesung übergehen.

Muck. *Jem. auf der Muck haben:* ihn scharf beobachten, ihn nicht leiden können. Muck oder Mücke nennt man das Korn des Gewehrs. Parallelbildung zu: ‚auf dem ↗ Korn haben' und ‚im ↗ Visier haben'; im 19. Jh. in westdt. und obd. Mdaa. verbreitet. Wien. bedeutet ‚an auf der Mucken hab', ihm gram sein.

Mücke. *Sich über die Mücke (Fliege) an der Wand ärgern:* sich über die geringste Kleinigkeit aufregen. Jean Paul 1795 im ‚Quintus Fixlein': „Wenn uns oft die Mücke an der Wand irren kann, so sollten uns auch die Mücken wie den Domitian belustigen oder wie einen noch lebenden Kurfürsten beköstigen". Ähnl. auch in den Mdaa., z. B. rhein. ‚den hennert de Mücke an der Wand'; hess. ‚mich ärjert heit die Mick an de Wand'; Saarl. ‚de krakehlt met de Mükken an der Mauer'; els. ‚die Muck(e) a dr Wand verdrießt (irrt) ne'; schwäb. ‚er kann d'Muck an der Wand nicht leiden', wobei zu bedenken ist, daß Mücke in manchen Mdaa. zur Bez. der ↗ Fliege gebraucht wird. Frz. ‚il est sensible (tendre) aux mouches', oder ‚il se fâche pour une mouche qui lui passe devant les yeux' (beide Rdaa. nicht mehr gebräuchl.).
Aus einer (jeder) Mücke einen ↗ Elefanten machen: etw. stark übertreiben, etw. Unbedeutendes über alle Maßen aufbauschen. Schon griechisch: ‚ἐλέφαντ' ἐκ μυίας ποιεῖν' (Lukian, ‚Encomium muscae', 12). Im Neugriechischen sagt man sowohl: ‚ἔκαμεν τὴν μυῖγαν ἐλέφαντα' als auch: ‚ἔκαμεν τὸν φύλλον κάμηλον' = er machte den Floh zum Kamel (Ström-

,Aus der Mücke einen Elefanten machen'

,Aus einem Elefanten eine Mücke machen'

berg, S. 38). In lat. Form bei dem Humanisten Erasmus von Rotterdam: „Elephantum ex musca facis". Grimmelshausen stellt im ‚Simplicissimus' (III, 289) die Rda. mit einer anderen zusammen: „Woraus ich lernete, daß die Verwunderung aus der Unwissenheit entstehe und daß man aus der Muck einen Elephanten macht, ehe man weiß, daß der Berg nur eine Mauß gebären werde". Wie dieser letzte Vergleich aus dem klassischen Altertum stammt (Horaz, ‚Ars poetica', V. 139), so sagten die Römer im gleichen Sinne auch: „arcem facere e cloaca" = aus einer Kloake eine Burg machen (Cicero); „e rivo flumina magna facere" = aus einem Bach große Ströme machen (Ovid); im Dt. kommt auch vor: ‚Aus einem Maulwurfshaufen einen Berg machen'; ‚aus einem Schnall (= Schnippen mit den Fingern) einen Donnerschlag machen'; ‚aus einem Furz einen Donnerschlag machen'; vgl. frz. ‚faire une montagne de tout' (wörtl.: aus allem einen Berg machen).
Im Schwäb. sagt man: ‚Nach der Muck schlagen und den Elefanten springen lassen', etw. Unwichtiges wichtig nehmen.

Diese Rda. ist schon bei Luther belegt: „das ich anzeige die verkerte meinung deren, die mucken fahen und elephanten lassen faren". Schweiz. bedeutet: ,Er hebet d'Mugg und lod d'Märe laufe', er läßt sich einen großen Gewinn eines kleinen Vorteils wegen entgehen. ,Mücken richten, Kamele schonen', die Kleinen hängen und die Großen laufen lassen.

Mücken seigen und Kamele verschlucken: in Kleinlichkeiten peinlich genau sein und es dabei in wichtigen Dingen nicht genau nehmen. ,Seigen' ist die ältere Form für ,seihen, durchseihen'. Die Rda. beruht auf Matth. 23, 24: „Ihr verblendete Leiter, die ihr Mücken seiget und Kamele verschlucket'. So auch in den Mdaa., z. B. rhein.: ,Mücken seihn on Kameel schlucken'. Von einem, der von Natur aus grob ist, sich vor anderen aber feiner Umgangsformen bedient, sagt man hess. ,Er kann vörr'n Lüen Muggen sugen un in öwrigen kann'n Elefanten schluggen'. Bei Burkard Waldis (1495–1557) heißt es: „Man sieht jezt leider in grossen sachen durch die finger, laufft vbers grass, stosst sich ans gräger, gross kamelthier sie gantz verschlukken vnd weichen doch die kleinen mukken". Während Mücke hier überall etw. sehr Kleines meint, bedeutet es in anderen Wndgn. ,Einfall', ,Gedanke' (↗Grille). Doch ist dafür die unumgelautete obd. Form ,Mucken' = Launen gebräuchlicher, die in dieser Bdtg. seit Hans Sachs belegt ist (,Fastnachtsspiele', 38, 81):

Mein Fraw die treibt gar seltzam mukken
Vnd zepfft mich an mit diesen stucken,
Das ich sol tragen das heiss Eyssen,
Mein vnschuld hie mit zu beweisen,
Das ich nie brochen hab mein Eh.

Das hat seine Mucken: das hat seine Schwierigkeiten. Als Fortsetzung der angeführten Rda. findet man: *einem die Mucken vertreiben:* einen wieder zur Vernunft bringen. Ebenso in den Mdaa.: obersächs. ,ich wer dr schon de(ine) Mukken austrei'm'. Els. ,dëm hai mr d Mucke us m Chopf tribe'. *Mücke (die Mücke) machen:* flüchten, davongehen. *Zisch die Mücken!:* scher dich fort! Laß uns in Ruhe!
Der mdal. Vergleich ,Lästig wie Clo-Mücke' (Mainz) wird oft noch durch den Zusatz verdeutlicht ,ma wird se ach net los'.

Noch mit den Mücken fliegen: noch ungeboren sein; schwäb. ,Er is no mit de Mucke g'floge'.

Mücken fangen: müßig sein, nichts zu tun haben.

Muckefuck, dünner, aus Gerste hergestellter Kaffee, im Volksmund scherzhaft als ,Spitzbohne' oder ,vorne spitz und hinten spitz' bez., Malzkaffee im Gegensatz zu Bohnenkaffee; daher heißt es im frz. ,mocca faux', woher das Wort, das Ende des 19. Jh. in Barmen-Elberfeld belegt ist, übernommen und verballhornt wurde. Umgekehrt heißt es frz. ,Café-Ersatz'.

Mucker. *Ein Mucker sein:* ein heimtückischer, scheinheiliger Mensch sein. Die Bez. ist der Jägersprache entnommen; sie bezieht sich auf den männlichen Hasen in der Paarungszeit; zu Beginn des 18. Jh.s wurde ,Mucker' Spitzname der pietistischen Anhänger von Joh. Franz Budde (Professor in Jena 1705–29). Weite Verbreitung fand das Wort durch die dt. Übers. des ,Tartuffe' von Molière: „Der Mucker oder Molièrens scheinheiliger Betrüger Tartüffe", ersch. 1748 in Breslau und Leipzig.

Muff, Muffe. *Nicht Muff sagen (können):* aus Befangenheit, Dummheit, Schuldbewußtsein oder Trägheit nichts sagen (wollen oder können), wortkarg (maulfaul) sein, sich an einer Unterhaltung nicht beteiligen.

Einem den Muff nachschlagen: jem. in seiner Abwesenheit oder wenn er gerade den Rücken wendet, lächerlich machen, verspotten.
Ihm geht die Muffe: er hat Angst; *ihm geht die Muffe eins zu tausend (hunderttausend):* er hat sehr große Angst. Muffe steht in diesen neu-umg. Wndgn. für After, eigentl. das Verschlußstück am Rohrende. Ähnl.: *Das Muffensausen bekommen:* Angst bekommen.
Mit der Muffe gepiekt sein: verrückt sein. Die berl. Rda. ,Dir ha'm se wol mit de Muffe jeschmissen (oder: jebufft)?, Du bist wohl nicht recht gescheit? geht, ähnl. wie andere gleichbedeutende Rdaa. der

1055

Umgangssprache (z. B. ‚Du bist wohl mit dem Klammersacke gepudert worden?‘), auf die Vorstellung zurück, daß jem. einen leichten Schlag gegen das Gehirn bekommen habe.

Mufti. *Par ordre de Mufti* (frz.): auf Befehl des Mufti. Ein Mufti (arab.) ist ein Rechtsprecher und Gesetzesausleger, gegen dessen Urteile keine Berufung eingelegt werden kann. Die Rda. wird dann gebraucht, wenn eine erlassene Anordnung strengstens befolgt werden soll, oder auch im iron. Sinne, um achselzuckend und bedauernd anzudeuten, daß man gegen höheren Befehl nichts ausrichten könne.

Mühle. *Das ist Wasser auf seine Mühle:* etw. gereicht ihm zum Vorteil, ebenso *alle Wasser auf seine Mühle leiten (richten),* oder ‚uf sin Mühl huse‘ (Els.), auf seinen Vorteil bedacht sein; ndl. ‚Dat is koren (water) op zijn molen‘, frz. ‚C'est de l'eau à mon moulin‘. Beide Rdaa. gehen auf die Technik des Wassermüllers zurück, wie sie schon der Holzschnitt aus Thomas Murners ‚Mühle von Schwyndelßheim‘ (1515) zeigt mit den Worten:

Der Müller findt man wahrlich viel,
Die alle Wasser uff ir mühl
Richten, das es rusch do here,
Ob sunst niender kein tropffe wäre.

Lit. auch bei Lohenstein (‚Arminius‘): „Es ist nichts seltzames fremdes Wasser auff seine Mühle leiten“; dann auch bei Schiller in den ‚Räubern‘ (III, 2): „Das ist Wasser auf unsere Mühle, Hauptmann!“ Goethe schreibt (Weim. Ausg. 25,1,14): „Dichter und Bildner beide beschäftigen sich an einer Quelle, und jeder sucht, das Wasser nach seiner Seite, zu seinem Vorteil hinzulenken“.

Etw. ist Wind auf jem. Mühle: die Ansichten desjenigen werden bestätigt und gefördert.

Das ist noch in der Mühle: das ist noch nicht abgeschlossen, noch nicht fertig; bei Joh. Fischart im ‚Bienenkorb‘ (97 a) in der Form: „Darum muß folgen, ... daß etwas anders auf der mülen ist, dann man uns sagen will“.

Jem. Mühle steht niemals still: jem. redet ununterbrochen. Über einen, der viel und dauernd redet, sagt man schwäb. ‚dem

geht sei Maul wie e Mühl‘. Von einem Spitzbuben, der alles mitgehen heißt, heißt es rheinhess. ‚der läßt nichts liegen als Mühlsteine und glühendes Eisen‘. ‚Die ok irst to der molen kumt, die sal erst malen‘ ist die ndd. Form des Sprw. ‚wer zuerst kommt, mahlt zuerst‘ (↗ mahlen). Von einem, der unnötig laut spricht, sagt man in Hessen-Nassau ‚mer meent, dau (du) werst in der Meel groß worn‘, wegen des Lärms, der in einer Mühle herrscht. Aus dem gleichen Grunde gebraucht man auch die Rda. ‚in der Mühle sagt man's zweimal‘, die vor allem in Süddtl. und Vorarlberg beheimatet ist. Man hält sie demjenigen entgegen, der beim ersten Mal nicht verstanden hat oder nicht ver-

‚Alle Wasser auf seine Mühle lenken‘

‚Wasser auf seine Mühle‘

stehen will. Diese Rda. von der Mühle wird mit vielen Zusätzen versehen. So heißt es,

,In der Mühle sagt man's zweimal,
– den Narren dreimal'
– einem Esel dreimal'
– alten Weibern dreimal'
– das dritte Mal kostet's einen
 Kreuzer'
– das dritte Mal schlägt man einem
 den Sack um die Ohren'
– und bei den Bauern, bis man's
 versteht'.

Von der sprw. Unehrlichkeit der Müller heißt es: ,In der Mühle ist das beste, daß die Säcke nicht reden können'. Im Volksmund werden noch verschiedene Dinge als Mühle bez. Ein altes Fahrrad nennt man, wohl weil es klappert, ,eine alte (Tret-)Mühle'- man spricht auch von der ,Tretmühle des Alltags', wobei wohl im Hintergrund die Vorstellung von den Treträdern in Arbeitshäusern des 17. und 18. Jh. steht, die von Verurteilten bedient werden mußten, ↗Tretmühle. Eine schwere Arbeit bez. man als ,Knochenmühle'.

Jem. durch die Mühle drehen: jem. hart zusetzen.

Ein Mühlrad geht einem im Kopf herum: man ist schwerfällig im Denken, verwirrt. In Goethes Faust (1790) sagt der Schüler zu Mephisto: „Mir wird von alledem so dumm, als ging mir ein Mühlrad im Kopf herum".

Mühlstein ↗Stein.

Lit.: *E. Handrik:* Müllersagen (Leipzig 1928): *L. de Wolf:* Een molen is duist menschen, in: Biekorf 34 (1928), S. 11–13; *C. Ruyterman:* Hij heeft een molen met een gieuw-gauw, in: Eigen Volk 8 (1936), S. 233; *P. Boorsma:* Hij heeft een molen, met een hieuwhauw, in: Eigen Volk 8 (1936), S. 286; *H. Gleisberg:* Beiträge zu einer Vkde. des Müllers und der Mühle, in: Dt. Jb. f. Vkde. 1 (1954), S. 157 ff.; *H. Bausinger:* Müller und Mühle im Denken des Volkes, in: Schwäb. Heimat 12 (1961), S. 73–76; *S. Grosse:* Die Mühle und der Müller im dt. Volkslied, in: Jb. d. Oesterr. Volksliedwerkes 11 (1962), S. 8–35; *W. Danckert:* Unehrliche Leute. Die verfemten Berufe (Bern – München 1963), S. 125–145; *L. Kretzenbacher:* Voraussetzungen und Erscheinungsformen von Bild- und Wortzeugnissen zum mystischen Thema der „Geistlichen Mühle", in: Bair. Jb. f. Vkde. (1983), S. 55–75.

Müll. *Sich über den Müll in der Tonne unterhalten:* über Belangloses reden.
Auf den Müllhaufen (die Müllkippe) der

,Auf die Müllkippe kommen'

Geschichte kommen: Zu der Vielzahl bedeutender und unbedeutender historischer Ereignisse gezählt werden, die bald der Vergessenheit anheimfallen.

Mulle. *Einem das Mulle streichen:* jem. schmeicheln. Eine besonders im Schwäb. verbr. Rda. ,Mulle' ist hier eine Bez. für Katze.

Müller. *Lieschen Müller heißen:* zu dem ,Kleinen Mann' auf der Straße gehören, so denken und handeln wie jedermann. Iron. spricht man sogar von ,Dr. Lieschen Müller', wenn Akademiker einen ,Klein-Leute-Geschmack' entwickeln. Bes. in den 50er Jahren war der sprw. Vergleich gebräuchl.: ,Was die „Bild-Zeitung" für Lieschen Müller, ist der „Spiegel" für Dr. Lieschen Müller'.

Müllers Sackträger sein: ein Esel sein, ↗Esel. Um einen anderen zu verspotten und herabzusetzen, benutzen Kinder mit Vorliebe den Auszählreim:

Ich und du –
Müllers Kuh.
Bäckers Esel,
Das bist du.

mulmig. *Die Sache wird mulmig* sagt man bei einer Angelegenheit, die bedenklich wird und schlecht auszugehen droht.

Mulmig wird so im gleichen Sinn wie ‚brenzlig‘ gebraucht. ‚Mulm‘, ndd. ‚molm‘, ist Staub, Stauberde (auch faules Holz) und geht auf mahlen, zermalmen zurück. Die Vorstellung ist wohl, daß eine Sache undurchsichtig, faul wird.

Mulus mulum. *Das mulus mulum spielen:* loben, um wieder gelobt zu werden, eine veraltete, bes. zu Lessings Zeiten verbr. Rda. Heute bez. man diese Haltung als ‚fishing for compliments‘.

Mumm. *Keinen Mumm (in den Knochen) haben:* keine Entschlußkraft haben; ziemlich tatenlos vor sich hin leben.
Das dt. Wort ‚Mumm‘ ist ein Kürzel von lat. ‚animus‘, was Entschlossenheit, Tatkraft bedeutet; die Wndg. hieß urspr. ‚keinen animum haben‘.

Mummenschanz. *Mummenschanz treiben:* sich maskieren und vermummt tanzen, sich amüsieren, Unsinn treiben.
Das Wort ‚Mummenschanz‘ setzt sich zusammen aus spätmhd. ‚mumman‘ und ‚schanz‘. Mumman war vom 14. bis zum 16. Jh. ein beliebtes Glücksspiel mit Würfeln; einen Glückswurf nannte man Schanz (fem.).
Zur Fastnachtszeit gingen herumziehende maskierte Gruppen in die einzelnen Häuser, forderten die Anwesenden stumm zu einem Mummenschanzspiel auf und zogen weiter. So nahm das Wort, das zu Beginn des 18. Jh.s veraltet war und von Goethe, Campe u. a. unter Geschlechtswandel neu belebt wurde, den bloßen Sinn einer Vermummung an, ohne daß weiter an das Glücksspiel gedacht wurde.

Mumpitz. *Mach (red) keinen Mumpitz:* mach keine Dummheiten, red kein dummes Zeug.
Els. ist seit Moscherosch (1643) das Wort ‚Butzemummel‘ (auch ‚Mummelputz‘; mummen = verhüllen, Butz = Gespenst) für Vogelscheuche gebräuchl. In der Umgangssprache entwickelte sich wohl daraus das hess. ‚Mombotz‘, Schreckgestalt, Schreckgespenst. Später wurde das Wort zu der Bdtg. ‚leeres Geschwätz‘ verflacht. Als Berl. Börsenausdr. taucht es in der Bdtg. ‚Schwindel, Unsinn, leeres Gerede, mit dem man erschrecken will‘, um 1870 auf. Fontane belegt es 1883 für Berlin und Ostpreußen.

München. *Von München nach Frauenhofen gehen:* den geistlichen Stand mit dem weltlichen eintauschen. Die Rda. ist ein Wortspiel: München bedeutet urspr. ‚bei den Mönchen‘, denn ‚münch‘ (ahd. munich) war bis ins 17. Jh. hinein die Bez. für Mönch.

Mund. In Mdaa. und Umgangssprache steht für Mund meist ‚Maul‘, bes. in den obd. Mdaa. Nordd. tritt dafür oft auch der derbe Ausdr. ‚Schnauze‘, ndd. ‚Snuut‘ ein. Außer den bereits bei ↗ Maul aufgeführten Rdaa. seien noch die folgenden ergänzt: *Seinen Mund nicht auftun:* schweigsam, nicht redselig sein, ‚maulfaul‘ sein; die Rda. beruht auf Jes. 53,7: „Er tat seinen Mund nicht auf wie ein Lamm, das zur Schlachtbank geführt wird“.
Nicht auf den Mund gefallen sein: redegewandt, schlagfertig sein; oder verstärkt: *ein gutes Mundwerk haben;* ndl., hij is goed van de tongriem gesneden‘, 1603 belegt; frz. ‚avoir la langue bien pendue‘, ‚avoir le filet coupé‘; engl. ‚to have the gift of the gab‘, ‚to have a well-oiled tongue‘, ‚to have one’s tongue well hung‘.
Wie auf den Mund geschlagen sein: vor Verblüffung kein Wort zu sagen wissen, *sich den Mund verbrennen* (bei Luther: „sich das Maul verbrennen“): unbedacht mit den Worten herausfahren, die einem dann Tadel und Unannehmlichkeiten zuziehen. Das Bild der Rda. ist vom Essen zu heißer Suppe hergeleitet, wie denn auch Lehmann S. 68 (‚Behutsamkeit‘ 3) erklärt: „Wer das Maul verbrennt hat, der bläst in die Supp“; dazu auch das ndd. Sprw.: ‚De kann swigen, de heet eten kann‘. Das Bild des Essens steht auch hinter *den Mund vollnehmen:* übertreiben, prahlen. Leckere Speisen machen den *Mund wäßrig.* Einem, der eine wohlbesetzte Tafel sieht, *läuft das Wasser im Mund zusammen;* frz. ‚l’eau vient à la bouche‘.
Sich etw. vom Mund absparen: am Essen sparen, um sich etw. kaufen zu können; daß dies nicht richtig ist, sagt ein Sprw. aus dem Westerwald: ‚Wot mer sport on

seim Mund, frißt die Katz orrer de Hund'.
Diese Rda. erscheint lit. bereits in Hans
Sachs' Schwank ‚Der zu karg und der zu
milt' (4):

Wo er nur kund bey seinen jaren
Ein Pfenning kund am maul ersparen –

und in seinem bekannten Fastnachtsspiele, dem ‚Heiß eisen' (179):

Vier gulden zwölffer, die ich doch hart
Hab selbst an meinem maul erspart.

Einem etw. vor dem Munde wegnehmen; in
älteren Belegen statt wegnehmen ‚abschneiden', so heißt es in Murners ‚Narrenbeschwörung' (59,52):

Wer all die Buben ertränkte ...
Der thet doch gott ein dienst daran
Das sy dem armen krancken man
Syn brot abschnyden vor dem mundt;

und in Grimmelshausens ‚Simplicissimus' (I, 16) ist die Rede von Schmarot-
zern und Hungerleidern, die denen, „so
etwas meritirt, das Brot vorm Maul abschneiden"; vgl. frz. ‚oter à quelqu'un le
pain de la bouche', (wörtl.: einem das Brot
vom Mund wegnehmen), i. S. v.: einem
den Lebensunterhalt nicht gönnen.
Jem. die Bissen in den Mund zählen: ihm
nicht gönnen, daß er sich satt ißt. *Von der
Hand in den Mund leben* sagt man von
einem, der nicht spart, sondern das Er-
worbene sogleich ausgibt; scherzhaft bezieht man es auf den Zahnarzt, der davon
lebt, daß er anderen mit der Hand in den
Mund fährt. *Einem den Mund sauber halten:* ihm nichts vom Essen abgeben, auch
allgemeiner: jem. etw. vorenthalten; *wie
aus einem Munde* wird vermerkt, wenn
zwei gleichzeitig dasselbe sagen.
Die Rda. *warm und kalt aus einem Munde
blasen* oder *aus einem Mund kalt und
warm blasen:* zwiespältig, unaufrichtig,
‚doppelzüngig' sein, geht auf eine Fabel
Äsops (Nr. 64) zurück. Ein Waldschrat
schloß Freundschaft mit einem Menschen. Eines Tages sah er, wie der Mensch
sich in die Hände blies, um sie zu wärmen;
kurze Zeit später, als er beim Essen saß,
blies der Mann in den dampfenden Teller,
um das Essen abzukühlen. Als der Wald-
geist sah, daß der Mann warm und kalt
aus einem Munde blies, kündigte er ihm
die Freundschaft. Die Rda. ist zumindest
seit dem 16. Jh. bei uns bekannt. Auch in
den Niederlanden ist sie verbreitet (‚heet

SPRECKT·VYT·TWEE·MONDEN.

‚Aus zwei Mündern sprechen'

end koud uit een mond blazen'); es gibt
ein Gemälde von Jordaens über diese Fabel. Ebenso: *aus zwei Mündern sprechen:*
doppelzüngig sein; in der ndl. Form ‚hij
spreekt uit twee monden', womit man
einen Betrüger bez., ist die Rda. im 18. Jh.
auch in den ndl. Bilderbogen dargestellt
worden.
Sehr alt ist die in Süddtl. gebräuchl. Rda.
*von Mund auf in den (gen) Himmel kom-
men (fahren).* In einer Predigtsammlung
aus Salzburg heißt es 1705 in einer Kapi-
telüberschrift: „Von einem / der von
Mund auf ist gen Himmel gefahren / weil
er niemand freventlich verurtheilt hat"
(Heribert von Salurn, ‚Festivale' I, 126).
Sofort, ohne Aufenthalt im Fegfeuer, gelangt die Seele in den Himmel; früher
dachte man sich, daß die Seele eines sterbenden Menschen durch den Mund dem
Körper entfloh. Die Rda. wurde parodiert
zu: ‚von Mund auf gen Himmel fahren,
gleich wie die Kuh ins Mauseloch'.
Der Mund der Wahrheit (ital. ‚bocca della
verità') ist ein altes Sagenmotiv. In der
Vorhalle der Kirche Santa Maria in Cos-
medin in Rom steht eine antike kreis-
runde Brunnenablaufmaske, die ein
menschliches Gesicht darstellt, ‚Mund
der Wahrheit' (1,7 Meter Durchmesser).
Daran knüpft sich die Sage, daß jeder, der
einen Eid leisten soll, seine Hand in den
offenen Mund dieser Plastik legen muß;
wird ein Meineid geschworen, kann der
Lügner seine Hand aus dem zuge-
schnappten Mund nicht mehr befreien.
Erstmals ist diese Art der Wahrheitsfindung in Dtl. in der ‚Kaiserchronik' bezeugt (Mitte des 12. Jh., VV 10688–10819):

,Der Mund der Wahrheit'

Eine Witwe vertraut Julian ihren Schatz an, den dieser jedoch für sich behalten will, als sie ihn zurückfordert. Vor dem Bild des Mercurius muß Julian, die Hand im Mund der Figur, die Wahrheit schwören. Da er jedoch lügt, beißt der Mund zu und hält Julian fest, bis dieser sich zur Rückgabe des Schatzes bereit erklärt.

In späterer Zeit verband man die Erschaffung des Bildes mit dem ,Zauberer' Vergil und benutzte den ,Mund der Wahrheit' zur Keuschheitsprobe. In der 1522 ersch. Schwanksammlung ,Schimpf und Ernst' (Nr. 206) von J. Pauli wird das Bild allerdings durch eine des Ehebruchs angeklagte Frau überlistet: ihr Geliebter umarmt sie – als Narr verkleidet – vor dem Schwur, so daß sie in aller Öffentlichkeit behaupten kann, nur ihr Mann und der Narr hätten sie berührt. Das Bild soll daraufhin in tausend Stücke zersprungen sein.

Einem nach dem Munde reden: ihm schmeicheln; *jem. das Wort vom Munde ablesen,* im gleichen Sinne wie etwa: jeden Wunsch von den Augen ablesen und damit erfüllen; ,enen deep in de Mund seen', ihm Glauben schenken.

Einem über den Mund fahren: ihn scharf zurechtweisen; *einem das Wort im Munde umdrehen:* seine Äußerungen entstellt weitergeben, sie absichtlich anders deuten; *das Wort aus dem Mund nehmen:* dasselbe sagen, was der andere auch gerade sagen wollte; *ein Schloß an den Mund hängen:* jem. zum Schweigen bringen; *den*

Finger auf den Mund legen ist von der Gebärde, mit der man jem. zum Schweigen auffordert, genommen; *einem die Worte in den Mund legen:* ihm zu verstehen geben, was er sagen soll; vgl. frz. ,parler par la bouche de quelqu'un'.

Sich den Mund nicht verbieten lassen: sich von einer unerwünschten oder peinlichen Äußerung nicht abhalten lassen; *sich den Mund fusselig* oder *fransig reden:* etw. ausführlich und doch wirkungslos darlegen; obersächs. auch: ,sich Fransen ums Maul reden, sich Troddeln schwatzen'.

In aller Leute Mund sein: ins Gerede kommen; frz. ,être dans toutes les bouches'; engl. ,to be in everybody's mouth'; ndl. ,over de tong gaan'; *Mund und Nase aufsperren:* sehr erstaunt sein; *den Mund halten:* schweigen; *den Mund auftun:* etw. sagen; ,e krumm Maul mache' (els.), Zeichen von Unlust geben; ,wie us dem Mull gegroffe' sagt man im Siegerland über einen, der jem. sehr ähnl. sieht. *(Sich) kein Blatt vor den Mund nehmen* ↗ Blatt, ↗ Schloß.

Etw. geht von Mund zu Mund: ein Gerücht verbr. sich.

Lit.: *G. F. Deinlein:* Dissertatio de dubiis quibusquam in successione ab intestatio collateralium in capita secundum regulam, So viel Mund, so viel Pfund (Altdorfi 1743); *C. Riessner:* Art. ,Bocca della verità', in: EM. II (1979), Sp. 543–549.

mundtot. *Jem. mundtot machen:* ihn zum Schweigen bringen, ihn ausschalten; die Rda. bezieht sich urspr. nicht auf den Mund, sondern auf ahd. und mhd. munt (f.) = Schutz, Schirm, Gewalt, Schutzgewalt und steht in Zusammenhang mit lat. ,manus' ↗ Hand. In unserem Wort ,Vormund' (der vor dem Mündel stehende, der über sein Mündel Gewalt habende) lebt die alte Bdtg. noch fort. ,Mundtot machen' bedeutet also urspr.: entmündigen; der Ausdr. ist von Schottel um 1665 erstmals gebucht und erklärt worden. Außerhalb der Rechtssprache wurde er bald als auf den Mund bezüglich volksetymol. umgedeutet und zum Parallelausdr. von ,den Mund (das Maul) stopfen' (↗ Maul), eine Entwicklung also, für die die Homonymie der Wörter Munt und Mund verantwortlich zu machen ist.

Lit.: *W. Ebel:* Über Redensarten und Recht, in: Moderna Språk (1960), S. 1–12.

munkeln. *Von etw. munkeln:* über eine Sache im geheimen reden. Das ndd. Wort ‚munkelen' gelangte im 16. Jh. in den Süden Dtl.s und wurde dort zu ‚munkeln'. Das Sprw. ‚Im Dunkeln ist gut munkeln' entspricht dem lat. ‚in tenebris saltare'.

Münze. *Etw. für bare Münze nehmen.* Diese seit dem 18. Jh. belegte, auch in den Niederlanden (‚iets voor gangbare munt aannemen') und Frankr. (‚prendre quelque chose pour argent comptant') geläufige Rda. wendet man auf jem. an, der etw. als ernst auffaßt, das nur im Scherz gesagt wurde. Über jem., den man nicht für normal hält, sagt man im Els. ‚Der is nit bi barer Münz'. *Mit gleicher (grober) Münze heimzahlen (zurückzahlen)* steht bereits bei Abraham a Sancta Clara (‚Etwas für alle', 163) und bedeutet: jem. in ähnl. unfreundlicheł; grober Weise behandeln; vgl. frz. ‚rendre à quelqu'un la monnaie de sa pièce'.

Da muß man Münzen haben: dazu braucht man viel Geld (Vorarlberg); ähnl. *mit klingender Münze bezahlen:* mit Bar- bzw. Hartgeld (als Grundlage einer soliden Währung, in der der Metallwert einer Münze ihrem Nennwert entspricht) bezahlen; vgl. frz. ‚payer en espèces sonnantes et trébuchantes'.

Es auf jem. gemünzt haben bedeutet eigentl.: eine Denkmünze, die mit Anspielungen und anzüglichem Bildwerk versehen ist, auf jem. prägen. Solche Denkmünzen wurden vom Handwerker in der Münzwerkstatt hergestellt und vorzugsweise im 17. und 18. Jh. geprägt. Heute bedeutet die Rda.: etw. über jem. äußern, ohne seinen Namen zu nennen.

Lit.: Münzen in Brauch und Aberglauben, hg. German. National-Museum, Nürnberg (Mainz 1982).

Mus. Urspr. bezeichnete Mus jede Art von gekochter Speise. Im Mhd. ist ‚muoshus' das Speisehaus. Erst später wird die Bdtg. zu ‚(süßem) Brei' verengt; dazu die Ableitung Gemüse. *Jem. das Mus süß einstreichen (ums Maul streichen):* einem schmeicheln, um einen Vorteil von ihm zu erlangen. *Einem das Mus versalzen;* Parallel-Rda. zu ‚einem die ↗Suppe versalzen'. Murner schreibt: „Das muosz versaltzen" (‚Schelmenzunft'

33), ebenso Fischart: „Welche jnen das Muß versaltzen wolten" (III 259); gemeint ist: jem. einen Plan durchkreuzen, einen ‚Strich durch die Rechnung machen' (↗Strich).

‚Mer mot nicht alle mose smecken', heißt es in Bremen, um auszudrücken, daß man nicht alles ausprobieren oder erfahren muß. ‚Dat môs is vorgoten' (das Mus ist ausgegossen), die Sache ist zu Ende (ndd.). Im Hess. heißt es ‚Mus on (und) Saft gehn kee Kraft', ähnl. in der nordostdt. Rda. ‚Môs maht lostig, awer schwach op de Bên', um auszudrücken, daß Mus bzw. Brei keine kräftigende Nahrung ist. Umgekehrt sagt man jedoch zu einem Jungen, der für eine Arbeit noch zu schwach ist, er ‚muess noch mehr Mus esse' (Vorarlberg).

Eine tote Fliege kann das beste Mus verderben ist ein schwäb. Sprw., das besagt, daß eine diffizile Angelegenheit durch eine Kleinigkeit wertlos bzw. verdorben werden kann.

Münzwerkstatt (‚Es auf jem. gemünzt haben')

‚Er het's Mus verschütt' sagt man im Els., wenn einer sich unbeliebt gemacht hat. In erster Linie waren damit wohl Verstöße gegen das gute Benehmen bei Tisch gemeint, in übertr. Bdtg. später dann alle Ungeschicklichkeiten, die Ärger verursachten; man sagte dann auch ‚er hat ins Mus getappt' oder bezeichnete einen tolpatschigen Menschen als ‚Hans-tapp-ins-Mus'. *Jem. zu Mus hauen:* ihn heftig prügeln; Parallel-Rda. zu ‚einen zu ↗ Brei hauen'.

Lit.: *H. J. Teuteberg* u. *G. Wiegelmann:* Unsere tägliche Kost (Münster 1986); *St. Mennell:* Die Kultivierung des Appetits. Geschichte des Essens vom Mittelalter bis heute (Frankfurt/M. 1988).

Muse. *Von der Muse geküßt sein (werden):* künstlerisch inspiriert sein (werden), auch: *Warten, daß einen die Muse küßt:* auf eine Eingebung, die zündende Idee hoffen, die das geplante Werk gelingen läßt. *Nicht von der Muse (den Musen) geküßt sein:* keine schöpferischen Anlagen besitzen, ein ganz prosaischer, phantasieloser Mensch sein.

‚Von der Muse geküßt werden'

Jem. ist unter den Musen erzogen: er ist sehr gelehrt, den Künsten zugetan; vgl. frz. ‚Il a été nourri dans le sacre Vallon'.
Den Musen leben: sich nur den Künsten und Wissenschaften widmen, ohne materielle Sorgen sich mit Höherem beschäftigen können.
Die Muse von jem. sein: ihn begeistern und beflügeln, oft scherzhaft oder iron. von der Geliebten oder Lebensgefährtin eines Künstlers gesagt.
Mit ‚leichter Muse' meint man oberflächliche Unterhaltungsliteratur oder -musik, während die ‚zehnte Muse' für kabarettistische Darbietungen steht.
Die gelehrte Dichtung des 17. Jh.s führte die 9 Musen in die gehobene Rede ein; erst später setzte sich die Singularform durch.

Musik, Musikant. *Musik im Blut haben:* eine angeborene Musikalität besitzen; hier kommt die alte Auffassung vom Blut als Träger der Erbfaktoren zutage.
Der kann abkommen ohne Musik sagt man im Saarland für einen, der sich unbeliebt gemacht hat; es ist wohl an den Besuch großer und beliebter Persönlichkeiten gedacht, die mit Musik empfangen und wieder zur Stadt hinausgeleitet wurden.
Wer gern tanzt, dem tut's jede Musik sagt man im schwäb. Sprw. und meint damit, daß einer, der etw. um jeden Preis erreichen oder haben will, nicht sehr wählerisch ist, bzw. sein kann.
Da liegt Musik(e) drin!: Die Sache läßt sich hören; eigentl.: sie klingt erfreulich wie Musik; *das ist Musik in meinen Ohren:* eine willkommene Botschaft.
Mehr als Musikalität spielt Unmusikalität in Sprww. und Rdaa. eine Rolle. ‚Ich bin auch musikalisch, ich häng' immer die Mütze an die Orgel'; schles. ‚du bist wull au musekalsch. Dei Vater war e Leiermann, un du hust 'm de Nota gehaln'; oder im Sagwort: ‚Ich bin auch musikalisch, sagte die Magd, ich blase – die Suppe'; oder: ‚Es geht nichts über die Musik, sagte der Inspektor, als er die Tischglocke läutete'.
Kein Musikgehör haben: Bitten gegenüber ablehnend sein.
Musik steht oft für Geld, indem man auf den Klang der Münzen anspielt: *Da hast du die ganze Musik* hört man wohl einmal beim Skatspiel, indem man dem Gewinner die gewonnenen Pfennige zuschiebt. Die Rda. wird aber auch allgemeiner gebraucht. Ähnl. sagt man *hier sitzen die Musikanten,* indem man auf den Geldbeutel schlägt, so daß die Münzen klimpern. Der Ausdr. soll auf den Theaterschriftsteller L. Angely (1787–1835) zurückgehen.
Da liegt ein Musikant begraben ist der Ausruf, wenn man an einen Stein stößt oder stolpert. Die Rda. geht vielleicht auf den ma. Brauch zurück, Musikanten, Gaukler und Komödianten als ‚unehrliche Leute' außerhalb des Friedhofes, auf freiem Feld zu begraben. Mehr Wahrscheinlichkeit hat jedoch die Herleitung des Ausdr. aus Schatzgräbersagen (‚da liegt der Hund begraben'; ↗ Hund) für sich, wo Musikant verhüllend für den Namen des Teufels steht. Lit. belegt ist die Rda. allerdings in ihrer älteren Form bei Hans Sachs:
    Da wird ein pfeiffer begraben sein,
    Wer drüber geht, muß stolpern dran.
(Handschin: Das Sprw. bei Hans Sachs, S. 101).

Das ist Zukunftsmusik: das liegt noch in weiter Ferne, es ist unsicher, ob es sich verwirklichen läßt. Urspr. bezog sich der Ausdr. iron. auf Richard Wagners Buch ‚Das Kunstwerk der Zukunft‘ (1850).

Lit.: *D. Lutsch:* Da liegt der Hund begraben, da liegt ein Musikant begraben, in: Zs. f. Deutschkunde 37 (1923), S. 211–212; *M. Willberg:* Die Musik im Sprachgebrauch, in: Muttersprache (1963), S. 201 ff.; *A. Taylor:* To face the music, in: American Notes and Queries 7 (1968/69), S. 120.

Muskatnuß. Die Muskatnuß (Myristica fragrans) war bereits Ende des 12. Jh. in Nordeuropa bekannt. Schon sehr früh holten die Araber die Droge aus Indien. Als Gewürz wird sie gegenwärtig sehr viel weniger als im MA. benutzt. Die fremdländische Herkunft der aromatischen Frucht gab wohl Anlaß zu Rdaa., wie *er versteht soviel davon wie eine Kuh (Ochse) von einer Muskatnuß,* wenn man ausdrükken wollte, daß jem. über eine Angelegenheit redete, von der er nichts verstand. Luther schreibt „was soll der Kuh Muskate? sie frißt wohl Haferstroh!", um die Unangemessenheit einer Sache aufzuzeigen. Ähnl. drückt es eine schwäb. Rda. aus: ‚Es gehört keiner Sau keine Muskatnuß, sie weiß sie nicht zu reiben‘. Um die Rückständigkeit oder Weltfremdheit eines Menschen auszudrücken, sagt man in Hessen: ‚Was versteht der Bauer von Muskatnuß? er glaubt, es wär‘ e Setzkartoffel‘. Von einem Tölpel, der einen guten Einfall oder unvermutetes Glück hat, sagt man auch ‚jetzt hat die blind‘ Sau e Muskatnuß gefunde‘ (Schwaben), wohl in Analogie zu dem Sprw. von dem blinden Huhn, das auch einmal ein Korn findet. *Der Kuh Muskaten geben* wird im gleichen Sinne gebraucht wie die Rda. ‚Perlen vor die Säue werfen‘ (↗Perle).

Mut. Das Wort Mut umfaßte urspr. alle Regungen des Seelenlebens, was sich heute noch in der Wndg. ‚zumute sein‘ ausdrückt. *Sein Mütchen an jem. kühlen:* seine übermütige Laune an ihm auslassen. Mhd. steht in gleichem Sinne (Haß, Zorn, Ärger) das Wort muot; z. B. im ‚Nibelungenlied‘ (Str. 2133): „Dô kuolten mit den wunden die geste wol ir muot". Luther übersetzt 2. Mos. 15,9: „Ich will nachjagen … und meinen Mut an ihnen kühlen;

ich will mein Schwert ausziehen, und meine Hand soll sie verderben". Seit Luther begegnet auch die Verkleinerungsform häufiger: „küle dein mütlin nicht, wenn du straffen solt" (Sirach 10,6), das Hans Sachs in freier Reimfassung gibt:

Rech nit zu gnaw all misse that,

Kül nicht dein Mütlein frü und spat.

Seit dem 17. Jh. wird die Rda. in der Schriftsprache in der uns heute geläufigen Form verwendet. Sie ist auch ndl. ‚zijn moed koelen aan iemand‘, frz. ‚assouvir sa vengeance, sa colère sur quelqu’un‘ bzw. ‚excercer sa rage contre quelqu’un‘ sowie engl. ‚to vent one’s anger (spleen) on a person‘ gebräuchl.

‚Die Feststellung: *Mut zeiget auch der Mameluck* ist durch Schillers Gedicht ‚Der Kampf mit dem Drachen‘ (Musenalmanach 1799, S. 151 f.) zur Rda. geworden. Im Volksmund wird sie oft scherzhaft zu einem Wechselreim ‚Mut zeiget auch der lahme Muck‘ verdreht.

Den Mut sinken lassen: die Hoffnung aufgeben, alle Anstrengungen für vergeblich halten.

Etw. mit dem Mut der Verzweiflung tun: sich in die Gefahr stürzen, um evtl. eine Chance zu bekommen; seine Angst überwinden und etw. Schwieriges und Gefährliches in Angriff nehmen, ↗Angst.

Lit.: *M. Wandruszka:* Angst und Mut (Stuttgart 1950), bes. Kap. ‚Der Wortschatz des Mutes‘, S. 81–150.

Mutter *Vorsicht ist die Mutter der Weisheit* oder in volkstümlicher Konkretisierung *Vorsicht ist die Mutter der Porzellankiste* meint, daß ↗Vorsicht wichtiger ist als alles andere und daher noch vor der Weisheit kommt. Das Sprichwort ist wohl in Anlehnung an ähnl. aus dem Lat. wie ‚repetitio est mater studiorum‘ gebildet. Nach demselben Bautypus (‚X ist die Mutter von Y‘) verlaufen die Sprww. ‚Not ist die Mutter der Künste‘, ‚Überfluß ist die Mutter der Langeweile‘, ‚Erfahrung ist die Mutter der Wissenschaft‘, ‚Die Erde ist die Mutter des Reichtums‘, ‚Der Friede ist die Mutter des Reichtums‘, ‚Tyrannei ist die Mutter der Ungerechtigkeit‘, ‚Schwelgerei ist die Mutter der Habgier‘ (Cicero: ‚Luxuria avaritiae mater‘), ‚Die Zeit ist die Mutter der Wahrheit‘; oder auch engl. ‚Necessity is the mother of invention‘; vgl. auch frz.

‚La prudence est la mère de la sagesse‘, sowie nach demselben Bautyp: ‚La pauvreté est la mère de tous les vices‘ (wörtl.: Die Armut ist die Mutter aller Laster).

Einer der ältesten dt. Belege für diesen Bautypus findet sich 1495 in den ‚Proverbia metrica et Vulgariter rytmisata‘ des Joh. Fabri aus Donauwörth: ‚Weyssheyt ist aller künst muter‘. Im 16. Jh. geht die Beliebtheit von Neubildungen zurück; erst das 18. Jh. findet wieder neue Variationen, so: ‚Ungerechte Regierung ist die Mutter alles Ungehorsams‘.

Der Ausdr. *Mutter Natur* geht auf Klopstocks Ode ‚Zürchersee‘ (1750) zurück. *Die Mutter Erde küssen* ist ein Euphemismus für ‚zu Boden fallen‘. Der Franzose gebraucht dafür die witzige Rda. ‚prendre un billet de parterre‘. Der dt. Ausdr. erinnert an die Geschichte von den Söhnen des Tarquinius Superbus, denen prophezeit worden war, nach dem Vater werde herrschen, wer zuerst die Mutter küsse; Brutus wußte das Orakel zu erfüllen, indem er absichtlich stolperte, zu Boden schlug und die Erde mit den Lippen berührte.

Bei Mutter Grün übernachten: im Freien übernachten. Die Rda. ist von Berlin ausgegangen, aber auch in die allg. Umgangssprache eingedrungen.

Der Mutter am Schoß hängen sagt man von einem Kind, das ängstlich nicht von der Mutter weicht, übertr. bezieht man es auch auf Heranwachsende; vgl. frz. ‚rester accroché aux jupons de sa mère‘ (wörtl.: Der Mutter am Unterrock hängen).

Eine andere Mutter hat auch ein liebes, schönes Kind oder *jede Mutter hat ein liebes Kind* sagt man im südd. Raum und den Alpen einem abgewiesenen Freier; in übertragener Bedeutung gebraucht man diesen Ausdruck resignierend, wenn man etw. nicht erhalten konnte, das man erstrebte.

Da ist's Kind vor der Mutter auf die Welt gekommen sagt man über ein vorlautes Kind, das alles besser weiß. Der Ausdr. entspricht sinngemäß der Rda. ‚da ist das ↗ Ei klüger als die Henne‘.

Wenn du noch eine Mutter hast ...: Anfang eines Gedichts von Friedrich Wilhelm Kaulisch (1827–81), der oft parodiert wird, so z.B. zusammen mit Hein-

rich Heines Gedicht „Wenn du eine Rose schaust“:

> Wenn du noch eine Tante hast,
> sag, ich laß sie grüßen.

Nach der alten Mutter Weise handeln: Mütter, die ihren Töchtern bei Liebesabenteuern nachspionieren, sind hiermit gemeint.

Ein Berliner Gassenhauer hat den Titel: ‚Mutter, der Mann mit dem Koks ist da‘. Er spielt auf die nicht spurlos gebliebene Begegnung der Tochter mit dem ‚schwarzen Mann‘ an, die die Mutter sofort bemerkt.

‚Mutter, der Mann mit dem Koks ist da ...‘

Im Westerwald sagt man beim Anblick, den das Wogen des blühenden Getreidefeldes hervorruft: ‚die Mutter läuft durchs Korn‘; gemeint ist damit ein mythisches Wesen, das als Kornmutter oder Kornmuhme bez. wird und auch als Kinderschreck dient.

Mutterseelenallein ist eine verstärkende Bildung für ‚ganz allein‘ und seit etwa 1809 (Campe) gebräuchl. Im Frühnhd. begegnet ‚mutterallein‘, eine ähnl. Bildung wie ‚mutternackt‘, und Gottfried Keller schreibt ‚seelenallein‘. Über die Zusammensetzung ‚Mutterseele‘ (ähnl. wie: Menschenseele) kommt es dann über ‚mutterseligallein‘ zu dem heute noch gebräuchl. Ausdr.

Lit.: *W. D. Hand:* A Classical Proverb-Pattern in Germany: X is the mother of Y, in: JEGP 36 (1937), Heft 2, S. 224–233; *F. Ströbele:* ‚X ist die Mutter von Y‘, in: Proverbium 15 (1970), S. 120 f.; *L. Richter:* Mutter, der Mann mit dem Koks ist da (Leipzig 1977); *E. Badinter:* Die Mutterliebe. Geschichte eines Gefühls vom 17. Jh. bis heute (Zürich 1981).

Muttermilch ↗ Milch.

Mütze. ,Dat es em noh der Mötz' sagt man am Niederrhein, wenn etw. im Sinne des Betreffenden geschieht; umgekehrt: *das ist ihm nicht nach der Mütze:* es paßt ihm nicht, etwa im Sinne der Rda. ,danach steht ihm nicht der ↗ Kopf'; so heißt es 1652 bei Laurenberg „darna steit im de Kagel" (= Kapuze).

Etw. auf seine Mütze (Kappe) nehmen: die Verantwortung für etw. übernehmen (↗ Kappe); vgl. frz. ,endosser quelque chose' (wörtl.: sich etw. aufbürden).

Etw. auf die Mütze kriegen: einen Tadel einstecken müssen; entspr. *einem etw. auf die Mütze geben:* ihn ausschelten, schlagen; rhein. ,enen öm de Mitz haue', ihn ohrfeigen, ↗ Hut.

Den drückt die Mütze: es fehlt ihm etw., er ist durch sein Benehmen auffällig. *Die Mütze steht ihm nicht recht:* er ist nicht gut gelaunt. *Er hat heute die gute Mütze nicht auf:* er ist schlecht gelaunt. Von einem, der schlecht gelaunt ist, sagt man auch, er habe *seine Mütze schief auf(gesetzt).* Der Ausdr. geht auf das 18. Jh. zurück, als man allg. Perücken trug. Nach der Art, wie einer seine Perücke (oder Hut) trug, schloß man auf seine Stimmung; so heißt es im Holländischen ,de priuk zit hem scheef'. Die entsprechende Redensart im Englischen heißt ,to have one's hair combed the wrong way'.

Mit der Mütze nach etw. werfen: etw. leicht Erreichbares zu erlangen suchen; umgekehrt heißt es ,dar is keen Smiten mit de Mütz da', wenn etw. außerhalb des Bereichs des Möglichen liegt.

Einen unter der Mütze haben: betrunken sein (nordd.), ↗ trinken.

Myrte. *Die Myrte verloren haben:* die Jungfräulichkeit verloren haben und damit das Recht, bei der Trauung einen Myrtenkranz zu tragen. Die immergrüne Pflanze war schon im alten Vorderasien ein heiliger Strauch der Frühlings- und Liebesgöttin; sie wurde als Aphrodisiakum und als Brautkraut verwendet. 1538 soll eine Tochter Jakob Fuggers in Augsburg als erste Deutsche bei ihrer Hochzeit einen Myrtenkranz getragen haben. Das Symbol des Myrten-(Jungfern-)Kranzes, der nur der reinen Jungfrau bei der Hochzeit zukommt, ist ein Motiv unzähliger Volkslieder. Geradezu von einer Art Jungfräulichkeitstest handelt das noch viel gesungene Volkslied vom Donaustrudel.

> Als wir jüngst in Regensburg waren,
> sind wir über den Strudel gefahren.

Unüberhörbar heißt es im Text weiter:

> Wem der Myrtenkranz geblieben,
> landet froh und sicher drüben;
> wer ihn hat verloren,
> ist dem Tod erkoren.

Der weitere Text des Liedes exemplifiziert dies an einem positiven und an einem negativen Beispiel.

Lit.: *W. Danckert:* Symbol, Metapher, Allegorie im Lied der Völker; Teil 3: Pflanzen (Orpheus-Schriftenreihe Bd. 3), (Bonn 1978), S. 1177–1178; *L. Röhrich:* Das Bild der Frau im Märchen und im Volkslied, in: H.-B. Harder u. D. Henning (Hg.): Jacob und Wilhelm Grimm zu Ehren (Marburg 1989), S. 35–61.

N

Nabel. *Sich für den Nabel der Welt halten:* sich für den Mittelpunkt halten, um den sich alles dreht.

Die griech. Mythologie hat als ‚Nabel der Welt' den Omphalos-Stein zu Delphi angesehen (griech: Nabel). Man nahm an, daß sich hier kosmische Bereiche des Himmels, der Erde und der Hölle berührten und die Schöpfung der Welt ihren Anfang genommen habe. Der Omphalos-Stein im Tempel Apollos wurde im 7. Jh. v. Chr. errichtet und nach zweimaliger Zerstörung durch Feuer und Erdbeben 369–323 v. Chr. wieder aufgestellt. Einen derartigen Stein gibt es auch in Rom auf dem Forum Romanum, den ‚Nabel der Stadt Rom', umbilicus urbis Romae. Auch der Berg Garizim (Richter 9,37) galt als Nabel der Erde, von dem es heißt: Gaal aber setzte seine Reden fort und sprach: „Siehe doch, Krieger steigen vom Nabel des Landes herunter, und eine Gruppe kommt gar von der Wahrsager-Eiche her".

Jem. den Nabel reindrücken: jem. demütigen, kleinkriegen wollen. Vor allem in Bayern ist als Drohung ‚Deam will i de Nabel scho 'neidrucka' gebräuchlich.

Nabelschau betreiben: sich mit sich selbst beschäftigen, in Gedanken nur um sich selbst kreisen; etw. Unwichtigem zu große Aufmerksamkeit schenken. In der Joga-Praxis bedeutet die Nabelschau jedoch die meditative Betrachtung des eigenen Nabels.

Die Nabelschnur ist noch nicht ganz abgerissen, jem. hat sich noch nicht abgenabelt: die materielle und psychische Eigenständigkeit wird bei gewissen Erwachsenen durch ihre anormal starke Bindung an ihre Eltern erschwert. In diesem Sinne erscheint die Rda. bei Schiller, ‚Räuber' IV,2: „Die Nabelschnur ist nicht unterbunden worden".

Lit.: *H. U. Ziolko* u. *V. Hückel:* Der Nabel, in: Sexualmedizin 10 (1981), S. 387–390 u. 425–429.

Nachgeburt. *Bei dir haben sie wohl das Kind fortgeworfen und die Nachgeburt aufgezogen?:* Ausdr. spöttischen Mitleids und mitleidigen Spotts auf einen dummen Menschen; wohl berl. um 1900 aufgekommen; seit dem 1. Weltkrieg auch sold. geläufig.

Nacht. *Die Nacht zum Tage machen:* die ganze Nacht durch arbeiten oder feiern und sich erst gegen Morgen schlafen legen. ähnl.: *sich die Nacht um die Ohren schlagen.* Solche Menschen nennt man auch ‚Nachtmenschen' oder, da die Eule ein nachtaktives Tier ist, das am Tage ruht, ‚Nachteulen'.

Bei Nacht und Nebel kommen: heimlich und ungesehen, plötzlich kommen; so wird auch eine in aller Heimlichkeit durchgeführte (Polizei-)Aktion als ‚Nacht-und-Nebel-Aktion' bez. In die Geschichte ist unter dem Schlagwort ‚Nacht-und-Nebel-Erlaß' ein geheimer Erlaß Hitlers vom 7. 12. 1941 eingegangen: Die Staatsfeinde in besetzten Gebieten sollten heimlich nach Dtl. in Konzentrationslager gebracht werden.

Etw. passiert über Nacht: etw. ist auf einen Schlag, ganz plötzlich geschehen.

Die Nacht der langen Messer: eine Nacht, in der ein grausames Gemetzel stattfand. Die Wndg. wird heute eher iron. allg. als ‚Zeit der Rache für etw.' verwendet.

Na, dann gute Nacht: Wenn das so ist, dann ist alles zu spät; das klappt bestimmt nicht mehr.

Eine ital. Nacht feiern: die ewige Nacht im Totenreich feiern; gestorben sein, ↗ zeitlich.

Lit.: *E. Th. Reimbold:* Die Nacht im Mythos, Kultus und Volksglauben (Köln 1970).

Nachtigall. *Nachtigall, ick hör' dir trapsen (trampsen, loofen);* ich merke, was los ist, ich ‚rieche den ↗ Braten'; die berl. Rda. ist zuerst 1878 in Hans Meyers ‚Richtigem

Berliner' gebucht und wird auch heute umg. allg. nur im berlin. Dialekt gebraucht. Die Rda. ist vermutl. eine Verballhornung der ersten Zeile des Liedes ,Frau Nachtigall', einem Fliegenden Blatt, das in ,Des Knaben Wunderhorn' abgedruckt ist:

Nachtigall, ich hör dich singen,
Das Herz möcht mir im Leib
                    zerspringen;
Komme doch und sag mir bald,
Wie ich mich verhalten soll.

Nachtigall, ich seh dich laufen,
An dem Bächlein tust du saufen,
Du tunkst dein klein Schnäblein ein,
Meinst, es wär der beste Wein.

Möglicherweise liegt bei der Rda. eine Vermischung der Anfangszeile der ersten mit der der zweiten Strophe „Nachtigall, ich seh dich laufen" vor.

Die Nachtigall singen lehren: etw. Unnützes tun. Vgl. ndl. ,Hij leert den nachtegaal zingen'.

Der Gesang der Nachtigall gilt seit der Antike als glückbringendes Omen; im Volksglauben ist sie zudem als Bringerin eines sanften Todes bekannt. Aus ,Romeo und Julia' stammt die Wndg. „Es war die Nachtigall und nicht die Lerche" (III,5: „It was the nightingale and not the lark"). Dieser Spruch wurde von Georg Herwegh in seinem Gedicht ,Morgenruf (1845) parodiert. Die Lerche ist hier als Verkünderin des Tages zu verstehen: „Die Lerche war's und nicht die Nachtigall".

Weiterhin wurde die Nachtigall in vielen Gedichten personifiziert, so z. B. in Goethes ,Faust' im ,Lied des Frosches' (1808): „Schwing dich auf, Frau Nachtigall!"

Eine Gedichtsammlung nennt H. Hoffmann von Fallersleben: ,Die schlesische Nachtigall' (1825). ,Die Nachtigall von Sesenheim' ist der Titel einer lyrischen Erzählung von Gustav Ad. Müller (1894).

Lit.: *K. Bode:* Die Bearbeitung der Vorlagen in ,Des Knaben Wunderhorn' (= Palaestra 76), Berlin 1909, S. 395; *O. Keller:* Die antike Tierwelt 2 (Leipzig 1913), S. 73–74; *E. Ingersoll:* Birds in Legend, Fable and Folklore (New York 1923), S. 48–50; *L. Röhrich* u. *R. W. Brednich:* Dt. Volkslieder, Bd. 2 (Düsseldorf 1967), S. 359 ff. ,Nachtigall als Liebesbotin' (mit weiterführender Lit.); *E. u. L. Gattiker:* Die Vögel im Volksglauben (Wiesbaden 1989), S. 82–89.

Nachtmütze. *Eine Nachtmütze (Schlafmütze) sein:* ein langweiliger, schläfriger Mensch sein; vgl. frz. ,être un bonnet de nuit'. Das Kleidungsstück, das der Mann früher anlegte, wenn er zu Bette ging, steht für negative Charaktereigenschaften. Da es bes. von älteren Männern bevorzugt wurde, die nur noch wenige Haare hatten, wird der Traum von der Nachtmütze so gedeutet, daß man einen alten Mann heiraten werde.

Die in Bremen bezeugte Rda. ,he hett ok noch nich de leste Nachtmützen up' meint: mit ihm geht es noch nicht so bald zu Ende; sein Tod ist noch nicht zu befürchten.

Nachttopf. *Dich haben sie wohl auf den Nachttopf gesetzt und unters Bett geschoben?* Diese Frage gilt als mitleidiger Spott für einen dummen Menschen; man umschreibt mit der Rda. das deutlichere ,einen ↗ Schlag auf den Kopf bekommen'.

Nachtwächter. *Ein Nachtwächter sein:* ein Versager, ein Mensch ohne Unternehmungsgeist, ein geistesabwesender Träumer sein. Der Ausdr. gilt als häufige Schelte für langweilige und untaugliche

'Der Nachtwächter'

Hört ihr Herrn laßt auch sagen wie jetzt ist an der Zeit
[...]

,Nachtwächter'

Schüler, Lehrlinge und Rekruten, wird aber auch als verächtliches Schimpfwort unter Gleichaltrigen gebraucht. Der sprachl. Vergleich beruht auf der Tatsache, daß der Nachtarbeiter am Tage den Schlaf nachholen muß und deshalb immer nur müde zu Hause anzutreffen ist. Der Traum von einem Nachtwächter bedeutet daher, daß man das Haus hüten muß.

Das ist noch unter dem Nachtwächter!: das ist dümmer als dumm, das ist unter aller Kritik, das ist das Verächtlichste, was man sich denken kann. Die Rda. spiegelt die soziale Geringschätzung dieses Berufes. Da keine Ausbildung dafür nötig war, konnte ihn der Einfältigste ausüben.

Ein Nachtwächter ohne Knochen ist die scherzhaft euphemist. Umschreibung für einen Kothaufen, der heimlich nachts auf die Straße gesetzt wurde.

Lit.: *A. Memminger:* Hört Ihr Leut' und laßt Euch sagen! Ernstes und Heiteres vom Nachtwächter (Würzburg 1922); *K. Adrian:* Von Salzburger Sitt' und Brauch (Wien 1924), S. 104ff; *E. Bonomi:* Der Nachtwächter im Ofner Bergland, in: Südostforschungen 6 (1941), S. 273–277; *W. Danckert:* Unehrliche Leute (Bern – München 1963), S. 57ff.

Nacken. *Einen harten (unbiegsamen) Nacken haben:* eigensinnig, ‚hartnäckig‘ sein; nicht nachgeben wollen; ebenso in den Mdaa.: ostfries. ‚he het en stiewe Nack‘; rhein. ‚en stive Nacke han‘; vgl. frz. ‚avoir la nuque raide‘ (gehobene Sprache).

Jem. den Nacken steifen: ihn zum Widerstand ermuntern. Dagegen *einem den Nacken beugen:* ihn zwingen, seine Handlungsweise zu verändern; els. ‚es blit im m Näcke henke‘, er muß die Schuld bezahlen.

Einem auf dem Nacken liegen (sitzen): ihn ständig belästigen, ⌐ Hals.

Angst sitzt jem. im Nacken: große Angst haben, hier ist die Vorstellung des Aufhockers angesprochen, ⌐ Angst.

Einem den Fuß auf den Nacken setzen: ihn unterwerfen, aufs ärgste demütigen; urspr. nach ma. Kriegsbrauch wörtl. zu verstehen: Der Ritter setzte dem Besiegten den Fuß in den Nacken zum Zeichen der Unterwerfung, ⌐ Fuß.

Einem in den Nacken schlagen: ihn empfindlich treffen. Luther gebraucht die Wndg. i. S. v.: verleumden, übel nachre-

den (‚Sprichwörter‘, 437). Heute ist das davon abgeleitete Subst. ‚Nackenschlag‘ häufiger (z. B. ‚geschäftliche Nackenschläge erhalten‘). Bemerkt der Betroffene diese Heimtücke, so sagt man: *Er hat Augen im Nacken,* ⌐ Auge.

Den Schalk im Nacken haben: zum Scherzen, zum Possenspielen aufgelegt sein (⌐ Schalk); Goethe schreibt: „doch glaubt mir, er hatte den Schelmen faustdick im Nacken"; Claudius:

Der Knabe hat blaue Augen, gelbes
          Haar
Und Schalk im Nacken immerdar.

nackt, Nackter. *Einem Nackten die Kleider ausziehen; einem Nackten in die Tasche greifen wollen:* sich umsonst bemühen.

Einen Nackten auf die Wache stellen: jem. mit Aufgaben betrauen, die er nicht bewältigen kann. Während in dieser Rda. die Nacktheit als Zeichen der Schutz- und Wehrlosigkeit verstanden wird, besitzt sie in abergläubischen Vorstellungen eine apotropäische Wirkung: jede Art von Unglück kann vertrieben werden, wenn sich der Mensch dem unglückbringenden Dämon nackt und bloß zeigt (HdA. VI. Sp. 841, Abs. 9). Vgl. ‚Jem. mit dem nackten Arsch ins Gesicht springen‘, ⌐ Arsch. Der Ausdr. ‚die nackte Wahrheit‘ (⌐ Wahrheit) geht auf eine Stelle im ersten Buch der Oden (24,7) von Horaz (65–8 v. Chr.) zurück: Hier heißt es ‚nuda veritas‘.

Lit.: *A. Kuntz:* Der bloße Leib. Bibliographie zu Nacktheit und Körperlichkeit (Frankfurt a. M. – Bern – New York 1985); *H. P. Duerr:* Nacktheit und Scham (Frankfurt/M. 1988); *M. Andritzky* u. *Th. Rautenberg (Hg.):* ‚Wir sind nackt und nennen uns Du‘. Eine Geschichte der Freikörperkultur (Gießen 1989).

Nadel. *Er hat bei mir noch etw. auf der Nadel:* er soll mir noch für etw. büßen. Die Rda. ist seit dem 16. Jh. bezeugt, heute aber nur noch in den Mdaa. vorhanden, z. B. schwäb. Schiller verwendet sie in folgender Form:

Manches Stück von altem Adel,
Vetter (Bacchus), hast du auf der
          Nadel,
Vetter, übel kommst du weg.

Man hat zur Erklärung der Rda., deren Bdtg. der von ‚etw. auf dem Kerbholz haben' entspricht, an einen Schneider gedacht, der so von einem Kunden sagt, für den er beschäftigt ist und von dem er noch Geld zu erwarten hat. Mit größerem Recht wird man aber unter der Nadel die Stricknadel verstehen, wie es denn auch landschaftlich heißt: ‚etw. bei einem noch auf der Nadel sitzen haben'. Der bildl. Sinn hätte sich dann ebenso eingestellt wie in den Rdaa. ‚noch etw. bei einem auf der Kunkel haben', ‚einen ↗ Schinken bei jem. im Salz liegen haben'.

Wie auf Nadeln sitzen: sehr ungeduldig dasitzen (↗ Kohle). Bei Chr. Fr. Henrici (Picander, 1700–64) heißt es:

Seht, wie der Bräutigam hier wie
auf Nadeln sitzt
Und ärger als jemand das
Leckermäulchen spitzt

(im Frz. genauso: ‚être assis comme sur des épingles').
Älter ist die Form *auf Nadeln gehen* (oder *stehen*); z. B. bei Daniel Stoppe (1697 bis 1747):

Da geht man fast auf lauter Nadeln,
Denn jede findet was zu tadeln.

Ähnl. aus Breslau: ‚O, macht ok furt! 's is ja, as wenn ma auf Nadle schtinde'; schweiz. ‚of d'Nodle setze', jem. in die Enge treiben. Die Rda. bezieht sich wohl auf die Gottesurteile und Folterungen, wo der Angeklagte zum Beweis seiner Unschuld über ein Nagelbrett gehen mußte.
In verschiedenen Rdaa. wird Nadel auch kennzeichnend für ein sehr kleines Ding gebraucht; so sagt man von einer dichtgedrängten Menschenmenge: *Es konnte keine Nadel zur Erde (fallen).*
Etw. wie eine (Steck-)nadel suchen: eine verlorene Kleinigkeit vergeblich suchen; ähnl. *eine Nadel in einem Heuhaufen suchen,* womit man die Nutzlosigkeit eines Suchens charakterisiert (ebenso engl. ‚to look for a needle in a bottle of hay'; frz. ‚chercher une aiguille dans une botte de foin'; ndl. ‚het is een naadl in een hooiberg').
Etw. mit der heißen Nadel nähen: etw. eilig und darum schlecht und flüchtig ausführen, nicht in allen Einzelheiten durchdacht (z. B. polit. Gesetzesvorhaben).
Bis heute hat sich der Volksglaube erhalten, daß es gefährlich sei, jem. spitze Gegenstände zu schenken. Man könnte sonst verletzen oder die bestehende Freundschaft zerstören. Die Warnung der Rda. *Eine Nadel sticht die Freundschaft tot!* wird noch immer beachtet, d. h. man hütet sich, Anstecknadeln oder Broschen zu verschenken. *Jem. eine Nadel schenken* bedeutet in der Schweiz, die Freundschaft mit jem. aufkündigen (HdA. VI, Sp. 919). In Frankr. schenkt man keine Nähutensilien, da auch hier die Vorstellung verbreitet ist, diese könnten eine Freundschaft ‚totschneiden'.

An der Nadel hängen: stark drogensüchtig sein; sich in regelmäßigen Abständen Heroin injizieren müssen. Ist jem. dieser Droge total verfallen, so sagt man, *er kommt nicht mehr von der Nadel los.*

Nadelgeld bekommen: von den Eltern als Tochter regelmäßige Beisteuer für den späteren Haushalt bekommen; oder auch, wie die veraltete Rda. heute noch in der Schweiz gebräuchlich ist, das Geld meinend, das der Ehemann seiner Frau zu deren freier Verfügung gibt. Der Ausdruck ‚Nadelgeld' hängt damit zusammen, daß Nadeln früher sehr teuer waren. König Ludwig XI. von Frankr. z. B. schenkte seiner Tochter zur Hochzeit eine Büchse voller Nadeln.
Die (zukünftige) Hausfrau mußte in der Lage sein, ihre Kleidung und die ihrer Kinder, auch die Wäsche selbst in Ordnung zu halten, auszubessern oder gar anzufertigen, um zu sparen oder sich in Notzeiten behelfen zu können. Das Nadelgeld verhalf ihr dazu, selbständig zu wirtschaften und für das Nötigste an Textilien zu sorgen.
In dem schwäb. Volkslied: ‚Sitzt e klois Vogerl im Tannenwald' heißt es in Strophe 5:

Mädle, was kriegscht für e Heiratsgut,
daß de des Köpfle so trägscht?
La, La …
Nadel und Faden und Fingerhut
und e verroschtete Scher.

Die schlagfertige Antwort des um seine Zukunft unbekümmerten Mädchens bedeutet, daß es von zu Hause nichts zu erwarten hat, doch sich selbst durchzubringen hofft.
Nadel und Faden werden auch als Umschreibungen der männlichen und weiblichen Genitalien gebraucht; so z. B. von

Balzac, der in seinen ‚Ergötzlichen Geschichten' die Unmöglichkeit einer Vergewaltigung behauptet und dies so begründet: „Man kann keinen Faden einfädeln, wenn die Nadel nicht stillhält."

Ein Kamel durch ein Nadelöhr treiben (wollen): etw. Schwieriges, Unmögliches versuchen; *einen mit etw. durchs Nadelöhr treiben:* ihn durch Zwang oder Drohung zu etw. fast Undurchführbarem veranlassen. Die Wndgn. beziehen sich auf Matth. 19,24: „Es ist leichter, daß ein Kamel durch ein Nadelöhr gehe, denn daß ein Reicher ins Reich Gottes komme". Mit dem Nadelöhr könnte ein sehr enges, kleines Tor in der Stadtmauer von Jerusalem gemeint sein, das nur Menschen den Durchgang gestattete und tatsächlich im Volksmund ‚Nadelöhr' genannt wurde. Wahrscheinlich beruht die Übers. jedoch auf einer falschen Lesart, so daß κάμηλον = Kamel mit καμίλιον = Schiffstau verwechselt wurde. Es müßte demnach in einem wirklich aufeinander bezogenen Vergleich heißen: „Es ist leichter, daß ein Schiffstau (dickes Seil) durch ein Nadelöhr gehe …".

‚Eher geht ein Kamel durchs Nadelöhr …'

Eine Politik der Nadelstiche betreiben: jem. durch ständiges ↗ Piesacken unaufhörlich quälen oder peinigen, ↗ Politik.

Nagel bedeutete urspr. den Finger- und Zehennagel sowie (aber im Dt. nur noch selten) die Tierkralle. Neben dieser Grundbdtg. kann mit Nagel aber auch ein hölzerner oder metallener Stift zum Festhalten von Brettern oder ähnl. Materialien gemeint sein. Dieses Überschneiden der Bdtg. macht die Erklärung von alten, oft in ihrem Sinn dunkel gewordenen Rdaa. bes. schwierig. In anderen europ.

Sprachen ist fast durchweg eine Trennung dieser beiden Hauptbdtgn. von Nagel auch in sprachl. Hinsicht eingetreten (z. B. frz. Fingernagel: l'ongle; Stift: clou). Vom Nagel als Fingernagel sind folgende Rdaa. abgeleitet: *Etw. brennt einem auf den Nägeln* (oder *auf die Nägel*) bez. die ängstliche Eile, mit der eine Arbeit in letzter Stunde fertiggemacht wird; man hat die Rda. vom Brennen der Fingerspitzen durch aufgelegte glühende Kohlen bei der Folterung hergeleitet. Die 1649 von Gerlingius unter Nr. 27 verzeichnete Form: „Die kertz ist auff den nagel gebrandt" sowie die 1718 von Celander (‚Verkehrte Welt', S. 520) gebrauchte Wndg. „So brennet ihm … das Licht, wie man im Sprichwort zu reden pflegt recht auf den Nagel" lassen eine andere Erklärungsmöglichkeit offen, nämlich die Vorstellung der bis auf die haltenden Finger herabgebrannten Kerze. Man hat daran erinnert, daß sich die Mönche bei der Frühmette zum Lesen im Dunkeln kleine Wachskerzen auf die Daumennägel klebten, so schwer dieses Bild auch einem heutigen Kirchenbesucher einleuchten dürfte. Goethe gibt der Wndg. noch etw. anderen Sinn:

Der Dichter freut sich am Talent,
An schöner Geistesgabe;
Doch wenns ihm auf die Nägel brennt,
Begehrt er irdischer Habe.
Mit Recht soll der reale Witz
Urenkeln sich erneuern;
Es ist ein irdischer Besitz –
Muß ich ihn doch versteuern!

D. h.: wenn er dichten muß, will er auch bezahlt sein, wobei unsere Rda. die Dringlichkeit unterstreicht.

Einem die Nägel stutzen: ihm die Gelegenheit zum Stehlen nehmen; ndd. ‚ik möt di de Nägel wol kort holln'.

Sich etw. unter den Nagel reißen: sich etw. zulegen (mit dem Unterton: auf nicht ganz redliche Weise).

Die Nägel (oder *an den Nägeln*) *kauen:* sich langweilen, ungeduldig, verlegen sein. Heinrich Heine dichtet: „Der Hans und die Grete sind Bräutigam und Braut … der arme Peter die Nägel kaut" (‚Buch der Lieder'); vgl. engl. ‚You had as good eat your nails'; frz. ‚se ronger (zernagen), se manger, se mordre ses ongles', höchst ungeduldig oder betrübt sein.

Sich mit stumpfen Nägeln wehren: sich nur zum Schein wehren; lit. bei Wieland (9,86): „Die sich solang es hilft mit stumpfen Nägeln wehret"; Bismarck („Reden' XI,428): „Ich habe mir damals nur erlaubt, mich mit stumpfen Nägeln zu wehren".
Auf den Fingernagel bezieht sich auch die wien. Rda.: ‚er hat net, was schwarz unterm Nagel is', gar nichts; auch sonst: *das Schwarze unter dem Nagel:* eine Kleinigkeit, Geringfügigkeit; vgl. rhein. ‚net dat Schwatte onger dem Nagel dervan han', keinen Vorteil davon haben. Sebastian Franck zitiert: ‚Einem das Weisz vom Nagel geben', nichts; els. ‚was ufme Nagel hebt', sehr wenig; ‚nit was under der Nagel geht', nichts. Ähnl.: ‚nicht um Nagelsbreite nachgeben'.
Den bair. Ausdr. ‚aufs Nägel', aufs Haar, ganz genau, der dem lat. ‚ad unguinem' wörtl. entspricht (hier vom Steinmetz entlehnt, der mit dem Fingernagel die Glätte der Arbeit prüft), hat der Mda.-Forscher Andreas Schmeller (1785–1852) von den Nägeln oder Stiften herleiten wollen, die an der Innenseite von Schenkgefäßen zur Messung des Inhalts angebracht waren. Wenn man jedoch die schwäb. Varianten ‚auf's Nägele 'na' und ‚da muß älls uf's Nägele sei' berücksichtigt, scheint die Erklärung doch in dem Umkreis der zuletzt behandelten sprw. Wndgn. zu liegen, die den Nagel als etw. Bildhaftes für etw. Geringes gebrauchen. ‚Aufs Nägele' hieße dann also: korrekt bis zum Geringsten.
Es ist erstaunlich, in wie vielen, zum Teil völlig beziehungslosen Wndgn. immer wieder die bildhafte Vorstellung des Fingernagels eine Rolle spielt. Hier seien nur die Wichtigsten mitgeteilt: rhein. ‚die Orwet (Arbeit) geht mer vum Nagel', geht gut voran; schweiz. ‚uf de Negel ha', zur Verfügung stehen. Häufiger findet sich schon: *etw. auf den Nagel können* (oder *kennen*). Joh. Fischart: ‚Kann er dieselbe Kunst auf ein Nägelein ..." = bis aufs Äußerste, so daß nichts daran fehlt. Oder noch deutlicher ein Zitat von Luther: „Meister Klügel, der die Hl. Schrift gar auswendig und auf dem Nägelein kann".
Schwäb. ‚etw. über den Nagel abbrechen': etw. übereilen, steht in enger Verwandtschaft zu schweiz. ‚über Nagel verreise

müsse', Hals über Kopf, plötzlich; (vgl. engl. ‚on the nail').
Nur mdal. verbreitet ist das schweiz. ‚eim of em Negli chratze', schmeicheln. Ebenfalls wenig verbreitet sind: schlesw.-holst. ‚he kann 'n Nagel afbieten', hat ein sehr gutes Gebiß. *Etw. an den Nägeln herzählen:* Analogiebildung zum Fingerzählen.
Von den Nägeln an den Zehen anfangen: von unbedeutenden und wenig zur Sache gehörenden Dingen reden, statt von der Hauptsache. *Nägel haben wie ein Schinder:* recht lange Fingernägel haben, ähnl. schles. ‚Er hat Nägel wie die Schurschaufeln'.
Vom Nagel als hölzernem oder metallenem Stift sind die folgenden Rdaa. abgeleitet: *etw. an den Nagel hängen:* aufhören, eine Sache zu treiben (mit einem ähnl. Bild: ‚etw. aufstecken'; zunächst wohl von Handarbeiten gesagt, und ‚etw. aufgeben', eigentl.: ein Sinnbild eines zu übergebenden Lehens oder Rechtes hochhalten). In wörtl. Sinne steht die Rda. noch in einem alten Soldatenlied:

Doch heißt es an den Nagel g'hangen,
Weil's Fried, Geharnisch, Spieß und
Schwert.

Mit kühner Übertr. ist es gebraucht in den Worten eines patriotischen Mannes an den Kurfürsten Max Emanuel von Bayern (1679–1726), als dieser in dem Streit um die Erbfolge in Spanien auf Frankreichs Seite trat:

Anderst sollest dich bedenken –
Warum willst dein schönes Land
Also an den Nagel henken?
Das ist dir dein größte Schand!

In neuerer Zeit wird die Rda. vor allem bei der Aufgabe eines Berufes gebraucht: „Da er sein Studium nicht, nach Art so vieler geistlichen Herren an den Nagel hängte" (F. Ch. Laukhard, ‚Leben und Schicksale', 1792, hg. v. Petersen, I,8).
Groß ist die Zahl der Abwandlungen der Rda.: ‚etw. an einen lockeren Nagel hängen', etw. Unsicheres tun; ‚etw. an einen hohen Nagel hängen', sich Aufschub zur Überlegung verschaffen; ‚alles an einen Nagel hängen', alles verwischen, alles durcheinanderwerfen, anstatt jeder besonderen Sache ihren eigentümlichen Platz anzuweisen oder auch: das ganze Vermögen an ein Unternehmen wagen;

‚nicht alles an einen Nagel henken‘, nicht zuviel auf einen Wurf wagen; ‚von einem Nagel an einen anderen hängen‘, alte Schulden durch neue bezahlen; immerfort borgen. Schwäb. ‚e Schuld von eim Nagel ab den andere henke‘, an's Nägele henke‘, ‚er hat's am Nägele‘, hat's ganz sicher. ‚Etw. hängt am Nagel‘, ist unbenutzt.

Den Nagel auf den Kopf treffen: genau das Richtige treffen; freilich wohl nicht mit dem den Nagel einschlagenden Hammer, sondern mit dem Bolzen, denn die Rda. stammt aus der Sprache der Schützen: Ein Nagel, eine Zwecke (daher ‚Zweck‘ = Ziel eines Tuns) bezeichnete den Mittelpunkt der Scheibe (vgl. die gleichbedeutende Rda. ‚ins ↗ Schwarze treffen‘; hierzu wohl auch ‚Kernschuß‘ in wörtl. und übertr. Anwendung). Luther schreibt (Jenaer Ausgabe V,246 a): „Es ist not, daß ein guter Schütz allwegen den Pflock oder Nagel treffe“. Im Lat. entspricht ‚rem acu tangere‘, wörtl.: die Sache mit der Nadel berühren (Plautus: „rem acu tetigisti“, ‚du hast den Nagel auf den Kopf getroffen‘); in Frankr. sagt man: ‚Viser dans le mille‘, also: die Mitte der Zielscheibe treffen, wo die Zahl 1000 steht. Goethe verwendet die Rda. in ‚Dichtung und Wahrheit‘ (II,6, S. 250) in bezug auf die sprachl. Treffsicherheit: „Ich sollte vergessen (i. S. v.: sollte gezwungen werden), daß ich den Geiler von Kaysersberg gelesen hatte, und des Gebrauchs der Sprichwörter entbehren, die doch, statt vieles Hin- und Herfakkelns, den Nagel gleich auf den Kopf treffen“.

Nägel mit Köpfen machen: ganze Arbeit machen, etw. zu Ende denken, konsequent sein; vor allem seit dem 19. Jh. in westdt. Mdaa. verbreitet, so rhein. ‚Nägel met Köpp make‘. Als negative Personencharakteristik: ‚Däär mächt lauter Nääl ohne Köpp‘, lauter zwecklose Arbeit. In der Diskussion um die Ausbildung Jugendlicher wurde die Rda. zur Forderung parodiert: ‚Macht Stifte mit Köpfen!‘

Er hat einen (hohen, oder *gewaltigen) Nagel (im Kopf):* er ist sehr dünkelhaft (ähnl. wie ‚einen ↗ Sparren zuviel haben‘). Diese seit dem 16. Jh. bezeugte Rda. ist noch nicht erklärt. Das Gegenteil wird ausgedrückt durch die ndd. Wndg. ‚enem den

Nagel daal kloppen‘, einen demütigen (Brem.-niedersächs. Wb., 1768, III,212).

Jem. kann Nägel verdauen: jem. ist äußerst unempfindlich. Die Rda. ist schon im 17. Jh. bezeugt in der ‚Kriegsordnung‘ des Adam Junghans von der Olnitz (Köln 1611). In der Vorrede heißt es: „Wie eine Schertzrede gehet / ein Landsknecht muß Spitzen von Radenaegeln verdawen koennen“. Heute sagt man noch im Kanton Bern, wenn man sich stark fühlt: ‚I kennt Neegel verdaue‘.

Nägel auf sich spitzen lassen: sich alles gefallen lassen.

Er ist mir ein Nagel zum Sarge: er trägt zu meinem frühen Tode bei, er verursacht mir einen schweren Verdruß, er bereitet mir Kummer, der an meinem Leben zehrt und es verkürzt. Das rdal. Bild vom ‚Sargnagel‘ ist seit der zweiten H. des 18. Jh. belegt, mdal. vielfach variiert, z. B. rhein. ‚dat ess im der Näl op de Dudekess‘; schlesw.-holst. ‚dat is'n Nagel to sien Sark‘ oder schwäb. ‚der hat ihm au en Nagel in d'Bahr g'schlage‘, hat ihn tödlich beleidigt; vgl. engl. ‚that is a nail in my coffin‘; ndl. ‚dat is een nagel aan mijn doodkist‘. ↗ Sargnagel.

Neben den Rdaa., die das Hauptwort Nagel als Kompositionsglied haben, tritt Nagel in einigen Wndgn. auch prädikativ auf. Schon Adelung hat (1777) in Sp. 714 *nagelneu sein* wohl zunächst für etw. gebraucht, in das eben frisch Nägel eingeschlagen worden waren.

Eine weitere allg. gebräuchl. Wndg. ist *vernagelt sein:* ungeschickt, begriffsstutzig, erstaunt sein; eigentl.: wie ein Pferd, dem von ungeschicktem Schmied beim

‚Vernagelt werden (sein)‘

Beschlagen die Nägel ins Fleisch getrieben wurden. Für vernagelt sein kann in diesem Zusammenhang auch ‚ein Brett vor dem Kopf (angenagelt) haben' stehen; frz.: ‚être bouché'. Ähnl. *vernagelt werden:* getäuscht, verdummt werden. Ebenfalls negativ ist nageln in der Wndg. ‚wo die Welt mit Brettern zugenagelt ist' gebraucht (↗ Brett).

Der Ausdr. kommt aus dem Schieß- und Waffenwesen vergangener Zeiten. Eroberte Kanonen wurden unbrauchbar gemacht, indem man einen Nagel in das Zündloch schlug.

Was nicht niet- und nagelfest ist: was beweglich ist, was man mitnehmen kann, fast alles. *Etw. ist niet- und nagelfest:* etw. steht unumstößlich fest. Die Rda. erwuchs aus einer Formel der Rechtssprache: mit ‚niet- und nagelfest' wurden die Immobilien im Gegensatz zu den Mobilien bez.. Ein alter Rechtsspruch lautet: „Zum Haus gehört, was Niet und Nagel begreift". Das Einschlagen von Nägeln war zudem eine Art Aneignungsritus: früher schlug der Bauherr den ersten und den letzten Nagel bei einem Bau ein.

‚Nageln', ‚den Nagel einhauen' ist außerdem eine Sexualmetapher für Koitus.

Ein ‚Nagel-Auto' heißt ein Auto, in dem Geschlechtsverkehr stattfindet.

Lit.: *H. Schrader:* Er hat einen Nagel im Kopfe, oder kurz: er hat einen Nagel, einen hohen, einen gewaltigen Nagel, in: Zs. f. dt. Sprache (Hamburg), 4 (1890), S. 311–317; *H. Bächtold:* Wie vernagelt sein, in: Schweiz. Arch. f. Vkde. 13 (1909), S. 208–209; *G. Kessler:* Wie vernagelt sein, in: Schweiz. Arch. f. Vkde. 14 (1910), S. 305; *B. Fehr:* To pay on the nail, in: Archiv 142 (1921), S. 262–264; *P. J. J. Diermanse:* In den nagel zien, in: De Nieuwe Taalgids 23 (1929), S. 311–312; *K. Löber:* Einen Nagel im Kopf: Merkwürdige Zusammenhänge um eine Rda., in: Heimatjahrbuch für den Dillkreis 1 (1958), S. 54–57; *A. Hauser:* Vom Essen und Trinken im alten Zürich. Tafelsitten, Kochkunst und Lebenshaltung vom Mittelalter bis in die Neuzeit (Zürich 1962), S. 119; *J. R. Russ:* To blow one's nails, in: American Notes and Queries 9 (1970–71). S. 24.

Nagelprobe. *Die Nagelprobe machen:* ist ein Trinkerbrauch, der darin besteht, daß man ein auf das Wohl jemandes geleertes Trinkgefäß umgekehrt über den Daumennagel der linken Hand hält, zum deutlichen Beweis dafür, daß der Becher bis auf den letzten Tropfen geleert worden ist. Diese schon altskandinavisch bezeugte

Sitte wird in Dtl. 1494 von Sebastian Brant im ‚Narrenschiff' (110a, 109ff.) mit anderen närrischen Trinkerbräuchen ausführlich beschrieben:

> Das drinckgeschyrr heben sie entbor
> Vnd bringent eym eyn früntlich drunck,
> Do mit der becher mach glunck glunck,
> Vnd meynen do mit andere eren
> Das sie den becher vor umb keren.
> Ich darff der selben hoffzucht nit,
> Das man mir vor das glaß vmb schüt
> Oder man mich zu drincken bitt.

Joh. Fischart nennt in seiner ‚Geschichtklitterung' von 1575 die Nagelprobe ‚das Säuferisch Nägleinklopffen'. Der Ausdr. Nagelprobe ist zuerst in einer Hoftrinkordnung des sächs. Kurfürsten Christian II. († 1611) nachgewiesen; die Rda. ist auch latinisiert worden: ‚super nagulum trinken', was sogar ins Engl. (dort seit 1592 belegt) und ins Frz. gedrungen ist (engl. ‚to drink super nagulum', auch ‚to make a pearl on your nail'; frz. ‚boire rubis sur l'ongle', und im Lied: ‚Ils faisaient en les renversant / Un super nagle allemand'; oder ‚payer rubis sur l'ongle' i. S. v.: seine Schuld restlos begleichen). Durch Bundeskanzler H. Kohl wurde diese Rda. wieder aktualisiert: „Machen wir doch einmal die Nagelprobe" gebraucht i. S. v. ‚lassen wir es doch einmal darauf ankommen'.

‚Die Nagelprobe machen': etw. genau prüfen, ist auch ein Ausdr. aus der Drukkersprache. Mit dem Nagel prüft der Drucker die Laufrichtung des Papiers, bevor er es in die Maschine einlegt. Diese Probe ist notwendig, damit das Papier beim Binden sich nicht wellt. Die Probe ist erst mit der maschinellen Herstellung des Papiers aufgekommen; beim handgeschöpften Büttenpapier war sie nicht nötig.

nagen. *Nichts zu nagen und zu beißen haben:* nichts (nicht genug) zu essen haben. Die ältere Form dieser Wndg. ist: ‚weder zu beißen noch zu brocken'. Unter Nr. 706 seiner Sprww.-Sammlung führt Joh. Agricola aus: „Natur mag leicht gesettigt werden, denn wer brot hatt, erhungert nit, denn der bauch würd wol satt ..., darumb ist es die äusserst armuot, sich des hungers nit weren künden, vnd nicht zubeissen noch zubrocken haben. Die Ertzte sagen, daß die erste däwung des menschen geschehe im munde vnd zenen, also daß das wir kewen, … Wer nun nichts zubeissen hatt, vnd die erste däwung des munds zuerfüllen, der wirt zuo der andern däwung zur stercke fleysch vnd bluots langsam kommen, sondern muß verderben. Er hatt weder zubeissen noch zubrokken, er hatt nichts des er geniessen vnd teylen mochte, das ist, er hatt nichts". Vgl. frz. ,n'avoir rien à se mettre sous la dent'.

Nähkästchen. *Aus dem Nähkästchen plaudern:* intime Geheimnisse preisgeben, private Dinge zum besten geben. Die Rda. ist eine jüngere Parallelbildung zu: ,aus der ↗ Schule plaudern'; mdal.-rhein.: ,Niehkästche'. In Fontanes ,Effi Briest' werden sechs Jahre nach ihrem Ehebruch ihre verhängnisvollen Briefe im Nähkästchen entdeckt, wo sie sie verborgen hatte.

Nährwert. *Das hat keinen (sittlichen) Nährwert:* das hat keinen Zweck; hergenommen vom Kaloriengehalt eines Nahrungsmittels; vor allem seit 1945 stark verbreitet.

Naht. In den umg. und mdal. Rdaa. bedeutet Naht nicht nur die Naht an einem Kleidungsstück, die zu platzen droht, wenn einem scharf zugesetzt wird; Naht sind auch die Prügel selber; schließlich bedeutet Naht eine große Menge, was möglicherweise von der Wundnaht hergeleitet ist: Wer ohne Narkose eine Naht vertragen kann, kann viel vertragen. Die Zuweisung der einzelnen Rdaa. zu den jeweiligen Bedeutungsfeldern ist nicht immer ganz leicht.

Eine Naht machen: etw. Gelungenes zuwege bringen; früher: *etw. zur Naht bringen:* es zustande, zu Ende bringen; *bei der Naht weg:* ohne Ausnahme, frei weg; ähnl. hess. ,eim uf der Naht weg spreche', ihm grundlegend die Meinung sagen. *Einem die Naht beschneiden:* ihn beim Handel betrügen. *Einem die Naht streichen:* ihn tüchtig verprügeln. *Eine gute Naht saufen:* tüchtig trinken. *Eine (Sau-) Naht spielen:* schlecht spielen. Obersächs. ,der schmiert enne Naht zusammen', er schreibt schlecht. *Das geht an die Nähte:*

das greift durch. *Einem auf die Naht gehen* (oder *rücken, knien):* ihm scharf zusetzen. Diese Rda. führt man auch zurück auf die Wndg. ,jem. auf die Nähte schauen', einer Sache auf den Grund gehen. In Hans Sachs' ,Sieben klagenden Männern' heißt es (53):

> Wenn ich ir auff die net thu schauen,
> So klagt sie dann bey andern frauen.

Die Bdt. der Rdaa. ist: eine Sache nicht oberflächlich und nur ihrem Gesamteindrucke nach betrachten, sondern in ihre Einzelheiten genau hineinschauen. Daher auch häufig mit dem Beiwort ,scharf' verbunden. *Einem auf die Nähte fühlen:* prüfen, ob er Geld bei sich hat; dann auch geistig wie: ,auf den ↗ Zahn fühlen'. *Etw. auf der Naht haben:* wohlhabend sein, Geld haben. *Einem nicht von den Nähten gehen:* ihn belästigen. *Aus allen (den) Nähten gehen (platzen):* für den engen Anzug zu dick sein, dick werden, auseinanderfallen (vgl. ,aus den Schnüren gehen', ↗ Schnur).

Eine große (dolle) Naht draufhaben: eine hohe Fahrtgeschwindigkeit entwickeln. *Eine Naht reden:* viel reden. *Es brennt mir auf den Nähten* (auch *auf die Nähte):* ich verspüre starke Nötigung; bin in Drang und Zwang; in dieser Rda. scheint Naht mißverstanden für ↗ Nagel zu stehen.

Name. *Sich einen (großen) Namen machen:* bekannt werden, ans ↗ Licht der Öffentlichkeit treten. Die Rda. ist schon bei Hans Sachs lit. belegt (6, 86, 29): Der Frosch überlegt sich, ruhmsüchtig, wie er ist „wie bein thierlein allensamen bekumen möht einen groszen namen". Man sagt auch: *sich einen guten Namen machen.* Diese Rda. leitet sich ab von dem Sprw. ,Sein Name hat einen guten (schlechten) Klang': man steht in gutem (oder schlechtem) Ruf.

Friedrich von Schiller dichtete:

> Von des Lebens Gütern allen
> ist der Ruhm das höchste doch,
> wenn der Leib in Staub zerfallen,
> lebt der große Name noch.

Diese Rdaa. beruhen auf den Bibelstellen 1. Mos. 11,4 und 2. Sam. 8,13.

Schon in frühester Zeit galt der Name als Kraftträger, der seinen Besitzer mit Namenseigenschaften ausstattet oder mit ihm wesensgleich ist. Auf Plautus geht der Spruch ‚nomen est omen' zurück, welcher genau diese schicksalhafte Beziehung zwischen Namen und Namensträger bezeichnet. Im babylonischen Schöpfungsmythos wurden die Dinge erst wirklich durch ihr Benanntwerden. In vielen Mythen kann daher das Aussprechen eines Namens gefährlich sein (↗ Tabu). Ein altes und weit verbr. Märchen- und Sagenmotiv ist das des ‚Namengeheimnisses': derjenige, der den Namen einer bösen Macht kennt, besitzt Gewalt über sie (vgl. Rumpelstilzchen, KHM. 55).

Das Gegenteil besagt: *Name ist Schall und Rauch* ↗ Schall.

Die Rechtsprechung eröffnet die Urteilsverkündung mit der Formel: „Im Namen des Volkes ergeht folgendes Urteil ...". Da nach Art. 20 II des Grundgesetzes die Rechtsprechung als Teil der Staatsgewalt beim Volk liegt, unterstützt diese Formel die Legitimation des urteilverkündenden Richters. Diese Formel war auch in der Rechtsprechung der Weimarer Republik üblich. In der Epoche der Monarchie verkündete man das Urteil im Namen des Landesherrn (Majestätsrecht), im 3. Reich „Im Namen des Deutschen Volkes". Von 1945 bis 1950 hieß es dann „Im Namen des Rechts".

Etw. beim rechten Namen nennen: ↗ Kind, ↗ Spaten.

Lit.: *W. Schmidt:* Die Bdtg. des Namens in Kult und Aberglaube (1912): *L. Röhrich:* Der Dämon und sein Name, in: Paul und Braunes Beiträge zur Geschichte der dt. Sprache u. Lit. 73 (1951) S. 456–468; *W. Leiser:* Im Namen des Volkes: eine Formel und ihre Geschichte, in: Vierteljahrsschrift für Sozial- und Wirtschaftsgeschichte 55 (1968/69), S. 501–515.

Narr, närrisch. *Einen zum Narren haben* (oder *halten*): ihn zum besten haben, ihn aufziehen, foppen; eigentl.: ihn als Narren behandeln. Die Geschichte des Narren beginnt mit der alten Sitte, sich zur Unterhaltung bei Gastmählern Lustigmacher zu halten. Schon in dem ‚Symposion' des Xenophon (um 430 bis etwa 354 v.Chr.) kommt ein solcher Lustigmacher vor, und im Rom der Kaiserzeit waren die Scurrae an den Tafeln der Großen ganz gewöhnlich. In Dtl. kommen berufsmäßige Narren z.Zt. der Kreuzzüge auf. Nicht bloß an fürstlichen Höfen wurden

‚Narrensamen'

Narren gehalten (Kunz von der Rosen bei Maximilian I., Klaus von Ranstat bei Kurfürst Friedrich dem Weisen), sondern fast von jedem adligen Herrn. Witze auszuteilen und einzustecken war ihre Aufgabe. Diese ‚Hofnarren' trugen eine eigentümliche Kleidung: auf dem geschorenen Kopfe saß die Narrenkappe (Gugel, latein. cucullus), eine runde Mütze mit Eselsohren und einem Hahnenkamm, einem ausgezackten Streifen roten Tuches, das von der Stirn bis zum Nacken lief. Um den Hals trugen sie einen breiten Kragen wie später noch der Hanswurst auf Messen und Jahrmärkten, und an

Jch bitt üch herren groß / vnd kleyn
Bedencken den nutz der gemeyn
Lont mir myn narrenkapp alleyn

‚Narrenkappe'

Kappe, Gürtel, Ellenbogen, an den Knien und Schuhen waren Schellen befestigt, um die Aufmerksamkeit auf sie zu lenken. Soll nun, wie das Sprw. sagt, der Narr einem König gleich sein, so darf ihm das Zepter nicht fehlen; er führte es in der Gestalt des Narrenkolbens, anfangs nichts als ein Rohrkolben, der spöttisch auch „Narrenzepter" hieß; später brachte man oben einen Narrenkopf mit herausgestreckter Zunge als Verzierung an, ↗ Marotte. Vom 16. bis zum 18. Jh. wurden von einzelnen Herrschern sogar witzige Gelehrte anstelle der Hofnarren verwendet; so ließen sich Taubmann am sächs. Hof (mit der amtlichen Bez. als ‚kurzweiliger Rat') und Gundling unter Friedrich Wilhelm I. am preuß. Hof ‚zum Narren halten', vgl. engl. ‚to make a fool of a person': ndl. ‚jemand voor de gek houden'.

Schweiz. ‚eim de narre mache', umsonst arbeiten, von jem. sich ausnutzen lassen, entspr. rheinhess. ‚jem. den Aff' machen'. Das Gegenteil besagt die ebenf. in der Schweiz, aber auch in anderen Mdaa. übliche Rda. ‚e Narr i sin Sack sin', auf seinen eigenen Nutzen bedacht sein, trotz aller Narrheit; hd. *Er ist ein Narr in seinem Sack.*

Die Gestalt des Narren hat nicht nur der Dichtung (Brant, Murner, Hans Sachs) vielfache stoffliche Anregung geboten, sondern ist auch der Anlaß zu zahlreichen volkstümlichen Rdaa. geworden: *Der Narr muß ein Abzeichen haben* sagt man von einem, der immer etw. Absonderliches haben will; rheinhess. sprw.: ‚Jedem Narr gefällt sei Kapp', jeder hat seine Eigenheit, die er liebt.

Ein (Bücher-)Narr sein: sich nur noch mit Lesen beschäftigen. Nach diesem Muster werden mehrere Komposita gebildet, die alle die übertriebene Liebe oder Beschäftigung eines Menschen mit einer Sache bezeichnen, wie z.B. ‚Kinder-Narr' oder ‚Pferde-Narr', die noch im Sprachgebrauch sind.

Er ist ein Narr in Folio: er ist ein großer Narr, d.h. eigentl. ein Narr von größtem Format; ‚Folio' ist ein Fachausdr. für ein großes Buchformat, bei dem die Seite von einem halben Bogen (folium) gebildet wird. Von dem Prediger Abraham a Sancta Clara haben wir ein ‚Centifolium

Stultorum in Quarto, oder hundert ausbündige Narren in Folio' (1709), in dem solche Begriffe auftauchen, denn „Alphabetisch geordnete 100 Narrenbeschreibungen vom ‚Abergläubischen Narren' bis zum ‚Zeitungs-Narren' behandeln ... sünd- und lasterhafte Verhaltensweisen".

Einen Narren an jem. (oder auch *an etw.*) *gefressen haben:* in lächerlicher Weise dafür eingenommen, verliebt sein. Die alte Vorstellung, daß ein Alberner einen kleinen dämonischen Narren leibhaft in seinem Innern stecken habe, hat zunächst die Rda. geschaffen: ‚einen Narren im Leibe haben', ‚einen Narren gefressen haben'. Murners ganze ‚Narrenbeschwörung' (1512) erklärt sich ja so: Er will versuchen, „die narren von den lüten zu bringen" (1,7). Freilich weiß er, wie ihn seine Gegner deswegen verhöhnen, legt aber doch selbst einem von ihnen die Worte in den Mund (2,40):

Darum muß ich mein buch (Bauch)
           zerlachen,
Das er die sach wil underston,
Und hat selbs wol zwölf legion,
Als vil das ichs nit zelen mag,
Und meeret sich von tag zu tag;
Die alten machen jung in dir.

‚Einen Narren an jem. gefressen haben'

In der ‚Mühle von Schwyndelßheim‘ (V. 609;) erklärt Murner:

Wer hohen zorn nit kan vergessen,
Der hat auch rohe narren fressen,

Hans Sachs hat einen Schwank ‚Der Narrenfresser‘ und ein Fastnachtsspiel ‚Das Narrenschneiden‘ geschrieben; in dem Spiel schneidet der Arzt einem Kranken die Narren der Hoffart, des Geizes, des Neides, der Unkeuschheit, der Völlerei, des Zorns, des Scheltens usw. aus dem Leibe heraus. Vgl. auch im Engl. ‚he ought to be cut (oder: bored) for the simples‘.

‚Narrenschneiden‘

Wie Smith-Heseltine (S. 125) bemerkt, beinhaltet diese Rda. im Engl. ein Wortspiel: ‚simple‘ als Narr und gleichzeitig: ‚‚simples‘ being medicinal herbs‘. Seit 1650 ist die Rda. im Engl. belegt; 1738 gebraucht sie auch Swift: „Indeed Mr. Neverout, you should be cut for the simples“. Zu der jetzt geläufigen Form hat die Rda. wohl nur erweitert werden können, als man bereits an ihren eigentl. Sinn nicht mehr dachte; ‚einen Narren an jem. gefressen haben‘ – das ist, wörtl. genommen, Unsinn, es soll aber der Sinn darin liegen: ein Narr sein in Beziehung auf jem.: in ihn ‚vernarrt‘ sein. In der ‚Zimmerischen Chronik‘ (16. Jh.) steht die einfache alte Rda. noch neben der jüngeren (II, 466): „Die zeit er aldo verharret und von der schönen Rellingern gehört, da hat er ainsmals den narren gefressen und von iretwegen ain söllichs panketieren angefangen, das sich menigclichen darob verwundert hat“ und (III, 581): „Der hat den narren gleichergestalt an dieser von Barr gefressen“.

Mit einem Narren schwanger sein: verrückt sein; auch in derselben Bdtg.: *dem Narren*

übers Säcklein kommen; schwäb. ‚Er ist em Narre überm Säckle gwese‘, els. ‚em Narre üwers Säckle gerote‘ (geraten).

Vom Narren gestochen werden: sich von der Narrheit anstecken lassen; (bair. ‚es sticht einen der Narr‘, ebenso schwäb. ‚den hat der Narr gschtoche‘), ist zu erklären als Vermengung von Rdaa. wie: ‚der ↗ Schalk schlägt ihm in den Nacken‘ und ‚ihn sticht der ↗ Hafer‘.

Den Narren stechen (bohren): jem. durch eine Geste andeuten, daß man ihn für blöd hält.

Narrenfreiheit genießen: von allen Zwängen befreit sein, tun und lassen können, wozu man Lust hat; im Schwäb. auch: ‚Narrenrecht‘.

Einen am Narrenseil führen: seinen Scherz mit ihm treiben, ihn mit leeren Worten hinhalten. Auf dem Holzschnitt zu Kap. 13 von Seb. Brants ‚Narrenschiff‘ hält Venus einen Gauch, einen Esel, einen Affen und drei Narren an Seilen. Sie sagt von sich:

An mynem seyl ich draffter (hin
und her) yeig (jage)
Vil narren, affen, esel, geüch,
Die ich verfuer, betrueg und leych
(täusche).

Das Narrenseil ist das Seil, woran die Narren geführt werden; urspr. sind es die

‚Einen am Narrenseil führen‘

Gestalten der verschiedenen Laster und Torheiten, auch der Teufel, die die Narrenwelt am Seile hinter sich herziehen. In der ‚Zimmerischen Chronik‘ (IV, 327) klagt ein betrogener Liebhaber:

Dieweil sie mich gefiert am
               narrensail,
Wie ain affen an ainer ketten.

In den ‚Räubern‘ (II, 3) kreuzt Schiller die Rda. mit der ähnl. Wndg. ‚einen an der Nase herumführen‘, indem er Spiegelberg die Worte in den Mund legt: „Wir führen sie (die Polizei) erbärmlich am Narrenseil herum". In den gleichen Zusammenhang gehört wohl die aus Zwickau bezeugte Rda: ‚Heute hab'ch emal en Narren loofen lassen‘, ich habe mir etw. Besonderes zugute getan.

Er ist ein Narr auf eigne Hand; die Wndg. beruht auf Goethes Gedicht ‚Den Originalen‘, worin es am Schluß heißt: „Ich bin ein Narr auf eigne Hand".

Narren um Christi willen sein: asketisch lebende Menschen, die zur Besiegung ihrer Eitelkeit den Verlust ihres Verstandes vortäuschen, um sich der Vereinsamung und auch Mißhandlungen aussetzen zu können. Von der Kirche wurde diese heilige Narrheit anerkannt; urspr. ist dies eine rein morgenländische Erscheinung gewesen. In Rußland gelangte die heilige Narrheit im 16. Jh. zu höchster Blüte. Der Ausdr. *Narr in Christo* entstammt dem Titel des 1910 erschienenen Romans von Gerhart Hauptmann (1862–1946) ‚Der Narr in Christo Emanuel Quint‘; zugrunde liegt 1. Kor. 4, 10: „Wir sind Narren um Christi willen".

Da könnte man doch närrisch werden: da könnte man sich aufregen, verrückt bzw. zornig werden. ‚Närrisch sein‘ wurde in früheren Jhh. auch für die Form von (Geistes-) Krankheit gebraucht, aber auch für Bösartigkeit; schwäb. ‚narret werden‘ meint: in Zorn geraten.

Lit.: *Flögel:* Gesch. der Hofnarren (1784); *Nick:* Die Hof- und Volksnarren (Stuttgart 1861); *Ebeling:* Zur Gesch. des Hofnarren F. Taubenborn (Leipzig 1883); *ders.:* Die Kahlenberger; zur Gesch. der Hofnarren (Berlin 1893); *Oswald:* Stultorum infinitus est numeros, in: American Notes and Queries 8, 1 (1892), S. 132; *O. Mönkemöller:* Narren und Toren in Satire. Sprw. und Humor, 2. Aufl. (Halle 1912); *M. Held:* Das Narrenthema in der Satire am Vorabend und in der Frühzeit der Reformation (Diss. Marburg 1945); *H. Hanckel:* Narrendarstellungen im Spät-MA. (Diss.

Freiburg 1952); *R. Gruenther:* Die ‚Narrheit‘ in Sebastian Brants ‚Narrenschiff‘, in: Neophilologus 43 (1959), S. 207 ff.; *P. Hauptmann:* Art. ‚Narren um Christi willen‘, in: RGG. IV (³1960), Sp. 1308; *W. Kayser:* Das Groteske in Kunst und Dichtung (Hamburg 1960); *B. Könneker:* Wesen und Wandlung der Narrenidee im Zeitalter des Humanismus. Brant – Murner – Erasmus (Wiesbaden 1966); *O. F. Best:* Über die Dummheit der Menschen (München 1979); Narrenfreiheit. Beiträge zur Fastnachtsforschung (Tübingen 1980); *S. Poley* (Hg.): Unter der Maske des Narren (Stuttgart 1981); *W. Mezger:* Hofnarren im Mittelalter (Konstanz 1981); *ders.:* Narrenidee und Fastnachtsbrauch. Studien zum Fortleben des Mittelalters in der europäischen Festkultur (= Konstanzer Bibliothek 15) (Konstanz 1991).

Nase. *Eine gute (feine) Nase für etw. haben:* etw. richtig ahnen. Die Rda. geht auf den feinen Geruchssinn eines Menschen, wahrscheinlicher aber auf den des Jagdhundes zurück, auf den sich urspr. auch das Adj. *naseweis,* eigentl. ‚mit der Nase die Spur weisend‘, bezieht, so schon bei Konrad von Würzburg: „tugende spürt er, sam daz wilt eine nase wîser bracke". Was beim Spürhund ein Lob war, wird beim Menschen zum Tadel (ähnl. früher auch ‚naseklug‘, z. B. im 16. Jh. bei C. Faber: „hie müssen wir auch der naseklugen nicht vergessen, die das pferdt im hindern zäumen"). Ndd. ‚ene dünne Näs hebben‘, spitzfindig sein; schweiz. ‚e gschide Nasa ha‘, etw. gleich merken, einen feinen Spürsinn haben; Rückert schreibt: „Doch daß auch Männer mit hochfeiner Nase sich täuschen lassen vom falschen Schein, das weiß ich"; vgl. frz. ‚avoir du flair‘ (wörtl.: einen feinen Geruchssinn haben) oder ‚avoir du nez‘.

Seine Nase im Wind haben: progressiv sein, einen ‚Riecher‘ für das Aktuelle besitzen.

Die Nase voll davon haben: nichts mehr davon wissen wollen (in ähnl. Sinn: ‚verschnupft sein‘); scherzhaft auch halbfrz.: *die Nase plein (pleng, pläng) haben.* In korrektem Frz. heißt die Rda.: ‚en avoir plein le dos‘ (wörtl.: den Rücken voll haben). Medizinisch gesehen ist die Ursache des Gefühls einer verstopften Nase das Aufschwellen der Nasenmuscheln in psych. Streßsituationen. Der Widerstand beim Atmen ist größer, es fällt schwerer. *Das fuhr ihm in die Nase:* es prägte sich ihm unangenehm ein, es gab ihm zu denken.

,Ich hab' d'Nas voll'

Jem. in der Nase haben: eine Person nicht leiden können.

Obersächs. ,einem die Nase wischen', ihn tadeln; ndd. ,wat op de Näs kreegen'. Allg. *eine Nase kriegen (bekommen):* einen Verweis erhalten; bair. ,e Nase fangen'. Zur Erklärung wird darauf hingewiesen, daß dem, der einen Verweis bekam, ehemals eine Nase aus bunter Pappe aufgesetzt wurde. Man erinnert auch daran, daß, während sich beim Lachen das Gesicht verbreitert, es sich bei unangenehmen Empfindungen verlängert; vor allem scheint die Nase dann länger zu werden. Ebenso könnte man erklären: *mit einer langen Nase abziehen, die Nase hängen lassen.* Als der böhmische Winterkönig Friedrich V. in der Schlacht am Weißen Berge 1620 von Tilly, dem Feldherrn der Kath. Liga, besiegt worden war und Böhmen den Rücken kehren mußte, sangen die Katholiken (R. Wolkan, Deutsche Lieder auf den Winterkönig, S. 268):

Die Flucht den Böhmen allen,
Darzu der Prager Städt
Mit nichten wollt gefallen,
Daß ihre Majestät
Allein sie wollt verlassen
In Unglück und Elend,
Bekamen lange Nasen,
Doch war der Jagd kein End.

Genauso heißt es in Grimmelshausens ,Simplicissimus' (II,191) von einem Zöllner, der auf eine naseweise Bemerkung gehörig abgetrumpft wird und einen tüchtigen Verweis bekommt: „Davon kriegte der Zöllner eine lange Nase". Eine moderne übertreibende Verstärkung ist: ,mit (kilo-)meterlanger Nase abziehen'; schlesw. ,he lett de Nes hangen',

er schämt sich, ist traurig; ,he süht bi de Nese da', er blickt beschämt, traurig, befangen drein; rhein. ,de kickt sich langs de Nas af'; schlesw. ,wer sin Nas afsnitt der schändt sin Gesicht'; els. ,wemer sich d'Nas üs'm Gesicht schnid't, het mer keni meh'; rhein. ,wer sing Nas afbitt, der verschängelert sin eige Angesech' (vgl. engl. ,don't cut your nose off to spite your face'; frz. ,c'est couper le nez pour faire dépit à son visage' (veraltet); heute eher: ,partir la queue basse' (wörtl.: mit eingezogenem Schwanz abziehen).

Sich selber die Nase abschneiden: seinen eigenen Verwandten oder Landsleuten etw. Schlechtes nachsagen. Das Nasenabschneiden war aber auch eine Rechtsstrafe für ein Vergehen (s. Grimm, Rechtsaltertümer II,296).

Daß du die Nase im Gesicht behältst! So ruft man ndd. einem zu, der vor Überraschung oder ähnlichem außer Fassung zu geraten droht. In der Form ,Daß du die Nas' ins Gesicht behältst' ist diese Rda. die Lieblingswendung des Inspektors Bräsig in Fritz Reuters (1810–47) ,Stromtid'; nach Gaedertz (Aus Fritz Reuters jungen und alten Tagen II,77) eine Lieblingswndg. des Pastors Joh. Gottfried Dittrich Augustin in Rittermannshagen.

Die Nase hoch tragen: ,hochnäsig', hochmütig sein; vgl. engl. ,to turn up one's nose at a person'; ndl. ,voor iemand of iets zijn neus optrekken, ophalen'.

Über jem. die Nase rümpfen: jem. nicht (mehr) mögen, ,nicht (mehr) riechen können'.

Sich eine goldene Nase (dabei) verdienen (verschaffen): ein lukratives Geschäft machen, sehr reich werden, unerwartet hohen Profit erzielen.

Immer der Nase nach gehen: geradeaus gehen; rheinhess. erweitert: ,Immer der Nas' nach, geht der Arsch net irr' (vgl. engl. ,to follow one's nose'; ndl. ,hij volgt zijn neus').

Einen an der Nase herumführen: ihn nach eigenem Vergnügen lenken, seinen Scherz mit ihm treiben, ihm absichtlich falsche Hoffnungen machen; verkürzt *ihn nasführen.* Das Bild dieser sehr alten Rda. kommt von den Tierbändigern, die ihren Opfern Ringe durch die Nase ziehen, um sie so ganz in ihrer Gewalt zu haben. So

‚Einen nasführen' – ‚Wenn zwei sich streiten, freut sich der dritte'

‚Jemanden an der Nase herumführen'

hat sich auch Luther den Ursprung der Redensart erklärt (‚Tischreden', 1568, Bl. 414b).

Auf P. Bruegels Rdaa.-Bild führen zwei Spieler einander an der Nase herum, während der Narr sie inzwischen betrügt. In Goethes ‚Faust' ist die Rda. mehrfach verwendet. Vgl. frz. ‚mener quelqu'un par le bout du nez'.

Einem eine Nase drehen: ihn zum besten halten, ihn verspotten. Die Rda. bezieht sich auf die Gebärde der ‚langen Nase' mit ausgespreizten Fingern. Vielleicht ist die Rda. auch eine Verkürzung der älteren Rda. *eine wächserne Nase drehen.* In Seb. Brants ‚Narrenschiff' (71,11) ist bezeugt, daß die Narren eine lange Nase aus Wachs trugen. Die Gebärde der langen Nase ist eine einfache Art der Verspottung; sie ist verhältnismäßig spät, offenbar erst in der Renaissance, in Westeuropa entstanden. Am frühesten begegnet sie im 18. Kapitel des I. Buches von Rabelais' ‚Pantagruel' anläßlich des Gebärdenwettstreites von Panurg mit dem Engländer Thaumastos. Noch etw. früher liegt nur der bildl. Beleg auf einem Fastnachtsbild Pieter Bruegels von 1560. Wir kennen den Gebrauch der langen Nase dann bes. aus verschiedenen Darstellungen des Verlorenen Sohnes. Bei diesen Bildern gehört sie offenbar geradezu zum Darstellungstypus. Der Verlorene Sohn wird schließlich sogar von dem Narren verspottet, der bis dahin sein Begleiter gewesen war. Die lit. Belege reichen bis ins 19. Jh.; Gottfried Keller (‚Romeo und Julia auf dem Dorfe'): „und so, statt mit ihrem Manne zu leiden, drehte sie ihm eine Nase"; Conrad Ferd. Meyer: „Ich will euch noch von jenseits des Grabes eine Nase drehen". Man denke auch an Goethes Gedicht ‚Lilis Park', wo es heißt:

1–4 ‚Einem eine lange Nase machen‘

Ein jedes aufgestutzte Bäumchen
höhnt
Mich an ... Der Buchsbaum zieht mir
eine Nase.

Der erst seit dem 18. Jh. sehr häufig auftretende Gebrauch der Gebärde kann darauf beruhen, daß sie nun als Parodie des militärischen Grußes aufgefaßt wurde, vergleichbar mit dem Narrhalla-Gruß der rhein. Fastnachtsnarren. Bis zur Ggwt. hat sich die lange Nase vor allem in der Kinderwelt erhalten, und zu erinnern ist, welchen Gebrauch in diesem Zusammenhang Wilhelm Busch oder auch der ‚Struwwelpeter‘ von der langen Nase machen. Vgl. frz. ‚faire un pied-de-nez à quelqu'un‘.

Einem etw. auf die Nase binden: es ihm weismachen; oder auch: jem. auf eine neugierige Frage hin scharf abweisen; oft in der negierten Form: *Jem. etw. nicht (gerade) auf die Nase binden:* es ihm nicht wissen lassen.

Einem etw. unter die Nase reiben: es ihm deutlich zu verstehen geben, es ihm derb vorhalten, so daß er ‚daran riechen‘ kann; schon um 1500 bei dem Prediger Geiler von Kaysersberg; vgl. frz. ‚mettre à quelqu'un quelque chose sous le nez‘.

Vor der Nase: ganz dicht vor einem, z. B. ‚einem etw. vor der Nase wegschnappen‘; vgl. frz. ‚sous le nez‘. *Sich etw. an der Nase vorbeigehen lassen:* etw. versäumen, verpassen; vgl. frz. ‚passer sous le nez de quelqu'un‘.

Pro Mann und Nase: pro Person, für jeden

einzelnen; die Wndg. ist eine Erweiterung von ‚pro Mann‘.

Seine Nase in alles (oder *in jeden Dreck, Quark) stecken:* sich unbefugter- oder neugierigerweise um alles bekümmern; 1541 begegnet bei Seb. Franck die ähnl. Rda.: „Sy stoßt jr mul in alle ding"; in Goethes ‚Faust‘ heißt es (I,V. 292): „In jeden Quark begräbt er seine Nase". Vgl. frz. ‚fourrer son nez partout‘.

Die Nase ins Buch stecken: fleißig lernen (weil beim Lesen die Nase dem Text am nächsten ist).

Man sieht's ihm an der Nase an sagt man oft, um ein Urteil über jem. gleichsam aus seinen Gesichtszügen zu begründen; scherzhaft auch übertreibend: *Das sieht man ihm an der Nasenspitze an.* Luther: „daß man ihnen an der Nasen habe angesehen, was sie je und je getan haben". Götz von Berlichingen erzählt in seiner Lebensbeschreibung vom Kaiser Maximilian, er sei sehr bescheiden gekleidet gewesen, „ich aber als ein junger erkant Ihn bey der Nasen, daß Er's war" (Kaiser Maximilian war allerdings leicht an der langen gebogenen Habsburger-Nase zu erkennen). Bei manchen Krankheiten läßt sich ja tatsächlich aus der Färbung der Nasenspitze auf bestimmte körperliche Gegebenheiten schließen; der Trinker hat eine rötliche oder rote Nase; der Ohnmächtige hat eine weiße Nasenspitze; vgl. frz. ‚Cela se voit sur le bout de son nez‘.

So sagen auch Eltern zu ihren Kindern: ‚Ich sehe dir an der Nase an, daß du lügst‘. Um es den Kindern glaubhaft zu machen, wird meistens noch der Zusatz angehängt: ‚denn sie wackelt‘; zuweilen befühlt man sie auch; ist sie kalt, so hat das Kind die Wahrheit gesagt, ist sie warm, so hat es gelogen.

Er sieht nicht weiter, als seine Nase reicht. Die Nase als Längenmaß bez. sprw. eine winzige Entfernung; noch heute heißt es beim Wettrennen der Pferde: ‚um eine Nasenlänge gesiegt haben‘, ‚um eine Nasenlänge voraus sein‘; daher auch: ‚alle Nas(en) lang‘, jeden Augenblick. Von einem Menschen mit beschränktem Gesichtskreis sagt Seb. Brant im ‚Narrenschiff‘ (70,11 ff.):

Nit witer gedenkt er vff alle stundt
Dann von der nasen biß jnn mundt.

Ebenso frz. ‚Il ne voit pas plus loin que le bout de son nez‘; schweiz. ‚für d'Nas use g'seh‘, etw. weiter blicken, als die Nase reicht, nicht nur auf das Nächstliegende schauen und sorgen.

Du bist wohl auf der Nase gegangen? fragt man im Scherz einen, der sich durch einen Stoß oder Fall die Nase geschunden hat.

Einem auf der Nase herumspielen: ihn geringschätzig behandeln, sich alles mit ihm erlauben, ihn zum besten haben. Man sagt sogar: *einem auf der Nase herumtrommeln,* häufiger noch: *einem auf der Nase herumtanzen;* z. B. 1639 bei Lehmann, S. 393 (‚Heucheley‘ 27): „Das Fräwlein Adulatio (Schmeichelei) trumpelt Kaiser, Churfürsten, Grafen vnd Obrigkeiten auffm Maul". Schweiz. ‚sich nüd uf d'Nas schisse la‘, sich nicht alles gefallen lassen.

Sich die Nase begießen (oder *die Nase zu tief ins Glas stecken)* ist eine jüngere Rda. für: sich betrinken. Ringwald (1603): „… dem Saufen war er bitter feind, hielt keinen Mann für seinen Freund, der liederlich die Nasz begosz". Vgl. frz. ‚se piquer le nez‘: saufen und ‚avoir un verre dans le nez‘: betrunken sein, ↗trinken.

Auf der Nase liegen: krank sein.

Die Nase kriegt Junge: es bilden sich auf der Nase Warzen und Auswüchse (um 1900 rhein.).

Sich eine unter die Nase stecken: sich eine Zigarre anzünden. *Verliebte Nasenlöcher machen:* jem. verliebt ansehen. *Mund und Nase aufreißen (aufsperren):* einen erstaunt anblicken. Manche Leute staunen offenen Mundes. Daß auch die Nase aufgesperrt wird, ist nur eine starke Übertreibung.

Sie haben Nas' auf Mund gelegen: sie haben Geschlechtsverkehr gehabt; rheinhess.

Unter der Nase gut zu Fuß sein: redegewandt, schlagfertig sein (20. Jh.); ‚schnell unter der Nase sein‘, viel reden; aber auch: schnell essen.

Sich einen Knopf in die Nase machen (hess.): sich etw. merken; groteske Weiterbildung vom Knopf im Taschentuch.

Von jem., der eine große, dicke oder auch lange Nase hat, sagt man scherzhaft: *Du hast dreimal hier gerufen, als die Nasen (*auch *Gurken) ausgeteilt wurden;* oder els.

‚Ihr seid tapfer gelaufen... de hat d'Scheid bekummen, wu d'r Hergott d'Nasen drin g'ha hett'.

Seine Nase gefällt mir nicht: er ist mir unsympathisch; er mißfällt mir aus mehr oder minder unerklärlichen Gründen; vgl. frz. ‚avoir quelqu'un dans le nez': unsympathisch finden, ↗ schleifen.

Sich an (bei) der (eigenen) Nase fassen (nehmen, zupfen): Selbsterkenntnis üben, sich Selbstvorwürfe machen, sich seine Schuld eingestehen. Dem Tadler ruft man zu: ‚Zupf dich an deiner eigenen Nase!' Auch in den Mdaa. häufig belegt und verschieden variiert, z. B. ‚Hei sollte sik sulwest bei der Nasen kreigen, denn hedde he beede Hännen vull'; meckl. ‚jeder fat an sin Näs, dann find't hei Fleisch'; ostpr. ‚fatt dich do an die Näs, af dei nich natt ös!' Schon im 16. Jh. in der ‚Zimmerischen Chronik' (III,469) wird zu einer, die sich über andere Frauen aufhält, gesagt: „Ach fraw, zichet euch selbert bei der nase". Ähnl. dann bei Abraham a Sancta Clara sowohl in ‚Judas der Erzschelm' wie in ‚Etwas für Alle': „Nimm dich selbst bey der Nasen!" Die Rda. geht vermutl. auf eine alte Rechtsgebärde zurück. So war es normannische Rechtsgewohnheit, daß beim Widerruf von Schmähungen und Beleidigungen der Verurteilte sich selbst am Nasenzipfel zu fassen hatte: „convictus debet taliter emendare, quod nasum suum digitis per summitatem tenebit et sic dicet: ex eo, quod vocavi a te latronem, etc. mentitus fui". Wenn hier der Urspr. der Vorstellung liegt, so scheint sie doch erst viel später in der Sphäre der typisierenden Verfestigung im bildl. Gebrauch und gar zur Verbildlichung aufgestiegen zu sein. Wahrscheinl. waren es satirische Bilderbogen der Barockzeit, die das Motiv allg. geläufig machten. Seit dem letzten Drittel des 17. Jh. findet sich in der populären Graphik, in der volkstümlichen Plastik und in der Volkskunst (z. B. auf Hinterglasbildern) das Bildthema vom ‚Vogel Selbsterkenntnis'. Er wird als storchenartiger Vogel mit einem menschlichen Antlitz auf der Brust dargestellt, der der Vogelschnabel die Nase zwickt. Vgl. die sinnverwandte Wndg. vom ‚Splitter im fremden Auge', ↗ Balken. Nicht selten geben die barocken Darstellungen mit

‚Vogel Selbsterkenntnis'
(‚Sich an der eigenen Nase fassen')

beigegebenen Sprüchen auch Belege für die Rda., z. B.:

Wer selber weder Storch noch Strauß
Vil närrischer sieht als andre auß,
Doch jedermann weiß außzulachen
Die kleine Fehler groß zu machen
Der jedem kann die mängel sagen
Und allen Leuthen Blech anschlagen,
Der mag nur seine Federn rupfen
Und selbst sich bey der Nasen zupfen.

oder:

Ziech sich ein yezts selbst bey der nasn
Waß dich nit Prendt Thue auch nicht Plasn.

Andere nehmen Bezug auf die Inschrift des Apollotempels in Delphi „γνῶϑι σεαυτόν", die in der lat. Übers. Ciceros „Nosce te ipsum" im Dt. wieder an Nase anklingt. Auch im Volkslied wirkt die Rda. bis zur Ggwt. weiter, etwa in dem ndd. Kanon:

Dat best is ümmer
Sät Jochen Brümmer
Sich an sin eegen Naat tau faten
Un annere Lüt in Rauh tau laaten.

Zu den Rdaa. von der Nase gehört auch ein Zweizeiler, der in ganz Dtl., Oesterr. und der Schweiz, auch in Holland bekannt ist und der offenbar als eine Art negativer Schönheitsregel gilt:

Lange Nas' und spitzes Kinn,
Da sitzt der Satan leibhaft drin.

Vgl. schweiz.:

Spitznas übli Bas,

Spitzes Chinn böse Sinn.

Ndl.:

Een spitsche neus en spitsche kin:

Daar zit sinjeur de duivel d'rin.

Der früheste bekannte Beleg stammt vom Jahre 1565 aus Wien. Er bezieht sich auf ein Turnier am Hofe, zu dem die Ritter vermummt erschienen. Die Maskierungen wurden durch Reime gekennzeichnet. Von einigen Masken heißt es:

Spitzig Nasen, helle Stimmen,

Wohnt der Teufel darinnen.

Ebenso zeigen die Hexen- und Teufelsmasken der südd. Fastnacht allenthalben das spitze Kinn und die lange, gebogene Nase.

Die Nase steht des öfteren als pars pro toto für den Menschen, besonders für den Mann. So verliert z. B. in der Novelle ‚Die Nase‘ (1835) von Nikolaj Gogol (1809–52) – komponiert 1927 als Oper von Dimitri D. Schostakowitsch – der Held der Erzählung seine Nase als Zeichen für den Verlust seiner Individualität. Weiterhin meint man umschreibend mit ‚Nase des Mannes‘ den Penis: ‚Wie die Nase des Mannes, so auch sein Johannes‘. Umg. ungebräuchl. ist der poetische Ausdr. ‚die Klugheit stieß sich die Nase breit‘ i. S. v. die Klugheit hat jem. auf den falschen Weg geführt, ihm eine falsche Spur gewiesen. So z. B. bei P. Rosenwall in seinen ‚Malerische(n) Ansichten und Bemerkungen auf einer Reise durch Holland ... und Württemberg‘ (Mainz 1818), 2. Teil, S. 102.

Eine Nasenlänge voraus sein: knapp der Erste sein im sportlichen, geschäftlichen oder gesellschaftlichen Wettbewerb.

Etw. um ein Nasenwasser kaufen: eine Sache für einen geringen Betrag erwerben; schwäb. ‚Des is dem ein Nasewasser‘: diese Arbeit zählt für jem. nichts, hat keinen Wert.

Lit.: *J. Grimm:* Rechtsaltertümer I, S. 198; *W. Fraenger:* Dt. Vorlagen zu russ. Volksbilderbogen des 18. Jh., in: Jb. f. hist. Vkde., 2 (1926), S. 127 ff.; *O. Fenichel:* Die ‚lange Nase‘, in: Imago, Zs. f. Anwendung der Psychoanalyse auf die Natur- und Geisteswissenschaften, 14 (1928), S. 502 ff.; *M. H.:* Die Nase in volkstümlichen Rdaa., in: Muttersprache 57 (1942), S. 110–111; *L. Schmidt:* Der Vogel Selbsterkenntnis. Zwischen Volkskunst und Rda., in: Oesterr. Zs. f. Vkde., Kongreßheft 1952, S. 134–144; ders.: Spitze Nase, spitzes Kinn, in: Oesterr. Zs. f. Vkde. Nr. 8, Bd. VI (1952), S. 59 ff.; *L. Kretzenbacher:* Ein steirischer Beleg zum Vogel Selbsterkenntnis, in: Oesterr. Zs. f. Vkde. 7 (1953), S. 51–52; *A. Taylor:* The Shanghai Gesture, FFC. 166 (Helsinki 1956); *L. Röhrich:* Gebärdensprache und Sprachgebärde, S. 121 ff.; *L. Röhrich* u. *G. Meinel:* Rdaa. aus dem Bereich der Jagd u. der Vogelstellerei, S. 317; *W. Escher:* Wie deutet man das Jucken der Nase, in: Atlas der schweiz. Vkde. II (Basel 1971), S. 583–590; *W. Baronowsky:* Ich hab' die Neese pleng, in: Sprachdienst 18 (1974), S. 75.

naß. Naß bedeutete im Frühnhd.: liederlich, ohne Geld; ‚nasse Knaben‘, ‚nasse Brüder‘ waren Trunkenbolde. Murner überschreibt das 23. Kapitel der ‚Schelmenzunft‘ mit dem Titel ‚Der nasse Knabe‘ und setzt über das Bild die Worte:

Das sindt mir freilich nasse Knaben,

Die den schalk beschlossen haben ...

Das sindt mir freilich nasse Knaben,

die fill verzeren und wenig haben.

Hans Sachs läßt einmal den Katzenkrämer allerhand Katzen feilbieten:

Das erst das ist ein Schmeichelkatz ...

Das ander ist ein nasse Katz,

Das sie bered und überschwatz

Die Leut mit hinderlistig worten

Und hintergeh an allen orten

Mit lug und arglist alles weis.

Jörg Wickram sagt in seinem ‚Rollwagenbüchlein‘ (32): „Er war ein unnützer nasser Vogel, als man dann solchen gesellen pflegt zu heissen oder nennen, welcher zu vielmalen umb kleine diebstal in der gefenknuß gelegen war, doch sich alle mal außgeredet hatte, das er allweg darvon kam“.

In den Mdaa. haben sich ähnl. Wndgn. noch erhalten: *sein Geld naß machen:* es vertrinken; schlesw.-holst. ‚'n Groschen natt maken‘, oder ‚he hett natt fodert‘; rhein. ‚de hat nasse Föt‘, er ist betrunken.

Naß i. S. v. ‚schlecht‘ kommt auch in folgenden mdal. Rdaa. vor: rhein. ‚far ne nasse Dag sorge‘, etw. sparen für schlechte Zeiten; ‚sech naß mäken‘, bei einem Unternehmen umfallen; schweiz. ‚zum Nasse regne‘, übel ausschlagen; els. ‚nassa als naß kann mer nit were‘, schlechter kann es nicht mehr kommen; schwäb. ‚da geht's dir naß in d'Hose‘, dabei kommst du schlecht weg; schlesw.-holst. ‚er steit da as'n natten Sack‘, er weiß sich nicht zu helfen.

Jem. naß machen: Rda. aus dem Sportlerjargon; sie bedeutet entweder: den Gegner hoch besiegen oder: ihn häufig ausspielen und dadurch blamieren; bes. im Fußball beliebter Zuruf: ‚Mach' ihn naß'. *Noch naß hinter den Ohren sein:* noch zu unreif zum Mitsprechen sein (↗Ohr).

Nassauer, nassauern. *Ein Nassauer sein* oder *nassauern:* schmarotzen, insbes.: auf Kosten eines andern im Wirtshaus essen und trinken. Die Erklärung dieser Rda. ist mit mancherlei ätiologischen Sagen versucht worden: Für die in Göttingen studierenden Nassauer bestanden zwölf Staatsstipendien. Erschien einer der Inhaber nicht am Freitisch, so ‚nassauerte' ein nicht Berechtigter. Nach einer anderen (mündl. in Wiesbaden aufgezeichneten) Variante gewährte der Landgraf von Hessen allen Studenten Gastfreiheit. Es genügte, am Portal des Schlosses die Herkunftsbez. ‚Nassauer' zu nennen, um eingelassen zu werden. Da dieses Recht oft mißbraucht wurde, hat sich nassauern zu der Bdtg., ‚bei andern schmarotzen' entwickelt. Alle diese Geschichten sind aber wohl erst nachträglich erfunden worden. Die Anlehnung an den Ortsnamen Nassau ist vermutl. ein Namensscherz wie ‚Freiberger' für einen, der gern umsonst mitgeht, ‚freibergert'; ‚aus Nehmersdorf oder Nimwegen, vom Stamme Nimm ist', gern etw. umsonst nimmt. Berl. bedeutet ‚per naß' oder ‚für naß' umsonst. Der älteste Beleg dieses Namensscherzes findet sich bei Joh. Fischart (‚Aller Praktik Großmutter'): „Spielt die Sonne der blinden Mäuß unter den Wolken, so zieht sie mit dem von Nassau ins Feld", d.h. es wird bald Regen geben.
Heute nimmt man an, daß der Ausdr. ‚nassauern' von dem rotw. Verb ‚nassenen' abgeleitet wurde; auch ‚naß sein' wurde in dieser Bdtg. gebraucht; ↗naß. „Schwierig ist es, die Frage zu beantworten, wie ‚naß' zu dieser Verwendung gekommen sein mag. Daß es nicht aus Nassauer verstümmelt worden ist, liegt auf der Hand" (Weise, S. 275); vgl. engl. ‚Free-loader'.

Lit.: *O. Weise:* Nassauern, in: Zs. f. dt. Wortf. 1 (1901), S. 273–275; *A. Richter:* Dt. Rdaa. (Leipzig ⁴1921), S. 154; *Richter-Weise,* Nr. 140, S. 154; *Schoppe:* in: Mitt. d. Schles. Ges. f. Vkde., 29 (1928), S. 301; *E. Schröder:* in: Hess. Bl. f. Vkde., 36 (1938), S. 167 f.; *L. Pound:* Free-loader, in: American Speech 29 (1954), S. 229–300; *S. A. Wolf:* Nassauer und Usinger, verkannte „Landsleute", in: Muttersprache (1955), S. 339–340; *H. Plecher:* Nassauern, in: Geroldsecker Land (Sonderh. 1970/71), S. 148–149; *H. J. Schoeps:* Ungeflügelte Worte (Berlin 1971), S. 170.

Natur. *Das ist ihm zur zweiten Natur geworden:* er hat sich daran gewöhnt; es ist ihm zur Selbstverständlichkeit geworden. Die Rda. geht zurück auf ein Zitat aus Ciceros ‚De finibus' (V, 25, 74): „dicunt consuetudine quasi alteram quandam naturam effici". Aber auch schon in der ‚Rhetorik' des Aristoteles (I,11) heißt es: „Die Gewohnheit wird gleichsam zur Natur" (andere Stellen bei Otto, Sprww. der Römer, S. 90 f.). Entspr. auch in anderen europ. Sprachen, z. B. engl. ‚it has become second nature to him'; ndl. ‚dat is hem een tweede natuur'; frz. ‚C'est devenu sa seconde nature'. Vgl. auch Pascal (‚Pensées'): „L'habitude est une seconde nature".
Natur wird in vielen Wndgn. im Sinne von Konstitution, Gesamtorganismus, Körperkraft gebraucht, z. B. *es geht einem gegen die Natur:* es widerstrebt einem; vgl. frz. ‚Cela va contre sa nature'; auch in den Mdaa., z. B. schwäb. ‚die Natur ist zu kurz', die physische Kraft reicht nicht aus, man ist zu klein; schlesw.-holst. ‚de Mann het en goode Natur', er ist gutmütig, gutartig; hess. ‚e gut Natur (e Gaulsnatur) habe', sehr kräftig und widerstandsfähig sein.
Von der Natur stiefmütterlich bedacht sein: wenig Gesundheit, Kraft, Schönheit oder Verstand besitzen; vgl. frz. ‚ne pas être gâté par la nature' (wörtl.: von der Natur nicht verwöhnt sein).
Natur kneipen gehen: spazierengehen, ohne einzukehren; ist eine jüngere umg. Rda. (↗Luft).
Der berühmte Imperativ ‚Zurück zur Natur!' (‚Retour à la nature!') wird allgemein mit J. J. Rousseau (1712–78) in Verbindung gebracht, obwohl er sich in diesem Wortlaut in keiner seiner Schriften finden läßt. Das berühmte, vermeintliche ‚Zitat' hat bis zur Gegenwart sprichwortbildend weitergewirkt, etwa in Versionen wie: ‚Alle wollen zurück zur Natur, nur nicht (aber keiner / nur keiner) zu Fuß'. Verschiedene Persönlichkeiten werden als Urheber dieses modernen Sprw.s nachge-

wiesen, u. a. Petra Kelly, Bundestagsabgeordnete der Grünen, aber vor ihr schon andere. Weitere Parodien des Spruches sind: ‚Alle wollen zurück zur Natur. Aber keiner zum Zahnarzt'; in der Form des Wellerismus: ‚Zurück zur Natur, sagte der Fisch, schnallte die Flossen ab und ging wieder zu Fuß' oder als Graffiti-Spruch: ‚Zurück zur Natur, solange sie noch da ist'.

Lit.: *C. B. Herrligkoffer:* Discussion of Hippocrates' aphorism: ‚Natura sanat, medicus curat', in: Münchner Medizinische Wochenschrift 82 (1935), S. 1693–1697; *W. Mieder:* ‚Zurück zur Natur'. Zum Weiterleben eines angeblichen Rousseau-Zitats, in: Der Sprachdienst 33 (1989), 146–150.

Neapel. *Neapel sehen und sterben:* sagt man, wenn man etw. Schönes erblickt hat, in heller Begeisterung. Doch ist diese Übers. aus dem ital. Sprw.: ‚Vedi Napoli e poi muori' nicht ganz korrekt. Im Ital. ist dieses Sprw. ein Wortspiel mit dem Ortsnamen ‚Muori', einem kleinen Ort bei Neapel, den man erst nach Neapel sehen kann, und der Verbform ‚muori', sterben. Doch wird die klimatisch günstig gelegene Stadt Neapel als ein besonderer Ort empfunden: während der Italiener ein auf die Erde gefallenes Stück Himmel darin sieht, wurde es in Dtl. und Frankr. noch bis ins 19. Jh. als Sitz der Zauberei und Nekromantie betrachtet.

Nebel. *Das fällt aus wegen Nebel(s):* das findet nicht statt; urspr. vielleicht auf eine Dampferfahrt, auf ein Feuerwerk und sonstige Veranstaltungen bezogen, die infolge Nebels undurchführbar waren. Heute ist ‚wegen Nebel(s)': ein undurchsichtiger Grund; vgl. frz. ‚à cause des mouches' (scherzh.: wegen der Fliegen: aus einem Grund, den man verheimlichen will.

Mit der Stange im Nebel herumfahren: unsicher herumraten; bes. im Schwäb. gebräuchl.

Einen kleinen Nebel haben, benebelt sein: nicht klar im Kopf sein, keinen klaren Gedanken fassen können; meist auf Alkoholgenuß zurückzuführen.

Den Nebel heilen, kastrieren: so heißt ein Brauch der schweiz. Hirten auf der Alm. Wenn dichter Nebel sie am Arbeiten hindert, versuchen sie, den Nebel folgender-

‚Nebel heilen'

maßen zu vertreiben: zwischen Tür und Pfosten wird quer ein hartes Holzstück geklemmt und mit einer Schnur umwickelt. Durch das Hin- und Herziehen der Schnur dreht sich das Holzstück und gerät an beiden Enden durch die entstehende Reibung an Pfosten und Tür in Brand. Soll der Zauber wirken, so muß gerufen werden: ‚Näbel, Näbel, ich heile di'. Da ‚heilen' hier in der Bdtg. von ‚kastrieren' verwendet wird und der Nebel männlichen Geschlechts ist, flieht er schnell davon. Dieser Brauch, der in Graubünden auch ↗‚Teufelheilen' genannt wird, ist von einer primitiven Feuerbereitungstechnik übernommen. Das durch Holzreibung entstandene ‚Notfeuer' wurde in Irland, Schottland und Dtl. als reines, heiliges Feuer aufgefaßt und zu kultischen Zwecken, zur Dämonenvertreibung sowie zur Bekämpfung von Viehkrankheiten entfacht. (J. Grimm: Dt. Mythologie I [²1844], S. 570 ff.)

Lit.: *Zimmermann:* Art. ‚Nebel', in: HdA. VI, Sp. 987–988, Abs. 3: Nebelheilen; *H. Freudenthal:* Das Feuer im dt. Glauben und Brauch (Berlin / Leipzig 1931), Notfeuer, S. 189–216; *R. Weiss:* Nebelheilen, Teufelheilen: Notfeuerbereitung und Wetterzauber als Hirtenbrauch, in: Schweiz. Arch. f. Vkde. 45 (1948), S. 225–267.

Neckermann. *Neckermann macht's möglich* ist ein Werbeslogan von sprichwörtl. Prägung. Er wurde oft parodiert, so z. B. auch in diesem Vierzeiler:

Wer einmal nur im Monat kann
und möchte gerne täglich,
der wende sich an Neckermann,
denn Neckermann macht's möglich.

Jem. hat sein Abitur (seinen Führerschein u.a.) bei Neckermann gemacht: jem. hat sich bei einer best. Prüfung nicht sehr anstrengen müssen, um ein gutes Ergebnis zu bekommen.

nehmen. *Woher nehmen und nicht stehlen?:* Äußerung, die jem. macht, der in äußerster Geldnot ist. In diesem Sinne auch bei Jeremias Gotthelf belegt in ‚Jakobs Wanderungen‘, S. 391: „Woher Geld nehmen und nicht stehlen?"

Vom Stamme Nimm sein: sehr habgierig sein und nur nehmen, nie geben. 4. Mos. 13,9 ist vom Stamme Benjamin die Rede, wonach man vielleicht scherzhaft diese Wndg. gebildet hat.

Neid. *Das ist der blasse Neid! (der ihm da aus den Augen schaut)* sagt man von einem, der etw. neidisch betrachtet; darum auch: *blaß vor Neid sein, platzen vor Neid,* letzteres schon bei Horaz (Sat. II, 3,314) und Vergil (Ecl. 7,26). Ähnl. auch in Sprww.: ‚Wenn der Neid in den Spiegel schaut, muß er sich schämen‘; ‚Der Neid ist eine Natter, ist eine Eule, die das Licht eines fremden Glückes nicht ertragen kann‘. *Den wird der Neid noch selber auffressen; der Neid sieht ihm aus den Augen heraus* (ndl. ‚de nijd zieht hem oogen uit‘); grotesk verstärkt: schwäb. ‚der Neid guckt ihm aus dem Arsch heraus‘; ‚der Neid reitet ihn‘. In allen diesen Sprww. und Rdaa. ist der Neid personifiziert gedacht. Daher kann man auch von dem ‚blassen Neid‘ reden; auch ‚gelb‘ ist die Farbe des Neides. Seb. Brant entwirft im ‚Narrenschiff‘ (53,10ff.). nach dem Muster von Ovids ‚Metamorphosen‘ (II,740ff.) folgendes Bild vom Neid; dabei denkt er ihn sich, trotz des grammatischen Geschlechts im Dt., als ein weibl. Wesen, beeinflußt durch die Vorstellung von lat. ‚invidia‘:

> Wann sie jr ettwas gantz setzt für
> So hat keyn ruw sy, tag noch nacht,
> Biß sie jr anschlag hat vollbracht
> So lieb is jr keyn schloff noch freyd,
> Das sie vergeß irs hertzen leyd
> Dar umb hat sie eyn bleichen mundt
> Dürr, mager, sie ist wie ein hundt
> Jr ougen rott, vnd sicht nyeman
> Mitt gantzen vollen ougen an.

Das muß ihm der Neid lassen; man muß ihm Anerkennung zollen, wenn es auch widerwillig geschieht; trotz aller möglichen Einschränkungen ist sein Geschick, seine Leistung beachtlich.

Den Neid der Götter fürchten: sich vor bösen Schicksalsschlägen fürchten; diese poet. Formel ist aus dem griech. Götterglauben entstanden, nach dem die Götter auch neidisch auf Menschen sein können (Hybris). Schiller verwendet die Rda. im ‚Ring des Polykrates‘ (1798): „Mir grauet vor der Götter Neide".

Ein Neidhammel sein: immerzu auf alle Leute neidisch sein. Das Wort ersch. in Texten des 16. Jh. als ‚neidhemel‘ und wird im 17. Jh. geläufig. Es wurde in Anlehnung an ‚Streithammel‘ gebildet. Die Farben des Neids sind vorwiegend Grün und Gelb; vielleicht haben die grüngelben Augen eines Hammels den Ausschlag für diese Wortbildung gegeben. Freidank schreibt:

> grünen gel und weitîn
> sol din nitvarwe sîn.

‚Neidhals‘ oder ‚Neidkragen‘ sind analoge Bildungen zu ‚Geizhals‘ oder ‚Geizkragen‘.

Einen Neidnagel haben: einen Finger- oder Zehnagel haben, an dem ein kleines Stück an der Seite schmerzhaft abgespalten ist. Im Volksglauben gilt der Besitz eines Neidnagels als ein Hinweis auf eine neidische Person. In Anlehnung an ‚nieten‘ = schmerzen, drücken, heißt dieser Nagel auch ‚Nietnagel‘.

Lit.: *H. Schoeck:* Der Neid. Eine Theorie der Gesellschaft (Freiburg – München 1966).

Nein. *Nur das Nein hören:* Nur die ablehnende Antwort, nicht aber die Gründe, die hierzu geführt haben, zur Kenntnis nehmen. Im 1. Akt, 3. Szene spricht Thoas zu Iphigenie (Goethe, 1787): „Man spricht vergebens viel, um zu versagen. Der andre hört vor allem nur das Nein". ‚Eure Rede sei ja, ja, nein, nein‘ ist ein Zitat aus Matth. 5,37. ↗ja.

Nerv, Nerven. *Nerven haben wie Drahtseile* (auch: *wie Dreierstricke, wie ein Batzenstrick, wie Kupferdrähte, wie breite Nudeln, wie Nylonseile):* starke Nerven haben, sich durch nichts aus der Ruhe bringen lassen, sich nicht aufregen; vgl. frz. ‚avoir des nerfs d'acier' (aus Stahl).

Knitterfreie Nerven (knitterfeste Nerven) haben: seelisch unerschütterlich sein (hergenommen aus der modernen Textiltechnik); ebenso *gußeiserne Nerven haben.*

Sonnige Nerven (einen sonnigen Nerv) haben: wunderliche Einfälle haben, beschränkt sein, wobei ‚sonniger Nerv' das sonst üblichere ‚sonnige Gemüt' umschreibt.

Jem. den letzten Nerv rauben (töten, kosten), jem. die Nerven klauen: jem. die Fassung rauben, jem. die Geduld verlieren lassen; die Rdaa. sind eine moderne Weiterbildung der Grundvorstellung *die Nerven verlieren;* vgl. frz. ‚mettre quelqu'un à bout de nerf', ähnl. ‚être à bout de nerfs': mit seiner Nervenkraft am Ende sein.

Das sägt meine Nerven an: das macht mich leicht nervös, raubt mir meine Fassung; vgl. frz. ‚Cela me tape sur les nerfs' (wörtl.: Das schlägt mir auf die Nerven).

Auf einem Nerv bohren: auf Empfindliches anspielen (wahrscheinl. aus der zahnärztlichen Praxis genommen).

Jem. die Nerven auf Zwirnsrollen drehen: ihn sehr nervös machen; die Nerven als ‚Geduldsfäden' werden wie Zwirn auf Rollen gedreht; vgl. ‚mettre à quelqu'un les nerfs en pelote'.

Jem. auf die Nerven gehen: jem. sehr ärgern, zur Last fallen; auf den ↗ Wecker gehen.

Du hast vielleicht Nerven!: Du stellst vielleicht sonderbare Forderungen!

Den Nerv haben: den Mut haben; sich etw. zutrauen, anmaßen.

Den richtigen Nerv haben: das richtige Verfahren wählen.

Sie hat 'ne Nerve: sie ist ein empfindsames Frauenzimmer; auch: ‚Dafür hab' ich ne Nerve', das kann ich nicht.

Keinen Nerv für etw. haben: keine Geduld dafür haben, an etw. Schwierigem, Mühsamem, Zeitraubendem uninteressiert sein.

Nerven behalten: Ruhe bewahren, sich nicht aus der Fassung bringen lassen, in einer schwierigen Situation überlegt handeln; vgl. frz. ‚Allons! du nerf!' (wörtl.: Wohlan, nur Nerven!), i. S. v.: Nur Mut! Nerven behalten!

Den nervus rerum treffen: die peinliche Geldfrage aufwerfen. Mit ‚nervus rerum' (lat. ‚der Nerv der Dinge') wird scherzhaft das Geld umschrieben. Nach Sextus Empiricus hat zuerst der griech. Philosoph Krantor (um 340–275 v. Chr.) das Geld ‚νεῦρα τῶν πραξέων' genannt. Die lat. Form wurde erstmals von Cicero (106–43 v. Chr.) angewandt.

Das Nervenfieber haben: volkstüml. für Typhus haben.

Nessel. *Wie auf Nesseln sitzen:* unruhig und ungeduldig sitzen. Mit ‚Nessel' ist meist die Brennessel gemeint, dann aber auch das Nesseltuch, das urspr. aus deren Fasern verfertigt wurde. Schon der Prediger Geiler von Kaysersberg (1445–1510) sagt von einer, die nicht gern spinnt, es sei ihr an der Kunkel, „als säße sie auf nasseln und ameisen"; doch sind hier mit ‚nasseln' wohl ‚Asseln' gemeint; 1698 ist dagegen belegt: „Sie säße wie auf Nässeln".

Sich (gehörig) in die Nesseln setzen: sich arg versehen, sich sehr schaden, sich Unannehmlichkeiten aussetzen. *In den Nesseln sitzen:* in arger Verlegenheit sein. Ähnl. auch in den Mdaa., z. B. hess. ‚du fällst aach noch emol ean die Neassln', du fällst auch noch einmal herein; schlesw.-holst. ‚he hett sik in'e Netteln sett mit'n barden Ors'; ‚he hett en Ei in'e Netteln leggt', er hat Mißerfolg gehabt, einen Fehler begangen; oder ‚kloke Höhner leggt ok in e Netteln', kluge Leute machen auch Fehler. Das Gegenteil drückt die Rda. aus: ‚he leggt sin Ei nit in e Netteln', er weiß für seinen Nutzen zu sorgen und dabei allen Unannehmlichkeiten aus dem Wege zu gehen; der fängt keine aussichtslose Sache an. Von einem ‚grünen Jungen' sagt man rhein.: ‚de näßt noch in de Nesseln'. Rheinhess. ‚sie hat auf eine Nessel geschissen', ‚sich in die Nesseln verkriechen', vor Scham versinken mögen, ähnl. ‚sich in ein Mauseloch verkriechen wollen'.

Nest. Das Nest des Vogels dient oft als sprachl. Bild menschlichen Wohnens, z. B. ‚jeder Vogel hat sein Nest'. Diese Wndg. hat außerdem sexuelle Bdtg.: ‚Vogel' und ‚Nest' als Metaphern für penis und vulva. *Sein Nest bauen:* sich eine ei-

Ein kleiner Vogel, ein kleines Nest.

S. Hauß in Schweiz

Parvum parva decent: doctrina parta labore

Corpore in exili gratia saepe latet.

Es ist ein Sprichwort lang gewest:
Ein kleiner Vogel, ein kleines Nest.

Im kleinen Körper bißweillen Man
Viel herrlich Tugent finden kan.

,Ein kleiner Vogel, ein kleines Nest'

gene Wohnung einrichten. Wer behaglich sitzt, *hat ein warmes Nest*. Das jüngste Kind heißt oft mit demselben Bilde ,Nesthäkchen', ,Nesthocker' oder ,Nestküchlein', ,Nesthopper', ,Nestkegel', weil es noch nicht ausfliegt; schweiz. ,Nestquak', ,Nestquackelchen'; Goethe (,Dichtung und Wahrheit' I,4):,,Der jüngste, eine Art von naseweisem Nestquackelchen". *Sich ins warme* (oder *gemachte*) *Nest setzen:* günstig einheiraten; rhein. ,He hät sech en wärm Nest gesuck'; dagegen schwäb. ,sich jem. ins Nest hocken', jem. seine Geliebte wegnehmen. *Das Nest ist ausgeflogen:* die Familie ist auf und davon. *Den hat der Teufel im Nest vergessen:* er ist sehr böse. Hinzuzufügen ist eine Reihe mdal. Wndgn.: hess. ,des Näast richtig voll hoo', betrunken sein; schlesw.-holst. ,De keen Eier hett, mutt Nester bröden', man muß mit dem vorliebnehmen, was man hat; schwäb. ,ins Nest stieren', eine längst vergessene unangenehme Sache wieder aufrühren; rhein. jem. e Nest in de Kopp baue', ihm Sparren, dumme Einfälle in den Kopf setzen; ,mit jem. in de Nester hange', Streit mit ihm haben; ,jem. en Ei in et Nest legge', ihm schmeicheln. Von einem ,grünen Jungen' sagt man, ,er habe die Nestschalen noch am Kopf hänge'.

Weniger anheimelnde Ausdrücke sind: ,Diebsnest', ,Raubnest', ,Rattennest'. Auch die Wndg. ,sich einnisten' hat einen schlechten Klang, weil sie sich eigentl. auf das Eindringen von fremden Vögeln in ein Nest bezieht.

Nest bedeutet aber auch das Bett. *Ins Nest gehen:* zu Bett gehen. Sächs. ,das Nest nicht finden können', ewig nicht ins Bett gehen, durchfeiern.

In der Schweiz wird Nest auch i. S. v. ,Gesäß' scherzhaft gebraucht, z. B. ,chast dis Nest niene still ha?', kannst du nicht ruhig sitzen bleiben?

Er tut es nicht um den Vogel, er tut es um das Nest sagt man von einer Einheirat, vor allem im Handwerk; im 18. Jh. war an vielen Orten die Meisterzahl beschränkt. War kein Sohn da, um die Werkstatt nach dem Tode des Vaters weiterzuführen, konnte ein tüchtiger oder strebsamer Geselle Witwe oder Tochter heiraten (Mecklenburg, Bützower Stadttakten).

Das eigene Nest beschmutzen: Schlechtes über die eigene Familie sagen, die eigene Verwandtschaft in Mißkredit bringen. Der urspr. Realbereich der Rda. liegt in der Vogelwelt und bezieht sich speziell auf den Wiedehopf, dem nach der Zoologie des MA. diese Eigenschaft in bes. Maß zugeschrieben wurde und der damit schon früh in rdal. Gebrauch kam. So schreibt der spätmhd. Dichter Muskatblüt (74,60ff.):

Duostu selbe in din eigen nest
Du glichest wol dem wedehoppen,
Wa du dan sitzest oder stest,
Darin so muostu knoppen.

In Joh. Fischarts ‚Ehzuchtbüchlein' heißt es: „Dan was ist dieses für ein Viehische Widhopfenart, sein eygen Nest bescheyssen?" Und ebenso bucht Seb. Franck in seinen ‚Sprichwörtern': „in sein eygen nest hofieren wie ein widhopff". Zu Anfang des 16. Jh. ist die Rda., allg. auf den ‚Unnutzvogel' übertr., auch bildl. dargestellt worden; so in Thom. Murners ‚Schelmenzunft'. Darunter stehen die Worte:

Der Vogel hatt eyn bose art
Der seym eigen nest nit spart
Sunder selber scheisset dreyn
Den gschmack doch selber nymmet
 eyn ...

Der Vogel kan nit sein der best,
Der scheisset in sein eigen nest.

In seiner ‚Außlegung gemeyner deutscher Sprichwörtter' schreibt Joh. Agricola im Kap. 665: „Wer in sein eygen nest scheißt, der ligt vnsanfft, und ist nit ehren werdt ... Man sagt, daß vnder allen fögeln keyner in sein nest thuo denn der Widhopff, darumb er auch eyn verachter vogel ist, wiewol eyn kron vnd kamp tregt, vnd hatt hübsche federn, denn er ist nit ehren werdt".

,Das eigene Nest beschmutzen'

Vermutl. war das Sprw. ‚Es ist ein schlechter Vogel, der sein eigenes Nest beschmutzt' schon vor 1000 n. Chr. geläufig. Doch kann die Frage der Herkunft nicht geklärt werden: entweder ist es eine Prägung der gelehrten theologischen Lit., der klassischen Antike oder des frühen europ. MAs.

Die Vorstellung vom Wiedehopf als schmutzigem Vogel erscheint schon in Aristophanes' ,Vögel'. Als Ursprungsland dieser Vorstellung gilt der Orient.

In Schwaben sagt man: ‚’s ist e schlechter Vogel, der's eige Nest verscheißt; wenn er aber de Hintere net 'nausbringt, hat er kei andere Wahl'.

Das Gegenteil drückt die Rda. *das (eigene) Nest rein halten* aus: keine unsauberen Handlungen im eigenen Haus, in der eigenen Familie begehen, sich mit seiner Verwandtschaft solidarisch fühlen.

Lit.: *J. G. Kunstmann:* The Bird that fouls its Nest, in: Southern Folklore Quarterly 3 (1939), S. 75–91; wieder in: W. Mieder / A. Dundes (Hg.): The Wisdom of Many, S. 190–210; *K. Boström:* Das Sprw. vom Vogelnest, in: Konsthistorisk Tidskrift 18 (1949), S. 77–89.

Nestor. *Der Nestor seines Faches sein:* der älteste (und weiseste) einer bestimmten Gruppe sein. Nestor ist eine Figur in Homers ‚Ilias' und ‚Odyssee'. Er verkörpert immer den ältesten und weisesten Griechen.

Lit.: *R. Cantieni:* Die Nestorerzählungen im 11. Gesang der Ilias. Diss. (Zürich 1942).

Nestwärme. *Nestwärme bekommen:* Geborgenheit und Liebe im familiären Milieu erleben, treu umsorgt werden bis zur eigenen Selbständigkeit.

Häufiger hört man umg. die Rda. in der Negation: *keine (zu wenig) Nestwärme erfahren haben,* auch: *Nestwärme (schmerzlich) vermissen müssen:* in der Kindheit und Jugend als Heranwachsender keine (geringe) liebevolle Zuwendung durch Eltern und Geschwister erhalten haben, Gefühlskälte begegnet sein, keine Zuflucht im Schoß der eigenen Familie gefunden haben. Die Wndg. wird oft entschuldigend für eine charakterliche Fehlentwicklung eines jungen Menschen herangezogen, für die man gern frühkindliche schlechte Erfahrungen verantwortlich zu machen sucht.

‚Ins Netz gehen'

‚Jem. ins Netz gehen' – ‚Mädchen fangen'

‚Jem. ins Netz gehen' – ‚Buben fangen'

Netz. In vielen Rdaa., denen Bilder aus der Jagd und dem Fischfang zugrunde liegen, wird Netz im übertr. Sinne gebraucht (schon im Mhd. ist der übertr. Gebrauch des Wortes Netz häufig). *Jem. ins Netz locken:* ihn mit falschen Versprechungen locken; *jem. ins Netz gehen:* sich von falschen Versprechungen überreden lassen; *sich im eigenen Netz verstricken:* selbst in die Falle gehen, die man jem. anderem gestellt hat; Burk. Waldis: „Die sich mit Lügen decken wöllen, werden in einem Strick gefangen und in ihrem eigenen Netz behangen". Vgl. frz. ‚être pris à son propre piège' (wörtl.: in die eigene Schlinge gehen).

Mit goldenen Netzen fischen: mehr zusetzen als gewinnen; Luther: „Das heiszt die verkehrte Welt, die mit güldenen Netzen

‚Ins Netz gehen'

fischet, da die Kost gröszer ist, denn der Gewinn". *Mit trockenen Netzen fischen:* aus der Arbeit anderer Gewinn ziehen. Ndd. ‚achter't Nett fisken', vergeblich fischen, wo andere schon ihre Netze ausgeworfen haben (diese Rda. ist auch in P. Bruegels Rdaa.-Bild dargestellt). *Das Netz fängt ihm Fische, während er schläft:* er hat einen Gewinn ohne sein Zutun, ohne bes. Anstrengung, ↗ Strick.

Ohne Netz (und doppelten Boden) arbeiten: ohne Sicherheitsvorkehrungen getroffen zu haben, etw. unternehmen; urspr. stammt die Rda. aus der Sprache der Zirkus-Artisten, wird heute im übertr. Sinne gebraucht.

Lit.: *L. Röhrich* u. *G. Meinel:* Rdaa. aus dem Bereich der Jagd und der Vogelstellerei, S. 321; *O. G. Sverrisdóttir:* Land in Sicht (Frankfurt a. M. 1987), S. 144–145.

neu, Neues. ‚Es gibt nichts Neues unter der Sonne' sagt man, wenn nichts passiert ist, wenn alles seinen alten Gang geht; die Wndg. ist der Bibel entnommen: Pred. I, 9: „und es geschieht nichts Neues unter der Sonne".

Auf ein Neues! ist ein ermunternder Aufruf, wenn man eine begonnene Arbeit nach einer Pause fortsetzt oder auch, wenn man sich erneut ein Bier o. ä. bestellt hat.

Alles neu macht der Mai: alles scheint sich zu verjüngen wie im Frühling, schöner und bunter zu werden. Die Wndg. wird auf Kleidung, Mode, aber auch auf eine neue Liebe bezogen. Sie stammt urspr. als Zitat aus einem Gedicht von Hermann Adam von Kamp ‚Der Mai' von 1829.

Neujahr. *Jem. das Neue Jahr abgewinnen:* jem. mit den Neujahrsglückwünschen zu-

vorkommen. Die im 19. Jh. mdal. bezeugte Rda. scheint eine alte abergläubische Vorstellung am Leben zu erhalten: am 1. Januar soll man der erste beim Glückwunsch sein, denn das bringt einem selbst Glück oder sichert sogar ein Geschenk, das ebenfalls als gutes Omen für den Verlauf des neuen Jahres gilt.

Im Böhmerwald (v. Reinsberg-Düringsfeld, Fest-Kalender aus Böhmen, Prag o. J., S. 3 f.) ist am Neujahrsmorgen jeder ängstlich bemüht, dem anderen mit seiner Gratulation zuvorzukommen; so wünscht etwa ein Knecht seinem Mitknecht:

Brüaderl! Nuis Johr! Nuis Johr!
's Kristkin'l liegt im Kröstnhoor
          (im krausen Haar);
Longs Lö'm (Leben), longs Lö'm,
Und an Badl (Beutel) völl Gald
          (Geld) danö'm (daneben)!

Einem Mädchen wünscht man:
Longs Lö'm, longs Lö'm
Und an schei'n (schönen) Mo (Mann)
          danö'm!

Einem Burschen:
Longs Lö'm, longs Lö'm
Und a schei's Wa (Weib) danö'm!

Oder die Schwester neckt ihren Bruder:
Longs Lö'm, longs Lö'm
Und hüsch (hübsch) viel Schlö
          (Schläge) danö'm!

Auch in Westf. sucht jeder dem anderen ‚das Neujahr abzugewinnen', um danach eine kleine Gabe (Kuchen, Äpfel, Nüsse usw.) zu erhalten; in einem Schaltjahr jedoch muß der Gewinnende das Neujahr geben. Die Rda. ist jedoch im allg. Sprachgebrauch wenig geläufig.

Lit.: *P. Heitz:* Neujahrswünsche des 15. Jh. (Straßburg ²1900); *J. Künzig:* Neujahrslieder in Baden, in: Mein Heimatland 7/8 (1928), S. 235–347; *W. Escher:* Dorfgemeinschaft u. Silvestersingen in St. Antönien (Basel 1947); *K. M. Klier:* Das Neujahrssingen im Burgenland (Burgenländische Forschungen 11) (Eisenstadt 1950); *H. Siuts:* Die Ansingelieder zu den Kalenderfesten (Göttingen 1968), S. 26 ff.

Neuland. *Neuland betreten:* in ein bisher unbekanntes Gebiet vordringen, urspr. in Bezug auf die Entdeckungsreisen mit ihren vielfältigen Möglichkeiten, Überraschungen, aber auch Gefahren gesagt, ähnl.: *In Neuland vordringen (vorstoßen):* gegen alle Widerstände seine Kenntnisse erweitern, heute bes. im Hinblick auf wissenschaftliche Forschungen gebraucht, die ganz neue Wege beschreiten.

Neumann. *Ein dreifach Hoch dem Sanitätsgefreiten Neumann* sagt man gelegentlich iron., wenn man zum Ausdr. bringen will, daß Person u. Anlaß einer Gratulation überbewertet werden. Es handelt sich um die Anfangszeile eines verbreiteten erot. Soldatenliedes, das schon im Ersten Weltkrieg aufkam:

Ein Hoch, ein dreifach Hoch dem Sanitätsgefreiten Neumann,
der die graue Salbe hat erfunden.
Früher mußte man sich plagen,
jede Filzlaus selbst erjagen.
Heute wendet jedermann
Neumanns graue Salbe an.

Der Allerweltsname Neumann ebenso wie der Dienstgrad dieser fiktiven Person des erot. Volkswitzes stehen für einen 'Jedermann', dem alle möglichen 'Erfindungen', vorzugsweise auf dem Gebiet der Sexualhygiene, zugeschrieben werden, u.a. die Erfindung des Präservativs, der Pille, des Bordells, des Schlüpfers, des Büstenhalters etc.

Lit.: *P. Schalk (Hg.):* Sanitätsgefreiter Neumann und andere ergötzlich unanständige Verse (München [8]1972).

neun. *Ach du grüne Neune!:* Ausruf der Verwunderung oder des Erschreckens. Die Erklärung dieser Rda. ist nicht sicher. Die 'grüne Neun' im Kartenspiel ergibt keine Deutung; man hat sodann unter Hinweis auf schlesisch 'krumme Neune' = gebückt gehender Mensch, daran gedacht, daß die Wndg. eine verhüllende Form für 'krumme Not' = Epilepsie sei. Mehr Wahrscheinlichkeit hat die Erklärung mit dem Berl. Vergnügungslokal 'Conventgarten' in der Blumenstraße 9 mit dem Haupteingang am Grünen Weg. 'Die Grüne Neune' wäre dann im Volksmund die Ersatzbez. für das unvolkstümliche 'Conventgarten'. Nach 1852 wurde das Lokal ein billiges Tanzcafé und Stätte mancher Handgreiflichkeiten. Die Zahl Neun spielt in volkstüml. Wndgn. auch sonst eine wichtige Rolle, z.B. 'neunmalgescheit(-klug)', ↗ sieben. Das Gegenteil ist 'eine dumme Neune', ein albernes Frauenzimmer. Ein 'neun-

häutiger Kerl' ist ein durchtriebener Bursche; H. J. Ch. Grimmelshausen schreibt im 'Simplicissimus' (I, 47): „ein viel erfahrener und durchtriebener neunhäutiger schlauer poeticus und kluger Weltmann". Hess. 'ein neun mal Aas', eine bösartige Frau.
Schweiz. 'e sechsi für nes nüni aluege', Wucherzinsen nehmen; rhein. 'mit fünf e neun betale', auf eine alte Schuld hin und wieder etw. abzahlen. *Alle neun werfen* (nämlich alle neun Kegel), auch: *alle neun neigen: ganze Sache machen.* Die christl. Zahlensymbolik betrachtet die Neun, die durch die Dreimaligkeit der heiligen Zahl drei entsteht, als Zahl der Vollendung (z.B. die neun Chöre der Engel). So versprach man sich im Volksglauben eine apotropäische Wirkung von Speisen oder Gegenständen, die aus neun verschiedenen Bestandteilen zusammengesetzt waren.
Neunerlei Kräuter müssen im Kräuterbüschel enthalten sein, das noch immer an Mariä Himmelfahrt (15.8.) in den Kirchen (Süddeutschland) geweiht wird. Sie bilden auch den Hauptbestandteil der 'Neunstärke', wie das Gründonnerstagsgericht in Norddtl. hieß; die Volksmedizin benutzte Abkochungen von neunerlei Kräutern sowie Räucherungen aus neunerlei Holz, das von neun verschiedenen Bäumen stammte, deren Namen nicht auf -baum enden. Hexen konnte man erkennen, indem man sich während der Christmette in der Kirche auf einen Schemel aus neunerlei Holz setzte. Man sah dann 'richtige' Hexen mit dem Rücken zum Altar sitzen. Notfeuer zur Vertreibung von Katastrophen konnte nur wirken, wenn es aus neunerlei Holz entzündet wurde. Ein gewisser Frater Rudolfus schreibt um 1250, daß man frisch getauften Kindern neunerlei Kräuter ins Bad legte.
'Verrückt und drei macht neun' ist ein Berliner Ausspruch für verrückte, unverständliche Erscheinungen und Personen. Lit. belegt ist er öfters bei Heinrich Zille.

Lit.: *K. Weinhold:* Die mystische Neunzahl bei den Deutschen, 1897; *Marzell:* Art. Neunerlei Holz, Körner, Kräuter, in: HdA. VI, S. 1057–1066; *L. Kretzenbacher:* Die hl. Rundzahl 72. Zur Zahlenmystik in Legende und Sakralbau, in Volksglaube und Rda., in: Blätter für Heimatkunde, hg. v. Hist. Verein für Steiermark 26 (Graz 1952), S. 11–18.

neunundneunzig ist eine scherzhaft-summarische Bez. für: sehr viel, wobei man doch irgendwelche Kritik einfließen lassen will, weshalb man nicht ‚hundert' sagt. *Alle neunundneunzig treiben:* allerlei Liederlichkeiten treiben. *Auf neunundneunzig sein:* sehr erregt sein, seinen Zorn nur mühsam bändigen können. *Neunundneunziger* ist eine alte Schelte für den Apotheker, wenn man ihm vorwarf, daß er mit 99 Prozent Verdienst arbeite.

Im Schneiderspottlied heißt es von den wegen ihres geringen Körpergewichts verlachten Schneidern:

In Regensburg auf der Kirchturmspitz,
da saßen die Schneider zusamm'.
Da saßen ihrer neunzig,
ja neun mal neunundneunzig
auf einem Wetterhahn.

Neunundneunzig als besondere Zahl findet sich im religiös-magischen Bereich (Zahlenmystik), z.B. die neunundneunzig schönsten Gottesnamen im Islam, und im Rechtsbereich, z.B. Erbpachtverträge, Dauerleihgaben.

neunundzwanzig. *Hoch in den neunundzwanzig sein:* im mittleren Lebensalter stehen; scherzhaft-galante Bez. für das Alter der Frauen, die nur ungern angeben, daß sie das dreißigste Lebensjahr bereits überschritten haben (20. Jh.).

Nibelungentreue. *Jem. Nibelungentreue halten:* starkes Vertrauen in jem. setzen und ihm so in jeder Situation zur Seite stehen; der Begriff der ‚Nibelungentreue' wurde von Reichskanzler Bernhard von Bülow (1849–1929) für die Bündnistreue zwischen dem Dt. Reich und Österreich-Ungarn während der Bosnienkrise 1908/09 geprägt; heute wird der Begriff eher abwertend gebraucht, i.S.v. bedingungslose, kritiklose Treue; hündische Anhängerschaft. Von Bülow bezog sich in seiner Rede vom 29. März 1909 auf das Nibelungenlied, das Anfang des 13. Jh.s niedergeschrieben worden ist: „Meine Herren, ich habe irgendwo ein böhmisches Wort gelesen über unsere Vasallenschaft gegenüber Österreich-Ungarn. Das Wort ist eigentlich! Es gibt hier keinen Streit um den Vortritt wie zwischen den beiden Königinnen im Nibelungenlied; aber die Nibelungen-

treue wollen wir aus unserem Verhältnis zu Österreich-Ungarn nicht ausschalten, die wollen wir gegenseitig wahren" (Fürst von Bülows Reden, hrsg. v. O. Hötzsch, Bd. 3 [1909], S. 187).

nichts. *Mir nichts, dir nichts:* ohne Rücksicht auf mich und dich, ohne weiteres, ohne alle Umstände, ist wohl eine Verkürzung aus ‚ohne mir und dir zu schaden'. Joh. Joach. Schwabe alias Vit. Blauroekkelius schreibt 1745 in seinem ‚Volleingeschanckten Tintenfäßl eines allezeit parat-seyenden Brieff Secretary' (S. 38): „Bei den Zeitungsschreibern haißts mir ninx, dir ninx: die tractiert mer (= man) wie seins gleiches". In der Bdtg. von ‚ohne weiteres', ‚im Nu' verwendet bereits Lessing die Rda. im ‚Nathan' (3,2):

Der (Wassereimer) ließ sich füllen,
ließ sich leeren mir nichts,
                              dir nichts … ;

ähnl. auch in Schillers ‚Wallenstein' (‚Wallensteins Lager' 7).
Nichts wie raus!: schnell hinaus!
Nichtsdestotrotz: trotzdem, gleichwohl; scherzhaft dem ‚nichtsdestoweniger' nachgebildet, dessen Etymologie dem Gefühl des Laien unzugänglich ist.
Mit *nichts für ungut!* entschuldigt man sich bei einem Versehen bei dem Betroffenen (↗ ungut).
Ein ndd. Schwankspruch verwendet die Formel als Ausdr. der Heuchelei:

‚Niks vör unguud!'
Segg de Foß,
do bäät he den
Haan den Kopp af.

Vor dem Nichts stehen: plötzlich mittellos sein; den Besitz verloren haben.
Überaus häufig hört man das Sprw.: ‚Wo nichts ist, hat der ↗ Kaiser sein Recht verloren'.
Nichts ist gut für die Augen (aber nicht für den Magen): dies wird im südlichen dt.-sprachigen Raum als Erwiderung gegeben, wenn man auf eine Frage die Antwort ‚nichts' erhält. Die Wndg. beruht auf einem volkstüml. Übersetzungsfehler für lat. ‚Nix alba' (oxydiertes Zink). ‚Nix' wurde nun nicht mit ‚Schnee' übers., sondern mit dt. ‚nichts' gleichgesetzt. Die Apotheker ihrerseits übersetzten das volkstüml. ‚nichts, nix' wieder ins Lat.,

und so gelangte das weiße, pulvrige Zinkoxyd zu dem lat. Namen ‚nihilum album'. Als Salbe verarbeitet (unguentum nihili) wurde Zinkoxyd gegen Augenflüsse und hitzige Blattern der Augen erfolgreich angewandt. Schon Luther war diese Rda. 1535 geläufig. Er schreibt im 2. Kommentar zum Galaterbrief: „Minutissima festuca in oculo, offendit visum. Hinc Germani dicunt de remediis oculorum, Nichts ist inn die augen gut".

Das *angenehme (süße) Nichtstun* wird im allg. in der ital. Form ‚il dolce far niente' gebraucht, ohne daß man den Urspr. dieser Wndg. genau nachweisen könnte. Carlo Goldoni (1707–93) nimmt wohl schon auf eine zu seiner Zeit geläufige Rda. Bezug, wenn er in ‚Metempsicosi' (II,3) sagen läßt: „Quel dolce mestier di non far niente" (welch süßes Handwerk, dieses Nichtstun!). In der komischen Oper ‚Galathée' von Jules Barbier und Michel Carré, komponiert von Victor Massé, die 1852 erstaufgeführt wurde, lautet ein Kehrreim (II,1): „Ah! qu'il est doux / De ne rien faire, / Quand tout s'agite autour de nous!" (Büchmann), ↗Deut, ↗Pfingsten.

Lit.: *J. N. Hertius:* Observatio juris germ. in par. „Da nichts ist het der Kaiser sein Recht verloren" (no place, no date); *J. Zinck:* Disputatio inauguralis Juridica ... Wo nichts ist ... (Rostocki 1686); *J. Festing:* De Germanorum proverbio: Wo nichts ist, da hat der Kaiser sein Recht verloren (Jenae 1745); *H. Schrader:* Nichts ist gut für die Augen, in: Zs. f. dt. Sprache (Hamburg) 9 (1895–1896), S. 173–177; *Olbrich:* Art. ‚Nicht, Nichts', in: HdA. VI, Sp. 1069–1070; *P. J. Diermanse:* Niks hor, in: Eigen Volk 6 (1934), S. 88; *H. Vittien:* Nix is goed voor de ogen, in: Eigen Volk 7 (1935), S. 71; *H. B.:* Waar niets is, verliest de Keizer zijn recht, in: Biekorf 60 (1959), S. 288; *E. Grabner:* Nix is gut für die Augen; Heilchemie, Volksmedizin und Rda. um das Augennix, in: Carinthia 152 (1962), S. 316–321.

Nichtschen. *Ein goldenes Nichtschen in einem silbernen Büchschen!* sagt man rdal. den Kindern auf die neugierige Frage, was man ihnen wohl mitgebracht habe. Die Wndg., eine kindertümlich-poetische Umschreibung für das absolute Nichts, ist in zahlreichen volkstümlichen Variationen bekannt (z. B. wien. ‚a goldenes Nixerl in an' sülbernen Bixerl!'; hannoveranisch ‚ein silbernes Nichtschen und ein goldenes Warteinweilchen!'). Das Alter der Rda. läßt sich bisher nicht festlegen, da unsere Zeugnisse keine besondere zeit-

liche Tiefe erreichen. Dagegen scheint die Verbreitung einigermaßen deutlich: das ‚goldene Nixerl im silbernen Büxerl' ist südd., bes. in den Alpen- und Donauländern wie im Sudetenland beheimatet. Für den Böhmerwald bezeugt es etwa Hans Watzlik in der kleinen Erzählung ‚Einöde im Schnee'; dort ist der Vater am Weihnachtsabend gezwungen, seinen Kindern zu sagen: „Ach, diesmal kriegt ihr wirklich nur ein silbernes Nichtslein in einem goldenen Büchslein". In dieser einfachen, durch den Reim gebundenen Form wird immer das ‚Nichts' als ein ‚Etwas' aufgefaßt und dementsprechend sogar ein Behälter dazu erfunden. Den gleichen Weg geht die Rda. in der Schweiz, wenn man in Kerenz (Kanton Glarus) den Kindern verspricht: ‚ä golldis niänäwägäli und ä sillberis nütali', d. h. ein goldenes Nirgendswägelchen und ein silbernes Nichtschen. Im Westen und Nordwesten ist die andere Fassung der Rda. beheimatet. In Westf. sagt man ähnl. wie in Hannover: ‚En golden Niksken un en sülwern Wacht en Bietken'. Nicht nur das ‚Nichts' ist hier zum ‚Etwas' erhoben, sondern auch eine Wortformel, das vertröstende ‚Wart ein Weilchen', zum Gegenstand gemacht. Dies ist die Fassung, die Clemens Bretano von Kindheit an gefesselt haben muß. Aus der Kinderzeit nimmt er sie in seinen persönlichen Sprachgebrauch herüber und schreibt z. B. am 1. Jan. 1802 an seinen Schwager Savigny aus Weimar: „Die Brüder von Terenz, die ich hier nach Einsiedels Übersetzung mit Masken gesehen habe, machen ganz den Eindruck einer Scheibe Lachs mit Essig und Pfeffer für einen Satten. Wallensteins Lager kam hinterher, und die beiden Stücke waren wie ein silbernes Nichtschen und ein goldenes Warteweilchen". In ‚Des Knaben Wunderhorn' hat er dann die Rda. als Sprüchlein übernommen und erweitert:

Ich schenk dir was,
Was ist denn das?
Ein silbernes Warteinweilchen
Und ein goldnes Nixchen
In einem niemalen Büchschen.

Lit.: *L. Schmidt:* Wiener Rdaa. 9. Das goldene Nichtschen, in: Das dt. Volkslied 46 (1944), S. 77 f.; *R. Ludwig:* Das silberne ‚Wart ein Weilchen', in: Die Frau. Blätter der Frankfurter Zeitung, 28. 12. 1942.

niederlegen. ‚Do legst di nider (und stehst nimmer auf)': bair. Ausdr. der Verwunderung.

nie, niemals ⟋ Pfingsten.

Niemand. Die Figur eines personifizierten ‚Herrn Niemand' taucht in der Massenkunst des bebilderten Flugblatts im 16. und 17. Jh. mehrfach auf. Ein ähnl. Namenspiel kennt ja bereits die Polyphem-Episode aus Homers Odyssee, wo Odysseus dem Zyklopen gegenüber seinen Namen als Οὖτις, d. h. als Niemand, Keiner angibt. Er erreicht damit, daß später die übrigen Zyklopen die Hilferufe des Geblendeten nicht verstehen und daher nicht eingreifen. So kann er mit seinen restlichen Gefährten entkommen. Im Zeitalter des Humanismus wird der Outis oder Nemo zum anonymen Prügelknaben, zum Pseudonym und Stellvertreter. So etwa bei U. v. Hutten in seinem 1515 an den Freund Crotus Rubeanus gerichteten Schreiben, dem er den Titel ‚Outis et Nemo' gab. In ihm geißelt er Einrichtungen und Zustände seiner Zeit für die im einzelnen ‚niemand' die Verantwortung auf sich nehme. Sie sind eben das Werk des ‚Niemand'. Diesen Niemand läßt Hutten in einem Gedicht selbst zu Wort kommen.

Zuvor aber war der zur Person gewordene Niemand literarischer Gegenstand und ironischerweise sogar schon zur Heiligsprechung vorgeschlagen worden, indem man Bibelstellen mit dem Wort und Begriff ‚nemo' in Form einer Predigtparodie zusammenstellte und daraus die Existenz eines Heiligen namens Nemo beweisen wollte. Hieraus erklärt sich auch die Rda. vom St. Nimmerlein und dem St.-Nimmerleins-Tag als Ausrede und faules Versprechen.

Der Straßburger Jörg Schan verfaßte um 1500 ein Gedicht vom Niemand, der von Mägden und Knechten angerufen wird. Er erscheint – auch in bildl. Darstellungen – als Schutzpatron des um faule Ausreden bemühten Gesindes. Auf den Flugblättern stellt er sich selbst in diesem Sinne vor:

Der Niemandts so bin ich genandt
Mägden vnd Knechten wol bekandt.

Der wolredendt Niemant.

‚Herr Niemand'

Oder auch:

Niemant hais ich
was ieder man tut
das zucht man mich.

Bildlich wurde er oft auch als Mann mit einem Schloß vor dem Mund dargestellt und von zerbrochenem Hausrat umgeben.

Die Figur des Niemand ist nicht auf Deutschland beschränkt geblieben. Frankreich kennt ihn ebenfalls schon früh, wie die 1525 gedruckten ‚Les grands et merveilleux faictz du seigneur Nemo' zeigen; in England entsteht gegen das Jahrhundertende die Ballade vom armen ‚John Nobody'. Dieser Herr Niemand ist ein Gegenbild zum Jedermann. Im 17. Jahrh. werden Jedermann und Niemand sogar gemeinsam dargestellt und auch mit entsprechenden Texten versehen:

Hie Ihmand und der Niemand stehen,
wie nasse Katzen sich ansehen.
Was Ihmand tut, hat Niemand getan,
drumb ist niemand ein frommer Mann.
Ihmandt ist arm, niemand ist reich,
drumb seyn die betler alle gleich.

Lit.: *E. Meyer-Heisig:* Vom „Herrn Niemand", in: Zwischen Kunstgeschichte und Vkde., Fs. f. W. Fraenger, hg. v. R. Peesch (Berlin 1960), S. 65–76; *L. Röhrich:* Die mittelalterlichen Redaktionen des Polyphem-Märchens und ihr Verhältnis zur außerhomerischen Tradition, in: Fabula 5 (1969), S. 48–71.

Niemandsland. *Niemandsland betreten:* sich auf unerlaubtem, unerforschtem Gelände bewegen, sich mutig vorwagen.
Als ‚Niemandsland' wird das Gebiet bez., dessen Besitz rechtlich noch ungeklärt ist oder das noch nicht besiedelt und von der

Zivilisation berührt wurde. Im Krieg wird das Gebiet zwischen den Fronten so benannt.

Der Grenzstreifen zwischen Staaten verschiedener politischer Systeme wurde ebenfalls so genannt. Zur besseren Übersicht für die Bewacher mußte er unbewohnt und land- und forstwirtschaftlich ungenutzt bleiben. Um Spuren Flüchtender sofort bemerken zu können, wurde das Land sogar des öfteren neu geeggt! *Im Niemandsland (der Träume) sein:* sich in einer (Gedanken-)welt befinden, die dem Menschen noch völlig fremd ist, die er noch nicht erforscht, über die er keine Macht hat.

Niere. *Das geht mir an die Nieren:* das trifft mich empfindlich, es kommt mich hart an. *Das geht mir noch lange nicht an die Nieren:* das trifft mich nicht hart, das geht nicht tief. Die Nieren galten im MA. als Sitz der Gemütsbewegungen, insbes. aber des Geschlechtstriebes, und wurden ertappten Ehebrechern bisweilen ausgeschnitten. Doch bez. Niere oft auch wie Herz allg. das Innere des Menschen, den Sitz der Lebenskraft; daher die auf Ps. 7,10 beruhende Rda. *jem. auf Herz und Nieren prüfen* (vgl. auch Jer. 11,20 u.ö. sowie Offenb. 2,23). Luther: „Meyne Nieren sind fro"; rhein. ‚he hät de Niere warm ligge', er ist zum Scherzen aufgelegt, lacht gern. *Jem. die Nieren quetschen* oder ‚jem. op de Niere setzen', ihm hart zusetzen. *Dem will ich auf die Nieren treten* ist eine bekannte Drohung. Von einer einfältigen Person sagt man schweiz. ‚e dummi Niere', ↗ Herz.

Nierenstück. *Jem. ist nicht sauber übers Nierenstück:* schweiz. Rda. für jem., der einen dubiosen, zweifelhaften Eindruck macht. Gebraucht z. B. von Johann Georg Kohl: Alpenreisen, 2. Teil (Dresden – Leipzig 1849), S. 456: „Dieser Oberst, dessen Namen ich vergessen, pflegte z. B. von einem Manne, den er nicht für einen vollkommenen guten Radicalen hielt, zu sagen, ‚er sei nicht sauber überm Nierenstück'."

Nimmerleinstag. ↗ Pfingsten.

Nimmersatt. *Ein Nimmersatt sein:* unersättlich sein. Der Ausdr. beruht auf der Bibelstelle Pred. 1,8: „Das Auge sieht sich nimmer satt, und das Ohr hört sich nimmer satt".

Das Subst., das ähnl. wie ‚Gernegroß' gebildet wurde, ist seit Ende des 17. Jh. geläufig, das Adj. jedoch erst seit dem 18. Jh.

Nimrod. *Ein wahrer Nimrod sein:* ein leidenschaftlicher Jäger oder auch Kegler sein. Nimrod, eine Figur aus dem A. T. (1. Mos. 10,8–12) war der Sohn des Kusch, Gewaltherrscher auf Erden und ein gewaltiger Jäger vor dem Herrn. Sein Reich soll sich von Babel bis nach Assyrien erstreckt haben; er war König von Babylon und wird als Gründer der Stadt Ninive angesehen. Sein Name wird auf denjenigen des babylonischen Kriegs- und Jagdgottes Ninurta von Nippur zurückgeführt.

Vor allem in Fabel und Sage ist ‚Nimrod' zu einem Übernamen für einen gewaltigen Jäger geworden. Eine oberhess. Sage berichtet von einem König Nimrod, der um Weihnachten das wütende Heer anführt und niemals zur Ruhe gelangen kann, da er für seine Jagdleidenschaft die Seligkeit geopfert hat.

Lit.: *T. Bindewald:* Oberhess. Sagenbuch (Frankfurt/ M. 1873), S. 32ff.; *W. v. Soden:* Art. ‚Nimrod' in: RGG.IV (³1960), Sp. 1496-1497.

Nirwana. *Ins Nirwana eingehen:* sterben (↗ zeitlich). Im Sanskrit heißt nirwâna: das Erlöschen, das Vergehen; im Buddhismus bedeutet das Nirwana das Endziel des Lebens als Zustand völliger Ruhe und Aufgabe des individuellen Bewußtseins. Der Begriff wurde durch A. v. Humboldt und A. Schopenhauer ins Dt. vermittelt.

Lit.: *H. v. Glasenapp:* Art. ‚Nirvâna', in: RGG. IV (³1960), Sp. 1498 f.

Noah. *Aus Noahs Kasten sein:* schon sehr alt sein.

Die Geschichte Noahs wird in Gen. 6,9–27 erzählt; zwei Überlieferungen sind hier vereint worden: Noah als erster Weinbauer und Noah als Ahne von Sem, Ham und Japhet und erster Bauer. Mit dem ‚Kasten' ist in der Rda. die Arche

Noahs gemeint, in der er je zwei Exemplare der Tiere und sich mit seiner Familie rettete, als Gott beschloß, die Welt wegen ihrer Sündhaftigkeit durch eine gewaltige Überschwemmung zu vernichten. ↗Olim.

Lit.: *L. Röhrich:* Noah und die Arche in der Volkskunst, in: Vkde., Fakten und Analysen (=Fs. f. L. Schmidt), (Wien 1972), S. 433–442.

Nobiskrug. *In den Nobiskrug einkehren, fahren:* zum Teufel, in die Hölle fahren. „Nobishaus ist die eigentümliche, ihrer Etymologie nach noch unerklärte Bez. der Hölle oder der alten Unterwelt, deren Wirt der Teufel ist". 1938 erschien der Roman ‚Der Gang zum Nobiskrug' von Walter Vollmer. Hier antwortet eine Greisin auf die Frage nach der Bdtg. des Wortes ‚Nobiskrug': „Niemand weiß genau, was er (= der Ausdr.) bedeutet. Er ist da, und damit genug". Trotz verschiedener Erklärungsversuche kann die eigentliche Entstehung des Namens nicht mehr ausfindig gemacht werden. Belegt ist Nobiskrug auch als Wirtshausname vom Niederrhein bis Danzig, am frühesten 1526 in Hamburg.

Eine Sage aus Niedersachsen enthält verschiedene Volksglaubensvorstellungen vom Nobiskrug: „Im Nobiskrug, heißt's in der Altmark, kommen wir alle einmal nach dem Tode zusammen; da wird Karten gespielt, und die, welche das im Leben nicht gelernt haben, müssen dort Fidi-

‚Im Nobiskrug einkehren'

busse machen. Wer bei Lebzeiten nichts getaugt hat, muß Schafböcke hüten. Andere aber sagen, im Nobiskrug erhalte man den Paß zum Himmel, und wieder andere meinen, der Nobiskrug sei der Himmel selber".
(G. Kahlo: Niedersächsische Sagen I [Leipzig 1923], S. 112, Nr. 177, II).

Lit.: *L. O. G.:* Hij is naar nobis, in: Rond den Heerd 16 (1881), S. 54; *L. Laistner:* Nobishaus und Verwandtes, in: Germania 26 (1881), S. 65 ff. und 176 ff.; *H. Tardel:* Moderne Nobiskrug-Dichtungen, in: Nddt., Zs. f. Vkde. 3 (1925), S. 31 ff.; *J. Bolte:* Eine alte Abb. des Nobiskruges, in: Zs. des Vereins für Vkde. 37/38 (1927–28), S. 250 ff.; *E. Grohne:* Nobiskrug, in: Nddt. Zs. f. Vkde. 6 (1928); *H. Zimmermann:* Ein niederländischer Nobiskrug-Holzschnitt, in: Nddt. Zs. f. Vkde. 10 (1932), S. 70 ff.; *W. Krogmann:* Beitr. z. ndd. Wortforschung, in: Jb. des Vereins f. ndd. Sprachforschung 55/56 (1941), S. 55–77; *W. Hartnacke:* Nobiskrug, in: Muttersprache 58 (1943), S. 22 f.; *J. Knobloch:* Nobiskrug, in: Mnemes charin (Gedenkschrift für Paul Kretschmer 1), (Wien 1956); *G. Kahlo:* Frau Holle und der Nobiskrug, in: Wiss. Zs. d. Universität Jena 7 (1957/58).

Noblesse. *Noblesse oblige* (frz.): Adel verpflichtet; die Wndg. wird oft im scherzhaften oder iron. Sinn gebraucht; sie bedeutet urspr., daß eine höhere gesellschaftliche Stellung zu Verhaltensweisen verpflichtet, die von anderen nicht unbedingt erwartet werden. Sie erschien erstmals als Vorschrift des frz. Didaktikers Duc de Lévis in seinen ‚Maximes et réflexions' (1808).

nolens. *Nolens volens* (lat.; eigentl.: wollend – nicht wollend): ‚wohl oder übel', man mag wollen oder nicht. In seinem Werk ‚Retractationes' (I, 13,5) sagt Augustinus: „Ille qui concupiscente adversus spiritum carne non ea quae vult facit, concupiscit quidem nolens et in eo non facit quod vult; sed si vincitur, concupiscentiae consentit volens et in eo non facit nisi quod vult. – Der Mensch, der dem Verlangen des Fleisches nicht nachgibt, wenn es wider den Geist aufbegehrt, hat wohl ein Verlangen, aber er will ihm nicht folgen, und in diesem Entschluß unterdrückt er seine Wünsche. Unterliegt er aber, so widerstrebt er seiner Begierde nicht und will auch nicht widerstreben; in dieser Schwäche tut er nur das, was er will". Der Sinn der Worte ist: Für die Begehrlichkeit des Fleisches ist man nicht verantwortlich, wohl aber dafür, daß man ihr nachgibt. Aus dieser Stelle scheint sich die Rda. ‚nolens volens' entwickelt zu haben. Das antik-klassische Vorbild für unsere Wndg. ist „velim nolim" (mag ich wollen oder nicht) in Ciceros ‚De natura deorum' (I, 7, 17); „velis nolis" bei Martial (VIII, 44, 16). Der lat. Verbindung entspr. bildet Shakespeare im ‚Hamlet' (V, 1): „will he nill he" und in ‚Der Widerspenstigen Zähmung' (II, 1): „will you nill you". In der dt. Umgangssprache ist die Wndg. seit der Mitte des 17. Jh. oft belegt; z. B. 1665 in ‚Gepflückte Finken' (S. 117): „Drauff giengen sie den andern Gang zusammen, in demselben wurde der Frantzoß durch den Arm gestoßen, daß er also aus Unkräfften nolens volens den Degen fallen lassen mußte". Die unverstandenen lat. Worte sind in der volkstümlichen Umgangssprache scherzhaft zu ‚nolenz – bohlenz', bes. aber zu ‚Nolenz – Koblenz' verdreht worden.

Lit.: *A. Otto:* Sprww. d. Römer, S. 362.

Nonplusultra. *Das Nonplusultra sein:* (lat.) etw. Unübertreffliches, nicht Verbesserbares sein; non plus ultra bedeutet: nicht noch weiter, nicht darüber hinaus. Die Wndg. beruht wahrscheinl. auf Hiob 38, 11: „Bis hierher sollst du kommen, und nicht weiter".

Nordlicht. *Ein Nordlicht sein:* in nördlichen Gegenden geboren sein. Im dt. Volksglauben ist das Nordlicht eine nicht alltägliche Himmelserscheinung: dessen blutig rote Farbe wurde Omen für Krieg und Blutvergießen. Die Bez. wurde in Bayern im letzten Jh. geprägt: die bair. klerikale Partei nannte Männer, die aus Preußen oder anderen norddt. Staaten nach Bayern in amtliche Stellungen berufen wurden, Nordlichter. Noch heute spielt die Wndg. bei Politikern und in den Medien eine Rolle. Sie drückt eine gewisse Distanzierung oder sogar Geringschätzung aus.

Not, nötig. *Aus der Not eine Tugend machen:* eine schlimme Lage geschickt ausnutzen. Am frühesten bezeugt ist die Rda. in lat. Form bei dem Kirchenvater Hieronymus (etwa 331–420). Er sagt in seiner

Schrift ‚Adversus libros Rufini' (III, 2): „Facis de necessitate virtutem", und in ‚Epistolae' (54,6): „Fac de necessitate virtutem". Aus der Not einen Trost („de necessitate solatium") zu machen, ermahnt schon M. Fabius Quintilianus in den ‚Declamationes' (4,10). Entspr. findet sich die Wndg. auch in den anderen europ. Sprachen; frz. ‚faire de nécessité vertu'; engl. ‚to make a virtue of necessity'. Im 16. Jh. heißt es in der ‚Zimmerischen Chronik' (III, 230): „Darumb mußten sie user der not eine tugent machen". Fritz v. Stolberg schreibt an den Philosophen F. H. Jacobi (Jacobis Briefwechsel II, 151): „Sie hatten aus der Noth Tugend gemacht, bürgerliche Tugend, deren sie bedurften, weil der gesittete Mensch ohne sie nicht bestehen kann!" Das Wort ‚Not' erscheint in auffallend vielen Anti-Sprichwörtern, wie z. B. ‚Aus der Not eine Untugend machen'; ‚Kosmetik ist die Kunst, aus der Not eine Jugend zu machen'.

Es geht (oder *ist*) *Not an (den) Mann:* die Gefahr wird dringend, eigentl.: die Kampfes-Not geht an den Mann, Kampf steht ihm bevor; später nicht mehr verstanden, wurde diese Rda. auf jede Zwangslage umgedeutet und bezogen; z. B. bei Bismarck: „Zeit, wo in der Landwirtschaft Not am Mann ist"; heute erscheint sie fast nur noch in der Form ‚wenn Not am Mann ist', so bei M. Hausmann (‚Abel mit der Mundharmonika', 1932, S. 166): „Wenn Not am Mann ist, dann wählt man seine Worte doch nicht so genau".

Die *schwere Not* ist eigentl. die Epilepsie; sie liegt der Verwünschung *Daß dich die schwere Not!* zugrunde, ferner dem Ausdr. ‚Schwerenöter' (18. Jh.), d. i. eigentl. einer, dem man die schwere Not anwünscht oder der sie verdiente.

Seine liebe Not mit etw. haben: viel Mühe und Sorge mit etw. (jem.) haben; Goethe (‚Faust' I): „ich hatte mit dem Kind wohl meine liebe Not, doch übernähm ich gern noch einmal alle Plage".

Auch in vielen mdal. Rdaa. steht Not als Sammelbegriff für die verschiedensten Bdtgn. wie Mühe, Mangel, Entbehrung, Krankheit, Zwang; ‚Notlager' = Krankenbett; ‚es hat keine Not', es eilt nicht, es ist nichts zu befürchten; ‚es tut not', es eilt, es wird dringend gebraucht; schweiz. ,es wird Not ha', es wird schwerhalten, Kraft kosten; tir. ,in oaner Noat', eilig, hastig; ,zur Not etw. geltenlassen', gegebenenfalls, wenn nichts anderes da ist; ,notgedrungen', gezwungenermaßen. Für die veraltete Rda. des 13. Jh. ,mir gêt nôt eines dinges', ich bin gezwungen, ich muß, steht seit dem 16. Jh. ,mich geht Not an'; Luther (Briefe IV, 186): „Was ginge mich Noth an, in eines anderen Sachen, mir oder anderen Verlust zu schaffen". ,Etw. ohne Not tun', es freiwillig, ohne Zwang tun, obwohl es nicht hätte sein müssen; ,etw. über Not tun', etw. über Erfordernis und Bedürfnis hinaus tun; schweiz. ,sich nit ze Not tue', sich nicht überanstrengen; ,einem ze Not tue', ihn scharf züchtigen.

Der Not gehorchend (nicht dem eignen Triebe) ist eigentl. ein Zitat und der Anfangsvers von Schillers ,Braut von Messina'. Vielleicht hat Schiller die Worte aus Shakespeares ,Romeo und Julia' (V, 1) entlehnt: „My poverty, but not my will, consents".

Wer seinen Kindern gibt das Brot
Und leidet nachmals selber Not,
Den soll man schlagen mit der Keule tot.

Dieser Spruch findet sich an den Stadttoren verschiedener Städte Norddtls. neben

,Not leiden durch eigene Schuld'

einer dabei aufgehängten Keule. Der Spruch ist zuerst in der Erzählung ,Der Schlägel' des mhd. Dichters Rüdiger von Hünchhoven erwähnt (Ende des 13. Jh.). Die Dichtung erzählt, wie ein alter Mann sein ganzes Vermögen seinen Kindern überlassen hat, die ihn nun schlecht behandeln. Als er in ihnen den Glauben zu erwecken weiß, daß er noch einen Schatz zurückbehalten habe, halten sie ihn wieder in Ehren. Nach seinem Tode finden aber die Kinder in der vermeintlichen Schatzkiste nichts als einen Schlägel mit der Beischrift, man solle jedem, der seine ganze Habe seinen Kindern gibt und infolgedessen in Not und Elend lebt, mit diesem Schlägel das Gehirn einschlagen (v. d. Hagen; Gesamtabenteuer, Nr. 49). In Dänemark wird diese Geschichte von Oluf Bagger in Odense unter Friedrich II. erzählt, es handelt sich also um eine Wandersage. Der Spruch ist auch Seb. Brant bekannt gewesen, der sich im ,Narrenschiff' milder ausdrückt:

Der ist eyn narr der kynden gytt
Do er syn zyt solt leben mytt,
Verlossend sich uff guoten won,
Das jnn syn kynd nit sollen lon.
Und jm ouch helffen jnn der not,
Dem wünscht man allen tag den dot
Und wurt gar bald eyn überlast
Den kynden syn, eyn unwert gast.

Im zugehörigen Holzschnitt dringen die Kinder mit Keulen auf den alten Vater ein.

Nötig ist in vielen Rdaa. in der Bdtg. von ,Mangel haben an', ,arm sein' belegt, z. B. bair. ,Er isch e nötige Ma'; schweiz. ,nötig sin an öppis', Mangel haben an, ,genot leben', sich kümmerlich durchschlagen; els. ,Es hat mich nötlich', es befremdet, beunruhigt mich.

Es wäre nicht nötig gewesen: Verlegenheitsformel; wenn z. B. einem Gast etwas angeboten wird, sagt er im Schwäb.: ,Es wär' nedd needich gwä'.

Der Notanker sein: für jem. in höchster Not Zuflucht sein. Der Notanker ist der Anker, den man auf dem Verdeck bereithält, um ihn erst in der äußersten Not zu gebrauchen.

Seine Notdurft verrichten: Umschreibung für den Drang des menschlichen Körpers, sich zu entleeren.

Einen Notnagel suchen, er ist sein letzter Notnagel: seine letzte Rettung.

Lit.: *J. Hoops:* By the skin of one's teeth (= mit knapper Not), in: Englische Studien 74 (1940/41), S. 392.

Note. *Nach Noten:* gründlich; *es geht (wie) nach Noten:* abgemessen und geläufig, schnell und ohne Unterbrechung. Wahrscheinl. geht die Rda. auf die Musiknoten zurück: Während das Volk seine Lieder nach musikalischem Gehör singt, scheint das Singen nach Noten als Zeichen eines besseren, höheren, des wahren Gesanges gegolten zu haben. So war es z. B. in der Schweiz ein bes. Vorrecht, die Totenmesse nach Noten mitsingen zu dürfen. In einer spätma. Predigt auf das Fest Allerheiligen heißt es an einer Stelle, wo „die lobeliche stadt des herrn" gepriesen wird, von den musizierenden Engeln: „Sie singen noch (= nach) den noten vor gottes throne den lobesang alleluia". Was sich nach Noten richtet, folgt einer bestimmten Regel, einer bestimmten Vorschrift, ist also regelrecht, seinem anerkannten Vorbild ebenbürtig. Die Bedeutungsentwicklung ist hier ähnl. wie bei ‚gehörig‘, eigentl.: ‚wie es sich gehört‘, heute jedoch: tüchtig, sehr. Da die Rda. häufig in Wndgn. gebraucht wird, wie ‚nach Noten essen, trinken, lügen, prügeln, einem die Meinung sagen‘ usw., wäre auch eine andere Erklärung möglich: die Entstehung aus ahd. ‚mit nôti‘, ‚bî nôti‘ = sehr, heftig, gewaltig; mhd. ‚genôte‘ = eifrig, sehr, in hohem Grade; vgl. noch schweiz. ‚das god de genote Weg‘, das geht sehr schnell und gründlich.

Eine persönliche Note besitzen, auch: *Seine persönliche Note bewahren:* einen besonderen Lebensstil, eine charakteristische Eigenart beibehalten, sich nicht davon abbringen lassen.

Noten austauschen: zwischen Diplomaten Nachrichten, Briefe, Grundsatzerklärungen austauschen; oft iron. gebraucht, wenn nichts weiteres geschieht.

Schlechte Noten erhalten: als Politiker bei demoskopischen Umfragen schlecht abschneiden.

Nücke. *Seine Nücken und Tücken haben:* unangenehme Eigenschaften besitzen; eine Nücke (ndd. ‚Nucke‘) ist im Norddt.

eine versteckte Bosheit oder eine unfreundliche Laune.

Nudel. *Das geht (ja) wie genudelt:* das läuft glatt, das geht ‚wie geschmiert‘; *er sieht aus wie genudelt:* er ist dick; ‚wie genudelt‘ fühlt man sich nach einer reichlichen Mahlzeit, d. h. sehr satt. Der Ausdr. kommt von der Gänse- und Hühnermast, bei der man den Tieren Mehl- oder Kartoffelnudeln in den Schnabel schiebt, um sie fett zu machen. Neuerdings auch als Merkmal einer (meist weibl.) Person: ‚Sie ist eine putzige, freche, komische, tolle, versoffene Nudel‘.

null. Das Adj. null, aus lat. ‚nullus‘ = keiner, für die arabische Ziffer 0 gebraucht, ist in vielen Rdaa. zu finden; seit dem 16. Jh. ist es in der dt. Rechtssprache belegt. Sehr bekannt ist heute noch die stabreimende Formel *null und nichtig:* völlig ungültig, außer Kraft; vgl. ‚Lehens- und Besitzurkunden Schlesiens‘ (1883, II, 365, vom Jahre 1522): „wofern einige brief und privilegien waren auszbracht und ertheilt worden, so thuen wir dieses alles ... für null und nichtig erklären". Kant (V, 90): „Ein Vertrag, der in sich selbst null und nichtig ist"; Schiller (‚Wallensteins Tod‘ V, 2): „Das Jurament ist Null"; vgl. frz. ‚C'est nul et d'aucune valeur‘; auch: ‚Nul et non avenu‘; engl. ‚that is null and void‘. *Zu null werden:* zu nichts werden, aufhören zu existieren; Goethe in der ‚Farbenlehre‘: „Ein brechend Mittel, in welchem die Farberscheinungen ... völlig zu null werden könnten". *Null Komma nischt:* gar nichts, ist eine junge, wohl vom Berl. ausgegangene Rda., die aus der Schreibung 0,0 für ‚nichts‘ abgeleitet worden ist. *In Zeit von null Komma nichts:* in sehr kurzer Zeit. *Null für Null aufgehen:* genau aufgehen, so daß nichts übrigbleibt. Ein unbedeutender Mensch ist ‚eine Null‘, ein Nichts; rhein. ‚He ös de Null fer de Ziffer‘.

Von lauter Nullen regiert werden: von inkompetenten Leuten, auch: *Da oben sitzen doch nur lauter Nullen,* heißt es heute kritisch oder resigniert von Politikern und Managern, wenn Mißstände offenbar werden, wenn keine Abhilfe geschaffen wird, die dringend nötig erscheint.

In einem Kirchenlied von E. Neumeister (1671–1756) heißt es, jedoch in anderer, nicht übertr. Bdtg.: „Mein Jesus kann addieren und kann multiplizieren, auch da, wo lauter Nullen sind".

Rhein. ‚nulle maken', aufschneiden, ‚Wind machen'; ‚sin Alter nullt' sagt man, wenn jem. glatte 20, 30, 40 usw. Jahre alt wird; ‚dat nollt sich' (bei einer Rechnung), das summiert sich; auch viele kleine Beträge können eine große Rechnung ergeben.

Null-acht-fuffzehn: üblicher Verlauf, veralteter Gegenstand. Bezieht sich urspr. sold. auf die Bez. des Maschinengewehrs, das im Jahre 1908 eingeführt und 1915 verbessert wurde. Im 2. Weltkrieg gab es den Namen her für veraltete, in Massen und Serien hergestellte Gegenstände, überhaupt für alles bis zum Überdruß Wiederholte.

‚Null-Null': bedeutet die Toilette (als Raum, der im Hotel nicht als Zimmer gilt, daher keine Nummer hat, sondern ‚00').

Null Bock auf etw. haben: absolut kein Bedürfnis, kein Verlangen, keine Lust nach etw. haben. Die Rda. ist eine Prägung der ‚No-future'-Generation der 80er Jahre. ‚Null Bock auf nichts' diente sogar der Jungen Union zum Wahlslogan (Spiegel), ↗ Bock.

Eine Null-Nummer herausgeben: den Prototyp einer neuen Zeitung oder Zeitschrift; gilt als erstes Versuchsexemplar und wird meist kostenlos abgegeben.

Eine Null-Serie auflegen: eine Probeserie in der industriellen Fertigung herstellen.

Die Augen auf Null stellen: schlafen, auch: sterben; ↗ zeitlich.

Nulltarif. *Zum Nulltarif fahren:* nichts bezahlen, schwarz fahren, ↗ schwarz. In öffentl. Verkehrsmitteln werden Alte u. Behinderte gelegentlich ‚zum Nulltarif', d. h. ohne Fahrtausweis mitgenommen; manchmal dient der ‚Nulltarif' auch zur Werbung für eine neueröffnete Linie (Bus, Straßenbahn).

Sich zum Nulltarif bedienen: Waren entwenden. Die Wndg. gilt als euphemist. Umschreibung für stehlen.

Nichts zum Nulltarif bekommen: nichts kostenlos, nichts ohne größere finanzielle Aufwendungen erhalten können. Diese

Wndg. ist in der polit. Diskussion heute bes. aktuell in Hinblick auf höhere Ausgaben im Staatshaushalt und die damit verbundenen Erwägungen, die Steuern zu erhöhen.

Nummer. *Eine gute Nummer bei jem. haben:* gut bei ihm angeschrieben sein, viel gelten. Die Rda. geht auf die Nummern zurück, d. h. auf die Zensuren, die in der Schule erteilt werden.

Nummer steht oft auch für eine Person; die Übertr. stammt wohl aus dem Geschäftsleben, wo die Güte der einzelnen Waren mit Nummern bez. wird (ähnl. wie ‚Marke', ‚Sorte' u. a.). Einen seltsamen Menschen nennt man ‚eine putzige Nummer', ‚eine wunderliche Nummer' etc., rhein. ‚e dolle Nummer', ein Spaßmacher; vgl. frz. ‚un numéro', i. S v.: ein Sonderling, ein komischer Kauz, auch ein Spaßmacher.

Nur noch wie eine Nummer behandelt werden: im Verwaltungsapparat eines Betriebes oder Staates ohne Rücksicht auf persönliche Umstände behandelt werden; es heißt auch: *Zu einer Nummer werden:* als Mensch nicht mehr beachtet werden; auch: herabgewürdigt werden, z. B. bei der Behandlung im Krankenhaus, als Zahl in der Unfallstatistik usw. Der Mensch fühlt sich angesichts der üblichen Praxis, seine persönlichen Daten mit Hilfe eines Nummernsystems zu erfassen, irgendwie gedemütigt. Sein Name, sein Schicksal zählen nichts mehr. Ins Positive gewendet heißt es aber im Frz.: ‚tirer le bon numéro': eine tüchtige Frau geheiratet haben (das große Los gezogen haben), ↗ Los.

Schwäb. ‚des isch e böse Nummer', ein böser Mensch, auch: eine üble Sache. *Nummer eins sein:* Hauptperson sein; J. J. W. Heinse (‚Ardinghello' I, 286): „Der schöne Mensch im bloßen Gefühl seiner Existenz ohne Leidenschaft, in Ruhe, ist der eigentliche Gegenstand der Nachahmung des bildenden Künstlers und seine Nummer eins". Vgl. frz. ‚... numéro un' als Bez. für ein Thema (‚sujet numéro un'), ↗ Thema.

Schwäb. ‚etw. hat koi Nummer', ist unbedeutend, nicht gut, sieht nach nichts aus.

Eine große Nummer sein: sehr leistungsfä-

hig sein; aus der Artistensprache hergenommen: die einzelnen Darbietungen im
Zirkus, Kabarett usw. werden Nummern
genannt.
*Eine Nummer machen (abziehen, bauen,
drehen, schieben):* koitieren; die Wndg.
aus der Dirnensprache bezieht sich vielleicht auf die Entgeltsberechnung im Bor-
dell; dagegen: *eine ruhige Nummer schieben:* nur bequemen Dienst tun (sold.,
2. Weltkrieg).
,Auf Nummer Sicher sein', im Gefängnis,
Arrestlokal. Bezieht sich einerseits auf die
fortlaufende Numerierung der Gefäng-
niszellen, andererseits darauf, daß der In-
sasse ,sicher' sitzt. Davon abgeleitet: *auf
Nummer sicher gehen:* alle Vorsichtsmaß-
nahmen treffen.

Nurmi. *Ik bin doch keen Nurmi* sagt der
Berliner, wenn er das Gefühl hat, man ver-
lange doch etw. zu viel von ihm; die Redewndg. wiederholt sich in vielen Sprachen der Welt und bezieht sich auf den
finn. Sportler Paavo Nurmi, den lange
Zeit erfolgreichsten Läufer in der Gesch.
der Olympischen Spiele, der von 1920 bis
1928 in Antwerpen, Paris und Amsterdam
insgesamt neun olympische Goldmedail-
len erhielt und dem schon zu Lebzeiten in
Helsinki vor dem Stadion ein Denkmal errichtet wurde.

Nürnberg. Die alte blühende Reichsstadt
mit ihrer Weltgeltung vor allem im 15. und
16. Jh. wird in vielen Rdaa. genannt, wenn
auch meist nicht ohne Spott. Von allem
möglichen, was schlecht und unerlaubt
war, hieß es schon im 16. Jh.: ,Ich gloub,
daß mans zuo Nürnberg thuot' oder ,Zuo
Nürnberg latt man solche wal' (= läßt
man solche Wahl). Vermutl. liegt hier der
Gedanke an die freiheitliche Verfassung
der Stadt zugrunde, die nun der Neid der
weniger glücklichen Orte mit dieser abwertenden Bemerkung gern zu einer Stadt
der ,unbegrenzten Möglichkeiten' ab-
stempeln wollte. Barack handelt über die
Wndg. (Abh. d. lit. Ver. in Nürnberg, 1875,
S. 76–80) und erinnert zur Erklärung an
die Sage von einem in Nürnberg zum Tod
verurteilten Verbrecher, der auf die Frage,
welche Todesart er sich wünsche, den Tod
durch Alter angab und daraufhin freige-

lassen werden mußte. Darauf bezieht sich
auch eine Stelle in Murners ,Narrenbe-
schwörung' (33,25), wo es heißt:
Im todt wendt sy ouch hon den fal!
Zuo Nuernberg liesz man in die wal.
Hie liesz man sy den ritten hon
Ee das man geb den val darvon.
Von einem Menschen, der sich um Dinge
kümmert, die ihn nichts angehen, sagt
man westf. ,Hei bekümmert sik umme
Nürnberg un hett kein Hius inne'. Die
Hamburger erkennen die Nürnberger
scherzhaft als kluge Leute an, wenn sie
beim Regen sagen: ,Ik mak es as de Nürnberger, ik ga darünner weg'. Zu einem
sehr neugierigen Menschen sagt man
schwäb. ,In Nürnberg isch au no e Ma, hat
nit alles gsehe'. ,Einen Nürnberger' macht
der Drechsler, wenn er danebendreht.
Rhein. sagt man spöttisch für ein nicht
dauerhaftes Gerät: ,Das ist Nürnberger
War, dreimal gebacke un net gar!' Auf die
Nürnberger Spielzeugindustrie spielt das
Sprw. an: ,Nürnberger Tand geht durch
alle Land', das meist nicht mehr in seinem
urspr. Sinn verstanden wird, weil ,Tand'
die Bdtg. von ,Wertlosem' angenommen
hat. *Die Nürnberger hängen keinen, sie
hätten ihn denn (zuvor)* sagt man, um eine
Warnung in den Wind zu schlagen, in der
Hoffnung, der angedrohten Strafe zu entgehen. Die Wndg. hat voneinander abweichende Erklärungen gefunden. Wahrscheinl. gehört diese Rda. zur Sage von
dem Raubritter Eppelin von Gailingen
(DS. 130) und entstammt einem Spottvers, der seinerseits aus einem Volkslied
des 16. Jh. hervorgegangen ist. Weniger
wahrscheinl. ist die Herleitung aus der
32. Historie des Eulenspiegelvolksbu-
ches. Dort läßt Eulenspiegel die ihn ver-
folgenden Nürnberger Stadtwächter von
einer Brücke, an der er vorher einige Boh-
len gelockert hatte, in die Pegnitz stürzen.
Mit dem Nürnberger Trichter eingießen:
einem etw. auf eine grobe Lehrweise beibringen; in älterer Form: ,mit einem
Trichter eingießen (oder: einziehen)'; so
am frühesten in der Sprww.-Sammlung
von Seb. Franck 1541 belegt, ↗Trichter.
Die Rda. ist zunächst wohl deshalb auf
Nürnberg bezogen worden, weil sich der
nach dem Dreißigjährigen Krieg zurückgehende Handel der einst so reichen

1/2 ‚Mit dem Nürnberger Trichter eingießen'

Nürnberger Kaufleute fast nur noch auf
Metallkleinwaren erstreckte. Wirklich geläufig geworden aber ist die Rda. erst seit
dem Jahre 1647, wo der Nürnberger Dichter Harsdörffer eine Poetik veröffentlichte, der er den Titel gab: ‚Poetischer
Trichter, die Teutsche Dicht- und Reim-
kunst, ohne Behuf der lateinischen Sprache, in VI Stunden einzugießen'. Das Bild
vom Trichter ist freilich nicht Harsdörf-
fers Erfindung, da er sich in der Vorrede
auf H. Schickards ‚Hebreischen Trichter'
(Tübingen 1627) bezieht und ein solcher
Trichter schon in der lat. Komödie ‚Al-
mansor, sive ludus litterarius' des
Mart. Hayneccius (Leipzig 1578) genannt
wird. Franz Trautmann gab 1849f. in
Nürnberg ein humoristisches Blatt ‚Der
Nürnberger Trichter' heraus.

Lit.: *G. A. Will:* Über das Sprw. ‚Nur ein Nürnberg',
in: Historisch-diplomatisches Magazin 2 (1781),
S. 415–422; *Joh. Priem:* Nürnberger Sagen und Geschichten (Nürnberg 1872), S. 64–74; *F. Reicke:*
Gesch. der Reichsstadt Nürnberg (Nürnberg 1896),
S. 314ff; *F. Bauer:* Alt-Nürnberg. Sagen, Legenden
und Geschichten (3. Aufl. München 1955), S. 25ff.,
208ff.; *L. Röhrich:* Sprw. Rdaa. aus Volkserzählungen, S. 256f.

Nuß. *Einem eine harte Nuß zu knacken geben:* ihm eine schwere Aufgabe stellen;
auch schweres Geschick kann eine *harte
Nuß* genannt werden; rhein. ‚de hett noch

en hart Nüßje zu knacke', er hat noch viel
Schwierigkeiten zu überwinden; vgl. frz.
‚donner à quelqu'un du fil à retordre'
(wörtl.: einem Draht geben, den er zu-
rechtbiegen soll). ‚Muß ist eine harte Nuß'
lautet ein Sprw. Ein altes Lied läßt die
böhmischen Jesuiten 1622 über ihre
schwierige Lage klagen:

Die Nuß ist hart, stumpf sind die Zähn,
Drum ist sie bös zu beißen.

Nach der Eroberung Sigeths 1686 spottete
man in Dtl.:

Sigeth ist zwar eine harte Nuß,
Die Deutschen seynd Nußbeißer!

1514 vermerkt Tunnicus unter Nr. 152:
„De de kerne wil eten, de mot de not up-
breken"; ähnl. schon bei Plautus (gest.
184 v. Chr.): „Qui e nuce nucleum esse
vult, frangit nucem" (d.h.: Wer den Vor-

teil will, darf die Anstrengungen nicht scheuen); vgl. das Sprw. ‚Gott gibt die Nüsse, aber er knackt sie nicht auf‘; im gleichen Sinne auch: ‚Er will die Nüsse nicht knacken, aber den Kern will er essen‘, engl. ‚to eat the kernel one must crack the nut‘. Ebenso werden auch Rätsel oft bildl. *(Knack-)Nüsse* genannt, so z. B. bei G. A. Bürger in seiner Ballade ‚Der Kaiser und der Abt‘:

So geb ich denn Euren zwei
tüchtigen Backen
Zur Kurzweil drei artige Nüsse zu
knacken.

Vgl. engl. ‚that is a hard (tough) nut to crack‘.

Ein Nüßchen mit jem. zu knacken haben: mit jem. über eine Angelegenheit abzurechnen haben, mit ihm ‚ein Hühnchen zu rupfen‘ haben. Von einem sehr bösen Menschen sagt Joh. Fischart: „er war so bös, er hätte eine Nuß mit dem Arsch aufgebissen“; heute wird damit mehr auf die Gerissenheit und Klugheit eines Menschen angespielt.

Auch *taube Nuß* für etw. Wertloses oder auch als Schimpfwort ist sprw.; *er tut es nicht um taube Nüsse:* er versichert sich eines ordentlichen Gewinnes für seine Arbeit. So heißt es bei Kotzebue: „Mein Leben ist eine taube Nuß“; bei Wieland (X, 250): „So wollt ich keine Nuß um eine Tugend geben“; rhein. ‚do gef ich ken Nöss for‘, das ist so wertlos, daß man nicht einmal Nüsse dafür gibt; ebenfalls rhein. ‚de hot ken Noss‘, er besitzt nichts; hess. ‚Klä-Nissje‘ ist ein Kosewort für ein kleines Kind; ostfries. ‚um dofe Nöten deit he't nêt; ndl. ‚niet voor doove neuten‘; engl. ‚not worth a nutshell‘. Ähnl. ‚es ist keine gelöcherte Haselnuß wert‘. Rhein. ‚Nöss met Löcher‘, faule Ausreden; schweiz. ‚e Nuss mit em Löchli‘. Hess. ‚große Nüsse im Sack haben‘, große Ansprüche stellen; ‚dasitze wie fimf Niss‘, ängstlich, verschüchtert dasitzen; rhein. ‚e micht e Gsicht wie elf Ness‘, ein griesgrämiges Gesicht machen; hess. ‚wie auf fünf Nüssen sitzen‘, unruhig, ängstlich dasitzen; schweiz. ‚zur dritte Nuß cho‘, zu spät kommen, wenn der Markt schon ausverkauft ist; ‚die Nuß vom Baume schwätzen‘, sehr viel, schnell und ausdauernd reden.

Nuß wird sprw. auch gebraucht für einen kleinen Raum, etw. sehr Kleines: *in einer Nuß:* ganz zusammengedrängt; Lessing: „Der Leser erwartet etwas ganz anderes, als die Geschichte der Weltweisheit in einer Nuß“; eine Schrift J. G. Hamanns heißt ‚Aesthetica in nuce‘. *Aus der Nuß sein:* außer sich sein vor Zorn, seiner nicht mehr mächtig sein; dazu *jem. wieder in die Nuß bringen:* ihn besänftigen. *Nicht lang in der Nuß liegen:* schnell von Entschluß sein, eine Sache schnell angreifen, erinnert an die Rätsel, die die Nuß als Kammer bezeichnen, und an das sächs. ‚jem. aus der Nuß heben‘, ihm aus der Klemme helfen, ihn aus bedenklicher Lage befreien, heute aber meist: ihm Vorwürfe machen, ihn ausschelten; vgl. rhein. ‚enem de Nöt aufhaue‘, ihm aufs Dach steigen, ihn ausschelten. Von einem Knirps sagt man: ‚der kann in einer Haselnuß hüpfen‘.

Umg. bedeutet Nuß auch ‚Kopf‘: *einem eins auf die Nuß geben.* Seit dem 16. Jh. ist Nuß auch in der Bdtg. ‚Schlag‘, ‚Stoß‘ bezeugt; heute vor allem in der Zusammensetzung ‚Kopfnuß‘; Hans Sachs (5,64,29): „Schlag zu, schlag zu, gib ir die Nüsz“. Eine kleine, fest eingewachsene Nuß heißt obd. ‚Grübelnuß‘; diesen Ausdr. gebraucht Hugo von Trimberg im ‚Renner‘ bildl., indem er von den religiösen Grüblern sagt:

wir lazzen die der grübelnüzze walten,
den sanft nit grübelnüzzen sei,

wobei ein Wortspiel zwischen ‚Grübelnuß‘ und ‚Grübelnis‘ vorliegt.

Bair. ‚is alls denußt (d. h. die Nüsse sind schon alle herabgeschlagen), hat der Teufel gsagt, is um Weihnachten ei d'Nuss gang‘, da ist nichts mehr zu bekommen, es ist schon alles ausverkauft.

In die Nüsse gehen kann, wie die aus dem 16. Jh. bezeugte Rda. ‚in die ↗ Haseln gehen‘, die erotische Bdtg. haben: sein Liebchen aufsuchen; es bedeutet aber auch: sterben, vgl. ‚in die ↗ Binsen gehen‘.

In einem Stammbuch des 16. Jh. steht:

Dum nux virescit et virgo crine
pubescit:
Tum nux vult frangi et virgo stipite
tangi.

Der Zusammenhang mit Sexuellem wird auch in den alten Versen deutlich:

Nus durch eyn sack beyssē

‚Nüsse durch einen Sack beißen'

Ein harte Nuß, ein stumper Zahn,
Ein junges Weib, ein alter Mann
Zusammen sich nicht reimen wol,
Seinsgleichen ein jeder nemen sol.

Die Nüsse gelten auch als Fruchtbarkeitssymbol, daher war es ein alter, weitverbreiteter Brauch, bei Hochzeiten Nüsse zu verschenken. Schon Festus versichert, daß während der Hochzeit Nüsse zum Zeichen guter Vorbedeutung für die Neuvermählten geworfen worden seien.

Das Wachstum vieler Nüsse in einem Jahr gilt als eine Art Orakel für reichen Kindersegen. Auch in Frankr. heißt es: ‚année de noisettes, année d'enfants'.

Von einem Menschen, der den Höhepunkt seines Lebens bereits überschritten hat, sagt man hess. ‚Der hat die beste Nüss gekloppt', der hat nicht mehr viel zu erwarten; rhein. ‚dem sin die Niss gekracht'. In Thüringen spottet man über ein uneheliches Kind: ‚Si Vader es ofn Nesbaum drsofn'.

Schwäb. ‚einem d'Nuss auftue', ihn aufklären, aber auch: ihn verprügeln; schweiz. ‚eim a d'Nuss cho', ihm seine Braut ausspannen.

Nüsse durch einen Sack beißen war eine im 16. Jh. allgemeinverständliche Rda., mit der die verbotene Liebschaft zu einer Nonne im Kloster bildl. umschrieben wurde. In Murners ‚Schelmenzunft' heißt es unter der Überschrift ‚Nus durch eyn sack beyßen':

> Wer do buolt eyn closter frouwen,
> Die er mit ougen nit kan schouwen
> zuo sehen im nit werden magk,
> Der beyßt die nuß do durch eyn sagk.
> Der schaum im maul der kern ist deyn
> Und ist daß kuwen nur seyn gwyn.

Heute wird mit dieser Rda. derjenige getadelt, der sich nicht die Mühe macht, die Wahrheit einer Sache festzustellen.

Einen wie einen Nußsack prügeln: ihn tüchtig schlagen; obersächs. ‚Dresche kriegen wie ein Nußsack'; die Rda. stammt von dem Brauch, die geernteten Nüsse in einem Sack zu schlagen, bis die grünen Schalen alle abgesprungen sind; man vermeidet so, daß die Finger von dem Saft der grünen Schalen gebräunt werden.

Nutzen. *Mit allerslahte Nut:* veraltete Rechtsformel, die in den Niederlanden und in Norddtl. bei Eigentumsübergaben gebräuchl. war und die Nutznießung des neuen Besitzes der Immobilie garantierte. ‚Allerslahte Nut' waren die mit dem Gut verknüpften Rechte und auch das Zubehör; dieser Gesamtnutzen konnte auch bei Lehensverhältnissen garantiert werden. Gegen Ende des 15. Jh. kommt diese Rechtsformel außer Gebrauch, da das Vokabular des römischen Rechts immer mehr Einfluß gewinnt: die Wndg. ‚mit allerslahte Nut' wurde durch den lat. Begriff ‚redintegranda' ersetzt.

↗ Mit Torf und Zweig.

Lit.: *W. van Iterson:* Der Ausdruck ‚mit allerslahte Nut' und sein Zusammenhang mit der Gewere, in: Zs. der Savigny-Stiftung für Rechtsgeschichte, Germanist. Abt. 84 (1967), S. 310–329.

Breites Spektrum Religion

Jörg Zink
Die zwölf Nächte
Was Weihnachten bedeutet
Band 4310
In zwölf nächtlichen Meditationen bringt Jörg Zink dem Leser die auch heute noch gültige Botschaft vom Licht in einer dunklen Welt nahe.

Hans-Peter Hasenfratz
Der indische Weg
Die Spiritualität eines Kontinents entdecken
Band 4309
Die leicht verständliche und fesselnd geschriebene Einführung in den indischen Kosmos. Themen wie Sprache, Philosophie, Religiosität und spirituelle Praxis werden eingehend erläutert.

Dalai Lama
Mitgefühl und Weisheit
Ein großer Mensch im Gespräch mit Felizitas von Schönborn
Band 4288
In diesem Gespräch wird die Botschaft des Dalai Lama – auch zur weltpolitischen und ökologischen Lage – plastisch und begreifbar wie nie zuvor. Das Tor zum tibetischen Buddhismus.

Emma Brunner-Traut
Die Stifter der großen Religionen
Echnaton, Zarathustra, Mose, Jesus, Mani, Muhammad, Buddha, Konfuzius, Lao-tse
Band 4254
Welche Menschen stehen hinter den großen Religionen? Was ist Legende, was Wirklichkeit? Ein neues Standardwerk der großen Autorin.

HERDER / SPEKTRUM

Paul Arnold
Das Totenbuch der Mayas
Das geheime Wissen der indianischen Hochkultur
Band 4247

Von Göttern, Geistern und Dämonen: Das berühmte Totenbuch der
Mayas, entschlüsselt vom renommierten Religionswissenschaftler Paul
Arnold.

Dalai Lama
Sehnsucht nach dem Wesentlichen
Die Gespräche in Bodhgaya
Band 4229

Menschen aus allen Kulturkreisen haben den Friedensnobelpreisträger
aufgesucht und neue Impulse für ihr spirituelles Leben gewonnen.

Friedrich-Wilhelm Haack
Europas neue Religion
Sekten – Gurus – Satanskult
Band 4221

Zunehmend bedienen sich okkulte Gruppierungen raffinierter
psychologischer Methoden, um Menschen in ihren Bann zu ziehen.

Helena Norberg-Hodge
Leben in Ladakh
Mit einem Vorwort des Dalai Lama
Band 4204

Mehr als ein Reisebericht. – Die Erfahrungen einer Frau, die im
Grenzland Tibets eine alte Kultur neu entdeckt und für dieses
Engagement den alternativen Nobelpreis erhalten hat.

Eugen Drewermann/Eugen Biser
Welches Credo?
Ein Disput
Herausgegeben von Michael Albus
Band 4202

Kann man heute noch sagen: Credo – ich glaube? Und wofür steht die
Kirche?

HERDER / SPEKTRUM

Mircea Eliade
Geschichte der religiösen Ideen
15 Bände in Kassette
Band 4200
„Eine gewaltige geistige Unternehmung, fesselnd und
allgemeinverständlich aufbereitet" (Süddeutsche Zeitung).

Karlfried Graf Dürckheim
Von der Erfahrung der Transzendenz
Band 4196
„Für Leser, die auf ihrem Lebensweg spirituell vertiefte
Weiterentwicklung suchen" (Das neue Buch).

Frithjof Schuon
Den Islam verstehen
Innere Lehre und mystische Erfahrung
Band 4189
Was macht den Kern des Islam aus? Weit entfernt von Zerrbildern und
Vorurteilen beschreibt Schuon, warum und woran Muslime glauben.

Albert Champdor
Das Ägyptische Totenbuch
Vom Geheimnis des Jenseits im Reich der Pharaonen
Band 4183
Faszinierende Einblicke in Denken, Psyche, Todesvorstellungen und
Götterwelt der alten Ägypter. Mit zahlreichen Abbildungen.

Adel Theodor Khoury
Der Islam
Sein Glaube, seine Lebensordnung, sein Anspruch
Band 4167
Zwei Millionen Muslime leben mitten unter uns. Weltweit ist der Islam
im Vormarsch. Was wissen wir über diese vielschichtige Religion?

HERDER / SPEKTRUM

Das Ethos der Weltreligionen
Hinduismus, Buddhismus, Konfuzianismus, Daoismus,
Judentum, Christentum, Islam
Herausgegeben von Adel Theodor Khoury
Band 4166
Die Herausforderungen der Gegenwart können nur im
Zusammenwirken aller Religionen gemeistert werden. Eine realistische
Vision.

Eugen Drewermann
Der gefahrvolle Weg der Erlösung
Die Tobitlegende tiefenpsychologisch gedeutet
Band 4165
Die Botschaft vom Urvertrauen und von der Überwindung der Angst.
Ein zentraler Zugang zum Denken Drewermanns.

Aufrichtige Erzählungen eines russischen Pilgers
Herausgegeben und eingeleitet von Emmanuel Jungclaussen
Band 4156
Eine Kostbarkeit aus dem Schatz der Weltliteratur. Der Klassiker
russisch-orthodoxer Spiritualität in der vollständigen Ausgabe.

Dalai Lama
Einführung in den Buddhismus
Die Harvard-Vorlesungen
Band 4148
Ein faszinierendes Dokument östlicher Geisteskultur, wie es
außer dem Friedensnobelpreisträger wohl kaum ein buddhistischer
Lehrer hätte verfassen können.

HERDER / SPEKTRUM

Georg Denzler
Die Geschichte des Zölibats
Band 4146

Das Zölibat – fast schon ein Existenzproblem für die katholische
Kirche. Kritische Bestandsaufnahme und leidenschaftliches Plädoyer
des streitbaren Theologen.

Georg Fohrer
Geschichte der israelitischen Religion
Band 4144

Von Macht und Ohnmacht, phantastischen Aufbrüchen und
verheerenden Niederlagen: ein Meisterwerk lebendiger
Geschichtsschreibung.

Hartmut Stegemann
Die Essener, Qumran, Johannes der Täufer und Jesus
Ein Sachbuch
Band 4128

Das Geheimnis der Höhlen von Qumran und einer der einflußreichsten
religiösen Vereinigungen zur Zeit Jesu.

Eugen Drewermann
Dein Name ist wie der Geschmack des Lebens
Tiefenpsychologische Deutung der Kindheitsgeschichte nach
dem Lukasevangelium
Band 4113

Die geheimnisvolle Botschaft von der Ankunft Gottes in der Welt wird
in dieser poetischen Meditation der Liebe lebendig.

Die Reden des Buddha
Lehre, Verse, Erzählungen
Band 4112

Texte voll denkerischer Tiefe und Poesie – ein Kompendium des
Weisheitswissens von unvergleichlicher Aktualität.

HERDER / SPEKTRUM

Scientology – der Griff nach Macht und Geld
Selbstbefreiung als Geschäft
Herausgegeben von Friederike Valentin und Horand Knaup
Band 4109
Praktiken und Programm eines weltweit vernetzten Wirtschaftsgiganten,
der sich als Heilsbringer tarnt.

Die Bhagavadgita
In der Übertragung von Sri Aurobindo
Mit einer Einführung von Anand Nayak
Band 4106
Die älteste heilige Schrift der Menschheit in der tiefschürfenden
Übertragung eines der bedeutendsten indischen Yogis.

Peter L. Berger
Der Zwang zur Häresie
Religion in der pluralistischen Gesellschaft
Band 4098
Religion ist kein Schicksal. Man muß sich dafür entscheiden.
Ein kontroverses Buch, das keine Auseinandersetzung scheut.

Edward Schillebeeckx
Jesus
Die Geschichte von einem Lebenden
Band 4070
„Schillebeeckx überblickt souverän biblische Quellen, kirchliche
Lehren und philosophische Rezeption" (Rheinischer Merkur).

Dalai Lama
Zeiten des Friedens
Band 4065
Einer der großen geistigen Führer unserer Zeit gibt der Sehnsucht nach
Frieden wichtige spirituelle Impulse.

HERDER / SPEKTRUM

Karlfried Graf Dürckheim
Vom doppelten Ursprung des Menschen
Band 4053

„Menschliche Reife ist kein Privileg für wenige. Praktische Übungen, die jeder vollziehen kann" (Lehrer und Schule heute).

Karlheinz Weißmann
Druiden, Goden, Weise Frauen
Zurück zu Europas alten Göttern
Band 4045

Sind die neuen Heiden im Kommen? Fakten und Trends.

Walter Jens/HAP Grieshaber
Am Anfang der Stall, am Ende der Galgen
Das Matthäus-Evangelium
Band 4042

„Die Übersetzung eines Meisters der deutschen Sprache, die das ursprüngliche Wort unvergleichlich leuchten läßt" (Hans Küng).

Eugen Drewermann
Der tödliche Fortschritt
Von der Zerstörung der Erde und des Menschen im Erbe des Christentums
Band 4032

Eine erschreckende Bilanz – zugleich ein Plädoyer für ein neues Menschenbild.

Karlfried Graf Dürckheim
Das Tor zum Geheimen öffnen
Ausgewählt und eingeleitet von Gerhard Wehr
Band 4027

Die Kerngedanken eines Meisters der Meditation, der die Weisheitslehren des Ostens und des Westens schöpferisch vereint hat.

HERDER / SPEKTRUM

Tanz der göttlichen Liebe
Das Hohelied im Karmel
Band 4023
Karmeliter-Mystik aus fünf Jahrhunderten, bewegende Zeugnisse einer innigen Beziehung vom Menschen zum absoluten Du.

Die fünf großen Weltreligionen
Islam, Judentum, Buddhismus, Hinduismus, Christentum
Herausgegeben von Emma Brunner-Traut
Band 4006
Über die Grenzen der Kontinente hinweg erschließt dieses Buch den Kosmos der Religionen.

Eugen Drewermann
Die Spirale der Angst
Der Krieg und das Christentum
Mit vier Reden gegen den Krieg am Golf
Band 4003
Ein Buch für eine neue Qualität des Zusammenlebens in Politik, Gesellschaft und Religion.

Peter L. Berger
Auf den Spuren der Engel
Die moderne Gesellschaft und die Wiederentdeckung der Transzendenz
Band 4001
Spuren des Transzendenten heute: „Ein ausgesprochenes Lesevergnügen" (Süddeutsche Zeitung).

HERDER / SPEKTRUM